天津市档案馆馆藏

珍品档案图录

（1655–1949）

天津市档案馆 编

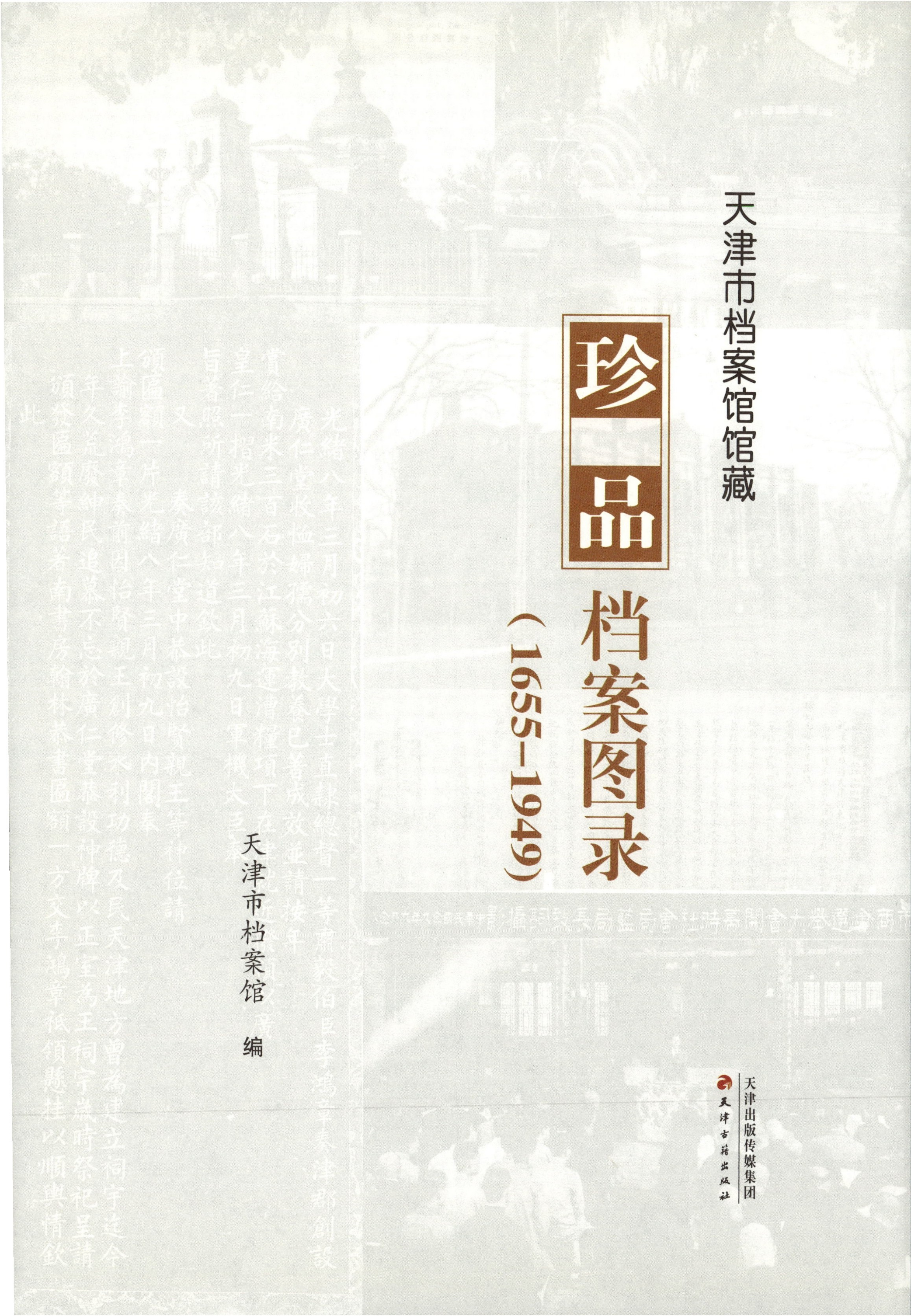

天津出版传媒集团
天津古籍出版社

图书在版编目（CIP）数据

天津市档案馆馆藏珍品档案图录：1655～1949 / 天津市档案馆编. — 天津：天津古籍出版社，2013.12
ISBN 978-7-5528-0201-6

Ⅰ. ①天… Ⅱ. ①天… Ⅲ. ①档案资料—天津市—1655～1949—图录 Ⅳ. ①K292.1-64

中国版本图书馆CIP数据核字(2013)第286273号

天津市档案馆馆藏珍品档案图录
（1655-1949）

天津市档案馆/编
出版人/张玮

*

天津古籍出版社出版
（天津市西康路35号 邮编300051）
http://www.tjabc.net
三河市国源印刷厂印刷
全国新华书店发行
开本 889×1194 毫米 1/16 印张 30.25
2013 年 12 月第 1 版 2013 年 12 月第 1 次印刷
ISBN 978-7-5528-0201-6
定 价：228.00元

《天津市档案馆馆藏珍品档案图录（1655—1949）》编辑委员会

序言

荣华

《天津市档案馆馆藏珍品档案图录（1655–1949）》与读者见面了。这本图册是我馆首次将馆藏珍档以图录的形式公之于众。旨在充分挖掘我馆馆藏珍贵资源，借以打造天津历史文化名片，更好发挥档案『存凭、留史、资政、育人』的特殊价值，进一步满足大众对高品质文化产品的社会需求。

天津市档案馆现有馆藏档案 800 多个全宗、150 余万卷。1997 年晋升为国家一级档案馆至今，历经十几载春耕夏耘、秋收冬藏，建立起全国一流的珍贵档案特藏库。目前，已有三万余件珍贵档案入选其中。这本图册即以特藏珍品为基础加以精选，共计收录档案 290 组，涉及馆藏 55 个全宗，231 卷。

图册共分 15 章节，以时间为脉络，以专题为主线，通过图片的形式全景展现了我馆收藏的从清王朝早期到天津解放这一历史时期的历史档案面貌，囊括了天津商会、天津海关和天津邮政等镇馆之宝中最具代表性的珍器重宝。其中，中国近代邮政起源档案、中国北方地区早期商会档案（天津部分）、李鸿章在天津筹办洋务档案已被列入《中国档案文献遗产名录》，成为国家记忆的重要组成部分。

档案是再现历史真实面貌的原始文献，能够真实反映社会组织及个人从事政治、经济、文化、军事、科学、技术、宗教等方方面面的社会实践活动。这本图册主要收录了近代天津重要历史人物、重大历史事件和经济社会生活方面的各类档案。其中，李鸿章、袁世凯、崇厚、盛宣怀、溥仪、德璀琳、蒋介石、李宗仁、张学良、张伯苓等一批对近代有过深远影响的历史人物的公文、信札及洋务运动、大沽口保卫战、天津租界、天津教案、天津近代实业、北四行、北洋新政、天津沦陷、海河治理、1939年天津大水、慈善乡谊社会组织、天津革命历史、天津解放等重大历史事件的原始档案，弥足珍贵。

档案有着丰富多样的载体形式，图册以收录纸质档案为主，同时兼顾缣帛、石刻拓片、照片、商标和舆图等多种形式的档案。例如清康熙六十一年封赠陕西提标前营游击曹勷父母的诰命既是馆藏年代较为久远的珍贵档案，又是一件外观精美的缣帛档案，兼具内容和形式的双重价值。图册同时收录了舆图20件、商标24个以及各类照片208张，充分展现了我馆馆藏档案的多样性和丰富性。

我馆馆藏历史档案主要记录了近代百年天津经济社会发展的历史和文化。档案的地域性特征恰恰是其珍贵程度的体现。这本图册力图以档案的视角展现天津近代曲折发展的历史文化，通过一件件档案，突出展示天津半殖民地半封建的历史文化特征和独有的城市发展历程，使其更加珍贵与真实。

一直以来，我馆编辑出版了各类档案史料汇编，对学术界开展历史研究做出了积极贡献。但史料的原始形态往往与大众阅读之间存在隔阂，这本图册以图片形式展示档案原始形态的同时，通过五万余字的介绍性文字，充分照顾普通读者的阅读需求，内容详实，语言生动，使较为枯燥的历史史料变为大众的文化产品，成为普通读者了解档案馆、了解天津近代史的一个窗口，不失为一次成功的尝试。

作为天津市档案馆的管理者，我期待更多朋友走进档案馆，通过我们的文化产品和网络平台了解档案，铭记历史，解读当下，开启未来。

目录

第一章

盛世文化观的挫折

盛世文化观的挫折

即使你是来自一个海洋国家，当船就在岸边，只要走过跳板便可踏上陆地的时候，你却始终呆在水上。［法］佩雷菲特《停滞的帝国：两个世界的撞击》

马戛尔尼是谁

每种文化都自作多情，对别的文化，要么看不起，要么太看得起。这种文化上的两厢观『看』往往隔着山川，以己度人，充满了幻想、猜疑甚至扭曲。假如有一天，身临其境地去看，又会怎样？

1793年8月11日，一只船队桴海远来，停泊在三岔河口，他们是特许从天津上岸的英吉利『贡使』。说『贡使』，这当然只是清王朝的一厢情愿，马戛尔尼的真正身份乃是英国驻华贸易谈判的最高使节。在大清王朝的天下观里，尚没有经纬过这个国家，大约是化之化外。以貌取人，统称其为红毛番。

这群金发碧眼穿紧身衣裤的『怪人』一出现在码头，便激发了人群的巨大热情。男女老幼潮水般围拢过来，哄笑、疑惑、傲慢、愉悦，各种表情写在了人们的脸上。大清王朝以津沽百姓的集体围观完成了与异域未知文化的『初见』。『怪人』也觉得怪，眼前一片片青铜色的脸，仿佛被复制了一般，这些快乐的人无往不在历史之中，似乎毫无历史负担地存在着。这一反『观』，不得了，头脑中久已根固的经验遇到了难题，现实即将颠覆性地纠正经验。

马可·波罗的书

如果说在西方漫长的中世纪黑夜里，曾经有过一部关于东方国度的书，他像一颗耀眼的星辰，点亮迷惘心灵的明灯，指引人们去惭愧、去赞美、去发现、去远行，那一定是马可·波罗的《东方见闻录》了。

乐土乐土，适彼东方，这尘世间最繁华的地方，无时无刻不在的念想！1299年，旅行家完成了他的作品。人们捧在手里，心事重重：何日才能走进东方？

人们说书中有暗语：香料在东方，财富在海上！他指引着整个西方面朝海洋。1492年，哥伦布的船队扬帆起航，他怀揣着国书，更怀揣着去东方的梦想。三十年后，麦哲伦的船队完成了环球首航。无数的勇士行走在去往理想国的路上。

而此时的阿尔诺河谷意大利佛罗伦萨，阳光正穿透迷雾，洒向平川，神龛下的人性萌动了，大地开出文艺复兴最灿烂的生命之花。人们唱起世俗的赞歌：幸福在人间呐！从十三世纪末开始的文艺复兴带来了科学与艺术的革新，思想和文化的解放，揭开了近代欧洲历史的序幕。十四、十五世纪，地中海沿岸出现了资本主义萌芽。十八世纪中叶，英国人瓦特改良蒸汽机，欧洲进入机器时代。西方比任何一个时代更渴望接触东方。

盛世文化迷梦

从忽必烈的元大都到乾隆爷的紫禁城，风景依旧在，已度五百年，盛世几经？

盛世，一个让人心旌荡漾的词语。人们爱将他叫得响亮，却不知，盛世渐行渐远。

盛世，画在大清王朝的舆图里，中华乃是居于中央的母邦。礼仪风度，文明远播，有四方宾服，万国来朝。好一个天圆地方！如此，从东方的眼睛看去，英吉利与蛮夷何异？

就在几年前，马戛尔尼还沉醉在东方迷梦中，写道人生一世须壮游中华。此刻，当他走过跳板，踏上陆地，眼前的盛世文明又当怎样？

『在溯白河而上去京城的三天里，没有看到任何人民丰衣足食、农村富饶繁荣的证明……事实上，触目所及无非是贫困落后的景象。』马氏使团成员约翰·巴罗《我看乾隆盛世》。没有了堆砌的文艺腔，文字笃定、沉寂、可怕。

马戛尔尼眼里看到了马可·波罗笔下不曾有的东方。曾经富庶、华贵、高尚的记忆崩塌了。西方世界正透过使团一行的扫描重新定义东方：在那里，理性和自由的太阳还未升起啊！黑格尔

两个世界碰撞了。表面上是一种礼仪对另一种礼仪的水土不服，实际上，使团的到来已经把雄心勃勃的西方同隔离闭锁的东方对立起来了。沉浸在盛世迷梦不能自拔的乾隆爷怎么也不会想到，五十年后的对峙，自己的胜算不大。这位东方领袖说了一句情理之中的话：朕无求于人，送客！

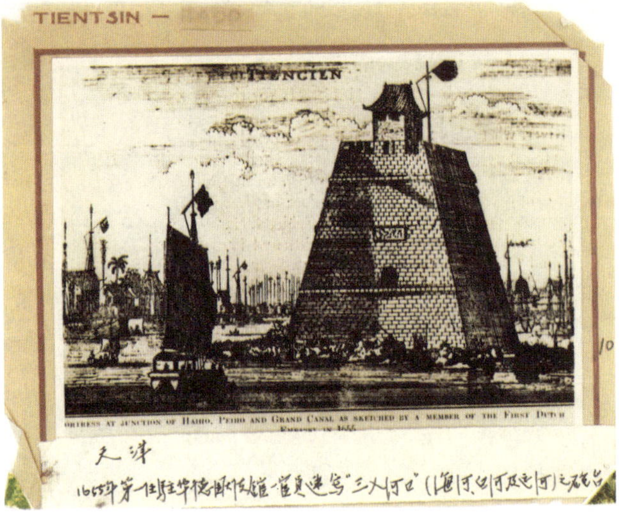

荷兰使节团的天津速写（1655年）

公元1655年，若以王朝纪年，乃清顺治十二年。新帝亲政不过四年，海内尚不平静。就在这一年，顺治下令『将兴文教、崇经术以开太平』，全国尊孔读经。也是这一年，荷兰使节团在哥页和开泽的率领下，由津入京。顺治是见过洋人的，起码他的身边就有明万历年间来华的汤若望，尊为『通玄教师』。以今天的眼光看，有使节来访，也算国家大事了。可在王朝的天下观里，『朝贡』不过是盛世里的小小花絮。哥页的到来静悄悄，离开亦没带走一片云彩。直到1793年英国派来马戛尔尼使团，才因为礼仪冲突冲撞了帝国的『尊严』。然而，这些在清帝国早期便已登门造访的外国人，却以其画师的神笔，将盛世帝国的大幕轻轻揭开一角，今天的我们才得以见到这些大约可被称为帝国碎片的影像。

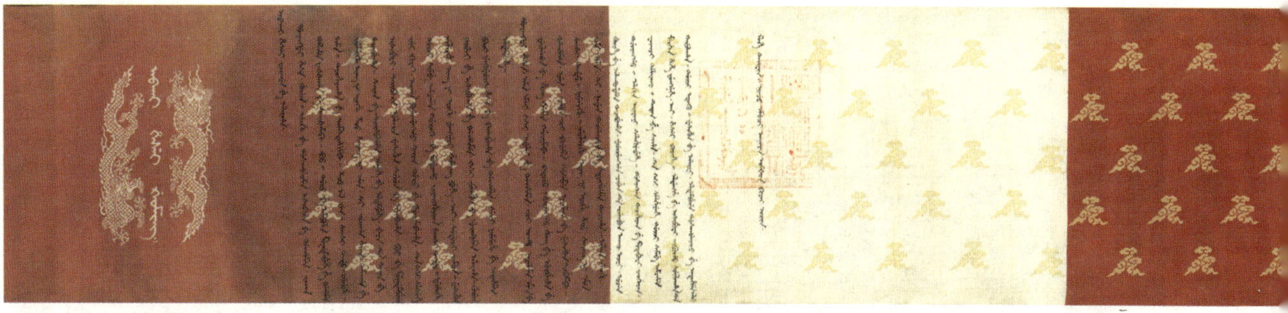

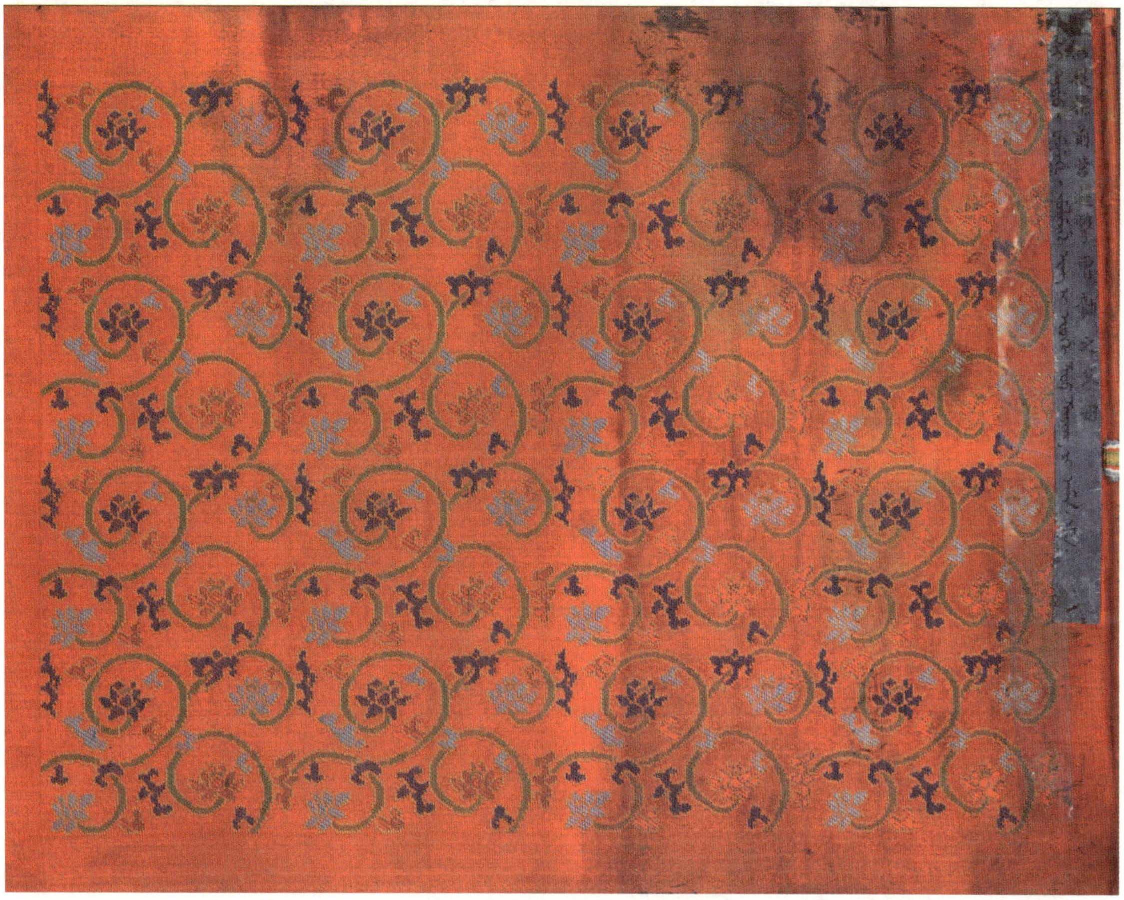

■ 清康熙六十一年封赠陕西提标前营游击曹勷父母的诰命（1722年12月27日）

诰命，皇帝封赠官员之用也。清承明制，封赠由吏部及兵部提准，翰林院依式撰文。每届封典，经中书科缮写，内阁诰敕房核准，加盖御宝颁发。清康熙皇帝封赠陕西提标前营游击曹勷父母的诰命为五色、锦面。诰命中有覃恩封赠曹勷父母的明文，称赞曹父积善在躬，曹母七诫娴明。清军入关，为树立传统道德形象，对忠孝节义推崇备至，此诰命之文亦可见道德教化之意。

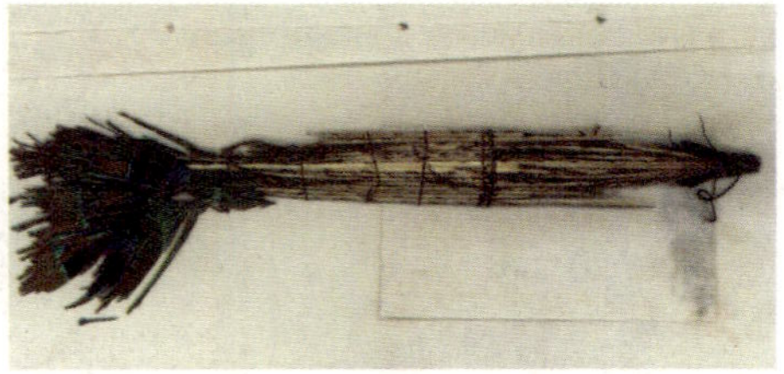

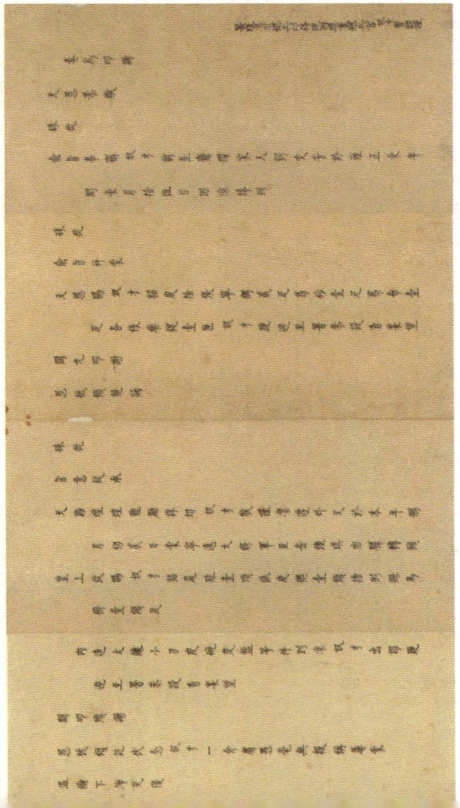

■ 署理凉州总兵印务陕西兴汉总兵官曹勷为叩谢雍正颁赐貂皮等物的奏折（1729年11月1日）

1729年11月1日，曹勷为叩谢雍正天恩，在奏折里写道：『奴才明春领兵出口之后，遵循大将军臣岳钟琪调度，鼓励士卒奋勇先登，早灭寇氛，以抒我圣主西顾之殷。』朱批：『来往平安如意，蒙上天神明慈佑，早立大功，速奏凯歌，君臣欢喜相见也。』曹勷何许人也？曹勷，字圣徽，1694年生人，直隶河间府交河县人。1713年康熙圣祖万寿恩科中式第七十五名武举人，会试中式第五十四名武进士，殿试二甲第九名。1714年，奉旨挑选为三等侍卫，在乾清门行走。1719年奉旨简选，交与协办陕西提督事马见伯带往陕西遇缺补用，任关山营游击事务。1723年2月28日，由抚远大将军年羹尧具题卓异，随蒙雍正召见。1726年7月再蒙召见。1727年秋起，承兴汉总兵印务。曹勷在边疆效力多年，乃一员不可多得的悍将，也算占尽一时风华，无奈官场命运跌宕，后遭牢狱之灾，死于非命。追问这一切的发生，还得回到曹勷二次觐见留下的那篇札记。1726年7月31日，圆明园里君臣问答，雍正谈到年羹尧，这可是触讳深喉的话题。1723年，雍正即位，当年发生青海叛乱。年羹尧临危受命，封抚远大将军，直捣叛军，大获全胜，因屡建功勋而位极人臣。1724年，年羹尧虽因战功得了封赏，却因为骄横跋扈惹得雍正不满。雍正在给年羹尧的谕旨里说了一段耐人寻味的话：『凡人臣图功易，成功难；成功易，守功难；守功易，终功难。若倚功造过，必致反恩为仇，此从来人情常有者。』这一席话并非无的放矢。1725年，年羹尧便被解除川陕总督职，交出抚远大将军印。1726年即被赐死。年羹尧在将位时，通过私人保举和排斥异己在西部边陲培植了自己的小团体，经他保举的官员甚至有『年选』专称。雍正对『年选』之人自然非常忌讳，因此才有问及曹勷是否为年保举。在这次君臣对话中，雍正贬斥年羹尧，却褒奖了岳钟琪。岳钟琪便是当年平定青海的『奋威将军』，后来接了年羹尧的职位，成了曹勷的顶头上司。1727年，噶尔丹策零继承汗位，成为准噶尔部新任首领。就在这一年，发生了湖广人卢氏讹言岳钟琪谋反的事情。岳的身上的确有两个极为敏感的因素易遭流言：一是以汉人身份掌握川、陕、甘三省军政大权，

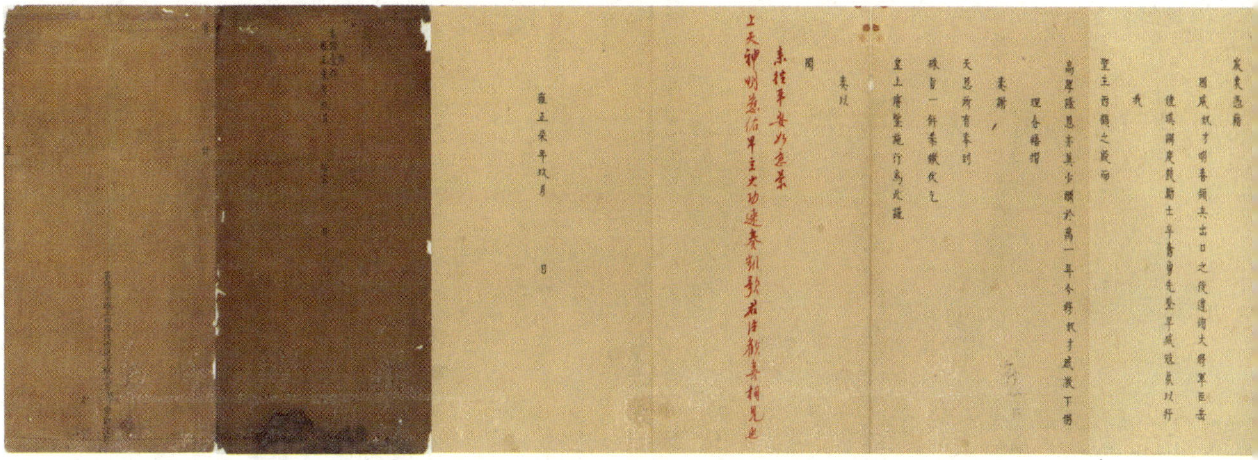

难免树大招风；一是岳飞后裔，难忘宋金之仇。虽然事后雍正特颁上谕为其洗冤，但流言并未终止。1728年又发生了靖州曾氏投书岳钟琪劝其谋反的事情，这让雍正难免疑心。但因平定准噶尔部叛乱事关重大，雍正仍委岳以重任，封宁远大将军。《清史稿》记载：上命傅尔丹为靖边大将军，屯阿尔泰山，出北路；钟琪为宁远大将军，屯巴里坤，出西路；以四川提督纪成斌等参赞军务。1730年，雍正召岳钟琪和傅尔丹诣京，纪成斌护大将军印。准噶尔部乘机入犯，以二万余人掠驼马而去，地点就在科舍图岭。纪成斌派副参领查廪保护科舍图牧场，败绩；又向总兵曹勷呼救，勷亦败；总兵樊廷及副将冶大雄等二千人，转战七昼夜；总兵张元佐督所部夹击，稍挽损失。后来，雍正追究纪成斌的失误，便是在科舍图战役上做文章的。这次失利也使雍正在随后的军事布防中对岳钟琪产生了怀疑。1732年初，准噶尔部入犯哈密。岳命副将军石云倬速赴梯子泉阻敌后路，石云倬迟发一日，贻误战机，纵使噶尔丹策零逃遁。这笔账自然也算到了岳钟琪头上。当年，雍正便以『误国负恩』之名判岳入狱，斩候决。岳钟琪遭劾，属下亦难幸免。1733年，大将军查郎阿参劾岳钟琪部署纪成斌、张元佐疏防，曹勷临阵畏缩，谎报军情。结果一人降职，二人问斩。边疆重臣血战千日不敌失误一时，权重一时不敌参劾一纸，真乃人言可畏，世事难料。对于曹勷之死，《曹氏宗谱》的『历世名爵叙』提供了另一种解释：『雍正六年春（1728年），奉旨：曹，明白精壮，乃实心效力之员，应领兵出口抵八里坤，署理军前兵部葛兰大。按：公初有千里白驼，经略沧人张广泗欲之，公未之许，后由固原总兵调赴西藏剿贼，诬以临阵退缩，被害，白驼招祸，悲夫！』这一传记虽不能尽信，也多少折射了清朝官场复杂的暗面。从年羹尧到档案里的主人公曹勷，身为军伍之人，或未能战死疆场，或未能荣至身退，总是一种遗憾。如此看来，乾隆年间得以重出江湖的岳钟琪最终病逝于凯旋途中，倒是人生的大幸运了。

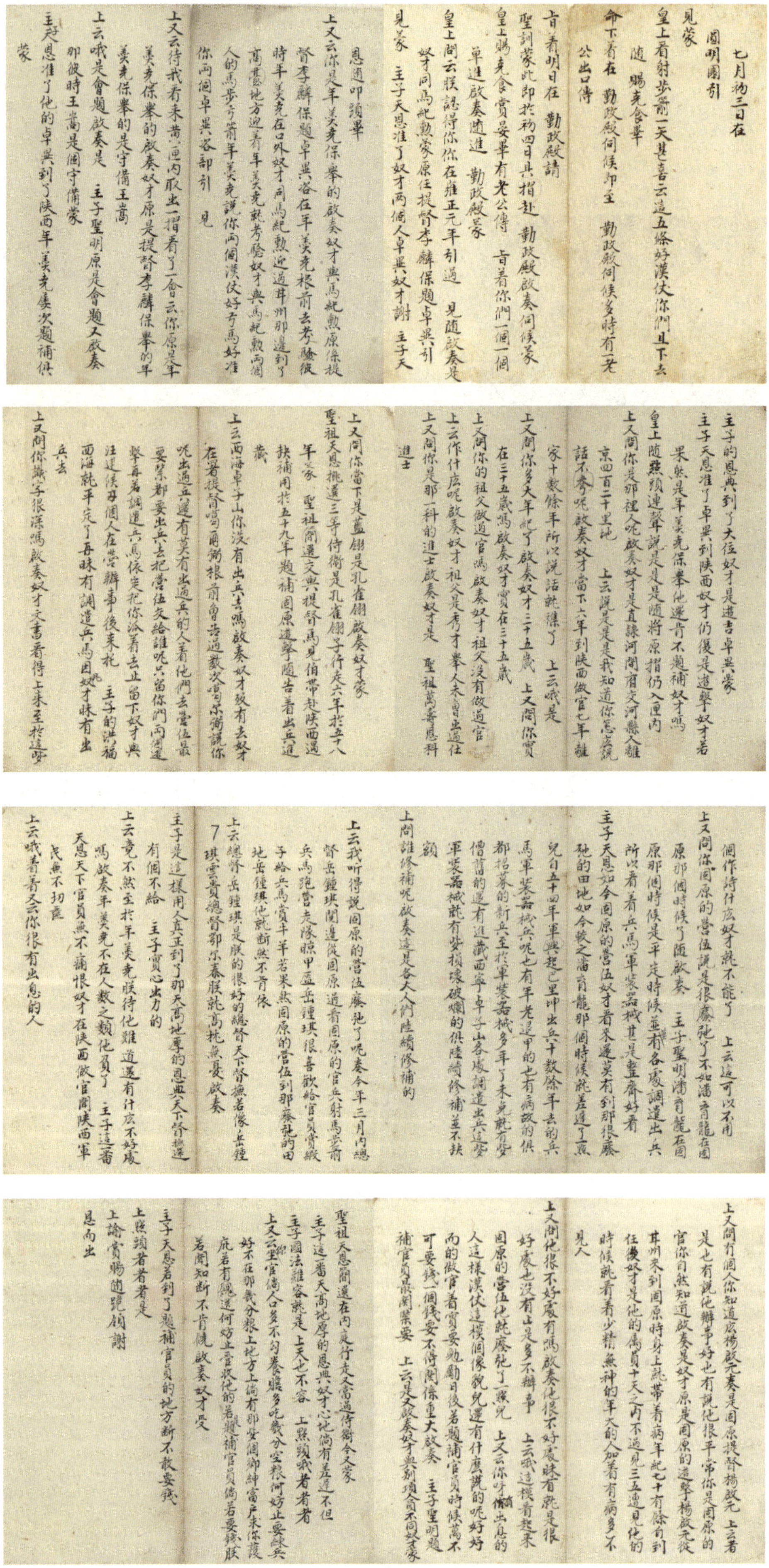
七月初三日在
圓明園引
見蒙
皇上看射步箭一天甚喜云這五條好漢仗你們且下去
隨 賜克食畢
命下着在 勤政殿伺候即至 勤政殿伺候多時有一老
公出口傳
旨着明日在 勤政殿請
聖訓蒙此即於初四日具摺赴 勤政殿啟奏伺候蒙
皇上賜克食賞晏畢有老公傳 旨着你們一個一個
單進啟奏隨進 勤政殿蒙
皇上問云朕認得你你在雍正元年引過 見隨啟奏是
奴才同馬紀勲蒙原任提督李麟保題卓異引
見蒙 主子天恩准了奴才兩個人卓異奴才謝 主子天
恩隨叩頭畢
上又云你是年羹堯保舉的啟奏奴才與馬紀勲原係提
督李麟保題卓異咨在年羹堯根前去考驗彼
時年羹堯在口外奴才同馬紀勲迎過井州那邊到了
高臺地方迎着年羹堯就考驗奴才與馬紀勲兩個
人的馬步箭年羹堯說你兩個漢仗好箭馬好准
你兩個卓異咨部引 見
上又云待我看來黃匣內取出一摺看了一會云你原是年
羹堯保舉的啟奏奴才原是提督李麟保舉的年
羹堯保舉的是守備王嵩
上云哦是會題啟奏是 主子聖明原是會題又啟奏
那彼時王嵩是個守備蒙
主子天恩准了他的卓異到了陝西年羹堯屢次題補供
蒙
主子的恩典到了大任奴才是道吉卓異蒙
主子天恩准了卓異到陝西奴才仍復是遊擊奴才若
果然是年羹堯保舉他還肯不題補奴才嗎
皇上隨點頭連聲說是是是隨將原摺仍入匣內
上又問你是那裡人啟奏奴才是直隸河間府交河縣人離
京四百二十里地 上云說是是我知道你怎麼說
話不夯啟奏奴才當下六年到陝西做官七年離
家十數餘年所以說話就様了 上云哦是
上又問你多大年紀了啟奏奴才三十五歲 上又問你實
在三十五歲嗎啟奏奴才實在三十五歲
上又問你的祖父做過官嗎啟奏奴才祖父沒有做過官
上云作什麼呢啟奏奴才祖父是秀才舉人未曾出過仕
上又問你是那一科的進士啟奏奴才是 聖祖萬壽恩科
進士
上又問你當下是藍翎是孔雀翎啟奏奴才蒙
聖祖天恩挑選三等侍衛是孔雀翎子行走六年於五十八
年蒙 聖祖簡選交與提督馬見伯帶赴陝西遇
缺補用於五十九年題補固原遊擊隨告着出兵道
藏
上云西海卓子山你沒有出兵去嗎啟奏奴才被有去奴才
在署提督噶爾弼根前曾告過數次噶爾弼說你
要緊都要出兵去把營伍交給誰呢只留你們兩個遊
擊再着調遣兵馬依定把你派着去止留下奴才與
汪遊擊兩個人在營辦事後來托 主子的洪福
西海就平定了再昧有調遣兵馬因此奴才昧有出
兵去
上又問你識字很深嗎啟奏奴才文書看得上來至於這些
個作詩什麼奴才就不能了 上云這可以不用
上又問你固原的營伍說是很廢弛了不如潘育龍在固
原那個時候了隨啟奏 主子聖明潘育龍在固
原那個時候是平定時候並有各處調遣出兵
所以看着兵馬軍裝器械甚是整齊好看
主子天恩如今固原的營伍奴才看來還莫有到那很廢
弛的田地如今較之潘育龍那個時候就差遠了些
兒自五十四年軍興起巴里坤出兵十數餘年去的兵
馬軍裝器械兵呢也有年老退甲的也有病故的俱
都招募的新兵至於軍裝器械多年了未免就有些
僧舊的還有進藏西寧卓子山各處調遣出兵這些
軍裝器械就有些損壞破爛的俱陸續修補並不缺
額
上問誰修補呢啟奏這是各大人們陸續修補的
上云我听得說固原的營伍廢弛了呢奏今年三月內總
督岳鍾琪閱邊從固原過看固原的官兵射馬步箭
兵馬跑營走隊操甲盔岳鍾琪很喜歡給官員賞緞
子給兵馬賞牛羊若果然固原的營伍到那廢弛的田
地岳鍾琪他就斷然不肯依
7
上云總督岳鍾琪是朕的很好的總督天下督撫若像岳鍾
琪雲貴總督鄂尔泰朕就高枕無憂啟奏
主子是這樣用人真正到了那天高地厚的恩典天下督撫還
有個不給 主子實心出力的
上云竟不然至於年羹堯朕待他難道還有什麼不好處
嗎啟奏年羹堯不在人數之類他負了 主子這番
天恩天下官員無不痛恨奴才在陝西做官聞陝西軍
民無不切齒
上云哦着着又云你很有出息的人
上又問有個人你知道麼楊啟元奏是固原提督楊啟元 上云着
是也有說他辦事好也有說他很平常你是固原的
官你自然知道啟奏是奴才原是固原的遊擊楊啟元從
井州來到固原時身上就帶着病年紀七十有餘前到
任後奴才是他的屬員十天之內不過見三五遭見他的
時候就看着少精無神的年大的人加着有病多不
見人
上又問他很不好處有嗎啟奏他很不好處昧有就是很
好處也沒有止是多不辦事 上云哦這樣看起來
固原的營伍他就廢弛了些兒 上又云你呀[illegible]出息的
人這樣漢仗這模樣兒還有什麼說的呢好好
而的做官着實要勉勵日後着題補官員時候萬不
可要錢一個錢要不得關係重大啟奏 主子聖明題
補官員最關緊要 上云是又啟奏奴才與別項人員不同奴才蒙
聖祖天恩簡選在內廷行走又當過侍衛今又蒙
主子這一番天高地厚的恩典奴才心地倘有差遲不但
主子國法難容就是 上天也不容 上點頭哦者者者
上又云武官倘人口多不勻養贍多吃幾分空粮何妨止要練兵
好不在那幾分粮上地方上倘有那些個鄉紳富戶未保護
庇若有還何妨止管收他的若題補官員倘若要錢朕
若聞知斷不肯饒啟奏奴才受
主子天恩若到了題補官員的地方斷不敢要錢
上點頭者者者是
上諭賞賜隨跪領謝
恩而出

曹勤在圆明园被雍正召见札记（1726年7月31日）

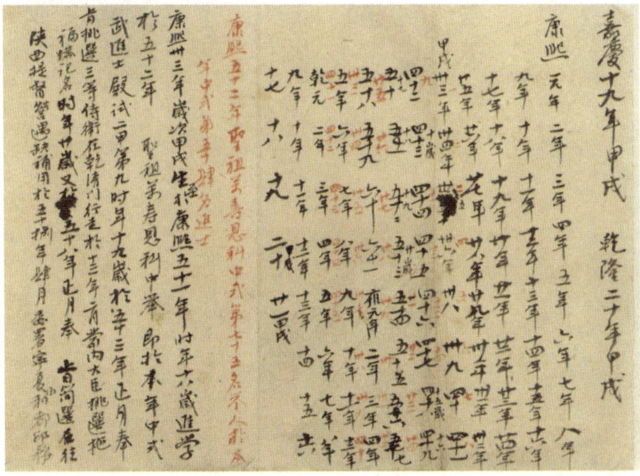

嘉慶十九年甲戌　乾隆二十年甲戌

康熙

康熙五十二年聖祖萬壽恩科中式第七十五名

年中式第五十肆名進士

康熙卅三年歲次甲戌生於康熙五十一年时年十六歲進學

於五十二年　聖祖萬壽恩科中舉　即於本年中式

武進士殿試二甲第九时年十九歲於五十三年正月奉

旨挑選三等侍衛在乾清門行走於五十三年二月蒙內大臣挑選拖

福蟀記名时年廿歲又於五十八年正月奉

旨簡選交往

陝西提督營遇缺補用於五十捌年肆月委署寧夏水利部印務

曹勷履历（局部）

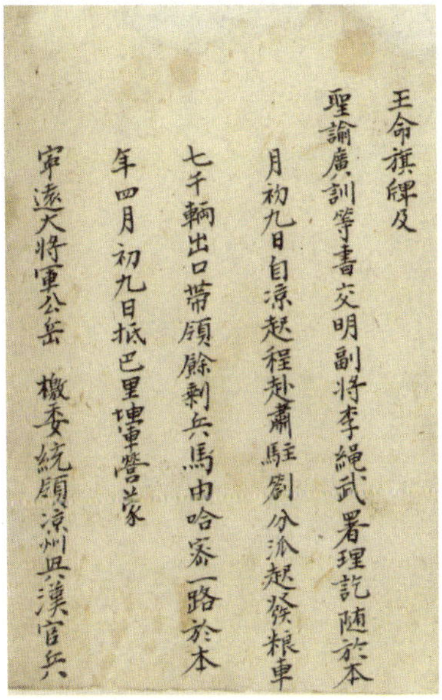

王命旗牌及

聖諭廣訓等書交明副将李繩武署理訖隨於本

月初九日自涼起程赴肅駐劄分派起發粮車

七千輛出口帶領餘剩兵馬由哈密一路於本

年四月初九日抵巴里坤軍營蒙

寧遠大將軍公岳　檄委統領涼州與漢官兵

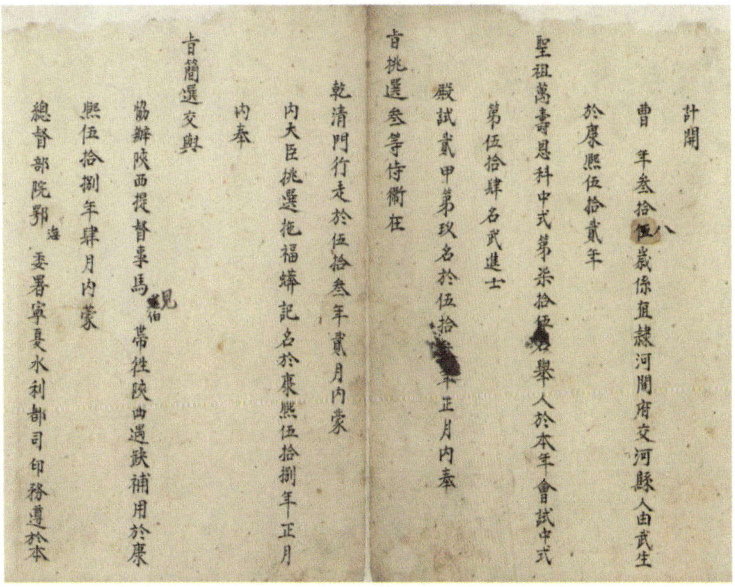

計開

曹　年叁拾伍八歲係直隸河間府交河縣人由武生

於康熙伍拾貳年

聖祖萬壽恩科中式第柒拾[illegible]名舉人於本年會試中式

第伍拾肆名武進士

殿試貳甲第玖名於伍拾[illegible]年正月內奉

旨挑選叁等侍衛在

乾清門行走於伍拾叁年貳月內蒙

內大臣挑選拖福蟀記名於康熙伍拾捌年正月

內奉

旨簡選交與

協辦陝西提督事馬見伯帶往陝西遇缺補用於康

熙伍拾捌年肆月內蒙

總督部院鄂海委署寧夏水利部司印務遵於本

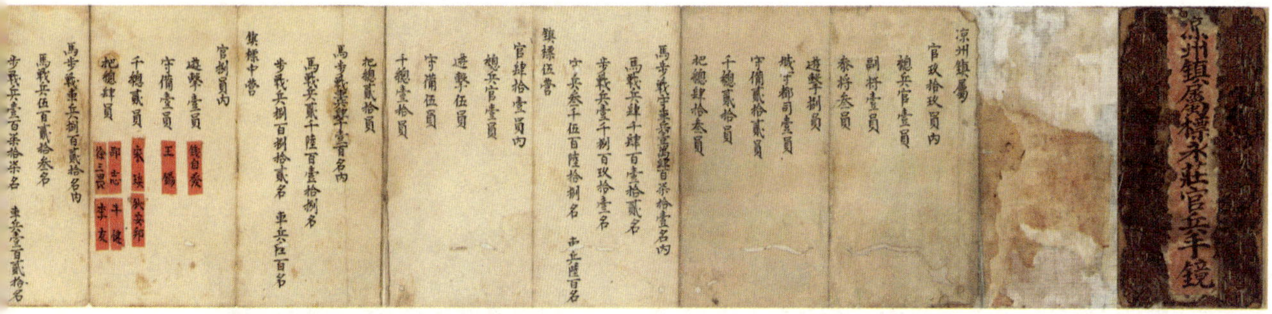
涼州鎮屬標永莊官兵年鏡
涼州鎮屬
官玖拾玖員内
總兵官壹員
副將壹員
參將叁員
遊擊捌員
城守都司壹員
守備貳拾貳員
千總貳拾員
把總肆拾叁員
馬步戰守兵壹萬肆百柒拾壹名内
馬戰兵肆千肆百壹拾貳名
步戰兵壹千捌百玖拾壹名
守兵叁千伍百陸拾捌名 出兵陸百名
鎮標伍營
官肆拾壹員内
總兵官壹員
遊擊伍員
守備伍員
千總壹拾員
把總貳拾員
馬戰兵貳千陸百壹拾捌名
步戰兵捌百捌拾貳名 車兵伍百名
鎮標中營
官捌員内
遊擊壹員 錢自秀
守備壹員 王錫
千總貳員 宋瑛 鈕安邦
把總肆員 鄧志 牛健 徐三畏 李友
馬步戰車兵捌百貳拾名内
馬戰兵伍百貳拾叁名
步戰兵壹百柒拾柒名 車兵壹百貳拾名

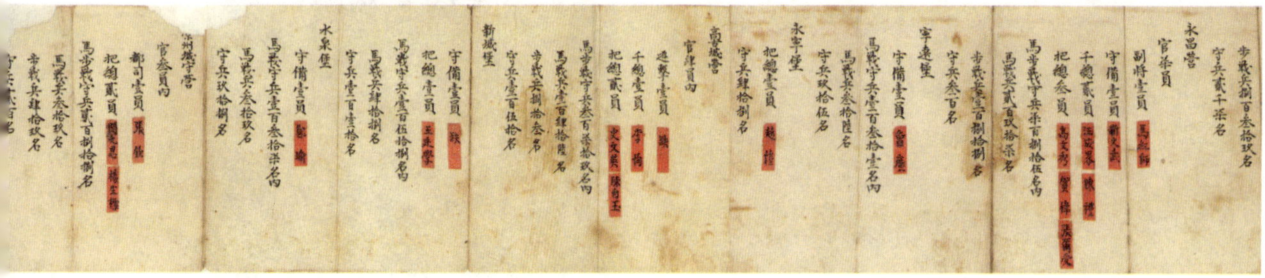
步戰兵捌百叁拾玖名
守兵貳千柒名
永昌營
官柒員
副將壹員
守備壹員
千總貳員
把總叁員
馬步戰守兵柒百捌拾伍名内
馬戰兵貳百玖拾柒名
步戰兵壹百捌拾捌名
守兵叁百名
寧遠堡
守備壹員 曾應
馬戰守兵壹百叁拾壹名内
馬戰兵叁拾陸名
守兵玖拾伍名
永寧堡
把總壹員 趙璉
守兵肆拾捌名
官肆員内
遊擊壹員
千總壹員 李楷
把總貳員 史文英 陳有玉
馬步戰守兵叁百柒拾玖名内
馬戰兵壹百肆拾陸名
步戰兵捌拾叁名
守兵壹百伍拾名
新城堡
守備壹員
把總壹員 王進學
馬戰守兵壹百伍拾捌名内
馬戰兵肆拾捌名
守兵壹百壹拾名
水泉堡
守備壹員 劉瑜
馬戰守兵壹百叁拾柒名内
馬戰兵叁拾玖名
守兵玖拾捌名
涼州城守營
官叁員内
都司壹員 張鈺
把總貳員
馬步戰守兵貳百捌拾捌名
馬戰兵叁拾玖名
步戰兵肆拾玖名

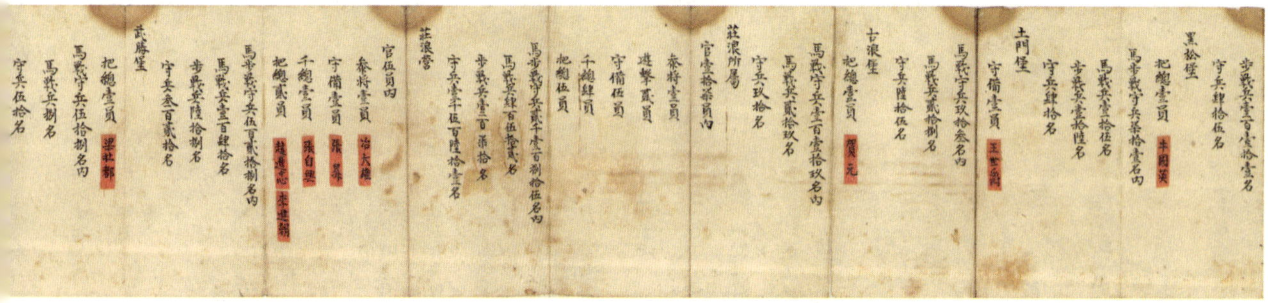
步戰兵壹百壹拾壹名
守兵肆拾伍名
黑松堡
把總壹員 牛國英
馬步戰守兵柒拾壹名内
馬戰兵壹拾伍名
步戰兵壹拾陸名
守兵肆拾名
土門堡
守備壹員
馬戰守兵玖拾叁名内
馬戰兵貳拾捌名
守兵陸拾伍名
古浪堡
把總壹員 賀元
馬戰守兵壹百壹拾玖名内
馬戰兵貳拾玖名
守兵玖拾名
莊浪所屬
官壹拾柒員内
參將壹員
遊擊貳員
守備伍員
千總肆員
把總伍員
馬步戰守兵貳千壹百捌拾伍名内
馬戰兵肆百伍拾貳名
步戰兵壹百柒拾名
守兵壹千伍百陸拾壹名
莊浪營
官伍員内
參將壹員 冶大雄
守備壹員 張翠
千總壹員 張自興
把總貳員 趙進忠 李建朝
馬步戰守兵伍百貳拾捌名内
馬戰兵壹百肆拾名
步戰兵陸拾捌名
守兵叁百貳拾名
武勝堡
把總壹員 梁壯都
馬戰守兵伍拾捌名内
馬戰兵捌名
守兵伍拾名

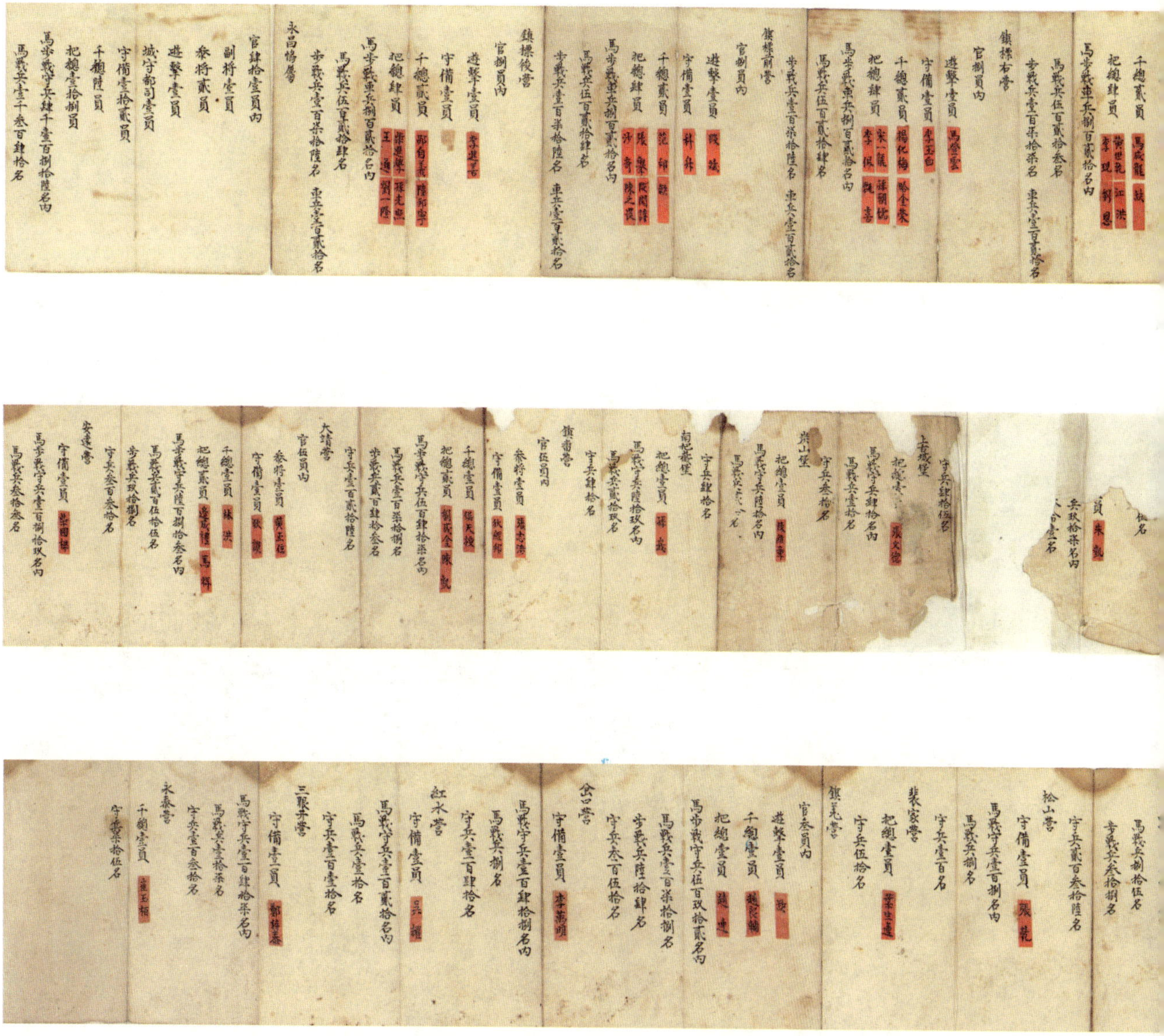

凉州镇属标永庄官兵手镜

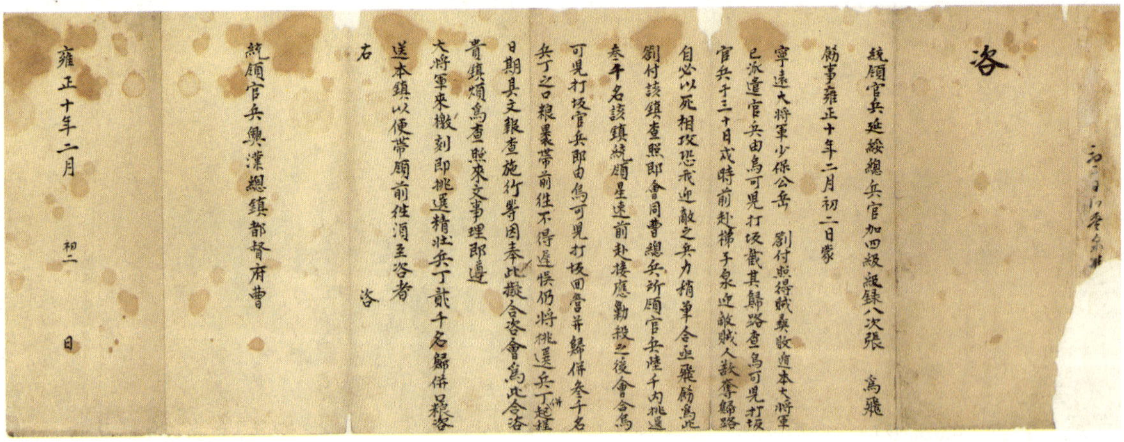
咨

統領官兵延綏總兵官加四級紀錄八次張　為飛
飭事雍正十年二月初二日蒙
寧遠大將軍少保公岳　劄付照得賊夥散逃本大將軍
已派遣官兵由烏可見打坂截其歸路查烏可見打坂
官兵于三十日戌時前赴梯子泉迎敵賊人欲奪歸路
自必以死相攻恐我迎敵之兵力稍單合亟飛飭為此
劄付該鎮查照即會同曹總兵所領官兵陸千内挑選
叁千名該鎮統領星速前赴接應勦殺之後會合烏
可見打坂官兵即由烏可見打坂回營并歸併叁千名
兵丁之口粮畧帶前往不得遅悞仍將挑選兵丁併起程
日期具文報查施行等因奉此擬合咨會為此合咨
貴鎮煩為查照來文事理即遵
大將軍來檄刻即挑選精壯兵丁貳千名歸併口粮咨
送本鎮以便帶領前往須至咨者
右　咨
統領官兵興漢總鎮都督府曹
雍正十年二月　初二　日

延绥总兵张广泗为请挑选精兵会同迎敌事致兴汉总兵官曹勷的咨文（1732年2月27日）

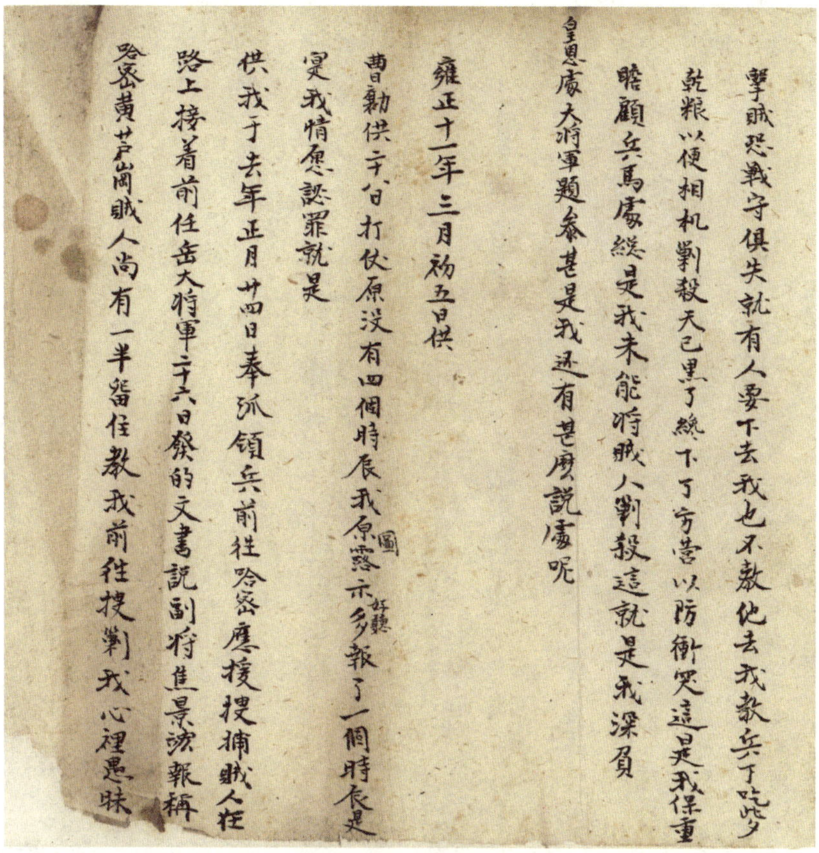

孽賊恐戰守俱失就有人要下去我也不教他去我教兵丁吃些
乾粮以便相机剿殺天已黑了纔下了方營以防衝哭這是我保重
瞻顧兵馬處総是我未能將賊人剿殺這就是我深負
皇恩處大將軍題參甚是我還有甚麼說處呢
雍正十一年三月初五日供
曹勷供午台打仗原没有四個時辰我原露示多報了一個時辰是
實我情愿認罪就是
供我于去年正月廿四日奉派領兵前往哈密應援搜捕賊人在
路上接着前任岳大將軍二十六日發的文書說副將焦景䜣報稱
哈密黄芦岡賊人尚有一半留住教我前往搜剿我心裡愚昧

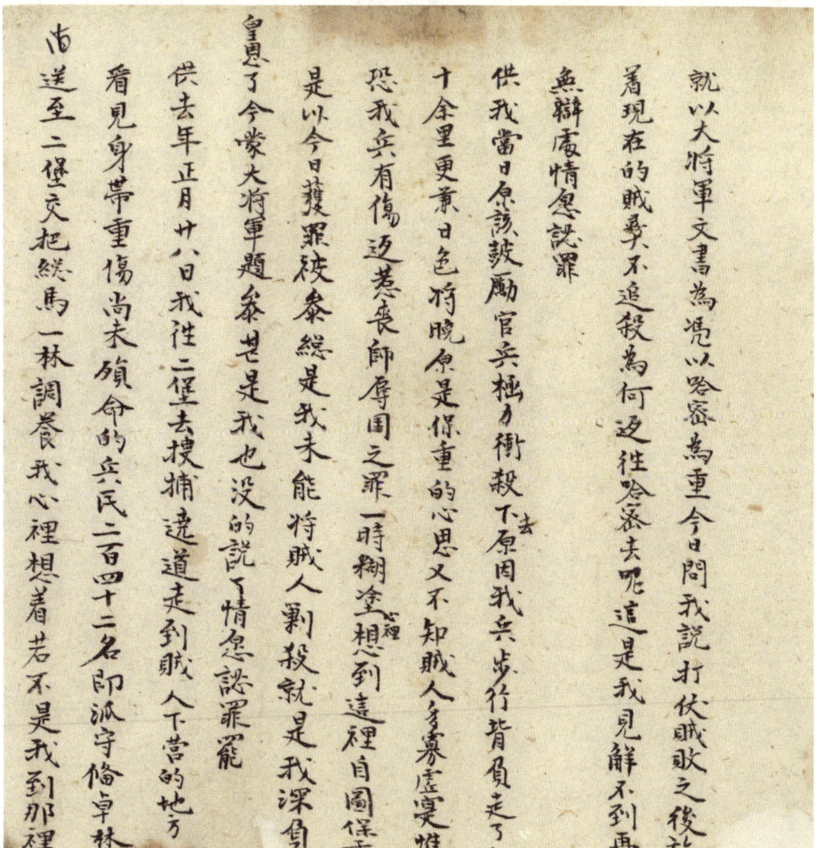

就以大將軍文書為憑以哈密為重今日問我說打伏賊敗之後於
着現在的賊衆不追殺為何反往哈密去呢這是我見解不到再
無辯處情愿認罪
供我當日原該鼓勵官兵極力衝殺下去原因我兵步行背負走了八
十余里更兼日色將晚原是保重的心思又不知賊人多寡虛實惟
恐我兵有傷返惹喪師辱国之罪一時糊塗想到這裡自圖保重
是以今日獲罪被參總是我未能將賊人剿殺就是我深負
皇恩了今蒙大將軍題參甚是我也没的說了情愿認罪罷
供去年正月廿八日我往二堡去搜捕遠道走到賊人下營的地方
看見身帶重傷尚未殞命的兵民二百四十二名即派守備卓林
沿送至二堡交把総馬一林調養我心裡想着若不是我到那裡

曹勷的狱中供单（局部）（1733年4月）

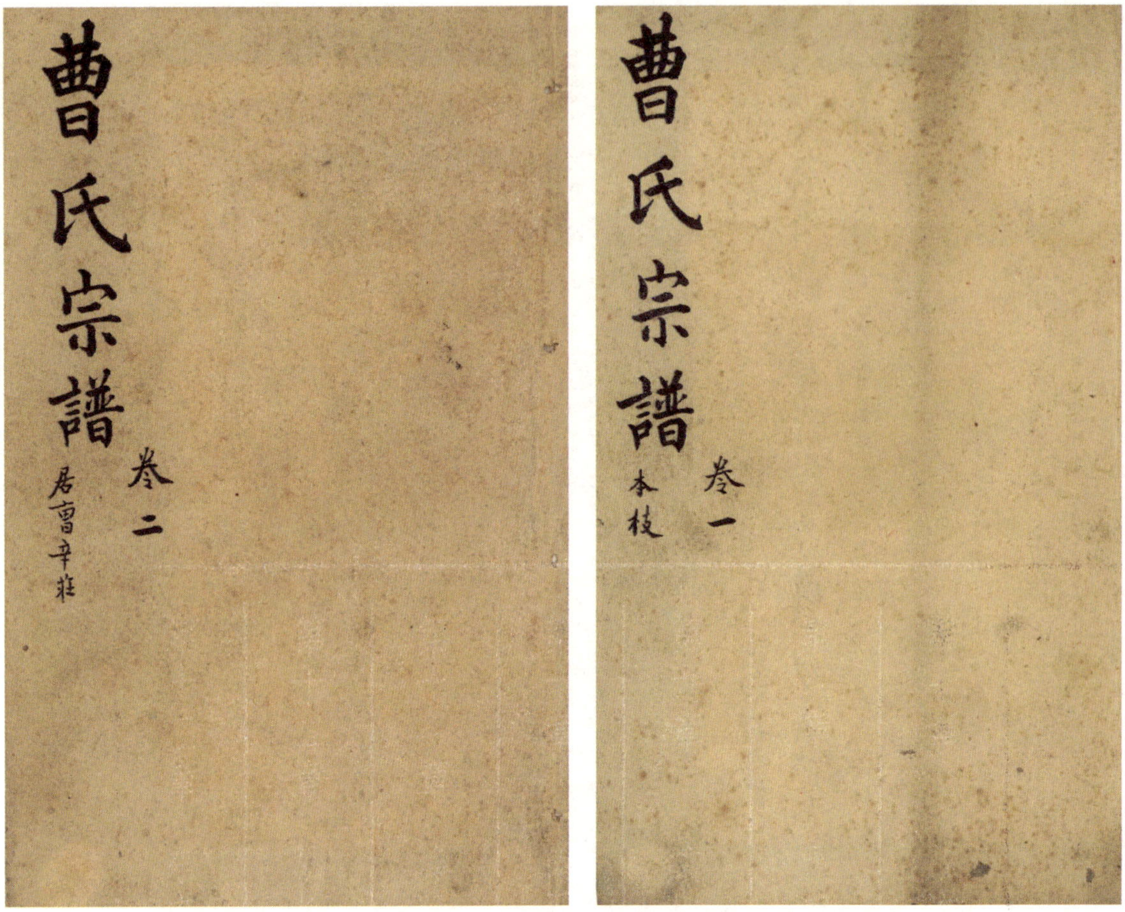

曹氏宗谱（局部）（1913年重修）

曹氏旧谱原叙：『本宗直隶河间府交河县民籍，祖居齐家沿，明永乐十九年五月十八日，始祖讳海至泊头镇迤西八里庄，于王门为婿，送宅基一所，土楼三间，东房三间，西房三间，南牛棚三间，楼前门面房九间，楼后群房九间，宅内所用之器俱全，又送大地三顷，牛车全备，迨后至大清康熙二十五年自原一里八甲均至永丰里三甲各户当差。』河间曹氏一支由此肇始。

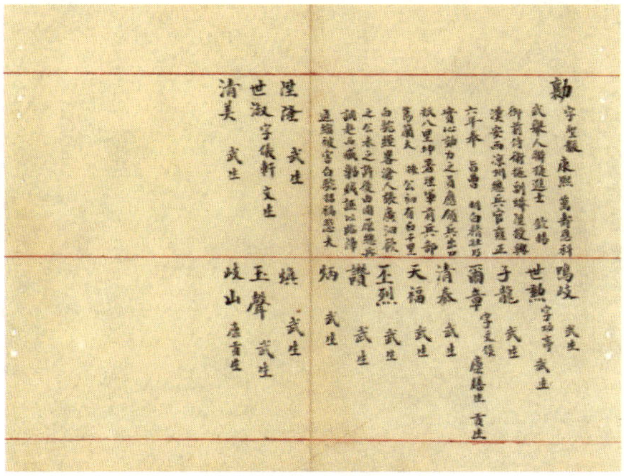
勷 字聖馥
陞隆 武生
世淑 字儀軒 文生
清美 武生
鳴岐 武生
世勳 字功亭 武生
子龍 武生
爾章 字文錦 貢生
清泰 武生
天福 武生
丕烈 武生
讚 武生
炳 武生
熿 武生
玉聲 武生
岐山 廩貢生

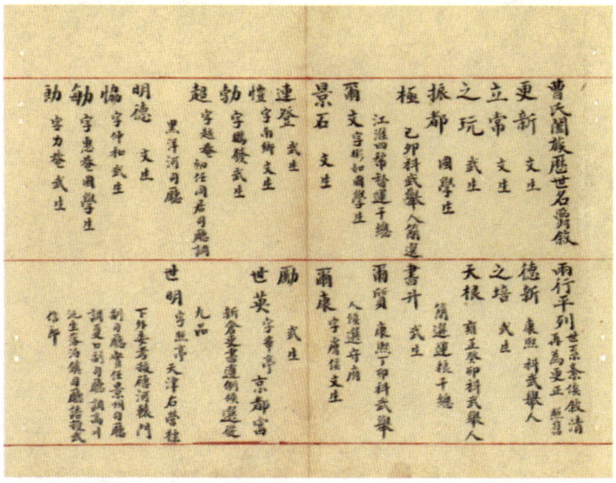
曹氏闔族歷世名爵敘
更新 文生
立常 文生
之玩 武生
振都 國學生
極 乙卯科武舉
爾文 國學生
景石 文生
連登 武生
愷 文生
勃 武生
明德 文生
勑 國學生
勐 字力卷 武生
德新 康熙 科武舉人
之培 武生
天根
書升 武生
爾賢 康熙丁卯科武舉
爾康 文生
勵 武生
世英 京都
世明 天津右營

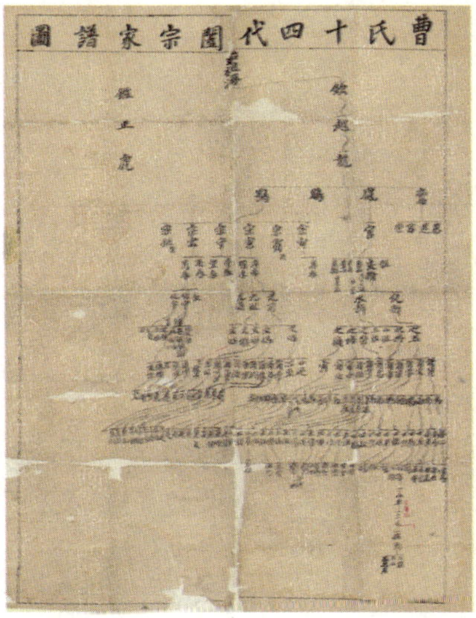
曹氏十四代闔宗家譜圖

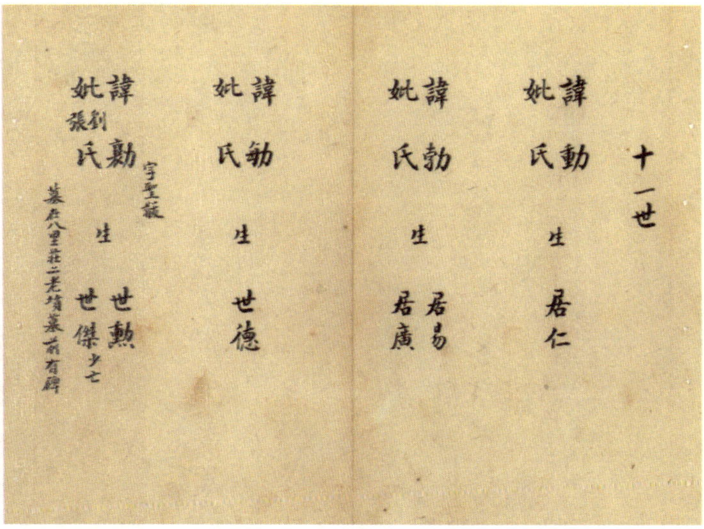
十一世
諱勳 妣氏 生 居仁
諱勃 妣氏 生 居易 居廣
諱勅 妣氏 生 世德
諱勷 字聖馥 妣張劉氏 生 世勳 世傑 少亡
葬在八里莊二老塋墓前有碑

第一章

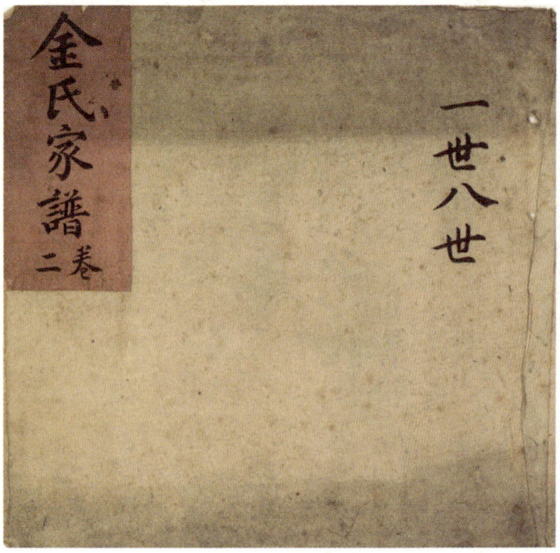

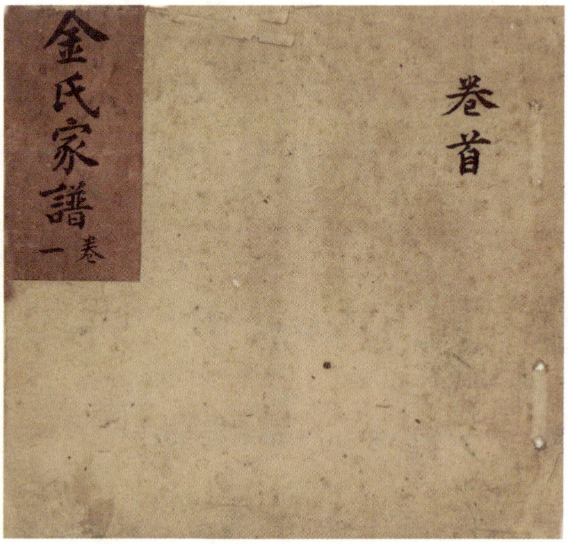

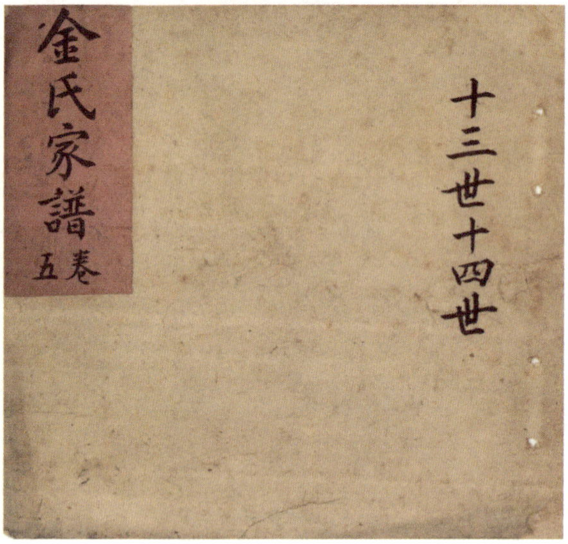

■ 金氏族谱（局部）（1708 年 4 月 23 日修，1847 年 6 月 23 日重修）

家族族谱，大清帝国最具平民特色的文献之一，记载了以父系血缘关系为主体的家族繁衍历史。传统社会下的宗族一如大树，干上生枝，枝上长叶，即便散叶而居，宗族也培养了浓厚的寻根问祖的情结。注重编修家谱便是普通人实践亲亲之道，以世系长幼辨亲疏远近，归同祖同宗以和睦族群的愿望体现。

一世

德 本劉姓居蘭谿避武肅嫌名去卯刀仕吳越為户部尚書 按舊譜謚康有敕贊 一子統

二世

統 德子睦州錄事 一子翊

三世

翊 統子入宋為武寧軍節度使一子翀 按舊譜謚恭肅有敕贊

四世

翀 翊子右班殿直 二子愷悌

五世

廿五

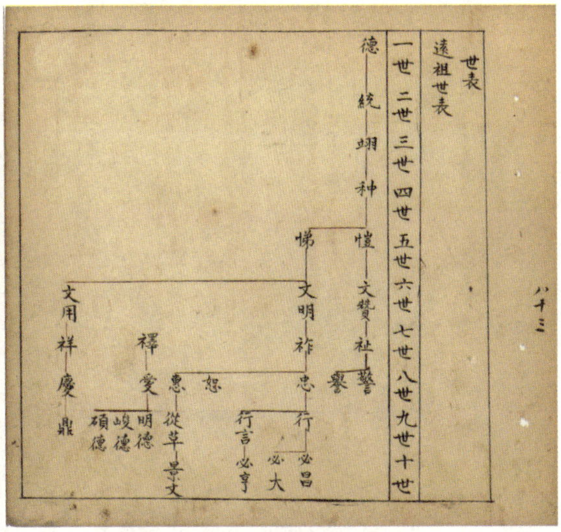

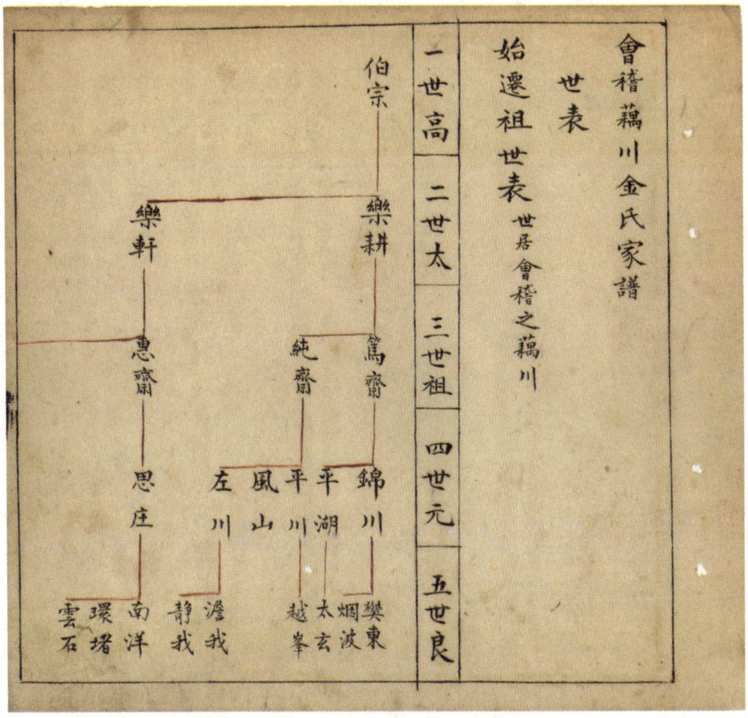

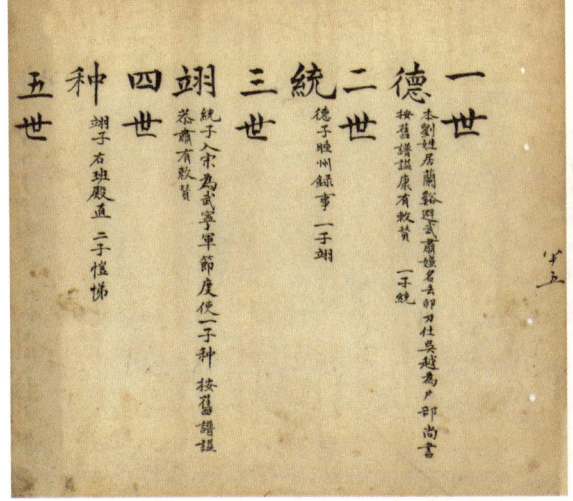

清康熙二十五年房地契（1686 年）

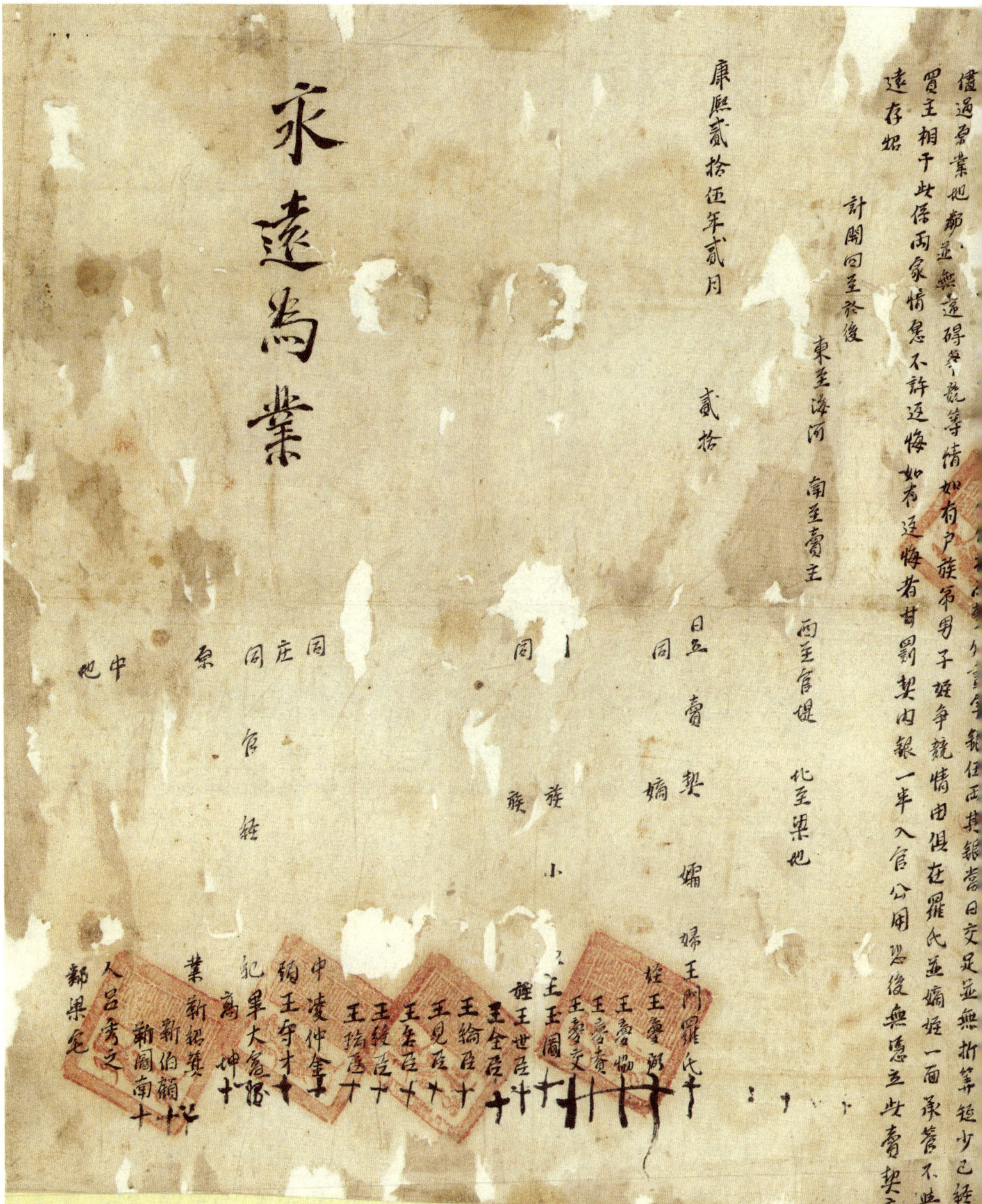
[illegible]價銀伍両其銀當日交足並無折算短少已經
遺過買業地鄰並無違碍𠀌競等情如有戶族弟男子姪爭競情由俱在羅氏並嫡姪一面承管不與
買主相干此係兩家情愿不許返悔如有返悔者甘罰契內銀一半入官公用恐後無憑立此賣契永
遠存炤
計開四至於後
東至海河　南至賣主　西至官堤　北至渠地
康熙貳拾伍年貳月　貳拾　日立　賣契孀婦王門羅氏十
同嫡姪王學鄉十　王學協十　王學賁十　王學文十
同族　小　王玉圖十
族姪王世臣十　王全臣十　王綸臣十　王見臣十　王岳臣十　王綬臣十　王瑞臣十
同中　凌仲金十　王奇才十
同庄官　經紀　畢大鵬十　高坤十
業　新紹箕十　新伯顏十　新闔南十
中地人　呂秀之　鄰渠定
永遠為業

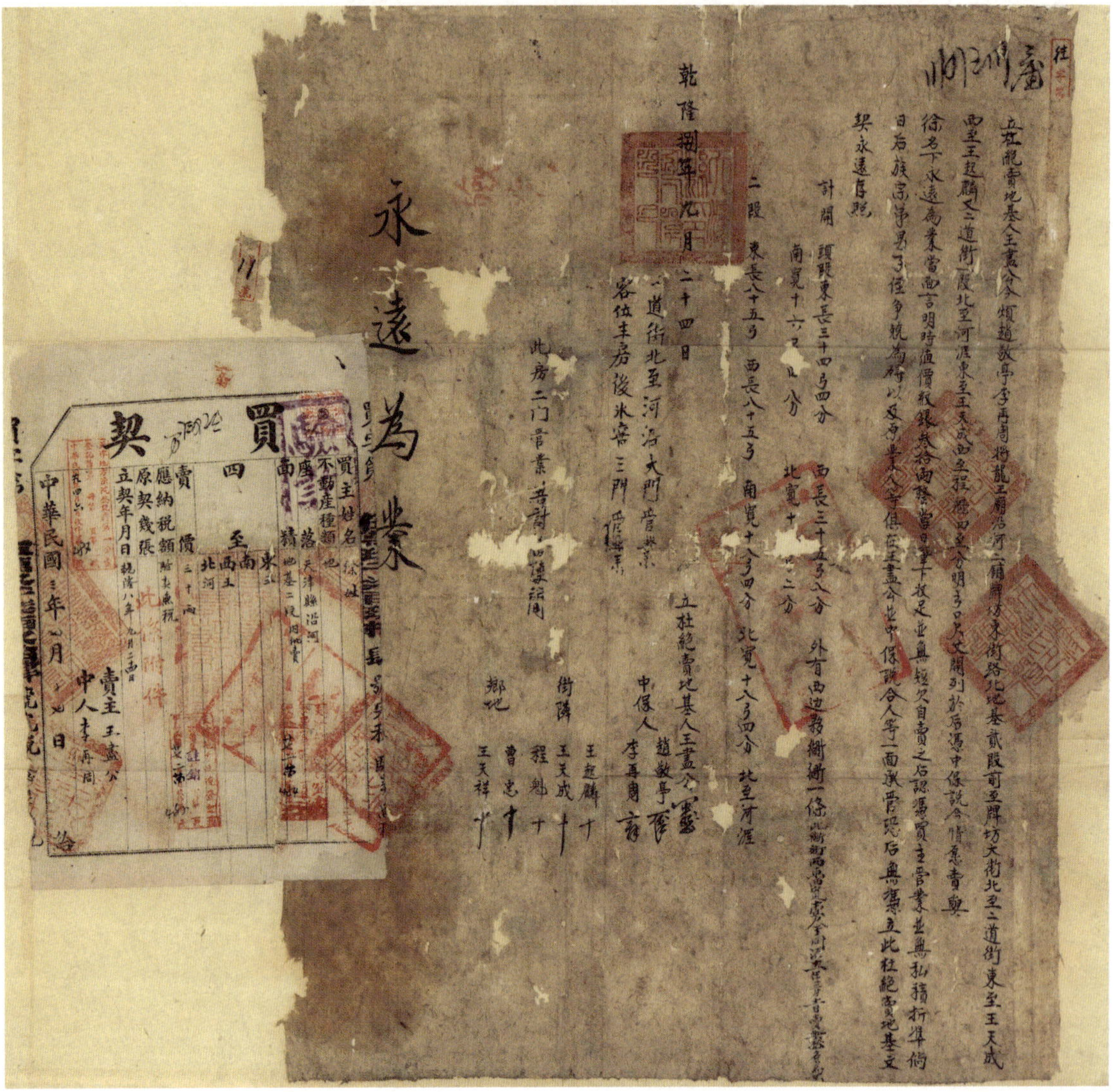

清乾隆八年房地契

（1743年11月9日）

大清帝国涉及普通人的文献还有一类叫地契。乾隆八年的这张房地契便为我们讲述了一个普通的天朝子民将天津县龙王庙沿河二段地基卖给另一姓人家的故事。按照老规矩，立契人找来了中保人，街坊邻居、乡人地保的名字也因此出现在了这张地契上。它为我们清晰勾勒了大清帝国土地买卖的一幕。

第二章

『天朝』走进条约时代

『天朝』走进条约时代

使团、鸦片、大炮，『天朝』近代史开篇首幕，绕不开的三大道具。至于剧本的撰写，情节的铺陈，大约因为作者身处的圈圈不同而迥异。20世纪的西方，『冲击—反应』范式流行费正清，东方则普遍运用帝国主义和封建主义，来描述一切悲剧的根源。虽说『东方自东方，西方自西方』，对『天朝』近代历史的讨论，恐怕要无往不在中西关系之中了。

使团的外交诉求

马戛尔尼的造访，惹了乾隆一肚闲气，便也尘埃落定了。对于自闭的人而言，西方想说什么，说了什么，似乎都不重要。傲慢与偏执的东方让西方的外交诉求成了自语。

英吉利国王的表文要说什么？且看一看究竟：大不列颠国王请求中国皇帝陛下积极考虑，允许英国在北京开设使馆并设一货栈，允许英商在舟山、宁波、天津等处贸易，在舟山、广州附近指定一个未经设防的小岛供英商居住，公开海关税则，允许在华自由传教。

以今人之眼光看来，英吉利立国的两大基础乃自由与贸易无疑了。乾隆文治武功六十载，正好是英国经历产业革命的时期，要想使『英国制造』全球风靡，变商品为财富，就需要国与国之间建立宽松的贸易体系，而这在商人向来不受尊重的『天朝』是无法想象的。

乾隆爷一句『与天朝体制不合，断不可行』将外交大门关闭。马戛尔尼出使以失败告终，他预言道：各国的冒险家都将来到中国展开无情的斗争，用中国人的衰败来建立自己的威望，英国将获得最大的利益。五十年后，一语成谶！

鸦片贸易的危害

天朝一如围城，外交官从里面退出来，毒品却从城墙的缝隙源源不断地渗透进去。在天朝拒绝了开放贸易体系之后，却被迫以鸦片消费者的身份进入世界市场。

『海禁』一直作为最具大清特色的国策被几代帝王恪守遵循，这里当然有权力安全的至高考量。『反清复明』一直是最能挑动天朝政治神经的过敏源，皇帝们大约也形成了这样一个刻板印象：海上有盗贼，海上有异心。

这种对海的恐惧体现在政策上，便有了沿海迁界、禁帆出洋的规定。1757年，乾隆下令关闭江海、浙海、闽海三关，单留广州一口通商。同年，英国占领印度鸦片产地孟加拉。运走丝绸茶叶，留下真金白银，有来少往的贸易，让英吉利连年逆差。直到鸦片作为特殊商品，大量走私入境，财富的天平才渐渐倾斜西方。

1838年，乾隆的孙辈道光在朝廷中主持了一次禁烟研讨。禁食，还是禁海？斟酌再三，派林则徐去禁海。这位钦差大臣，既不统兵，亦无外交，他来广州，无非是整理内务，帮皇帝杜绝鸦片且避免边衅。然，禁烟的终极障碍并非内务，而切切实实是一场外务，边衅的开与不开，早非一己能够控制。一场以鸦片命名的战争不可避免地到来了。

大炮之下的条约

战争打得很仓皇，剿抚之间，方寸大乱。这不奇怪，天朝的智库能够提供的依然是以陆制海的老套路。乾隆爷当年是见过西洋装备的世面的，只不过在他看来，夷人虽谙悉海道，只要口岸严防死守，便能主客异势。然而，真到兵临城下，中世纪的冷兵器和旧头脑，在西洋大炮火器面前真是相形见绌。

英吉利的舰队从南至北，在大清国的海岸线伺机进攻。他们选择了离心脏最近的海口——大沽口。天津这座天子渡口，也成为近代战事里，对手掌中最有分量的王牌。1840年8月9日，英吉利兵船驶抵大沽。来者交涉，要求照会直达『天听』。大沽口的谈判一开，南中国的战守之局异也。

1842年8月29日，『天朝』正式走进条约时代。茅海建曾说：南京条约是一座界标。《天朝的崩溃》清初建立起来的单口对外贸易模式被彻底废除了，同样遭受损害的还有『天朝观念』。在因鸦片战争形成的最初的条约框架里，今天的人们看到了马戛尔尼递送表文的影子，历史有着惊人的对照性。而这一年，距离狮子号出航仅仅过去五十年。

『议和之后，都门仍复恬嬉，大有雨过忘雷之意。海疆之事，转喉触讳，绝口不提』。《软尘私论》浮生若梦，谁又愿意清醒？由中国海东望，同样走进条约时代的日本，『惊破太平梦，彻夜不能眠』。日出之国将目光投向日不落的文明，开始整个民族不睡觉的奋斗。条约时代对谁都是一种不幸，因不幸而沉沦，才是其中最大的可悲。

■ 英法联军登陆地北塘镇及镇前地貌（1860年）

天津『当河海之冲，为畿辅门户』，特殊的地理位置使得天津这座渡口成为近代战事里的王牌。只要船舰抵达塘沽，封锁白河口，便能威胁天津，压服北京，这已经成为外国侵略者屡试不爽的谈判法宝。也正因为如此，天津在近代史上屡遭战火。第一次鸦片战争期间，英国舰队驶抵大沽口交涉，结果南中国战守之局异势。第二次鸦片战争期间，大沽口更是经历了三次炮火洗礼，见证了『天朝』的屈辱。

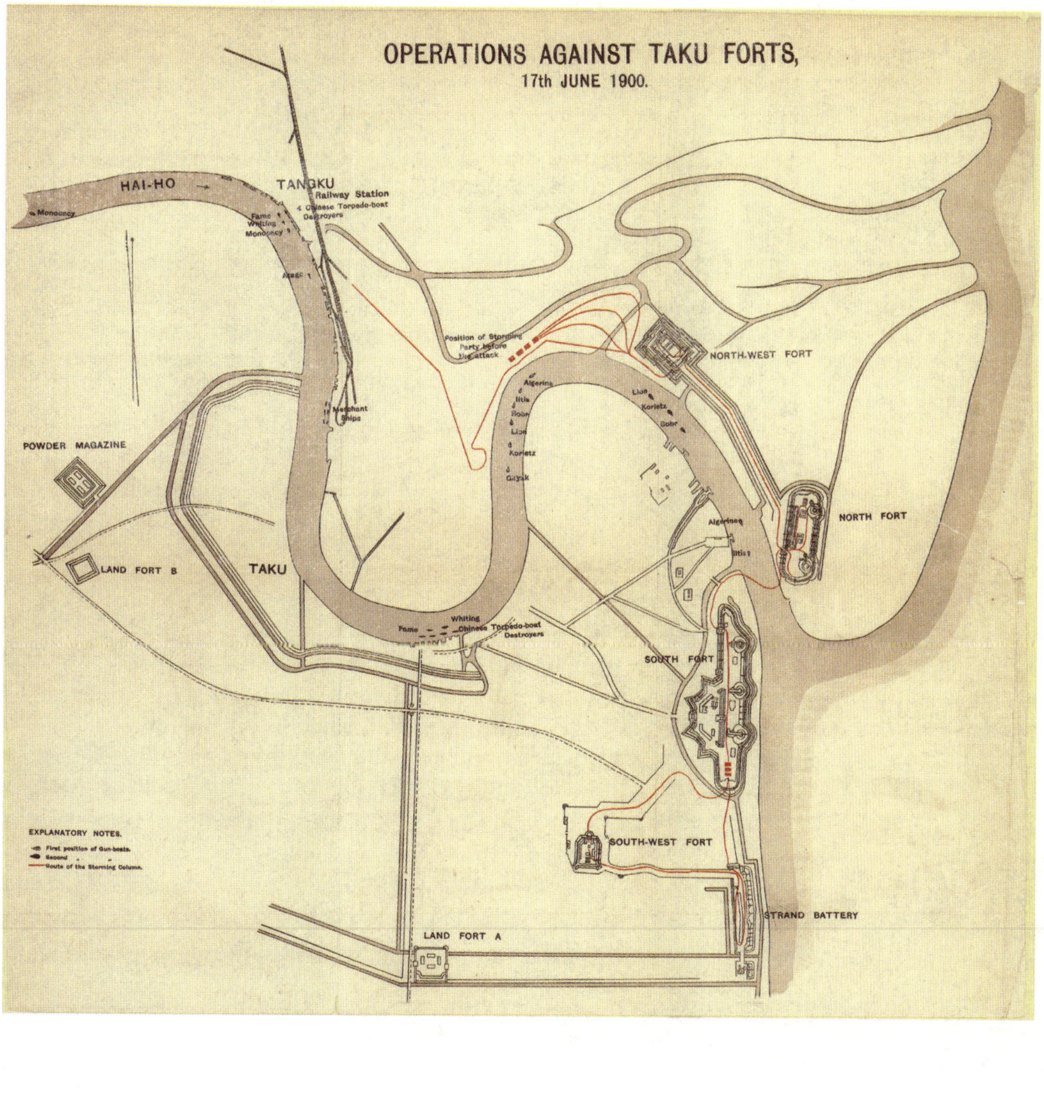

八国联军攻打天津大沽炮台战略图（1900年6月17日）

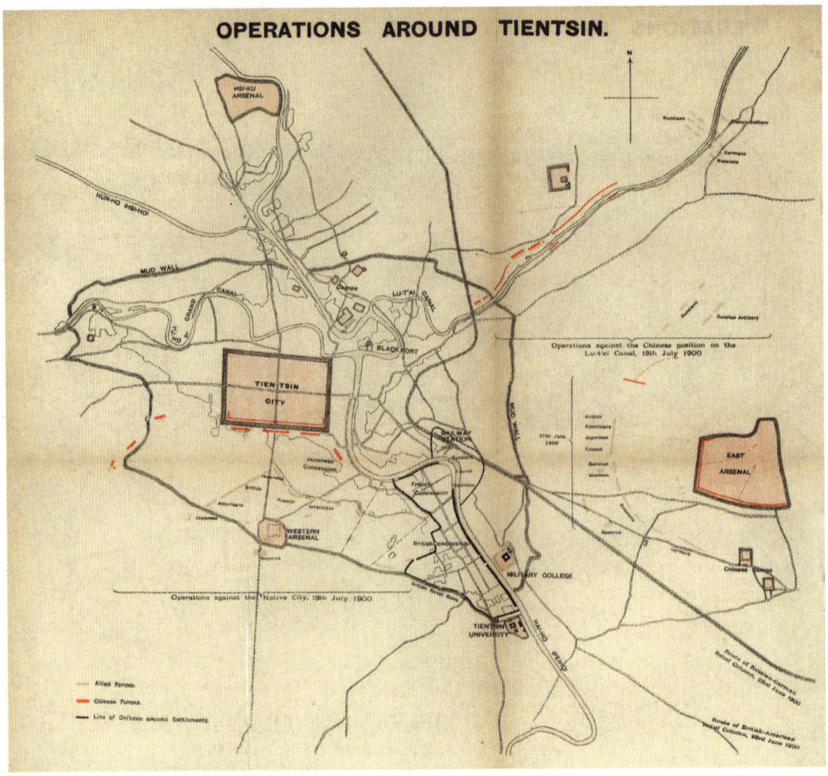

八国联军在天津军事行动路线图（1900年）

1900年6月，八国联军在津集结进犯北京。义和团民沿京津铁路一线杨村至廊坊设下埋伏，重击西摩尔所率联军。于此同时，联军舰队集结大沽口，悍然占领大沽炮台。6月21日，清政府发布宣战上谕，欲借团民之力抵御外辱。围绕天津租界，义和团与租界内联军在老龙头火车站展开了鏖战，而清军与团民相互配合围攻紫竹林租界，给侵略者造成极大恐慌。6月27日，三千联军攻打东局子。7月9日，聂士成捐躯八里台。7月14日，联军占领天津。

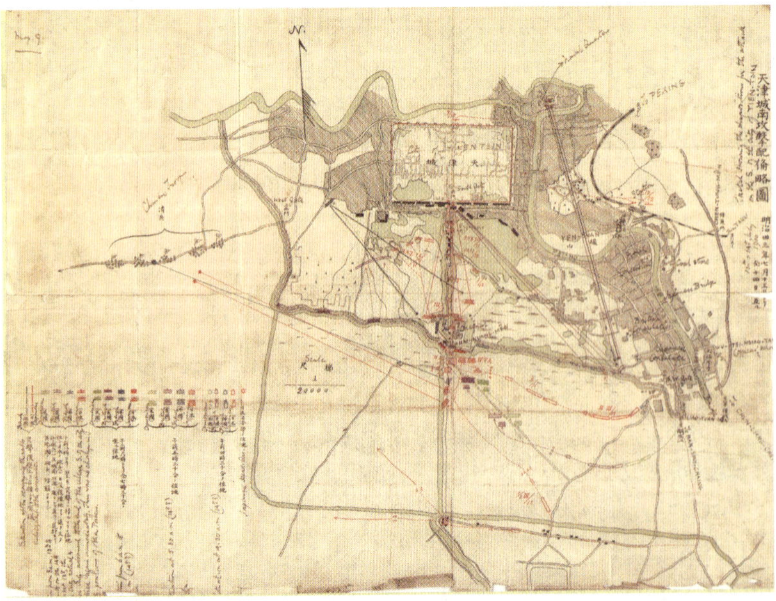

八国联军攻打天津城南作战图（1900年7月13日）

八国联军占领天津后的照片（1900年）

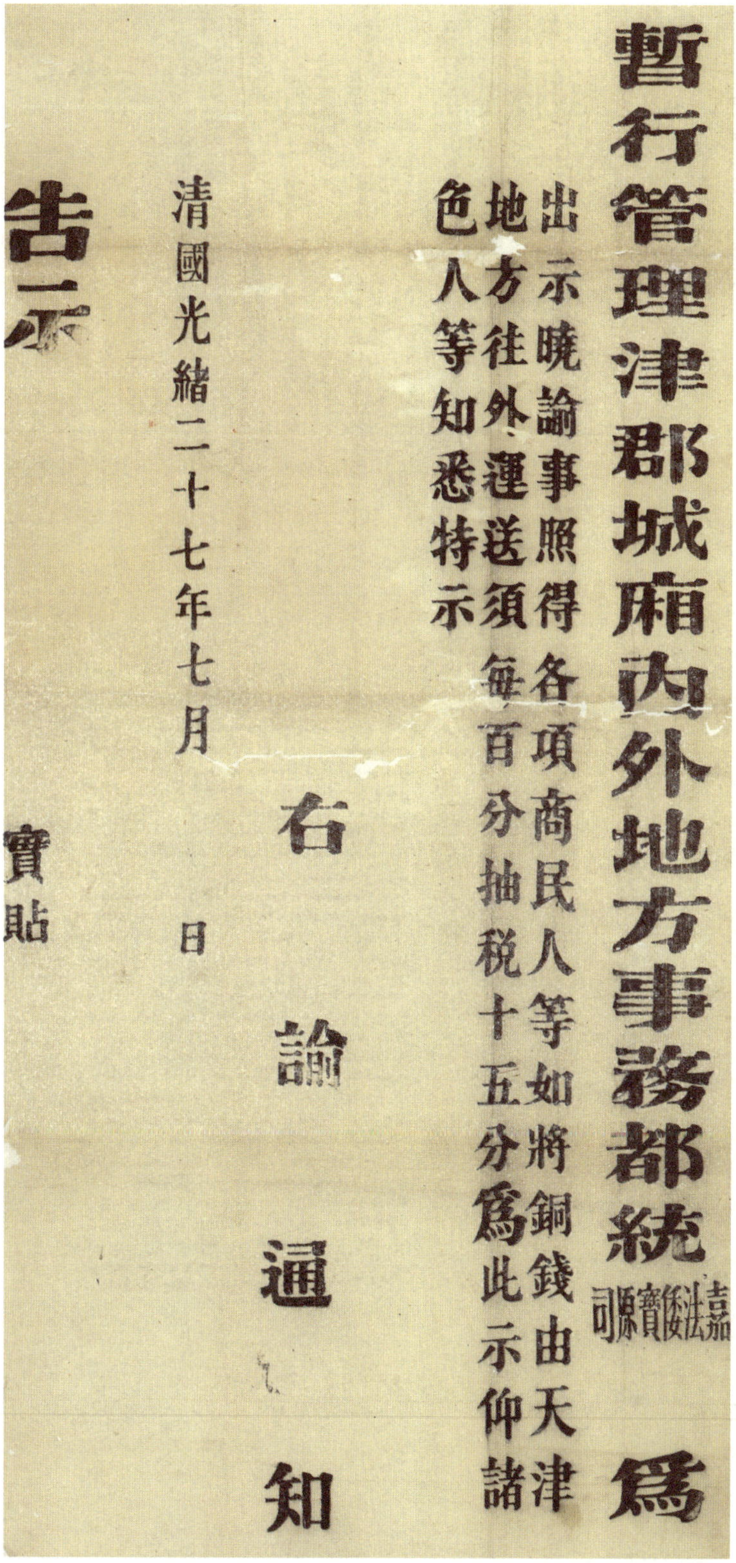

暫行管理津郡城廂內外地方事務都統嘉法倭寶原司爲

出示曉諭事照得各項商民人等如將銅錢由天津

地方往外運送須每百分抽稅十五分爲此示仰諸

色人等知悉特示

右諭通知

清國光緒二十七年七月　日

告示　實貼

■ 管理津郡城厢内外地方事务都统衙门为外运铜钱抽税事的告示（1901年）

1900年7月22日，都统衙门在直隶总督衙门原址成立，全称『管理津郡城厢内外地方事务都统衙门』，是联军共管的殖民统治政权机构。下设总文案、巡捕局、工程局、卫生局等八个职能部门。1902年8月，都统衙门裁撤。

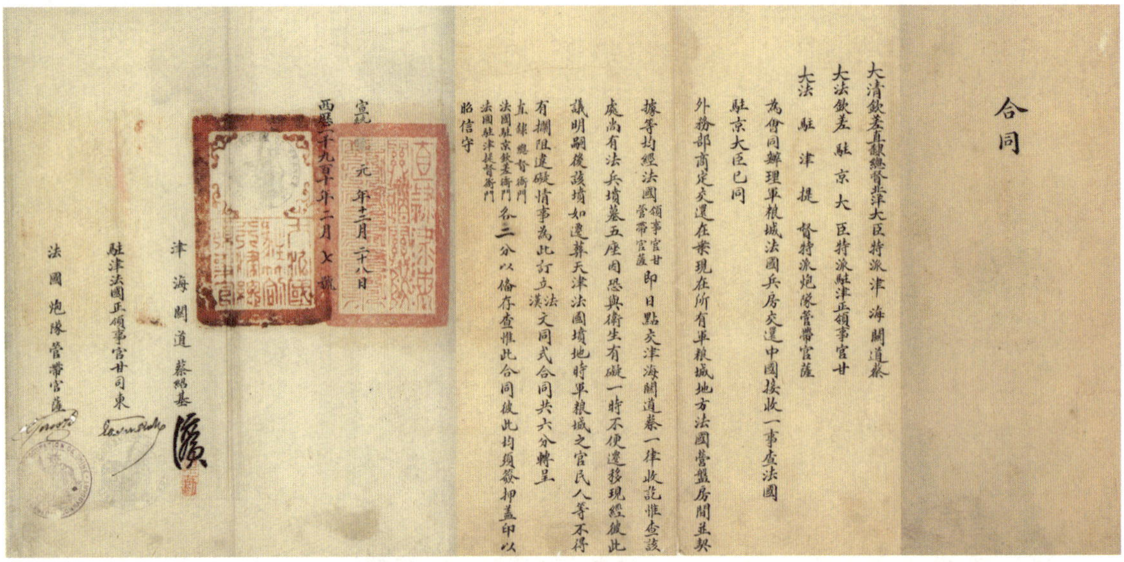

合同

大清钦差直隶总督北洋大臣特派津海关道蔡
大法钦差驻京大臣特派驻津正领事官甘
大法驻津提督特派炮队管带官萨
为会同办理军粮城法国兵房交还中国接收一事查法国
驻京大臣已同
外务部商定交还在案现在所有军粮城地方法国营盘房间并契
据等均经法国领事官甘、营带官萨即日点交津海关道蔡一律收讫惟查该
处尚有法兵坟墓五座因恐与卫生有碍一时不便迁移现经彼此
议明嗣后该坟如迁葬天津法国坟地时军粮城之官民人等不得
有拦阻违碍情事为此订立法、汉文同式合同共六分转呈
直隶总督衙门、法国驻京钦差衙门、法国驻津提督衙门各三分以备存查惟此合同彼此均须签押盖印以
昭信守

宣统元年十二月二十八日
西历一千九百十年二月七号

津海关道蔡绍基
驻津法国正领事官甘司东
法国炮队管带官萨

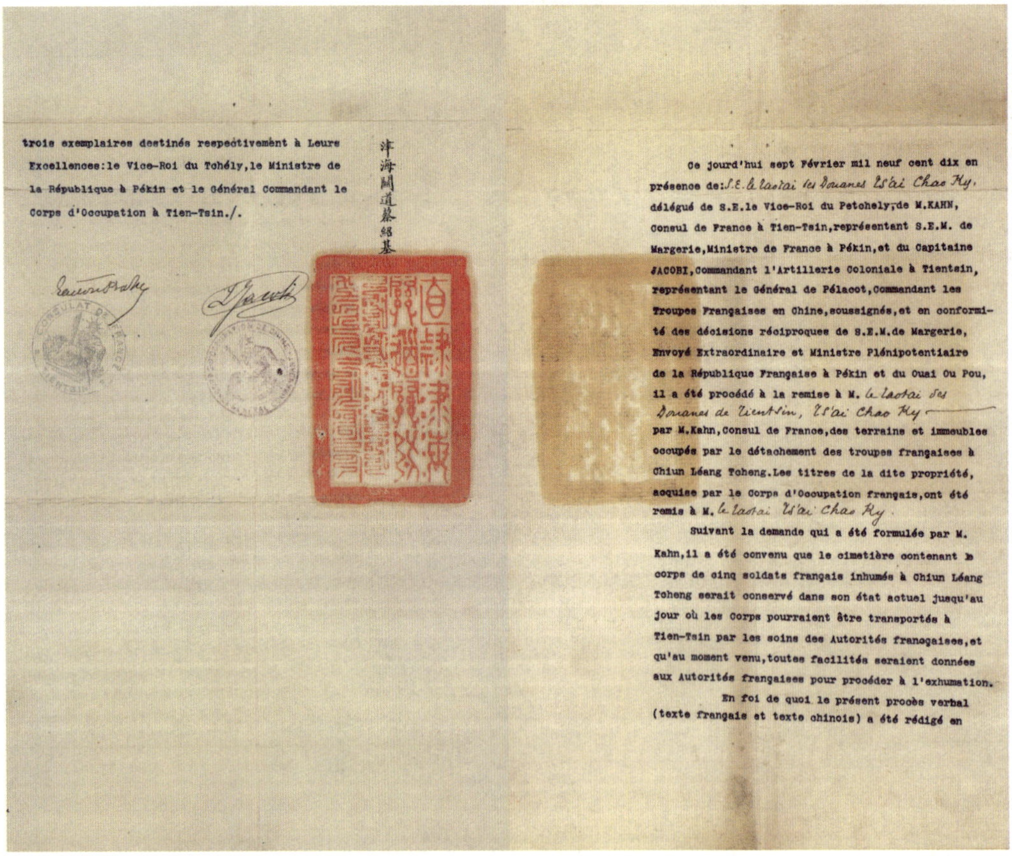

Ce jourd'hui sept Février mil neuf cent dix en présence de: S.E. le Taotai les Douanes Ts'ai Chao Ky, délégué de S.E. le Vice-Roi du Petchely, de M. KAHN, Consul de France à Tien-Tsin, représentant S.E.M. de Margerie, Ministre de France à Pékin, et du Capitaine JACOBI, Commandant l'Artillerie Coloniale à Tientsin, représentant le Général de Pélacot, Commandant les Troupes Françaises en Chine, soussignés, et en conformité des décisions réciproques de S.E.M. de Margerie, Envoyé Extraordinaire et Ministre Plénipotentiaire de la République Française à Pékin et du Ouai Ou Pou, il a été procédé à la remise à M. le Taotai des Douanes de Tientsin, Ts'ai Chao Ky par M. Kahn, Consul de France, des terrains et immeubles occupés par le détachement des troupes françaises à Chiun Léang Tcheng. Les titres de la dite propriété, acquise par le Corps d'Occupation français, ont été remis à M. le Taotai Ts'ai Chao Ky.

Suivant la demande qui a été formulée par M. Kahn, il a été convenu que le cimetière contenant le corps de cinq soldats français inhumés à Chiun Léang Tcheng serait conservé dans son état actuel jusqu'au jour où les Corps pourraient être transportés à Tien-Tsin par les soins des Autorités françaises, et qu'au moment venu, toutes facilités seraient données aux Autorités françaises pour procéder à l'exhumation.

En foi de quoi le présent procès verbal (texte français et texte chinois) a été rédigé en trois exemplaires destinés respectivement à Leurs Excellences: le Vice-Roi du Tchély, le Ministre de la République à Pékin et le Général Commandant le Corps d'Occupation à Tien-Tsin./.

津海关道蔡绍基

天津海关道蔡绍基与法国钦差驻京大臣等为军粮城法国营盘未迁法兵坟墓事签订合同（1910年2月7日）

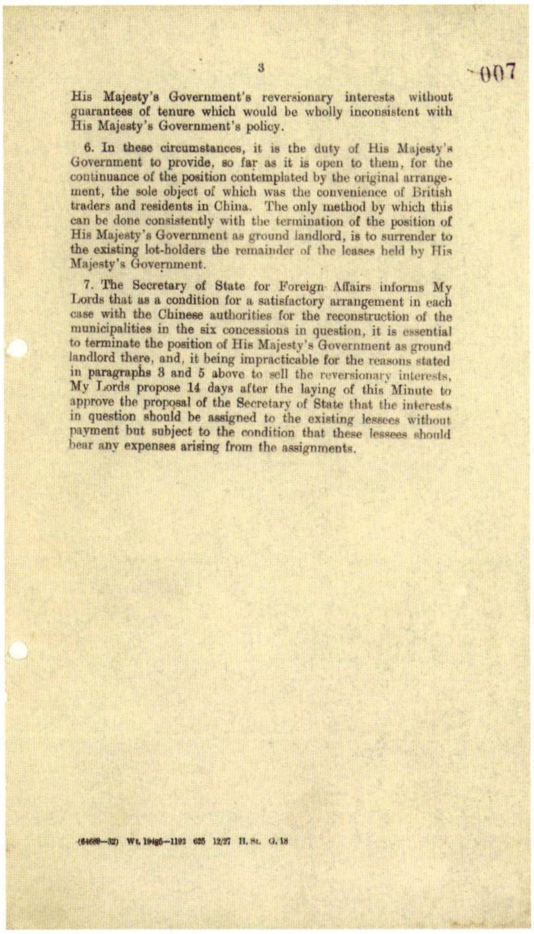

3 ~007

His Majesty's Government's reversionary interests without guarantees of tenure which would be wholly inconsistent with His Majesty's Government's policy.

6. In these circumstances, it is the duty of His Majesty's Government to provide, so far as it is open to them, for the continuance of the position contemplated by the original arrangement, the sole object of which was the convenience of British traders and residents in China. The only method by which this can be done consistently with the termination of the position of His Majesty's Government as ground landlord, is to surrender to the existing lot-holders the remainder of the leases held by His Majesty's Government.

7. The Secretary of State for Foreign Affairs informs My Lords that as a condition for a satisfactory arrangement in each case with the Chinese authorities for the reconstruction of the municipalities in the six concessions in question, it is essential to terminate the position of His Majesty's Government as ground landlord there, and, it being impracticable for the reasons stated in paragraphs 3 and 5 above to sell the reversionary interests, My Lords propose 14 days after the laying of this Minute to approve the proposal of the Secretary of State that the interests in question should be assigned to the existing lessees without payment but subject to the condition that these lessees should bear any expenses arising from the assignments.

(64689—32) Wt. 19495—1192 625 12/27 H. St. G. 18

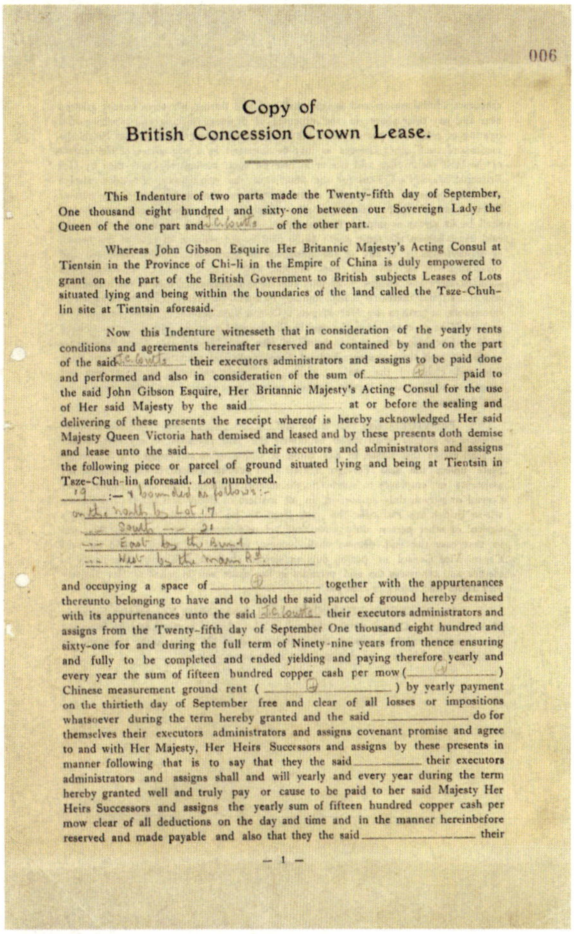

006

Copy of British Concession Crown Lease.

This Indenture of two parts made the Twenty-fifth day of September, One thousand eight hundred and sixty-one between our Sovereign Lady the Queen of the one part and ______ of the other part.

Whereas John Gibson Esquire Her Britannic Majesty's Acting Consul at Tientsin in the Province of Chi-li in the Empire of China is duly empowered to grant on the part of the British Government to British subjects Leases of Lots situated lying and being within the boundaries of the land called the Tsze-Chuh-lin site at Tientsin aforesaid.

Now this Indenture witnesseth that in consideration of the yearly rents conditions and agreements hereinafter reserved and contained by and on the part of the said ______ their executors administrators and assigns to be paid done and performed and also in consideration of the sum of ______ paid to the said John Gibson Esquire, Her Britannic Majesty's Acting Consul for the use of Her said Majesty by the said ______ at or before the sealing and delivering of these presents the receipt whereof is hereby acknowledged Her said Majesty Queen Victoria hath demised and leased and by these presents doth demise and lease unto the said ______ their executors and administrators and assigns the following piece or parcel of ground situated lying and being at Tientsin in Tsze-Chuh-lin aforesaid. Lot numbered.

19 :— & bounded as follows:-
on the north by Lot 17
— South — 21
— East by the Bund
— West by the main Rd.

and occupying a space of ______ together with the appurtenances thereunto belonging to have and to hold the said parcel of ground hereby demised with its appurtenances unto the said ______ their executors administrators and assigns from the Twenty-fifth day of September One thousand eight hundred and sixty-one for and during the full term of Ninety-nine years from thence ensuring and fully to be completed and ended yielding and paying therefore yearly and every year the sum of fifteen hundred copper cash per mow (______) Chinese measurement ground rent (______) by yearly payment on the thirtieth day of September free and clear of all losses or impositions whatsoever during the term hereby granted and the said ______ do for themselves their executors administrators and assigns covenant promise and agree to and with Her Majesty, Her Heirs Successors and assigns by these presents in manner following that is to say that they the said ______ their executors administrators and assigns shall and will yearly and every year during the term hereby granted well and truly pay or cause to be paid to her said Majesty Her Heirs Successors and assigns the yearly sum of fifteen hundred copper cash per mow clear of all deductions on the day and time and in the manner hereinbefore reserved and made payable and also that they the said ______ their

— 1 —

天津英国租界皇家租约（复本）（1861年9月25日）

天津租界是条约时代的产物。从英法两国在紫竹林划界到海河两岸最终形成九国租界的特殊景观，租界的扩张大致经历了三个阶段，几乎大清国每打一次败仗，天津租界区就扩大一圈。天津英租界划定于1860年12月17日，自紫竹林至下园一带，面积460亩，即天津英租界的『原订租界地』。英国取得租界永租权后，将土地分段编号，再高价转租，并签订为期99年的皇家租约。英租界划定以后，经历三次扩张，即1897年自海大道向西扩展至墙子河内侧的『新增界』，1902年将美国租界划入其内的『南扩充界』以及1903年获得承认的『墙外推广界』。

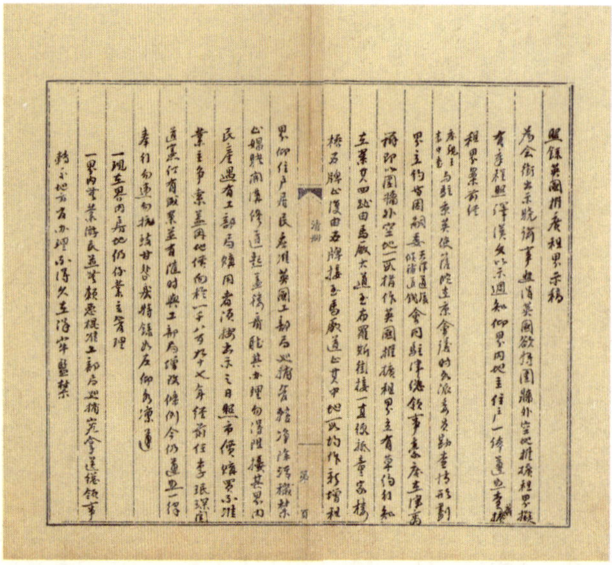

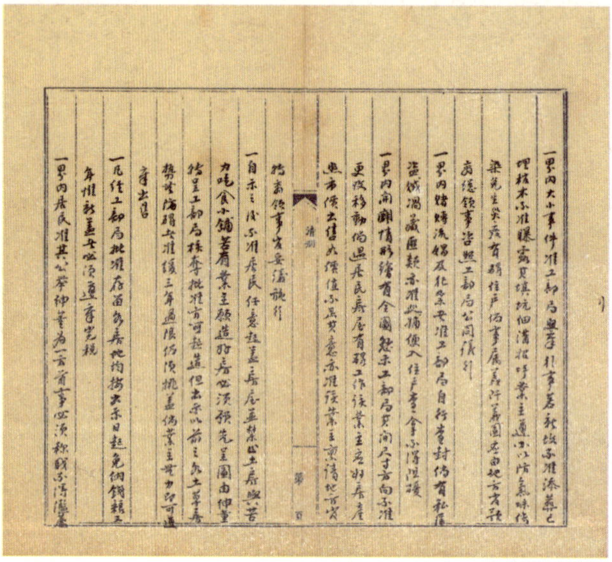

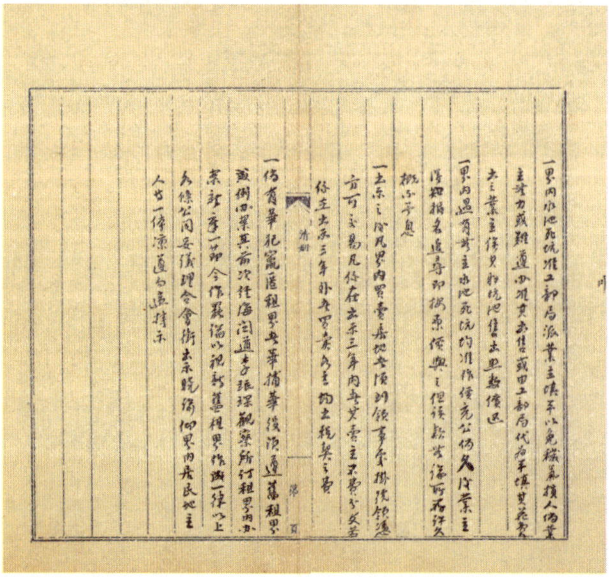

照录天津英国推广租界示稿（1903年1月13日）

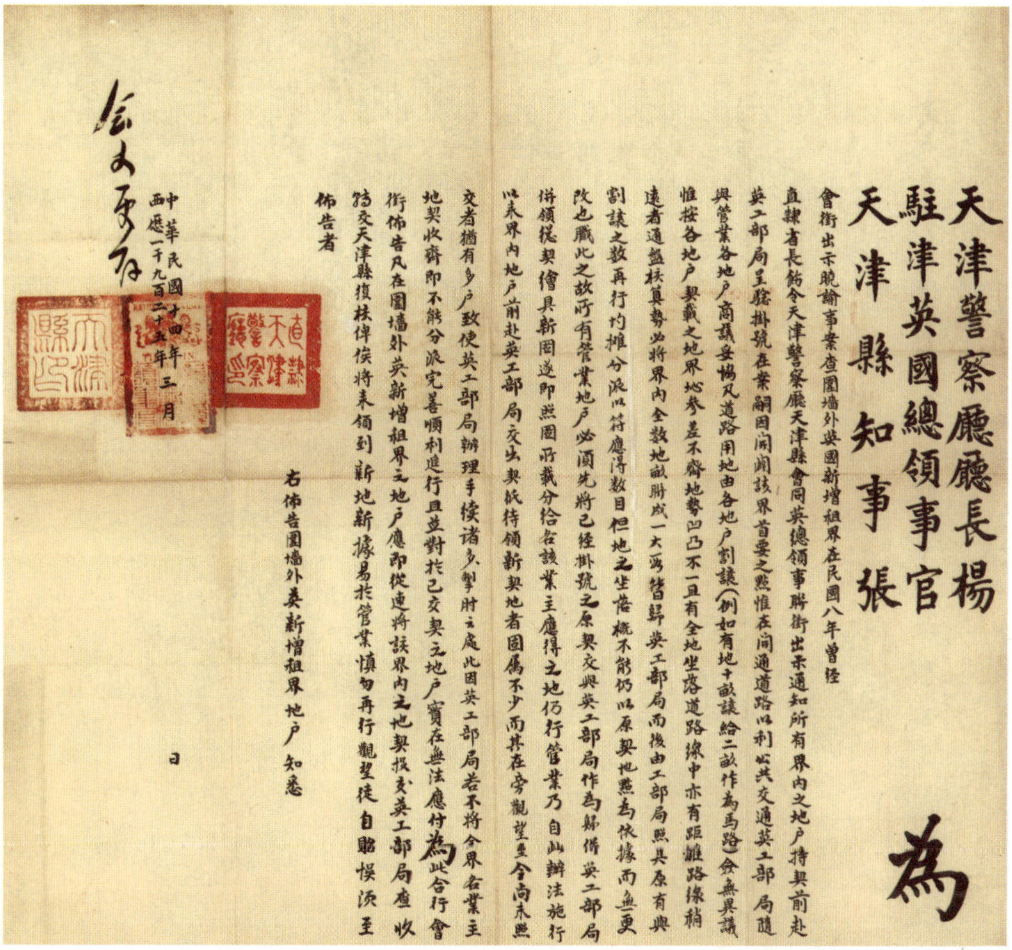
天津警察廳廳長楊
駐津英國總領事官
天津縣知事張
為
會銜出示曉諭事案查圍墻外英國新增租界在民國八年曾經
直隸省長飭令天津警察廳天津縣會同英總領事聯銜出示通知所有界內之地戶持契前赴
英工部局呈驗掛號在案嗣因開闢該界首要之點惟在開通道路以利公共交通英工部局隨
與管業各地戶商議妥協凡道路用地由各地戶割讓(例如有地十畝讓給二畝作為馬路)僉無異議
惟按各地戶契載之地界地参差不齊地勢凹凸不一且有全地坐落道路線中亦有距離路線稍
遠者通盤核算勢必將界內全數地畝聯成一大段皆歸英工部局而後由工部局照其原有與
割讓之數再行均攤分派以符應得數目但地之坐落概不能仍以原契地點為依據而無更
改也職此之故所有管業地戶必須先將已經掛號之原契交與英工部局作為歸併英工部局
併領從契繪具新圖送即照圖所載分給各該業主應得之地仍行管業乃自此辦法施行
以來界內地戶前赴英工部局交出契紙待領新契地者固屬不少而其在旁觀望至今尚未照
交者猶有多戶致使英工部局辦理手續諸多掣肘之處此因英工部局若不將全界各業主
地契收齊即不能分派完善順利進行且並對於已交契之地戶實在無法應付為此合行會
銜佈告凡在圍墻外英新增租界之地戶應即從速將該界內之地契投交英工部局查收
轉交天津縣復核俾俟將來領到新地新據易於管業慎勿再行觀望徒自貽悞湏至
佈告者
右佈告圍墻外英新增租界地戶知悉
中華民國十四年 三月 日
西歷一千九百二十五年

■ 英国驻津总领事、天津警察厅、天津县知事等为墙外英国新增租界地户从速交换地契事的布告（1925年3月）

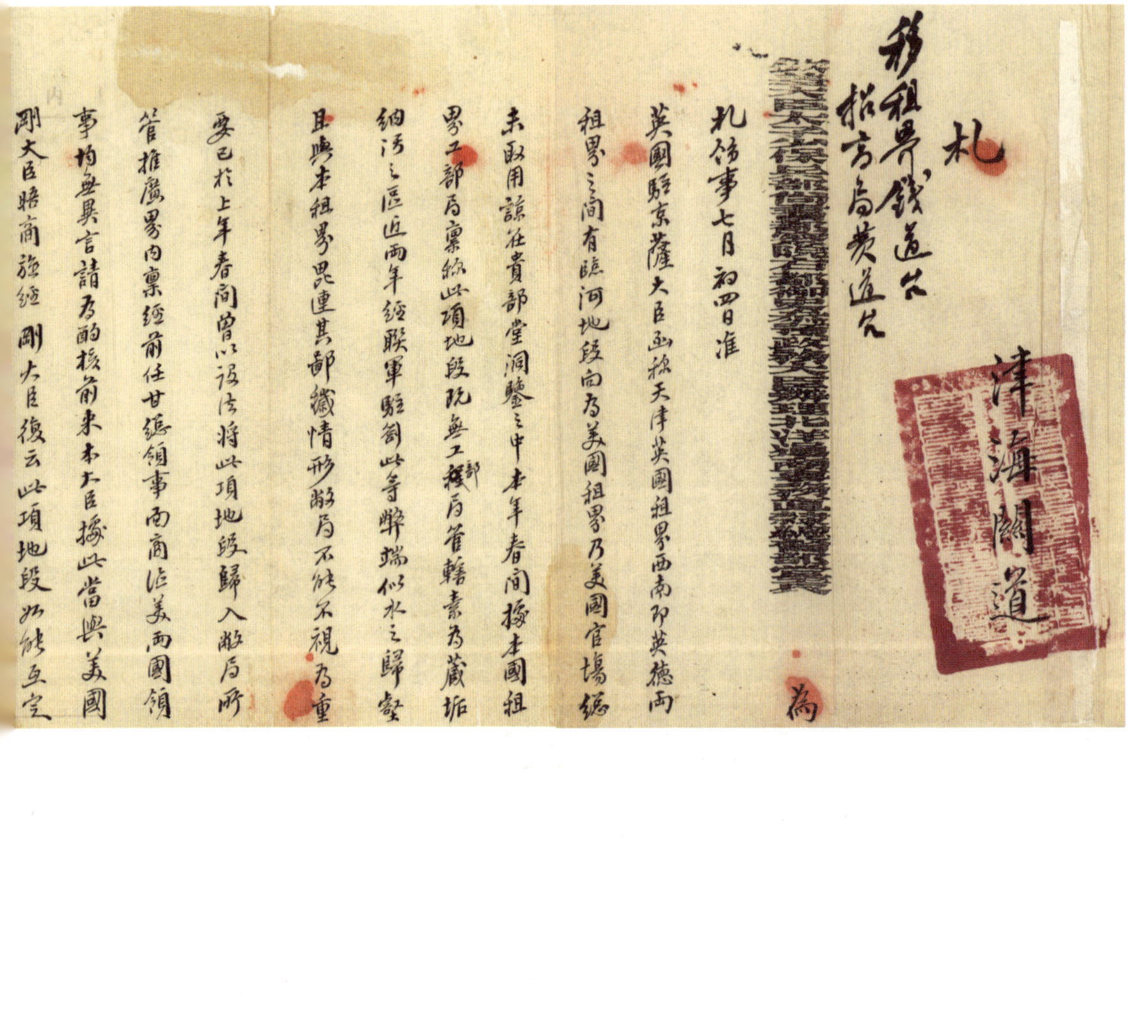
札
移租界錢道台
招商局黃道台
津海關道
為
[illegible]
札飭事七月初四日准
英國駐京薩大臣函稱天津英國租界西南即英德兩
租界之間有臨河地段向為美國租界乃美國官場總
未取用該在貴部堂洞鑒之中本年春間據本國租
界工部局稟稱此項地段既無工部局管轄素為藏垢
納污之區近兩年經聯軍駐劄此等弊端似水之歸壑
且與本租界毘連其鄙穢情形敝局不能不視為重
要已於上年春間曾以設法將此項地段歸入敝局所
管推廣界內稟經前任甘總領事而商請美國領
事均無異言請為酌核前來本大臣據此當與美國
剛大臣略商旋經剛大臣復云此項地段如能至定

直隶总督袁世凯为英国租界工部局接管美国租界属地事致天津海关道札（1902年8月8日）

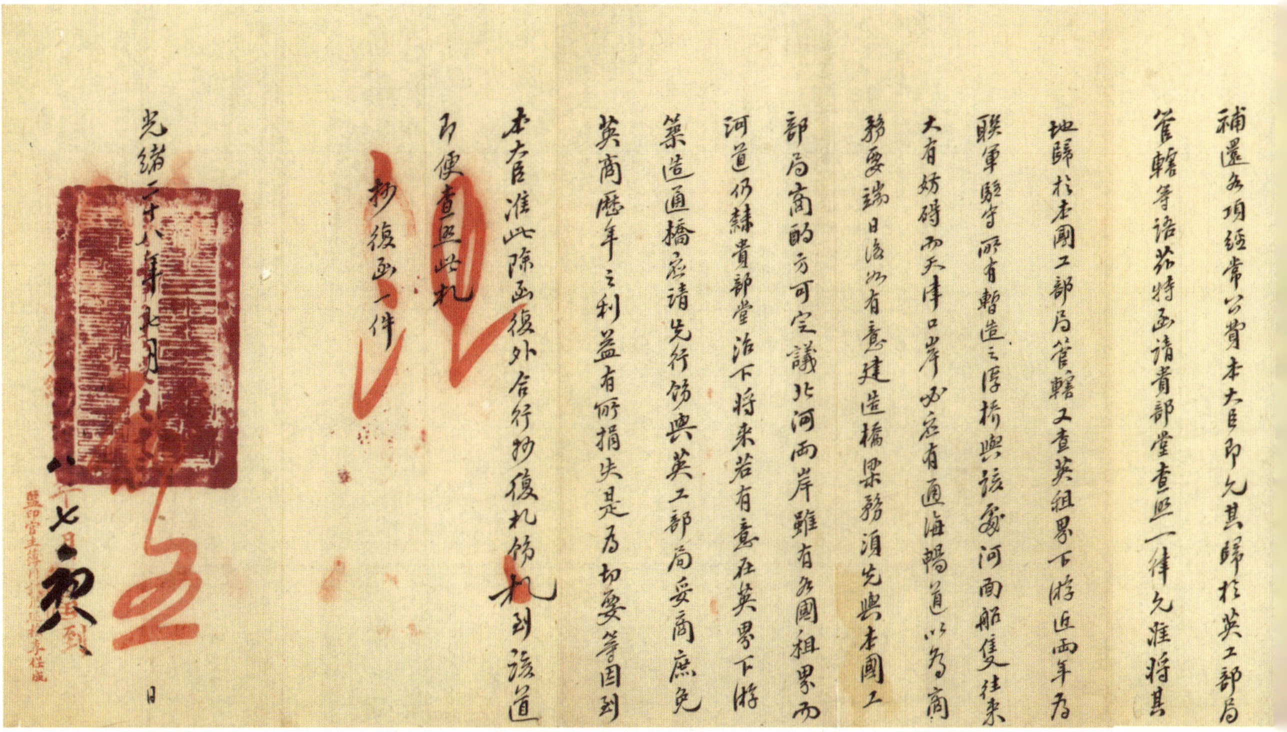

補還各項經常公費本大臣即允其歸於英工部局
管轄等語茲特函請貴部堂查照一律允准將其
地歸於本國工部局管轄又查英租界下游近兩年為
聯軍駐守所有暫造之浮橋與該處河面船隻往來
大有妨礙而天津口岸亦應有通海暢道以為商
務要端日後如有意建造橋梁務須先與本國工
部局商酌方可定議北河兩岸雖有各國租界而
河道仍隸貴部堂治下將來若有意在英界下游
築造通橋應請先行飭與英工部局妥商庶免
英商歷年之利益有所損失是為切要等因到
本大臣准此除函復外合行抄復札飭札到該道
即便查照此札
抄復函一件
光緒二十八年七月　日

照録法國租界條款
一無論法國何人願租地若干必須呈明領事官與地方官查
指勇租地基何處量地畝若干
一本大臣與領事已經揀選法國人等可租地基界内地基
其畝若在河沿地一塊應付原租價錢每畝地銀六十兩要
價一半三十兩領事官自己應付該地原主親手收訖取具
收字再一半三十兩存收領事官署以為將來該地法國商
人可租地界上修造道路溝渠橋梁碼頭等處工程並查
衙役工食但法國人願租沿河之地現不在河沿近處租地
價錢每畝只須銀三十兩給原主
一法國商人等願租地基若願租地塊之上有房屋該房屋居住本地
民人每戶要收搬費銀一十兩至於法國可租地基界内有民戶數目
均照天津縣知縣送呈
哥大臣將具戶數底冊辦理言明該地界内有九十二戶不得再行
添出其搬費銀應由領事官確付該搬戶親手收訖取具收字
一以上所定地畝租價及搬費外還須法國商人每名若願租地一塊
之上有居民房屋即應償還原屋其價值均照天津縣呈冊内
各戶下開明每屋每間應付價若干現茲本大臣與

哥大臣言明該可租地界内計共有灰瓦草房三百十五間半草
棚九間三條廠棚十二間半間又四半間二條過道草棚八間半三條
共估計大錢三千零七十文弟日後照數不得再多其價必由領事
官付原主親手收訖取具收字
一本大臣與
哥大臣現在言明自今以後法國商人可租地界内除呈冊開明已
有房屋外其數不得再多惟一時未有多商即能租盡界内
之地其地基上不准該地居民另蓋新房未免不情但日後商
人租地遇有房屋不載原呈底冊的係新蓋者不得給付房
價如空地一般
一法國商人可租地界内每戶自立領事官處領收地畝價錢
房價錢搬費錢之後均應准一月以内搬清地方官應將該商
所租地一塊量明送交任憑蓋屋居住等情
一該地界内法國商人每名可租之地只可租得一塊橫直不得過
二十五畝之數若有法行必須需地至二十五畝以外應即具情呈
明領事官領事官會同本大臣查考清楚係何緣由如實情理
相符方與照辦
一法國商人願租之地須要後所定界牆外前面至河沿應留地

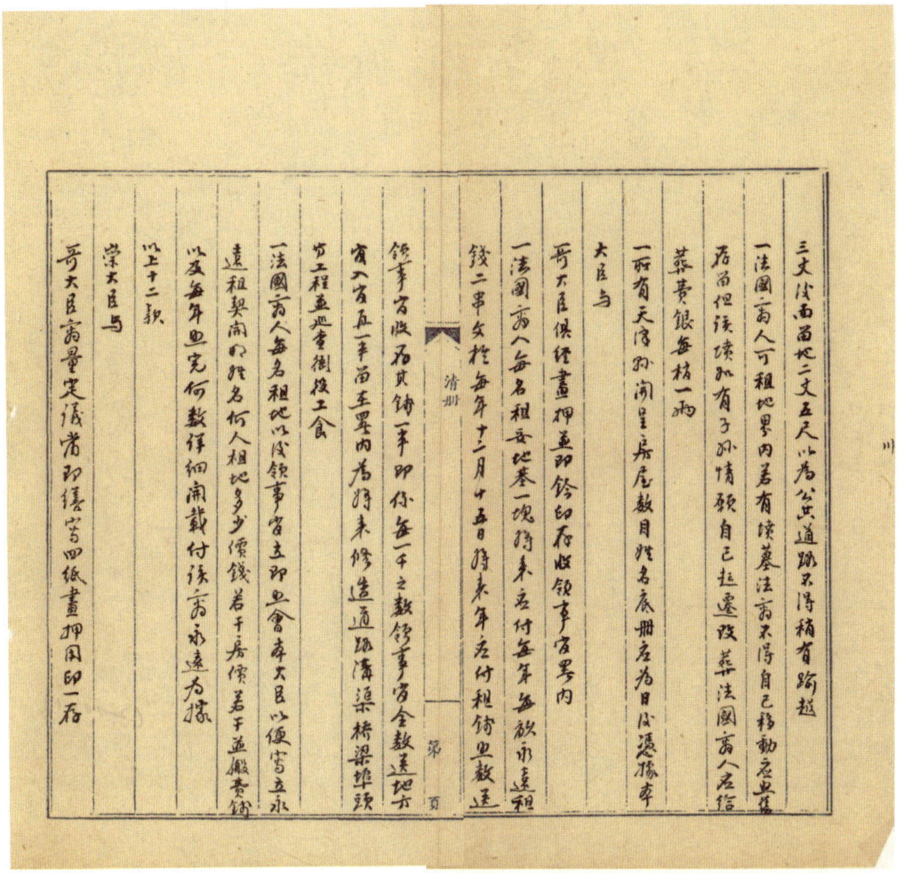

三丈以西留地二丈五尺以為公共道路不得稍有踰越
一法國商人可租地界内若有墳墓法商不得自已移動應由該
居留但該墳如有子孫情願自已起遷改葬法國商人應給
葬費銀每棺一兩
一所有天津郡閘呈房屋數目姓名底册應為日後憑據本
大臣與
哥大臣俱經畫押並印鈐印存收領事官署内
一法國商人每名租每地叁一塊將來應付每年每畝永遠租
錢二串文於每年十二月十五日將來年應付租錢照數送
領事官收存其錢一半即係每一千之數領事官全數送地方
官入官其一半留在界内為將來修造道路溝渠橋梁埠頭
等工程並巡查街役工食
一法國商人每名租地以後領事官立即照會本大臣以便官立永
遠租契開明姓名何人租地多少價錢若干房價若干並搬費錢
以及每年照完何數詳細開載付該商永遠為據
以上十二款
崇大臣與
哥大臣商量定議當即繕寫四紙畫押用印一存

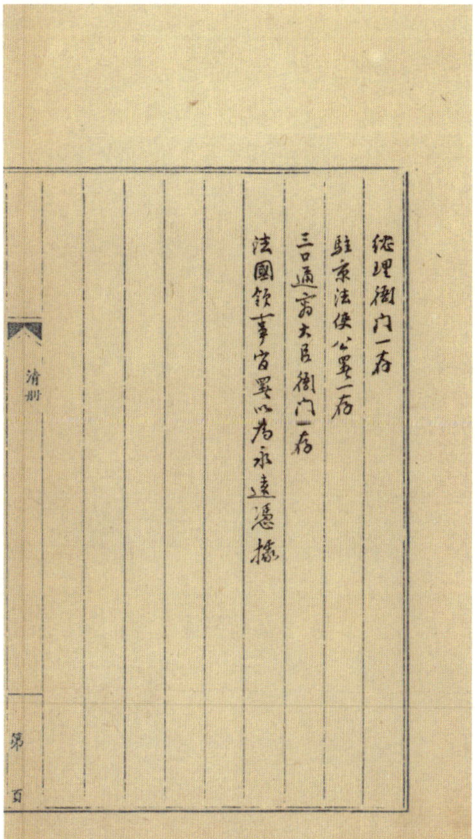

總理衙門一存
駐京法使公署一存
三口通商大臣衙門一存
法國領事官署以為永遠憑據

■ 照录天津法国租界条款（1861年6月）

1861年6月2日，《天津紫竹林法国租地条款》签订，划地360余亩。1900年，法国驻天津总领事杜士兰以通告方式强行扩张租界，沿英租界土围墙经伦敦教会至海河之地域，约2000余亩。法国一直预谋向墙子河外老西开扩展租界，并指使天主教会购买土地。1916年西开教堂竣工，法租界当局武装强占老西开地区，激起了天津人民的反抗。后经法租界不断蚕食，老西开区域成为事实上的法租界。

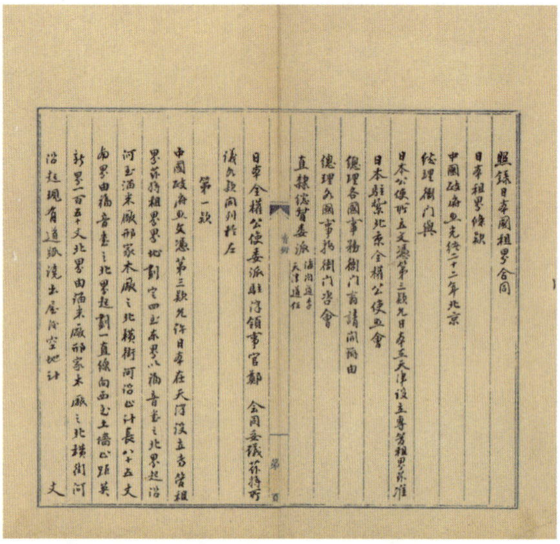
照録日本國租界合同
日本租界條款
中國政府與光緒二十二年北京
總理衙門與
日本公使所立文憑第三款允日本在天津設立專管租界係准
日本駐紮北京全權公使互會
總理各國事務衙門酌請聞兩由
總理各國事務衙門咨會
直隸總督委派 津海關道李 天津道任
日本全權公使委派駐津領事官鄭 會同妥議茲將所
議各款開列於左
第一款
中國政府照文憑第三款允許日本在天津設立專管租
界茲將租界界地劃定四至東界八潘音寺之北界起沿
河至潘米廠即家木廠之北橫街河沿計長八十五丈
西界由潘音寺之北界起劃一直線向西至土墻止距英
新界一百五十丈北界由潘米廠即家木廠之北橫街河
沿起現有道路流出屋前空地計　丈

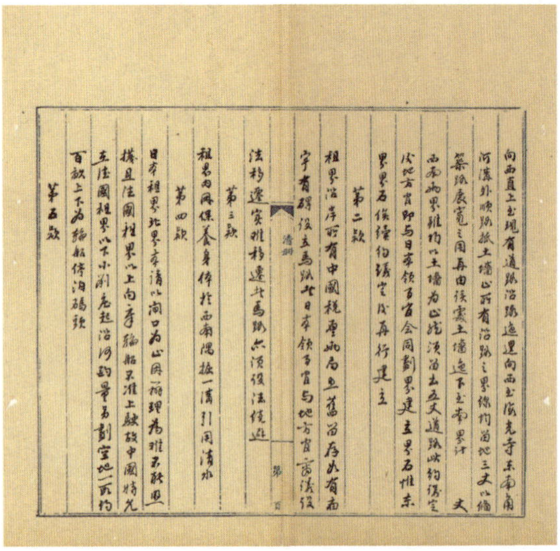
向西直上至現有道路沿路邊量向西至海光寺東南角
河濠外順路旅土墻止所有沿路之界係均留地三丈以備
築路展寬之用再由該處土墻邊下至南界計　丈
西南兩界雖均以土墻為止然須留出五丈道路此均係定
以地方官即與日本領事官會同劃界建立界石惟東
界界石俟續約議定後再行建立
第二款
租界沿岸所有中國税厘兩局並舊留存者有南
字有碍設立馬頭北日本領事官與地方官商議設
法移遷 寔難移遷北馬頭亦須設法繞道
第三款
租界內兩僑養身俸於西南隅撥一濬引用清水
第四款
日本租界北界本清以濶口為止因辦理為難不歉興
據且法國租界以上向來輪船不准上駛故中國特允
立法國租界以下小劉庄起沿河至界為劃定地一頃約
百畝上下為輪船停泊碼頭
第五款

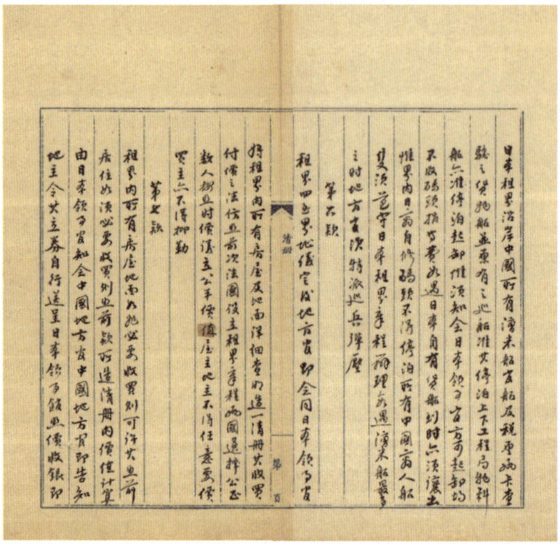
日本租界沿岸中國所有漕米船商船及税厘兩卡查
驗之貨物船並原有之北船准其停泊上下工程局抛料
船亦准停泊起卸惟須知會日本領事官方可起卸均
不收碼頭捐等費如遇日本自有貨船到時亦須讓出
惟界內日商自修碼頭不得停泊所有中國商人船
隻須覓雇日本租界章程辦理如遇漕米船最多
之時地方官須特派巡兵彈壓
第六款
租界四至界址俟定後地方官即會同日本領事官
將租界內所有房屋及地面詳細查明造一清冊其收買
付價之法仿照前次法國設立租界章程兩國遴擇公正
數人撥立時價議立公平價值屋主地主不得任意要價
買主亦不得抑勒
第七款
租界內所有房屋地面如地必要收買則可許其照前
房住如須必要收買則照前款所造清冊內價值計算
由日本領事官知會中國地方官即告知
地主令其立券自行送呈日本領事館照價收銀即

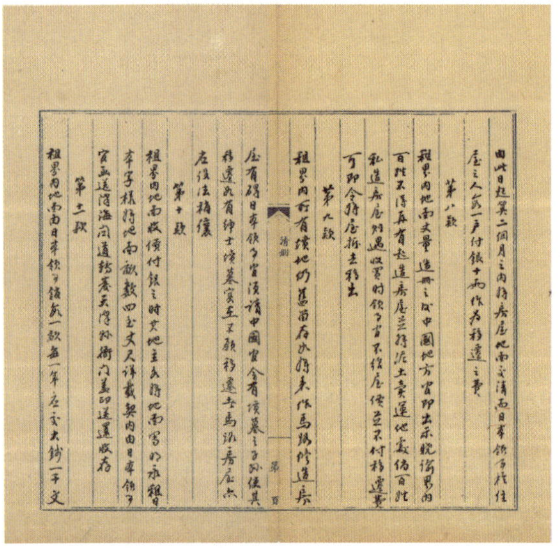
由此日起算二個月之內將房屋地面交清而日本領事代住
屋之人每一戶付銀十兩作為移遷之費
第八款
租界內地面丈量造冊之後中國地方官即出示曉諭界內
百姓不得再有起造房屋並將泥土棄運他處倘有此
私造房屋則遇收買時領事官不給屋價並不付移遷費
亦即令將屋拆去移出
第九款
租界內所有墳地仍舊留存如將來作馬路修造房
屋有碍日本領事官須請中國官令有墳墓之子孫使其
移遷或有紳士墳墓實在不願移遷者馬路房屋亦
應設法躲讓
第十款
租界內地面收價付銀之時其地主或將地面寫明承租
本字樣將地面銀數四至丈尺詳載契內由日本領事
官函送津海關道轉奏天津府衙門蓋印送還收存
第十一款
租界內地面由日本領事館每一年應交大錢一千文

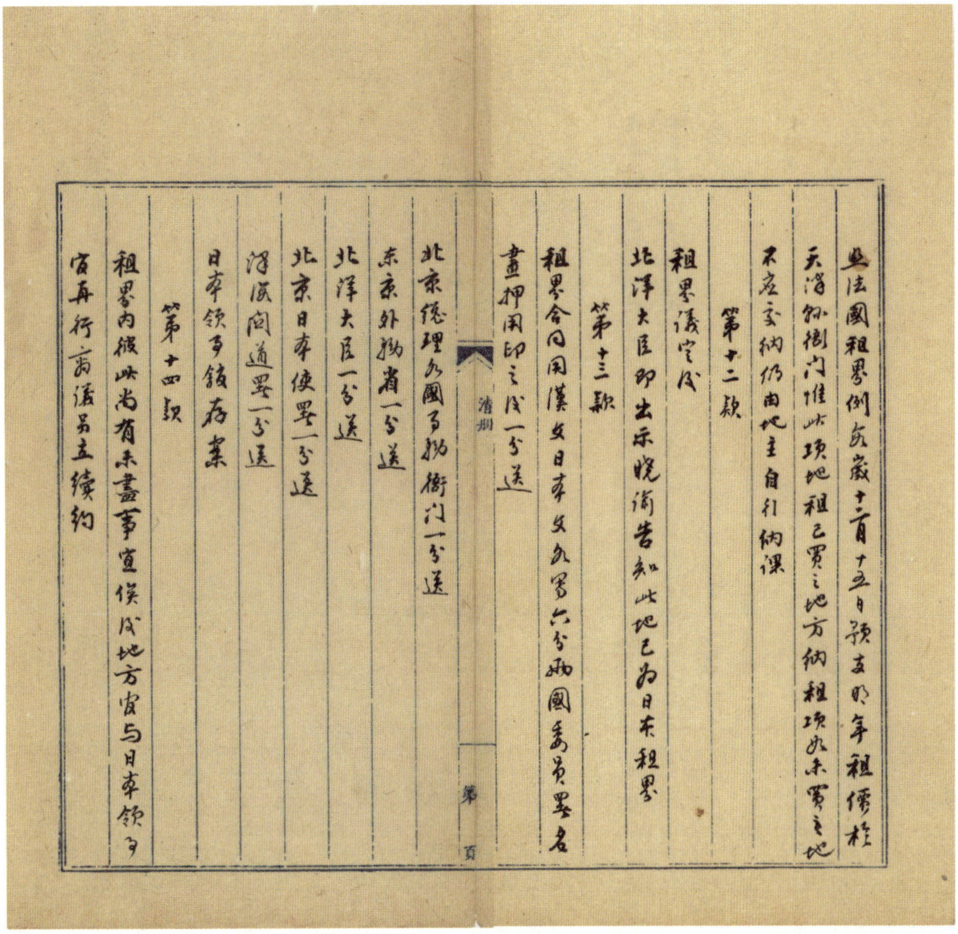

照法國租界例於歲十二月十五日預支明年租價於
天津海關衙門惟此項地租已買之地方納租項如未買之地
不應交納仍由地主自行納課

第十二款

租界議定後
北洋大臣即出示曉諭告知此地已為日本租界

第十三款

租界合同用漢文日本文各寫六分兩國委員署名
畫押用印之後一分送
北京總理各國事務衙門一分送
東京外務省一分送
北洋大臣一分送
北京日本使署一分送
津海關道署一分送
日本領事館存案

第十四款

租界內彼此尚有未盡事宜俟後地方官與日本領事
官再行商議另立續約

■ 照录天津日本租界合同（1898年8月29日）

中日甲午战争之后，日本凭借《马关条约》要求在天津设立租界。1898年8月29日《天津日本租界条款》签订，划地1667亩。1900年，日本强行扩张租界，自东南角闸口街至南门折向海光寺一带。1903年4月24日，《天津日本租界推广条约》订立。抗战爆发以后，天津沦陷，日本实际控制了整座城市。

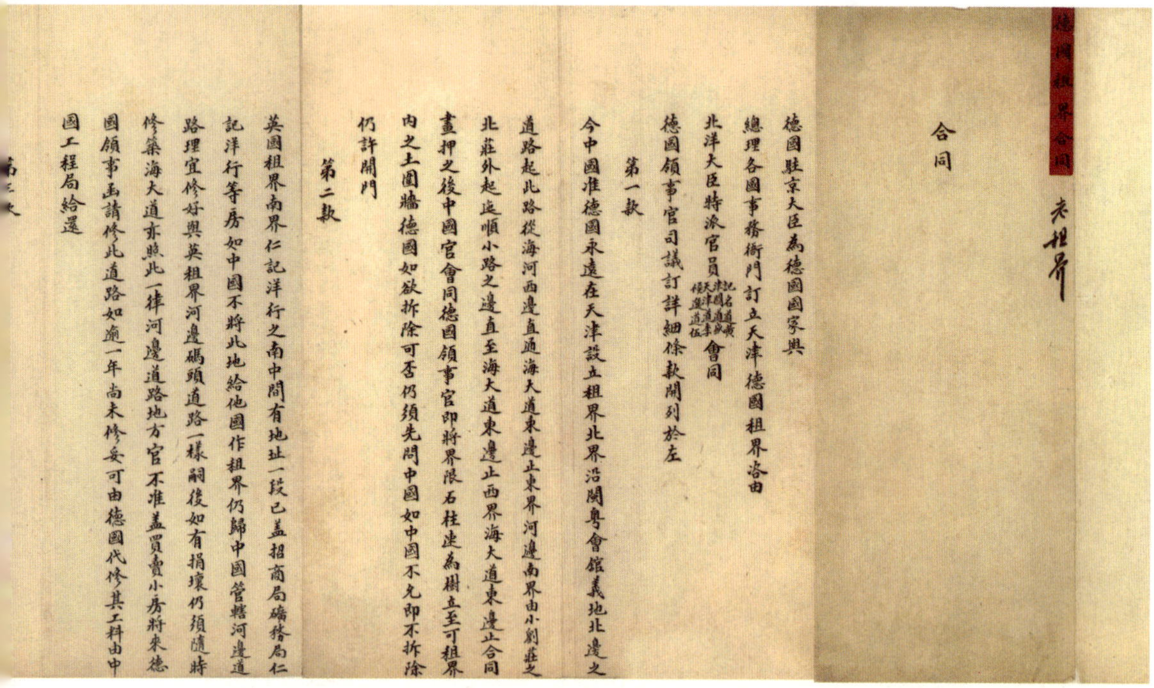
德國租界合同
老租界
合同
德國駐京大臣為德國國家與
總理各國事務衙門訂立天津德國租界咨由
北洋大臣特派官員記名道黃 津海關道盛 天津道李 候補道伍會同
德國領事官司議訂詳細條款開列於左
第一款
今中國准德國永遠在天津設立租界北界沿閩粵會館義地北邊之
道路起北路從海河西邊直通海大道東邊止東界河邊南界由小劉莊之
北莊外起莊順小路之邊直至海大道東邊止西界海大道東邊止合同
畫押之後中國官會同德國領事官即將界限石柱豎為樹立至可租界
內之土圍牆德國如欲拆除可否仍須先問中國如中國不允即不拆除
仍許開門
第二款
英國租界南界仁記洋行之南中間有地址一段已蓋招商局磚務局仁
記洋行等房如中國不將此地給他國作租界仍歸中國管轄河邊道
路理宜修好與英租界河邊碼頭道路一樣嗣後如有損壞仍須隨時
修築海大道亦照此一律河邊道路地方官不准蓋買賣小房將來德
國領事函請修此道路如逾一年尚未修妥可由德國代修其工料由中
國工程局給還
第三款

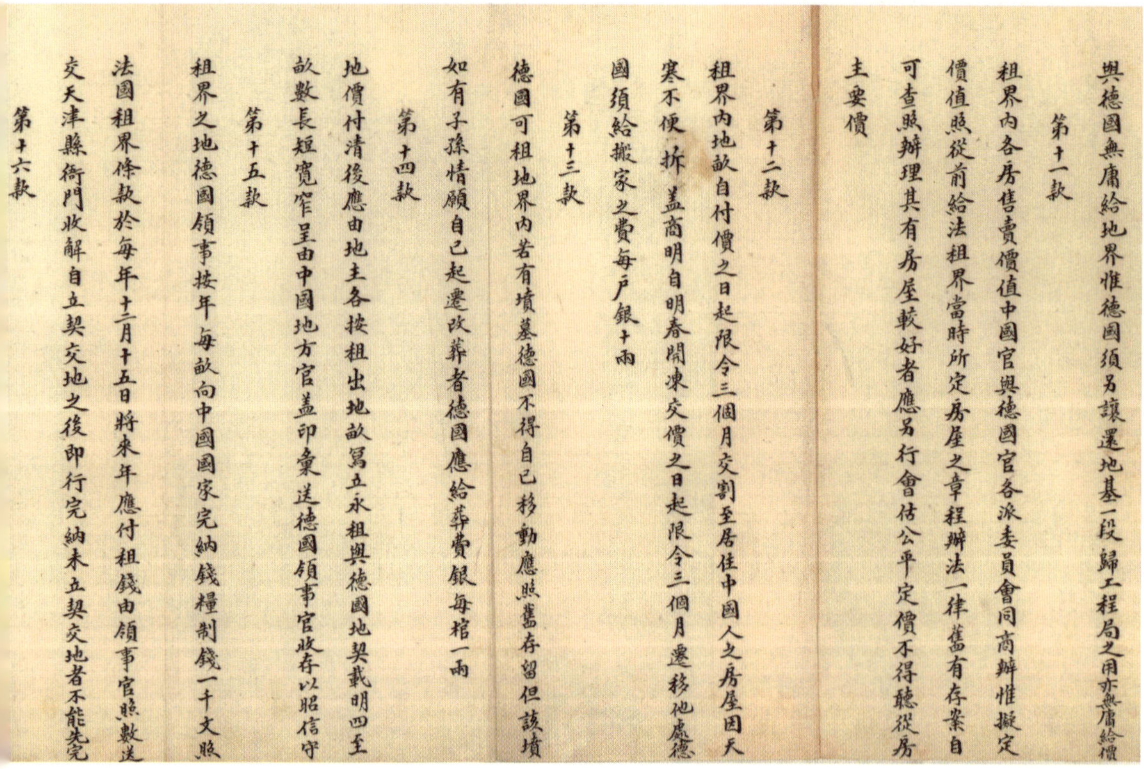
與德國無庸給地界惟德國須另讓還地基一段歸工程局之用亦無庸給價
第十一款
租界內各房售賣價值中國官與德國官各派委員會同商辦惟擬定
價值照從前給法租界當時所定房屋之章程辦法一律舊有存案自
可查照辦理其有房屋較好者應另行會估公平定價不得聽從房
主要價
第十二款
租界內地畝自付價之日起限令三個月交割至居住中國人之房屋因天
寒不便拆蓋商明自明春開凍交價之日起限令三個月遷移他處德
國須給搬家之費每戶銀十兩
第十三款
德國可租地界內若有墳墓德國不得自己移動應照舊存留但該墳
如有子孫情願自己起遷改葬者德國應給葬費銀每棺一兩
第十四款
地價付清後應由地主各按租出地畝寫立永租與德國地契載明四至
畝數長短寬窄呈由中國地方官蓋印彙送德國領事官收存以昭信守
第十五款
租界之地德國領事按年每畝向中國國家完納錢糧制錢一千文照
法國租界條款於每年十二月十五日將來年應付租錢由領事官照數送
交天津縣衙門收解自立契交地之後即行完納未立契交地者不能先完
第十六款

■ 天津德国租界合同（1895 年 10 月 30 日）

1895 年 10 月 30 日，德国强迫签订《天津租界合同》，初占地 1034 亩。八国联军入侵天津期间，德国霸占三义庄、桃园村一带为『新界』。1901 年 7 月 20 日，《德国推广租界合同》签订，正式确认德租界『新界』。

敷用中國允將博文書院[illegible]

庸德國給錢惟此河邊不准蓋造棧房棚廠遮擋學堂之前面

第四款

圍牆內之官棧德國現在不要亦不抽收捐税各等項官棧與碼頭生意

德國亦不攔阻惟日後德國工部局所出章程亦須一律遵守此處碼

頭中國大小糧船運來入棧出棧不給碼頭捐費

第五款

官棧旁有一義園寄存靈柩之所德國應允永不要讓不必移動並永

不抽收捐税各等項每逢節令祭掃之事德國亦不禁阻惟德國工部

局所出章程亦須遵守

第六款

浙江閩粵有墳墓義地德國不要亦不移動不收取捐税各項亦不強

伊售賣祭掃之事亦不禁阻惟會館應允義地東邊修牆一段須令開

一大門准其出入

第七款

租界內圍牆外有南窪河道議明仍歸中國官管轄自行遣將疏濬其往

來船隻上下貨物德國不收費用

第八款

租界內准中國人買地居住惟須遵日後德國工部局所出買地章程

第九款

租界內各房地係德國國家向中國國家租定所有售賣房地各事如

有不願售賣者中國官須勸令售賣

第十款

租界內各地不論坐落何處德國領事每畝均按七十五兩給銀由中國

官發給收單惟閩粵浙會館義園官棧東邊道路及從博文書院東邊

至小劉莊河邊之道路此二道路東邊皆有淤地係中國國家之地丈量

多寡中國允將此地讓與德國租界無庸給銀以外工程局之地亦均讓

第十七款

此合同中國繕寫五分德國繕寫五分由

北洋大臣特派官員與德國領事畫押蓋印以一分存

總理各國事務衙門一分存

北洋大臣公署一分存

德國駐京大臣公署一分存

津海關道衙門一分存

德國駐天津領事官署

續議第一款

由閩粵會館義地北邊之道路起至仁記洋行地之南界中間之地現因美

國駐京大臣照會

總理衙門請中國不准將此地讓與德國如美國國家應允不要此地德國

租界北界即作為從仁記洋行南邊之道路外起所有民地價值仍照

合同內第九款所定之價惟仁記洋行之南閩粵義塚之北向有兵船碼

頭以後中國兵船照舊停泊德國不收碼頭等費

續議第十三款

將來德國官擬在租界內作馬路如有墳墓於作馬路有碍德國領事

官須請中國官令有墳墓者使其遷移如有紳士墳墓寔在不願遷

移者馬路亦應設法稍讓

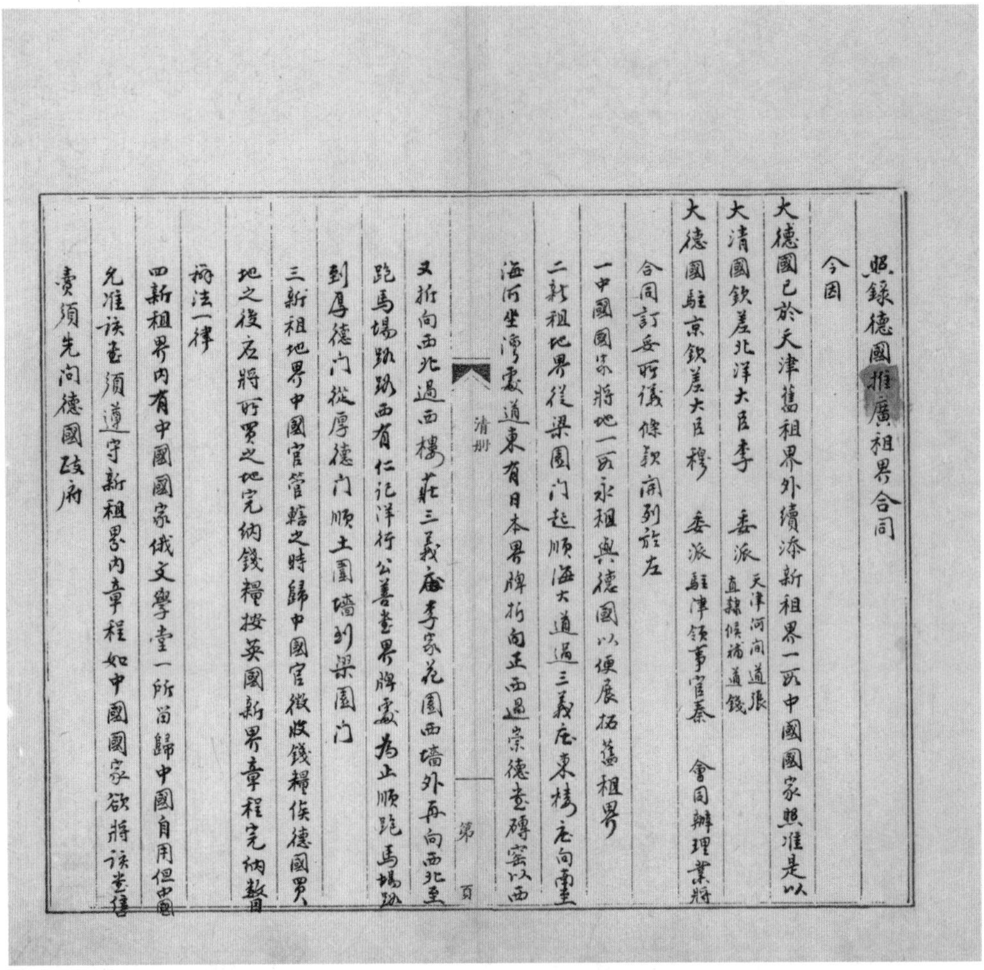
照錄德國推廣租界合同
今因
大德國已於天津舊租界外續添新租界一段中國國家照准是以
大清國欽差北洋大臣李　委派天津河間道張 直隸候補道錢
大德國駐京欽差大臣穆　委派駐津領事官秦　會同辦理業將
合同訂妥所議條款開列於左
一中國國家將地一段永租與德國以便展拓舊租界
二新租地界從梁園門起順海大道過三義庄東橋應向臺
海河坐灣處道東有日本界牌折向正西過崇德堂磚窯以西
又折向西北過西樓莊三義廟李家花園西墻外再向西北至
跑馬場路跑西有仁記洋行公善堂界牌處為止順跑馬場路
到厚德門從厚德門順土圍墻到梁園門
三新租地界中國官管轄之時歸中國官徵收錢糧俟德國界
地之後應將所買之地完納錢糧按英國新界章程完納暫
辦法一律
四新租界內有中國國家俄文學堂一所留歸中國自用但中國
允准該堂須遵守新租界內章程如中國國家欲將該堂售
賣須先向德國政府

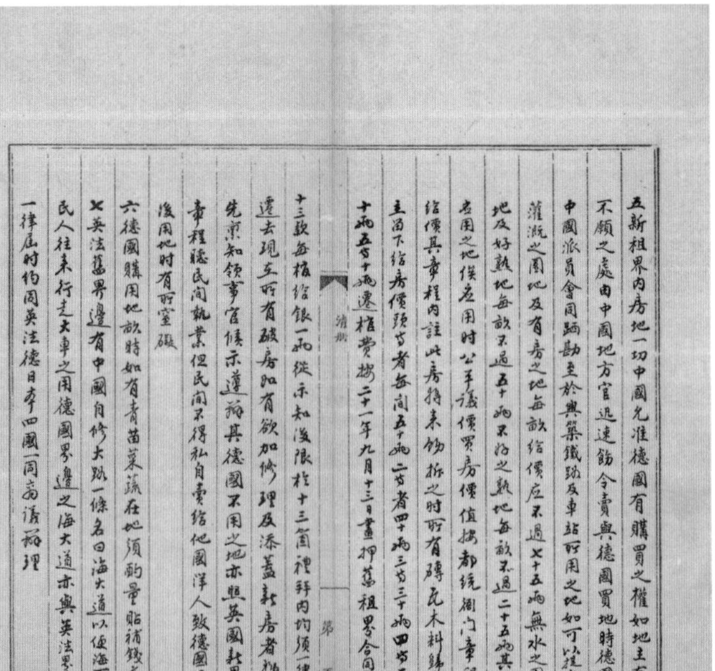
五新租界內房地一切中國允准德國有購買之權如地主有
不願之處由中國地方官迅速飭令賣與德國買地時德國
中國派員會同踏勘至於興築鐵路及車站所用之地如可以種水
灌溉之園地及有房之地每畝給價應不過七十五兩無水之園
地及好熟地每畝不過五十兩不好之熟地每畝不過二十五兩其給
應用之地俟應用時公平議價買房價值按都統衙門章程
給價其章程內註此房將來拆之時所有磚瓦木料歸賣
主留下給房價頭等者每間五十兩二等者四十兩三等三十兩四等二
十兩五等十兩遷墳費按二十一年九月十三日畫押舊租界合同第
十三款每棺給銀一兩從示知後限於十三箇禮拜內均須一律
遷去現在所有破房如有欲加修理及添蓋新房者均
先稟知領事官候示遵辦其德國不用之地亦照英國新界
章程聽民間執業但民間不得私自賣給他國洋人致德國日
後用地時有所窒礙
六德國購用地畝時如有青苗菜蔬在地須酌量貼補錢文
七英法舊界邊有中國自修大路一條名曰海大道以便海下
民人往來行走大車之用德國界邊之海大道亦與英法界邊
一律屆時仍同英法德日本四國一同商議辦理

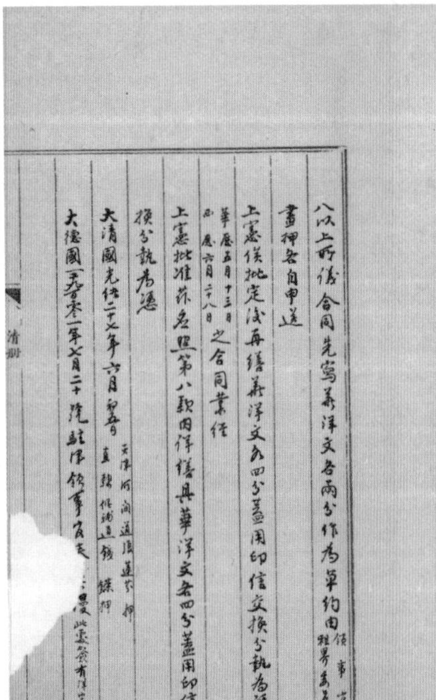
八以上所議合同先寫華洋文各兩分作為草約由領事官 租界委員
畫押各自申送
上憲俟批定後再繕華洋文各四分蓋用印信交換分執為憑
華歷五月十三日 西歷六月二十八日 之合同業經
上憲批准亦照第八款用繕具華洋文各四分蓋用印信
換分執為憑
大清國光緒二十七年六月初五日　天津河間道張蓮芬 押　直隸候補道錢鑅 押
大德國一千九百零一年七月二十號駐津領事官秦

照录天津德国推广租界合同（1901年7月20日）

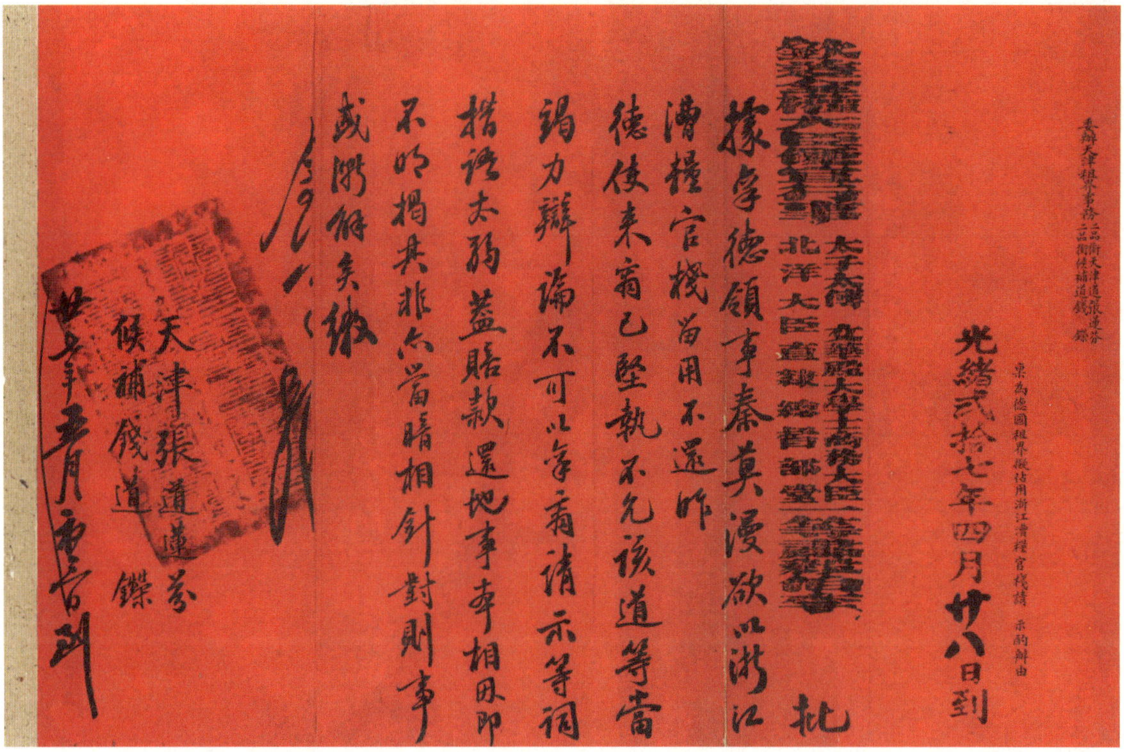
委辦天津租界事務二品銜天津道張蓮芬
二品銜候補道錢鑅
光緒貳拾柒年四月廿八日到
稟為德國租界擬佔用浙江漕糧官棧請示酌辦由
批
北洋大臣直隸總督部堂
據稟德領事秦莫漫欲以浙江漕糧官棧留用不還，昨德使來商，已堅執不允。該道等當竭力辯論，不可以寧爾請示等詞，措語太弱。蓋賠款還地事本相因，即不明揭其非，亦當晤相斟酌，則事或冀解矣。繳
天津張道蓮芬
候補錢道鑅
廿七年五月初二日到

■ 直隶总督李鸿章为德国租界拟占用浙江漕粮官栈事致天津道张莲芬等的批文（1901 年 6 月 18 日）

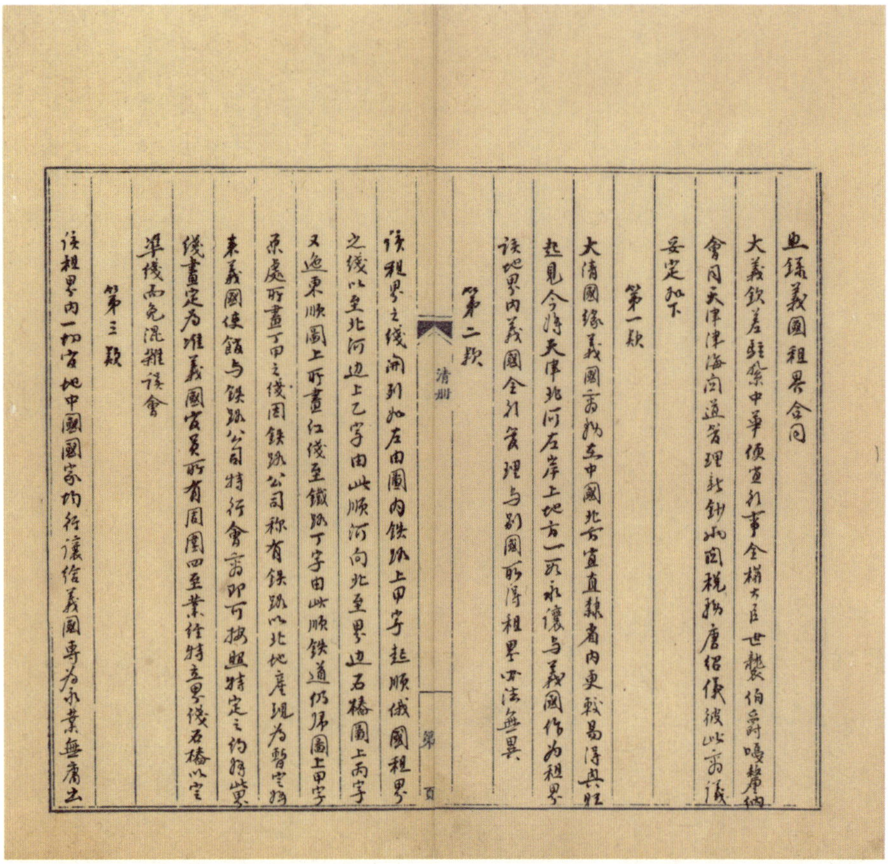

照錄義國租界合同
大義欽差駐紮中華便宜行事全權大臣世襲伯爵嘎釐納
會同天津津海關道管理鈔關稅務唐紹儀彼此商議
妥定如下
第一款
大清國緣義國商務在中國北方直隸省內更較易得興旺
起見今將天津北河左岸上地方一段永讓與義國作為租界
該地界內義國全行管理與別國所得租界辦法無異
第二款
該租界之綫開列如左由圖內鐵路上甲字起順俄國租界
之綫以至北河邊上乙字由此順河向北至界邊石樁圖上丙字
又沿東順圖上所畫紅綫至鐵路丁字由此順鐵道仍歸圖上甲字
原處所畫丁甲之綫因鐵路公司稱有鐵路以北地產現為暫定將
來義國使館與鐵路公司特行會商即可按照特定之約將業
綫畫定為准義國官員所有周圍四至業經特立界綫石樁以定
準綫而免混雜該會
第三款
該租界內一切官地中國國家均行讓給義國專為永業無庸出

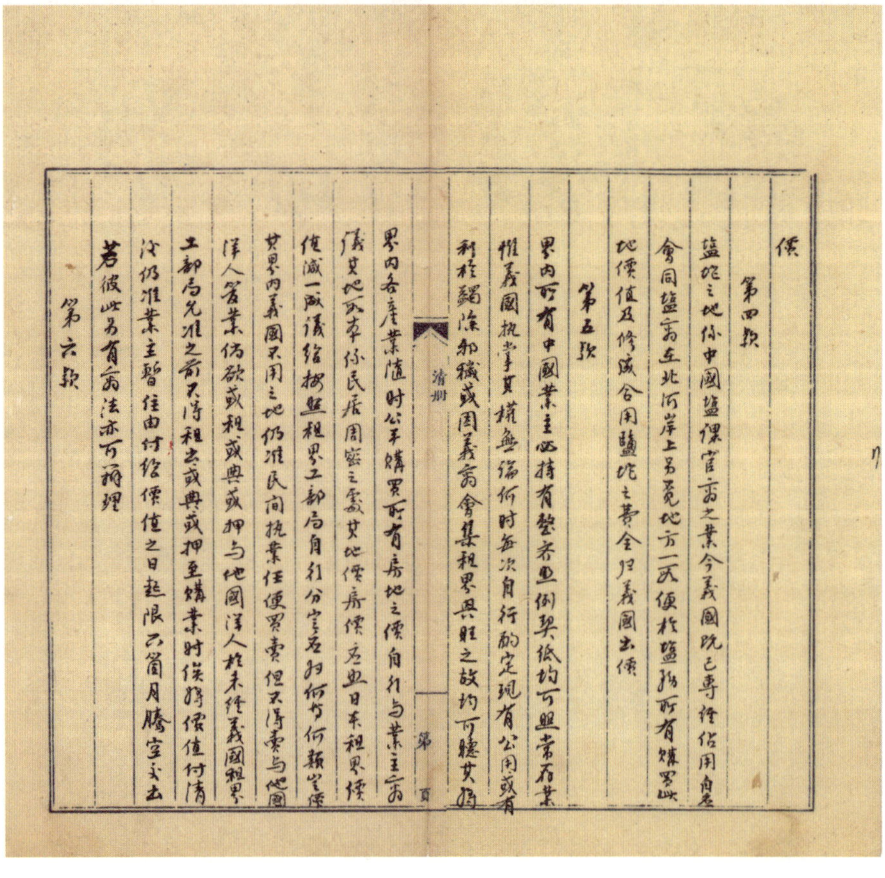

價
第四款
鹽坨之地係中國鹽課官商之業今義國既已專從佔用應
會同鹽商在北河岸上另覓地方一段便於鹽務所有購買此
地價值及修成合用鹽坨之費全歸義國出價
第五款
界內所有中國業主必持有整齊照例契紙均可照常存業
惟義國執掌買擬無論何時每次自行酌定現有公用或有
利於蠲除積穢或因義商會集租界興旺之故均可隨時將
界內各產業隨時公平購買所有房地之價自行與業主商
議其地或本係民居周密之處其地價房價應照日本租界價
值減一成議給按照租界工部局自行分定若干何等何類定價
其界內義國不用之地仍准民間執業任便買賣但不得賣與他國
洋人置業倘欲或租或典或押與他國洋人於未經義國租界
工部局允准之前不得租出或典或押至購業時從將價值付清
以前仍准業主暫住由付給價值之日起限六個月騰空交出
若彼此另有商法亦可辦理
第六款

照录天津意国租界合同（1902年6月7日）

八国联军攻占天津，意大利军队占领河东北岸俄军占领区以西地段预为租界。1902年6月7日《天津意国租界章程合同》签订。

租界内如有無主之業或不知業主之業由義國先行出
示俾其業主得知將契紙持來閱看如出示十二箇月後仍
無人投報義國工部局可將該業充公

第七款

租界内現在所有被燬房屋不准修蓋如該業主持有
整齊房契投報前來應聽義國政府照第六款所載購置

第八款

租界内准中國人置地居住惟須遵照日後義國特行擬定
章程

第九款

租界内所有墳墓如本主自行遷葬每棺由義國給費銀四
兩毋庸另給地價若係義地更應如何遷讓由地方官及義
國委員會同商議擇地遷葬其費用歸義國籌備

第十款

他國辦理租界一事如得有中國國家格外利益義國以優
待之國之禮亦應一体均沾以昭劃一

第十一款

自合同畫押之後當由

北洋大臣迅速出示曉諭此處已給義國作為租界

第十二款

所有此次訂立租界地址據照他國租界所定章程每畝交納
錢糧制錢一千文地方官收解

第十三款

此後倘中國國家電報公司及德律風公司在租界内設立木桿
為該項工程需用義國工部局絕不阻擱

第十四款

此合同中國修寫五分義文五分隨帶義文及租界之圖由
直隸總督所派天津津海關道署理新鈔兩關稅務唐紹儀與
大義欽差駐紮中華便宜行事全權大臣世襲款伯爵嘎釐納畫押
蓋印以一分存
外務部一分存
直隸總督公署一分存
義國駐京大臣公署一分存
天津津海關道衙門一分存
義國駐天津領事官署

大清光緒二十八年五月初旬

唐紹儀

此處蓋有洋字戳記

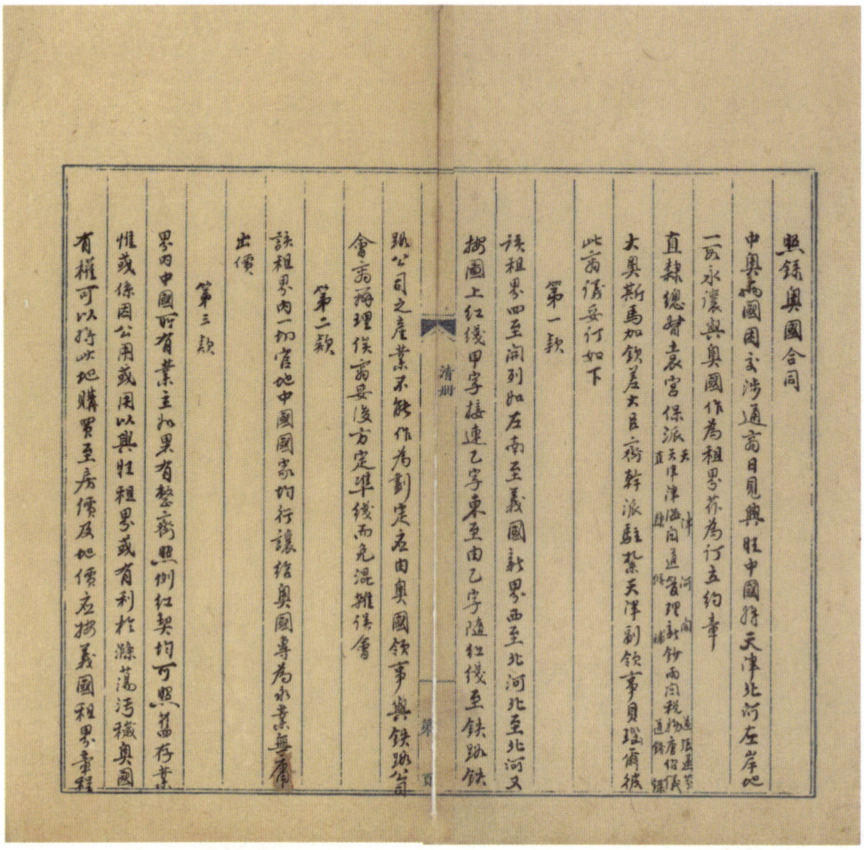

照录奥国合同
中奥两国因交涉通商日见兴旺中国将天津北河左岸地
一区永让与奥国作为租界亦为订立约章
直隶总督袁宫保派天津河间道张莲芬 天津津海关道管理新钞两关税务唐绍仪 直隶候补道钱鑅
大奥斯马加钦差大臣务斡派驻扎天津副领事贝瑙尔彼
此商议妥订如下
第一款
该租界四至开列如左南至义国新界西至北河北至北河又
按图上红线甲字接连乙字东至由乙字随红线至铁路铁
路公司之产业不能作为划定应由奥国领事与铁路公司
会商办理俟商妥后方定界线而免混杂俟会
第二款
该租界内一切官地中国国家均行让给奥国专为永业无庸
出价
第三款
界内中国所有业主如果有整齐照例红契均可照旧存业
惟或系因公用或因以兴旺租界或有利于涤荡污秽奥国
有权可以将此地购买至房价及地价应按义国租界章程

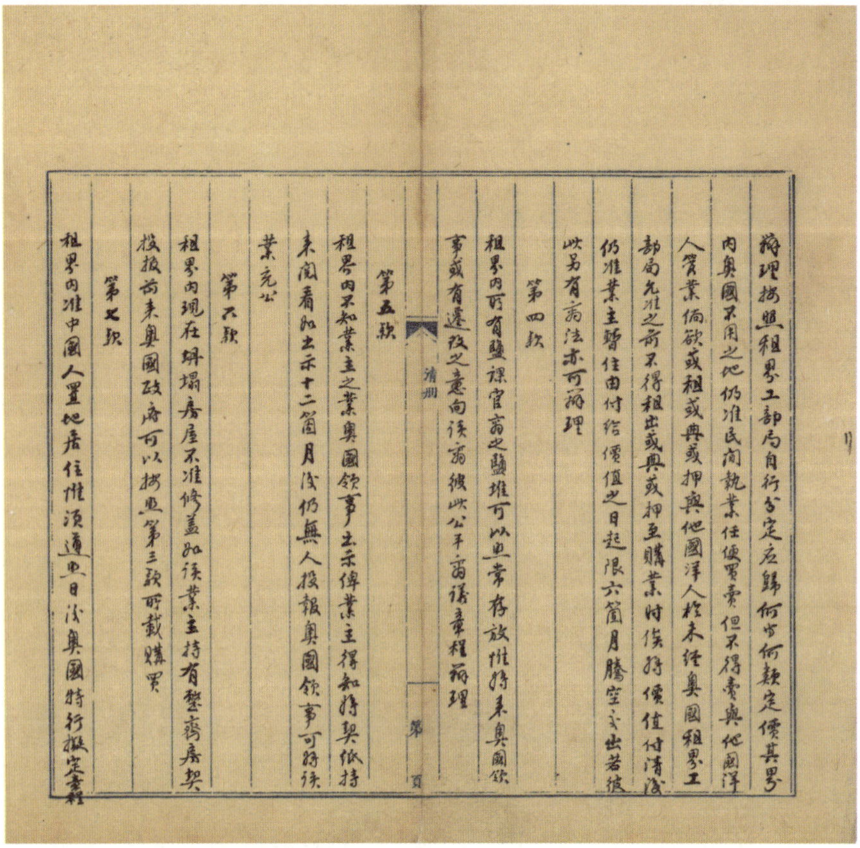

办理按照租界工部局自行分定应归何等何类定价其界
内奥国不用之地仍准民间执业任便买卖但不得卖与他国洋
人买业倘欲或租或典或押与他国洋人于未经奥国租界工
部局允准之前不得租出或典或押至购业时候将价值付清后
仍准业主暂住由付给价值之日起限六个月腾空交出若彼
此另有商法亦可办理
第四款
租界内所有盐课官商之盐堆可以照常存放惟将来奥国领
事或有迁移之意向该商彼此公平商议章程办理
第五款
租界内不知业主之业奥国领事出示俾业主得知将契纸持
来阅看如出示十二个月后仍无人投报奥国领事可将该
业充公
第六款
租界内现在坍塌房屋不准修盖如该业主持有整齐房契
投报前来奥国政府可以按照第三款所载购买
第七款
租界内准中国人置地居住惟须遵照日后奥国特行拟定章程

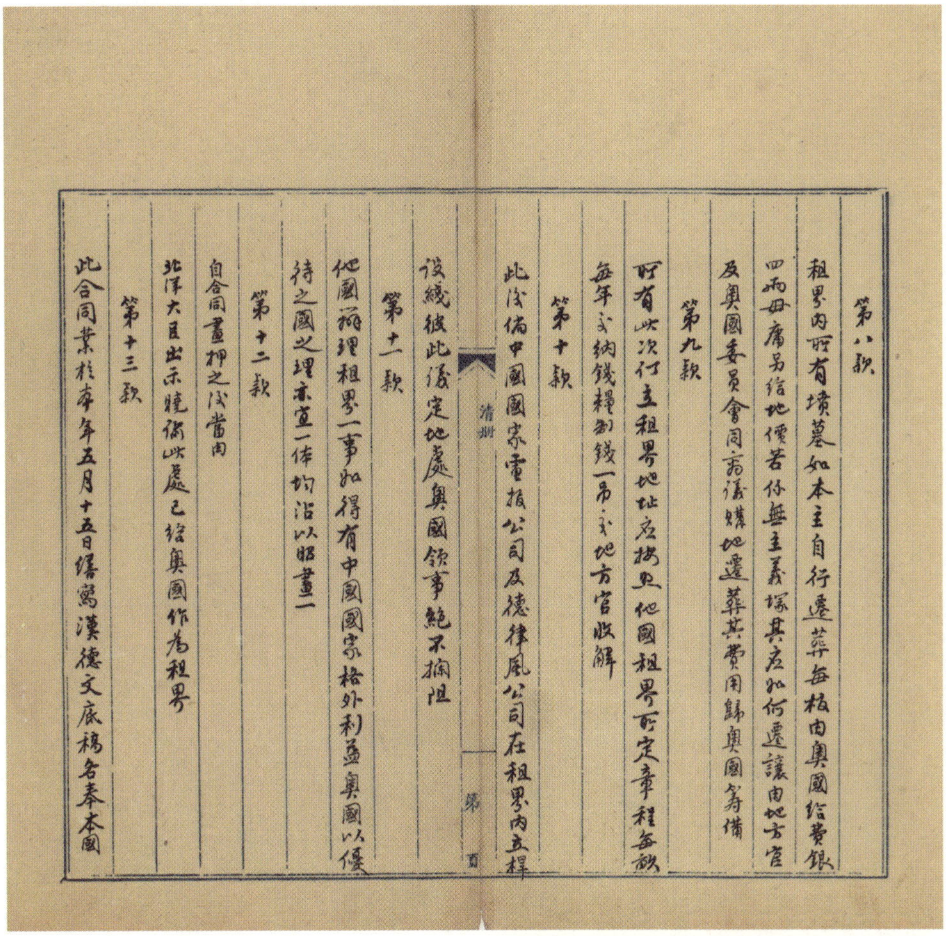
第八款
租界内所有墳墓如本主自行遷葬每棺由奧國給費銀
四兩毋庸另給地價若係無主義塚其应如何遷讓由地方官
及奧國委員會同商議購地遷葬其費用歸奧國籌備
第九款
所有此次付立租界地址应按照他國租界所定章程每畝
每年交纳钱粮制钱一吊交地方官收解
第十款
此次偹中國國家電报公司及德律風公司在租界内立桿
設綫彼此議定地處奧國領事絶不攔阻
第十一款
他國循理租界一事如得有中國國家格外利益奧國以優
待之國之理亦宜一体均沾以昭畫一
第十二款
自合同畫押之後當由
北洋大臣出示曉諭此處已給奧國作為租界
第十三款
此合同業於本年五月十五日繕寫漢德文底稿各奉本國

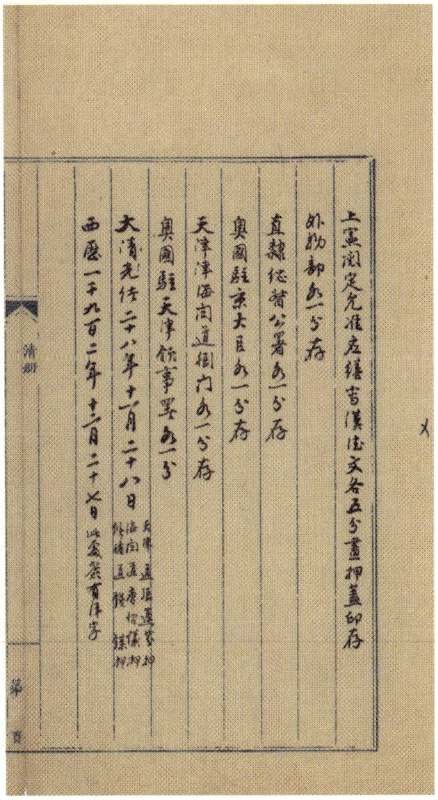
上憲閲定允准应繕寫漢德文各五分畫押蓋印存
外務部各一分存
直隸總督公署各一分存
奧國駐京大臣各一分存
天津津海関道署内各一分存
奧國駐天津領事署各一分
大清光緒二十八年十一月二十八日
西歷一千九百二年十二月二十七日 此處簽有洋字

照录天津奥国租界合同（1902年12月27日）

八国联军占领天津之后，奥匈帝国亦以交战国身份加入瓜分。1902年12月27日，《天津奥国租界章程合同》签订，占地千亩。

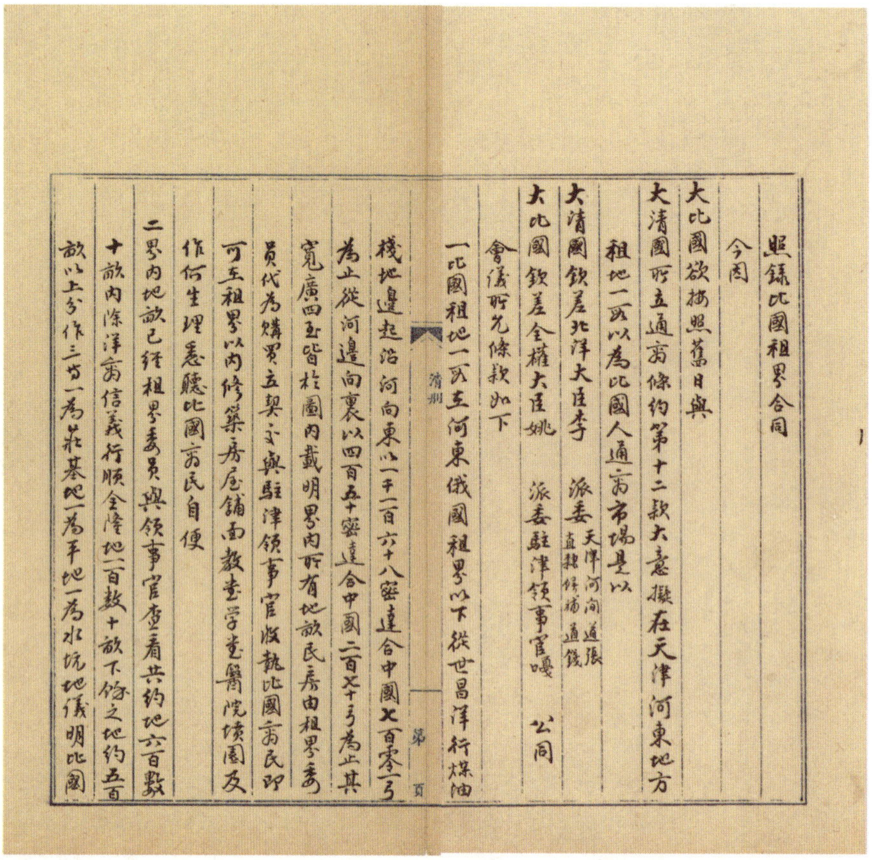

照錄比國租界合同

今因

大比國欲按照舊日與

大清國所立通商條約第十二款大意擬在天津河東地方

租地一段以為比國人通商市場是以

大清國欽差北洋大臣李　派委天津河間道張 直隸候補道錢

大比國欽差全權大臣姚　派委駐津領事官嘎　公同

會議所允條款如下

一比國租地一段在河東俄國租界以下從世昌洋行煤油棧地邊起沿河向東以一千一百六十八密達合中國七百零三弓為止從河邊向裏以四百五十密達合中國二百七十弓為止其寬廣四至皆於圖內載明界內所有地畝民房由租界委員代為購買立契文與駐津領事官收執比國商民即可在租界以內修築房屋鋪面教堂學堂醫院墳園及作何生理悉聽比國商民自便

二界內地畝已經租界委員與領事官查看共約地六百數十畝內除洋商信義行順全隆地一百數十畝不給之地約五百畝以上分作三等一為莊基地一為平地一為水坑地議明比國

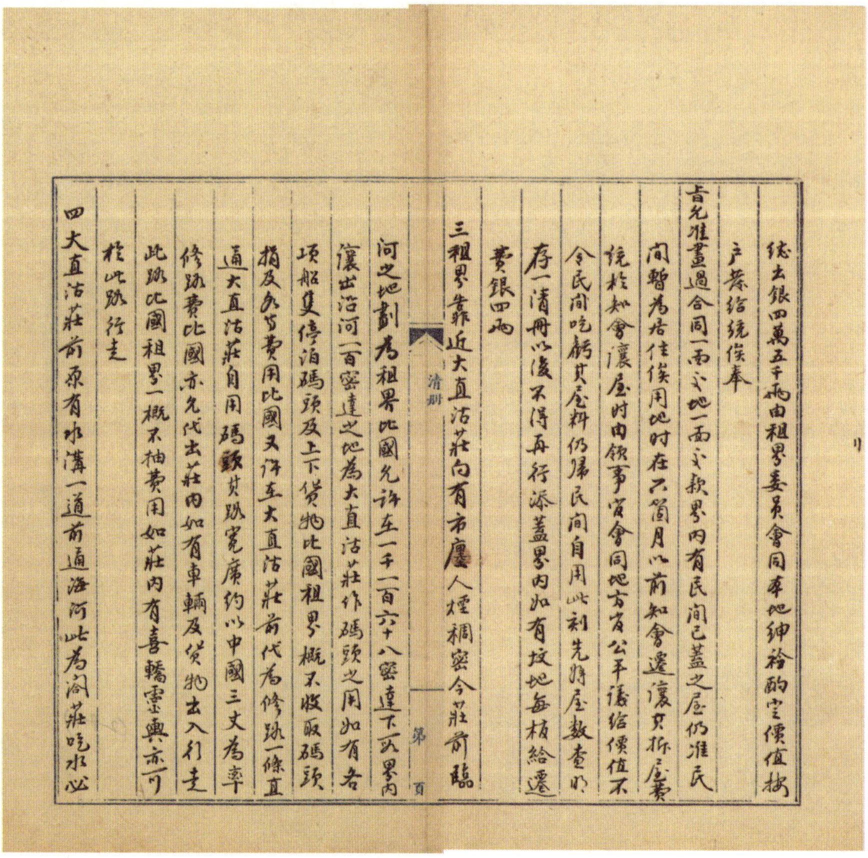

總出銀四萬五千兩由租界委員會同本地紳耆酌定價值按戶發給纔候奉

旨允准畫過合同一面立地一面立款界內有民間已蓋之屋仍准民間暫為居住候用地時在六箇月以前知會遷讓其拆屋費纔於知會讓屋時由領事官會同地方官公平議給價值不令民間吃虧其屋料仍歸民間自用此刻先將屋數查明存一清冊以後不得再行添蓋界內如有墳地每棺給遷費銀四兩

三租界靠近大直沽莊向有市廛人煙稠密今莊前臨河之地劃為租界比國允許在一千一百六十八密達下段界內讓出沿河一百密達之地為大直沽莊作碼頭之用如有各項船隻停泊碼頭及上下貨物比國租界概不收取碼頭捐及各等費用比國又許在大直沽莊前代為修路一條直通大直沽莊自用碼頭其路寬廣約以中國三丈為率修路費比國亦允代出莊內如有車輛及貨物出入行走此路比國租界一概不抽費用如莊內有喜轎靈輿亦可於此路行走

四大直沽莊前原有水溝一道前通海河此為闔莊吃水必

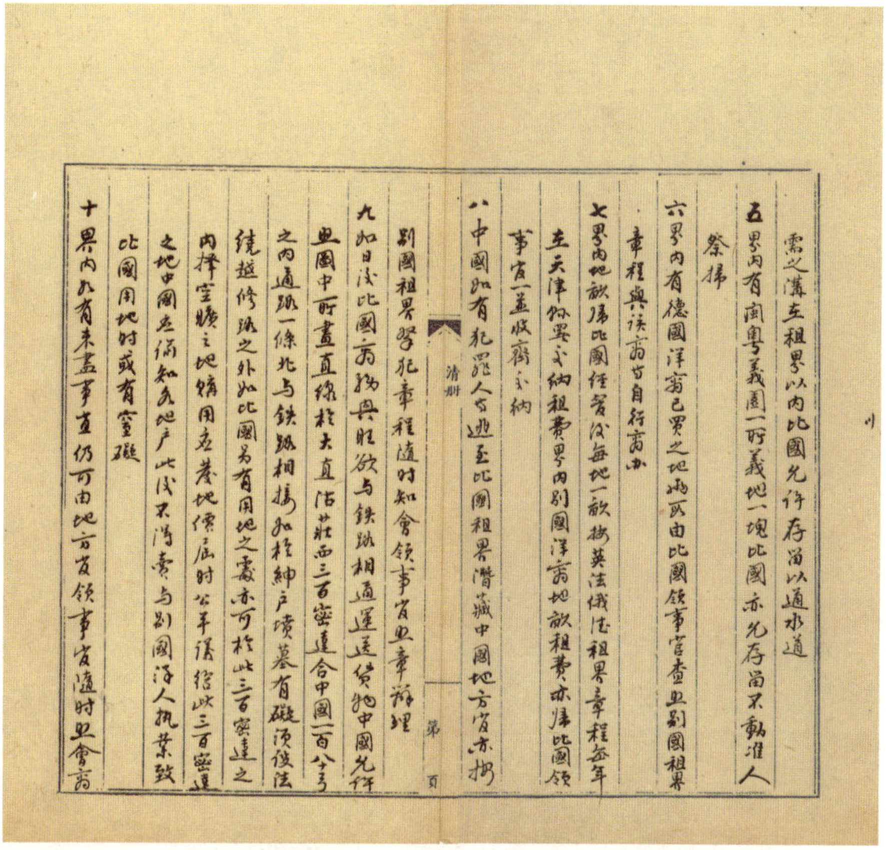

需之溝在租界以内比國允許存留以通水道
五 界内有廣粵義園一所義地一塊比國亦允存留不動准人
祭掃
六 界内有德國洋商已買之地兩段由比國領事官查照别國租界
章程與該商等自行商辦
七 界内地畝歸比國經營收每地一畝按英法俄德租界章程每年
在天津府署完納租費界内别國洋商地畝租費亦歸比國領
事官一並收齊完納
八 中國如有犯罪人等逃至比國租界潛藏中國地方官亦按
别國租界緝犯章程隨時知會領事官照章辦理
九 如日後比國商務興旺欲與鐵路相通運送貨物中國允許
照圖中所畫直線於大直沽莊西三百密達合中國一百八十弓
之内通路一條北與鐵路相接如於紳戶墳墓有礙須設法
繞越修路之外如比國另有用地之處亦可於此三百密達之
内擇空曠之地續用應發地價應照時公平議給此三百密達
之地中國應備知各地戶此後不得賣與别國洋人執業致
比國用地時或有窒礙
十 界内如有未盡事宜仍可由地方官領事官隨時照會商

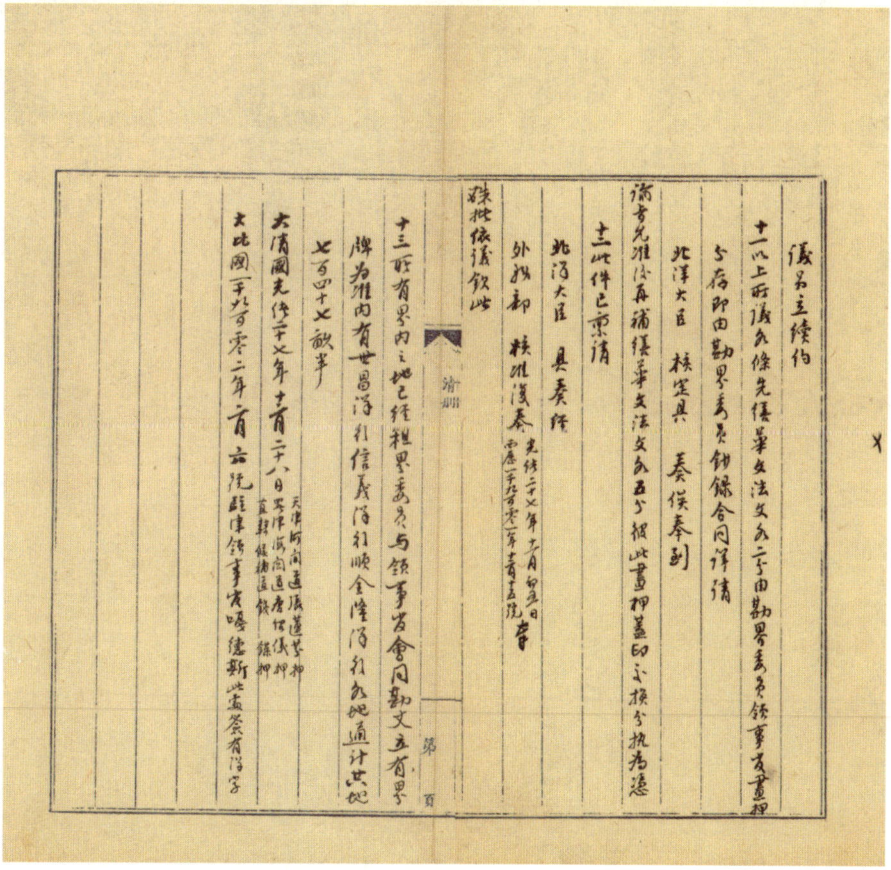

議另立續約
十一 以上所議各條先備華文法文各二分由勘界委員領事官畫押
分存即由勘界委員鈔錄合同詳請
北洋大臣 核定具 奏俟奉到
諭旨允准後再補繕華文法文各五分彼此畫押蓋印分换分執為憑
十二 此件已稟請
北洋大臣 具奏經
外務部 核准覆奏 光緒二十七年十二月初五日 西歷一千九百零一年十二月十五號 奉
硃批依議欽此
十三 所有界内之地已經租界委員與領事官會同勘丈立有界
牌為准内有世昌洋行信義洋行順全隆洋行各地通計共地
七百四十七畝半
大清國光緒二十七年十二月二十八日 天津府前道張蓮芬押 直隸候補道錢鑅押 署津海關道唐紹儀押
大比國一千九百零二年二月六號駐津領事官嘎德斯 此處簽有洋字

■照录天津比国租界合同（1902年2月6日）

1902年2月6日，《比国租界合同》签订，比利时租界在俄国租界以南，划地700余亩。比租界当局曾多次阴谋扩张，均遭到天津人民的反对。

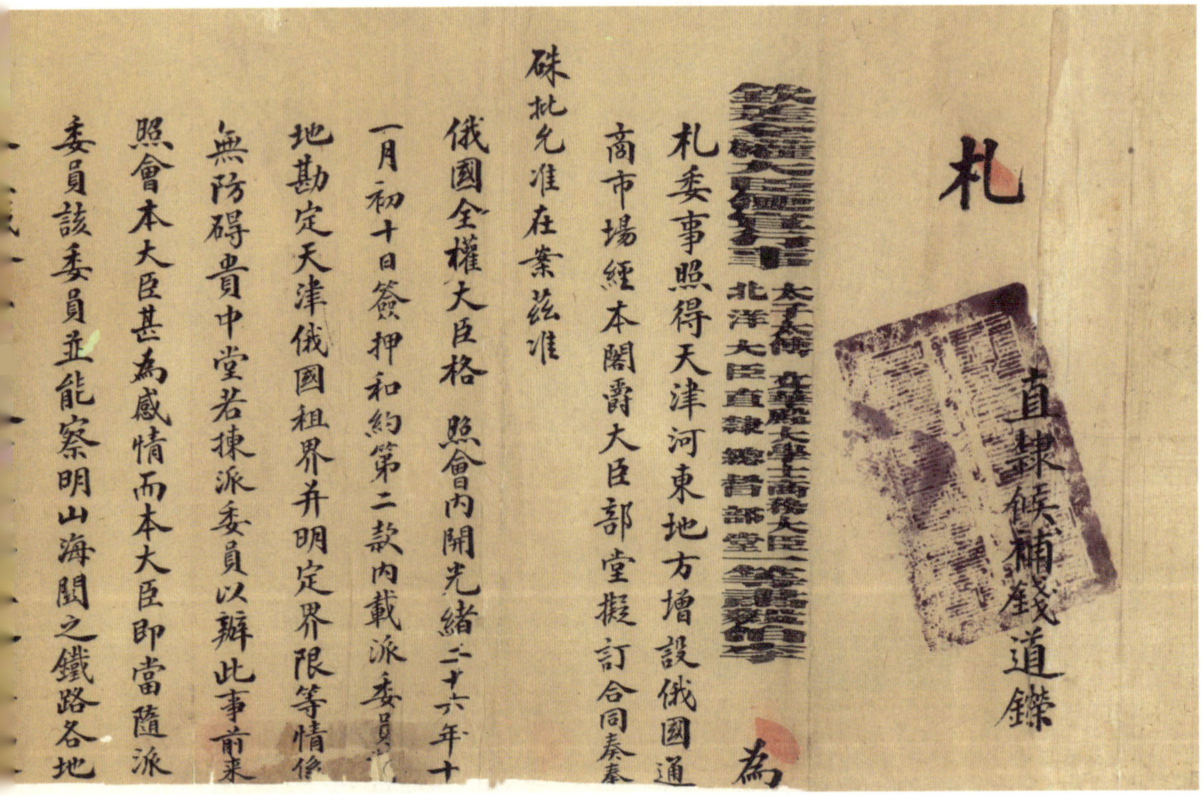
札
直隸候補錢道鑅
為
欽差全權大臣便宜行事太子太傅文華殿大學士商務大臣一等肅毅伯爵北洋大臣直隸總督部堂李
札委事照得天津河東地方增設俄國通
商市場經本閣爵大臣部堂擬訂合同奏奉
硃批允准在案茲准
俄國全權大臣格 照會內開光緒二十六年十
一月初十日簽押和約第二款內載派委員
地勘定天津俄國租界并明定界限等情係
無防碍貴中堂若揀派委員以辦此事前來
照會本大臣甚為感情而本大臣即當隨派
委員該委員並能察明山海關之鐵路各地

■ 直隶总督李鸿章为派员查勘俄国租界合同界址等事致直隶候补道钱鑅札（1901年4月25日）

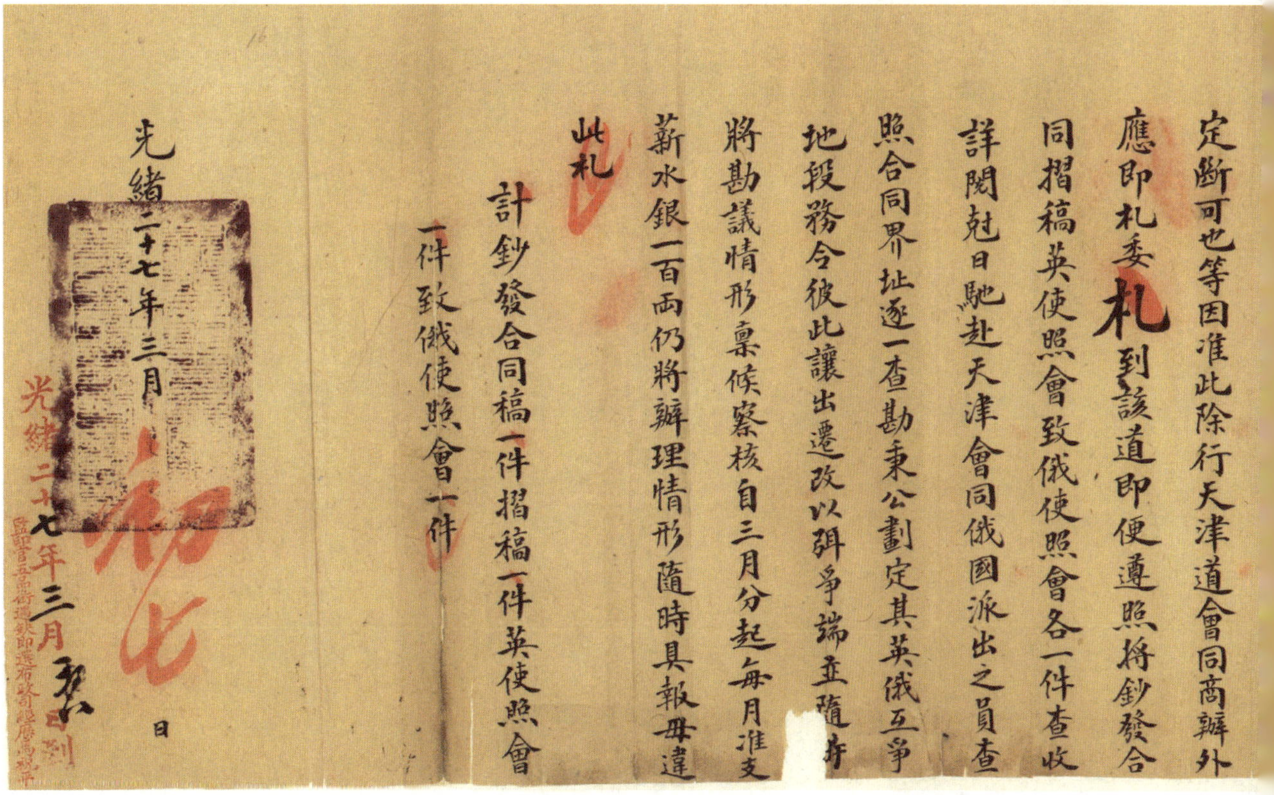
定斷可也等因准此除行天津道會同商辦外
應即札委札到該道即便遵照將鈔發合
同摺稿英使照會致俄使照會各一件查收
詳閱尅日馳赴天津會同俄國派出之員查
照合同界址逐一查勘秉公劃定其英俄互爭
地段務令彼此讓出遷改以弭爭端並隨時
將勘議情形稟候察核自三月分起每月准支
薪水銀一百兩仍將辦理情形隨時具報毋違
此札

計鈔發合同稿一件摺稿一件英使照會
一件致俄使照會一件

光緒二十七年三月初七日

光緒二十七年三月日到

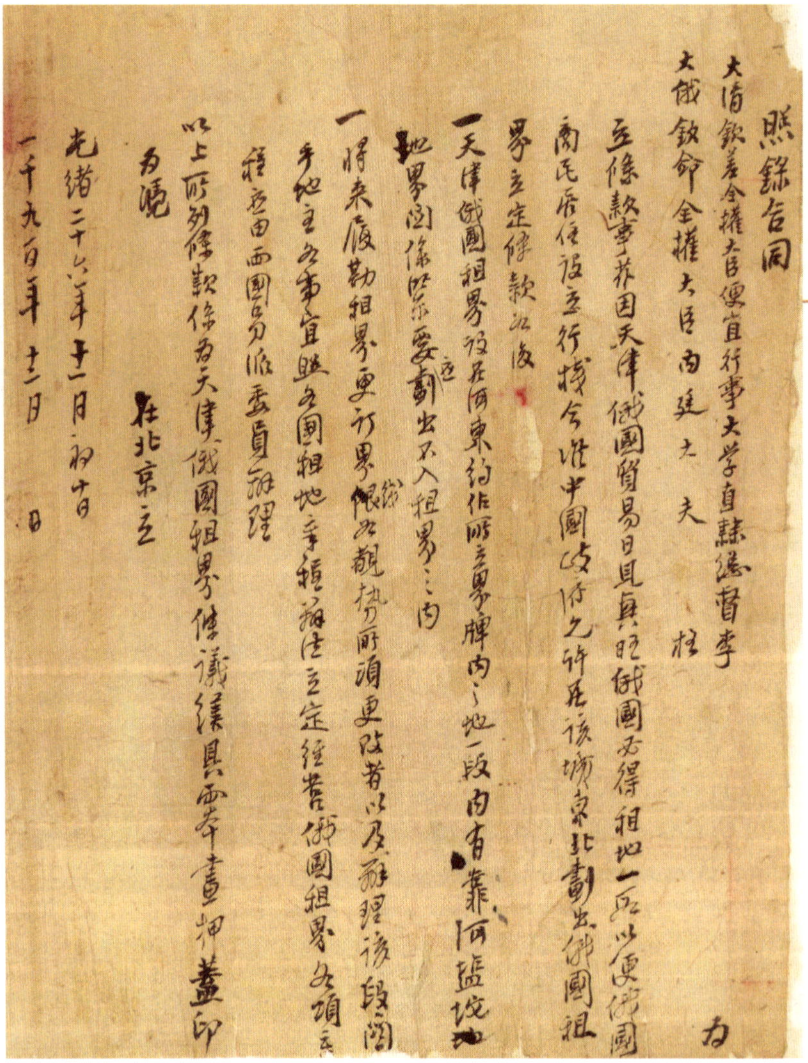

照錄合同

大清欽差全權大臣便宜行事大學士直隸總督李
大俄欽命全權大臣內廷大夫 格 為
立條款事茲因天津俄國貿易日見興旺俄國必得租地一區以便俄國
商民居住設立行棧今准中國政府允許在該城東北劃出俄國租
界立定條款如後
一天津俄國租界設在河東約作所立界牌內之地一段內有靠河鹽坨地
地界圖係照原要劃出不入租界之內
一將來履勘租界更訂界限如觀諸勢所須更改者以及辦理該段內
手地主各事宜照各國租地章程辦法立定經管俄國租界各項事
務應由西國另派委員辦理
以上所列條款係為天津俄國租界總議繕具兩本畫押蓋印
為憑 在北京立
光緒二十六年十一月初十日
一千九百年十二月 日

■ 照录天津俄国租界草合同（1900年12月31日）

八国联军入侵天津，俄国军队抢先占据老龙头以西及沿海河向南的大片土地。1900年底，中俄《天津租界条款》签订，正式划定俄租界。

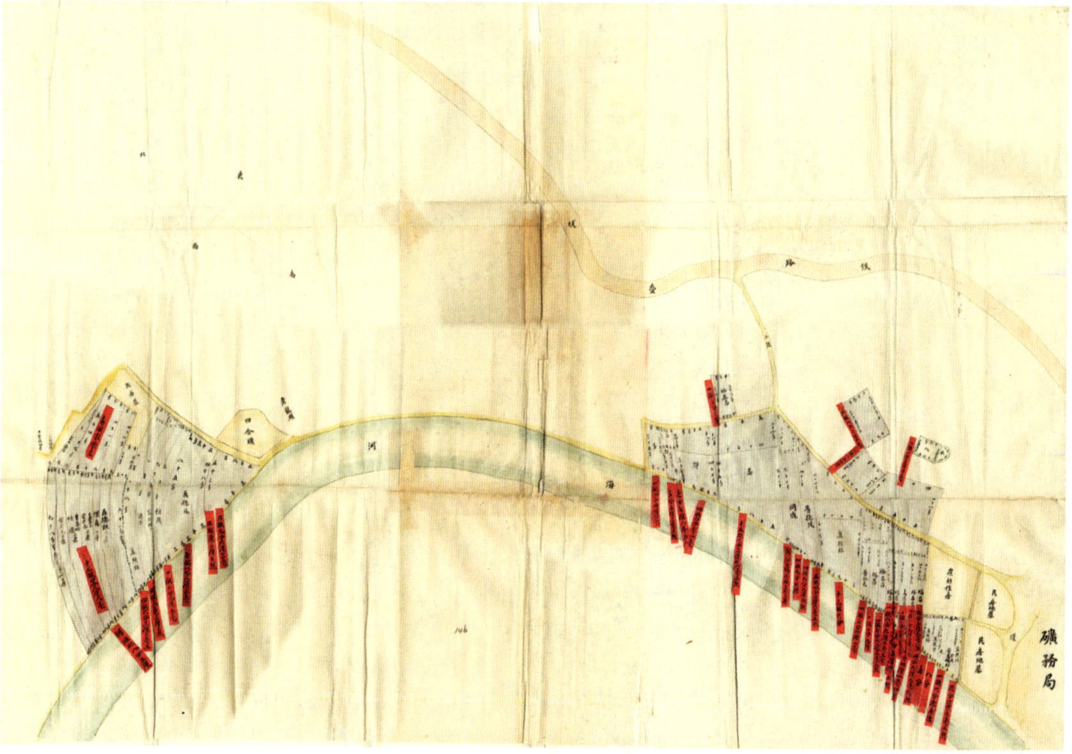

天津俄国租界三等地段划分图（1901年7月28日）

天津俄国租界五等地段划分图

第三章

租界，他的国（之一）

租界，他的国（之一）

与大天朝相比，天津租界只是一个小微观。他是条约时代的产儿，身上有天朝权力丧失的胎记。人们憎恶他，因为他的诞生意味着剥夺与失去，我的，非我属，却成了他的。如果历史仅仅播种仇恨，而非增长智慧，我们会忽略租界成长中生动而珍贵的部分，而他已经与近代天津整座城市的生命无法分离。

从紫竹林说起

紫竹林，天津租界生长轨迹的原点。1860年11月24日，英军翻译官巴夏礼在紫竹林至下园一带预勘租界，纵横四顷有余。此时，距《中英续增条约》签订整整过去一个月。

紫竹林本是城南外的一座村寺，殿内供奉观世音菩萨。早年庭内修竹，当门一双老树，春花秋影里，钟磬梵音和门外潮声起落。据魏宗珂和缪志明二位先生考证，紫竹林建于康熙二十八年，大体位于今和平区吉林路与承德道交叉口西侧。岁月流淌着，近处的村民渔户，听着暮鼓晨钟，往来生计，偶尔参佛，渐渐地，紫竹林也成了村落的名字，因人而聚。这里，绝无肆酒可沽，在清苦中，倒也格外生长出乡野清趣。

天津开埠的这个冬天，静默的紫竹林变得喧嚣。美法步英国后尘，也来到紫竹林。英国皇家工兵戈登上尉同一名法国军官在这里放置界石。丈量工作在茅屋、沼泽、田地、坟茔间不知疲倦地展开了。戈登的笔落在纸上，土地被分段规划，待价而沽。人们在等待来年，春暖河开时，船队将载来租界最早的投资者。

最早来到天津的殷森德英国传教士写道：『这些地基随后在1861年8月，以明确规定的条件卖给出价最高的投标人。』即签订英租界皇家租契。这是租界成长中最重要的资本积累，英国从清政府那里低价取得永租权，再以英国皇帝的名义高价转租本国臣民，高低差价则用于公共市政建设以及租界各权力机构的运转。当然，这也成为天津租界区通用的经济法则。

九国租界形成

两点即可定位一条直线，数条直线交错则铺展开一个平面，平面上起楼，参差错落，便有了租界最初的立体感。租界早期的发展是缓慢而艰难的增量过程。仅有的几条马路交错形成街区，商人们盖起简单的仓库和洋行，财富则日复一日聚集。慢慢地，抽象的规划具象成街头月异日新的风景。

天津的英租界最早将西方城市的自治制度搬到这座口岸。1862年英租界董事会成立，成为租界的权力和决策机构。符合条件的纳税人通过选举可以进入董事会，侨民则普遍享有选举权。作为董事会的执行机构，工部局统管租界中的行政事务。这是与传统中国大不相同的体制，但其传递的权责平衡和纳税人自治的观念如一粒种子，将在之后的中国生根。

天津租界从紫竹林开始，用了四十年的时间，扩张成九国租界的特殊景观，这在中国近代历史上是绝无仅有的。租界的扩张经历了三个阶段，几乎是大清国每打一次败仗，租界区则扩大一圈。第二次鸦片战争结束，英法美三国在紫竹林划界。甲午战后，德日划界。八国联军入侵，俄奥意比加入占领。期间，英法德日租界均有拓展。二十世纪初叶，天津租界总面积相当于旧城的八倍，几乎控制了海河两岸最重要的土地。

在传统经济网络上，天津因漕运而兴，却束缚于封建集权政体，没有充分发挥口岸城市的外向力。天津的开埠，租界的出现，给这座城市带来了质的变化。天津逐步成为近代北方工商业港口贸易城市，成为中西文化交流碰撞的最前沿。

1900年7月14日，八国联军占领天津。11月26日，『因军事理由及卫生目的』，都统衙门决定拆掉天津城垣，取而代之的是四条沿城墙基址修筑的马路即东马路、西马路、南马路、北马路。紧接着，电灯、电车以及更多的新鲜玩意出现在老城里。五千年未有之拆城墙运动自天津始，如果说这次还是心酸的被迫，之后，拆城墙却在大清国更多城市里自主地上演了。推倒了城墙的大清像是一种文化隐喻，城墙有形，又有多少无形的东西，被拆毁了，被改变着。

天津英国租界工部局发行的债券（1932年、1937年）

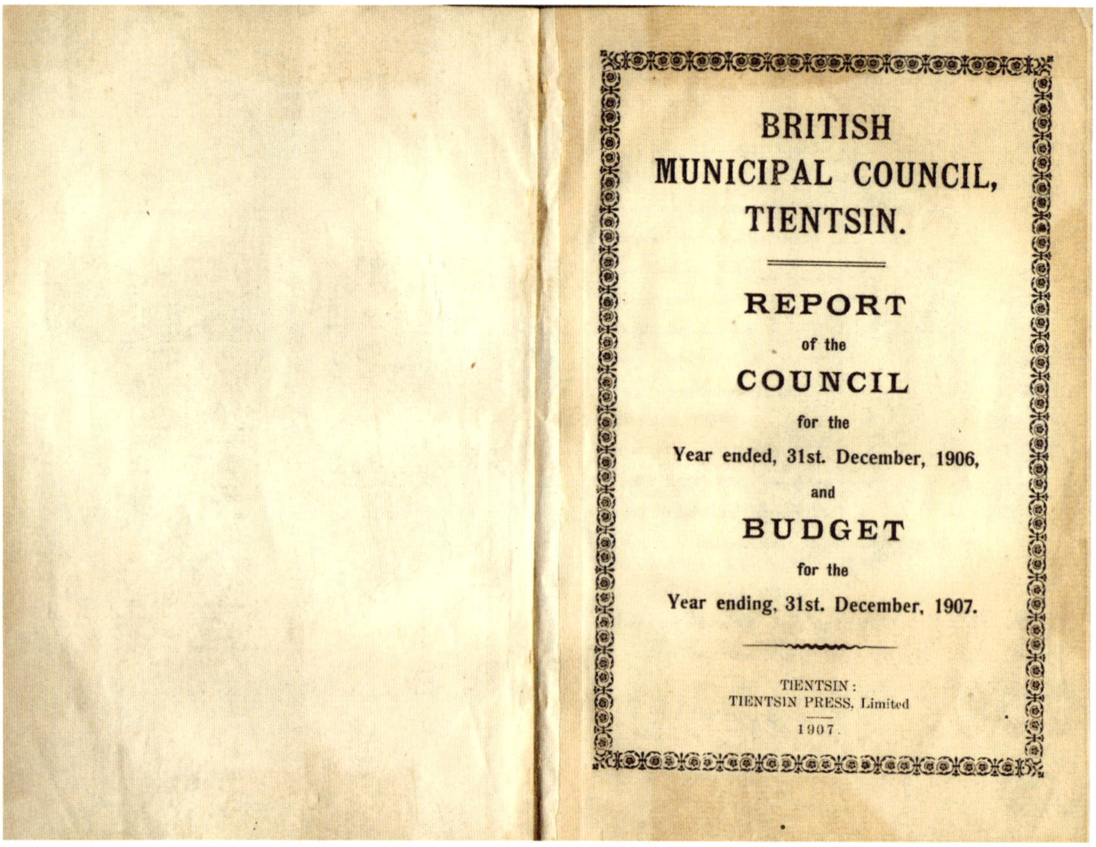

BRITISH
MUNICIPAL COUNCIL,
TIENTSIN.

REPORT
of the
COUNCIL
for the
Year ended, 31st. December, 1906,
and
BUDGET
for the
Year ending, 31st. December, 1907.

TIENTSIN:
TIENTSIN PRESS, Limited
1907.

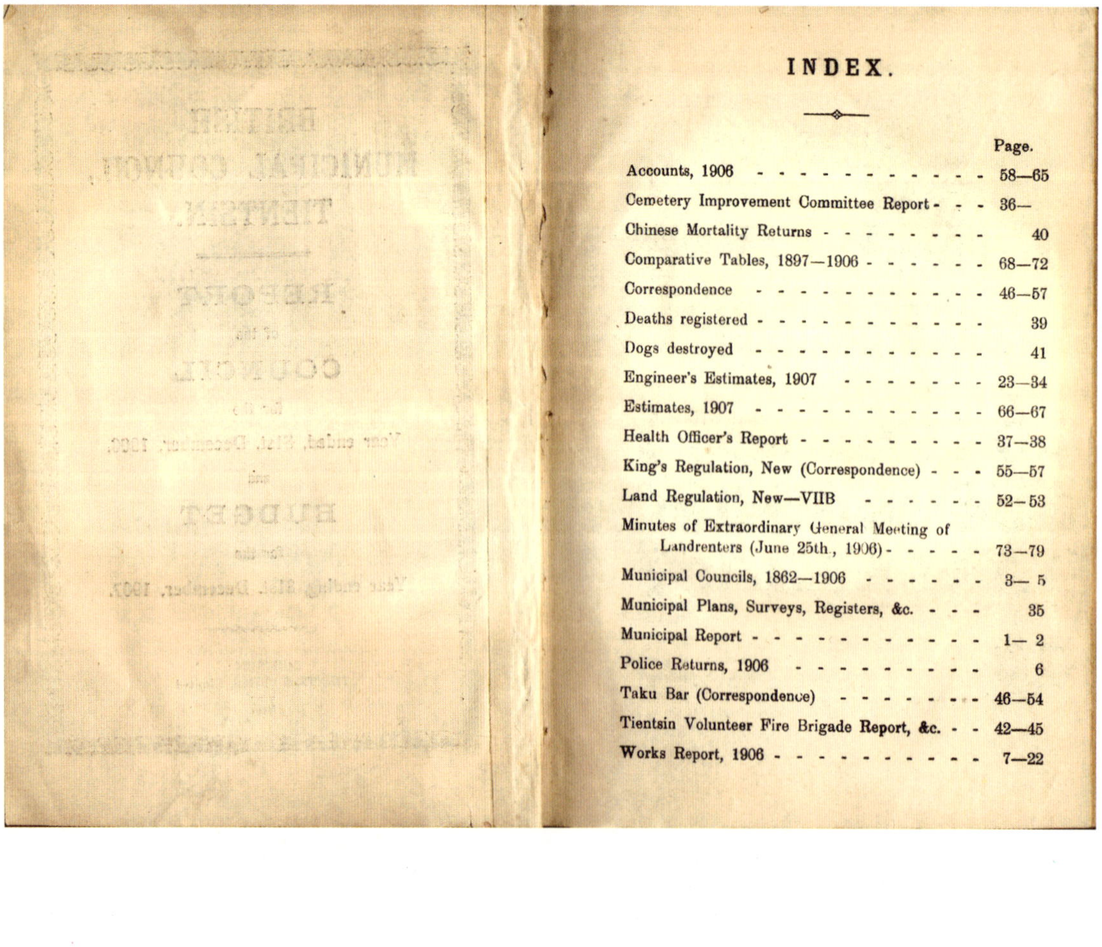

INDEX.

BRITISH MUNICIPAL COUNCIL REPORT.

The Councillors of the British Concession have the honour to submit to the Landrenters the following reports, documents, &c., together with the statement of Accounts for the year 1906, and the Estimates for Receipts and Expenditure for 1907.

The Council for 1906 was elected on February 26th., and met for the first time on March 7th.. During the year it has been in session sixteen times. The various Committees, on which so much of the work in detail devolved, met forty-nine times during the Municipal year.

The Council and Committees were constituted as follows:—

Council:—Mr. J. M. Dickinson, *Chairman*; Mr. G. T. Edkins, *Honorary Treasurer*; Messrs. J. Boyce-Kup, E. Heyl, and C. R. Morling. On Mr. Edkins resigning the Honorary Treasurership early in the year, Mr. W. M. Howell of the British Municipal Extension Council was elected to the Office, and was invited to take an honorary seat on the Council.

It is to be noted that the Chairman of the Council is *ex officio* a member of all Committees.

Finance Committee:—Mr. W. M. Howell, *Chairman*; Mr. E. Heyl.

Fire Brigade Committee:—Mr. J. Boyce-Kup, *Chairman*; Messrs. E. Heyl. and C. R. Morling.

Land Exchange Committee:—Mr. J. M. Dickinson, *Chairman*; Mr. E. Heyl.

Market Committee:—Mr. W. M. Howell.

Sanitary Committee:—Mr. W. M. Howell.

Watch Committee:—Mr. G. T. Edkins, *Chairman*; Mr. C. R. Morling.

Works Committee:—Mr. J. Boyce-Kup, *Chairman*; Mr. W. M. Howell.

Tientsin Volunteer Corps Committee:—Mr. J. Boyce-Kup, *Chairman*; Messrs. E. Heyl and C. R. Morling.

Committee for the Amalgamation of the Concessions:—Messrs. J. M. Dickinson, C. R. Morling and W. R. T. Tuckey.

The Landrenters have once more been under an obligation to the following gentlemen of the British Municipal Extension Council for invaluable services rendered in Committee work:—Mr. W. M. Howell not only acted as *Honorary Treasurer* and presided over the *Finance*, but also sat on the *Market*, *Sanitary* and *Works Committees*. Mr. E. G. Adams was a member of the *Land* and *Works Committees*; Mr. F. Sommer presided over the *Market* and *Sanitary Committees*, and was a member of the *Watch* and *Works*. Mr. H. D. Summers took a part in the *Market*, *Sanitary* and *Watch*.

The following gentlemen were associated with your representatives on the *Committee for the Amalgamation of the Concessions*:—Messrs. E. G. Adams, F. Sommer and H. D. Summers for the Extension Ratepayers, Mr. E. P. Allen for the Extra Mural landholders, and Messrs. P. H. Kent (Legal Adviser to the Council) and Mr. W. McLeish (Secretary to the Council) as *ex officio* members.

Mr. J. M. Dickinson also represented the Council on the *Recreation Ground Trust*.

The Council nominated Mr. W. McLeish to represent it on the Committee of the *Tientsin School*.

The Staff has remained unchanged during the year with three exceptions:—Mr. H. R. Stewart replaced Mr. D. J. Brady on February 1st. as Overseer of Works; Mr. John Jackson was elected *Foreman* of the Tientsin Fire Brigade on the resignation of Mr. W. R. T. Tuckey, who left the Port for some months; and on the departure of Mr. E. Gumpert for home, Mr. E. S. Rendall became *Acting Officer in Command* of the Volunteer Corps; and when he left for home later in the year, Mr. C. R. Morling kindly undertook the *Command* during his absence.

British Municipal Councils, 1862-1906.

Year	Chairman	Hony. Treasurer	Councillors
1862	E. Waller	J. Henderson	J. Hanna.
1863	E. Waller	W. M. Norton	J. Hanna.
1864	E. Waller	J. Livingstone	J. Hanna.
1865	J. Hanna	D. Eastwood	J. A. T. Meadows.
1866	J. A. T. Meadows	J. H. McClure H. C. Maclean J. Livingstone	S. J. Morris.
1867	J. A. T. Meadows	J. Livingstone	J. Hanna, H. G. Howard.
1868	J. A. T. Meadows	J. Henderson	G. Hughes, J. Livingstone.
1869	J. A. T. Meadows	J. Hanna	J. Livingstone.
1870	J. A. T. Meadows J. Henderson	H. G. Howard	J. Hanna.
1871	J. A. T. Meadows	M. G. Moore	E. G. Beebe, A. C. Cordes.
1872	J. A. T. Meadows	M. G. Moore	H. Beveredge, A. C. Cordes, P. Kierulff.
1873	E. A. Solomon	J. Livingstone J. A. T. Meadows	H. Beveredge, J. J. Hatch, H. G. Moore.
1874	E. A. Solomon	J. J. Hatch	W. Forbes, J. A. T. Meadows, H. G. Moore.
1875	J. A. T. Meadow H. G. Moore	J. J. Hatch S. A. Nathan	A. C. Cordes, W. Forbes, W. Jackson, H. G. Moore.
1876	H. G. Moore	A. C. Cordes	H. Beveredge, W. Gubbins, J. Henderson, W. Jackson A. Macpherson.
1877	J. Henderson	P. L. Laen	W. Gubbins, J. J. Hatch, A. D. Startseff.
1878	G. Detring	H. Gubbins	J. Henderson, P. L. Laen, Liao Too Sang.
1879	G. Detring	D. Ezekiel	W. Gubbins W. Forbes, A.K. Kooznetseff, A.D. Startseff.
1880	G. Detring	D. Ezekiel S. A. Hardoon	W. Forbes, W. Gubbins, A. D. Startseff.

■天津英国租界工部局1906年董事会报告及1907年预算（局部）（1907年）

1862年，天津英租界董事会成立，为租界内决策机构，另设工部局，为董事会执行机构，受英国驻华领事馆直接领导。天津英租界工部局下设财政、工程、警务、电务、水道等处及卫生医官。1890年迁入戈登堂办公。

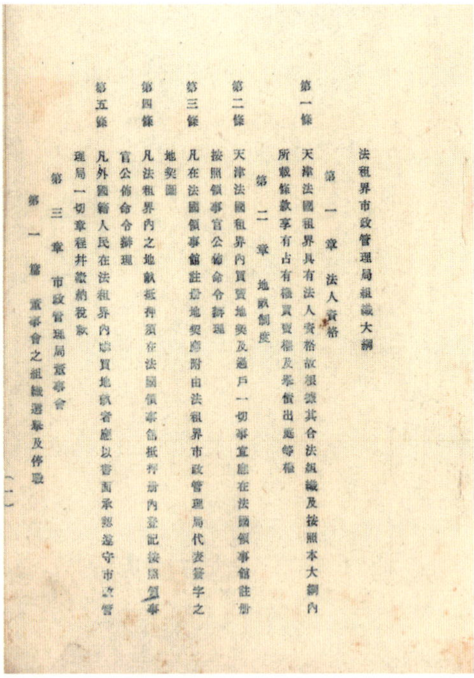

法租界市政管理局組織大綱

第一章 法人資格

第一條 天津法國租界具有法人資格故根據其合法組織及按照本大綱內所載條款享有占有權買賣權及舉債出庭等權

第二章 地畝制度

第二條 天津法國租界內買賣地契及過戶一切事宜應在法國領事館註冊按照領事官公佈命令辦理

第三條 凡在法國領事館註冊地契應附由法租界市政管理局代表簽字之地契圖

第四條 凡法租界內之地畝抵押須在法國領事館抵押册內登記按照領事官公佈命令辦理

第五條 凡外國籍人民在法租界內購買地畝者應以書面承認遵守市政管理局一切章程並繳納稅款

第三章 市政管理局董事會

第一節 董事會之組織選舉及停職

（一）

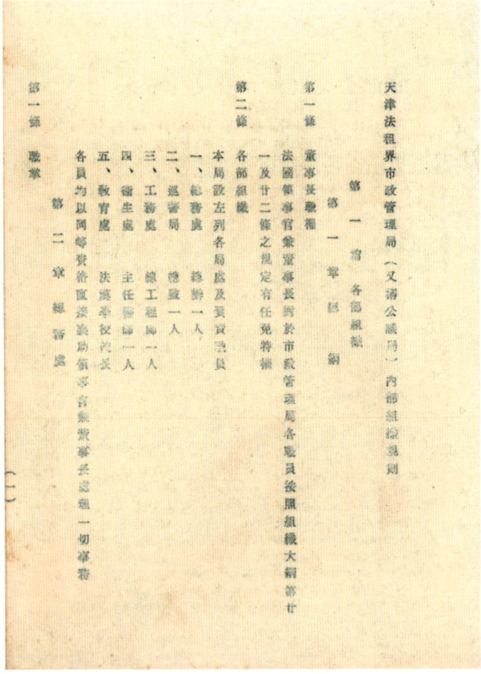

天津法租界市政管理局（又稱公議局）內部組織規則

第一編 總綱

第一章 各部組織

第一條 董事長職權

法國領事官兼董事長對於市政管理局各職員按照組織大綱第廿一及廿二條之規定有任免特權

第二條 各部組織

本局設左列各局處及負責人員

一、總務處 總辦一人

二、巡警局 總監一人

三、工務處 總工程師一人

四、衛生處 主任醫師一人

五、教育處 法漢學校校長

各員均以同等資格直接輔助領事官兼董事長處理一切事務

第二章 總務處

第一條 職掌

（一）

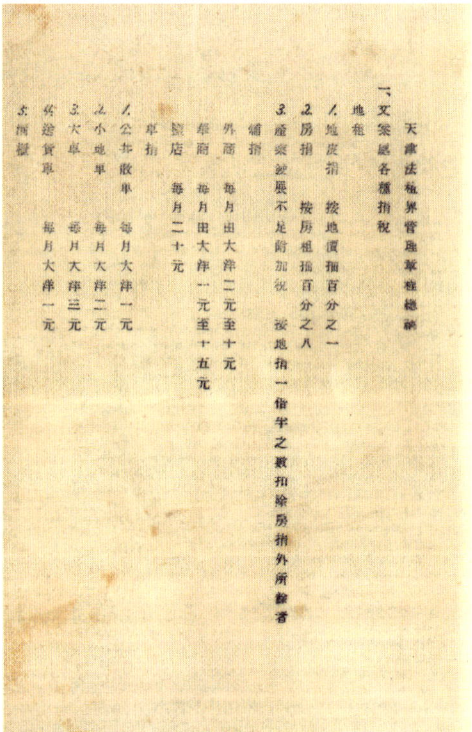

天津法租界管理章程總綱

一、文案處各種捐稅

地稅

1. 地皮捐 按地價捐百分之一

2. 房捐 按房租捐百分之八

3. 產業被壓不足附加稅 按地捐一倍半之數扣除房捐外所餘者

舖捐

外商 每月由大洋二元至十元

華商 每月由大洋一元至十五元

飯店 每月二十元

車捐

1. 公共敞車 每月大洋一元

2. 小地車 每月大洋二元

3. 大車 每月大洋三元

4. 送貨車 每月大洋一元

5. 酒捐

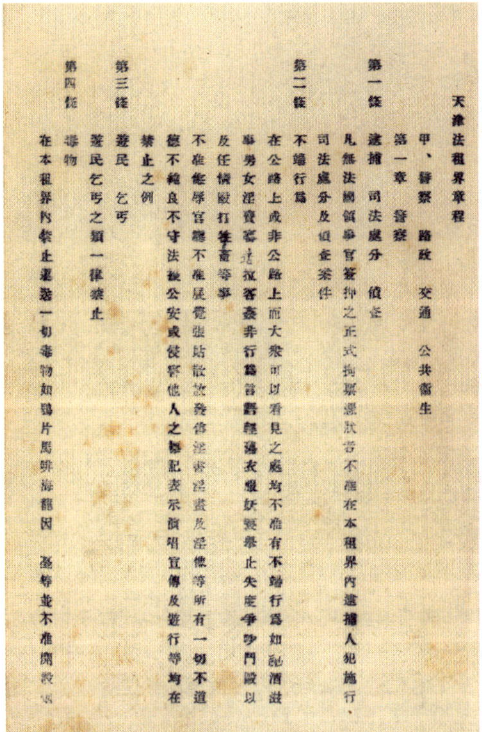

天津法租界章程

甲、警察 路政 交通 公共衛生

第一章 警察

第一條 逮捕 司法處分 偵查

凡無法國領事官簽押之正式拘票憑狀者不准在本租界內逮捕人犯施行司法處分及偵查案件

第二條 不端行為

在公路上或非公路上而大衆可以看見之處均不准有不端行為如酗酒滋事男女淫賣猥褻非行爲詈罵輕薄衣服妖艷舉止失度爭吵鬥毆以及任情毆打牲畜等事

不准侮辱官廳不准展覽張貼散放發售淫書淫畫及淫像等所有一切不道德不純良不守法被公安或侵害他人之標記表示歌唱宣傳及遊行等均在禁止之例

第三條 遊民 乞丐

遊民乞丐之類一律禁止

第四條 毒物

在本租界內禁止運送一切毒物如鴉片馬啡海洛因 丞等並不准開設烟

■ 天津法国租界章程（局部）

法国驻天津领事实际掌握法租界的行政权力。法租界的董事会由租界内的纳税人选举产生。领事是法定的总董，董事会决议须经领事批准方可生效。领事还拥有董事会下属公议局雇员的人事任免权以及法租界预决算大权等。

全宗号 资料
案卷号 526

MUNICIPIO DELLA CONCESSIONE ITALIANA

TIENTSIN

REGOLAMENTI

REGULATIONS

1924.

天津意國租界章程

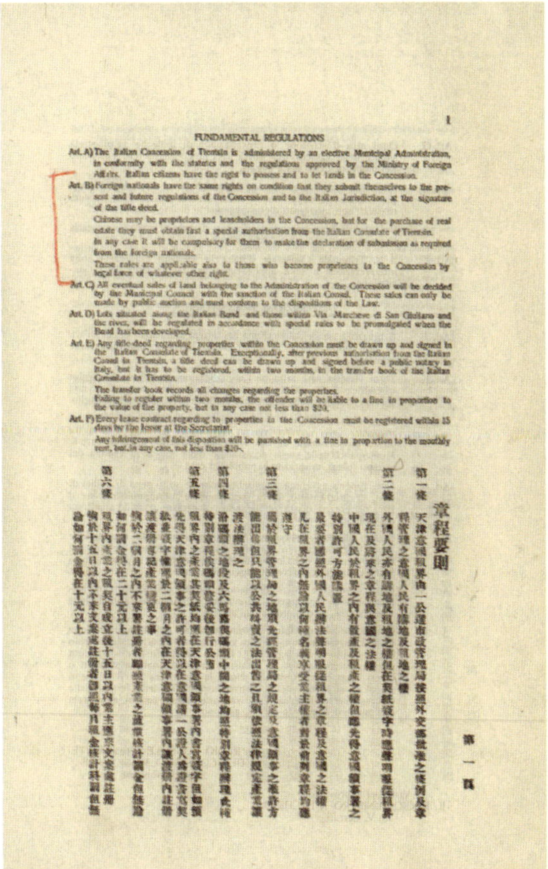
1

FUNDAMENTAL REGULATIONS

Art. A) The Italian Concession of Tientsin is administered by an elective Municipal Administration, in conformity with the statutes and the regulations approved by the Ministry of Foreign Affairs. Italian citizens have the right to possess and to let lands in the Concession.

Art. B) Foreign nationals have the same rights on condition that they submit themselves to the present and future regulations of the Concession and to the Italian Jurisdiction, at the signature of the title deed.

Chinese may be proprietors and leaseholders in the Concession, but for the purchase of real estate they must obtain first a special authorisation from the Italian Consulate of Tientsin.

In any case it will be compulsory for them to make the declaration of submission as required from the foreign nationals.

These rules are applicable also to those who become proprietors in the Concession by legal force of whatever other right.

Art. C) All eventual sales of land belonging to the Administration of the Concession will be decided by the Municipal Council with the sanction of the Italian Consul. These sales can only be made by public auction and must conform to the dispositions of the Law.

Art. D) Lots situated along the Italian Bund and those within Via Marchese di San Giuliano and the river, will be regulated in accordance with special rules to be promulgated when the Bund has been developed.

Art. E) Any title-deed regarding properties within the Concession must be drawn up and signed in the Italian Consulate of Tientsin. Exceptionally, after previous authorisation from the Italian Consul in Tientsin, a title deed can be drawn up and signed before a public notary in Italy, but it has to be registered, within two months, in the transfer book of the Italian Consulate in Tientsin.

The transfer book records all changes regarding the properties.
Failing to register within two months, the offender will be liable to a fine in proportion to the value of the property, but in any case not less than $20.

Art. F) Every lease contract regarding to properties in the Concession must be registered within 15 days by the lessor at the Secretariat.

Any infringement of this disposition will be punished with a fine in proportion to the monthly rent, but in any case, not less than $20.

章程要則

第一頁

■ 天津意国租界章程（局部）（1924年）

天津意租界设立之初，由意大利政府特派行政委员行使界内行政权。1923年，意政府同意将天津租界作为『自治』区域，设立行政机构工部局董事会。1929年，《天津意大利租界章程》颁行，由意大利外交部任命市府长官作为租界最高行政长官，租界董事会的行政权遂被取消，成为一个咨议机构。

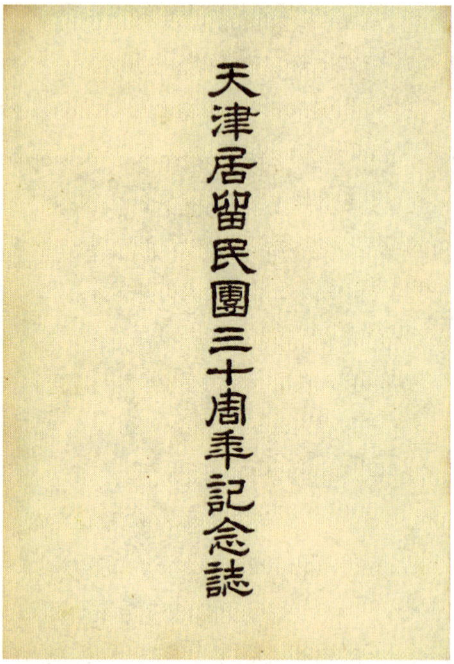

天津居留民團三十周年記念誌

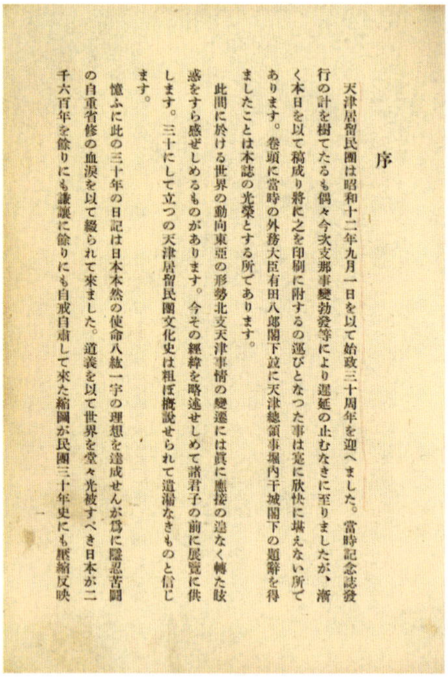

序

天津居留民團は昭和十二年九月一日を以て始政三十周年を迎へました。當時記念誌發行の計を樹てたるも偶々今次支那事變勃發等により遲延の止むなきに至りましたが、漸く本日を以て稿成り將に之を印刷に附するの運びとなつた事は寔に欣快に堪えない所であります。卷頭に當時の外務大臣有田八郎閣下並に天津總領事堀内干城閣下の題辭を得ましたことは本誌の光榮とする所であります。

此間に於ける世界の動向東亞の形勢北支天津事情の變遷には眞に應接の遑なく轉た眩惑をすら感ぜしめるものがあります。今その經緯を略述せしめて諸君子の前に展覽に供します。三十にして立つの天津居留民團文化史は粗ぼ概說せられて遺漏なきものと信じます。

憶ふに此の三十年の日記は日本本然の使命八紘一宇の理想を達成せんが爲に隱忍苦鬪の自重省修の血淚を以て綴られて來ました。道義を以て世界を堂々光被すべき日本が二千六百年を餘りにも謙讓に餘りにも自戒自粛して來た縮圖が民團三十年史にも壓縮反映

一

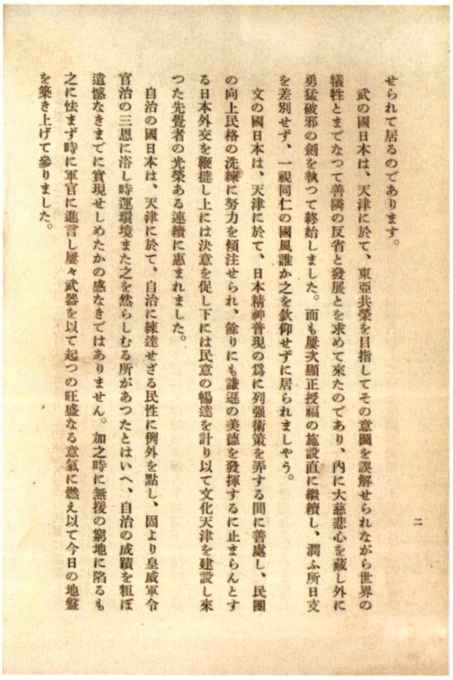

せられて居るのであります。

武の國日本は、天津に於て、東亞共榮を目指してその意圖を誤解せられながら世界の犧牲とまでなつて善隣の反省と發展とを求めて來たのであり、內に大慈悲心を蔵し外に勇猛破邪の劍を執つて終始しました。而も屢次顯正授福の施設直に繼續し、潤ふ所日支を差別せず、一視同仁の國風誰か之を欽仰せずに居られましやう。

文の國日本は、天津に於て、日本精神普現の爲に列強術策を弄する間に善處し、民團の向上民格の洗練に努力を傾注せられ、餘りにも謙遜の美德を發揮するに止まらんとする日本外交を鞭撻し上には決意を促し下には民意の暢達を計り以て文化天津を建設し來つた先覺者の光榮ある連續に惠まれました。

自治の國日本は、天津に於て、自治に練達せざる民性に例外を點し、固より皇威軍令官治の三恩に浴し時運環境また之を然らしむる所があつたとはいへ、自治の成績を粗ぼ遺憾なきまでに實現せしめたかの感なきではありません。加之時に無援の窮地に陷るも之に怯まず時に軍官に進言し屢々武器を以て起つの旺盛なる意氣に燃え以て今日の地盤を築き上げて參りました。

二

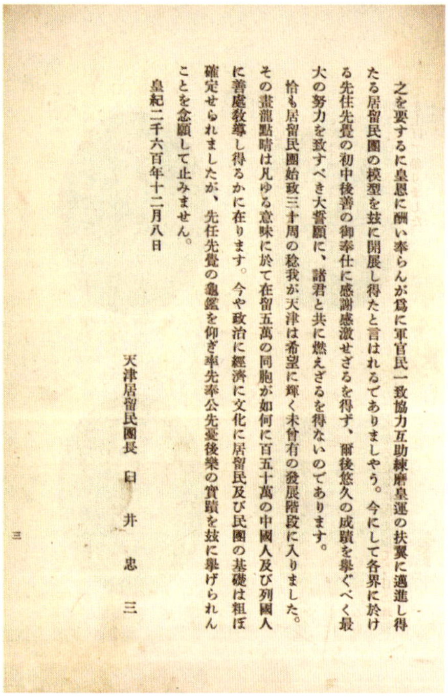

之を要するに皇恩に酬い奉らんが爲に軍官民一致協力互助練磨皇運の扶翼に邁進し得たる居留民團の模型を玆に開展し得たと言はれるでありましやう。今にして各界に於ける先住先覺の初中後善の御奉仕に感謝感激せざるを得ず、爾後悠久の成蹟を舉ぐべく最大の努力を致すべき大誓願に、諸君と共に燃えざるを得ないのであります。

恰も居留民團始政三十周の稔我が天津は希望に輝く未曾有の發展階段に入りました。その畫龍點睛は凡ゆる意味に於て在留五萬の同胞が如何に百五十萬の中國人及び列國人に善處教導し得るかに在ります。今や政治に經濟に文化に居留民及び民團の基礎は粗ぼ確定せられましたが、先任先覺の龜鑑を仰ぎ率先奉公先憂後樂の實蹟を玆に舉げられんことを念願して止みません。

皇紀二千六百年十二月八日

天津居留民團長　臼井忠三

三

■ 天津日本居留民团三十周年记念志（局部）（1940年）

天津日本居留民团是天津日租界的权力机构。1905年，日本政府颁布《居留民团法》。根据这一法律，天津日本居留民团于1907年成立。该机构享有租界内立法权和行政权，接受日本驻津总领事馆领导。根据《居留民团法》有关规定，凡是在居留民团地区内的日本人，每月交纳一定数量的课金，连续交纳六个月，即享有选举与被选举为居留民大会议员资格。居留民大会对居留民团的预算、决算、税务、教育、消防、卫生、交通等各项行政事务均享有议决权。1936年，日本外务省下令将日租界的行政体制改为居留民团团长制，以适应侵华战争需要。

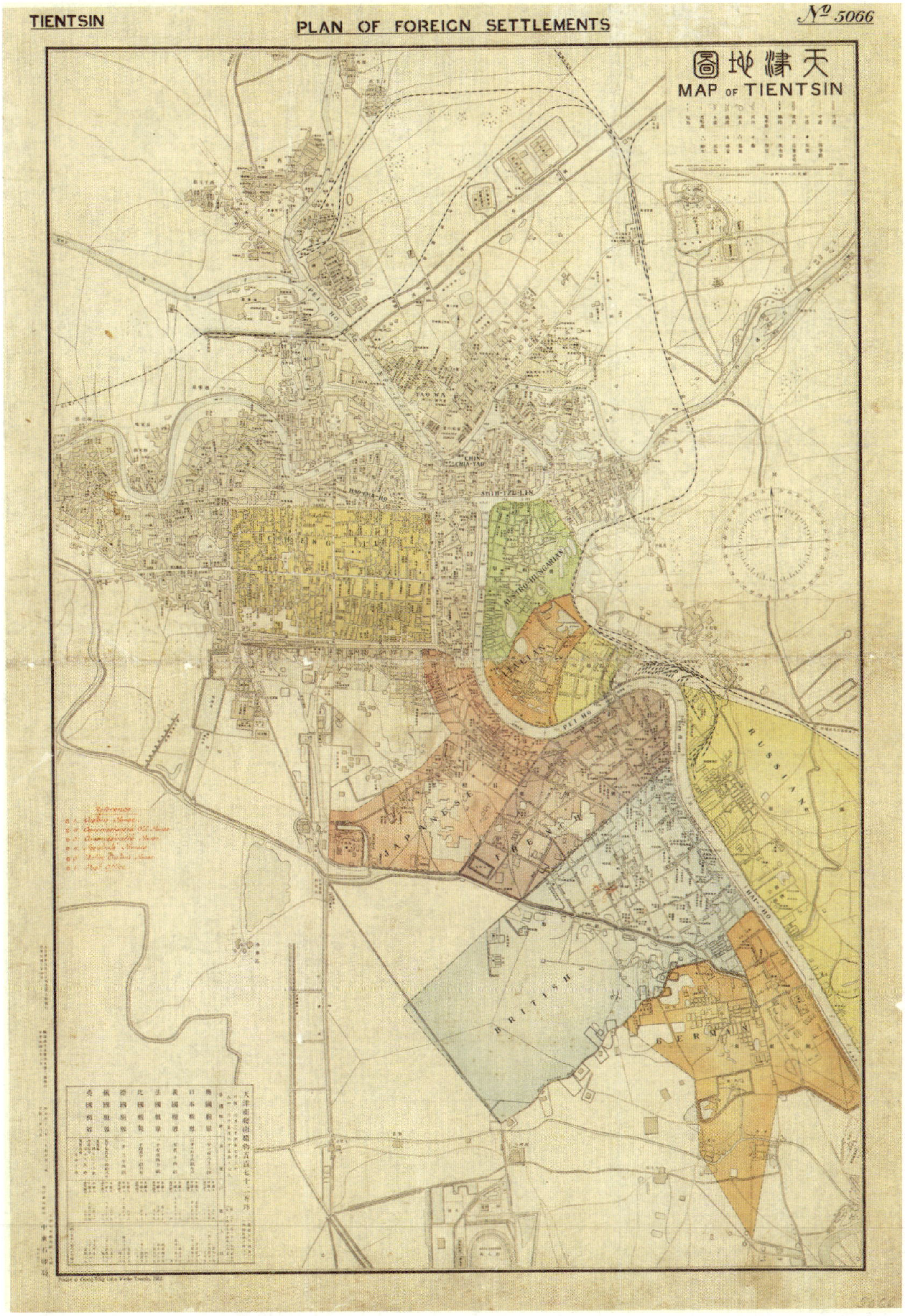
TIENTSIN
PLAN OF FOREIGN SETTLEMENTS
No 5066
天津地圖
MAP OF TIENTSIN
PEI HO
JAPANESE
FRENCH
BRITISH
GERMAN
RUSSIAN
ITALIAN
AUSTRO-HUNGARIAN

天津地图（1912年）

天津英租界市政区划图（1925年）

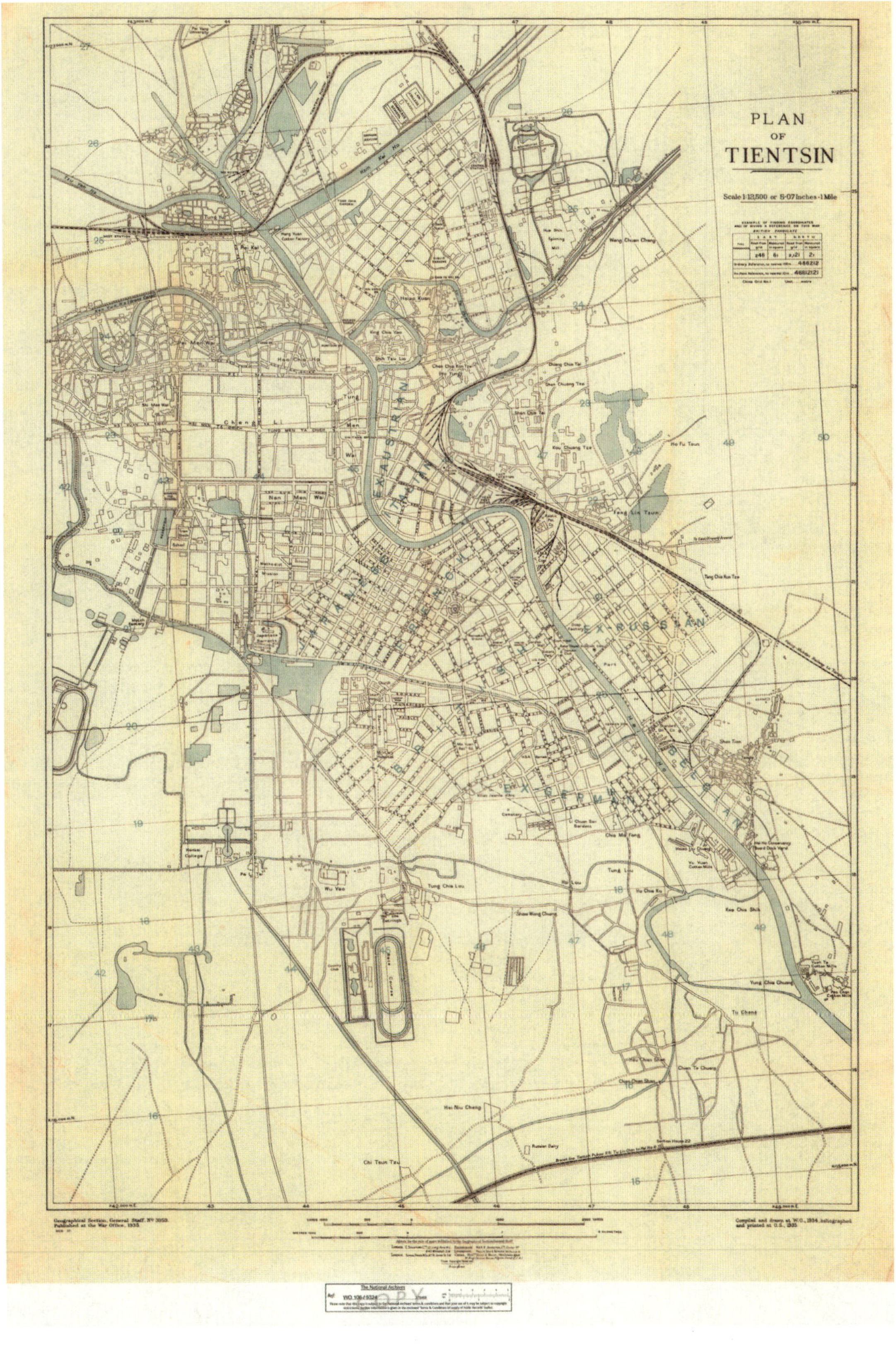
PLAN
OF
TIENTSIN
Scale 1:12,500 or 5·07 Inches=1 Mile
EX-RUSSIAN
EX-GERMAN
Chi Tsun Tzu
Russian Dairy
Geographical Section, General Staff. No. 3059.
Published at the War Office, 1935.
Compiled and drawn at W.O., 1934, heliographed and printed at O.S., 1935.

天津市地图（1935年）

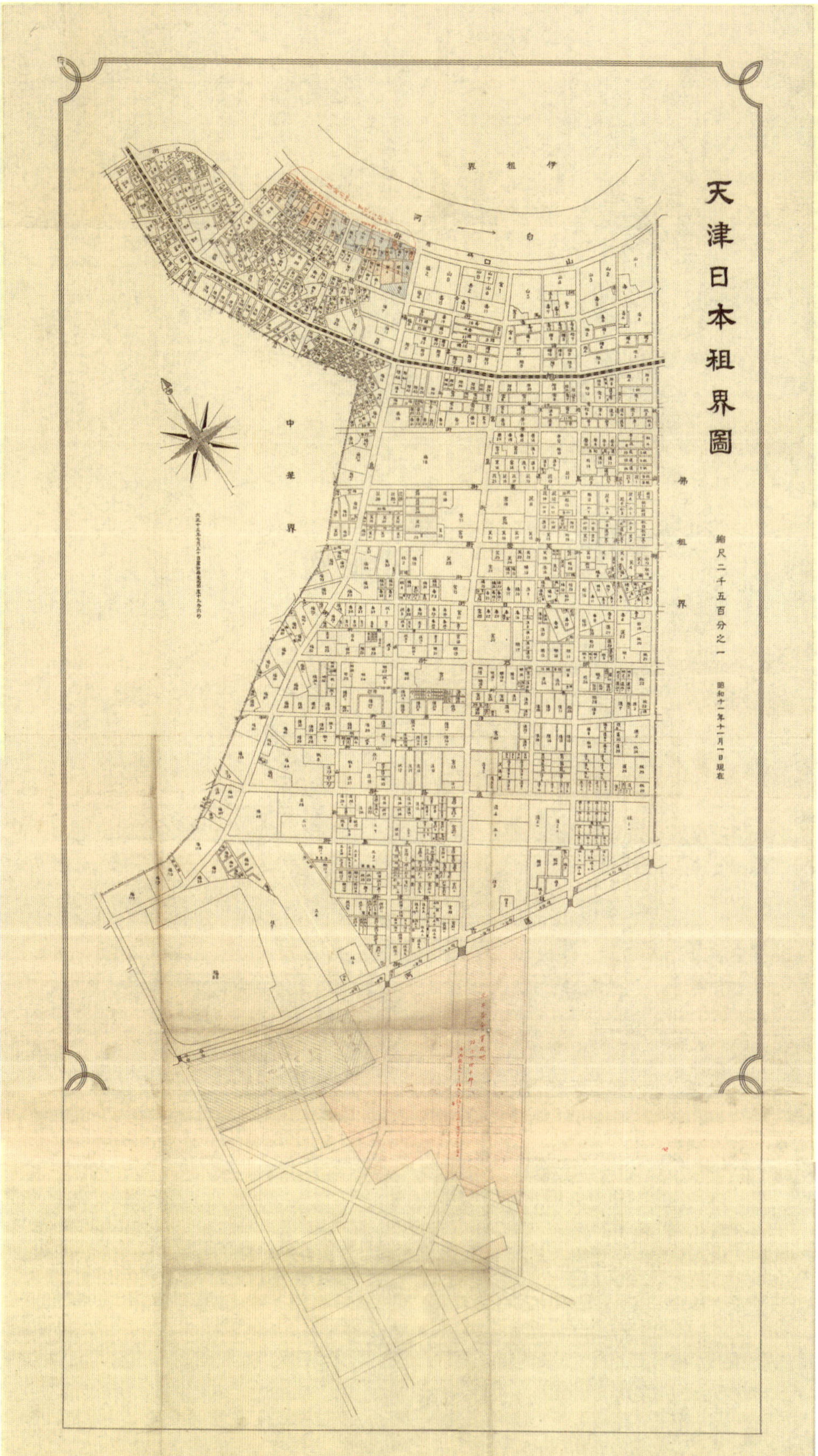

天津日本租界图（1936年11月1日）

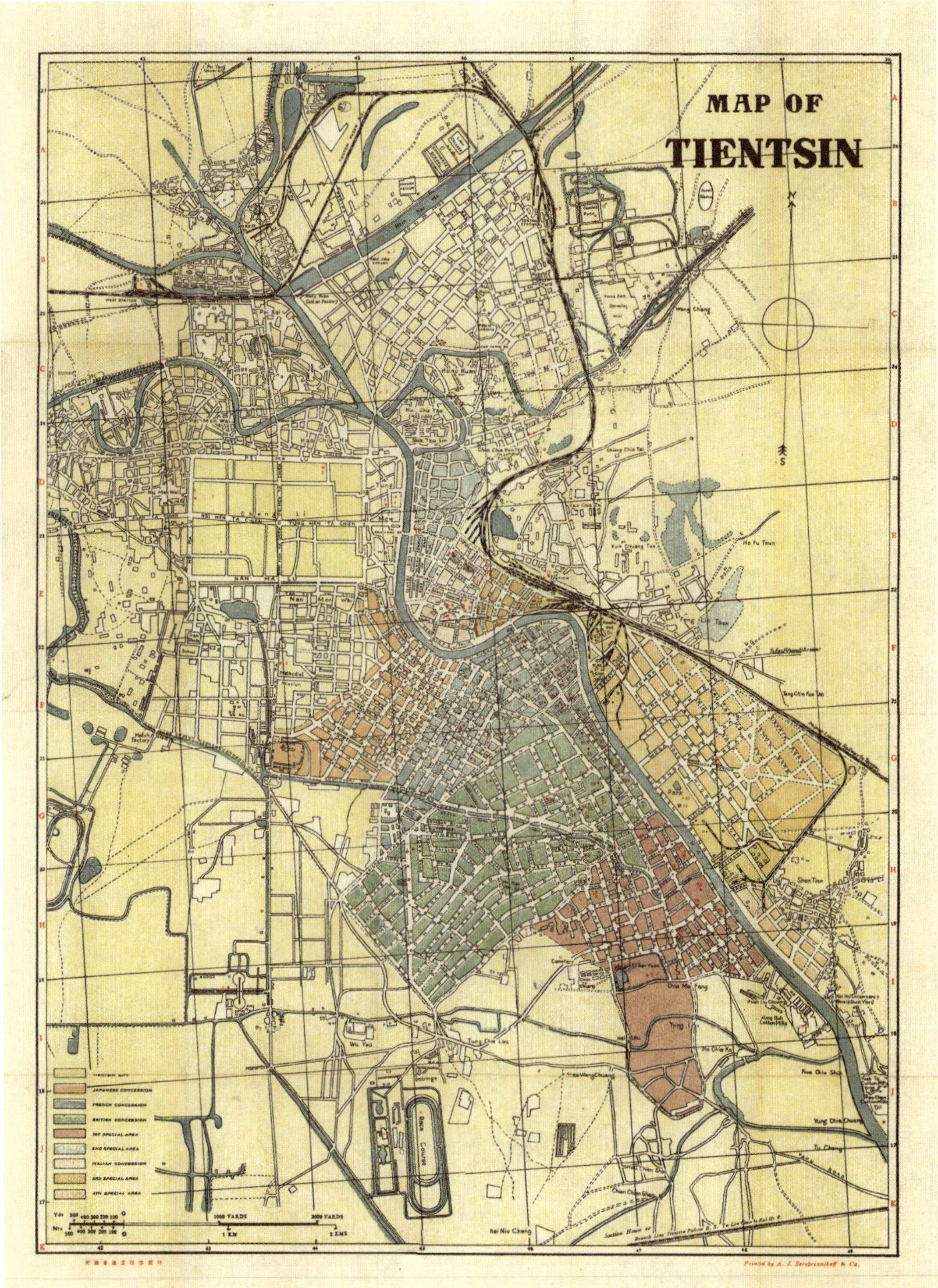

天津市地图（1939年）

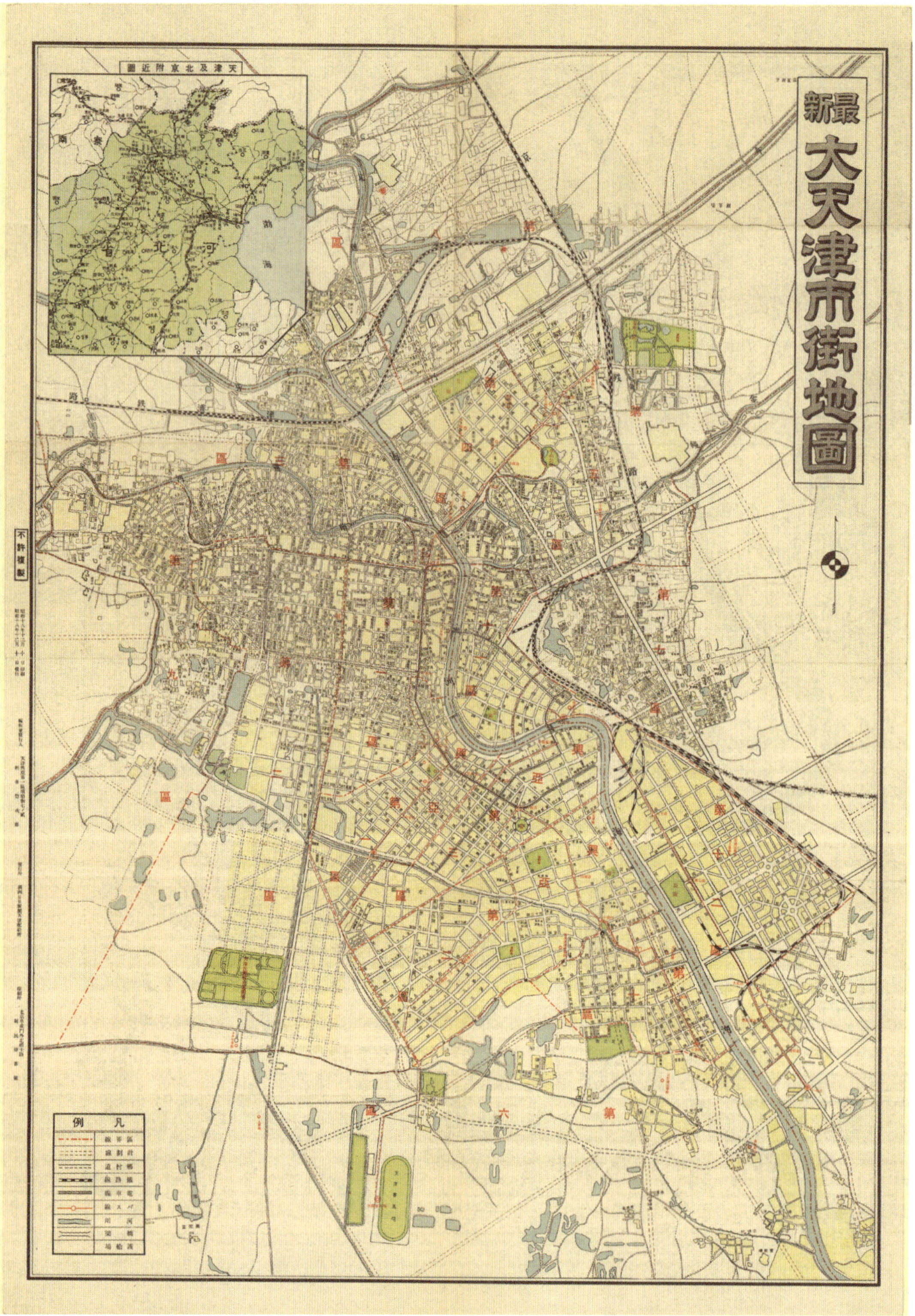

最新大天津市街地图（1943年12月10日）

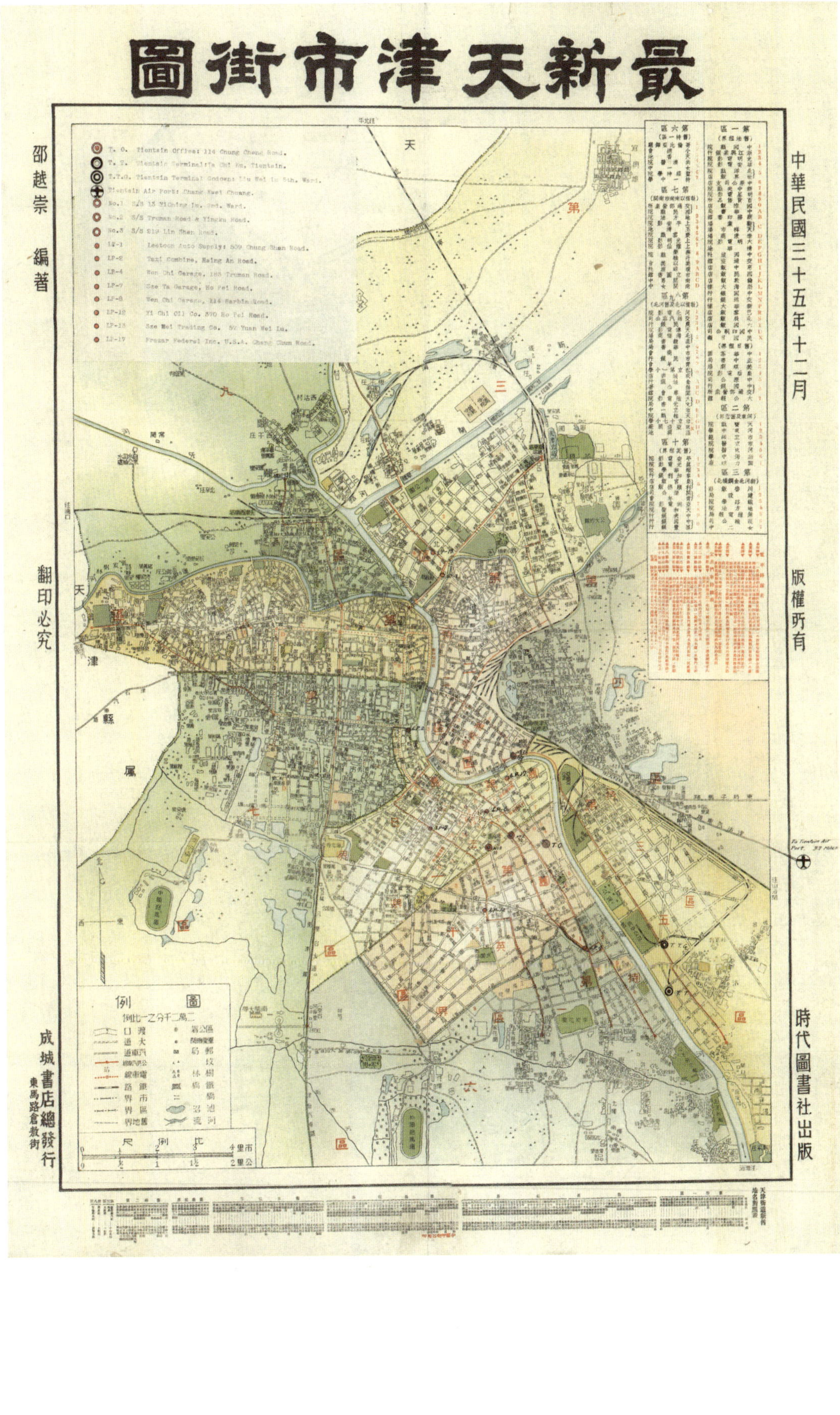

最新天津市街图（1946年12月）

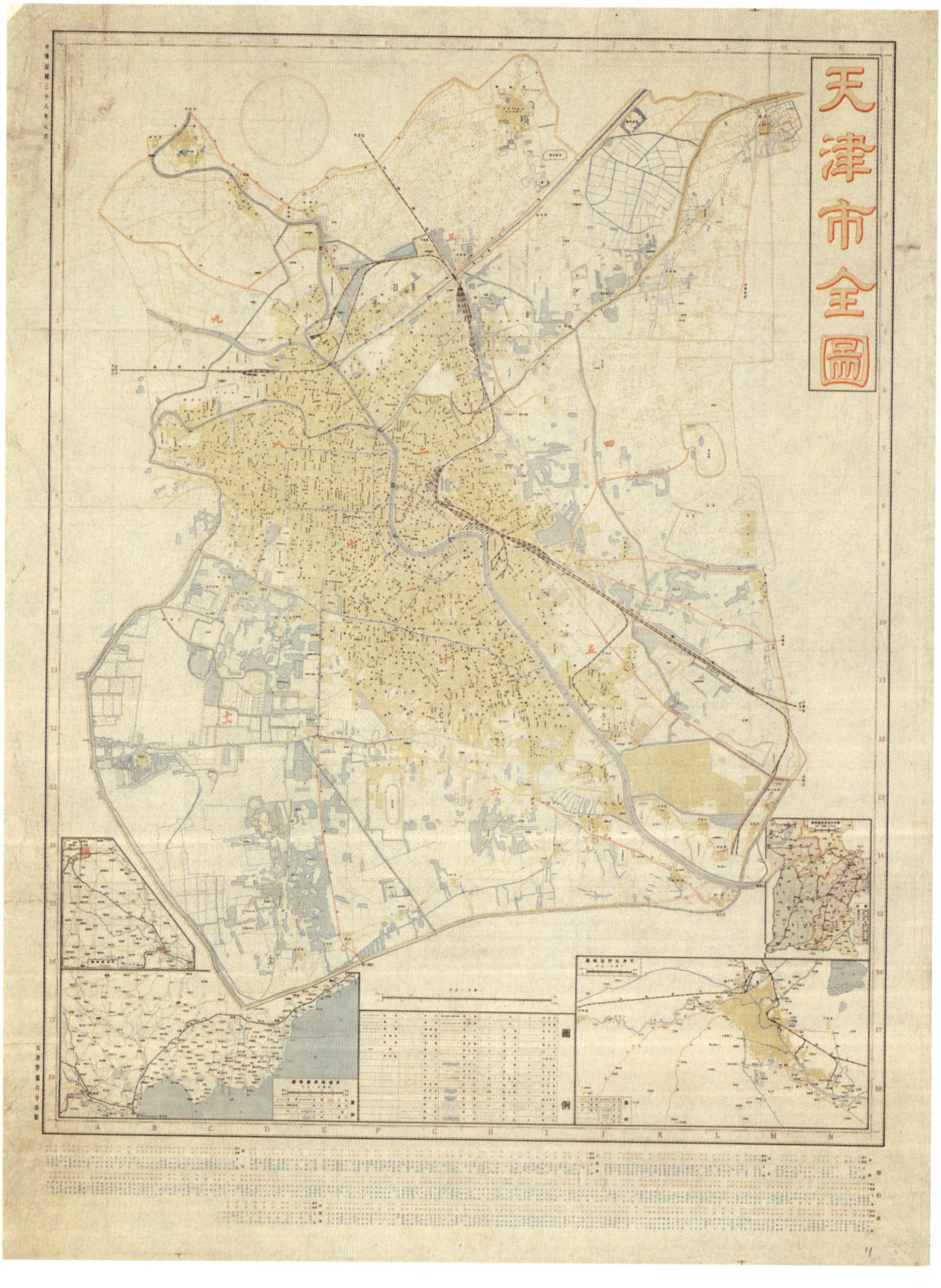

天津市全图（1949年8月）

第四章

租界，他的国（之二）

租界，他的国（之二）

租界，一只伸向家门口的万花筒。你见，或者不见，他都在那里。你当然可以闭起眼睛，守己所已知，拒己所未闻。如果你选择睁开眼睛，那里的声光化电、风物人情，他的嗔痴贪和真善美，定会由眼睛通达你的心灵。

租界生活里的工业文明

大清国的臣民们对西方工业文明的最初体验是由大炮火器上得来的。战争让一部分人开了眼界，于是才有了天朝半句话的进步。李鸿章说过『中国文明制度事事远出西人之上，独火器万不能及』。战争是场宏大叙事，对于最普通的个体而言，工业文明与第三世界冲突的细节还需要从租界展现的日常生活说起。

喝水便是其中的一个大问题。天津租界的早期居民深受咸井水的困扰，为了一钵河水，又得忍受肩挑背扛的艰辛。1897年，仁记洋行牵头向英租界工部局申请筹办自来水厂，为天津自来水事业的肇始。1903年，英商中国天津济安自来水公司芥园水厂建成，它也成为租界区最重要的供水公司。

天津最早的电力照明出现在英租界里。1888年世昌洋行在绒毛加工厂安装了一台小型发电机。几年后，发电机就出现在北洋水师的大沽造船所里。当然，这还是小范围的应用。租界最著名的民用电力公司恐怕要数1904年成立的比商天津电车电灯公司了，它不仅提供了几国租界的居民用电，还为租界的道路照明提供保障。

在直隶总督袁世凯批准的合同里，还记录了电车电灯公司取得的环老城厢电车专营权。1906年6月2日，天津第一条有轨电车白牌线路开通。之后的二十年间，红、蓝、黄、绿、紫牌电车相继运营，构成了天津早期的公共交通网。而电车驶过街角的记忆，也伴随着老天津们，一直延续到天津解放之后。

至于以天津为中心辐射全国的电报电话等现代通讯网络，虽因战备而生，在李鸿章任内主导推动，并由天朝自主管理，但作为工业文明的生活方式之一，天津租界区的居民也成为科技进步最早的受益群体。

租界，工业文明的集散地。在这里，具体到喝的水，用的电，坐的车，每一个固定在习惯里的细节无不与西方接轨。在这里，文明成果更多体现为一种共享，并不刻意分出敌我，天朝的普通观众，也可以观摩体会，水到渠成地融入这种习惯。

西洋风情式的娱乐狂欢

除了声光化电，租界还带来了异域风情，它存在于每一次聚会宴饮与运动狂欢之中，五光十色、生猛泼辣，吸引来各种肤色、不同身份的租界公共生活的拥趸者。

天津开埠早期，租界俱乐部是为侨民聚会所设的。特别在港口封冻的几个月里，温暖的聚会帮助人们消除寒冷季节里的孤寂。俱乐部有下午茶、舞池和音乐会，偶尔有远道而来的剧团演出戏剧。如果想暂别喧嚣，阅览室里最新的报纸书籍能陪伴整个午后的宁静。

乐队是公共娱乐活动中必不可少的佐味佳品。1887年，一支交响乐队在天津租界组成。不久，这些来自社会下层的中国天才们，就能熟练演奏威尔第的歌剧了。乐队在一切可能的公共聚会中亮相，维多利亚花园、露天音乐会、草地网球场，甚至动物园、溜冰场都留下了他们的身影。乐队声名鹊起，并因此获得了一个足以荣耀的名字『赫德交响乐队』。赫德，大清海关总税务司。

风靡租界的赛马运动与另一位海关洋员的名字紧密联系在一起，这个人是津海关税务司德璀琳。德璀琳是赛马运动的忠实粉丝，1886年，他凭借与李鸿章的私人关系，在佟楼以南『养牲园』附近强占二百亩土地筹建赛马场，并修筑了一条通往赛马场的道路。1900年，赛马场毁于义和团的大火。1901年，德璀琳同意原址重建，这就是后来的英商天津赛马会。那条通往赛马场的道路经过翻修，正式命名为马场道。之后，每到赛马日，天津就会处在极度的兴奋中，各大报纸争相刊登广告，赛马中的博彩比运动本身更能激发集体性的癫狂。

还有一种体育运动和赛马相似，这就是20世纪30年代在意租界兴起的回力球。回力球也有博彩的性质，赌客们选择球员下注，不惜一掷千金。球场则从彩资中抽头，利润丰厚。意租界也因此聚集了更多的人气和财气。

租界里的娱乐，最初仅限于洋人参加，后来竟变成华洋杂处的声乐场。政局越动荡，租界越兴旺。各路人马怀揣着各自的金银和动机，挤进天津租界，一边筑起安乐巢窥测风云，一边则在异国风情中消费平常的人生。

鲁迅先生曾打趣地说国人『早上打拱，晚上握手；上午声光化电，下午子曰诗云』，话虽可笑，却是一个时代嬗变的真实背影。今天已经无法统计，曾有多少国人走进租界，接受了生活中的启蒙。又有多少国人，走出租界时拥抱了更大的世界。租界，它像一座伸向远方的栈桥，逼着有心人去提问，去求索，去发声，去正视物质文明触发的思想脉动。

■ 梅兰芳在天津意租界回力球场的合影

天津意租界回力球场，今天的河北区民族路47号，是20世纪30年代华北地区最大的室内游乐场。京剧大师梅兰芳、程砚秋、马连良都曾在这里登台表演。照片里的梅兰芳手套回力球捧兜，右一便是中国话剧创始人之一的张彭春。

■ 天津意租界回力球队合影（1935年4月17日）

回力球运动是由西班牙山区儿童向峭壁击球的游戏演变而来，后来成为一种赌博活动。1935年春，天津意租界回力球场正式开业，球场从赌博彩资中获利丰厚，也为意租界聚集了大量的人气和财气。

天津意租界回力球场里的乐队照片

天津意租界回力球场里的宴饮聚会照片

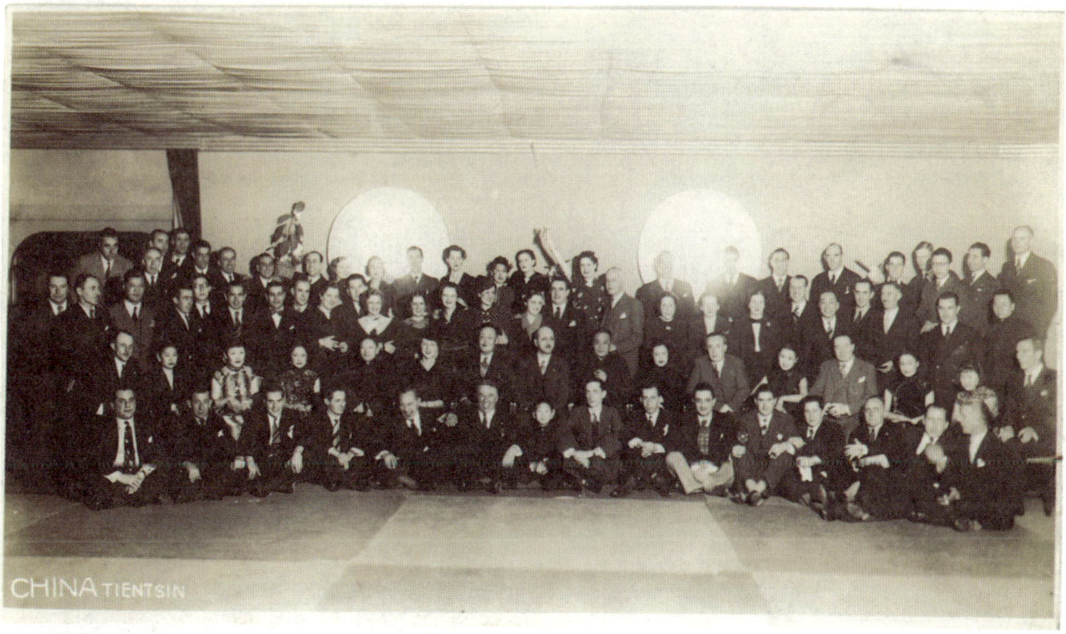

天津意租界回力球场聚会照片

天津租界户外聚会照片

天津法租界法国俱乐部

天津德租界德国俱乐部

天津英租界英国商会俱乐部

天津日租界日本公会堂

天津乡谊会

天津赛马会

天津赛马会骑师房间

当年天津租界里建有大小不一的各类俱乐部供侨民使用，大致可以分成社交和运动两个类型。在众多运动型俱乐部里，天津赛马会是历史最为悠久的一个。当年，每到赛马日，天津海关专门放假，以便人们参与观赏。赛马场里更是人头攒动、热闹非常，俨然租界里的盛大节日。

天津俄租界俄国公园

天津日租界大和公园

天津法租界法国公园

天津英租界维多利亚公园

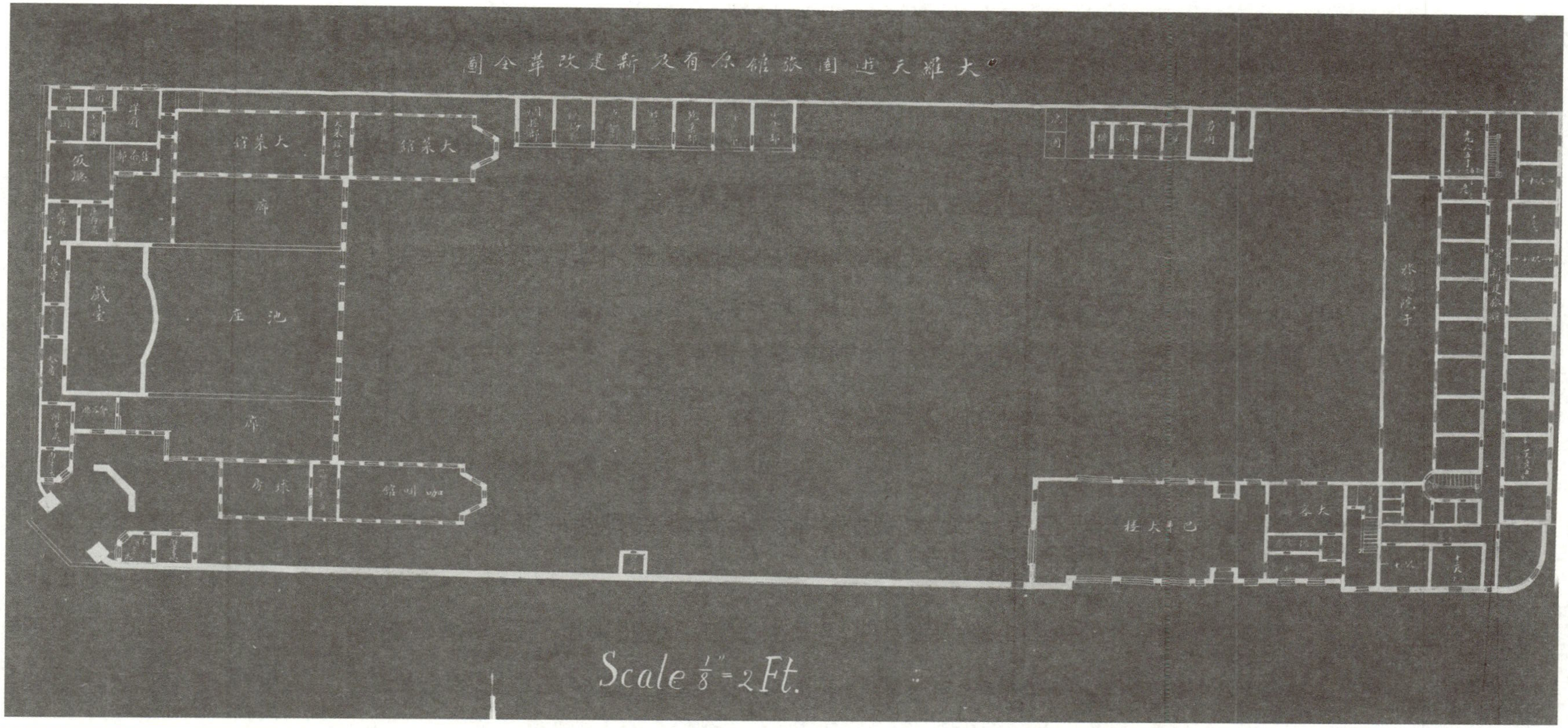

■天津日租界大罗天游园旅馆平面图

大罗天原本是一座简陋的影剧院，1921 年由天津巴西洋行华经理莫三投资，1927 年因经营不善转卖给蔡绍基，后渐渐成为一个集戏曲曲艺表演、餐馆住宿、电影游戏等为一体的综合游乐园。

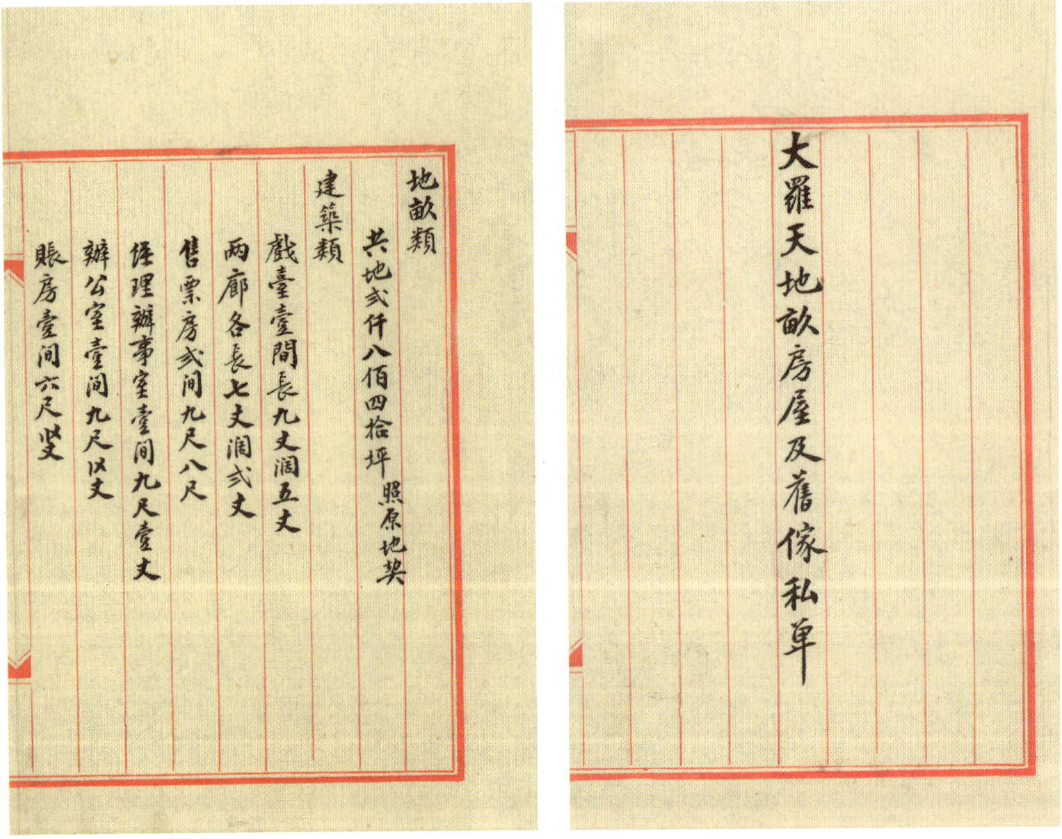

天津日租界大罗天地亩房屋及旧家私清单（局部）

■天津英租界利顺德饭店照片

利顺德饭店始建于1884年，初为英租界内一家普通旅馆。1901年和1924年两次重建，成为英租界最知名的饭店之一，近代历史上的众多名人曾在这里下榻住宿。

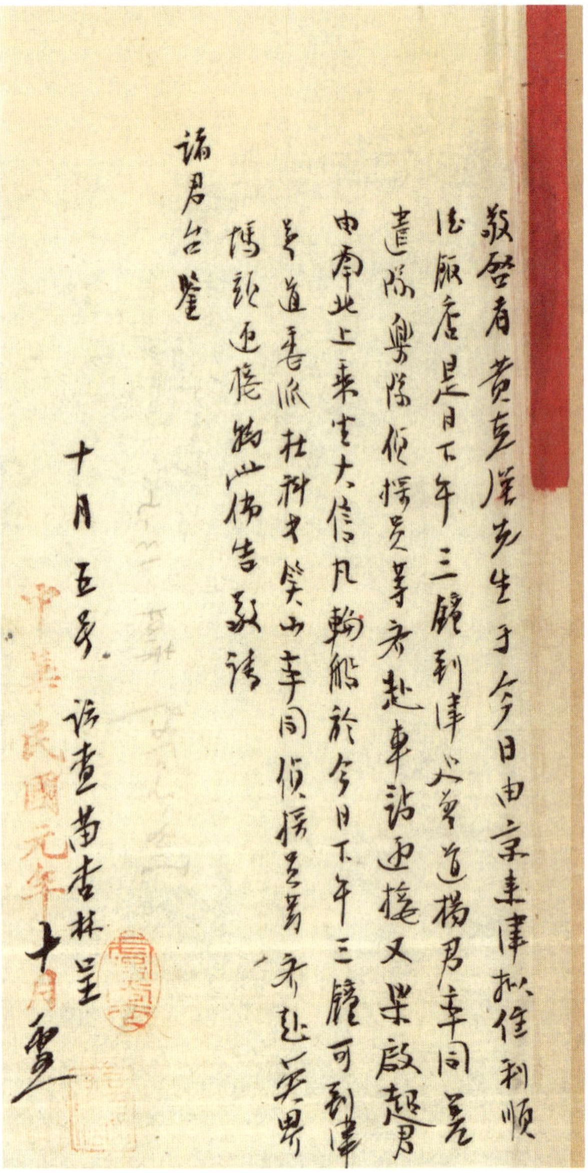
敬启者 黄克强先生于今日由京来津拟住利顺德饭店 是日下午三钟到津火车站 迎接君等届遣队奏乐 便接君等君赴车站迎接 又梁启超君由奉北上乘坐大信丸轮船于今日下午三钟可到津 并道善派杜科长笑山率同侦探君等君赴英界码头迎接 特此布告 敬请
诸君台鉴
十月五号 访查 苗杏林 呈

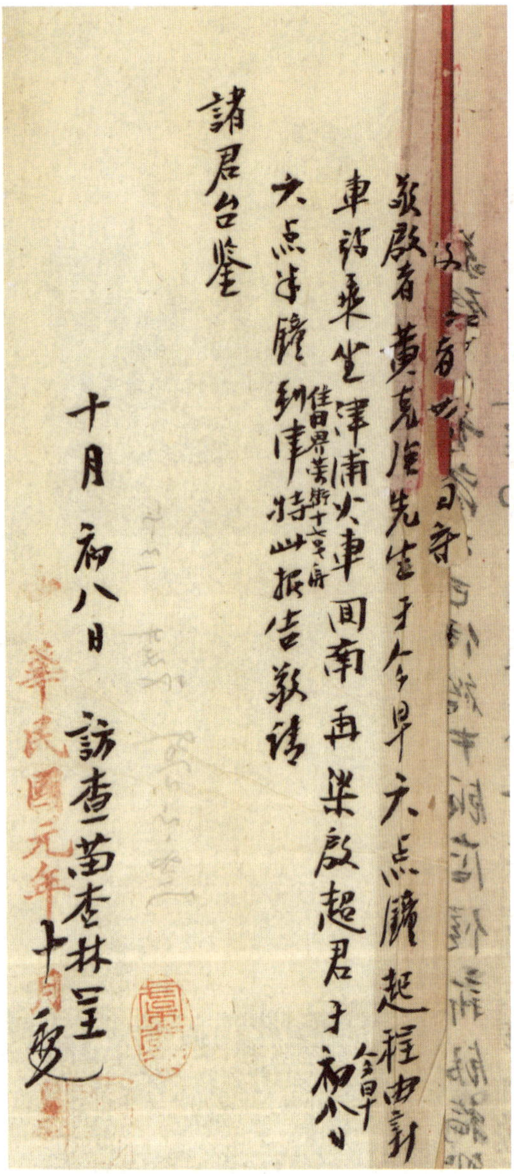
敬启者 黄克强先生于今早六点钟起程由新车站乘坐津浦火车回南 再梁启超君于初八日今早十 [illegible] 大点半钟到津 特此报告 敬请
诸君台鉴
十月初八日 访查 苗杏林 呈

■ 黄兴、梁启超来津消息函（1912年10月）

一个是革命领袖，一个是文坛巨子，他们来天津的食、住、行，都与租界有着密切关系。

第五章

从洋鬼子到洋大人（之一）

从洋鬼子到洋大人（之一）

曹聚仁先生写过一篇杂文，题为《从洋鬼子到洋大人》，他说：『近三百年间，欧美人之在中国，经历了三个时期，洋鬼子—洋大人—帝国主义者。』这个题目若让天津人来读，恐怕要被念为《从洋毛子到洋大人》。毛子，一种颇为情绪化的蔑称，再捎带上与洋人过从甚密的『二毛子』，一同构成了近百年国人的一个普遍观感。

地标，望海楼

在天津地方语境中狭义地理解『毛子』，讨论由此引发的一些棘手矛盾，甚至群众性冲突，望海楼应该是首选的标本。望海楼，1869年底在海河北岸三岔河口附近矗立起来。法国天主教神甫谢福音称颂之为『胜利之后堂』。『胜利』之后？掳掠之后！当宗教被政治挟持，与洋人之乖戾捆绑，在天津人的眼里，这座怪诞的建筑未尝不是『鬼子楼』。此地原有一寺望海寺一观崇禧观一楼海河楼，中国人的民间信仰博杂，儒释道并处百年却相安无事，各自受着人间的膜拜和香火，倒是天主教的到来，捅了天，惹下了大麻烦。

望海楼成为一个事件，得从隔河相望的仁慈堂说起。位于东门外小洋货街，1864年迁至此。仁慈堂大量收养儿童，修女们认为她们的善行是在帮助穷人的弃儿摆脱一个不尽责任的政府。然而，她们给送养者奖金，无形中纵容了地方上的人口贩子，成为非法利益链条的末端。

流行病、集体死亡、草草掩埋的儿童尸体，1870年的6月初，谣言在不安和愤怒中弥散开去。官府介入，人贩口供直指仁慈堂。天津府县将案件移送法国驻津领事丰大业，丰大业却坚持只与三口通商大臣崇厚对话。这里有个问题，崇厚负责北方对外事务，却没有直接领导地方官员的权力。

21日上午10点，天津府县官员押解人贩前往教堂质询，教堂与聚集而来的群众发生了冲突，丰大业冲进通商衙门，朝崇厚连放两枪，又在返回的路上射中了天津县知事刘杰的仆人。愤怒的群众将其当场殴毙，之后火烧望海楼，史称『天津教案』。

望海楼在民间和官方的两套话语体系内存在。神甫和修女们丧命，官方斥群众行为为『起衅』，杀了一通『乱民』，又派崇厚赴法道歉。在民间，人们把『义士』刻入画，编进歌，在节日里祭奠，这里的态度亦显而易见。

官与民、中和西一同构成了近代历史中复杂的维度，冲突中衍生的情感并不容易消融，相反，会因为伤害和误解而愈加剧烈。望海楼引发的那种排山倒海的态度，潜伏成暗流，三十年后的某一个时刻，将再次湍急地爆发。

时标，义和团

建筑是指向天空的标志，如果时间里也有标志，义和团应该是十九世纪落幕最为重要的一个。岁在庚子，大江南北，武装灭洋义和团，武装勤王自立军，武装革命革命党。亡国灭种的痛楚拷问着每一个中国人：出路在哪里？而这一年，无疑是属于义和团的。

1900年3月，天津城内出现了一幅揭帖，上言『神助拳，义和团，只因鬼子闹中原。劝奉教，乃霸天，不敬神佛忘祖先。……挑铁道，把线砍，旋再毁坏大轮船。大法国，心胆寒，英吉、俄罗势萧然』。

晚清教案冲突以来，是义和团第一次把『灭洋』写进口号。一句『一概鬼子全杀尽』，超越了地域和阶层，喊出了民众最朴素的经济诉求、文化态度和民族情感。

6月9日，各国驻津领事决定组成八国联军。几天后，天津的义和团民张德成、杨寿臣焚烧教堂，再次点燃望海楼。一月间，战事在大沽炮台、老龙头火车站、东局子激烈上演。月亮升起，照耀着大刀和从容赴死的生命，一排子弹射来，大旗倒下了，复又举起！

在义和团和洋人之间，还夹杂一个首鼠两端的清政府，风向所指，战事变得诡异多变。6月21日，清政府正式宣战，要借团民神力抵御外辱。当时的士大夫群体，对于『排洋』，亦人同此心，心同此理。理学的『圣道』与义和团的『神道』会意神交。

然而，政治最无常。这种无常投射到一个生命上，他就是聂士成——义和团眼中的『二毛子』，屠戮团民的刽子手，旋即，却在保卫天津的战斗中，与联军鏖战，血染八里台。而他的死只换得大清一句『伤身误国，死不足惜』。

枪炮终是打破了神道，慈禧太后这个『洋鬼子时代』的政治杰作，深信黎山老母、太上老君能把洋鬼子一脚踢出去，却被毛子们踢回了现实，颤巍巍地说了一句『量中华之物力，结与国之欢心』。

代表正义，却不代表方向，这就是义和团和那个时代最大的悖论。陈旭麓先生曾说：『爱国主义永远是一种打动人心的力量，但从爱国主义出发走向近代化和从爱国主义出发回到中世纪，确乎并不同义。』

1916年，法国强占老西开，掀起一场人民运动。这一年，师夷长技以制夷的命题有了新解。1916年9月陈独秀创办的《青年》杂志正式改名《新青年》。一代新青年要向文化的过去作集体告别。文化亦有一场运动，中国将在轰轰烈烈里迎来德先生、赛先生，当然，更有马克思主义。

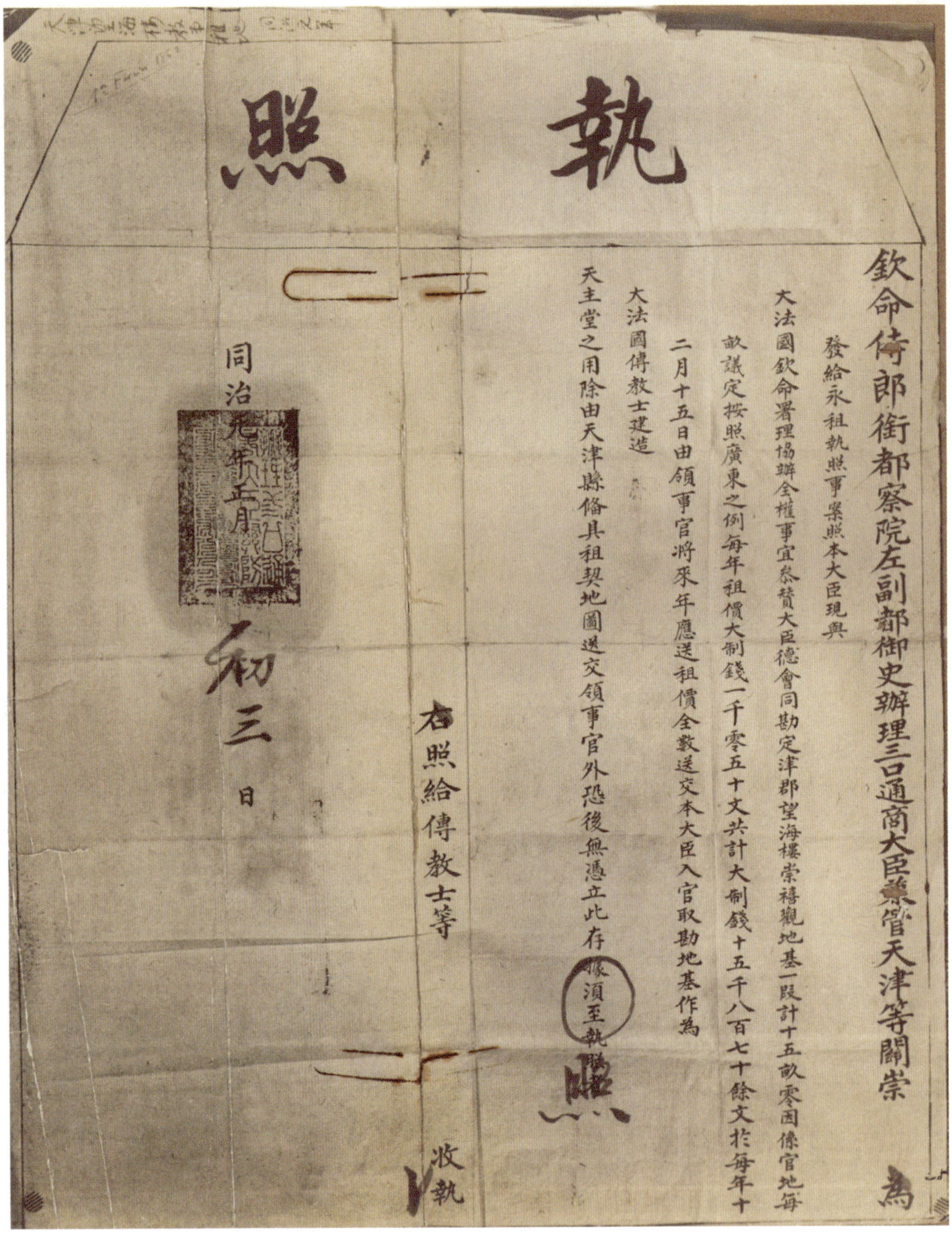

執照

欽命侍郎銜都察院左副都御史辦理三口通商大臣兼管天津等關崇　為
發給永租執照事案照本大臣現與
大法國欽命署理協辦全權事宜叅贊大臣德會同勘定津郡望海樓崇禧觀地基一段計十五畝零因係官地每
畝議定按照廣東之例每年租價大制錢一千零五十文共計大制錢十五千八百七十餘文於每年十
二月十五日由領事官將來年應送租價全數送交本大臣入官取勘地基作為
大法國傳教士建造
天主堂之用除由天津縣備具租契地圖送交領事官外恐後無憑立此存據須至執照

右照給傳教士等　收執

同治元年正月初三日

■三口通商大臣崇厚为法国永租望海楼崇禧观地基建造天主堂事颁发执照（1862年2月1日）

1869年底在海河北岸三岔河口附近矗立起一座教堂，法国天主教神甫谢福音称颂之为『胜利之后堂』，人们更习惯称之为望海楼。此地原建有望海寺、崇禧观和海河楼。1862年的这张执照上写明：『本大臣现与大法国钦命署理协办全权事宜参赞大臣德会同堪定津郡望海楼崇禧观地基一段，计十五亩零，因系官地，每亩议定按照广东之例，每年租价大制钱一千零五十文，共计大制钱十五千八百七十余文，于每年十二月十五日由领事官将来年应送租价全数送交本大臣入官，取勘地基作为大法国传教士建造天主堂之用，除由天津县备具租契地图送交领事官外，恐后无凭，立此存据。』

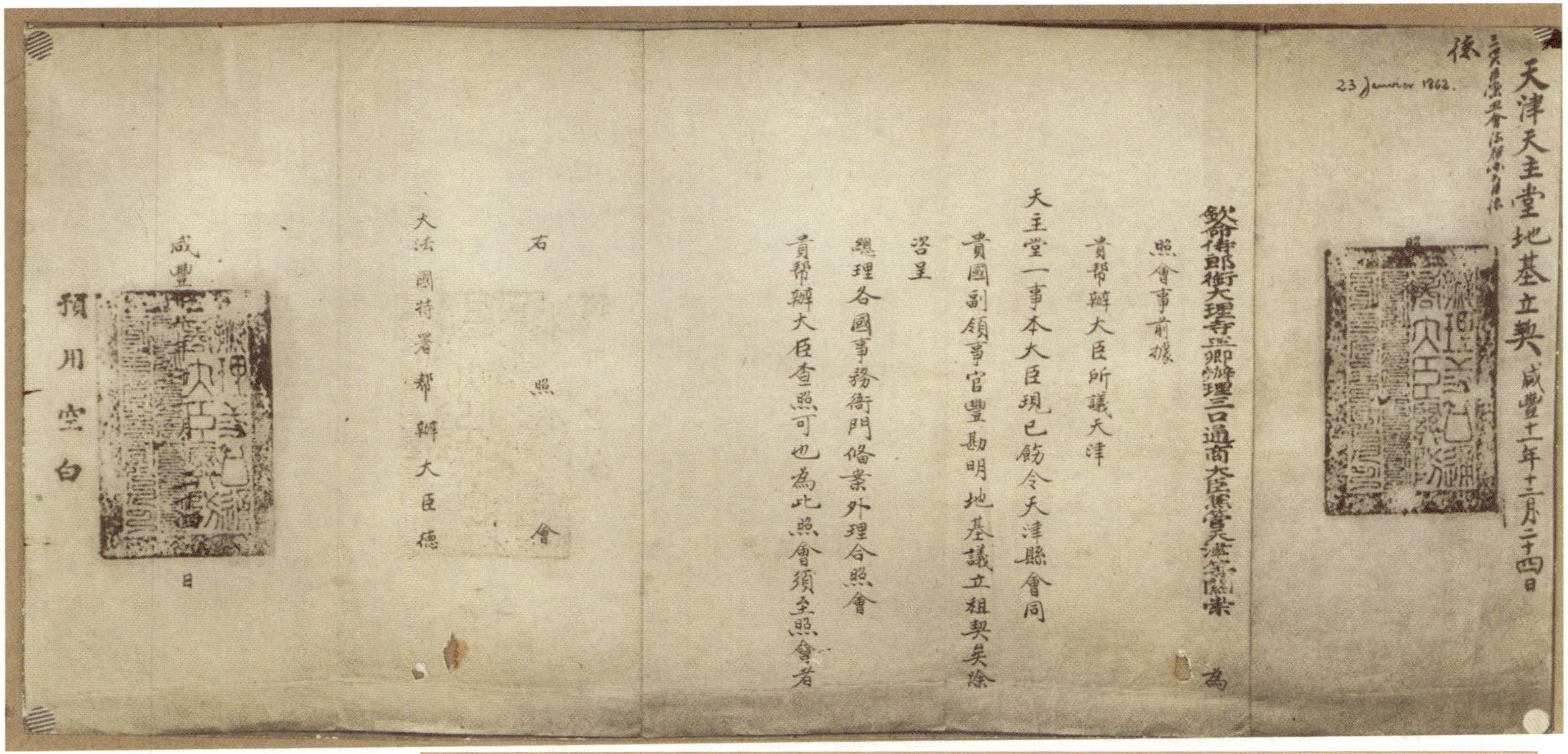
天津天主堂地基立契　咸豐十一年十二月二十四日
23 Janvier 1862.
欽命侍郎銜大理寺正卿辦理三口通商大臣崇　為
照會事前據
貴帮辦大臣所議天津
天主堂一事本大臣現已飭令天津縣會同
貴國副領事官豐勘明地基議立租契矣除
咨呈
總理各國事務衙門備案外理合照會
貴帮辦大臣查照可也為此照會須至照會者
右　照　會
大法國特署帮辦大臣德
咸豐　日
預用空白

■三口通商大臣崇厚为法国天主堂勘界立契事致法国特署帮办大臣照会（1862年1月23日）

1860年中法《北京条约》规定：『任各处军民人等传习天主教、会合讲道、建堂礼拜。』1861年，法国驻华公使哥士耆援约订立《天津紫竹林法国租地条款》，选择望海楼一带为教会堂址。1862年的这张照会上写明：『前据贵帮办大臣所议天津天主堂一事，本大臣现已饬令天津县会同贵国副领事官丰勘明地基议立租契矣。』

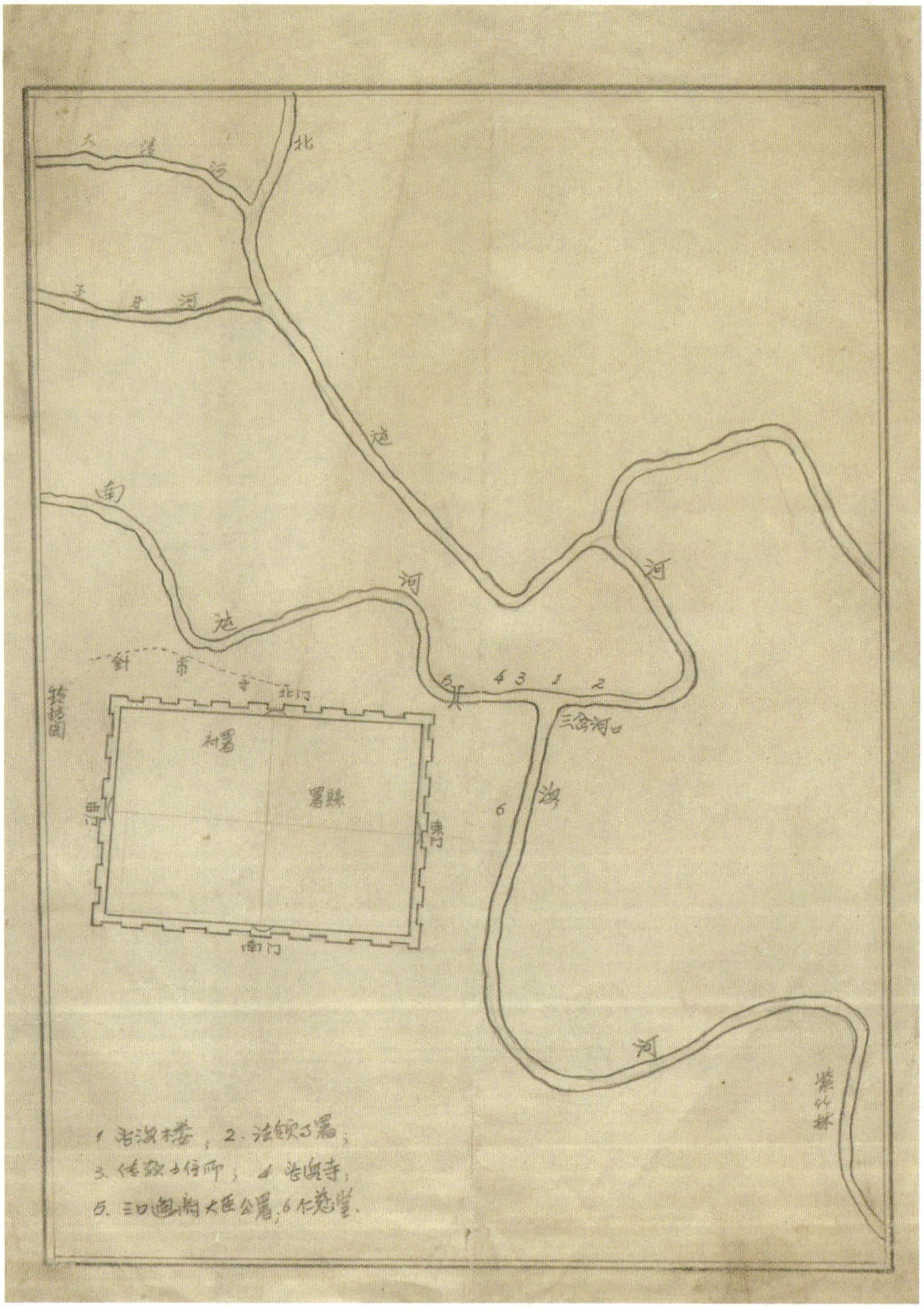

■ 天津三岔河口望海楼手绘地图

这张铅笔手绘草图标志出望海楼、望海寺、仁慈堂、法领事署、传教士住所、三口通商大臣公署等几处地点的位置关系，涵盖了天津教案中最为重要的事发现场。

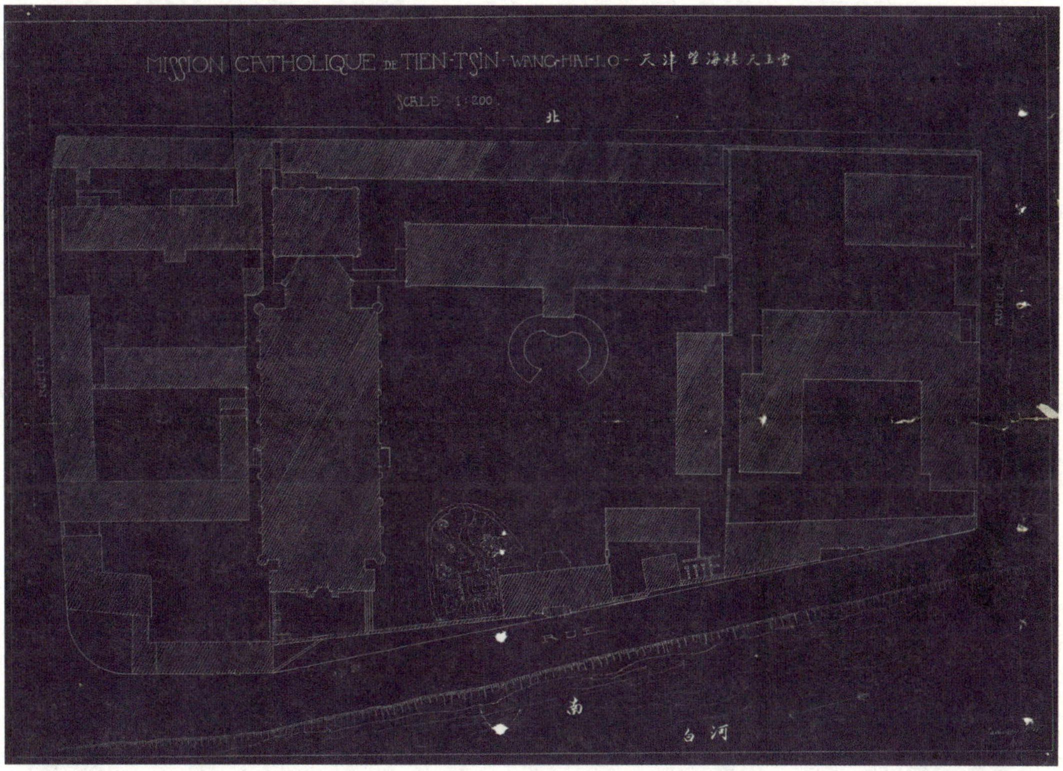

天津望海楼天主堂图纸（1916年1月）

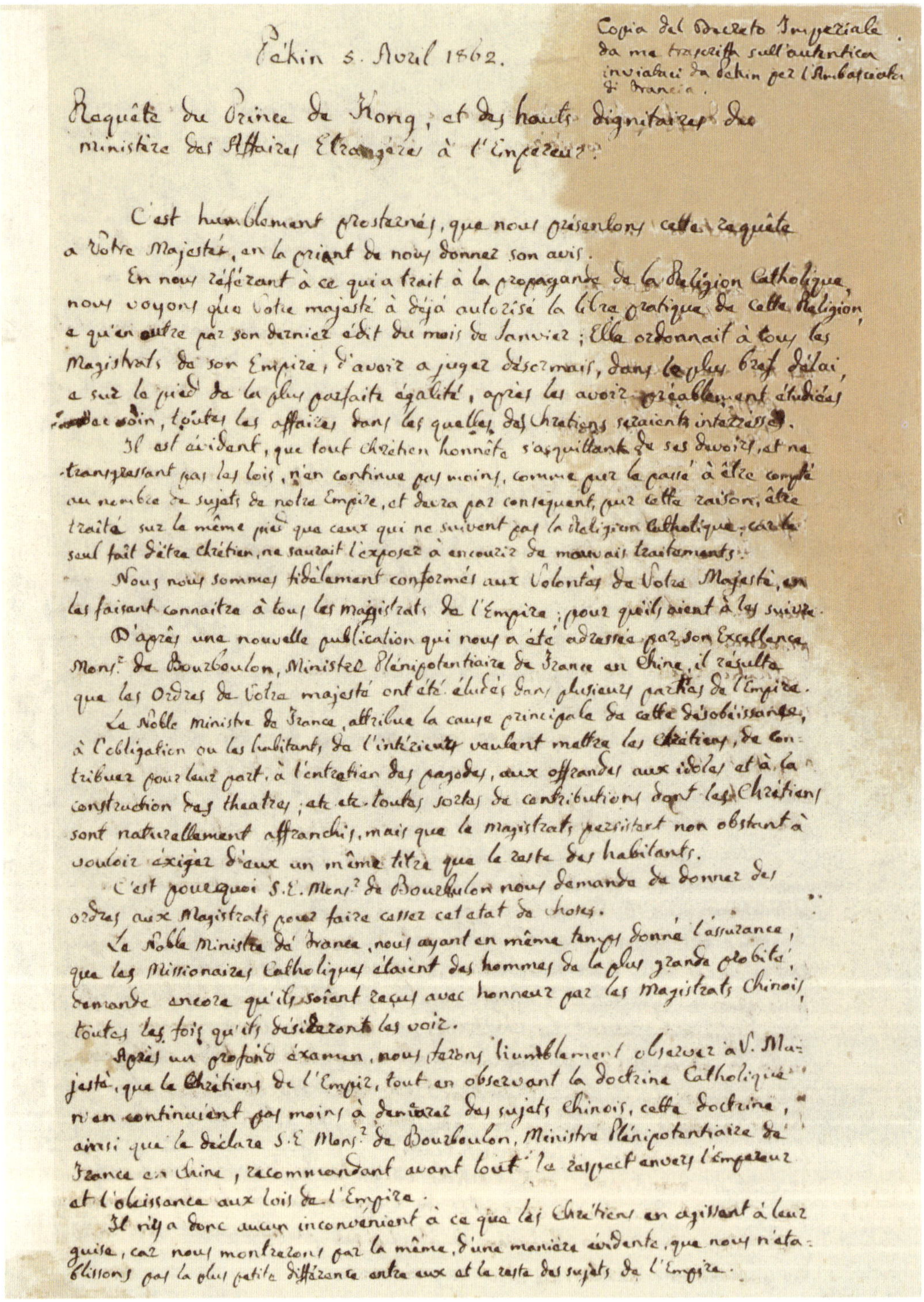

Pékin 5. Avril 1862.

Copia del Decreto Imperiale da me trascritta sull'autentica inviataci da Pekin per l'Ambasciata di Francia.

Requête du Prince de Kong, et des hauts dignitaires du ministère des Affaires Etrangères à l'Empereur.

C'est humblement prosternés, que nous présentons cette requête à Votre Majesté, en la priant de nous donner son avis.

En nous référant à ce qui a trait à la propagande de la Religion Catholique, nous voyons que Votre majesté a déjà autorisé la libre pratique de cette Religion, et qu'en outre par son dernier édit du mois de Janvier; Elle ordonnait à tous les Magistrats de son Empire, d'avoir a juger désormais, dans le plus bref délai, et sur le pied de la plus parfaite égalité, après les avoir préalablement étudiées avec soin, toutes les affaires dans les quelles des Chrétiens seraient interressés.

Il est évident, que tout chrétien honnête s'acquittant de ses devoirs, et ne transgressant pas les lois, n'en continue pas moins, comme par le passé à être compté au nombre de sujets de notre Empire, et devra par conséquent, pour cette raison, être traité sur le même pied que ceux qui ne suivent pas la Religion Catholique; car le seul fait d'être chrétien, ne saurait l'exposer à encourir de mauvais traitements.

Nous nous sommes fidèlement conformés aux Volontés de Votre Majesté, en les faisant connaitre à tous les magistrats de l'Empire; pour qu'ils aient à les suivre.

D'après une nouvelle publication qui nous a été adressée par son Excellence Monsr. de Bourboulon, Ministre Plénipotentiaire de France en Chine, il résulte que les Ordres de Votre majesté ont été éludés dans plusieurs parties de l'Empire.

Le Noble ministre de France, attribue la cause principale de cette désobéissance, à l'obligation ou les habitants de l'intérieur veulent mettre les Chrétiens, de contribuer pour leur part, à l'entretien des pagodes, aux offrandes aux idoles et à la construction des theatres; etc. etc. toutes sortes de contributions dont les Chrétiens sont naturellement affranchis, mais que les magistrats persistent non obstant à vouloir exiger d'eux au même titre que le reste des habitants.

C'est pourquoi S.E. Monsr. de Bourboulon nous demande de donner des ordres aux Magistrats pour faire cesser cet etat de choses.

Le Noble Ministre de France, nous ayant en même temps donné l'assurance, que les Missionaires Catholiques étaient des hommes de la plus grande probité, demande encore qu'ils soient reçus avec honneur par les Magistrats Chinois, toutes les fois qu'ils désireront les voir.

Après un profond examen, nous ferons humblement observer à V. Majesté, que les Chrétiens de l'Empire, tout en observant la doctrine Catholique n'en continuent pas moins à demeurer des sujets Chinois, cette doctrine, ainsi que le déclare S.E. Monsr. de Bourboulon, Ministre Plénipotentiaire de France en Chine, recommandant avant tout le respect envers l'Empereur et l'obéissance aux lois de l'Empire.

Il n'y a donc aucun inconvénient à ce que les Chrétiens en agissant à leur guise, car nous montrerons par là même, d'une manière évidente, que nous n'établissons pas la plus petite différence entre eux et le reste des sujets de l'Empire.

■法国驻天津领事丰大业为本国教徒在华传教事致恭亲王奕䜣的函（局部）（1862年）

丰大业，法国驻天津领事。因开枪击伤天津县知事刘杰的仆人高升，被愤怒的群众殴毙，之后，天津爆发了火烧望海楼、仁慈堂等反洋教斗争。

Tout en reconnaissant la véracité des faits qui précèdent, on n'ignore pas que la publication de ses écrits a eu lieu à une époque où cette religion était encore interdite; mais aujourd'hui, qu'elle jouit de la plus grande liberté, il devient inutile d'en faire mention: c'est pourquoi nous demandons à votre Majesté d'en autoriser l'entière abolition, en même temps qu'Elle en interdira la réimpression, lors de la nouvelle publication du code des lois de l'Empire, et ordonnera l'entière destruction des anciennes planches qui y étaient affectées.

Nous pensons, qu'il serait aussi convenable pour plus de clarté, de remplacer à l'avenir dans l'article 13 du traité Français, le mot pardonner, par l'expression abolir, qui nous parait plus conforme au sens exprimé dans cet article.

Dans le cas où Votre Majesté serait de notre avis, nous la prions de daigner nous faire connaître ses volontés.

C'est humblement prosternés, que nous lui soumettons la présente requête.

Pour traduction conforme
H. Fontanier

Le Prince de Kong annonce la publication de l'édit Impérial.

Je viens de recevoir l'édit publié par Sa Majesté Impériale sur la requête qui lui a été adressée de notre ministère, dans laquelle nous la prions d'intimer à tous les Magistrats de l'Empire d'avoir désormais à traiter équitablement et sans y apporter de retards, toutes les affaires dans lesquelles les Chrétiens seraient intéressés.

Edit Impérial du 6me jour du IIIme mois de la première année du règne de Tong-tché.

" Déjà dans une de ses précédentes communications le Ministère des affaires étrangères mentionnait que les Missionnaires Catholiques Français n'avaient d'autre objet en vue que de prêcher le bien, et que l'Empereur Kang-hi avait lui même autorisé la libre pratique de la Religion Catholique ce qui me détermina à publier à cette époque, un édit ordonnant à tous les Magistrats de mon Empire, d'avoir à traiter désormais équitablement toutes les affaires intéressant les Chrétiens.

第五章

TABLE OF CONTENTS.

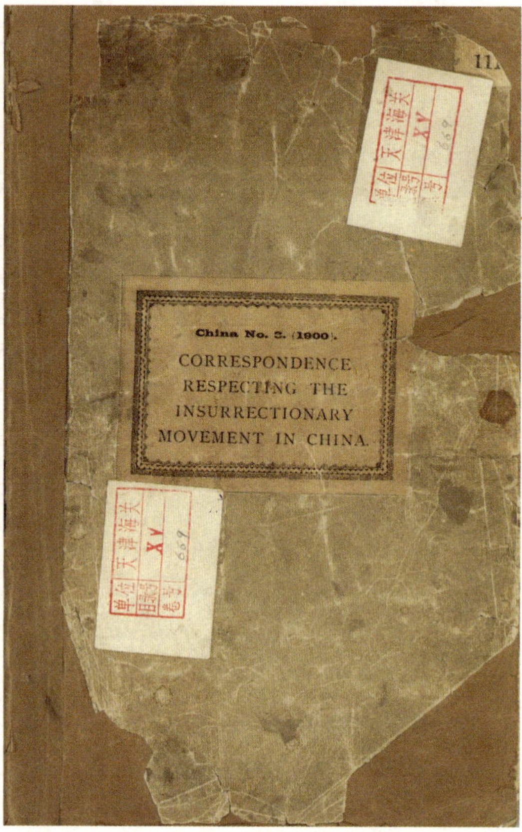

6

No. 11.

Sir C. MacDonald to the Marquess of Salisbury.—(Received March 10.)

(Telegraphic.) *Peking, March* 10, 1900.

I HAVE the honour to report that, with regard to the disturbances in Shantung and Chihli Provinces in connection with the missionaries, I have conferred with my American, French, German, and Italian colleagues, whose missionaries are likewise concerned. On the 27th January, I addressed, in conjunction with the above colleagues, an identic note to the Tsung-li Yamên, requesting that an Imperial Decree should be published declaring the suppression of two anti-foreign secret societies which are both causing disturbances in Shantung and Chihli.

On the 2nd March, all five Representatives paid a personal visit to the Yamên, having already on the 27th February addressed a further identic note to the Chinese Ministers, but notwithstanding these steps the Yamên have declined to publish the Decree in accordance with our request.

I now learn that the disturbances are spreading, that recruits are being enlisted by one of the societies and that drilling is proceeding in the environs of Peking and Tient-sin. We have consequently sent in a further note stating that "unless our request is complied with without delay, we will urge on our Governments the advisability of adopting other measures for the protection of the lives and property of our nationals in China."

If the Chinese Government should refuse to publish the Decree we have required, and should the state of affairs not materially improve, I would respectfully recommend that a few ships of war of each nationality concerned should make a naval demonstration in North Chinese waters. Identic recommendations are being telegraphed home by my four colleagues above-mentioned.

No. 12.

The Marquess of Salisbury to Sir C. MacDonald.

(Telegraphic.) *Foreign Office, March* 11, 1900.

SUPPRESSION of secret Societies in Shangtung and Pechili: Your telegram of the 10th March.

It will be desirable only to resort to naval action when other means of pressure are exhausted.

No. 13.

Sir E. Monson to the Marquess of Salisbury.—(Received March 12.)

(Telegraphic.) *Paris, March* 12, 1900.

THE French Minister for Foreign Affairs has this morning received a telegram, similar to the one repeated to me in your Lordship's telegram of yesterday's date, on the subject of missionary troubles in China. His Excellency had not read it before I saw him. He expressed the opinion that, if the five Representatives on the spot looked upon the situation as one requiring a naval demonstration in the northern waters of China, as proposed, their Governments could not properly refuse to authorize it. He said, however, that he could not at once state positively what the French Government would decide.

No. 14.

Sir E. Monson to the Marquess of Salisbury.—(Received March 14.)

(Extract.) *Paris, March* 13, 1900.

I CALLED yesterday morning upon M. Delcassé, and asked him whether he had received any telegram from China in regard to the refusal of the Yamên to publish the Decree against anti-foreign secret Societies which had been demanded by the Repre-

Correspondence respecting the Insurrectionary Movement in China.

No. 1.

Sir C. MacDonald to the Marquess of Salisbury.—(Received January 4.)

(Telegraphic.) *Peking, January* 4, 1900.

IT is with great regret that I report to your Lordship the murder by a band of anti-Christian rebels of the English missionary Brooks near the town of Fei Ch'êng, in Shantung Province, where he was travelling. The other members of the mission are safe.

The part of China where the murder took place is very disturbed, and I and my French, American, and German colleagues have been making strong representations.

No. 2.

Sir C. MacDonald to the Marquess of Salisbury.—(Received January 5.)

(Telegraphic.) *Peking, January* 5, 1900.

MURDER of Mr. Brooks: My telegram of yesterday.

I have to-day received a special message from the Throne, brought by one of the Grand Secretaries, expressing profound regret on the part of the Emperor and Dowager-Empress at the death of Mr. Brooks.

The capture and punishment of the offenders has been forcibly insisted upon in instructions issued by telegram.

No. 3.

Sir Chihchen Lofêngluh to the Marquess of Salisbury.—(Received January 11.)

My Lord Marquis, *Chinese Legation, January* 10, 1900.

I HAVE the honour to inform your Lordship that I have received a telegram from the Tsung-li Yamên, instructing me to acquaint you of the death of a British subject in the Province of Shantung under circumstances that have excited the horror and the indignation of the Imperial Government.

On the 1st of the present month the Tsung-li Yamên received a telegram from Yüen Shih-kai, the Governor of Shantung, acquainting them that an English missionary of the name of Brooks had, whilst travelling in the district of Feichên, in that province, been grievously maltreated by brigands, and afterwards had been carried off by them. On learning this, the Yamên immediately telegraphed to the Governor, instructing him to lose no time in following up the brigands and rescuing Mr. Brooks; but by a subsequent telegram which they received from Governor Yüen, they learned with dismay that the robbers had put the unfortunate missionary to death.

Incensed at this deplorable event, their Imperial Majesties the Emperor and the Empress-Dowager have commanded that all the officials within whose jurisdiction the outrage was committed be disgraced by being deprived of their rank and honours until such time as they shall have succeeded in arresting the guilty parties, and a prescribed period has been allowed them within which to effect their capture.

In making the above communication, I am to present to your Lordship, on behalf of the Imperial Government, the expression of their profound regret at the lamentable occur-

[758] B

Correspondence respecting the Insurrectionary Movement in China 有关义和团运动的通信集（局部）（1900年）

这本出版于1900年的通信集记载了义和团运动时期中国多地爆发的拳民运动以及英国方面关于局势情报、联军调动等方面的往来通讯。

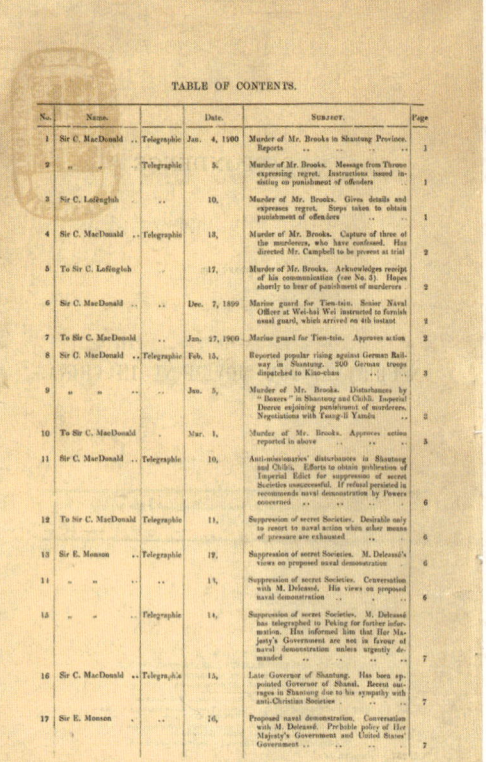

the local authorities, that in dealing with cases of this kind they should only inquire whether so and so is or is not guilty of rebellion, whether he has or has not stirred up strife, and should not consider whether he belongs to a Society or not, whether he is or not an adherent of a religion.

As for our common people, let them give thought to the protection and security of their native places, their persons, and their homes. Let them not give ear to those who would unsettle their minds and so bring upon themselves calamities and military operations. Nor let them on the other hand presume upon influence and authority to oppress their fellow-villagers.

In this way it is our earnest hope that the hamlets will be at peace, and that thus we may be relieved of our anxious care by day and night.

Let this Decree be published abroad.

No. 19.

Sir C. MacDonald to the Marquess of Salisbury.—(Received March 19.)

My Lord,

Peking, January 16, 1900.

IN my despatch of the 5th January, in which I reported the deplorable murder of Mr. Brooks in Northern Shantung, I drew your Lordship's attention to serious disturbance in the neighbouring Province of Chihli, brought about by riotous proceedings of the same Society of "Boxers," at whose hands Mr. Brooks met with his death.

Her Majesty's Consul at Tien-tsin, the residence of the Viceroy of the Chihli Province, had kept me fully informed of the state of affairs in the southern part of the province, and, as stated in my despatch quoted above, had frequently complained to the Viceroy of the inadequacy of the protection afforded to British life and property in the districts affected by the disturbances. In consequence of these complaints and of my own urgent representations to the Tsung-li Yamên, guards of soldiers had been stationed for the protection of the various missionary establishments.

Although these measures served to protect the European missionaries themselves, and their own Mission premises, reports from the disturbed districts showed that the native Christian converts were being persecuted and harried in a very cruel manner by the "Boxers."

Thinking that perhaps a personal interview with the Viceroy might be useful in putting a stop to a state of affairs which, if allowed to continue, would lead to the gravest results, I proceeded to Tien-tsin on Saturday, the 6th instant. The Viceroy was away on a tour of inspection in the disturbed districts when I arrived, but returned on the 8th instant, and received me an hour after his return. His Excellency seemed to be fully alive to the gravity of the situation, but told me that the difficulty in dealing with the "Boxers" lay in the fact that they were composed of small bands of peasantry, some twenty or thirty in each band. On the approach of the soldiers these bands dispersed, and the peasants returned to peaceful pursuits. Within the last ten days two bands had been caught *in flagrante delicto*, and had been severely dealt with—a number killed, and two Chiefs executed.

I pointed out to his Excellency that it was not the killing of a few misguided peasantry that would put a stop to these riotous and disgraceful proceedings, but the severe punishment of the local officials, who were the real people to blame. His Excellency told me that four Magistrates had been dismissed, and new ones appointed; these latter he had seen himself, and had impressed upon them the absolute necessity of suppressing these disturbances with energy and promptness.

He further told me that he was in daily telegraphic communication with Yüan Shih-k'ai, the Governor of the neighbouring Province of Shantung, with a view to concerted movements of their respective troops, in order to surround the rioters and prevent the disturbances from spreading. I am of opinion that the Viceroy is very earnest in his desire to restore order and punish the evil-doers. The latter, however, have many secret supporters among the local gentry.

By latest accounts the state of affairs is improving, the local officials are acting with commendable energy, and the Christian converts are returning to their homes from which they had been driven by the rioters.

I have, &c.
(Signed) CLAUDE M. MacDONALD.

No. 20.

Sir C. MacDonald to the Marquess of Salisbury.—(Received March 23.)

(Telegraphic.)

Peking, March 23, 1900.

THE Tsung-li Yamên have not yet replied to the further note addressed to them by the four Representatives; when they do, it will probably be to refuse our request.

From Mr. Campbell in Shantung I learn by telegraph that whereas the Governor shows energy and is willing, the policy of the other officials is obstruction; further, that in the western portion of the province fresh disturbances have arisen.

With reference to my telegram of the 10th and your Lordship's of the 11th instant, I learn that the Government of the United States have ordered one ship-of-war to go to Taku for the purpose of protecting American interests, that the Italian Minister has been given the disposal of two ships, and the German Minister has the use of the squadron at Kiao-chau for the same purpose.

With a view to protect British missionary as well as other interests, which are far in excess of those of other Powers, I would respectfully request that two of Her Majesty's ships be sent to Taku.

No. 21.

The Marquess of Salisbury to Sir C. MacDonald.

Sir,

Foreign Office, March 24, 1900.

I HAVE received your despatch of the 16th January, reporting an interview which you had with the Viceroy of Chihli at Tien-tsin, relative to the disturbed condition of that province.

I approve your action as reported in that despatch.

I am, &c.
(Signed) SALISBURY.

No. 22.

The Marquess of Salisbury to Sir C. MacDonald.

Sir,

Foreign Office, March 24, 1900.

I HAVE received your despatch of the 17th January, reporting on your further representations to the Tsung-li Yamên relative to the murder of Mr. Brooks and the disturbed state of the north-western part of the Province of Shantung.

Your proceedings in the matter are approved by Her Majesty's Government.

I am, &c.
(Signed) SALISBURY.

No. 23.

Foreign Office to Admiralty.

Sir,

Foreign Office, March 24, 1900.

I AM directed by the Marquess of Salisbury to transmit to you, to be laid before the Lords Commissioners of the Admiralty, copies of telegraphic correspondence with Her Majesty's Minister at Peking,* relative to the disturbed state of the Provinces of Shantung and Pechili, and the demand made by him, in conjunction with the Representatives of America, France, Germany, and Italy, for the suppression of anti-foreign secret societies.

Sir C. MacDonald requests that two ships may be sent to Taku for the protection of British missionary and other interests, and I am to request that their Lordships

* Nos. 11, 12, and 20.

M. Pichon then urged that if the Chinese Government did not at once take action guards should at once be brought up by the foreign Representatives. Some discussion then ensued, after which it was determined that a precise statement should be demanded from the Yamên as to the measures they had taken, also that the terms of the Edict mentioned by them should be communicated to the foreign Representatives.

Failing a reply from the Yamên of a satisfactory nature by this afternoon, it was resolved that guards should be sent for.

Baron von Ketteler, the German Minister, declared that he considered the Chinese Government was crumbling to pieces, and that he did not believe that any action based on the assumption of their stability could be efficacious.

The French Minister is, I am certain, genuinely convinced that the danger is rea and owing to his means of information he is well qualified to judge.

No. 49.

Sir C. MacDonald to the Marquess of Salisbury.—(Received May 27.)

(Telegraphic.)

Peking, May 27, 1900.

IN continuation of my telegram of to-day, I have to report that I had an interview with Prince Ch'ing and the Yamên Ministers this afternoon. Energetic measures are now being taken against the Boxers by the Government, whom the progress of the Boxer movement has, at last, thoroughly alarmed.

The Corps Diplomatique, who met in the course of the day, have decided to wait another twenty-four hours for further developments.

No. 50.

The Marquess of Salisbury to Sir C. MacDonald.

(Telegraphic.)

Foreign Office, May 27, 1900.

"BOXER" disturbances.

Your telegram of the 27th instant.

If you consider it necessary for the protection of the lives of Europeans you may send for marine guard.

No. 51.

Admiralty to Foreign Office.—(Received May 29.)

Sir,

Admiralty, May 29, 1900.

I AM commanded by my Lords Commissioners of the Admiralty to transmit, for the information of the Secretary of State for Foreign Affairs, a copy of a telegram, dated the 29th May, from the Commander-in-chief, China, relative to the dispatch of two ships of war to Taku.

I am, &c.
(Signed) EVAN MACGREGOR.

Inclosure in No. 51.

Vice-Admiral Sir E. Seymour to Admiralty.

(Telegraphic.)

Liukuntau, May 29, 1900.

IN consequence of unsettled state of affairs at Peking, I have sent "Orlando" and "Algerine" to Taku, ready to land guards if required by Minister.

No. 52.

Sir C. MacDonald to the Marquess of Salisbury.—(Received May 29.)

(Telegraphic.)

Peking, May 29, 1900.

SOME stations on the line, among others Yeng-tai, 6 miles from Peking, together with machine sheds and European houses, were burnt yesterday by the Boxers. The line has also been torn up in places. Trains between this and Tien-tsin have stopped running, and traffic has not been resumed yet.

The situation here is serious, and so far the Imperial troops have done nothing.

No. 53.

Sir C. MacDonald to the Marquess of Salisbury.—(Received May 29.)

(Telegraphic.)

Peking, May 29, 1900.

IT was unanimously decided, at a meeting of foreign Representatives yesterday, to send for guards for the Legations, in view of the apathy of the Chinese Government and the gravity of the situation. Before the meeting assembled, the French Minister had already sent for his.

No. 54.

Sir C. MacDonald to the Marquess of Salisbury.—(Received May 31.)

(Telegraphic.)

Peking, May 30, 1900.

PERMISSION for the guards to come to Peking has been refused by the Yamên. I think, however, that they may not persist in their refusal. The situation in the meantime is one of extreme gravity. The people are very excited, and the soldiers mutinous. Without doubt it is now a question of European life and property being in danger here.

The French and Russians are landing 100 men each.

No. 55.

Sir C. MacDonald to the Marquess of Salisbury.—(Received May 31.)

(Telegraphic.)

Peking, May 30, 1900.

LEGATION guards.

My telegram of yesterday's date.

French, Russian, and United States' Ministers, and myself, were deputed to-day at a meeting of the foreign Representatives to declare to the Tsung-li Yamên that the foreign Representatives must immediately bring up guards for the protection of the lives of Europeans in Peking in view of the serious situation and untrustworthiness of the Chinese troops. That the number would be small if facilities were granted, but it must be augmented should they be refused, and serious consequences might result for the Chinese Government in the latter event.

In reply, the Yamên stated that no definite reply could be given until to-morrow afternoon, as the Prince was at the Summer Palace. As the Summer Palace is within an hour's ride we refused to admit the impossibility of prompt communication and decision, and repeated the warning already given of the serious consequences which would result if the Viceroy at Tien-tsin did not receive instructions this evening in order that the guards might be enabled to arrive here to-morrow. The danger will be greatest on Friday, which is a Chinese festival.

53

No. 117.

Consul Carles to the Marquess of Salisbury.—(*Received June* 13.)

(Telegraphic.) *Tien-tsin, June* 12, 1900.

THE Admiral, who had been fighting with the Boxers yesterday, killing about fifty of them, was at Langfang this morning. Our side suffered no loss. The above-mentioned place is half-way on the road to Peking.

No. 118.

Admiralty to Foreign Office.—(*Received June* 13.)

Sir, *Admiralty, June* 13, 1900.

I AM commanded by my Lords Commissioners of the Admiralty to transmit, for the information of the Secretary of State for Foreign Affairs, a copy of a telegram, dated the 13th June, from the Commander-in-chief on the China station relative to the Boxer rising.

I am, &c.
(Signed) EVAN MACGREGOR.

Inclosure in No. 118.

Vice-Admiral Sir E. Seymour to Admiralty.

(Telegraphic.) *Tien-tsin, June* 13, 1900.

PROGRESS very slow; railway much broken up, only 3 miles during last twenty-four hours.

No further encounter with Boxers, who are said to be 2 miles in advance in force.

The Russians are landing an additional force of 1,700 troops, and I have requested General to send 650 troops now ready at Hong Kong to Taku in "Terrible."

Trustworthy courier arrived from Peking reports great excitement there at our approach.

General Tung expected to oppose entry within city.

No. 119.

Mr. Herbert to the Marquess of Salisbury.—(*Received June* 13.)

(Telegraphic.) *Paris, June* 13, 1900.

ALTHOUGH last telegram received from French Minister at Peking was dated yesterday, M. Delcassé has received no news of presence of Boxers in the capital, reported in Sir C. Scott's telegram of 12th June.

No. 120.

Sir C. Scott to the Marquess of Salisbury.—(*Received June* 13.)

(Telegraphic.) *St. Petersburgh, June* 13, 1900.

COUNT MOURAVIEFF, at his reception to-day, appeared to consider that, owing to the agitation of the Reform party, the situation was really more threatening in Southern and Central than in Northern China.

His Excellency counts on the large European force which is now forcing its way to Peking as sufficient to save the situation in the capital.

In his opinion, the Empress-Dowager is at the present moment powerless in the hands of fanatic and ignorant councillors, but she will be both willing to assist and amenable to sounder views when once she has been relieved from their control.

36

No. 74.

Sir C. MacDonald to the Marquess of Salisbury.—(*Received June* 6.)

(Telegraphic.) *Peking, June* 5, 1900.

AS the wire to Tien-tsin may be cut at any moment, please send immediate instructions to the Admiral.

No. 75.

Sir C. MacDonald to the Marquess of Salisbury.—(*Received June* 6.)

(Telegraphic.) *Peking, June* 5, 1900.

THIS afternoon I had an interview with the Prince and Ministers of the Yamên. They expressed much regret at the murder of Messrs. Robinson and Norman, and their tone was fully satisfactory in this respect.

I pointed out that there was not the slightest indication that the Chinese Government intended to deal severely with the Boxer disturbances, and that insecurity of human life within a few miles of the capital and serious danger of an outbreak occurring within the city itself was the result of this attitude.

I said that this failure to suppress the Boxers was, as far as I could judge, leading straight to foreign intervention, however much friendly Powers might regret such a course.

No attempt was made by the Prince to defend the Chinese Government, nor to deny what I had said. He could say nothing to reassure me as to the safety of the city, and admitted that the Government was reluctant to deal harshly with the movement, which, owing to its anti-foreign character, was popular. He stated that they were bringing 6,000 soldiers from near Tien-tsin for the protection of the railway, but it was evident that he doubted whether they would be allowed to fire on the Boxers except in the defence of Government property, or if authorized whether they would obey.

He gave me to understand, without saying so directly, that he has entirely failed to induce the Court to accept his own views as to the danger of inaction. It was clear, in fact, that the Yamên wished me to understand that the situation was most serious, and that, owing to the influence of ignorant advisers with the Empress-Dowager, they were powerless to remedy it.

No. 76.

Sir C. MacDonald to the Marquess of Salisbury.—(*Received June* 6.)

(Telegraphic.) *Peking, June* 6, 1900.

SINCE the interview with the Yamên reported in my preceding telegram I have seen several of my colleagues.

I find they all agree that, owing to the now evident sympathy of the Empress-Dowager and the more conservative of her advisers with the anti-foreign movement, the situation is rapidly growing more serious.

Should there be no change in the attitude of the Empress, a rising in the city, ending in anarchy, which may produce rebellion in the provinces, will be the result, "failing an armed occupation of Peking by one or more of the Powers."

Our ordinary means of pressure on the Chinese Government fail, as the Yamên is by general consent, and their own admission, powerless to persuade the Court to take serious measures of repression. Direct representations to the Emperor and Dowager-Empress from the Corps Diplomatique at a special audience seems to be the only remaining chance of impressing the Court.

At to-day's meeting of the foreign Representatives, it will probably be decided to ask the approval of their respective Governments for the demand for such an audience, unless it appears that the situation is so critical as to justify them in making it without waiting for instructions.

As no foreign Representative here has Ambassador's privileges it is probable that an audience will be refused, as against precedent, and it is certain to be delayed should the

56

and Nanking Viceroys. I have every confidence that they will do all they can to keep peace in their districts if they can rely on Her Majesty's Government for effective support.

There is no doubt that great loss would be caused and probably considerable loss of life would be entailed by any outbreak in the Yang-tsze Valley. It is necessary that prompt action should be taken; the situation is serious.

No. 129.

The Marquess of Salisbury to Mr. Whitehead.

(Telegraphic.) *Foreign Office, June* 14, 1900.

CHINA crisis: Your telegram of the 13th June.

You should inform Japanese Minister for Foreign Affairs of the application for troops made by our Admiral, and of the numbers which are being sent from Hong Kong.

No. 130.

Admiralty to Rear-Admiral Bruce.—(*Communicated by Admiralty, June* 15.)

(Telegraphic.) *Admiralty, June* 15, 1900.

ADEQUATE means for protecting life and property on Yang-tsze should be provided, using ships from Philippines and Southern Division for this purpose.

Take action and inform Commander-in-chief when you can.

No. 131.

Consul Carles to the Marquess of Salisbury.—(*Received June* 15.)

(Telegraphic.) *Tien-tsin, June* 15, 1900.

THE native city is practically in the hands of the Boxers and the mob, who have burnt down the chapels and compelled Chinese officials to get out of their chairs in the streets.

The action of the Viceroy has been very correct.

Communication with the Admiral is cut off.

The situation here is more serious than he is aware of.

A portion of the Russian troops still remains in this place.

No. 132.

Consul Carles to the Marquess of Salisbury.—(*Received June* 15.)

(Telegraphic.) *Tien-tsin, June* 15, 1900.

THE Chinese Government are taking measures to concentrate troops along the approaches to Tien-tsin and on Taku.

I am informed that, in consequence of this, the Admirals may be compelled to seize the Taku forts without delay.

No. 133.

Consul Carles to the Marquess of Salisbury.—(*Received June* 15.)

(Telegraphic.) *Tien-tsin, June* 15, 1900.

ON the evening of 13th June the Boxers entered Peking and destroyed the old Custom-house quarters and the establishments of several Missions.

It appears that many Chinese were massacred, but that there were no casualties among the Europeans.

54

The foreign Representatives on the spot were possessed of the views of their respective Governments as to the necessity of not further endangering or complicating a position of affairs already very serious, and events were moving so rapidly that the only thing to be done was to trust to their judgment and prudence.

No. 121.

Mr. Whitehead to the Marquess of Salisbury.—(*Received June* 13.)

(Telegraphic.) *Tôkiô, June* 13, 1900.

INFORMATION has reached here that 1,700 Russian soldiers were landed yesterday at Taku, including 270 cavalry and 20 guns. Two more ships had arrived with a further contingent of 1,000 men.

The Minister for Foreign Affairs has inquired as to the intention of Her Majesty's Government, and wished to know whether British troops can be sent. He said that if foreign naval detachments which have been actually landed should be surrounded or otherwise in danger, the Japanese Government would be ready to send at once a considerable force to their relief, if Her Majesty's Government concurred in such a course, but that otherwise his Government do not intend to send soldiers.

No. 122.

Consul Carles to the Marquess of Salisbury.—(*Received June* 13.)

(Telegraphic.) *Tien-tsin, June* 13, 1900.

A MEMBER of Japanese Legation at Peking, when on his way to station, was killed by General Tung's cavalry, and I believe that Her Majesty's summer Legation has been destroyed by fire. In private letters, dated Peking, the 11th instant, the situation is described as being extremely grave.

Prince Tuan and three other Manchu Ministers have been made members of the Tsung-li Yamên.

Lack of water, and continued injury to railway, delays to a great extent the advance of Naval Brigade, whose entry into Peking the Chinese expect will be resisted. I fear that the delay in their progress makes this more probable than before.

No. 123.

General Officer Commanding, Hong Kong, to the Secretary of State for War.—
(*Communicated by War Office, June* 13.)

(Telegraphic.) *Hong Kong, June* 13, 1900.

I AM sending 950 British and Indian troops, with Maxim and gun, to the Admiral, who has asked for every man available. Some will leave on the 14th instant, on a fast transport vessel; the rest on the 17th instant on Her Majesty's ship "Terrible." The absence of these troops does not compel me to ask for reinforcements at once.

No. 124.

Admiralty to Foreign Office.—(*Received June* 14.)

Sir, *Admiralty, June* 13, 1900.

I AM commanded by my Lords Commissioners of the Admiralty to request you will inform the Secretary of State that the following is a summary of the international forces now under the command of Vice-Admiral Sir Edward Seymour on their way to

65

Inclosure in No. 157.

Rear-Admiral Bruce to Admiralty.

(Telegraphic.) *Taku (viâ Chefoo), June* 20, 1900.

June 17.—Taku fort captured by allied forces this morning. Bombardment commenced 12·50 A.M., ended about 6·30 A.M. Details later on. Chinese Admiral present with allied fleet; flag flying in cruiser. At Council meeting this morning he agreed to anchor with fleet, putting out fires.

June 18.—Situation getting worse. All north China under arms. No news from Commander-in-chief and advanced guard. Tien-tsin now cut off. Heavy fire heard there last night.

* * * * * *

My communications with allied authorities most harmonious.

No. 158.

Admiralty to Rear-Admiral Bruce.—(Communicated by Admiralty, June 20.)

(Telegraphic.) *Admiralty, June* 20, 1900.

EIGHT hundred seamen and marines leave by freight as soon as possible for Hong Kong to wait orders, and ships on station will be reinforced.

No. 159.

Sir C. Scott to the Marquess of Salisbury.—(Received June 20.)

(Telegraphic.) *St. Petersburgh, June* 20, 1900.

COUNT MOURAVIEFF explained to me to-day that the 4,000 troops mentioned in the telegram to the Russian Embassy consist of 2,000 who are understood to be already at Taku or the mouth of the river, and of the 2,000 at Tien-tsin who, last week, while the other foreign troops defended the foreign Settlements, attacked and dispersed with loss the Boxers threatening that town.

For the last four days no direct news from Taku or Tien-tsin, and for seven days no knowledge of the situation at Peking or confirmation of the reported return of Admiral Seymour's expedition, have been received by the Russian Foreign Office, but Count Mouravieff takes a sanguine view of the situation, and appears to expect that not only will communication for news from Tien-tsin and probably Peking be opened up at once by the capture of the Taku forts, but that it will also exercise a salutary impression on the Empress-Dowager, who has been hesitating between her fear of the Boxers and her fear of the intervention of the foreign Powers.

His Excellency still regards the state of things in Central and Southern China as more threatening, and believes that in a fortnight the crisis will be over.

No. 160.

Consul Carles to the Marquess of Salisbury.—(Received June 20.)

(Telegraphic.) *Chefoo, June* 20, 1900.

MUCH damage was done last night to the line north of Tien-tsin by Boxers, and a great number of Chinese houses, together with the Roman Catholic Cathedral and Mission chapel, were burnt. There was no visible effort made to restrain them by the Chinese troops. The Boxers attacked the Settlement, and about 100 were killed by the foreign guard.

---

[758] K

57

No. 134.

The Marquess of Salisbury to Mr. Whitehead.

(Telegraphic.) *Foreign Office, June* 15, 1900

MURDER by Chinese troops of the Chancelier of the Japanese Legation at Peking.

Inquire what steps, if any, the Japanese Government contemplate taking.

No. 135.

The Marquess of Salisbury to Acting Consul-General Warren.

(Telegraphic.) *Foreign Office, June* 15, 1900.

PROTECTION of British interests on the Yang-tsze.

Your telegram of the 14th June.

We are in communication with the Admiralty as to the dispatch of a man-of-war to Nanking, and the message to the Viceroys there and at Hankow which you suggest, assuring them of British protection in maintaining order.

You are authorized, in the meantime, to inform the Viceroy at Nanking that he will be supported by Her Majesty's ships if measures are taken by him for the maintenance of order.

You should inform Her Majesty's Consul-General at Hankow that he may give to the Viceroy there a similar assurance.

No. 136.

Foreign Office to Admiralty.

Sir, *Foreign Office, June* 15, 1900.

I AM directed by the Marquess of Salisbury to transmit to you, to be laid before the Lords Commissioners of the Admiralty, a copy af a telegram from Her Majesty's Consul at Tien-tsin* relative to the state of affairs at that place.

Mr. Carles reports that the Viceroy has acted very correctly.

In these circumstances his Lordship proposes, should their Lordships see no objection, to instruct Mr. Carles to inform the Viceroy that, in the event of his believing himself to be in personal danger, it will be open to him to take refuge on board one of Her Majesty's ships.

I am, &c.

(Signed) FRANCIS BERTIE.

No. 137.

Foreign Office to Admiralty.

Sir, *Foreign Office, June* 15, 1900.

I AM directed by the Marquess of Salisbury to transmit to you a copy of a telegram from Shanghae, which has been communicated by the China Association to this Department, relative to the importance of having a sufficient force on the Yang-tsze for the protection of the interests of this country during the present crisis.

Mr. Pelham Warren, Acting Consul-General at Shanghae, in his telegram of the 14th instant,† of which a copy has been sent to you, also urges the necessity of British interests on the Yang-tsze being efficiently protected, and states that it would, in his opinion, be advisable to send a large man-of-war to Nanking, and to assure the Viceroy that he will receive the support of Her Majesty's Government in maintaining order.

Lord Salisbury concurs in Mr. Warren's view as to the desirability of arriving at some understanding on the subject with the Viceroys both at Nanking and Hankow, and he would be glad if arrangements could be made for the dispatch of one of Her

* No. 131. † No 123.

[758] I

114

the ports as harmonious as if they had both been members of the same family. But now complications have arisen, mutual distrust has been engendered, and the situation having thus changed for the worse, it is felt that, if China cannot be supported in maintaining her position, foreign nations, looking on so large and populous a country, so rich in natural resources, might be tempted to exploit or despoil it; and, perhaps, differ amongst themselves with respect to their conflicting interests.

It is evident that this would create a state of matters which would not be advantageous to Great Britain, a country which views commerce as her greatest interest.

China is now engaged in raising men and means to cope with these eventualities, but she feels that if left to herself she might be unequal to the occasion should it ever arrive, and therefore turns to England in the hope of procuring her good offices in bringing about a settlement of the difficulties which have arisen with the other Treaty Powers.

The Emperor makes this frank exposure of what is nearest to his heart, and hopes that this appeal to Her Majesty the Queen-Empress may be graciously taken into her consideration, and an answer vouchsafed to it at the earliest possible moment.

No. 276.

Mr. Whitehead to the Marquess of Salisbury.—(Received July 12.)

(Telegraphic.) *Tôkiô, July* 12, 1900.

I HAVE informed Admiral Seymour by telegraph that Lieutenant-General Teranchi, second in the General Staff, is being sent by Japanese Government to discuss with him and Admiral Alexieff a scheme of combined operations.

No. 277.

Chinese Imperial Edict.—(Communicated by Sir Chihchen Lofêngluh, July 13.)

Translation of an Imperial Edict dated Peking the 29th June, received by the Privy Council, and by the Board of War forwarded to the Provincial Treasurer of Chihli for transmission to the Chinese Ministers residing at the various Courts in Europe, America, and Japan, through the Taotai of Shanghae.

IN view of the circumstance that the Treaty Powers have unexpectedly assembled considerable forces in China, it is expedient that the Chinese Ministers accredited to foreign countries should be made acquainted with the situation of affairs at present, and the causes that have led to it.

We therefore command that the following account of what has recently taken place in Peking be communicated to them, in order that they may the better be the interpreters of our intentions with respect to the Treaty Powers.

The present unsatisfactory state of affairs originated in the formation of a Society consisting of disorderly persons in the provinces of Chihli and Shantung. The ostensible object of the Society was the practise of athletics, attended by strange rites founded on the pretended possession by its members of supernatural powers.

At first the authorities, viewing it as harmless, took no notice of the Society or sect with any measures for its suppression, but soon, spreading like wild-fire, branches of it were found everywhere, and in the matter of a month great numbers of its adherents were found even in Peking, where they were considered as a mystical sect to which crafty and designing persons introduced anti-Christian proclivities.

About the 10th June its enmity towards Christianity was no longer a matter of doubt. In spite of every effort to control them, they then set fire to some of the missionary buildings in Peking, and at the same time killed some of the native Christians.

When things began to assume a serious aspect, the foreign Representatives in Peking requested permission to bring up some soldiers for the protection of the Legations, and, the situation appearing critical, this was agreed to, and the Legation guards were accordingly increased by the number of about 500 men of the different nationalities. This is an evidence of the desire of the Chinese Government to maintain friendly relations with foreign Powers.

80

No. 201.

Consul Carles to the Marquess of Salisbury.—(Received June 27.)

(Telegraphic.) *Tien-tsin, June* 27, 1900.

HEAVY firing has been heard for thirty-six hours north of Tien-tsin, where the Commander-in-chief is believed to be at a place named Pei-tsang, about 9 miles from here.

A note was received yesterday morning by the Commissioner of Imperial Customs from the Inspector-General, dated 19th June, 4 P.M., stating that the Legations had been ordered to leave Peking within twenty-four hours.

No. 202.

Sir C. Scott to the Marquess of Salisbury.—(Received June 27.)

(Telegraphic.) *St. Petersburgh, June* 27, 1900.

COUNT LAMSDORFF has been at Peterhof with the Emperor all day, and early to-morrow morning he has to return there, but I have been able to communicate in writing to him the sense of your Lordship's telegrams of 25th June, and he promises that as soon as he is enabled to do so he will give me an immediate reply.

There is an utter absence of news at the Russian Foreign Office with regard to the present situation in and near Tien-tsin.

No. 203.

Sir E. Monson to the Marquess of Salisbury.—(Received June 27.)

(Telegraphic.) *Paris, June* 27, 1900.

M. DELCASSÉ informs me that, beyond the two declarations he has already made in the Chamber, he has no statement to offer for the information of the Government of Japan in connection with the meeting of the foreign Representatives which the Japanese Minister for Foreign Affairs convoked at Tôkiô.

On the question of the co-operation of Japan on a large scale, his Excellency did not give me any intimation of his opinion.

On the whole, M. Delcassé's language was less optimistic than that which seems to have been held at St. Petersburgh to Her Majesty's Ambassador.

No. 204.

The Marquess of Salisbury to Acting Consul-General Warren.

(Telegraphic.) *Foreign Office, June* 27, 1900.

YOUR telegram of to-day.

Your answer to the Taotai is approved.

No. 205.

The Marquess of Salisbury to Sir Chihchen Lofêngluh.

Sir, *Foreign Office, June* 27, 1900.

I HAVE the honour to acknowledge the receipt of your note of yesterday's date, containing a telegram received by you from his Excellency the Viceroy of Huquang relative to the protection of foreigners and native Christians residing in the Yang-tsze provinces.

I have to thank you for your action in the matter.

I have, &c.

(Signed) SALISBURY.

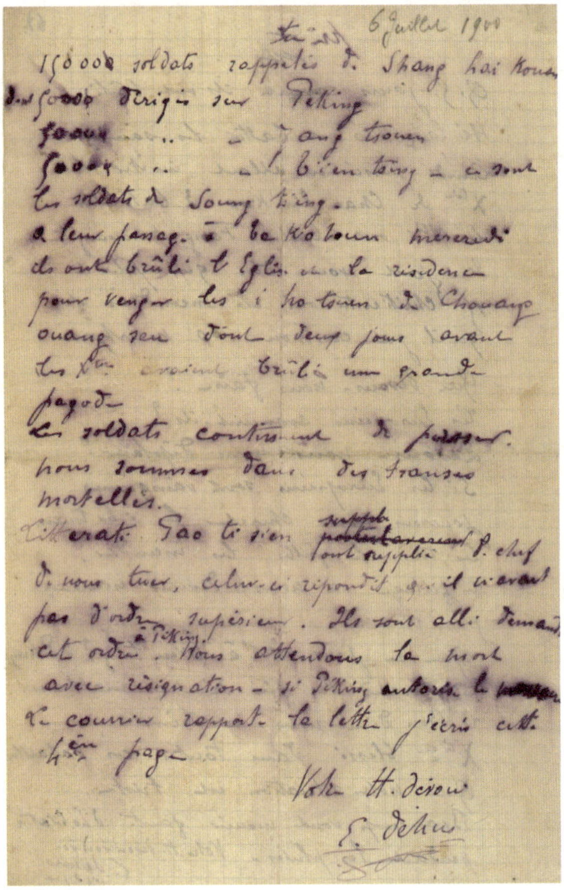
6 Juillet 1900

15000 soldats rappelés de Shang hai kouan
dont 5000 dirigés sur Peking
5000 .. .. Yang tsouen
5000 .. .. Pien tsing — ce sont
les soldats de Soung King.
A leur passage à Ko touen mercredi
ils ont brûlé l'Eglise et la résidence
pour venger les i ho touen de Chouang
ouang tsen dont deux jours avant
les Xtiens avaient brûlé une grande
pagode.
Les soldats continuent de passer.
Nous sommes dans des transes
mortelles.
Litterati Tao ti sien supplie le chef
de nous tuer, celui-ci répondit qu'il n'avait
pas d'ordre supérieur. Ils sont allés demander
cet ordre à Peking. Nous attendons la mort
avec résignation — si Peking autorise le
le courrier rapporte la lettre j'écris cette
4ème page

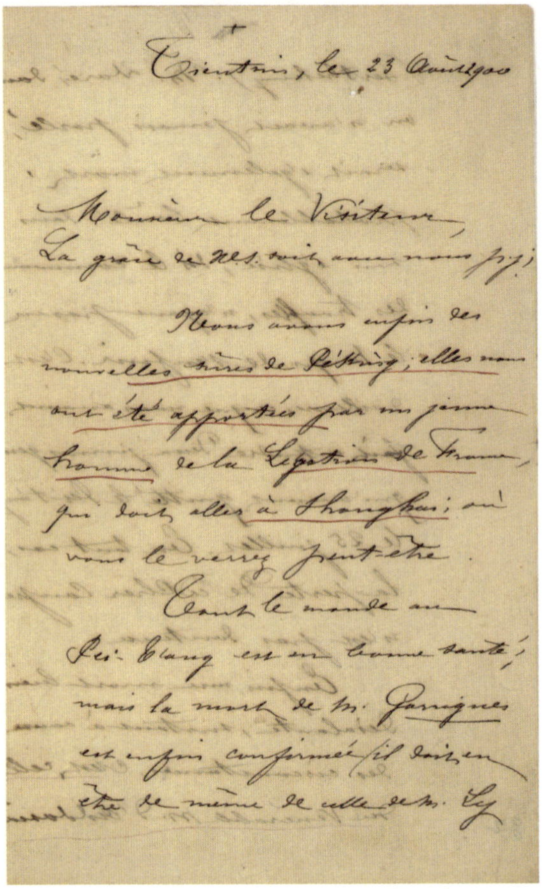
Tientsin, le 23 Août 1900

Monsieur le Vicomte,
La grâce de N.S. soit avec nous p.j.

Nous avons enfin des nouvelles sûres de Péking; elles nous ont été apportées par un jeune homme de la Légation de France qui doit aller à Shanghai; où vous le verrez peut-être.

Tout le monde au Pei-Tang est en bonne santé; mais la mort de Mr. Garrigues est enfin confirmée; il doit en être de même de celle de Mr.

■ 义和团运动时期法国传教士与公使之间的通讯（局部）（1900 年）

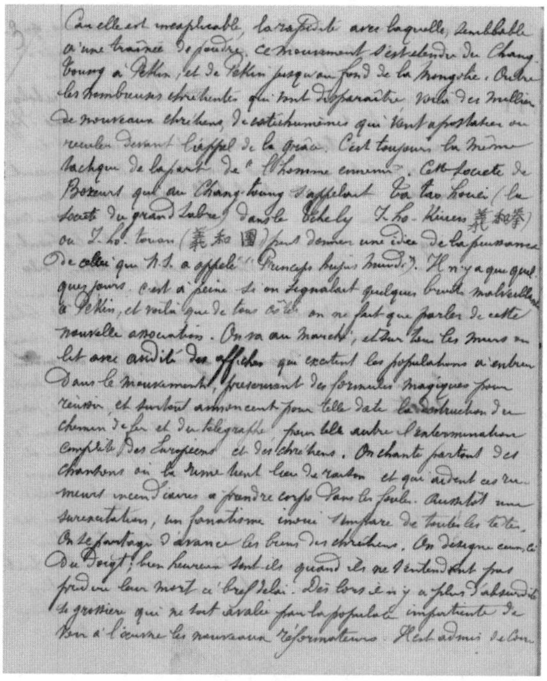

Car elle est inexplicable, la rapidité avec laquelle, semblable à une traînée de poudre, ce mouvement s'est étendu du Chang-tong à Pékin, et de Pékin jusqu'au fond de la Mongolie. Outre les nombreuses chrétientés qui vont disparaître voilà des milliers de nouveaux chrétiens, de catéchumènes qui vont apostasier ou reculer devant l'appel de la grâce. C'est toujours la même tactique de la part de l'homme ennemi. Cette société de Boxeurs qui au Chang-tong s'appelait Ta tao houei (la société du grand sabre) dans le Tchely I-ho-kiuen 義和拳) ou I-ho-touan (義和團) peut donner une idée de la puissance de celui que N. S. a appelé "Princeps hujus mundi". Il n'y a que quelques jours, c'est à peine si on signalait quelques bruits malveillants à Pékin, et voilà que de tous côtés on ne fait que parler de cette nouvelle association. On va au marché, et sur tous les murs on lit avec avidité des affiches qui excitent les populations à entrer dans le mouvement, présentent des formules magiques pour réussir, et surtout annoncent pour telle date la destruction des chemins de fer et du télégraphe, pour telle autre l'extermination complète des Européens et des chrétiens. On chante partout des chansons où la rime tient lieu de raison et qui aident ces rumeurs incendiaires à prendre corps dans les foules. Aussitôt une surexcitation, un fanatisme inouï s'empare de toutes les têtes. On se partage d'avance les biens des chrétiens. On désigne ceux-ci du doigt; bien heureux sont-ils quand ils ne s'entendent pas prédire leur mort à bref délai. Dès lors il n'y a plus d'absurdités si grossières qui ne soient avalées par la populace impatiente de voir à l'œuvre les nouveaux réformateurs. Il est admis de ...

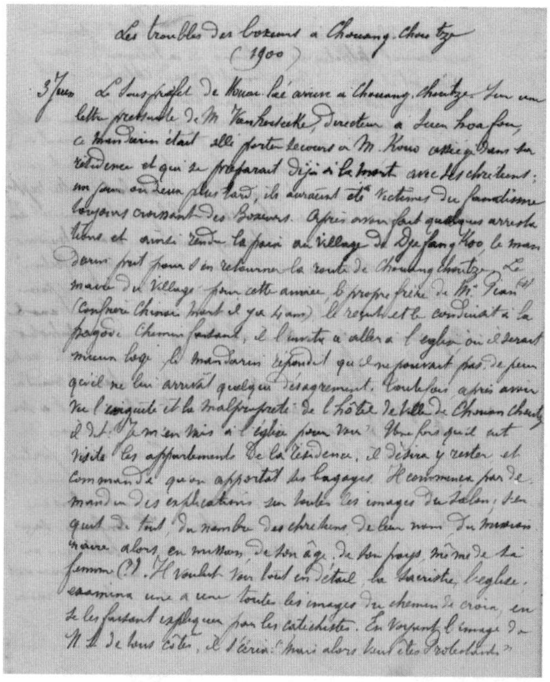

Les troubles des boxeurs à Chouang-chou-tze
(1900)

3 Juin. Le sous-préfet de Houai-lai arrive à Chouang-chou-tze. Sur une lettre pressante de M. Vanhersecke, directeur à Suen hoa fou, ce mandarin était allé porter secours à M. Kouo assiégé dans sa résidence et qui se préparait déjà à la mort avec ses chrétiens: un jour ou deux plus tard, ils auraient été victimes du fanatisme toujours croissant des Boxeurs. Après avoir fait quelques arrestations et avoir rendu la paix au village de Dze-fang-koo, le mandarin prit pour s'en retourner la route de Chouang-chou-tze. Le maire du village pour cette année, le propre frère de M. Tian (confrère chinois mort il y a 4 ans) le reçut et le conduisit à la pagode. Chemin faisant, il l'invite à aller à l'église où il serait mieux logé. Le mandarin répondit qu'il ne pouvait pas, de peur qu'il ne lui arrivât quelque désagrément. Toutefois après avoir vu l'exiguïté et la malpropreté de l'hôtel de ville de Chouang-chou-tze il dit: "Je m'en vais à l'église pour voir." Une fois qu'il eut visité les appartements de la résidence, il désira y rester et commanda qu'on apportât les bagages. Il commença par demander des explications sur toutes les images du salon, s'enquit de tout, du nombre des chrétiens, de leur nom, du missionnaire alors en mission, de son âge, de son pays, même de sa femme (?). Il voulut voir tout en détail, la sacristie, l'église, examina une à une toutes les images du chemin de croix, en se les faisant expliquer par les catéchistes. En voyant l'image de N. S. de tous côtés, il s'écria: "Mais alors vous êtes protestants"

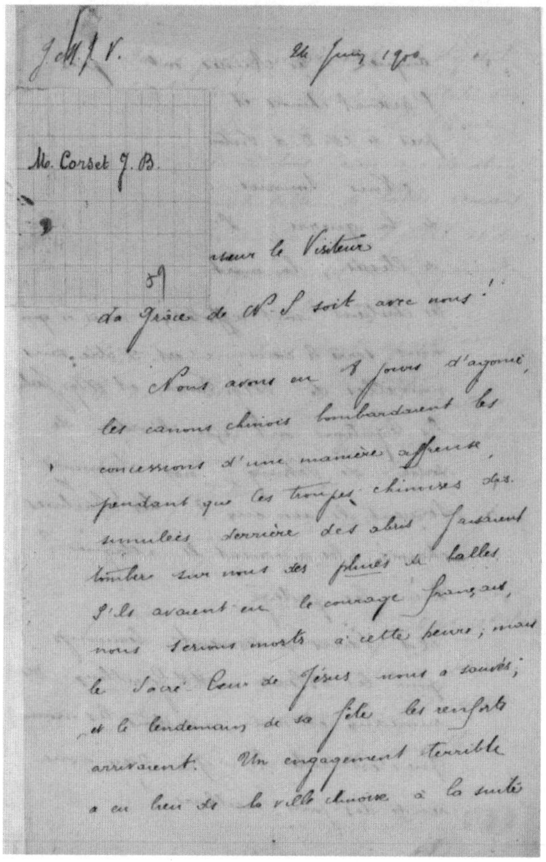

J. M. J. V. 24 Juin 1900

M. Corset J. B.

59

[Mon]sieur le Visiteur

La grâce de N. S. soit avec nous!

Nous avons eu 8 jours d'agonie, les canons chinois bombardent les concessions d'une manière affreuse, pendant que les troupes chinoises des... [illegible] derrière des abris faisaient tomber sur nous des pluies de balles. S'ils avaient eu le courage français, nous serions morts à cette heure; mais le Sacré Cœur de Jésus nous a sauvés; et le lendemain de sa fête les renforts arrivaient. Un engagement terrible a eu lieu de la ville chinoise à la suite

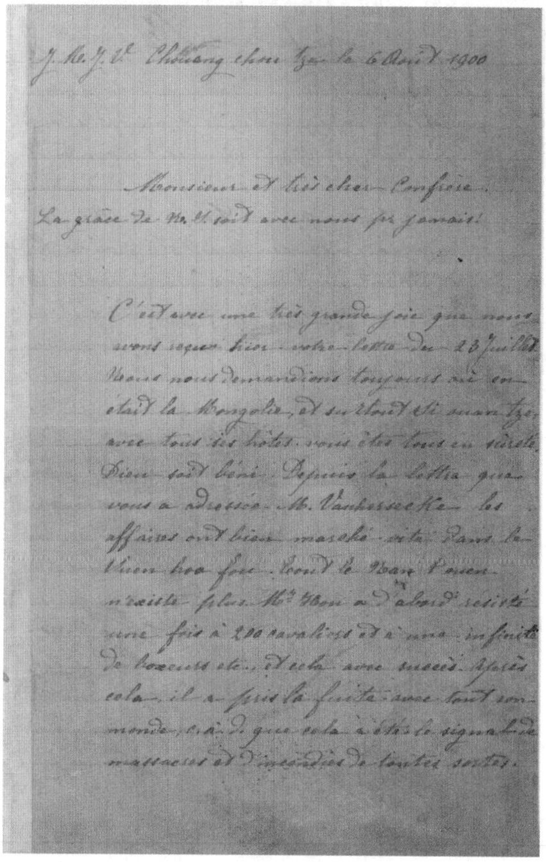

J. M. J. V. Chouang chou tze le 6 Août 1900

Monsieur et très cher Confrère.

La grâce de N. S. soit avec nous pour jamais!

C'est avec une très grande joie que nous avons reçu hier votre lettre du 23 juillet. Nous nous demandions toujours où en était la Mongolie, et surtout Si-wan-tze; avec tous ses hôtes vous êtes tous en sûreté, Dieu soit béni. Depuis la lettre que vous a adressée M. Vanhersecke les affaires ont bien marché ici et dans le Suen hoa fou. Tout le Ouan Tsuen n'existe plus. Mgr Hou a d'abord résisté une fois à 200 cavaliers et à une infinité de boxeurs etc., et cela avec succès. Après cela, il a pris la fuite avec tout son monde, et on dit que cela a été le signal de massacres et d'incendies de toutes sortes.

Annexe à lettre No.........
du SEP 15 1933
de l'Agence de Tientsin
à Siège Social.

<u>Vue N°.1</u> Début septembre 1933

L.V.

1) "Grand Pont" de Pa Li Tai.
2) Auberge chinoise.
3) Monument funéraire élevé à la mémoire d'un général chinois Nie Sse Tcheng (聂士成) tué à cet endroit par les troupes japonaises pendant les troubles "boxers" en 1900.
4) Parages de notre Terrain N°.6.

<u>Vue N°.2</u> Début septembre 1933

L.V.

Terrains Nos.7 et 8, couverts de lotus.

■ 聂士成纪念碑照片
（1933年9月）

在聂士成的人生履历中，展现了复杂的多面性。他对内讨伐过捻军和团民，对外参加过中法和甲午两次大战，最终将人生定格在保卫天津、抵御外辱的第一线。1900年7月9日，聂士成率清军与联军激战八里台，中炮阵亡。1905年，袁世凯在聂阵亡之八里台桥旁修建『聂忠节公殉难处』纪念碑，上镌『正气凛然』四个大字。铭文曰：『勇烈贯长虹，想当年马革裹尸，一片丹心化作怒涛飞海上；精忠留碧血，看此地虫沙历劫，三军白骨悲歌乐府战城南。』

<u>Vue N°.3</u> Début septembre 1933

L.V.

1) "Grand Pont" de Pa Li Tai.
2) Auberge chinoise.
3) Monument funéraire élevé à la mémoire d'un général chinois Nie Sse Tcheng (聶士成) tué à cet endroit par les troupes japonaises pendant les troubles "boxers" en 1900.
4) Parages de nos terrains Nos.7 et 8.
5) Parages de notre Terrain N°.6
6) Route menant à Pa Li Tai, impraticable pendant la saison des pluies.

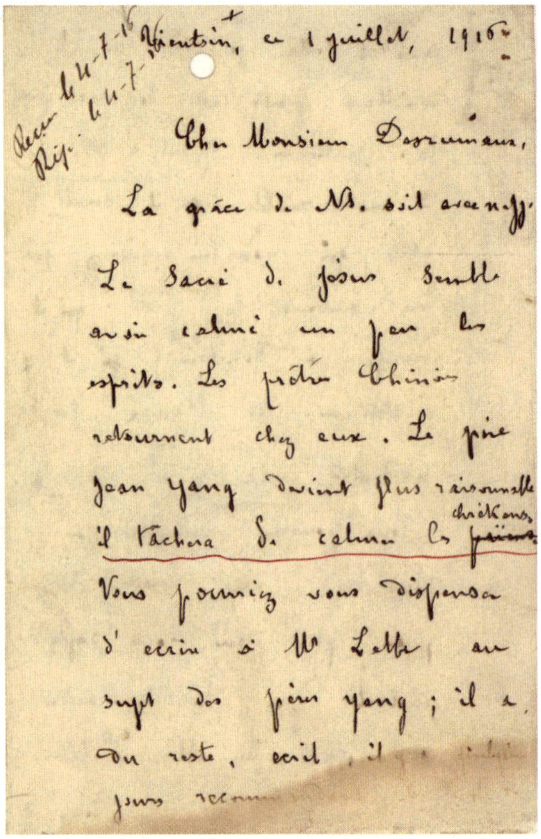
Reçu 14-7-16
Rép. 14-7-16

Tientsin, ce 1 juillet, 1916.

Cher Monsieur Desrumaux,

La grâce de N.S. soit avec nous.

Le Sacré Cœur de Jésus semble avoir calmé un peu les esprits. Les prêtres chinois retournent chez eux. Le père Jean Yang devient plus raisonnable; il tâchera de calmer les chrétiens.

Vous pourriez vous dispenser d'écrire à Mr Lebbe au sujet du père Yang; il a, du reste, écrit, il [illegible] jours [illegible]

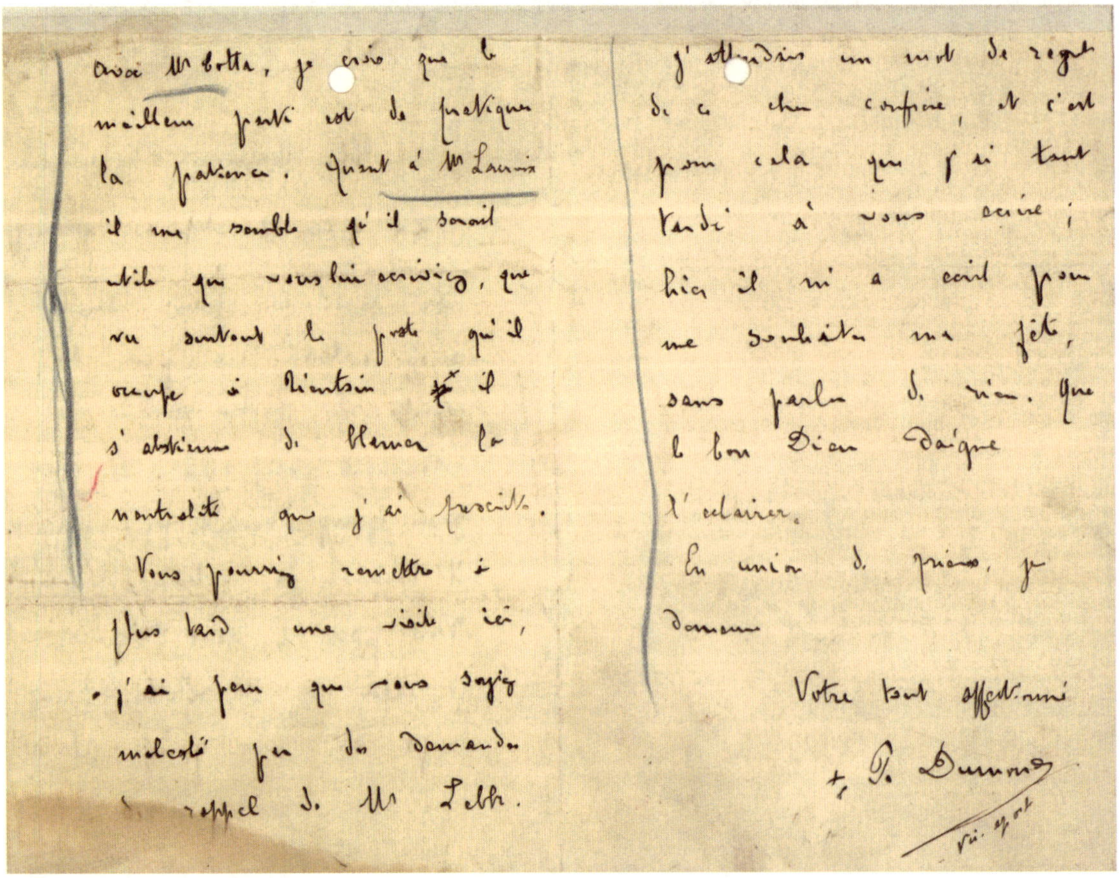
avec Mr Botta, je crois que le meilleur parti est de pratiquer la patience. Quant à Mr Lacroix il me semble qu'il serait utile que vous lui écriviez, que vu surtout le poste qu'il occupe à Tientsin, il s'abstienne de blâmer la neutralité que j'ai prescrite.

Vous pourriez remettre à plus tard une visite ici, j'ai peur que vous soyez molesté par des demandes [illegible] rappel de Mr Lebbe.

j'attendais un mot de regret de ce cher confrère, et c'est pour cela que j'ai tant tardé à vous écrire; hier il m'a écrit pour me souhaiter ma fête, sans parler de rien. Que le bon Dieu daigne l'éclairer.

En union de prières, je demeure

Votre tout affectionné

+ P. Dumond
Vic. ap.

杜保禄的亲笔信（1916年7月）

杜保禄，天主教遣使会传教士。1912年4月27日，罗马教廷宣布从直隶北境代牧区分设直隶海滨代牧区，委任杜保禄为首任主教，设府于天津望海楼。杜保禄主事期间，主持建起以西开教堂为中心的教会建筑群。1916年，西开教堂竣工后，发生了天津法租界巡捕将中国警察缴械拘禁、妄图扩张租界等事件，引起天津人民的强烈抗议，史称『老西开事件』。

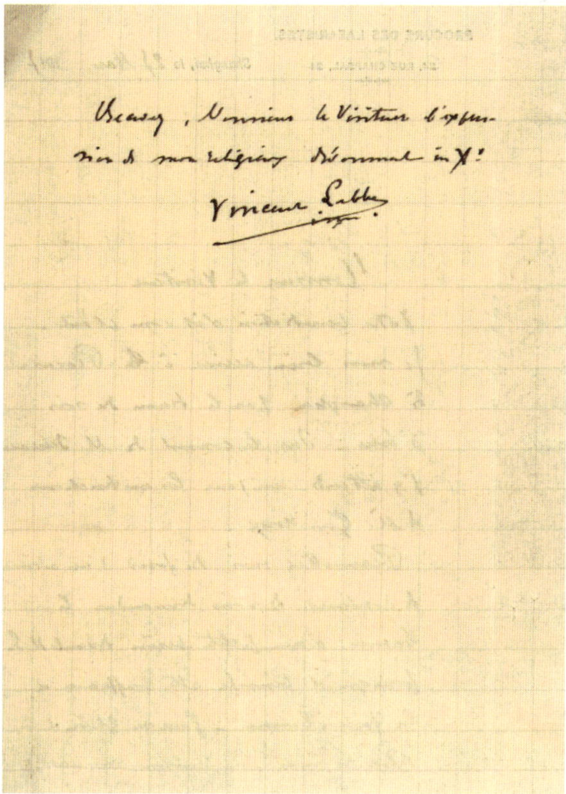

Veuillez, Monsieur le Visiteur, l'expression de mon religieux dévouement in X°.

Vincent Lebbe

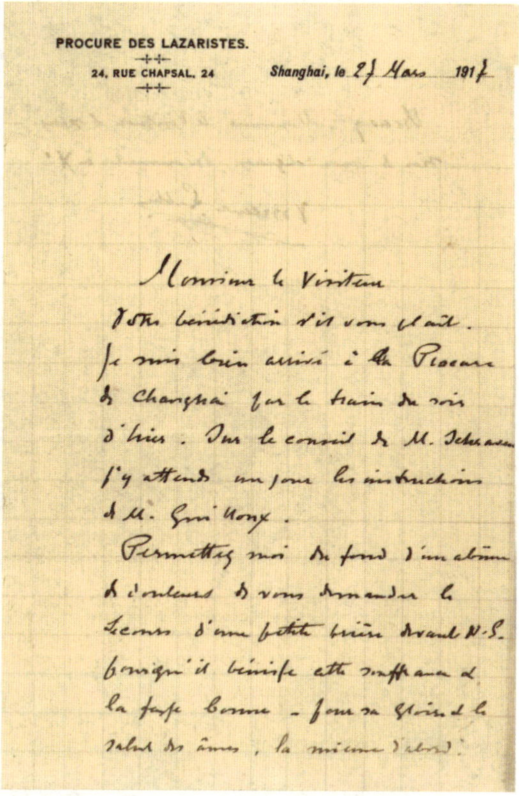

PROCURE DES LAZARISTES.
24, RUE CHAPSAL, 24
Shanghai, le 27 Mars 1917

Monsieur le Visiteur

Votre bénédiction s'il vous plaît.
Je suis bien arrivé à la Procure de Changhai par le train du soir d'hier. Sur le conseil de M. Schraven j'y attends un jour les instructions de M. Guilloux.

Permettez moi du fond d'un abîme de douleurs de vous demander le secours d'une petite prière devant N.-S. pour qu'il bénisse cette souffrance et la fasse bonne – pour sa gloire et le salut des âmes, la mienne d'abord.

■ 雷鸣远的亲笔信（1917年5月）

雷鸣远，天主教遣使会传教士。1901年来华，1912年在天津教区任副主教时，创立中华公教进行会。1915年在天津创办《益世报》。在老西开事件中，雷鸣远发表公开信，反对法国强行扩张租界，为此被天津教区的法国主教降职并逐出教区。

CRÉDIT FONCIER D'EXTRÊME-ORIENT

COPIE

LETTRE No. 92.

FEUILLE No. 32.

TIENTSIN.

Vue N°.3 - Constructions élevées par la Ta Tung C° (Prêt N°.323) :
1) Partie des 18 résidences composées chacune de 8 kien (Bloc II - Lots 4, 5 et 6).
2) Bloc de 11 magasins (Bloc II - Lot 3).
3) Route N°.2 construite en 1926, aux frais de la Municipalité Farnçaise - Largeur : 13 m.

Vue N°.4 - Partie des 18 résidences, composées de 8 kien chacune, construites par la Ta Tung C° (Prêt N°.323) Bloc II - Lots 4, 5 et 6.

CRÉDIT FONCIER D'EXTRÊME-ORIENT

COPIE

LETTRE No. 92.

FEUILLE No. 34.

TIENTSIN.

Vue N°.7 - 1) Route N°.2.
2) Bloc de 3 magasins à étage construits par Mr. Souen Ping Tee, sur son terrain. Bloc VII - Lot 1. (Prêt N°.337).
3) Kien à usage de magasins - d° -
4) Kien à usage de magasin élevés par Mr. Liou Tien Fa sur son terrain - Bloc VIII - Lot 1. (Prêt N°.334).

Vue N°.8 - 1) Route N°.2.
2) Bloc de magasins à étage élevés par Mr. Souen Ping Tee sur son terrain - Bloc VII - Lot 1. (Prêt N°.337).
3) Kien à usage de magasins - d° -

仪品地产公司藏老西开照片（局部）

在仪品地产公司天津分公司的土地专卷里，有关于置换土地、开辟马路、丈量土方、填垫水坑等相关工程报告以及与土地使用户、买主间的往来函件。照片展现了20世纪20年代老西开土地开发的相关情况，其中记录了以西开教堂为主体的教会建筑群。

CRÉDIT FONCIER D'EXTRÊME-ORIENT

COPIE

LETTRE No. 92.

FEUILLE No. 56.

Vue N°.11 - 1) Cathédrale de Lao-Shi-Kai.
2) Résidence chinoise.
3) Terrain de Tung Ho Tang Chang et Mr. Chang Pou Yu - (Bloc XI - Lot 1).

Vue N°.12 - 1) Résidences chinoises et magasins élevés par Jen Shou Tang Siao et Mr. Siao Tiep Jou sur leur terrain - Bloc X - Lot 1 - (Prêt N°.348).
2) Cathédrale de Lao-Shi-Kai.

CRÉDIT FONCIER D'EXTRÊME-ORIENT

COPIE

TIENTSIN.

LETTRE No. 92.

FEUILLE No. 59.

272

Vue N°.17 - 1) Résidence du Directeur de la M.C.T.
2) Bâtiment à 3 étages (Mont-de-piété).
3) Résidence chinoise à rez-de-chaussée et 2 étages.
4) Ecole Municipale Française.
5) Route N°.1.
6) Entreposage de produits de la M.C.T.

Vue N°.18 - 1) Groupes de résidences élevées sur les anciens terrains de la M.C.T.
2) Rue Gaston Kahn.

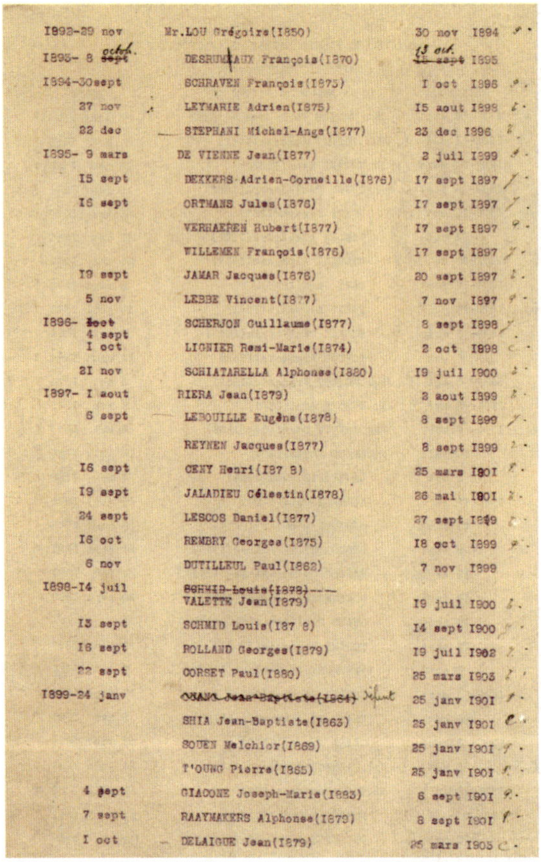

I892-29 nov	Mr.LOU Grégoire(I850)	30 nov I894
I893- 8 ~~sept~~ octob.	DESRUMAUX François(I870)	13 oct. ~~15 sept~~ I895
I894-30sept	SCHRAVEN François(I873)	I oct I896
27 nov	LEYMARIE Adrien(I875)	I5 aout I898
22 dec	STEPHANI Michel-Ange(I877)	23 dec I896
I895- 9 mars	DE VIENNE Jean(I877)	2 juil I899
I5 sept	DEKKERS Adrien-Corneille(I876)	I7 sept I897
I6 sept	ORTMANS Jules(I876)	I7 sept I897
	VERHAEREN Hubert(I877)	I7 sept I897
	WILLEMEN François(I876)	I7 sept I897
I9 sept	JAMAR Jacques(I876)	20 sept I897
5 nov	LEBBE Vincent(I877)	7 nov I897
I896- ~~3oct~~ 4 sept	SCHERJON Guillaume(I877)	8 sept I898
I oct	LIGNIER Remi-Marie(I874)	2 oct I898
2I nov	SCHIATARELLA Alphonse(I880)	I9 juil I900
I897- I aout	RIERA Jean(I879)	2 aout I899
6 sept	LEBOUILLE Eugène(I878)	8 sept I899
	REYNEN Jacques(I877)	8 sept I899
I6 sept	CENY Henri(I87 8)	25 mars I90I
I9 sept	JALADIEU Célestin(I878)	26 mai I90I
24 sept	LESCOS Daniel(I877)	27 sept I899
I6 oct	REMBRY Georges(I875)	I8 oct I899
6 nov	DUTILLEUL Paul(I862)	7 nov I899
I898-I4 juil	~~SCHMID Louis(I878)~~ VALETTE Jean(I879)	I9 juil I900
I3 sept	SCHMID Louis(I87 8)	I4 sept I900
I6 sept	ROLLAND Georges(I879)	I9 juil I902
22 sept	CORSET Paul(I880)	25 mars I903
I899-24 janv	~~OUANG Jean-Baptiste(I864)~~ défunt	25 janv I90I
	SHIA Jean-Baptiste(I863)	25 janv I90I
	SOUEN Melchior(I869)	25 janv I90I
	T'OUNG Pierre(I865)	25 janv I90I
4 sept	GIACONE Joseph-Marie(I883)	6 sept I90I
7 sept	RAAYMAKERS Alphonse(I879)	8 sept I90I
I oct	DELAIGUE Jean(I879)	25 mars I905

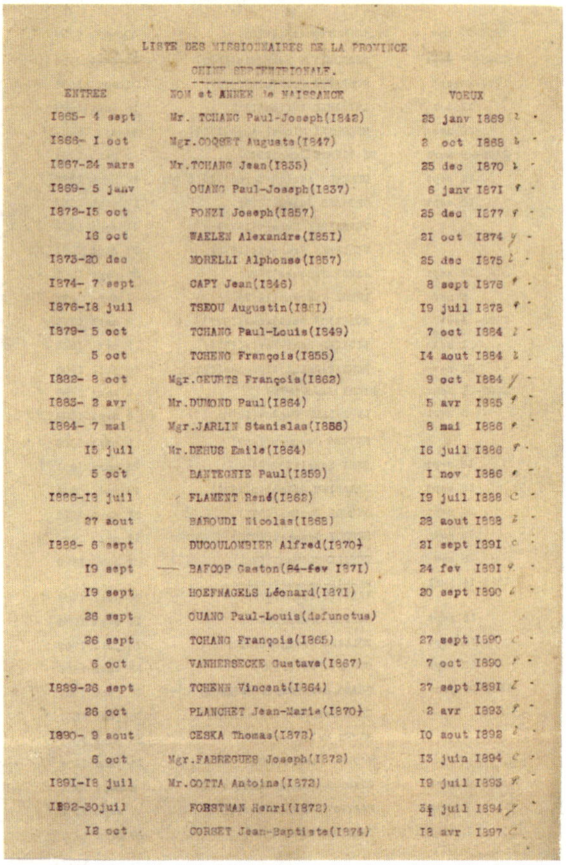

LISTE DES MISSIONNAIRES DE LA PROVINCE

[illegible] [illegible]TRIONALE.

ENTREE	NOM et ANNEE de NAISSANCE	VOEUX
I865- 4 sept	Mr. TCHANG Paul-Joseph(I842)	25 janv I869
I866- I oct	Mgr.COQSET Auguste(I847)	2 oct I868
I867-24 mars	Mr.TCHANG Jean(I835)	25 dec I870
I869- 5 janv	OUANG Paul-Joseph(I837)	6 janv I87I
I872-I5 oct	PONZI Joseph(I857)	25 dec I877
I6 oct	WAELEN Alexandre(I85I)	2I oct I874
I873-20 dec	MORELLI Alphonse(I857)	25 dec I875
I874- 7 sept	CAPY Jean(I846)	8 sept I876
I876-I8 juil	TSEOU Augustin(I85I)	I9 juil I878
I879- 5 oct	TCHANG Paul-Louis(I849)	7 oct I884
5 oct	TCHENG François(I855)	I4 aout I884
I882- 8 oct	Mgr.GEURTS François(I862)	9 oct I884
I883- 2 avr	Mr.DUMOND Paul(I864)	5 avr I885
I884- 7 mai	Mgr.JARLIN Stanislas(I856)	8 mai I886
I5 juil	Mr.DEHUS Emile(I864)	I6 juil I886
5 oct	BANTEGNIE Paul(I859)	I nov I886
I886-I8 juil	FLAMENT René(I862)	I9 juil I888
27 aout	BAROUDI Nicolas(I862)	28 aout I888
I888- 6 sept	DUCOULOMBIER Alfred(I870)	2I sept I89I
I9 sept	BAFCOP Gaston(24-fev I87I)	24 fev I89I
I9 sept	HOEFNAGELS Léonard(I87I)	20 sept I890
26 sept	OUANG Paul-Louis(defunctus)	
26 sept	TCHANG François(I865)	27 sept I890
6 oct	VANHERSECKE Gustave(I867)	7 oct I890
I889-26 sept	TCHENN Vincent(I864)	27 sept I89I
26 oct	PLANCHET Jean-Marie(I870)	2 avr I893
I890- 9 aout	CESKA Thomas(I873)	I0 aout I892
8 oct	Mgr.FABREGUES Joseph(I872)	I3 juin I894
I89I-I8 juil	Mr.COTTA Antoine(I872)	I9 juil I893
I892-30juil	FORSTMAN Henri(I872)	3I juil I894
I2 oct	CORSET Jean-Baptiste(I874)	I8 avr I897

华北遗使会人员名册

遗使会是入华的天主教五大修会和传教会之一。1625年在巴黎圣拉匝禄院创立。1632年，该修会由教皇乌尔班八世批准。1699年，第一批遗使会神父来华。1773年，教皇下令解散耶稣会，遗使会士取而代之，大举入华传教，并接收耶稣会在华传教区及教产。法国遗使会在某种程度上是法国政府和教会在华的官方代表。与耶稣会的上层路线不同，遗使会着眼于下层贫民，注重培养华人神职人员。遗使会在礼仪之争中抨击中国，并一定程度配合了西方列强的侵略，导致教案频发。

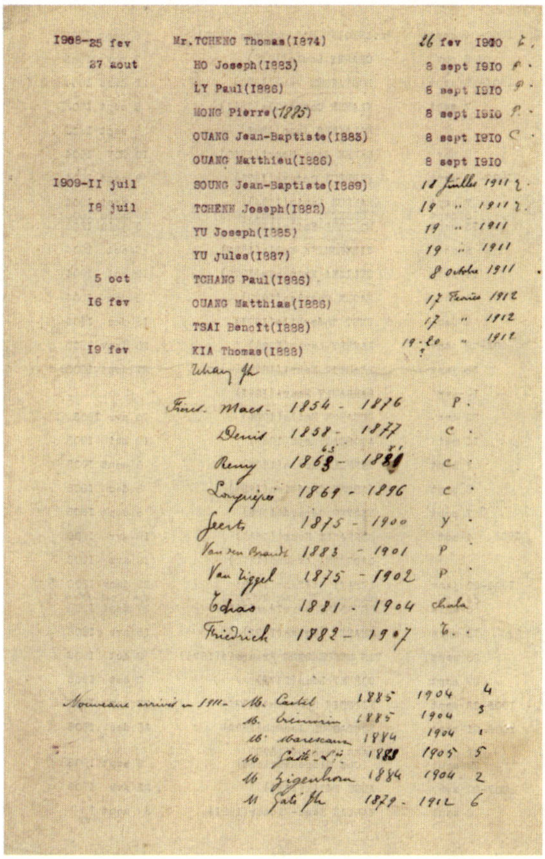

I908-25 fev	Mr.TCHENG Thomas(I874)	26 fev I910	t.
27 aout	HO Joseph(I883)	8 sept I9IO	p.
	LY Paul(I886)	8 sept I9IO	p.
	HONG Pierre(1885)	8 sept I9IO	p.
	OUANG Jean-Baptiste(I883)	8 sept I9IO	c.
	OUANG Matthieu(I886)	8 sept I9IO	
I909-II juil	SOUNG Jean-Baptiste(I889)	18 juillet 1911	t.
I8 juil	TCHENN Joseph(I882)	19 " 1911	t.
	YU Joseph(I885)	19 " 1911	
	YU Jules(I887)	19 " 1911	
5 oct	TCHANG Paul(I886)	8 octobre 1911	.
I6 fev	OUANG Matthias(I886)	17 Fevrier 1912	
	TSAI Benoît(I888)	17 " 1912	
I9 fev	KIA Thomas(I888)	19-20 " 1912	
	Tchang Jh		

Frères Maes	1854 - 1876	p.
Denis	1858 - 1877	c.
Remy	1863 - 1881	c.
Longueépée	1869 - 1896	c.
Geerts	1875 - 1900	y.
Van den Brande	1883 - 1901	p.
Van Ziggel	1875 - 1902	p.
Tchao	1881 - 1904	chale
Friedrich	1882 - 1907	t.

Nouveaux arrivés en 1911 –

M. Castel	1885	1904	4
M. Cremoin	1885	1904	3
M. Marescaux	1884	1904	1
M. Gatti L.	1883	1905	5
M. Zigenhorn	1884	1904	2
M. Gati Jh	1879 -	1912	6

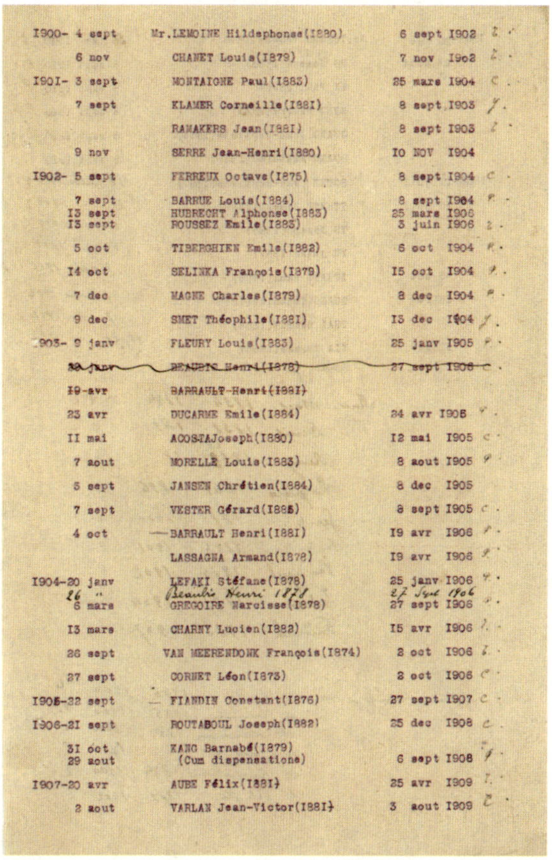

I900- 4 sept	Mr.LEMOINE Hildephonse(I880)	6 sept I902	t.
6 nov	CHANET Louis(I879)	7 nov I902	t.
I90I- 3 sept	MONTAIGNE Paul(I883)	25 mars I904	c.
7 sept	KLAMER Corneille(I88I)	8 sept I903	y.
	RAMAKERS Jean(I88I)	8 sept I903	t.
9 nov	SERRE Jean-Henri(I880)	IO NOV I904	
I902- 5 sept	FERREUX Octave(I875)	8 sept I904	c.
7 sept	BARRUE Louis(I884)	8 sept I904	p.
I3 sept	HUBRECHT Alphonse(I883)	25 mars I906	
I3 sept	ROUSSEZ Emile(I883)	3 juin I906	t.
5 oct	TIBERGHIEN Emile(I882)	6 oct I904	p.
I4 oct	SELINKA François(I879)	I5 oct I904	y.
7 dec	MAGNE Charles(I879)	8 dec I904	p.
9 dec	SMET Théophile(I88I)	I3 dec I904	y.
I903- 9 janv	FLEURY Louis(I883)	25 janv I905	p.
~~29 janv~~	~~BEAUBIS Henri(I878)~~	~~27 sept I906~~	~~c.~~
~~I9 avr~~	~~BARRAULT Henri(I88I)~~		
23 avr	DUCARME Emile(I884)	24 avr I905	y.
II mai	ACOSTA Joseph(I880)	I2 mai I905	c.
7 aout	MORELLE Louis(I883)	8 aout I905	y.
5 sept	JANSEN Chrétien(I884)	8 dec I905	
7 sept	VESTER Gérard(I885)	8 sept I905	c.
4 oct	— BARRAULT Henri(I88I)	I9 avr I906	p.
	LASSAGNA Armand(I878)	I9 avr I906	y.
I904-20 janv	LEFAKI Stéfane(I878)	25 janv I906	y.
26 "	Beaubis Henri 1878	27 Sept 1906	
6 mars	GREGOIRE Narcisse(I878)	27 sept I906	p.
I3 mars	CHARNY Lucien(I882)	I5 avr I906	t.
26 sept	VAN MEERENDONK François(I874)	2 oct I906	t.
27 sept	CORNET Léon(I873)	2 oct I906	c.
I905-22 sept	— FIANDIN Constant(I876)	27 sept I907	c.
I906-2I sept	ROUTABOUL Joseph(I882)	25 dec I908	c.
3I oct 29 aout	KANG Barnabé(I879) (Cum dispensatione)	6 sept I908	y.
I907-20 avr	AUBE Félix(I88I)	25 avr I909	t.
2 aout	VARLAN Jean-Victor(I88I)	3 aout I909	t.

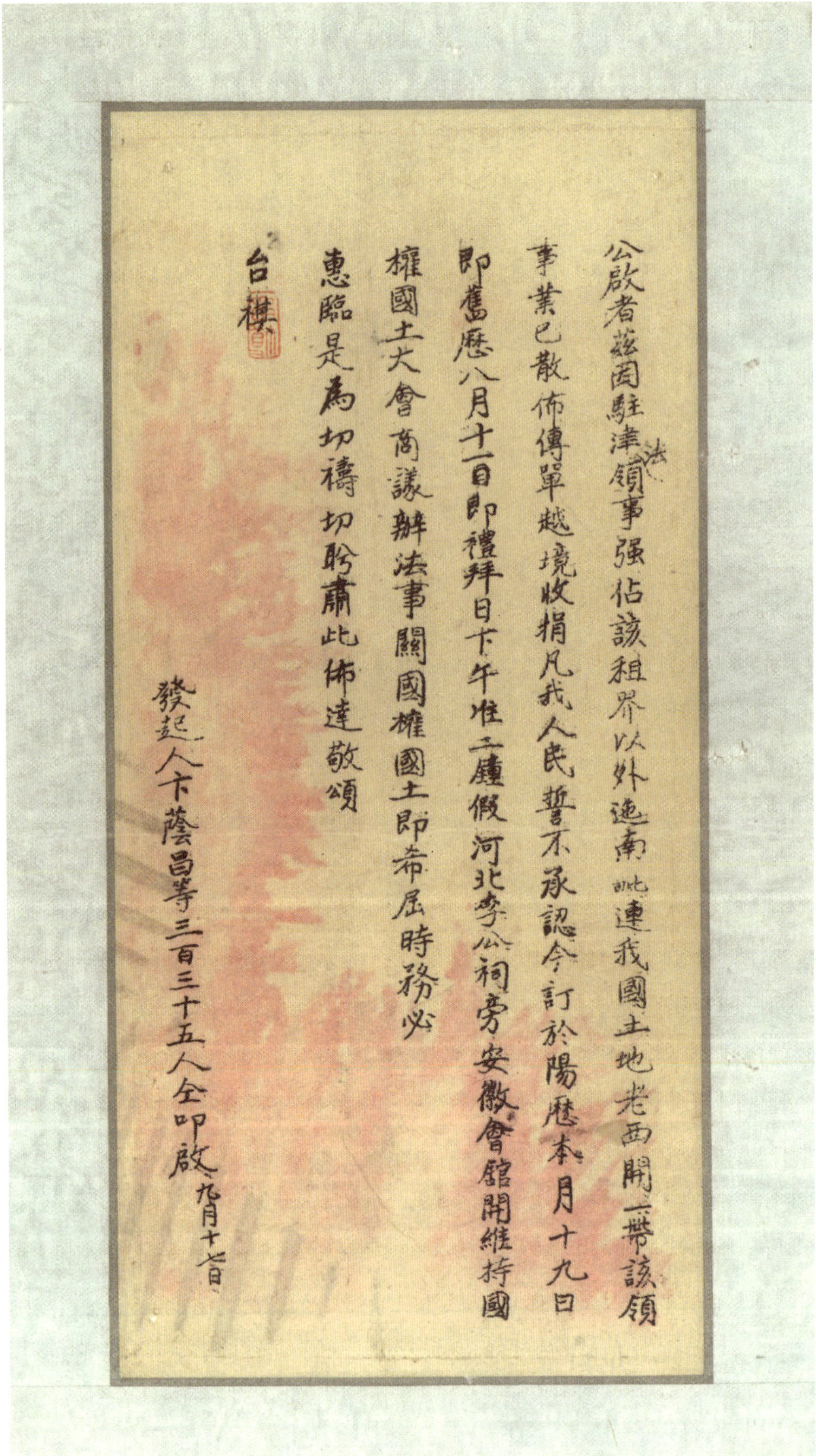

公啟者茲因駐津法領事强佔該租界以外迤南毗連我國土地老西開一帶該領事業已散佈傳單越境收捐凡我人民誓不承認今訂於陽歷本月十九日即舊歷八月十一日即禮拜日下午准二鐘假河北李公祠旁安徽會館開維持國權國土大會商議辦法事關國權國土即希屆時務必

惠臨是為切禱切盼肅此佈達敬頌

台棋

發起人卞蔭昌等三百三十五人全叩啟 九月十七日

天津商会会长卞荫昌等为反对法国强占老西开举行维持国权国土大会公启（1915年9月17日）

卞荫昌，字月亭，历任天津商会会长、直隶总商会会长、全国商会联合会会长。在反对法国侵占老西开的斗争中，曾以商会存款支援法租界工人罢工。

■ 天主教会耶稣会神甫桑志华与北疆博物馆照片

桑志华，考古学家、古生物学家、地质学家。以法国天主教耶稣会传教士身份来华，长期从事田野考察工作。在津创办了北疆博物院，即天津自然博物馆前身。

博　物　館
MUSEE
ETHNOLOGIE NIDS - OISEAUX - GRAINES
人類学，鳥巢－飛禽－脉珠
VETEMENTS
服装
GRANDS OSSEMENTS FOSSILES
大量骨化石

RACE COURSE ROAD INSTITUT DES HAUTES ETUDES
北疆博物院

第六章

从洋鬼子到洋大人（之二）

从洋鬼子到洋大人（之二）

最早登陆天津口岸的洋人，除了手持《圣经》的传教士，还有一类人，熙熙攘攘，皆为利来，皆为利往，他们就是洋商。

口岸的开拓型洋商

早在天朝『一口通商』的时代，东印度公司凭借特权垄断对华贸易，一家独大。伴随着西方工业革命的深入，新兴资产阶级要求在全球范围内展开自由竞争。这一时期，登陆天朝口岸的洋商也形成了一个共识，即以在中国领土上与中国人自由交流为目标。

据说，《北京条约》批准后，除去联军占领军，天津总计只有十三名外侨，其中就有广隆洋行、怡和洋行、非立士摩公司和密妥士洋行的商人。早期洋商多在宫北街设行，天津教案之后，洋行纷纷迁入租界。依托租界区便利的交通，洋行逐年增多。

天津口岸的洋商在进口贸易上有其特色。在传统大宗进口洋货上，早期的洋商并不能与资金雄厚的华商竞争。但随着洋务运动的开始，嗅觉灵敏的洋商，大量进口机器设备、枪炮弹药、能源电气甚至奢侈品，以此占稳了市场。

洋商的经营多种多样，他们利用子口税的特权，低价收购土特产品和工业原料，再高价抛售国际市场。作为这条贸易链的一部分，早期的外资企业主要提供出口原料初加工以及打包服务。一部分洋商还注意到运输在贸易中的商机，主营航运，怡和、太古便是其中的代表。当然，土地和房屋也成为一些洋商经营的商品。

先农，一个个案

在当年叱咤风云的天津房地产业，有一家外资公司，成立时间最早，市场占有最广，历史影响最大。它曾经带来了西方最先进的建筑技术和标准，某种程度上说，它甚至造就了天津这座城市地道的欧罗巴外貌。

1901年3月22日，星期五，下午5点，狄更生先生办公室 Office of Mr. W.W.Dickinson，七个外国人围桌而坐。这是一次特殊会议，它将宣告天津历史上第一家房地产公司——英商先农股份有限公司的诞生。

会议讨论了公司的成立细节。这是一家股份公司，最初的资本额为105000两白银，合105股，七个创始人分得各自的股份。其中，丁家立 C.D.Tenney 和田夏礼 C.Denby.Jr. 以在法租界的土地作为投资的一部分。会议还推选狄更生为董事长，田夏礼为董事会秘书，赘克 N.F.Drake 为经理。

先农公司依靠发行债券筹集流动资金，大量囤积土地，开展售地代建房屋、不动产抵押放款、经理代理、信托投资、保险代理等业务。随着租界的拓展，人口的增加，先农公司的房地产生意兴隆，赚得盆满钵满。

先农，人物志

我们有必要回顾一下先农七人组合的履历，以及他们在近代历史上所具备的代表性。他们并非单纯意义上的商人，而是拥有多重且复杂的身份，游走在商学政界，不论作为主演，还是客串，他们的人生轨迹又多与天津这座城市相关。

丁家立，早年来华传教，做过李鸿章的家庭教师，自创过中西书院。倡议成立先农公司的时候，他是都统衙门的总文案。而他一生最为人知的身份是北洋大学首任总教习。田夏礼，美国驻华参赞，都统衙门秘书长，在天津经过商，当过袁世凯的顾问。狄更生，天津英商总会董事长、英工部局董事会董事长、海河工程局名誉会计。克森士 R.A.Cousins，怡和洋行经理，天津英商总会董事长、英工部局董事会董事长。林德 A.De.Linde，海河工程局总工程师。赘克，先农公司第一任经理，其他不详。

先农创始七人中还有一位，前半生与矿有关，后半生在政坛打拼。他早年受雇于英商墨林公司，曾任开平矿务局总工程师，参与过对开平矿权的掠夺。他曾在柯立芝繁荣中入主白宫，放言即将最后战胜贫困，旋即因为大萧条跌入人生谷底。他的人生充满了戏剧性，他就是美国第31届总统胡佛H.C.Hoover。

今天，在斯坦福大学胡佛研究所里，还保存有胡佛早年在天津生活的资料。这里已经成为美国研究中国的基地之一。大洋的此岸，历史在一栋栋洋楼上褪色，沉淀，静静地看这座因商而兴的城市再一次崛起。

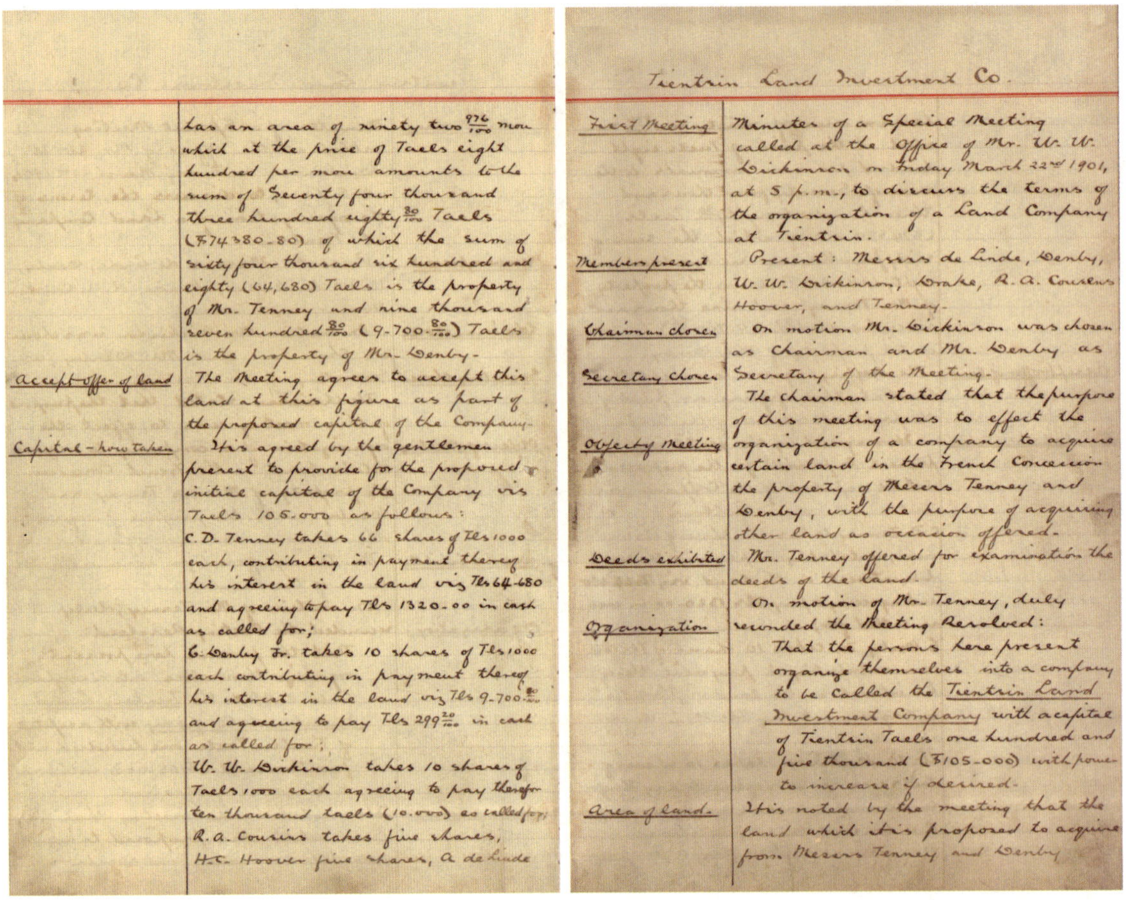

Tientsin Land Investment Co.

First Meeting — Minutes of a Special Meeting called at the Office of Mr. W. W. Dickinson on Friday March 22nd 1901, at 5 p.m., to discuss the terms of the organization of a Land Company at Tientsin.

Members present — Present: Messrs de Linde, Denby, W. W. Dickinson, Drake, R. A. Cousins, Hoover, and Tenney.

Chairman chosen — On motion Mr. Dickinson was chosen as Chairman and Mr. Denby as

Secretary chosen — Secretary of the Meeting.

Object of Meeting — The chairman stated that the purpose of this meeting was to effect the organization of a company to acquire certain land in the French Concession the property of Messrs Tenney and Denby, with the purpose of acquiring other land as occasion offered.

Deeds exhibited — Mr. Tenney offered for examination the deeds of the land.

Organization — On motion of Mr. Tenney, duly seconded the Meeting Resolved: That the persons here present organize themselves into a company to be called the Tientsin Land Investment Company with a capital of Tientsin Taels one hundred and five thousand (T105.000) with power to increase if desired.

Area of land — It is noted by the meeting that the land which it is proposed to acquire from Messrs Tenney and Denby

has an area of ninety two 976/100 mou which at the price of Taels eight hundred per mou amounts to the sum of Seventy four thousand three hundred eighty 80/100 Taels (T74380.80) of which the sum of sixty four thousand six hundred and eighty (64,680) Taels is the property of Mr. Tenney and nine thousand seven hundred 80/100 (9.700.80/100) Taels is the property of Mr. Denby.

Accept offer of land — The Meeting agrees to accept this land at this figure as part of the proposed capital of the Company.

Capital – how taken — It is agreed by the gentlemen present to provide for the proposed initial capital of the Company viz Taels 105.000 as follows:

C. D. Tenney takes 66 shares of Tls 1000 each, contributing in payment thereof his interest in the land viz Tls 64.680 and agreeing to pay Tls 1320.00 in cash as called for;

C. Denby Jr. takes 10 shares of Tls 1000 each contributing in payment thereof his interest in the land viz Tls 9.700.80 and agreeing to pay Tls 299 20/100 in cash as called for;

W. W. Dickinson takes 10 shares of Taels 1000 each agreeing to pay therefor ten thousand taels (10.000) as called for;

R. A. Cousins takes five shares, H. C. Hoover five shares, A. de Linde

■ 英商先农房产公司发起人第一次会议记录（1901年3月22日）

先农公司始建于1901年7月，是天津近代最大的外商房地产公司。这件档案记载了先农创始之初的投资金额、入股比例以及人事结构，七位创始人狄更生、丁家立、胡佛、林德、田夏礼、克森士、赘克更是留下了珍贵的亲笔签名。

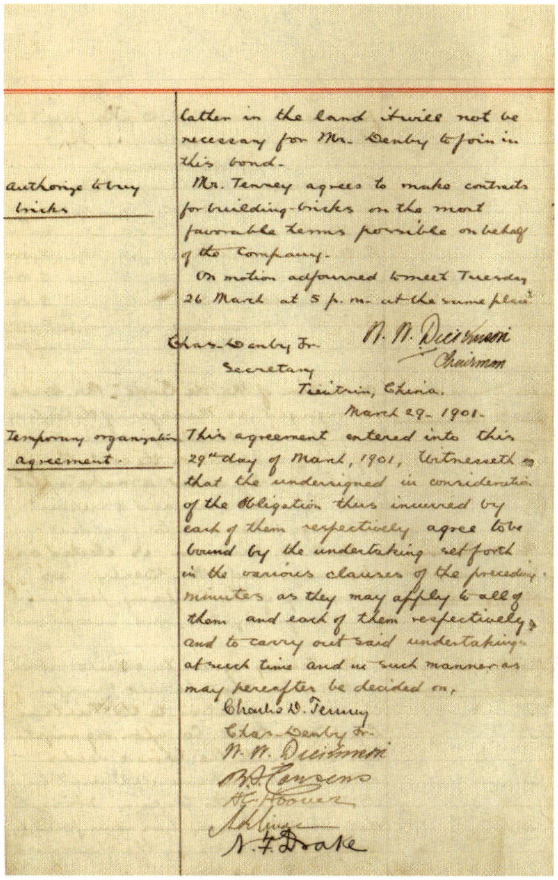

latter in the land it will not be necessary for Mr. Denby to join in this bond.

Authorize to buy bricks

Mr. Tenney agrees to make contracts for building-bricks on the most favorable terms possible on behalf of the Company.

On motion adjourned to meet Tuesday 26 March at 5 p.m. at the same place.

W. W. Dickinson
Chairman

Chas. Denby Jr.
Secretary

Tientsin, China.
March 29. 1901.

Temporary organization agreement.

This agreement entered into this 29th day of March, 1901, Witnesseth that the undersigned in consideration of the obligation thus incurred by each of them respectively agree to be bound by the undertaking set forth in the various clauses of the preceding minutes as they may apply to all of them and each of them respectively, and to carry out said undertakings at such time and in such manner as may hereafter be decided on,

Charles D. Tenney
Chas. Denby Jr.
W. W. Dickinson
R. A. Cousins
H. C. Hoover
A. de Linde
N. F. Drake

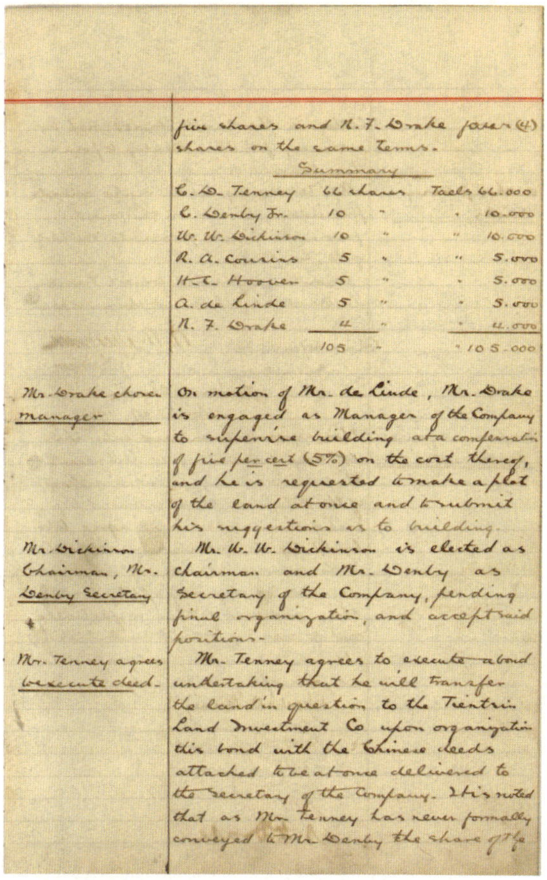

five shares and N. F. Drake four (4) shares on the same terms.

Summary

C. D. Tenney	66 shares	Taels 66.000
C. Denby Jr.	10 "	" 10.000
W. W. Dickinson	10 "	" 10.000
R. A. Cousins	5 "	" 5.000
H. C. Hoover	5 "	" 5.000
A. de Linde	5 "	" 5.000
N. F. Drake	4 "	" 4.000
	105 "	" 105.000

Mr. Drake chosen manager

On motion of Mr. de Linde, Mr. Drake is engaged as Manager of the Company to supervise building at a compensation of five per cent (5%) on the cost thereof, and he is requested to make a plat of the land at once and to submit his suggestions as to building.

Mr. Dickinson Chairman, Mr. Denby Secretary

Mr. W. W. Dickinson is elected as chairman and Mr. Denby as Secretary of the Company, pending final organization, and accept said positions.

Mr. Tenney agrees to execute deed.

Mr. Tenney agrees to execute a bond undertaking that he will transfer the land in question to the Tientsin Land Investment Co upon organization this bond with the Chinese deeds attached to be at once delivered to the secretary of the Company. It is noted that as Mr. Tenney has never formally conveyed to Mr. Denby the share of the

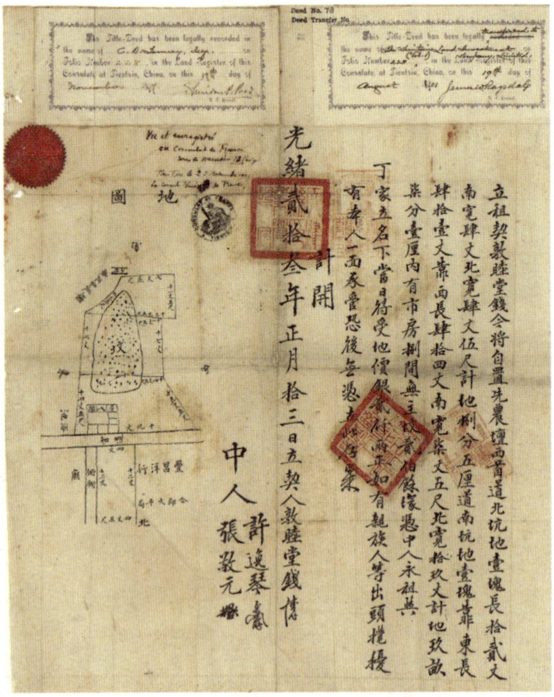

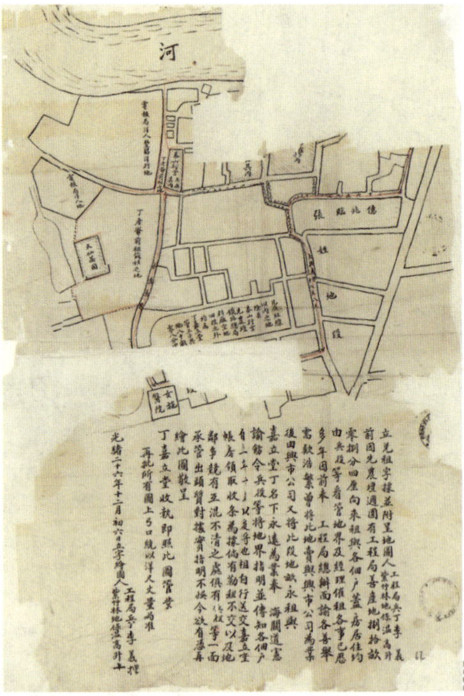

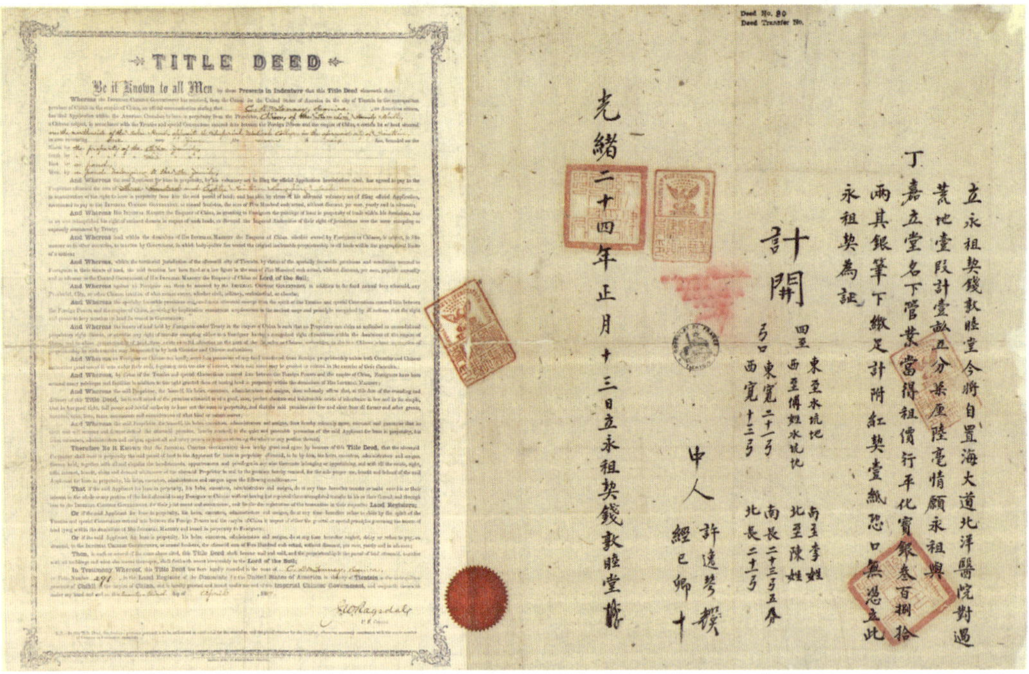

■ 英商先农房产公司创办人丁家立租地契约

1901年8月，丁家立将闲置的85亩土地卖给先农公司，作为自己投资的一部分入股。这组租地契约签订的时间从1897年至1901年。

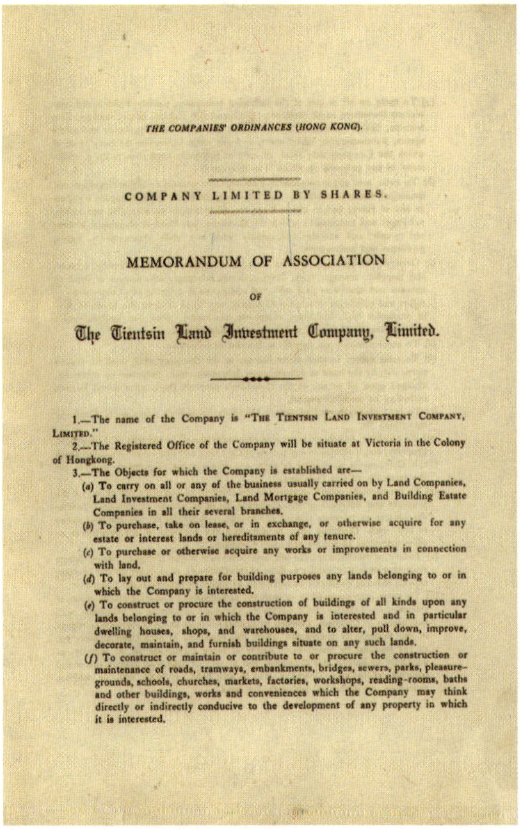

THE COMPANIES' ORDINANCES (HONG KONG).

COMPANY LIMITED BY SHARES.

MEMORANDUM OF ASSOCIATION

OF

The Tientsin Land Investment Company, Limited.

1.—The name of the Company is "THE TIENTSIN LAND INVESTMENT COMPANY, LIMITED."

2.—The Registered Office of the Company will be situate at Victoria in the Colony of Hongkong.

3.—The Objects for which the Company is established are—

(*a*) To carry on all or any of the business usually carried on by Land Companies, Land Investment Companies, Land Mortgage Companies, and Building Estate Companies in all their several branches.

(*b*) To purchase, take on lease, or in exchange, or otherwise acquire for any estate or interest lands or hereditaments of any tenure.

(*c*) To purchase or otherwise acquire any works or improvements in connection with land.

(*d*) To lay out and prepare for building purposes any lands belonging to or in which the Company is interested.

(*e*) To construct or procure the construction of buildings of all kinds upon any lands belonging to or in which the Company is interested and in particular dwelling houses, shops, and warehouses, and to alter, pull down, improve, decorate, maintain, and furnish buildings situate on any such lands.

(*f*) To construct or maintain or contribute to or procure the construction or maintenance of roads, tramways, embankments, bridges, sewers, parks, pleasure-grounds, schools, churches, markets, factories, workshops, reading-rooms, baths and other buildings, works and conveniences which the Company may think directly or indirectly conducive to the development of any property in which it is interested.

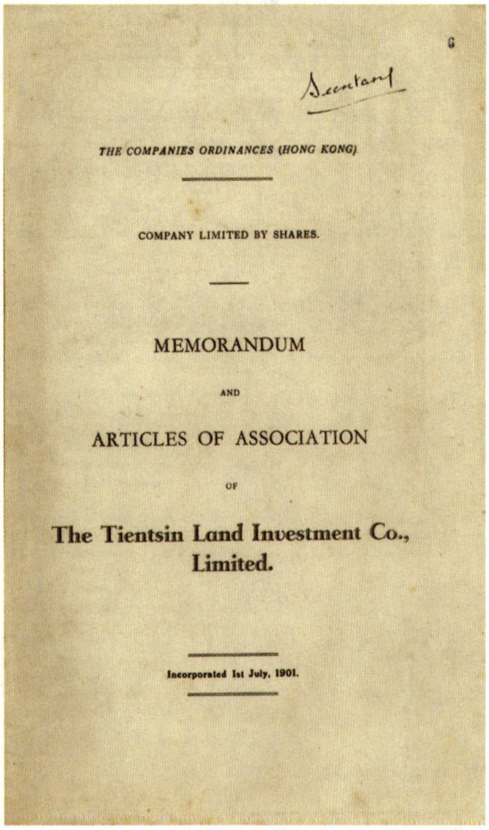

THE COMPANIES ORDINANCES (HONG KONG)

COMPANY LIMITED BY SHARES.

MEMORANDUM

AND

ARTICLES OF ASSOCIATION

OF

The Tientsin Land Investment Co., Limited.

Incorporated 1st July, 1901.

英商先农房产公司组织章程（局部）（1901年7月1日）

Memorandum and Articles of Association of The Tientsin Land Investment Co.,Limited.

No B 006

TAELS 1,000.

THE
TIENTSIN LAND INVESTMENT COMPANY LIMITED
(Incorporated under the Companies Ordinances of Hong Kong)
TIENTSIN.
GENERAL MORTGAGE LOAN OF 1929. T$ 2,000,000.
DEBENTURE.

The Tientsin Land Investment Company Limited will on the 31st day of December, 1951, pay to the bearer of this debenture, or if registered as to principal, to the registered holder hereof on presentation of this debenture, the sum of TAELS ONE THOUSAND and in the meantime will pay interest at the rate of seven per cent per annum half yearly on presentation and surrender of the respective coupons annexed hereto. Subject to such of the Taels One Million First Mortgage Debentures of the Company as shall for the time being be outstanding, the Company hereby charges with such payments its undertaking and all its property whatsoever and wheresoever both present and future.

This debenture may be redeemed at par on any interest date after December 31, 1941, on the Company giving six months' prior notice by advertisement in one Chinese and one foreign newspaper of general circulation in Tientsin and after the date so fixed for redemption this debenture shall cease to carry interest.

This debenture is issued subject to the terms of the Deed of Trust made between the Tientsin Land Investment Company Limited and David Boughton Walker, Howard Payne and Thomsen and Company, Trustees.

Given under the Common Seal of the Company this 31st day of December, 1929.

DIRECTORS

SECRETARY.

CERTIFICATE OF REGISTRATION OF DEBENTURES.

C. F. Garstin.

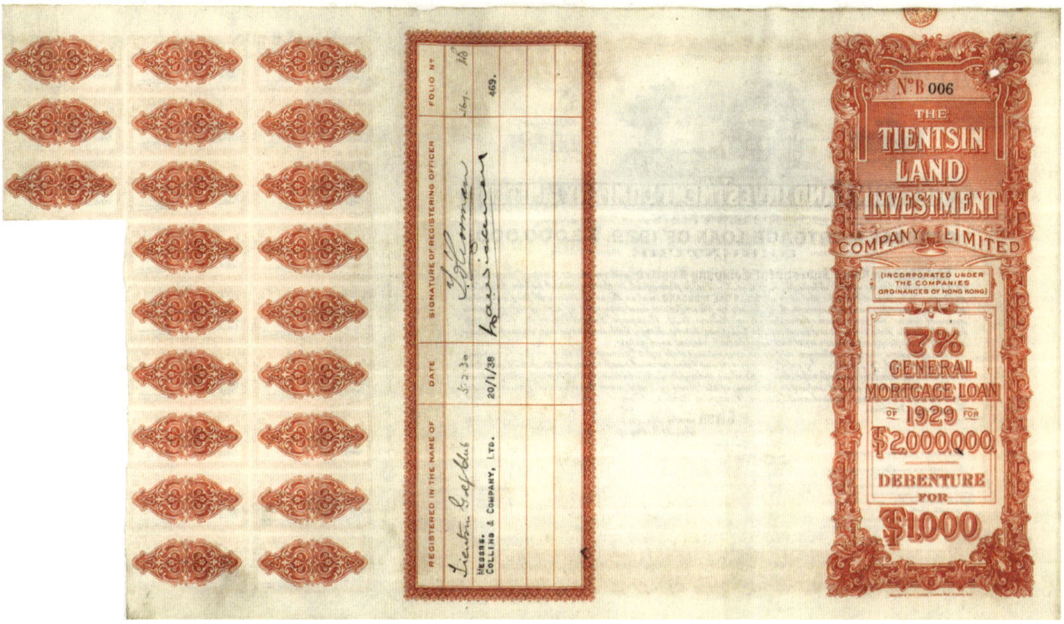

No B 006

THE TIENTSIN LAND INVESTMENT COMPANY LIMITED

(INCORPORATED UNDER THE COMPANIES ORDINANCES OF HONG KONG)

7% GENERAL MORTGAGE LOAN OF 1929 FOR T$2,000,000

DEBENTURE FOR T$1,000

REGISTERED IN THE NAME OF	DATE	SIGNATURE OF REGISTERING OFFICER	FOLIO No
MESSRS. COLLINS & COMPANY, LTD.	20/1/38		469.

天津英商先农房产公司发行的债券（1929年）

英商先农公司外景照片

比商义品地产公司公事房外景照片

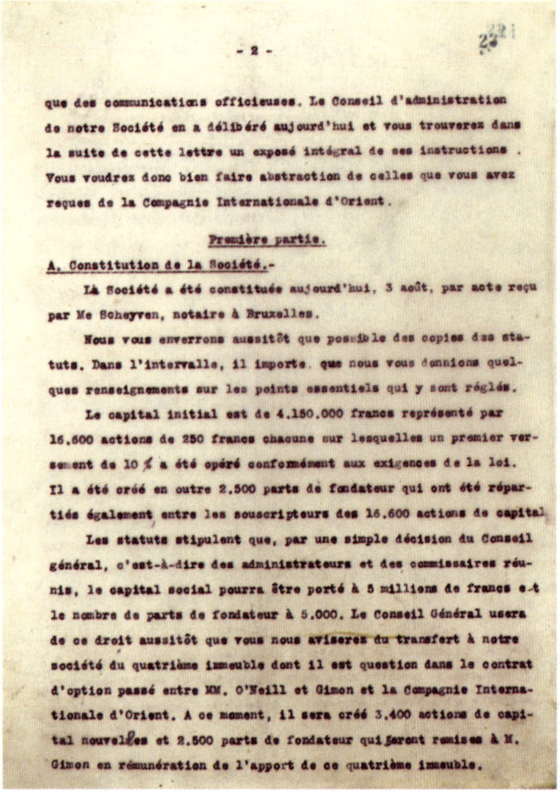

\- 2 -

que des communications officieuses. Le Conseil d'administration de notre Société en a délibéré aujourd'hui et vous trouverez dans la suite de cette lettre un exposé intégral de ses instructions . Vous voudrez donc bien faire abstraction de celles que vous avez reçues de la Compagnie Internationale d'Orient.

Première partie.

A. Constitution de la Société.-

Là Société a été constituée aujourd'hui, 3 août, par acte reçu par Me Scheyven, notaire à Bruxelles.

Nous vous enverrons aussitôt que possible des copies des statuts. Dans l'intervalle, il importe que nous vous donnions quelques renseignements sur les points essentiels qui y sont réglés.

Le capital initial est de 4.150.000 francs représenté par 16.600 actions de 250 francs chacune sur lesquelles un premier versement de 10 % a été opéré conformément aux exigences de la loi. Il a été créé en outre 2.500 parts de fondateur qui ont été répartiés également entre les souscripteurs des 16.600 actions de capital

Les statuts stipulent que, par une simple décision du Conseil général, c'est-à-dire des administrateurs et des commissaires réunis, le capital social pourra être porté à 5 millions de francs et le nombre de parts de fondateur à 5.000. Le Conseil Général usera de ce droit aussitôt que vous nous aviserez du transfert à notre société du quatrième immeuble dont il est question dans le contrat d'option passé entre MM. O'Neill et Gimon et la Compagnie Internationale d'Orient. A ce moment, il sera créé 3.400 actions de capital nouvelles et 2.500 parts de fondateur qui seront remises à M. Gimon en rémunération de l'apport de ce quatrième immeuble.

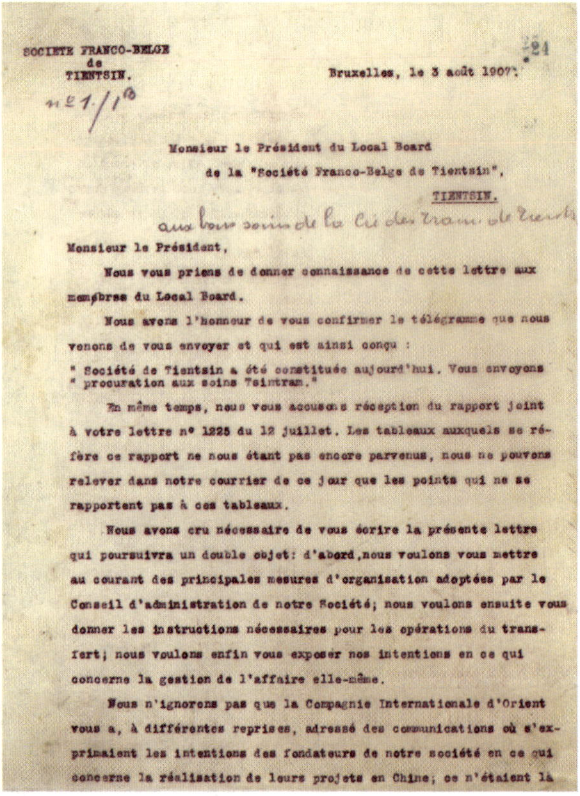

SOCIETE FRANCO-BELGE
de
TIENTSIN.

Bruxelles, le 3 août 1907.

n°1/1

Monsieur le Président du Local Board
de la "Société Franco-Belge de Tientsin",
TIENTSIN.

aux bons soins de la Cie des Tram. de Tients

Monsieur le Président,

Nous vous prions de donner connaissance de cette lettre aux membres du Local Board.

Nous avons l'honneur de vous confirmer le télégramme que nous venons de vous envoyer et qui est ainsi conçu :

" Société de Tientsin a été constituée aujourd'hui. Vous envoyons
" procuration aux soins Tsintram."

En même temps, nous vous accusons réception du rapport joint à votre lettre n° 1225 du 12 juillet. Les tableaux auxquels se réfère ce rapport ne nous étant pas encore parvenus, nous ne pouvons relever dans notre courrier de ce jour que les points qui ne se rapportent pas à ces tableaux.

Nous avons cru nécessaire de vous écrire la présente lettre qui poursuivra un double objet: d'abord, nous voulons vous mettre au courant des principales mesures d'organisation adoptées par le Conseil d'administration de notre Société; nous voulons ensuite vous donner les instructions nécessaires pour les opérations du transfert; nous voulons enfin vous exposer nos intentions en ce qui concerne la gestion de l'affaire elle-même.

Nous n'ignorons pas que la Compagnie Internationale d'Orient vous a, à différentes reprises, adressé des communications où s'exprimaient les intentions des fondateurs de notre société en ce qui concerne la réalisation de leurs projets en Chine; ce n'étaient là

■ 比商义品地产公司组织章程、董事会文件以及第一次修订后的董事会组织权限（局部）（1907年）

义品地产公司成立于1912年，创办人为法籍欧爱叶，因公司最初在比利时注册，故对外称比商经营。该公司以房地产出租及抵押放款为主要业务。

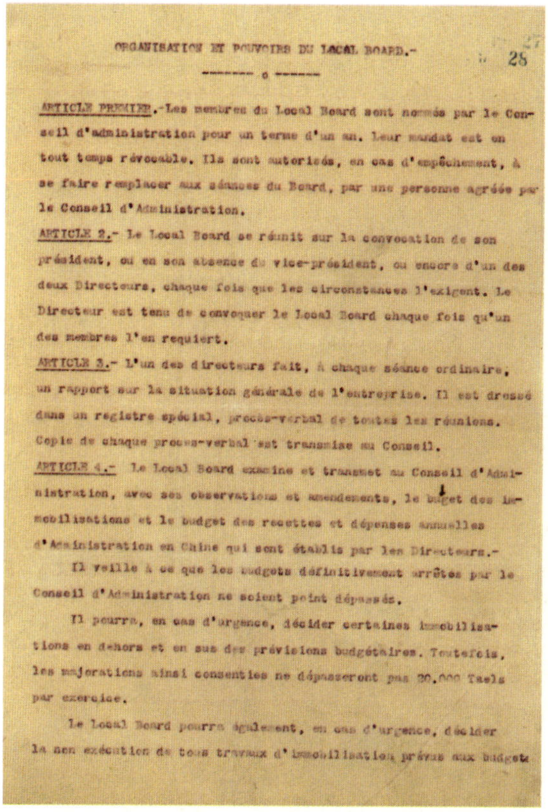
ORGANISATION ET POUVOIRS DU LOCAL BOARD.-

28

-------- o ------

ARTICLE PREMIER.-Les membres du Local Board sont nommés par le Conseil d'administration pour un terme d'un an. Leur mandat est en tout temps révocable. Ils sont autorisés, en cas d'empêchement, à se faire remplacer aux séances du Board, par une personne agréée par le Conseil d'Administration.

ARTICLE 2.- Le Local Board se réunit sur la convocation de son président, ou en son absence du vice-président, ou encore d'un des deux Directeurs, chaque fois que les circonstances l'exigent. Le Directeur est tenu de convoquer le Local Board chaque fois qu'un des membres l'en requiert.

ARTICLE 3.- L'un des directeurs fait, à chaque séance ordinaire, un rapport sur la situation générale de l'entreprise. Il est dressé dans un registre spécial, procès-verbal de toutes les réunions. Copie de chaque procès-verbal est transmise au Conseil.

ARTICLE 4.- Le Local Board examine et transmet au Conseil d'Administration, avec ses observations et amendements, le budget des immobilisations et le budget des recettes et dépenses annuelles d'Administration en Chine qui sont établis par les Directeurs.-

Il veille à ce que les budgets définitivement arrêtés par le Conseil d'Administration ne soient point dépassés.

Il pourra, en cas d'urgence, décider certaines immobilisations en dehors et en sus des prévisions budgétaires. Toutefois, les majorations ainsi consenties ne dépasseront pas 20.000 Taels par exercice.

Le Local Board pourra également, en cas d'urgence, décider la non exécution de tous travaux d'immobilisation prévus aux budgets

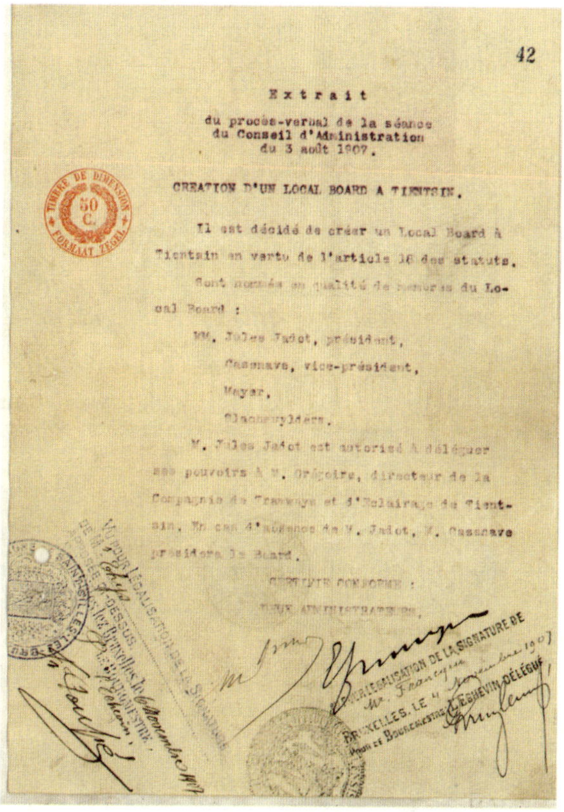
42

Extrait

du procès-verbal de la séance
du Conseil d'Administration
du 3 août 1907.

CREATION D'UN LOCAL BOARD A TIENTSIN.

Il est décidé de créer un Local Board à Tientsin en vertu de l'article 16 des statuts.

Sont nommés en qualité de membres du Local Board :

MM. Jules Jadot, président,

Cassnave, vice-président,

Meyer,

Slachmuylders.

M. Jules Jadot est autorisé à déléguer ses pouvoirs à M. Grégoire, directeur de la Compagnie de Tramways et d'Eclairage de Tientsin. En cas d'absence de M. Jadot, M. Cassnave présidera le Board.

CERTIFIE CONFORME :

DEUX ADMINISTRATEURS,

第六章

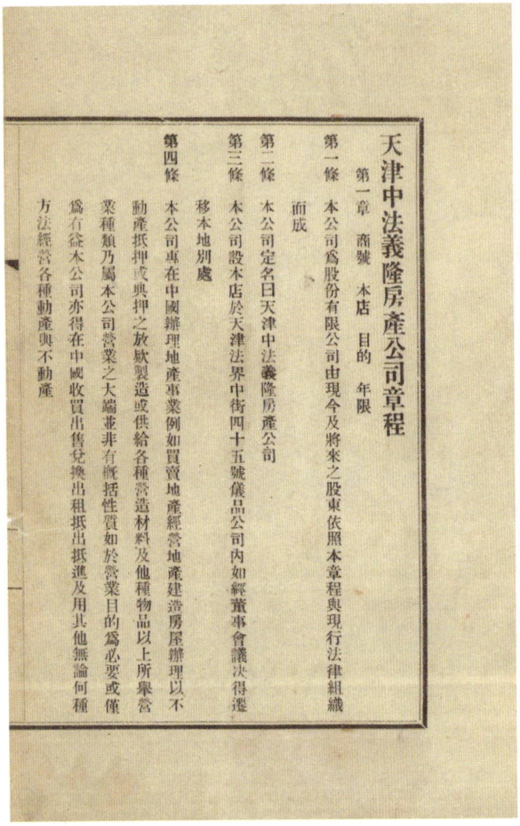

天津中法義隆房產公司章程

第一章　商號　本店　目的　年限

第一條　本公司爲股份有限公司由現今及將來之股東依照本章程與現行法律組織而成

第二條　本公司定名曰天津中法義隆房產公司

第三條　本公司設本店於天津法界中街四十五號儀品公司內如經董事會議決得遷移本地別處

第四條　本公司專在中國辦理地產事業例如買賣地產經營地產建造房屋辦理以不動產抵押或典押之放欵製造或供給各種營造材料及他種物品以上所舉營業種類乃屬本公司營業之大端並非有概括性質如於營業目的爲必要或僅爲有益本公司亦得在中國收買出售兌換出租抵出抵進及用其他無論何種方法經營各種動產與不動產

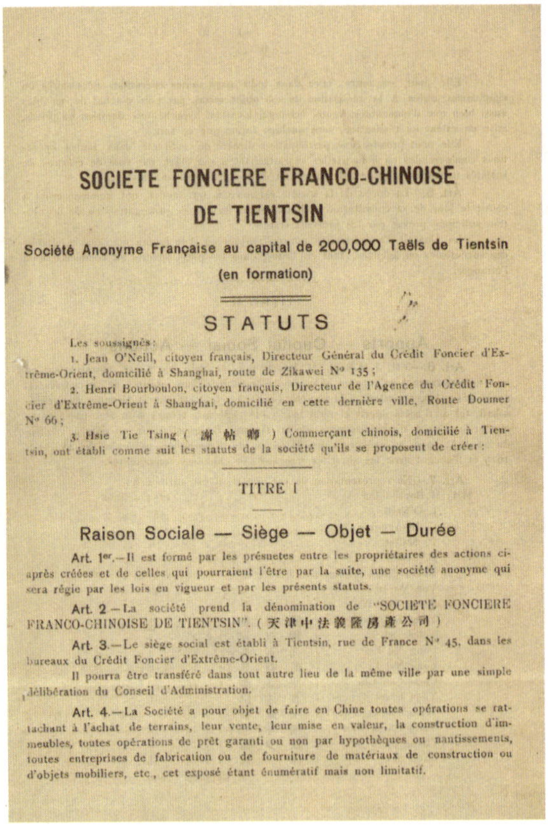

SOCIETE FONCIERE FRANCO-CHINOISE DE TIENTSIN

Société Anonyme Française au capital de 200,000 Taëls de Tientsin

(en formation)

STATUTS

Les soussignés:

1. Jean O'Neill, citoyen français, Directeur Général du Crédit Foncier d'Extrême-Orient, domicilié à Shanghai, route de Zikawei N° 135;

2. Henri Bourboulon, citoyen français, Directeur de l'Agence du Crédit Foncier d'Extrême-Orient à Shanghai, domicilié en cette dernière ville, Route Doumer N° 66;

3. Hsie Tie Tsing (謝帖卿) Commerçant chinois, domicilié à Tientsin, ont établi comme suit les statuts de la société qu'ils se proposent de créer:

TITRE I

Raison Sociale — Siège — Objet — Durée

Art. 1er.—Il est formé par les présnetes entre les propriétaires des actions ci-après créées et de celles qui pourraient l'être par la suite, une société anonyme qui sera régie par les lois en vigueur et par les présents statuts.

Art. 2—La société prend la dénomination de "SOCIETE FONCIERE FRANCO-CHINOISE DE TIENTSIN". (天津中法義隆房產公司)

Art. 3.—Le siège social est établi à Tientsin, rue de France N° 45, dans les bureaux du Crédit Foncier d'Extrême-Orient.

Il pourra être transféré dans tout autre lieu de la même ville par une simple délibération du Conseil d'Administration.

Art. 4.—La Société a pour objet de faire en Chine toutes opérations se rattachant à l'achat de terrains, leur vente, leur mise en valeur, la construction d'immeubles, toutes opérations de prêt garanti ou non par hypothèques ou nantissements, toutes entreprises de fabrication ou de fourniture de matériaux de construction ou d'objets mobiliers, etc., cet exposé étant énumératif mais non limitatif.

中法义隆房产公司章程（局部）（1919年）

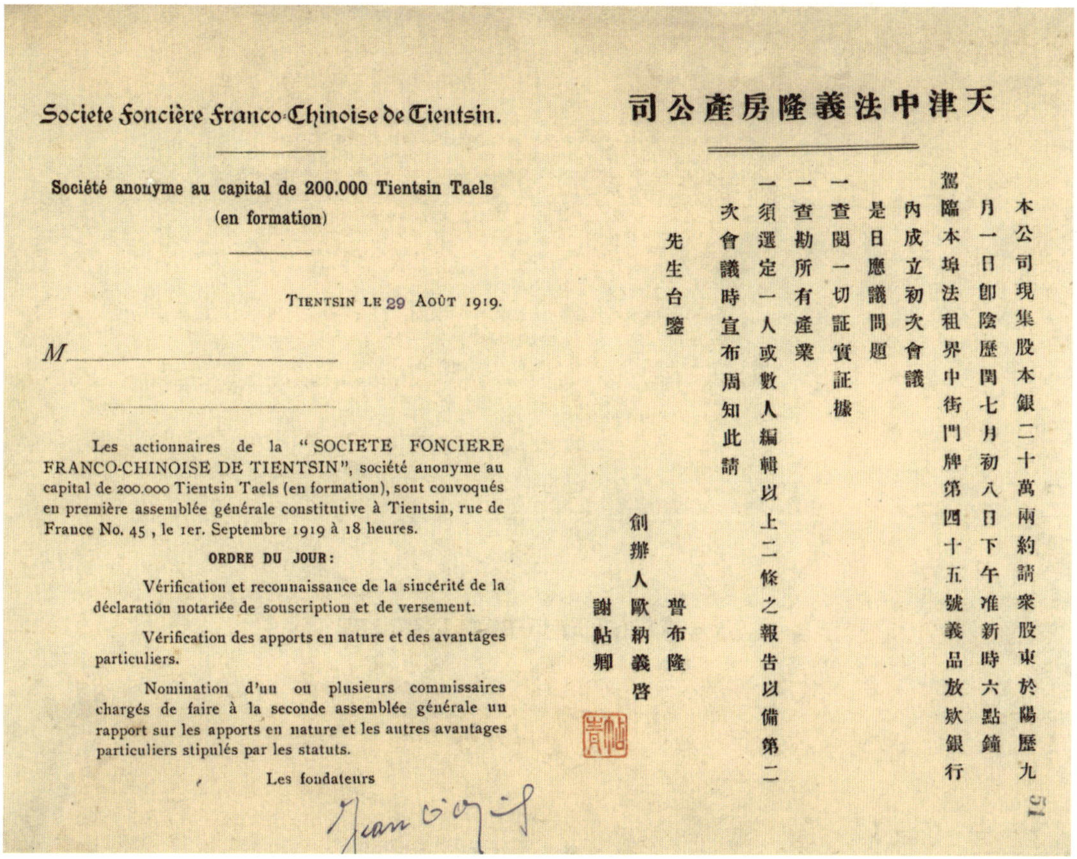

Société Foncière Franco-Chinoise de Tientsin.

Société anonyme au capital de 200.000 Tientsin Taels
(en formation)

TIENTSIN LE 29 AOÛT 1919.

M.________________________

____

Les actionnaires de la "SOCIETE FONCIERE FRANCO-CHINOISE DE TIENTSIN", société anonyme au capital de 200.000 Tientsin Taels (en formation), sont convoqués en première assemblée générale constitutive à Tientsin, rue de France No. 45, le 1er. Septembre 1919 à 18 heures.

ORDRE DU JOUR:

Vérification et reconnaissance de la sincérité de la déclaration notariée de souscription et de versement.

Vérification des apports en nature et des avantages particuliers.

Nomination d'un ou plusieurs commissaires chargés de faire à la seconde assemblée générale un rapport sur les apports en nature et les autres avantages particuliers stipulés par les statuts.

Les fondateurs

天津中法義隆房產公司

本公司現集股本銀二十萬兩約請衆股東於陽歷九月一日即陰歷閏七月初八日下午准新時六點鐘駕臨本埠法租界中街門牌第四十五號義品放欵銀行內成立初次會議

是日應議問題

一查閱一切証實証據

一查勘所有產業

一須選定一人或數人編輯以上二條之報告以備第二次會議時宣布周知此請

先生台鑒

創辦人 普布隆 歐納義 謝帖卿 啓

51

中法义隆房产公司股东大会邀请函（1919年8月29日）

HOTUNG BAUGESELLSCHAFT.

ASSEMBLEE GENERALE EXTRAORDINAIRE DU

28 AOUT 1919.

Extrait du Procès-Verbal

Rapport du Conseil d'Administration

Etant donné que, de beaucoup, les groupes les plus importants d'actionnaires étaient les groupes Français et Chinois, nous avons pensé qu'il serait opportun de créer une nouvelle Société Franco-Chinoise et nous avons donné à M. O'Neill mission de voir auprès des Autorités Chinoises et Françaises si une pareille solution aurait chance d'aboutir et dans quelles conditions.

A notre séance du 7 Août 1919, M. O'Neill nous rendit compte des pourparlers qu'il avait engagés et d'où il ressortait que les Autorités compétentes accepteraient, en principe, la solution proposée. C'est alors que nous vous avons convoqués en Assemblée Générale pour aujourd'hui et que nous avons entamé la correspondance officielle avec les Autorités Chinoises et Françaises.

De cette correspondance, annexée au présent rapport,

IL RESULTE QUE :

Sous réserve de l'autorisation du Bureau chargé de la liquidation des biens Autrichiens et Allemands à Pékin, les Autorités Chinoises nous autorisent à céder et transférer l'actif et le passif de notre Société à une nouvelle Société Franco-Chinoise aux conditions suivantes :

HOTUNG BAUGESELLSCHAFT.

RAPPORT DU CONSEIL D'ADMINISTRATION

(Annexe No. 5)

Projet d'acte de Cession.

Entre Messieurs Wang-Hsing-Wo (王省吾) et L. Verbert, Directeurs de la Société Anonyme "Hotung Baugesellschaft" dont le Siège Social est à Tientsin, agissant au nom et pour le compte de ladite Société conformément aux décisions prises lors de l'Assemblée Générale Extraordinaire de ladite Société tenue à Tientsin le 28 Août 1919, dénommés dans tout ce qui va suivre: LES VENDEURS,

d'une part.

Et Messieurs H. Bourboulon, J. O'Neill et Hsie-Tie-Tsing ([illegible]) agissant au nom et pour le compte des actionnaires de la Société précitée à l'exception des actionnaires de nationalité Allemande ou Autrichienne, représentant un ensemble de mille neuf cent trente-neuf actions sur le total de deux mille que comporte ladite Société, ces actions étant réparties comme l'indique la liste annexée aux présentes (Annexe No. 1), en exécution toujours des décisions prises à l'Assemblée Générale précitée, et dénommes dans tout ce qui va suivre: LES ACQUEREURS,

d'autre part.

IL A ETE ENTENDU ET CONVENU CE QUI SUIT :

Article 1. Les vendeurs cèdent aux acquéreurs qui acceptent la totalité des biens actifs et passifs de la Société du "Hotung Baugesellschaft", sans aucune restriction ni réserve, tels qu'ils existent à la date de la cession et sont définis par les Livres de la Société, aux conditions stipulées aux articles suivants.

Article 2. Les acquéreurs devront constituer une Société Franco-Chinoise sur les bases acceptées par les Autorités compétentes Françaises et Chinoises.

Cette Société au capital de DEUX CENT MILLE TAELS DE TIENTSIN (HP. Tls: 200.000) comprendra deux mille actions de cent taels chacune entièrement libérées.

中法义隆房产公司前身河东建造公司会议摘要、出售草契及义隆公司召集初次成立大会记录（局部）（1919年）

PROCES-VERBAL

DE LA DELIBERATION DE LA PREMIERE ASSEMBLEE GENERALE CONSTITUTIVE DE LA SOCIETE FONCIERE FRANCO-CHINOISE DE TIENTSIN.

Société Anonyme au Capital de 200,000 Tientsin Taels (en formation).

Le ler Septembre 1919, à 18 heures, les actionnaires de la "SOCIETE FONCIERE FRANCO-CHINOISE DE TIENTSIN", société anonyme au capital de 200.000 Tientsin Taels (en formation), se sont réunis en première Assemblée Générale constitutive, à Tientsin, Rue de France No 45, sur la convocation qui leur avait été envoyée par lettres recommandées individuelles en date du 30 Août 1919.

Il a été dressé une feuille de présence, que tous les actionnaires présents ont signée et qui sera annexée au présent procès-verbal.

L'Assemblée nomme comme Président M. Wang-Hsing-Woo (王省吾) et comme scrutateurs MM. O'Neill et Chen-Chou-Chi (陳諸湋). les deux plus forts actionnaires présents et acceptants. M. Toudon est désigné comme secrétaire.

Le Bureau étant ainsi constitué, M. le Président constate, d'après la feuille de présence, que 20 actionnaires, possédant, soit par eux-mêmes, soit en vertu de pouvoirs réguliers, 1925 actions sont présents ou représentés et que, par conséquent, l'Assemblée est régulièrement constituée.

Il déclare en conséquence la Séance ouverte.

La feuille de présence, signée des Membres du Bureau, est déposée sur la table et mise à la disposition des actionnaires présents.

M. le Président y joint:

1/ Un exemplaire original des statuts,

2/ La liasse des talons des lettres recommandées de convocation.

Lecture est ensuite donnée de l'acte notarié de déclaration de souscription et de versement faite par les fondateurs, ainsi que de la liste des souscripteurs

河東建造公司一千九百十九年八月二十八日會議錄摘要

董事會報告

本公司重要股東即法國人與中國人按照現時情形必須改組爲新中法公司當即請歐納義君於中法兩官府設法籌辦改組之手續

一千九百十九年八月七日會議歐納義君報告經過一切情形並聲稱各該管官府按照所改組之大致業已認可所以召集股東大會議將與中法兩官府往來函件當衆宣布各該函之結果中國官府雖認可將河東建造公司所有盈虧轉售與新中法公司然必須呈候北京管理敵國人民財產事務局核准後方能實行至實行之辦法如下

一按照該公司所有產業之實值除減去公債外合銀貳拾叁萬伍仟兩提百分之貳應交直隸交涉公署之過戶費

二呈交直隸交涉公署所暫管德奧兩國股東之股本計陸拾壹股每股計銀壹百拾柒兩伍錢該價係按照時值核算

三法國官府認可組織新公司亦須提取領事官應有之費該費係按公司成本如

一

在拾萬佛郎以下者提取壹分逾拾萬佛郎者再照所逾之數提取伍釐
所以敝董事等將出售建造公司產業盈虧之草契立定交付衆股東所指定之各
該代表人該代表人担認按照以上所宣布之條欵組織中法公司該公司資本金
定爲天津行平銀貳拾萬兩分爲貳仟股每股壹百兩認爲已經全數繳清此貳仟
股內之壹千玖百叁拾玖股爲記名股尚有陸拾壹股爲未記名股建造公司之股
東除德奧兩國人外其餘股東按照以前各人所有股票之數目另換新股票至中
國官府所暫管德奧兩國之陸拾壹股合銀陸仟壹百兩但本公司須繳還交涉公
署柒仟壹百陸拾柒兩伍錢每股按壹百拾柒兩伍錢核算
敝董事等質問衆股東同意與否在股東內推選一人或數人委任其担負改組中
法公司之責任並檢查與敝董事會訂立出售草契復審查下列各計畫以便實行
董事領袖宣布各計畫臚列於後
一董事宣讀報告書並各附件股東會認可將建造公司解散轉售與現組織之中
法公司並遵照中法兩國官府所定之辦法
此條均已認可

二

二股東會舉定普布隆歐納義謝帖卿爲代表委任該代表按照董事會報告書迅
速成立中法公司此公司之名稱爲天津中法義隆房產公司
此條均已認可
三股東將出售草契逐條研究後完全認可並委託董事會將建造公司所有產業
並盈虧按照草契內所載各欵實行售與股東會所指定以上該三代表至於實
行出售經董事會指定華洋總理魏爾伯王省吾爲出售人
此條均已認可
四股東會表決解散並出售由今日委託各董事按照以上計畫實行將建造公司
出售
此條均已認可

洋總理魏爾伯
華總理王省吾

三

河東建造公司出售草契

立合同人河東建造公司華洋總理王省吾魏爾伯本總公司設在天津以該公司名義依照一千九百十九年八月二十八日各股東會議之表決以下稱爲出售人誓布隆歐納義諸結爾以建造公司衆股東之名義除德奧兩國股東外代表該公司兩仟股內之壹仟玖百叁拾玖股此項股數即此契所附股東花名單之股數並遵照股東會議表決各條件以下稱爲收買人

訂立議妥各條款列下

第一款　出售人將河東建造公司所有產業並盈虧截至出售日根據賬簿內之定評並照下款所載之辦法轉售與收買人

第二款　收買人依據中法兩官府認可之辦法組織一中法公司此公司之資本金天津行平銀貳拾萬兩分爲兩仟股每股百兩認爲已經全數繳清此兩仟股分爲記名股壹仟玖百叁拾玖股未記名股陸拾壹股其記名股按照建造公司舊股東除德奧兩國外所有之股數換給新股票

第三款　此新公司担認中法兩官府應有之過戶等費並律師及告白刷印等費

一

第四款　此新公司應呈交中國官府行平銀柒仟壹百陸拾柒兩伍錢即河東建造公司內德奧兩國股東現經中國官府暫管之陸拾壹股之股金每股按壹百拾柒兩五核算

第五款　此新公司之名稱係天津中法義隆房產公司按照以上所載各條實行接收並繼續河東建造公司辦理

此合同在天津訂立共繕就同式四份兩造各執一份其餘兩份一呈交法國領事署一呈交直隸交涉公署

西歷一千九百十九年八月二十九日

亨利普布隆一千二百五十四股　歐納義四百三十五股

喬治普布隆三十五股　麥德四股

斐士一股　北洋商務公司二十一股

麥來四十股　王省吾一股

楊嗣泰五股　親叔達五股

馮玉夫四股　馮石氏六股

二

陳諸濟七十股　寶遠臣一股

王慶雲一股　楊琴蓀二股

張紹儀六股　陳氏五股

過峻峯二股　朱致中一股

林蓀亭五股　榮紹閒六股

宋聚當六股　于伯謙一股

慶德堂王一股　光裕堂姚二股

吳佩記三股　謝結卿四股

曹振綱四股　蘇竹溪一股

孟品侯五股　徐咸臣二股

以上統共壹仟玖百叁拾玖股

三

甫組之天津中法義隆房產公司召集初次成立會議議事錄

一千九百十九年九月一日下午六鐘甫組天津中法義隆房產公司之各股東應本年八月三十日保險信通知在天津法界中街門牌第四十五號內開初次成立股東會議會議前曾繕備簽到單一紙此單經蒞會各股東概行簽名現附此議事錄後

股東會公舉王省吾爲主席歐納義與陳諸濟代表陳彥成認爲檢視員此係蒞會衆股東之股數最多者並指定東棟律師任爲書記此議席如此成立後主席查閱股東出席者已有二十人或係本人或爲代表共有股數一千九百二十五股該會議當以合法成立

報告當即開議

股東簽到單復經議席各員簽名後以備各股東查閱主席旋又呈交公司所定章程一份並保險函之收據復宣讀經律師所繕訂之証書證明創辦人所認股數並付欵之清單並以現組之新公司名義所招現欵股本暨數目存放銀行之賬單以上各件亦呈交議席以備衆股東查閱

再者主席報告此次會議之事實

一應查閱創辦人所認股數並付欵之清單以及所有產業暨個人應得之利益認爲確實

二選舉一人或數人爲檢查員即委其按照章程內載明所有房産並個人應得之利益繕具報告書以備二次會議時報告

公同討論多時均無異議主席續即宣布下列各件

一會議已認於一千九百十九年八月二十九日經創辦人所認股數並付欵清單以及產業並個人應得之利益於確實

此條經蒞會各員均皆認可

二會議選舉藍模科君爲檢查員檢查所有房產並個人應得之利益以備成立二次會議時報告

此條經蒞會各員均皆認可惟藍模科君該時避席然已承認檢查員之職務

是日於下午七鐘將應議各問題均行議畢

主席　王省吾

檢視員　陳諸濟　代表人陳彥成

　　　　歐納義

書記　東棟律師

二

天津日租界街景照片

当年的天津日租界旭街铺着轨道，电车载上乘客驶过街角。马路两边，电线杆矗立，路灯提供人们夜晚出行的照明。天津租界最早使用电力是在英租界，可以追溯到1888年。1904年，比商电车电灯公司发电厂在天津设立，提供了英法日德等租界的居民用电以及公共照明。天津是国内最早创办电车的城市。1906年，围城环行的白牌电车开通，这也是天津第一条有轨电车线路。直到1927年，天津基本形成了红、蓝、黄、绿、花、紫牌纵横交织的城市电车网络。

比商天津电车电灯公司照片

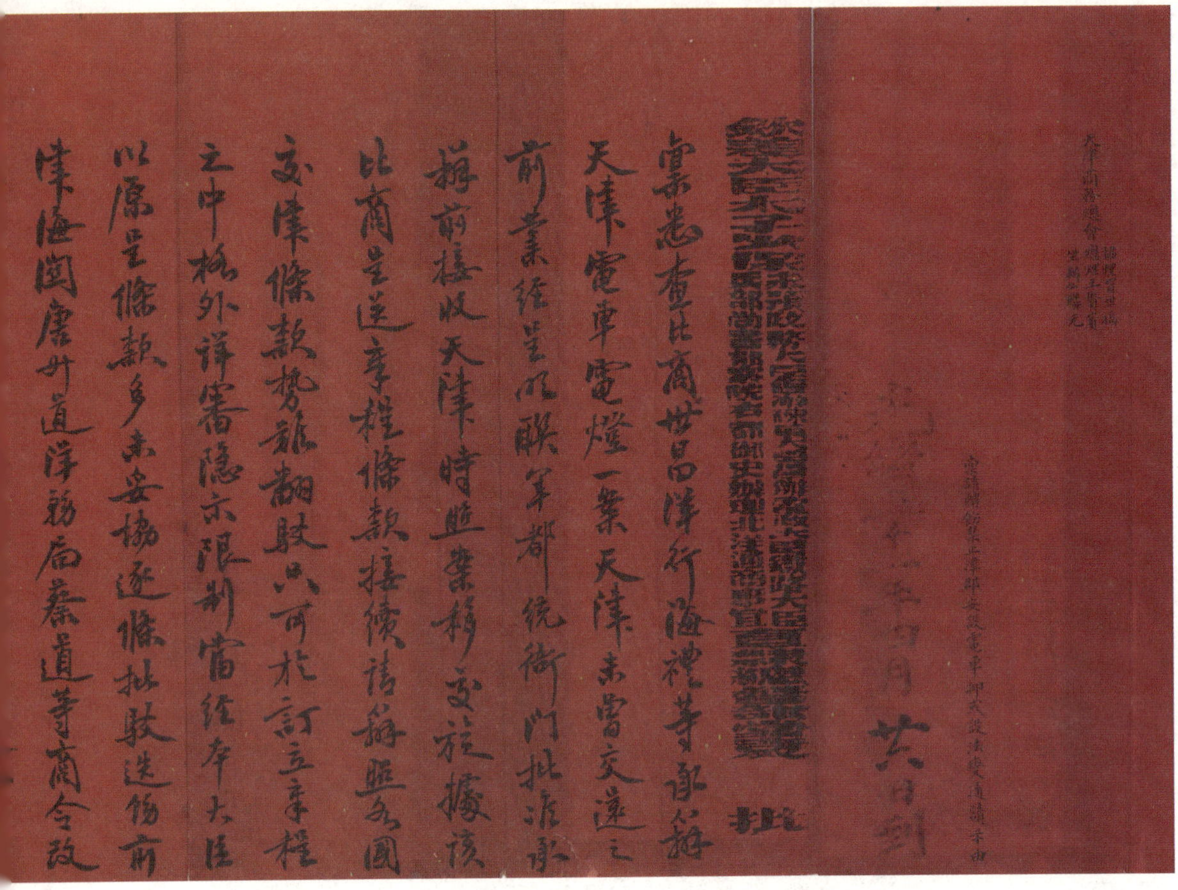
批
禀悉 查比商世昌洋行海禮等承辦
天津電車電燈一案 天津未曾交還之
前 業經呈准聯軍都統衙門批准承
辦 前接收天津時照案移交 旋據該
比商呈送章程條款接續請辦 照各國
交涉條款 勢難翻駁 只可於訂立章程
之中格外詳審隱示限制 當經本大臣
以原呈條款多未妥協 逐條批駁 迭飭前
津海關唐升道 洋務局蔡道等商令改

直隶总督袁世凯为天津商会禀为禁止安设电车事的批文附电车线路图（1905年5月31日）

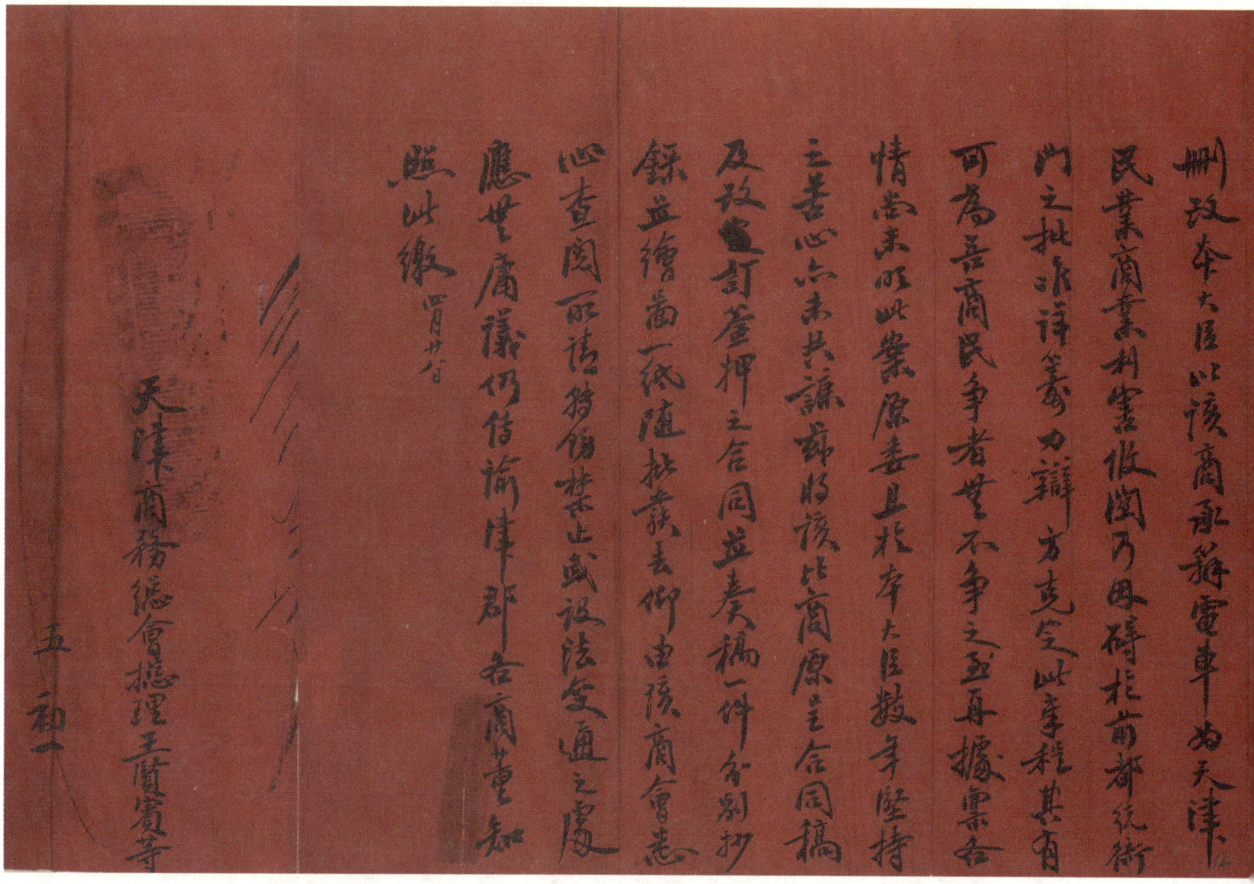

删改本大臣以该商承办电车为天津
民业商业利害攸关乃毋待于前都统衙
门之批准详为力辩方克定此章程甚有
可为吾商民争者无不争之且有据禀各
情尚未明此案原委且于本大臣数年坚持
之苦心亦未共谅兹将该比商原呈合同稿
及改订签押之合同并奏稿一件分别抄
录并绘图一纸随批发去仰由该商会悉
心查阅所请转饬禁止或设法变通之处
应无庸议仍传谕津郡各商董知
照此缴 四月廿六日

天津商务总会总理王贤宾等

五 初一

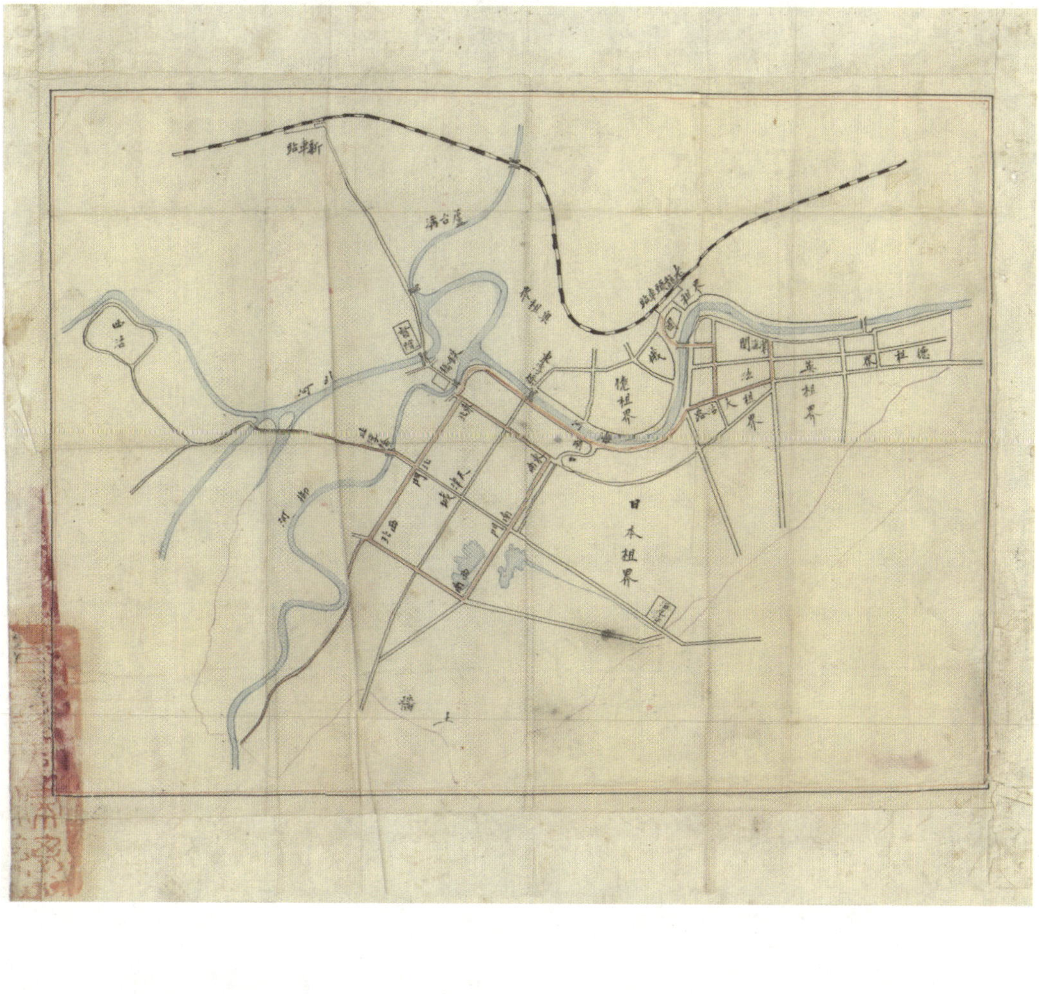

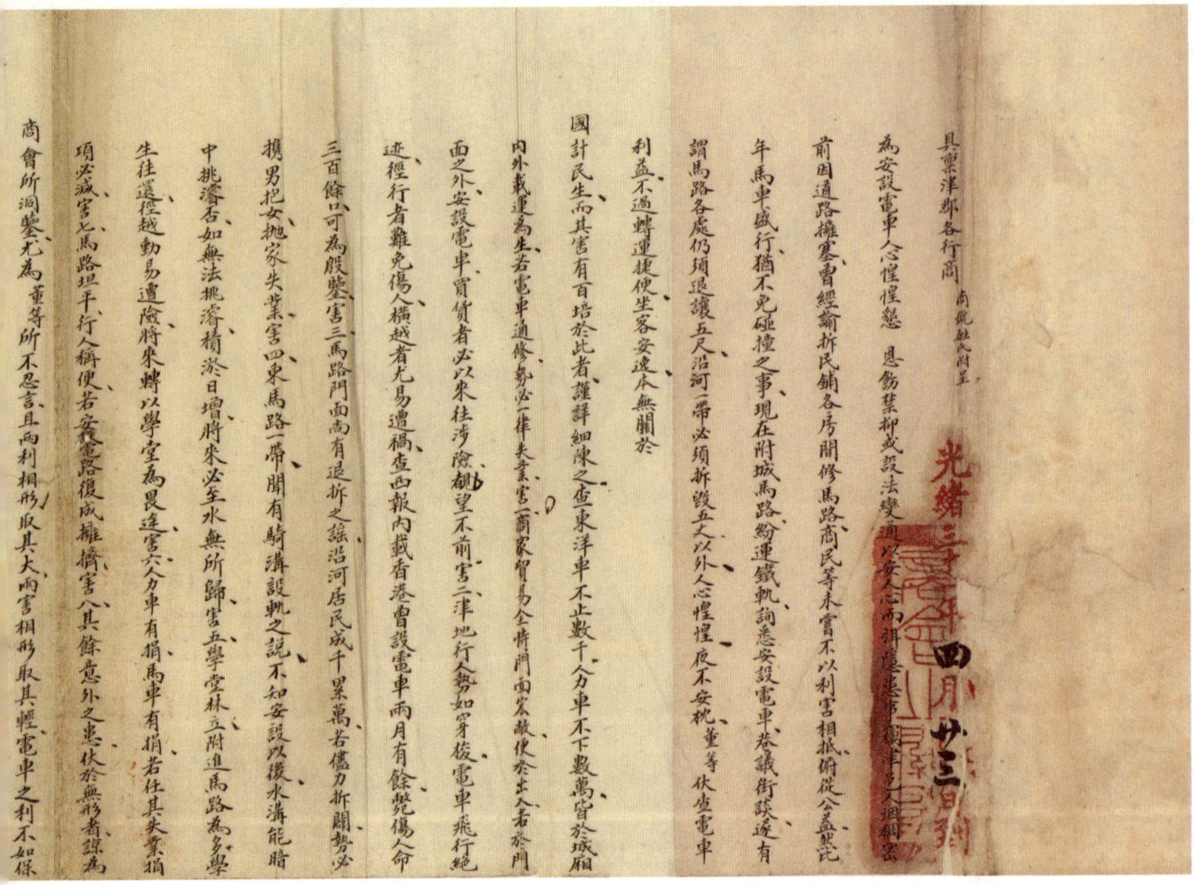

具稟津郡各行商　商號姓氏附呈

為安設電車人心惶惶懇　恩飭禁抑或設法變通以安人心而弭隱患事竊[illegible]人烟稠密

前因道路擁塞曾經諭拆民鋪各房間修馬路商民等未嘗不以利害相抵俯從公益然比

年馬車盛行猶不免碰撞之事現在附城馬路紛運鐵軌詢悉安設電車巷議街談遂有

謂馬路各處仍須退讓五尺沿河一帶必須拆毀五丈以外人心惶惶夜不安枕董等　伏查電車

利益不過轉運捷便坐客安逸本無關於

國計民生而其害有百培於此者謹詳細陳之查東洋車不止數千人力車不下數萬皆於城廂

內外載運為生若電車通修勢必一律失業害一商家貿易全恃門面寬敞便於出入若於門

面之外安設電車買貨者必以來往涉險覦望不前害二津地行人勢如穿梭電車飛行絕

迹經行者難免傷人橫越者尤易遭禍查西報內載香港曾設電車兩月有餘斃傷人命

三百餘口可為殷鑒害三馬路門面尚有退拆之謠沿河居民成千累萬若儘力拆闢勢必

攜男抱女拋家失業害四東馬路一帶聞有騎溝設軌之說不知安設以後水溝能暗

中挑濬否如無法挑濬積淤日增將來必至水無所歸害五學堂林立附近馬路為多學

生往還徑越動易遭險將來轉以學堂為畏途害六人力車有捐馬車有捐若任其失業捐

項必減害七馬路坦平行人稱便若安設電路復成擁擠害八其餘意外之患伏於無形者誠為

商會所洞鑒尤為董等所不忍言且兩利相形取其大兩害相形取其輕電車之利不如保

天津各行商为禁止安设电车或设法变通事致直隶总督袁世凯的呈文（1905年5月26日）

通移修邑南以安人心而弭隱患是否有當伏乞

總會大人詳請、

宮保督帥電鑒施行 上禀、

光緒三十一年四月　日

綢緞洋布商董事高玉璽張竹坡趙榮堂姜筱田
廣貨商董事王恩榮范藹發
糧商董事楊慶平李遇安
糧店商董事王松雅趙士琦
碾房董事趙星曾崔幗廷邢耶慶
大米商董事趙辟楊明僧
藥商董事蘇振之孫煊紀炘
雜貨商董事孫維禎孫玉魁
顏料商董事韓和廷郭子揚
洋布商董事王雅亭桑蔭五劉斌泉
金店商董事李民元汪詢鄉
棗莊商董事戴立齋裴筱亭馬寶室閆熾堂
錢商董事鄭彤勳朱鮮齋金蔣五王廿珊
金珠首飾商董事張閣祥宋寶善
油商董事徐晉識
木商董事陸輔廷馮俊峰
茶葉商董事穆雅田陳誠齋
洋藥商董事宮雨辰劉俊高文芳
瓷商董事皮祖功
海貨商董事周吉傑劉恩裕
草材商董事張文淇金偉希
南紙商董事焦尚賓張士元
書鋪商董事史嘉猷李慶元
煤商董事紀少蒲馬毓臣
皮貨商董事吳萬青李文達
鮮貨商董事趙國琳
竹貨商董事李秉中
洋鐵商董事紀世珍趙鉞千
鐵商董事趙毓秀陳鳳鳴
糕點商董事唐瑞民楊毓清趙君鑑陳錦亭
棧房商董事張又圻

直隸天津總

第六章

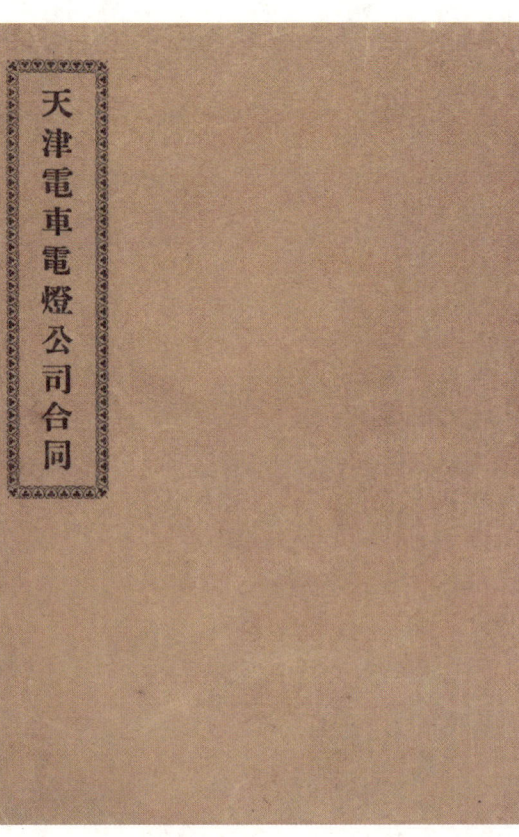

天津電車電燈公司合同

天津電車電燈公司合同

一北洋大臣袁　批准世昌洋行海禮承辦天津地
方電車電燈事所有電車經行之路另有詳圖指
明地段呈請
北洋大臣核准

二海禮能立公司辦理電燈車路該公司禀明中國
地方官批准以二十五萬鎊爲開辦之資本名曰
天津電燈車路公司

三北洋大臣准該公司在天津獨自一家築造承辦
電燈車路以五十年爲期所准之圍圓以城內鼓
樓爲規心其半徑線至邊界不得過六里之外

四該公司若未奉
北洋大臣批准不得將公司之事業或權利售賣
或轉讓與別人或他公司承辦

五始創擬築車路經行各路地段詳列於後
甲自閘口起沿河直至天津城之東北隅西北隅
乙自城圍繞從西北隅至西南隅自西南隅至東
南隅自東南隅至東北隅

十二

北洋大臣之委員及公司所派人樹押然後呈請
北洋大臣批准用印以兩套存公司備查一套存
海關道署備案一套存　天津道署備案一套存
洋務局備查一套存　天津府衙門備案

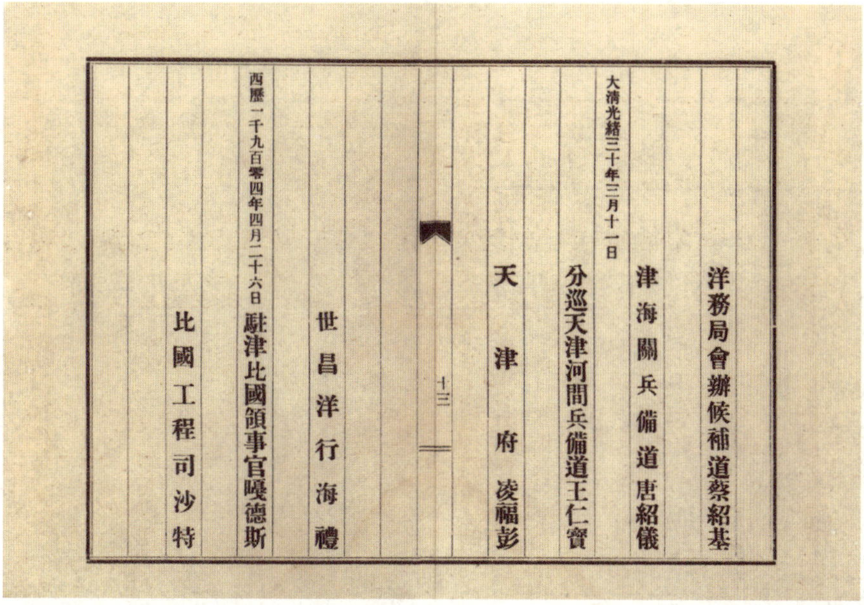

洋務局會辦候補道蔡紹基

津海關兵備道唐紹儀

大清光緒三十年三月十一日

分巡天津河間兵備道王仁寶

天津府凌福彭

十三

世昌洋行海禮

西曆一千九百零四年四月二十六日

駐津比國領事官嘎德斯

比國工程司沙特

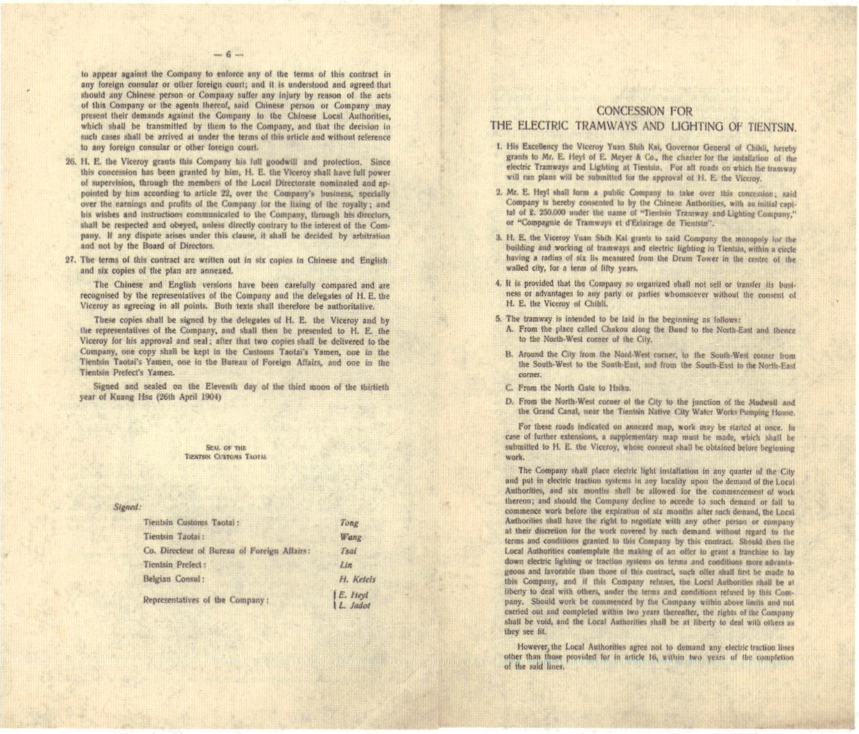

— 6 —

to appear against the Company to enforce any of the terms of this contract in any foreign consular or other foreign court; and it is understood and agreed that should any Chinese person or Company suffer any injury by reason of the acts of this Company or the agents thereof, said Chinese person or Company may present their demands against the Company to the Chinese Local Authorities, which shall be transmitted by them to the Company, and that the decision in such cases shall be arrived at under the terms of this article and without reference to any foreign consular or other foreign court.

26. H. E. the Viceroy grants this Company his full goodwill and protection. Since this concession has been granted by him, H. E. the Viceroy shall have full power of supervision, through the members of the Local Directorate nominated and appointed by him according to article 22, over the Company's business, specially over the earnings and profits of the Company for the fixing of the royalty; and his wishes and instructions communicated to the Company, through his directors, shall be respected and obeyed, unless directly contrary to the interest of the Company. If any dispute arises under this clause, it shall be decided by arbitration and not by the Board of Directors.

27. The terms of this contract are written out in six copies in Chinese and English and six copies of the plan are annexed.

The Chinese and English versions have been carefully compared and are recognised by the representatives of the Company and the delegates of H. E. the Viceroy as agreeing in all points. Both texts shall therefore be authoritative.

These copies shall be signed by the delegates of H. E. the Viceroy and by the representatives of the Company, and shall then be presented to H. E. the Viceroy for his approval and seal; after that two copies shall be delivered to the Company, one copy shall be kept in the Customs Taotai's Yamen, one in the Tientsin Taotai's Yamen, one in the Bureau of Foreign Affairs, and one in the Tientsin Prefect's Yamen.

Signed and sealed on the Eleventh day of the third moon of the thirtieth year of Kuang Hsu (26th April 1904)

SEAL OF THE
TIENTSIN CUSTOMS TAOTAI

Signed:

Tientsin Customs Taotai:	*Tong*
Tientsin Taotai:	*Wang*
Co. Directeur of Bureau of Foreign Affairs:	*Tsai*
Tientsin Prefect:	*Lin*
Belgian Consul:	*H. Ketels*
Representatives of the Company:	*E. Heyl* / *L. Jadot*

CONCESSION FOR
THE ELECTRIC TRAMWAYS AND LIGHTING OF TIENTSIN.

1. His Excellency the Viceroy Yuan Shih Kai, Governor General of Chihli, hereby grants to Mr. E. Heyl of E. Meyer & Co., the charter for the installation of the electric Tramways and Lighting at Tientsin. For all roads on which the tramway will run plans will be submitted for the approval of H. E. the Viceroy.

2. Mr. E. Heyl shall form a public Company to take over this concession; said Company is hereby consented to by the Chinese Authorities, with an initial capital of £. 250.000 under the name of "Tientsin Tramway and Lighting Company," or "Compagnie de Tramways et d'Eclairage de Tientsin".

3. H. E. the Viceroy Yuan Shih Kai grants to said Company the monopoly for the building and working of tramways and electric lighting in Tientsin, within a circle having a radius of six lis measured from the Drum Tower in the centre of the walled city, for a term of fifty years.

4. It is provided that the Company so organized shall not sell or transfer its business or advantages to any party or parties whomsoever without the consent of H. E. the Viceroy of Chihli.

5. The tramway is intended to be laid in the beginning as follows:
   A. From the place called Chakou along the Bund to the North-East and thence to the North-West corner of the City.
   B. Around the City from the Nord-West corner, to the South-West corner from the South-West to the South-East, and from the South-East to the North-East corner.
   C. From the North Gate to Hsiku.
   D. From the North-West corner of the City to the junction of the Mudwall and the Grand Canal, near the Tientsin Native City Water Works Pumping House.

For these roads indicated on annexed map, work may be started at once. In case of further extensions, a supplementary map must be made, which shall be submitted to H. E. the Viceroy, whose consent shall be obtained before beginning work.

The Company shall place electric light installation in any quarter of the City and put in electric traction systems in any locality upon the demand of the Local Authorities, and six months shall be allowed for the commencement of work thereon; and should the Company decline to accede to such demand or fail to commence work before the expiration of six months after such demand, the Local Authorities shall have the right to negotiate with any other person or company at their discretion for the work covered by such demand without regard to the terms and conditions granted to this Company by this contract. Should then the Local Authorities contemplate the making of an offer to grant a franchise to lay down electric lighting or traction systems on terms and conditions more advantageous and favorable than those of this contract, such offer shall first be made to this Company, and if this Company refuses, the Local Authorities shall be at liberty to deal with others, under the terms and conditions refused by this Company. Should work be commenced by the Company within above limits and not carried out and completed within two years thereafter, the rights of the Company shall be void, and the Local Authorities shall be at liberty to deal with others as they see fit.

However, the Local Authorities agree not to demand any electric traction lines other than those provided for in article 16, within two years of the completion of the said lines.

■天津电车电灯公司合同（局部）（1904年4月26日）

北洋大臣袁世凯批准世昌洋行海礼在天津独家承办电灯车路，以二十五万镑为开办公司之资，取名『天津电灯车路公司』。合同以五十年为期，所准之范围以鼓楼为规心，半径为六里。所设路灯自日落时放光，至日出时止。所有路灯设在车路之路上者，地方官应支付该公司费用。合同规定自电车开通之日起二十年后，地方官可以买回全盘电灯车路。如至期不买回，须候七年方可，嗣后均以七年为一期。地方官如有意买回，须在一年之前先行知会该公司。1925年10月，中国拟按十五倍红利收回电车电灯公司自办，但比方利润巨额，又索要现金，中方未能收回，后与比方订立了六条追加合同和十条解决办法。

天津電車電燈公司追加合同

天津電車電燈公司追加合同

本追加合同呈請

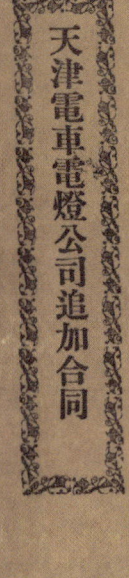

大中華民國直隸督辦兼省長褚　批准備案本追加合同係修正一九零四年四月二十六日訂立之合同由中國直隸北洋大臣袁　批准世昌洋行海禮訂定者惟原合同所載比商公司報効地方官之規定現經妥商更改其修正之辦法開列於下

第一欵原合同之第十二款內第一段之一部分於本追加合同成立時即行取銷茲爲便於考查並明晰起見將取銷之一部分列後

該公司所進之毛利卽每年於未曾開支行車費薪水及所有各項之前應先付報効地方官三分半旣分股東官利一成二之後所有餘利須再以一成報効中國國家倘分股東官利一成五之後須再以二成報効中國國家其官利須照天津所用之股本核算不得照該公司掛名之股本計算無論官利以現銀或股票或紅利付給以上報効之法均按核算有意少派官利及不按規例另立名目等等皆屬弊

於付款時比商公司有權扣抵一切路燈並官署電力未付清之帳款

第四款本追加合同成立後除修正原合同一部分外其餘合同所載各款照舊有效至於原合同第十二款後半叚未曾修正者亦仍有效卽從除報効而外別無他項捐稅句起至該款末尾

第五欵直隸省政府鼎力保護比商公司現有之營業無論現在及日後對於本追加合同有誤會或爭執時得遵照原合同規定解決之

天津电车电灯公司追加合同（局部）（1927年11月15日）

第六款本追加合同華英文字各繕六份雙方各執
三份爲據華英文字現已詳對無訛華英文字均
可作准

本追加合同由直隸省政府政務廳廳長代表直隸
省長證明批准備案會同
津海道尹
直隸特派交涉員與
天津比商電車電燈公司代表盧發
駐津比利時國總領事簽字蓋印

照准 直隸省公署政務廳長印

天津比商電車電燈公司代表簽字
津海道尹簽字 辭學海
直隸特派交涉員用印簽字
駐津比利時國總領事簽字蓋印

直隸津海道尹之印

大中華民國十六年十一月十五日成立於天津

直隸省政府與天津比商電車電燈公司解決辦法十條

直隸省政府與天津比商電車電燈公司解決辦法十條

一舊公司（即天津比商電車電燈公司）按照營業所進之毛利允許增加報効中國國家議定將原合同第十二款第一叚規定之毛利紅利章程重行修改日後舊公司報効之辦法如下

甲每年毛利在華幣一百萬元以下時報効中國國家三分半　即每百元三元五角

乙每年毛利在華幣一百萬元以上至二百萬元時報効中國國家八分　即每百元八元

丙每年毛利在華幣二百萬元以上時報効中國國家十分　即每百元十元

以上報効之規定自西歷一九二七年一月起算關於修改原合同之條件另訂追加合同雙方簽字呈請

直隸省政府轉請

中國政府批准備案

二茲爲解決原合同第十二款紅利之解釋說法淸

……

直隸省政府與舊公司各選派高等測量專門人員詳細測勘以資劃分

五自河北大胡同至新車站之全線車路舊公司允許新公司建設管理如新公司需用車輛舊公司以友誼關係得以酌量供給

六新公司成立後關於電力由舊公司按照發電機器之力量充分供給新公司必須公平付價

七舊公司允許補助天津慈善事業按照從前辦法酌爲補助

直隶省政府与天津比商电车电灯公司解决办法十条（局部）（1927年11月15日）

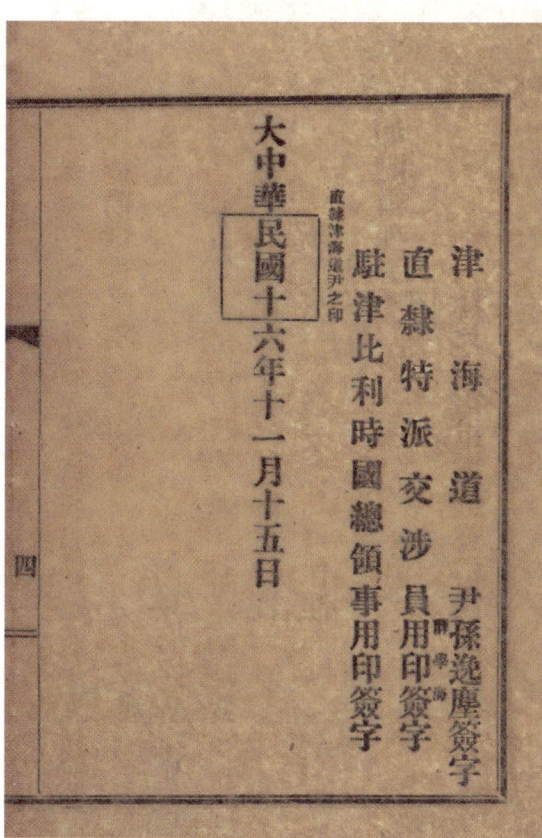

八舊公司允許待遇公事房職員司事及工人按照
從前章程酌爲優遇辦理
九直隸省政府爲始終保護舊公司現有之營業允
許從此解決雙方之爭執及一切誤會之點
十以上各條自簽字施行之日爲有效
華英文字詳對無訛均可作准
如擬辦理 直隸省公署政務廳長 印
天津比商電車電燈公司代表簽字

三

津海道 尹孫逸塵簽字
直隸特派交涉員用印簽字
駐津比利時國總領事用印簽字
直隸津海道尹之印
大中華民國十六年十一月十五日

四

梁大人勛啓

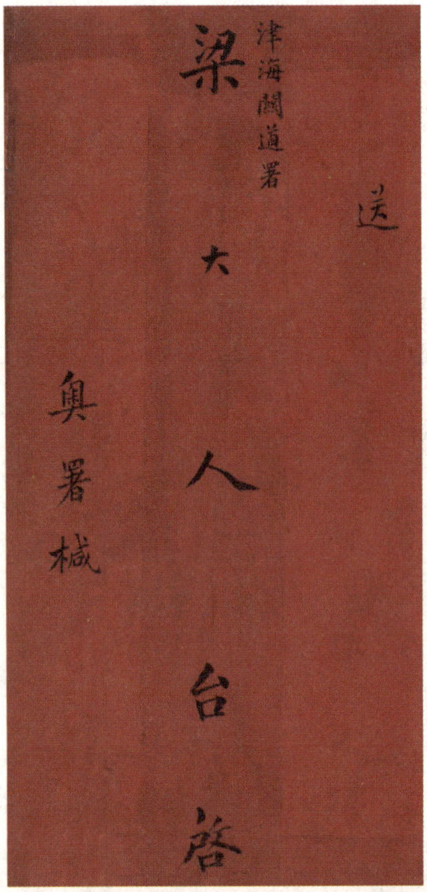
津海關道署
梁大人台啓
奥署緘
送

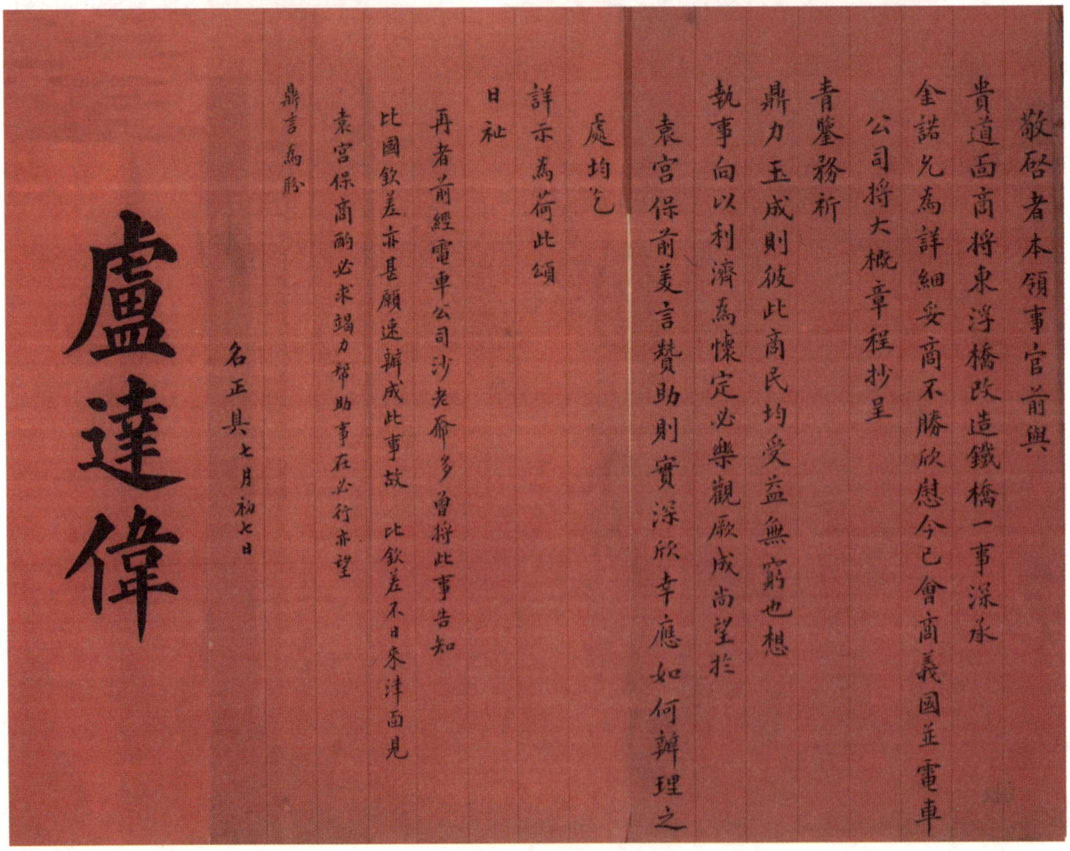
敬启者本領事官前與
貴道面商將東浮橋改造鐵橋一事深承
金諾允為詳細妥商不勝欣慰今已會商義國並電車
公司將大概章程抄呈
青鑒務祈
鼎力玉成則彼此商民均受益無窮也想
執事向以利濟為懷定必樂觀厥成尚望於
袁宮保前美言贊助則實深欣幸應如何辦理之
處均乞
詳示為荷此頌
日祉
再者前經電車公司沙克𤔡多曾將此事告知
比國欽差亦甚願速辦成此事故 比欽差不日來津面見
袁宮保商酌必求竭力幫助事在必行亦望
鼎言為盼
名正具七月初七日
盧達偉

奥国驻天津领事官卢达伟为东浮桥改为铁桥事致天津海关道梁敦彦函并实封名帖（1905年8月7日）

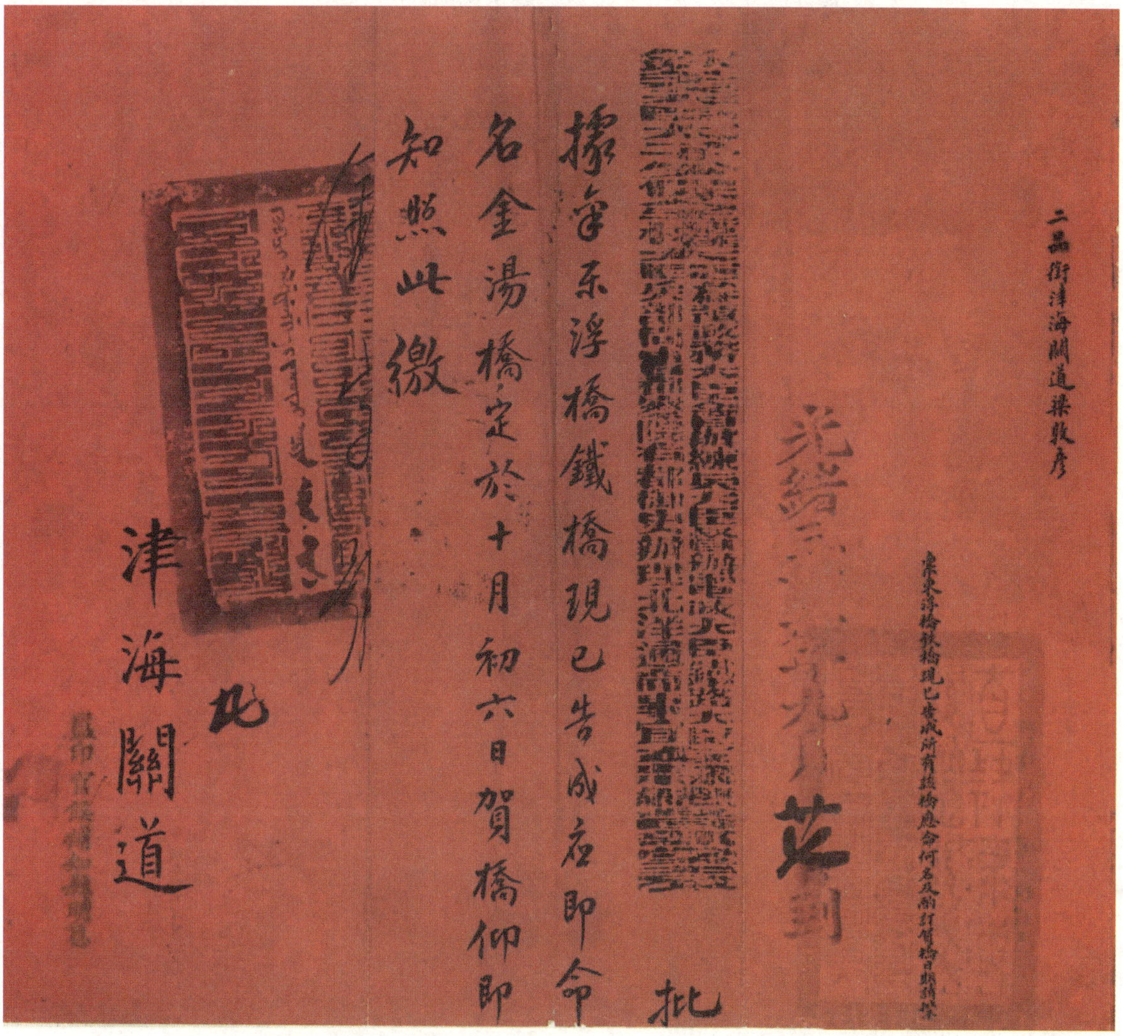

二品銜津海關道梁敦彥

稟東浮橋鐵橋現已告成所有該橋應命何名及酌訂賀橋日期請示

批

據稟东浮橋鐵橋現已告成應即命名金湯橋定於十月初六日賀橋仰即知照此繳

津海關道

■ 直隶总督袁世凯为金汤桥命名事致天津海关道梁敦彦的批文（1906年11月13日）

比商电车电灯公司在天津修建由东北角通往东车站的电车线路时，中途经过奥租界，需要将东浮桥改建为钢架桥以便铺设轨道。经过交涉，由津海关、电车电灯公司及意、奥租界合资改建。1906年11月，时任直隶总督的袁世凯赐名金汤桥。

中国电报局与电铃公司总经理璞尔生为收购事订立的合同（1905年10月1日）

1900年，丹麦商人璞尔生在津成立电铃公司，成为天津第一家专营电话事业的公司。电铃公司先后架设了天津至塘沽、北塘的电话线。1901年，首次开通京津长途电话，成为我国第一条长途电话线路。1905年，清政府以五万两白银收购电铃公司自办。同年，天津电话局成立。

THIS INDENTURE made the First day of October 1905 BETWEEN CARL POULSEN of Tientsin in the Empire of China Electrical Engineer of the one part and THE IMPERIAL CHINESE TELEGRAPH ADMINISTRATION (hereinafter called "the said Telegraph Administration") of the other part WHEREAS the said Carl Poulsen has in time past founded a Telegraphic and Telephonic system in Tientsin and has worked the same for several years in and around the foreign settlements and the Native City of Tientsin Peking and elsewhere in North China AND WHEREAS the said Telegraph Administration has recently founded a Government telephone service AND WHEREAS it has been agreed between the said Telegraph Administration and the said Carl Poulsen that the said Telegraph Administration shall take over all the business of the said Carl Poulsen hitherto known as the Electric Engineering and Fitting Company with all its plant poles cables wires instruments stores materials stock in trade and otherwise connected therewith for the sum of Tls.50,000 (Fifty thousand taels) in cash to be satisfied in the manner hereinafter appearing and in consideration of the agreement hereinafter set forth between the said Telegraph Administration and the said Carl Poulsen AND WHEREAS Taotai Chang Chin Ki and Taotai Wong Kai Wen have been duly accredited by the said Telegraph Administration to execute this transfer on its behalf NOW THIS INDENTURE WITNESSETH that in consideration of the Payment of Tls.50,000 (Fifty thousand taels) in cash to be paid in the instalments hereinafter described and of the agreement hereinafter contained the said Carl Poulsen hereby sells assigns and transfers to the said Telegraph Administration all the electric plant poles cables wires instruments stores materials stock in trade and otherwise connected with the said business of the Electric Engineering & Fitting Company of Tientsin and Peking aforesaid or elsewhere in North China and also all the goodwill of the said business absolutely and the Administration hereby covenants with

- 2 -

the said Carl Poulsen his executors administrators and assigns that they will purchase the said business at the said sum of Tls. 50,000 (Fifty thousand taels) in the manner following that is to say in five equal half yearly instalments of Tls.10,000 (Ten thousand Tientsin Hong Ping taels) secured by ten Promissory Notes five of which are to be for Taels 3333.33 'Three thousand three hundred and thirty-three taels and thirty-three cents) each and the other five of which are to be for Tls.6666,66 (Six thousand six hundred and sixty-six taels and sixty-six cents) each the first of such instalments of taels 10,000 (Ten thousand taels) to be paid on the first day of April 1906 and the said Administration further covenants with the said Carl Poulsen that they will carry out in every detail the terms of an agreement dated the 23rd March 1905 and made between the said Telegraph Administration and the said Carl Poulsen which agreement is in the words and figures following and is hereby confirmed:-

PRELIMINARY AGREEMENT

BETWEEN THE IMPERIAL CHINESE TELEGRAPH ADMINISTRATION AND C.POULSEN.

====================

I.

Mr C.Poulsen hands over the Electric Engineering & Fitting Company to the Imperial Chinese Telegraph Administration on the 1st of April 1905 or as soon as arrangements of transfer completed with Municipalities and Ministers.

II.

The Imperial Chinese Telegraph Administration agree to pay Mr C. Poulsen Hongping Taels Fifty thousand (Tls.50,000) by instalments viz: after first six months Ten thousand Tls 10,000 and then every six months Ten thousand taels 10,000 until the total sum paid say 2½ years from the date of the transfer.

III.

Mr C.Poulsen enters the service of the Imperial Chinese Telegraph

- 3 -

IV.

Mr C.Poulsen's agreement will be for three years from the date of transfer.

V.

The Imperial Chinese Telegraph Administration agree to pay Mr C. Poulsen a monthly salary of Eight hundred Mexican Dollars $800.00. No house rent.

VI.

No. 3 Victoria Terrace is rented till 1st February 1906 the business will be transacted there as before.

VII.

Mr C.Poulsen's Chinese staff will remain as before during his contract if satisfactory but they must obey the Chinese manager's instructions.

VIII.

Mr F.Cornell, Peking, will remain in his position one year with option of renewal if services satisfactory.

IX.

Mr C.Poulsen shall do his best with Municipalities and Ministers Tientsin - Peking to arrange all transfer amicably and smoothly.

X.

Mr C.Poulsen is under the order of the Board of Directors of the Imperial Chinese Telegraph Administration, but not under any foreigner.

This preliminary Contract signed on behalf of The Imperial Chinese Administration;

Chang Chen Ke and Wong Kai Wen Taotai

on behalf

The Electric Engineering & Fitting Company

C.Poulsen

Proprietor and Managing Director

Tientsin; 23/3/1905.

- 4 -

PROVIDED ALWAYS and it is hereby agreed and declared that the said Carl Poulsen shall have the benefit of all existing quarterly contracts until the same shall respectively expire and that the Administration shall havethe benefits accruing as from the first day of October last past IN WITNESS WHEREOF the said Carl Poulsen has hereunto set his hand and seal and the Imperial Chinese Telegraph Administration has hereunto caused its seal to be affixed by the hands of Taotai Chang Chin Ki and Taotai Wong Kai Wen its duly accredited agents for that purpose the day and year first above written.

Signed sealed and delivered by the above named Carl Poulsen in the presence of;-

Solicitor Tientsin

Sealed with the seal of the Imperial Chinese Telegraph Administration and signed by Taotai Chang Chin Ki and Taotai Wong Kai Wen the duly accredited agents of the said Administration for this purpose in the presence of;-

張振棨

立合同人 電學工程司璞爾生 中國電報局

茲因璞爾生在天津租界內外並北京及北洋各處設立電報及得律風即電鈴公司辦理已有數年中國電報局現已設立電話彼此應允將璞爾生設立電鈴公司之電氣事業及原立電杆水綫旱綫機器存物材料並該公司原作生意等項交與中國電報局作價銀五萬兩按照後載章程付給為此中國電報局辦理此事之代表人張道台振棨黄道台開文與璞爾生訂立合同將璞爾生所設電鈴公司之電氣事業及原立天津租界內外并北京及北洋各處設立電杆水綫旱綫機器存物材料及該公司原作生意及各項利益等事儘數出售交與中國電報局由中國電報局給與璞爾生或伊之嗣業承業管業等人天津行平化寶銀五萬兩勻分五期交付計每半年為一期付銀壹萬兩即由中國電報局出給期票十張計叁千叁百叁拾叁兩叁錢叁分及陸千陸百陸拾陸兩陸錢陸分各五張其第一期付銀壹萬兩應於一千九百零六年四月一號交付并各按照一千九百零五年三月二十三號所訂之起首合同各節辦理為此將起首合同一概作實

計開

中國電報局 璞爾生 共立起首合同

第一條璞爾生擬於西歷一千九百零五年四月一號將電鈴公司交於中國電報局接收管理或俟伊與各工部局及各公使辦妥交接之日再行交接

第二條中國電報局允給璞爾生行平銀五萬兩正分期二年半給清計從交接之日起算每次滿六箇月付銀壹萬兩正

第三條璞爾生入中國電報局充當頭等顧問官

第四條璞爾生本人合同三年自交接之日起算

第五條中國電報局允給璞爾生月薪英洋八百元不給房租

第六條電鈴公司所租辦公房屋須至西歷一千九百零六年二月一號為滿如交接時應仍在於該處辦公該房在天津英租界惟多利亞他利士第三號

第七條璞爾生原有中國執事人等如果辦事合宜照前留用至隨璞爾生合同期滿為止惟應遵中國總辦差派

第八條北京柯乃爾留用一年屆期如於公事合宜再行另訂

第九條璞爾生必須力任與天津各工部局及北京各國公使和平商辦交接各事

第十條璞爾生聽總辦中國電報總局差遣惟不歸洋員節制

所立起首合同

代中國電報局簽字人 道台 張振棨 黄開文

代電鈴公司 簽字人 東家及總經理璞爾生

華歷光緒三十一年二月十八日 西歷一千九百零五年三月二十三號 訂於天津

再未接收前璞爾生與各處原訂按季收租合同內之租費至交接時倘有期限未滿者該限內之租費彼此應允仍歸璞爾生收用外其一千九百零五年十月一號起以後之租費則統歸中國電報局收用合併聲明

華歷光緒三十一年九月初三日 西歷一千九百零五年十月一號 訂於天津

中國電報局道台 張振棨

電鈴公司璞爾生

見証人

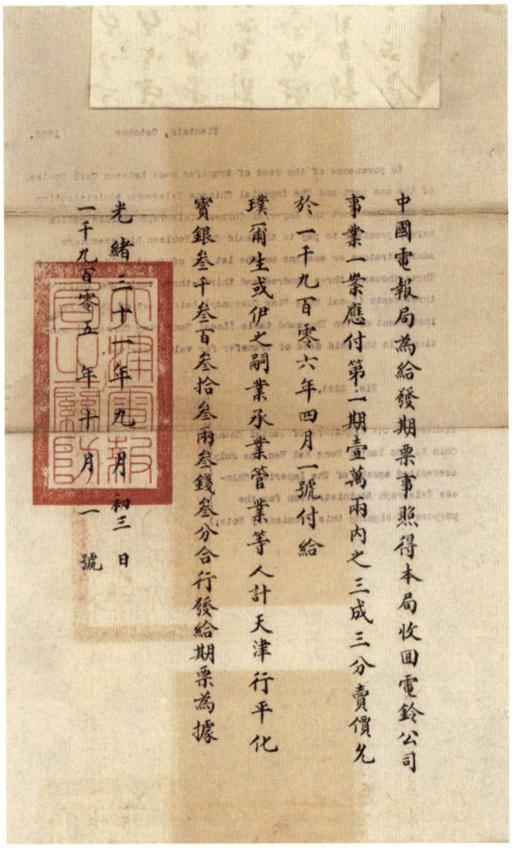
中國電報局為給發期票事照得本局收回電鈴公司事業一業應付第一期壹萬兩內之三成三分賣價允於一千九百零六年四月一號付給璞爾生或伊之嗣業承業管業等人計天津行平化寶銀叁千叁百叁拾叁兩叁錢叁分合行發給期票為據

光緒三十一年九月初三日

一千九百零五年十月一號

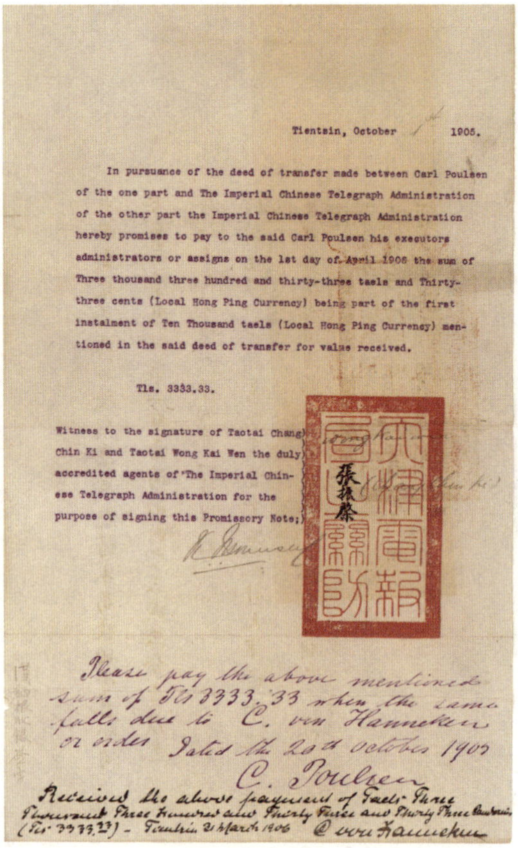
Tientsin, October 1 1905.

In pursuance of the deed of transfer made between Carl Poulsen of the one part and The Imperial Chinese Telegraph Administration of the other part the Imperial Chinese Telegraph Administration hereby promises to pay to the said Carl Poulsen his executors administrators or assigns on the 1st day of April 1906 the sum of Three thousand three hundred and thirty-three taels and Thirty-three cents (Local Hong Ping Currency) being part of the first instalment of Ten Thousand taels (Local Hong Ping Currency) mentioned in the said deed of transfer for value received.

Tls. 3333.33.

Witness to the signature of Taotai Chang Chin Ki and Taotai Wong Kai Wen the duly accredited agents of The Imperial Chinese Telegraph Administration for the purpose of signing this Promissory Note;

張振棨

Please pay the above mentioned sum of Tls 3333.33 when the same falls due to C. von Hanneken or order Dated the 20th October 1905

C. Poulsen

Received the above payment of Taels Three Thousand Three Hundred and Thirty Three and Thirty Three Cents (Tls 3333.33) — Tientsin 2 March 1906 C. von Hanneken

中国电报局为购买电铃公司支付第一期款项的期票（1905年10月1日）

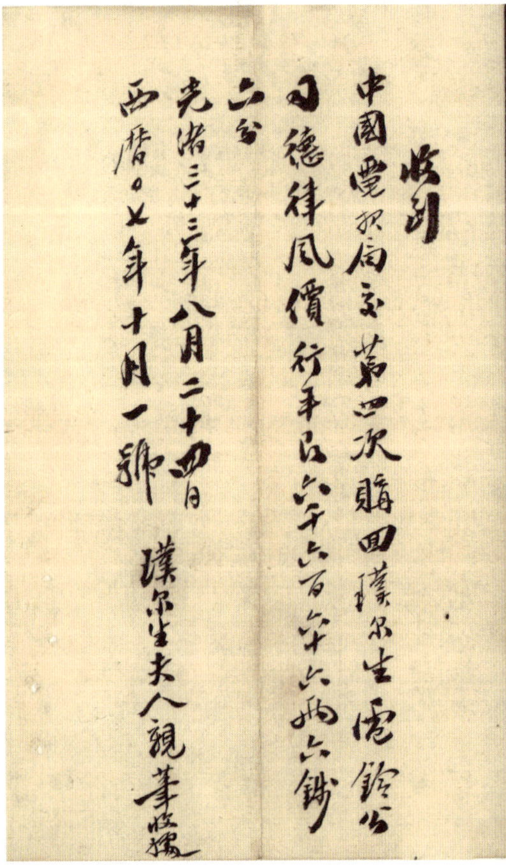
收到

中國電报局交第四次賠回璞尔生電鈴公司德律風價行平化六千六百六十六兩六錢六分

光绪三十三年八月二十四日

西曆〇七年十月一號

璞尔生夫人親筆收據

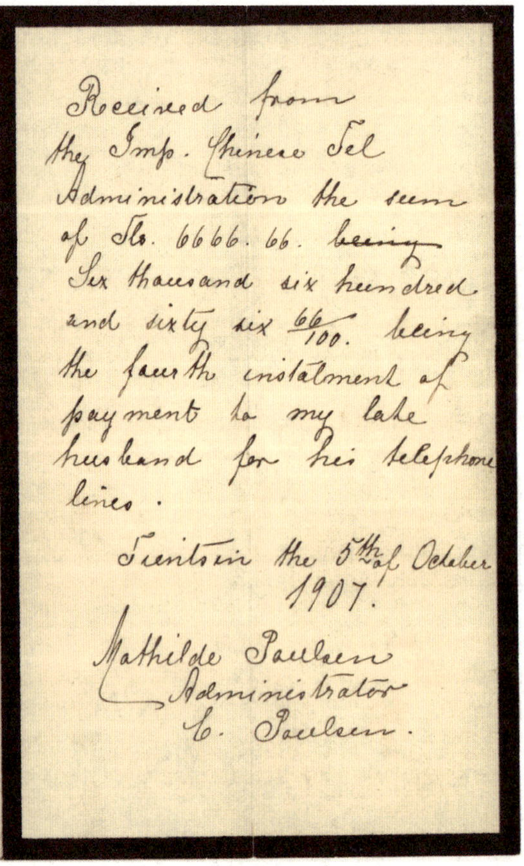
Received from the Imp. Chinese Tel Administration the sum of Tls. 6666.66. ~~being~~ Six thousand six hundred and sixty six 66/100. being the fourth instalment of payment to my late husband for his telephone lines.

Tientsin the 5th of October 1907.

Mathilde Poulsen
Administrator
C. Poulsen.

电铃公司总经理璞尔生之夫人为中国电报局支付第四期款项所立的收据（1907年10月1日）

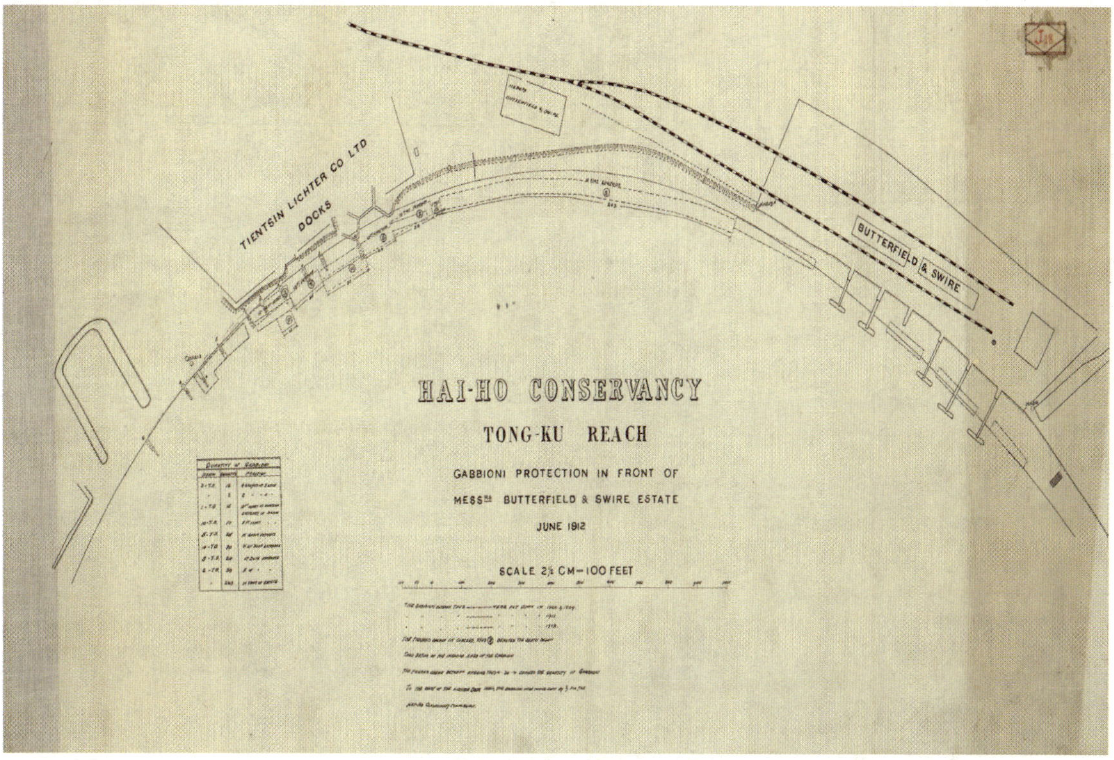

■ 英商太古洋行塘沽河段产业位置图（1912年6月）

图中展示了太古股份有限公司（Butterfield & Swire）塘沽码头和天津驳船有限公司（Tientsin Lichter Co. Ltd）的具体位置关系。怡和、太古、新泰兴和仁记并称天津早期四大洋行。其中太古和怡和两家洋行以航运为主业。早在1881年，太古洋行即在天津开设分行。太古拥有轮船七十余艘，经营天津至上海、广州等多条航线，并拥有自己的码头、船坞，形成了以天津为中心的轮船运输网络。

22

and forwarded by the said Companies' Steamers, shall be signed for and placed in the care of the Chief Mate on board; and delivered by him at the port of destination, against receipt, to the Customs Boarding Officer. The requisite directions are given by the enclosed Memorandum, which will be signed by the Manager and Agent, respectively of the aforesaid Companies, and handed to the various Captains on their next visit to this port.

Encl. No 1.

2 In a separate parcel will be forwarded to you three copies of the "Mail Receipt" Book referred to, for use from the 15th instant.

3 In this connection I beg to request that you will issue for the guidance of your Postal Department and the Out-door Officers concerned, the directions contained in the accompanying Memorandum, compliance with which I consider of the highest importance.

Encl. No 2.

I have the honour
&c &c

(Signed) Detring

Commissioner
(For Postal Matters)

42

No 2
Stat: Dept
25,000 postage stamps receipt acknowledged

Custom House,
Tientsin, 8th August, 1878

Sir,

I have the honour to acknowledge the receipt of your Memorandum No 184 with the postage stamps forwarded thereunder:—

500 Sheets, 12,500 Stamps @ 3 cand:
500 " 12,500 " " 5 "
1000 " 25,000 " in all

I have the honour
&c &c

F. Hirth, Esquire,
Acting Statistical Secretary,
I. M. C.
Shanghai.

(Signed) Detring
Commissioner

No 5
Shai
No 5
Chefoo
No 5
Newchwang
No 1
Tientsin
Receipt for Customs mails carried by Steamers of the C. M. S. N. Co and C. C. S. N. Co

No 2

Custom House
Tientsin, 6th August, 1878.

Sir,

1. I have the honour to inform you that a rule for the carriage of Customs mails has been agreed upon by the General Manager of the China Merchants Company, and the Agent of the China Coast Steam Navigation Company (Messrs Jardine Matheson & Co) here, by which mails despatched by the Imperial Maritime Customs, and

to the
Commissioner of Customs
Shanghai – Chefoo
Newchwang – Tientsin

23

3 A Steamer arriving at Shanghai from the North shall at once be boarded by a Customs Officer, authorized to take delivery of the Customs Mail. This Boarding Officer, after verifying the number of Mail bags, covers, seals &c, and giving the prescribed receipt, shall convey the same without loss of time, but safely, to the Customs; whence the bags addressed to the Shu Hsin Kuan or Local Post Office shall be transmitted, according to the special arrangement made with a view to save time.

4 The Mails made up by the Shu Hsin Kuan and Local Post Office shall at certain hours of the day or night, be collected at the Custom House; and after being entered, together with the mails made up by the Customs Postal Department, in the "Mail Receipt" Book, be sent by a Customs Officer on board the Steamer advertised to leave, and handed over to the Chief Mate or Officer on duty.

These arrangements shall take effect from the 15th instant.

×

44

No 5
Shai

Enclosure No 1

Printed form

No 5
Shai

Enclosure No 2

×

Memorandum
respecting the despatch and delivery of I. M. Customs Mails.

1. The Denomination "Customs Mail" will cover:

a. The bags and mail-covers addressed to the various Commissioners of Customs.

b The bags and covers marked
"Chinese Postal Service
Custom House
× × × × ×"
and in Chinese "Hua Yang Shu Hsin Kuan".

c The bags and covers marked
"Local Post Office
Mail Letters
Shanghai".

2 The a, b, and c Mail bags and covers are to be collected at, and despatched and distributed by, the Postal Department, Custom House, Shanghai, according to a modus to be fixed upon in consultation with the Shu Hsin Kuan and Local Post Office.

天津市档案馆馆藏

珍品档案图录（1655–1949）

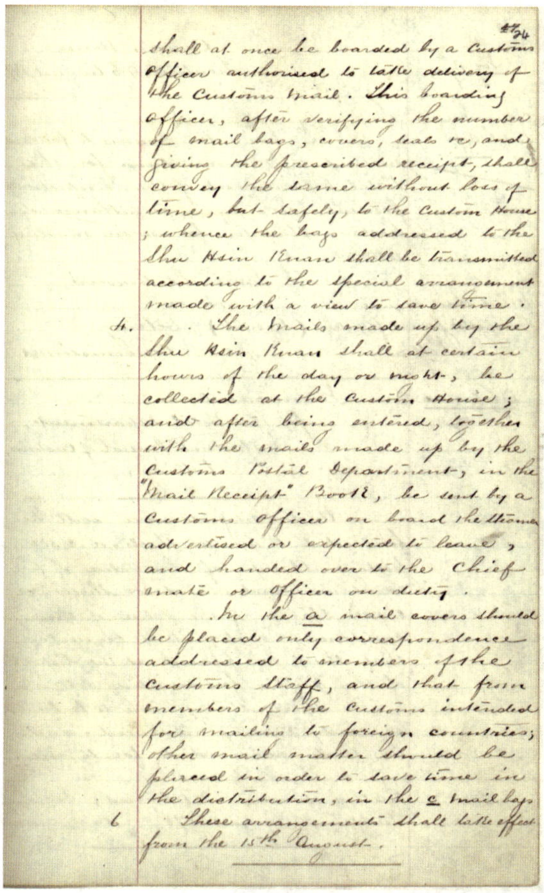
shall at once be boarded by a Customs Officer authorised to take delivery of the Customs Mail. This boarding Officer, after verifying the number of mail bags, covers, seals &c, and giving the prescribed receipt, shall convey the same without loss of time, but safely, to the Custom House; whence the bags addressed to the Shu Hsin Kuan shall be transmitted according to the special arrangement made with a view to save time.

4. The Mails made up by the Shu Hsin Kuan shall at certain hours of the day or night, be collected at the Custom House; and after being entered, together with the mails made up by the Customs Postal Department, in the "Mail Receipt" Book, be sent by a Customs Officer on board the Steamer advertised or expected to leave, and handed over to the Chief mate or Officer on duty.

In the a mail covers should be placed only correspondence addressed to members of the Customs Staff, and that from members of the Customs intended for mailing to foreign countries; other mail matter should be placed in order to save time in the distribution, in the c mail bags.

6 These arrangements shall take effect from the 15th August.

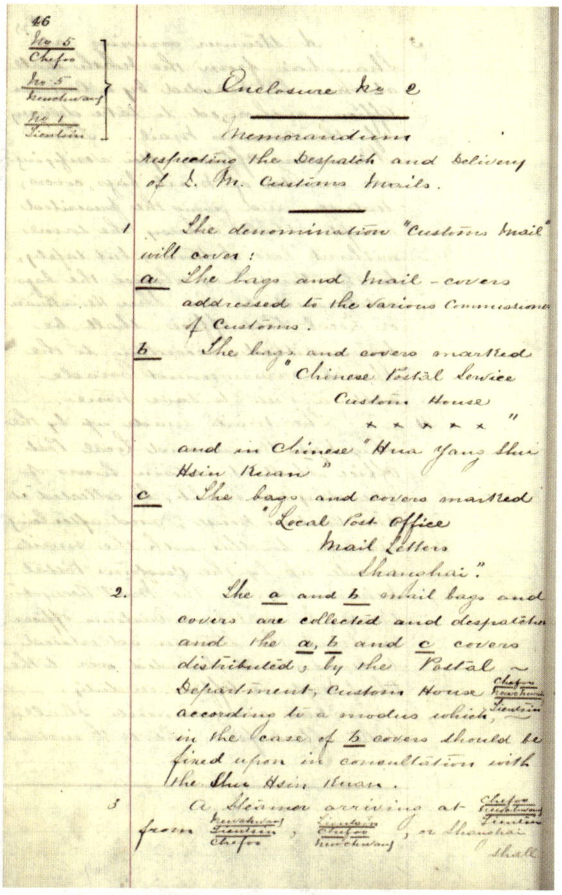
46
No. 5 Chefoo
No. 5 Newchwang
No. 1 Tientsin

Enclosure No. 2

Memorandum
respecting the Despatch and Delivery of I. M. Customs Mails.

1 The denomination "Customs Mail" will cover:

a The bags and mail-covers addressed to the various Commissioners of Customs.

b The bags and covers marked "Chinese Postal Service Custom House × × × × ×" and in Chinese "Hua Yang Shu Hsin Kuan"

c The bags and covers marked "Local Post Office Mail Letters Shanghai".

2. The a and b mail bags and covers are collected and despatched and the a, b and c covers distributed, by the Postal Department, Custom House Chefoo / Newchwang / Tientsin according to a modus which, in the case of b covers should be fixed upon in consultation with the Shu Hsin Kuan.

3 A Steamer arriving at Chefoo / Newchwang / Tientsin from Newchwang / Tientsin / Chefoo, Tientsin / Chefoo / Newchwang, or Shanghai shall

■ 天津海关税务司德璀琳为轮船招商局和怡和洋行代运邮件事的函　附海关邮件收发安排备忘录（1878年8月6日）

怡和洋行天津分行设立于1867年，初专营航运业务。1909年添设出口部，以猪鬃、羊毛、大豆、棉花等为主。1913年添设进口部，以食糖为大宗。中国近代邮政事业在天津诞生之初，天津海关就与轮船招商局、怡和、太古达成了免费代运邮件的协议，这件档案反映了海关试办邮政初期与洋行的合作。

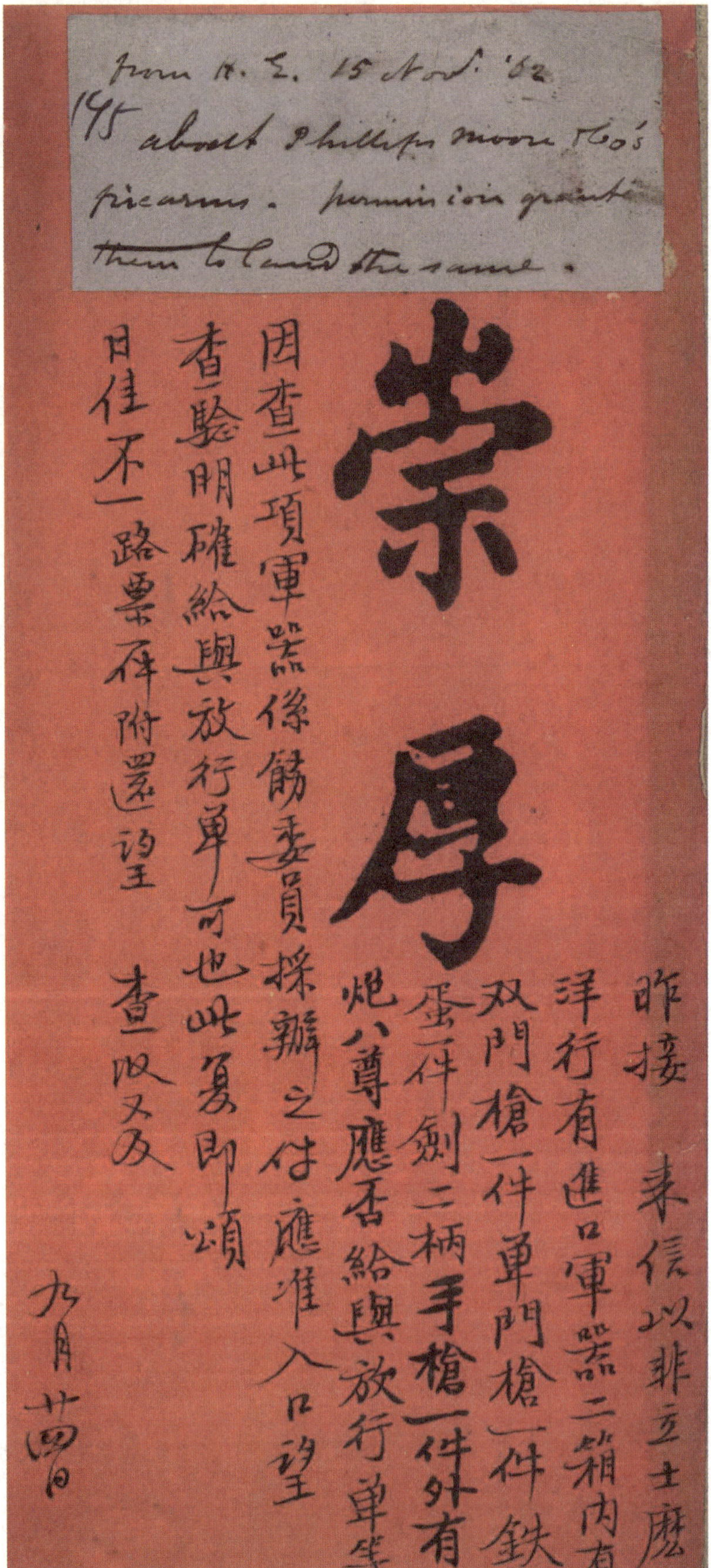

from H. E. 15 Nov. '62
145 about Phillips Moore & Co's firearms. permission granted them to land the same.

昨接
來信以非立士麼
洋行有進口軍器二箱內有
双門槍一件單門槍一件鉄
蛋一件劍二柄手槍一件外有
炮八尊應否給與放行單等
因查此項軍器係飭委員採辦之件應准入口望
查驗明確給與放行單可也此复即頌
日佳不一路票一件附還望
查收又及

崇厚

九月廿四日

三口通商大臣崇厚为非立士摩洋行进口军器请予放行单事致天津海关税务司的函（1862年11月15日）

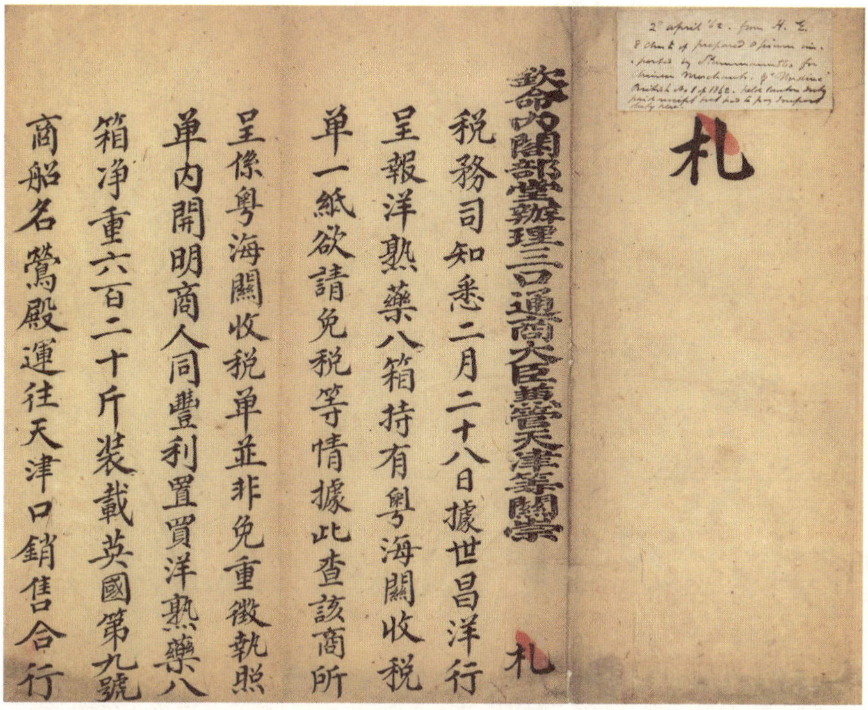

札

欽命內閣部堂辦理三口通商大臣兼管天津等關崇 札

税務司知悉二月二十八日據世昌洋行呈報洋熟藥八箱持有粵海關收税单一紙欲請免税等情據此查該商所呈係粵海關收税单並非免重徵執照单內開明商人同豐利置買洋熟藥八箱淨重六百二十斤裝載英國第九號商船名鶩殿運往天津口銷售合行

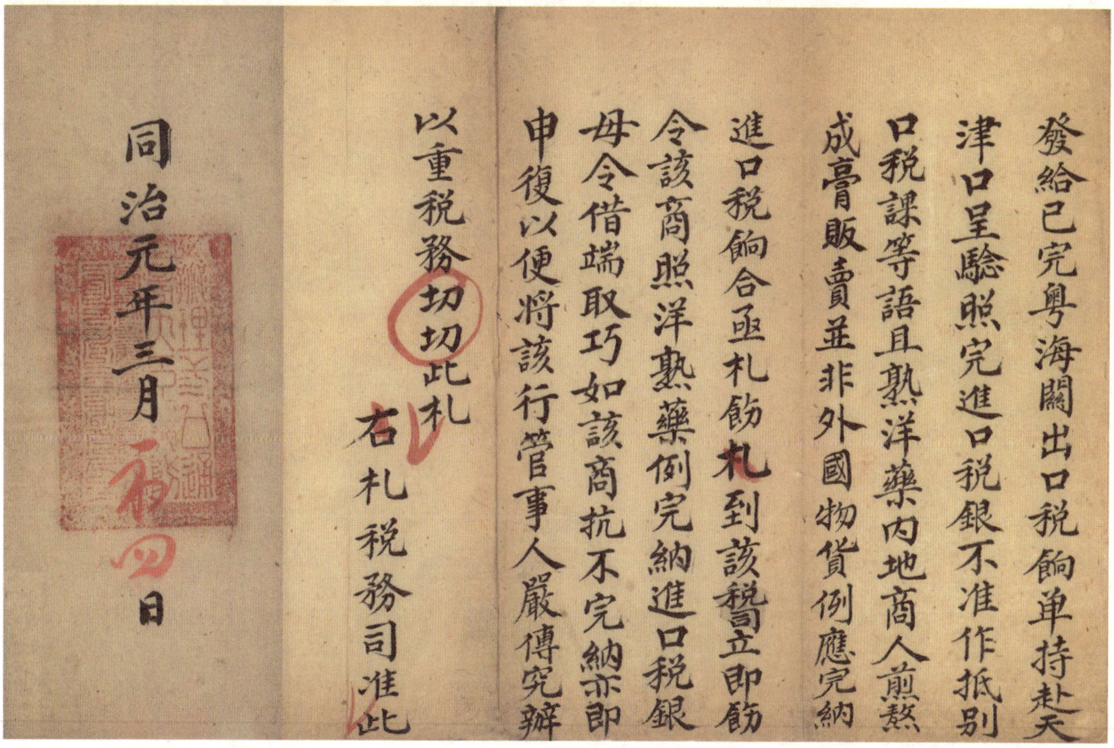

發給已完粵海關出口税餉单持赴天津口呈驗照完進口税銀不准作抵別口税課等語且熟洋藥內地商人煎熬成膏販賣並非外國物貨例應完納進口税餉合亟札飭札到該稅司立即飭令該商照洋熟藥例完納進口税銀毋令借端取巧如該商抗不完納亦即申復以便將該行管事人嚴傳究辦以重税務切切此札

右札税務司准此

同治元年三月初四日

三口通商大臣崇厚为世昌洋行进口洋熟药应交纳进口税事致天津海关税务司札（1862年4月2日）

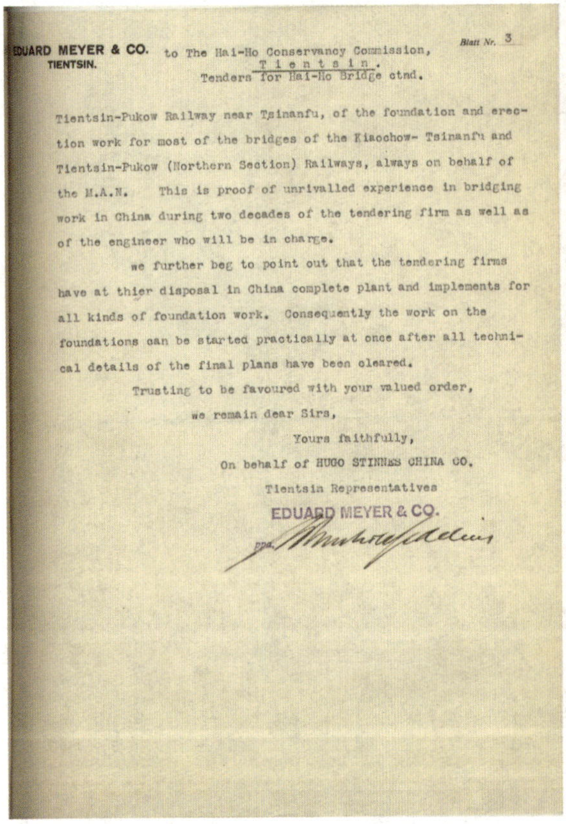
EDUARD MEYER & CO.
TIENTSIN.

to The Hai-Ho Conservancy Commission,
T i e n t s i n.
Tenders for Hai-Ho Bridge ctnd.

Blatt Nr. 3

Tientsin-Pukow Railway near Tsinanfu, of the foundation and erection work for most of the bridges of the Kiaochow- Tsinanfu and Tientsin-Pukow (Northern Section) Railways, always on behalf of the M.A.N. This is proof of unrivalled experience in bridging work in China during two decades of the tendering firm as well as of the engineer who will be in charge.

we further beg to point out that the tendering firms have at thier disposal in China complete plant and implements for all kinds of foundation work. Consequently the work on the foundations can be started practically at once after all technical details of the final plans have been cleared.

Trusting to be favoured with your valued order,

we remain dear Sirs,

Yours faithfully,

On behalf of HUGO STINNES CHINA CO.

Tientsin Representatives

EDUARD MEYER & CO.

ppa.

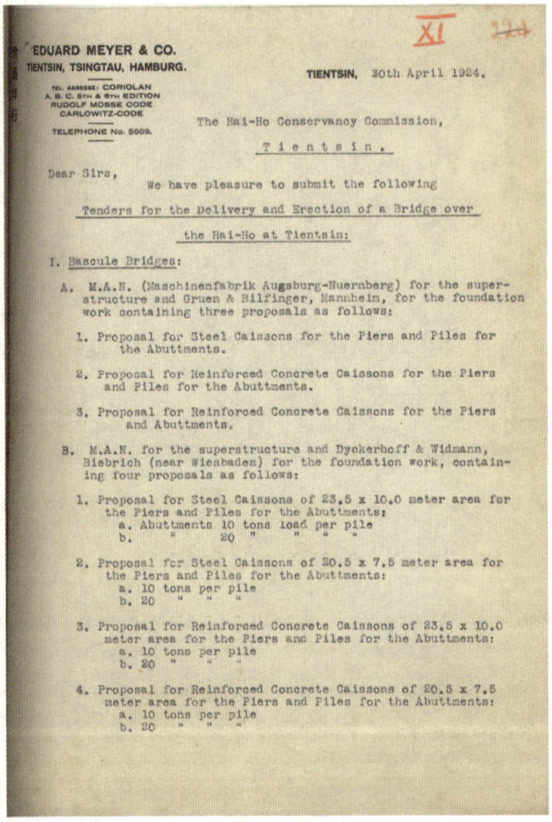
XI

EDUARD MEYER & CO.
TIENTSIN, TSINGTAU, HAMBURG.

TEL. ADRESSE: CORIOLAN
A. B. C. 5TH & 6TH EDITION
RUDOLF MOSSE CODE
CARLOWITZ-CODE

TELEPHONE No. 5009.

TIENTSIN, 30th April 1924.

The Hai-Ho Conservancy Commission,

T i e n t s i n.

Dear Sirs,

We have pleasure to submit the following

Tenders for the Delivery and Erection of a Bridge over the Hai-Ho at Tientsin:

I. Bascule Bridges:

A. M.A.N. (Maschinenfabrik Augsburg-Nuernberg) for the superstructure and Gruen & Bilfinger, Mannheim, for the foundation work containing three proposals as follows:

1. Proposal for Steel Caissons for the Piers and Piles for the Abuttments.

2. Proposal for Reinforced Concrete Caissons for the Piers and Piles for the Abuttments.

3. Proposal for Reinforced Concrete Caissons for the Piers and Abuttments.

B. M.A.N. for the superstructure and Dyckerhoff & Widmann, Biebrich (near Wiesbaden) for the foundation work, containing four proposals as follows:

1. Proposal for Steel Caissons of 23.5 x 10.0 meter area for the Piers and Piles for the Abuttments:
   a. Abuttments 10 tons load per pile
   b. " 20 " " " "

2. Proposal for Steel Caissons of 20.5 x 7.5 meter area for the Piers and Piles for the Abuttments:
   a. 10 tons per pile
   b. 20 " " "

3. Proposal for Reinforced Concrete Caissons of 23.5 x 10.0 meter area for the Piers and Piles for the Abuttments:
   a. 10 tons per pile
   b. 20 " " "

4. Proposal for Reinforced Concrete Caissons of 20.5 x 7.5 meter area for the Piers and Piles for the Abuttments:
   a. 10 tons per pile
   b. 20 " " "

■ 德商世昌洋行呈海河工程局投标书（局部）（1924年4月30日）

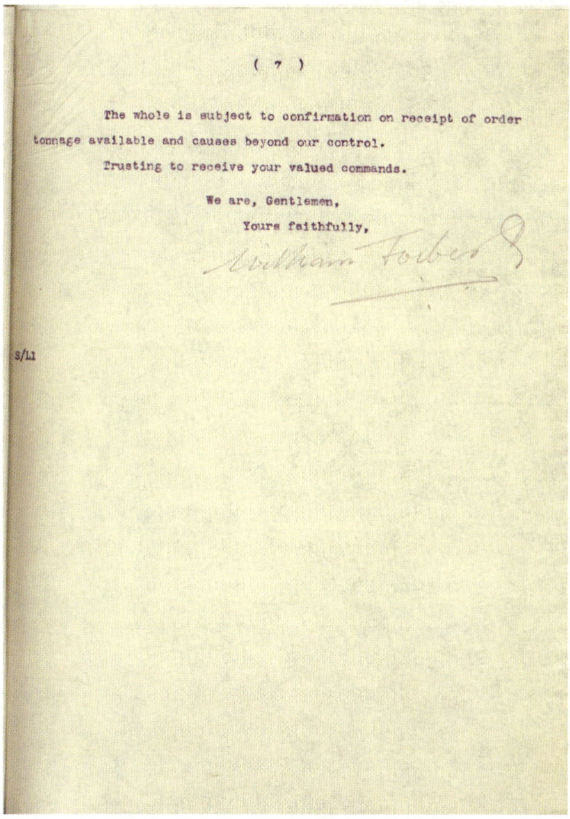

(7)

The whole is subject to confirmation on receipt of order tonnage available and causes beyond our control.

Trusting to receive your valued commands.

We are, Gentlemen,

Yours faithfully,

William Forbes

S/Ll

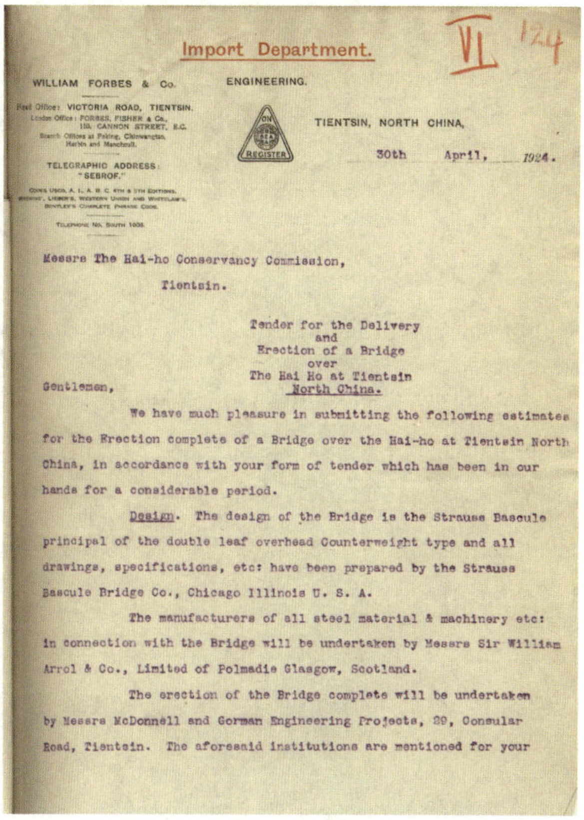

Import Department.

VI 124

WILLIAM FORBES & Co.

Head Office: VICTORIA ROAD, TIENTSIN.
London Office: FORBES, FISHER & Co., 110, CANNON STREET, E.C.
Branch Offices at Peking, Chinwangtao, Harbin and Manchouli.

TELEGRAPHIC ADDRESS: "SEBROF."

Codes Used, A. I., A. B. C. 4th & 5th Editions, Lieber's, Western Union and Whitelaw's, Bentley's Complete Phrase Code.

Telephone No. South 1008.

ENGINEERING.

ON REGISTER

TIENTSIN, NORTH CHINA,

30th April, 1924.

Messrs The Hai-ho Conservancy Commission,

Tientsin.

Tender for the Delivery
and
Erection of a Bridge
over
The Hai Ho at Tientsin
North China.

Gentlemen,

We have much pleasure in submitting the following estimates for the Erection complete of a Bridge over the Hai-ho at Tientsin North China, in accordance with your form of tender which has been in our hands for a considerable period.

Design. The design of the Bridge is the Strauss Bascule principal of the double leaf overhead Counterweight type and all drawings, specifications, etc: have been prepared by the Strauss Bascule Bridge Co., Chicago Illinois U. S. A.

The manufacturers of all steel material & machinery etc: in connection with the Bridge will be undertaken by Messrs Sir William Arrol & Co., Limited of Polmadie Glasgow, Scotland.

The erection of the Bridge complete will be undertaken by Messrs McDonnell and Gorman Engineering Projects, 29, Consular Road, Tientsin. The aforesaid institutions are mentioned for your

■ 英商仁记洋行呈海河工程局投标书（局部）（1924年4月30日）

天津开埠之初，仁记洋行便在天津设立分行，由威廉·傅博斯经营。该行业务范围极广，大到轮船、火车的进口，小到土产日杂的收购均囊括其中。仁记洋行还在华开展各项代理业务。

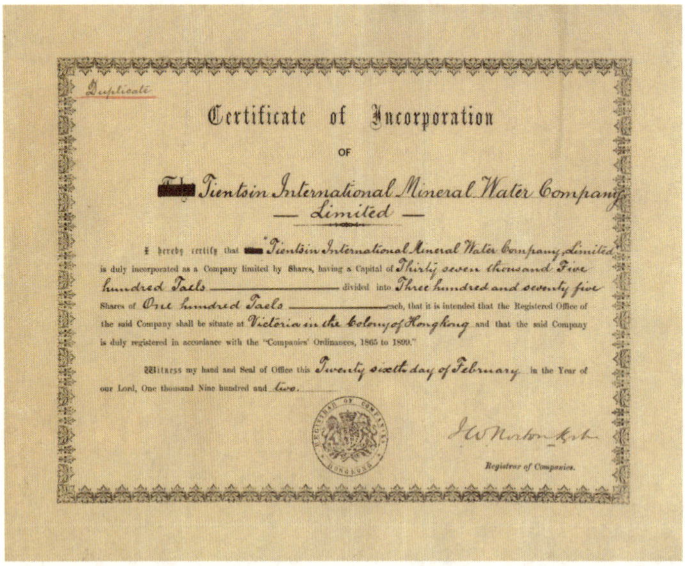
Duplicate

Certificate of Incorporation

OF

[redacted] Tientsin International Mineral Water Company — Limited —

I hereby certify that [redacted] "Tientsin International Mineral Water Company Limited" is duly incorporated as a Company limited by Shares, having a Capital of Thirty seven thousand Five hundred Taels divided into Three hundred and seventy five Shares of One hundred Taels each, that it is intended that the Registered Office of the said Company shall be situate at Victoria in the Colony of Hongkong and that the said Company is duly registered in accordance with the "Companies' Ordinances, 1865 to 1899."

Witness my hand and Seal of Office this Twenty sixth day of February in the Year of our Lord, One thousand Nine hundred and two.

Registrar of Companies.

Certificate of Incorporation

OF

[redacted] "Crystal Limited," Tientsin.

I hereby certify that [redacted] "Crystal Limited," Tientsin is duly incorporated as a Company limited by Shares, having a Capital of Seventy five thousand Tientsin Taels divided into Seven hundred and fifty Shares of One hundred Tientsin Taels each, that it is intended that the Registered Office of the said Company shall be situate at Victoria in the Colony of Hongkong and that the said Company was originally registered in the name of Tientsin International Mineral Water Company, Limited in accordance with the "Companies' Ordinance, 1865."

Witness my hand and Seal of Office this Tenth day of July in the Year of our Lord, One thousand Nine hundred and five.

A. Seth

Registrar of Companies.

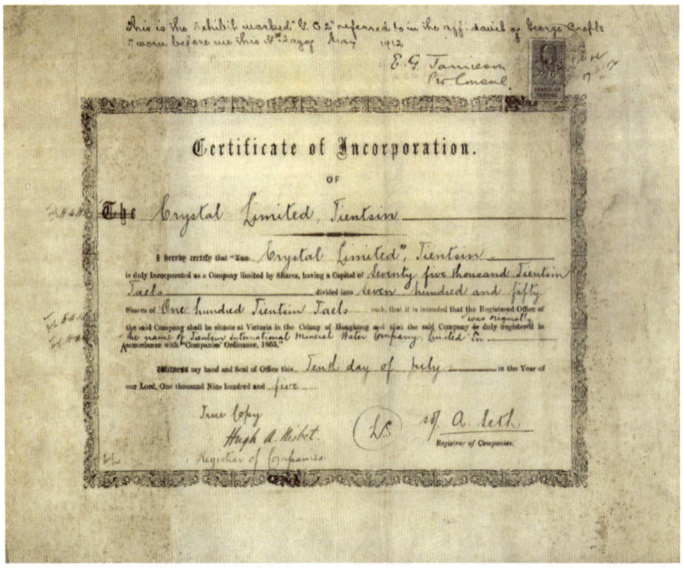
This is the exhibit marked "G. C. 2" referred to in the affidavit of George Crofts sworn before me this 8th day of May 1912

E. G. Jamieson
Pro Consul

Certificate of Incorporation.

OF

The Crystal Limited, Tientsin

I hereby certify that "The Crystal Limited", Tientsin is duly Incorporated as a Company limited by Shares, having a Capital of Seventy five thousand Tientsin Taels divided into seven hundred and fifty Shares of One hundred Tientsin Taels each, that it is intended that the Registered Office of the said Company shall be situate at Victoria in the Colony of Hongkong and that the said Company was originally duly registered in the name of Tientsin International Mineral Water Company, Limited in accordance with "Companies' Ordinance, 1865."

Witness my hand and Seal of Office this Tenth day of July in the Year of our Lord, One thousand Nine hundred and five.

True Copy
Hugh A. Nisbet
Registrar of Companies

(L.S.) A. Seth
Registrar of Companies.

英商天津山海关汽水有限公司开业证书

E.GIPPERICH & Co
興隆洋行
E. GIPPERICH & Co
CANTON ROAD GODOWN DE GIPPERICH AND Co

德商兴隆洋行外景照片

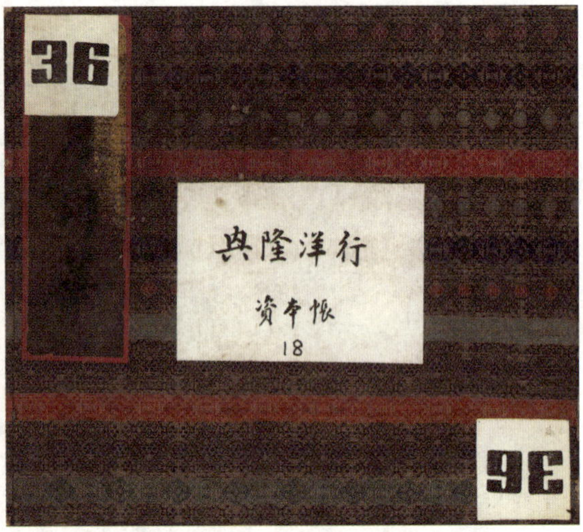

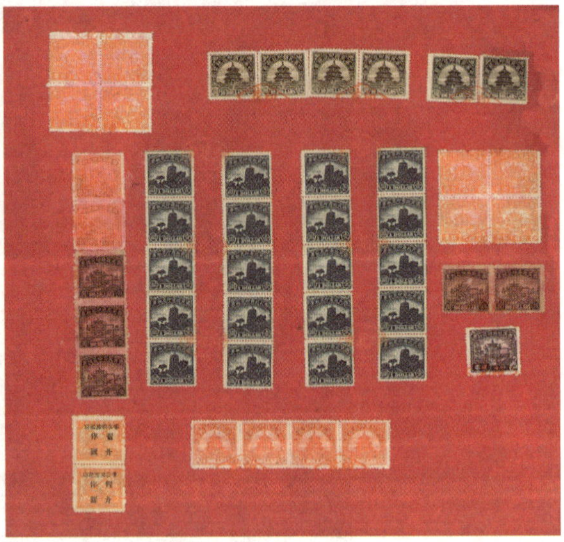

■德商兴隆洋行万年红账（局部）（1941年3月28日）

德商兴隆洋行创立于1898年，早期以推销德国杂货为主。一战后，改由买办高少洲经营，并于1921年在德国领事馆注册，以进出口贸易为主。

立萬年紅帳天津興隆公司股東代表高少洲今在天津英租
界廣東路組織
隆順當生理由興隆公司出資國幣捌萬元整專營當行業務
外此概不經營爰經股東興隆公司代表人聘任宋璞卿君為
經理鈕清平君為副理特請楊萁雲君為監理囑託高少洲君
兼任總管所有本當辦事規程及當職各人義務權益議定各
條如左
一經理副理負掌理本當全部營業對內對外一切責任所有
進退人位監督與贖收付款項審核帳目皆得全權辦理惟
一切均須謹慎從事遇有重要事項並須隨時商取股東代
表人同意不得擅專處理
二監理負運籌款項並與經理副理計畫業務進行之責總管
負協助經理副理監督一切營業之責遇有各人職務內必
要事務監理總管均得直接商同股東代表人辦理
三本當同人服務勤惰由經理副理負責監督指揮報告股東
代表人且監理總管有協助監督之責經理副理與監理總
管尤宜同心協力以期業務日臻發達
四經理每月月薪暫定國幣三十四元副理每月月薪暫定國
幣二十八元監理每月月薪暫定國幣十四元總管每月月
薪暫定國幣十四元將來視營業情形具暫定月薪隨時酌
議至於同人月薪由經理副理酌定但無論何人均不得長
支短欠
五本當帳目每月作月結一次年底作年結一次屆時均由經
理副理監理總管共同審定報告股東代表人每年年底除
去一切正規開支所得純益提出一成作為公積其餘銀股
人股按十二箇半分配但嗣後如有應送同人浮股時須將
浮股額數加入十二箇半總股內平均分配所有此項銀股
人股十二箇半之分配如下
㈠股東九箇　㈠經理一箇二釐　㈠副理九釐
㈠監理七釐　㈠總管七釐
六本當每年年底結帳時應先由股東代表人方面派員查帳
方能分配此外遇有必要情形股東代表人亦得通知經理
副理檢閱帳簿並審查業務及資產狀況
七本當一切圖章帳簿均歸經理副理負責保管無論何人均
不得以本當名義應聲作保
八本當貨架傢俱均為股東自置所有歷年公積均係股東應
享之權益不與經理副理監理總管及同人相干但本當如
遇有虧損時其人股亦不負擔賠責任經理副理監理總管
及同人等如有升遷祇應分已收到之棗利其應收未收之
棗利概無享受之權
九以上各條如有未盡事宜得由股東代表人經理副理監理
總管會議修訂之

立萬年紅帳股東興隆公司代表　高少洲　少洲

經理　宋璞卿　璞

副理　鈕清平　清

監理　楊萁雲　雲

總管　高少洲　少洲

中友人　葉瀛洲　瀛
村靜蓭　靜
郭東臣　臣
劉翰青　青

中華民國三十年三月二十八日　　吉立

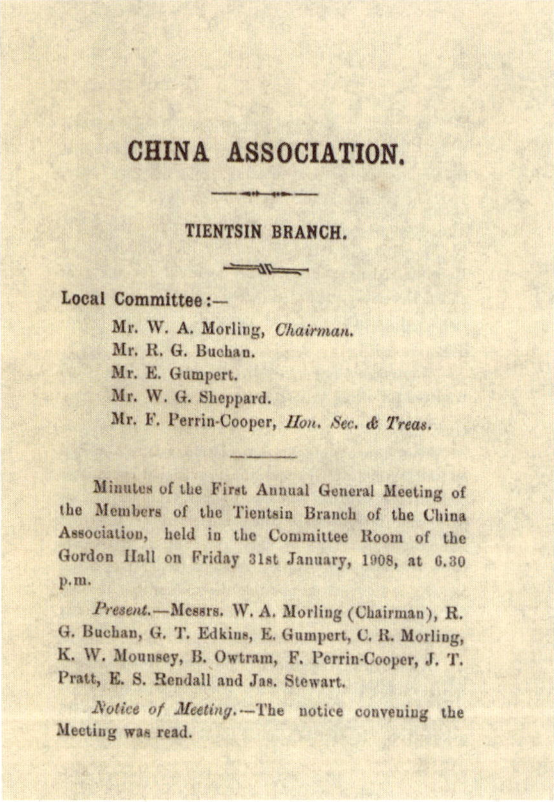

CHINA ASSOCIATION.

TIENTSIN BRANCH.

Local Committee:—

Mr. W. A. Morling, *Chairman.*
Mr. R. G. Buchan.
Mr. E. Gumpert.
Mr. W. G. Sheppard.
Mr. F. Perrin-Cooper, *Hon. Sec. & Treas.*

Minutes of the First Annual General Meeting of the Members of the Tientsin Branch of the China Association, held in the Committee Room of the Gordon Hall on Friday 31st January, 1908, at 6.30 p.m.

Present.—Messrs. W. A. Morling (Chairman), R. G. Buchan, G. T. Edkins, E. Gumpert, C. R. Morling, K. W. Mounsey, B. Owtram, F. Perrin-Cooper, J. T. Pratt, E. S. Rendall and Jas. Stewart.

Notice of Meeting.—The notice convening the Meeting was read.

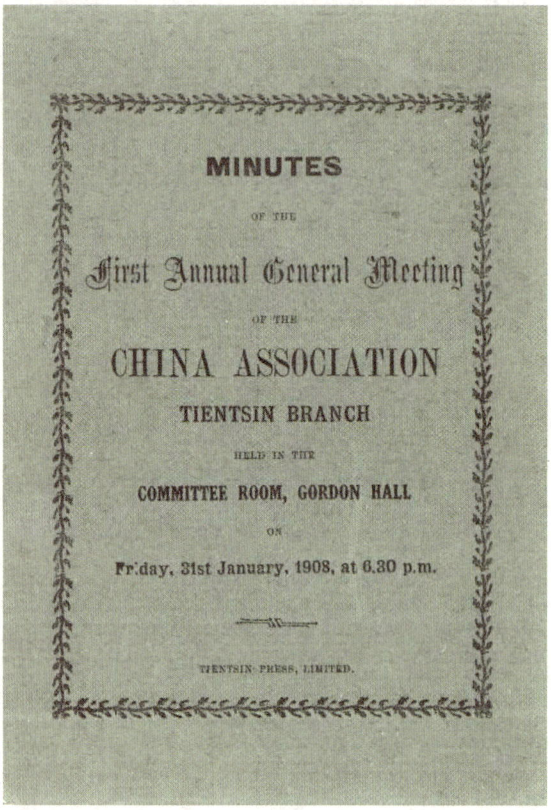

MINUTES

OF THE

First Annual General Meeting

OF THE

CHINA ASSOCIATION

TIENTSIN BRANCH

HELD IN THE

COMMITTEE ROOM, GORDON HALL

ON

Friday, 31st January, 1908, at 6.30 p.m.

TIENTSIN PRESS, LIMITED.

■ 英国中华协会天津分会第一次年会会议记录（局部）（1908 年 1 月 31 日）

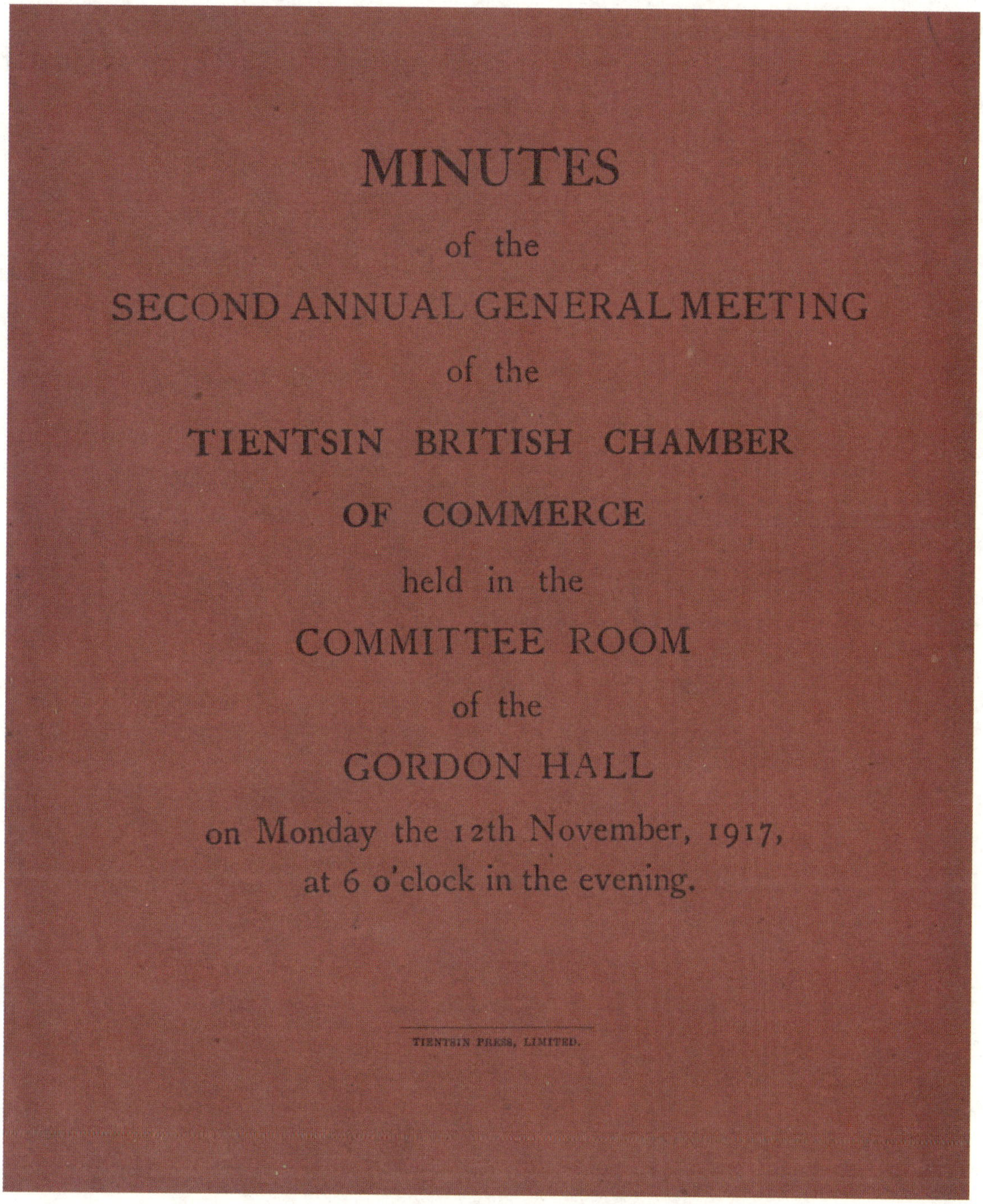
MINUTES
of the
SECOND ANNUAL GENERAL MEETING
of the
TIENTSIN BRITISH CHAMBER
OF COMMERCE
held in the
COMMITTEE ROOM
of the
GORDON HALL
on Monday the 12th November, 1917,
at 6 o'clock in the evening.

TIENTSIN PRESS, LIMITED.

■天津英国商会第二次年会会议记录（局部）（1917年11月12日）

1907年，在津英侨组织了中华协会天津分会。1915年，根据伦敦中华协会总会的建议，决定成立天津英国商会。天津英国商会每年都要召开会员大会。在这份天津英国商会第二次年会的档案里，记载了与会人员名单以及他们任职的洋行名称。

The following members were present :—

		REPRESENTING.
MESSRS.	F. A. KENNEDY,	(Chairman.)
„	E. W. CARTER,	(Messrs. Hatch Carter & Co.)
„	R. G. BUCHAN,	(Wilson & Co.)
„	W. T. GREENLAND,	(Shewan Tomes & Co.)
„	W. M. HOWELL,	(Liddell Bros & Co.)
„	A. E. TIPPER,	(China Mutual Life Insurance Co., Ltd.)
„	W. J. WARMSLEY,	(Perrin Cooper & Co.)
„	W. H. HUNT,	(William Forbes & Co.)
„	W. E. SOUTHCOTT,	
„	H. M. S. MAN,	(Chartered Bank of India Australia and China.)
„	H. G. W. WOODHEAD,	(Tientsin Press, Ltd.)
„	MAJOR W. S. NATHAN,	(Kailan Mining Administration)
„	E. GUMPERT,	(Caldbeck, Macgregor & Co.)
„	H. JACKSON,	(Taku Tug & Lighter Co., Ltd.)
„	E. COOK,	(Cook and Anderson)
„	C. ROGERS,	(Butterfield and Swire.)
„	N. LESLIE,	(Asiatic Petroleum Co., (North China) Ltd.)
„	G. ALABASTER,	(Dunlop Rubber Co.)
„	W. A. MORLING,	(Collins & Co.)
„	F. P. HARROLD,	(Harrold and Robertson.)
„	A. B. LOWSON,	(Hongkong and Shanghai Bank.)
„	A. F. ALGIE,	(Messrs. Doney & Co.)
„	W. W. G. ROSS,	(Jardine Matheson & Co., Ltd.)
„	J. HARPER,	(Harper & Co.)
„	G. E. SODERBOM,	(Eastern Trading Co., Ltd.)
„	R. M. GATLIFF,	(Crofts & Co.)
„	J. TWYFORD THOMAS,	(Twyford & Co.)
„	K. W. MOUNSEY,	(Kent and Mounsey.)
„	F. A. FAIRCHILD,	(F. A. Fairchild.)
„	W. C. CROOKS,	(E. A. Culpeck & Co.)

There were also present

W. P. Ker Esq., C. M. G.
H. B. M. Consul General.
A. Rose, Esq., C. I. E.
The Commercial Attache at Peking.
D. B. Walker Esq., of H. B. M. Consulate General,
Representing the Hon: President.
and K. W. Mounsey Secretary.

The notice convening the meeting having been read by the SECRETARY the Chairman proposed that the Minutes of the last Annual General Meeting having been printed and circulated be taken as read. The proposal seconded by Mr. R. G Buchan was then put to the meeting and passed

The CHAIRMAN then read the Committee's report on the work for the past year and explained the accounts, which are appended, and on his proposal seconded by Mr. F. R. Scott the report and audited accounts were unanimously adopted and passed.

The Committee's report was as follows:—

TIENTSIN,
1st November, 1917.

GENTLEMEN,

The following constitutes the report of your Committee on the second year's work of this Chamber.

The Committee elected at the Annual Meeting held on the 30th October last consisted of Messrs. G. W. Sheppard (Jardine Matheson & Co., Ltd.,) C. R. Morling (Collins & Co.,) J. MacGregor (Chartered Bank) F. R. Scott (Mackenzie & Co., Ltd.,) F. A. Kennedy (Hatch Carter & Co.,) R. G. Buchan (Wilson & Co.,) E. S. Little (Brunner Mond & Co., Ltd.,) and A. H. Mackay (Hirsbrunner & Co.,). During the year however this Committee has undergone some changes. Mr. C. M. Watson of the Eastern Trading Co., Ltd., took the place of Mr. E. S. Little on his resigning in order to join H. M. forces, Mr. Lowson (Hongkong and Shanghai Bank) that of Mr. MacGregor who left for home and Mr. Leslie (Asiatic Petroleum Co.,) for Mr. A. H. Hackay whose death occasioned us much regret.

Mr. Leslie's place was on his departure in turn taken by Mr. W. J. Warmsley (Perrin, Cooper & Co.,) who had formerly occupied a place on the Committee.

During the year 18 Committee meetings have been held during which many interesting and difficult matters have engaged their attention and your Committee ventures to think that their labours in various directions have not been unproductive of good results.

第七章

从洋鬼子到洋大人（之二）

从洋鬼子到洋大人（之三）

十九世纪七十年代，两个大人物坐镇天津。一个是大清国的高级公务员，被国际誉为开创了晚清未有之进步时代的李鸿章。另一个则在几乎与李同样长的任期内，促进了天津口岸的各项进步，他就是洋大人德璀琳。人们常说外来的和尚会念经，德璀琳的这本经念得如何？一切须从海关说起。

天津海关

1861年，朝中政权重新洗牌，托孤八臣先后去职，孤儿寡母始同台为治辛酉政变。这一年，亦有两个机构的设置史无前例。一是成立总理各国事务衙门，取代理藩院和礼部，负责对外交涉事务。这虽是个无官品无编制的机构，却见证了天朝从夷务到洋务，从朝贡到近代外交的转变。另一个就是天津海关。3月23日津海关在天津东浮桥附近设立，1869年迁至紫竹林海关大楼。

天朝体制内原本也有『关』，负责检查船货、征收税捐，乃是中饱私囊的肥缺。海关后起，与之本质不同，是一个不折不扣的洋员云集的机构。用丁韪良的话说，海关是『叛乱的私生子』指太平天国运动，启用洋员本是权宜之计。然而，就是这个在旧肌体里畸形嫁接的新机构，吊诡地摈弃了腐败传统，成为天朝政府最为廉洁高效的机构。

当然，这一切得益于第二任总税务司赫德的努力。他从1861年开始代理斯职，一路平步青云，从正三品坐到正一品，成为掌控海关长达半个世纪的政坛常青树。这位『客卿』在大清海关创建了完整的西方管理制度，税收、统计、人事、设施建设、检验检疫，一切井然有序，造就了让世界都惊艳的中国奇迹。

在庞大的海关系统中，天津海关地位特殊，这不仅反映在仅次上海的进出口货运量，以及绵延千里的管理辖区上，更为重要的是，它在洋务运动时期，对于以天津为中心的一系列近代化尝试的积极参与，以及对李鸿章时代以直隶为中心的近代外交圈的必要辅助。在这个过程中，李鸿章和德璀琳二人『深厚而持久的友谊』一定要提及。

1876年，二人在中英烟台条约的谈判中相识，李鸿章赏识德璀琳的才干，翌年即将其调任天津海关税务司，从此两人形同莫逆。德璀琳更是多次参与大清国的对外交涉谈判，甚至出现了一种声音：北京的外交使团成员如果不先来天津拜会德璀琳与李鸿章，他们将不会有什么作为。除了外交上的客串，德璀琳还直接参与了李鸿章在天津的一系列改革试验，其中就包括由海关兼办的近代邮政。

大清邮政

中国传统的邮件递送方式，官方与民间并行不悖。公文通过驿站往来，商民的私人信函则由民信局经理。近代以降，中西交通、商业往来频繁，传统的邮递愈发不敷应用。1866年，总理衙门委托赫德，在海关下设邮传部，接收各国信件，为海关兼办邮政之始。

1878年，赫德建议仿西洋通例，设立送信官局，统一全国邮政，李鸿章亦觉必要，二人一拍即合。3月9日，由总理衙门出面，指派天津海关税务司德璀琳先行试办，这才有了近代邮政事业在天津的诞生。

德璀琳在天津英租界设立邮政总办事处，并于北京、天津、上海、烟台、牛庄五处试办海关书信馆。3月23日，办事处发布公告，天津海关书信馆正式对公众开放，华洋邮件一律收寄，这一天也标志着近代邮政创始。

6月15日，德璀琳函致江海关造册处，请求设计制作邮票。7月，首批邮票由沪抵津。这套邮票票面印有代表王权的蟠龙图案和大清邮政局字样。邮票分为5分银、3分银和1分银三种。按照规定，重4钱以内的信件，京津间使用3分银邮票，京津至上海、牛庄、烟台使用5分银邮票，新闻纸和印刷品统一使用1分银邮票。天津海关发行的这套大龙票也成为中国近代第一套邮票。

早期，天津海关书信馆为和民信局竞争，遂将京津沪及北方各口岸的邮递工作委托大昌商行经理刘桂芳代办，由海关总文案吴焕负责监督，这就是华洋书信馆。后刘桂芳退出，吴焕欲将之变成全国性商办邮政机构，这引起了赫德不满，责令德璀琳另立邮递系统，即1880年的海关拨驷达局。

位于维多利亚路上的津海关拨驷达局是中国近代邮政的第一总局，建立了以天津为中心辐射京沪及烟台、镇江、牛庄等港口城市的邮路。天津海关在近代邮政事业上的试验，终结了传统邮递官私分离的历史，开启了官办民用的先河。

海河工程局

海关对于天津城市的影响，还表现在架设桥梁和海河疏浚等市政建设上。姑且不论这些行为出于何种目的，市政改造确实深刻影响了这座城市。

天津是九河下梢，千淀归墟，百川赴壑，华北平原的众多水系在天津汇流入海。天津人把海河称为自己的母亲，人们在河上泛舟，在河上生计，它是沟通贸易的黄金水道。人们世代在两岸繁衍生息，海河水滋养了整座城市的四季。海河也是文化基因，沉淀在城市性格里，有河的绵长，亦有海的博大。

然而，海河并非总是驯良的。天津开埠后的三十年间，气象异常，水旱相寻，偏灾迭告，海河患上了『慢性疾病』，『在适当地好转』，旋即又变得严峻。1887年德璀琳在上一年度的海关报告中写道：河道淤浅的速度加快了，海河正在成为口岸怪物。又过十年，海河几乎成了无用的航道。1898年，河道泥沙壅塞，全年竟无一艘轮船可驶抵租界河坝。感受不到潮汐，人们开始恐慌。

1897年，一个中外混合的治河组织『海河工程委员会』成立，由天津海关道、首席领事和海关税务司联席会议共同办理。初期制定了合作投资25万两的工程计划，包括直隶总督拨款10万两以及英租界租地人会议批准的贷款15万两。1900年，第一阶段工程完成，修筑了三道用于控制水量的水闸。但不久，工程因义和团运动和八国联军入侵而告停顿。

天津沦陷后，联军设立都统衙门，根据《辛丑条约》的规定，海河工程委员会改组为海河工程局袁世凯重新接收天津后，津海关道取代都统衙门派驻委员，开始大规模的海河治理工程。从杨豹灵所著《海河问题之研究》一书中，可以了解到海河工程局的治理工程包括六个完整体系：海河本身的整治工程先后进行了六次裁湾取直、大沽沙滩开挖工程、铺垫洼地工程、冬季航行碎冰工作、转船处及桥梁等工程以及上游各支流有关于海河的工程。这一切的改造，都让我们的城市受益。

洋鬼子，洋大人，近代中国的特殊景观。当我们再次审视这些过往的面孔，回味他们像一粒粒酵母，在天朝肌体里漫长而艰难的发酵，是否可以理解整个民族近代化中的细节？1877年，22岁的马士进入天津海关。三十多年后，厚重的《中华帝国对外关系史》摆在了西方世界的面前。1927年，同样的22岁年华，费正清遇到了马士，这位昔日的海关洋员几乎改变了年轻人的一生。费正清立志研修中国历史，终成美国汉学教父。这样的故事，在天津又何曾终止？蝴蝶在大洋的此岸振动了翅膀，人们相信，整个世界将会为之改变。

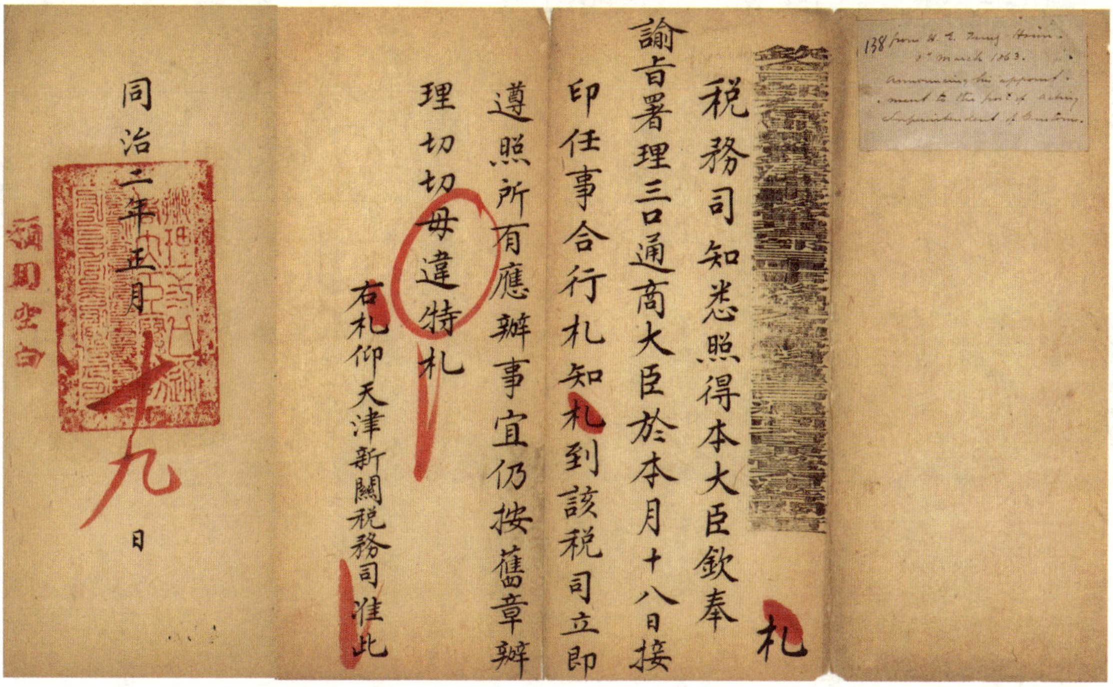

札

稅務司知悉照得本大臣欽奉

諭旨署理三口通商大臣於本月十八日接

印任事合行札知札到該稅司立即

遵照所有應辦事宜仍按舊章辦

理切切毋違特札

右札仰天津新關稅務司准此

同治二年正月十九日

■ 三口通商大臣崇厚为到任接印事致天津海关税务司札（1863年3月8日）

三口通商大臣全称办理牛庄、天津、登州三口通商事务大臣，由崇厚专任。1870年天津教案后，崇厚去职，三口通商大臣遂改为北洋通商大臣，由直隶总督兼任。

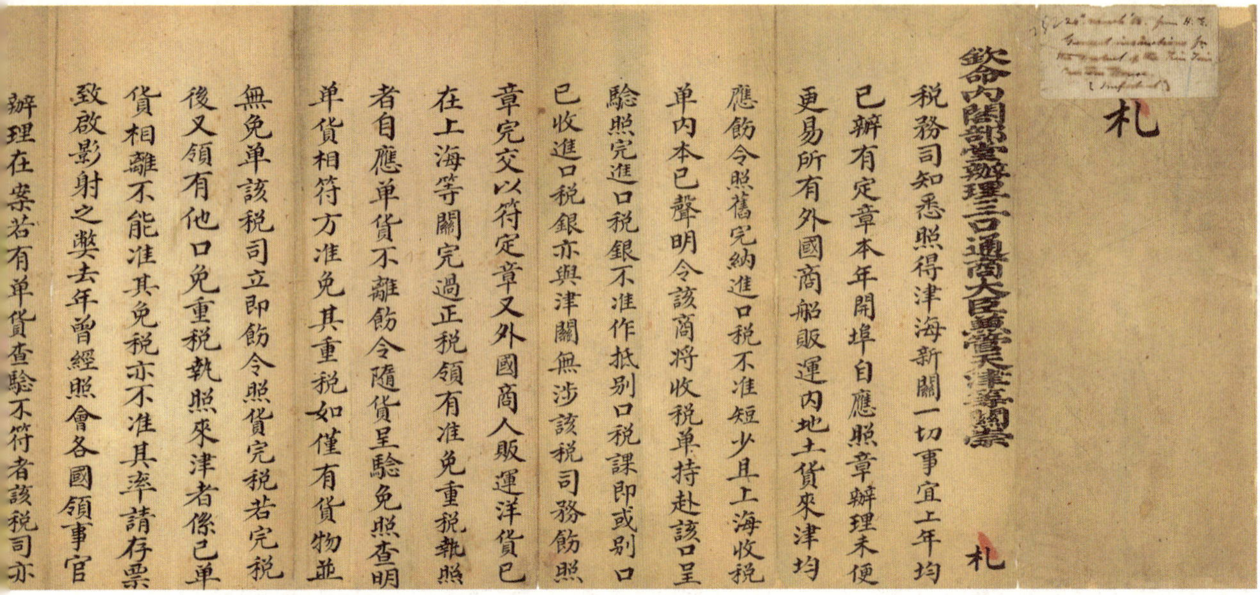
札

欽命内閣部堂辦理三口通商大臣兼管天津海關崇　札

税務司知悉照得津海新關一切事宜上年均已辦有定章本年開埠自應照章辦理未便更易所有外國商船販運内地土貨來津均應飭令照舊完納進口税不准短少且上海收税单内本已聲明令該商將收税单持赴該口呈驗照完進口税銀不准作抵别口税課即或别口已收進口税銀亦與津關無涉該税司務飭照章完交以符定章又外國商人販運洋貨已在上海等關完過正税領有准免重税執照者自應单貨不離飭令隨貨呈驗免照查明单貨相符方准免其重税如僅有貨物並無免单該税司立即飭令照貨完税若完税後又領有他口免重税執照來津者係已单貨相離不能准其免税亦不准其率請存票致啟影射之弊去年曾經照會各國領事官辦理在案若有单貨查驗不符者該税司亦

■ 三口通商大臣崇厚为外国商船贩运内地土货来津应照章纳税查验事致天津海关税务司札（1862年3月24日）

据黄序鹓1914年完成的《海关通志》记载，津海关设于直隶省天津县，辖境自大清河起，至山海关止。凡洋船抵口，若船在拦江河外者，应自拦江河计起，往海以十里为限；若船在大沽者，自海口炮台计起，至海神庙为限；若船在天津紫竹林者，应南自梁家园计起，北至本关卡局码头往北第一个黄船坞为限。津海关下辖秦皇岛分关、塘沽分卡。秦皇岛隆冬不封，每年津河冻后，开平局船便由此运煤，邮局包封亦附此出入。天津海关当水陆路要冲，是北方极为重要的关口之一。

查驗發給中外字樣放行单放行如有不符
亦由委員扣留根究以免偷漏不准僅用外國
字樣放行单致無稽考又外國商人由火輪
船運貨來口因輪船不能守候請將貨物暫
存大沽俟運貨來津再請驗貨報稅上年雖
經辦過實係因輪船不能久候是以如此辦理此後
如再有由火輪船運貨來口必須暫存大沽者應
由該商先將貨物開具清单報請大沽委員
查驗如果相符方准卸存大沽並須該商一面
照貨完清稅餉或先出具銀票保单交該
稅司收存實與稅課不致有缺始准先行給
與紅单出口不准貨未驗明稅未交清先給紅
单致滋弊混此外如有與定章不符或稍有
互異必須商明酌定者該稅司務先報明本
大臣酌奪俟允准後再行照辦不可事未
酌定先自允准致有舛錯合亟札飭札到該
稅務司立即查照認真妥辦毋稍舛錯切切此札

同治元年二月廿四日

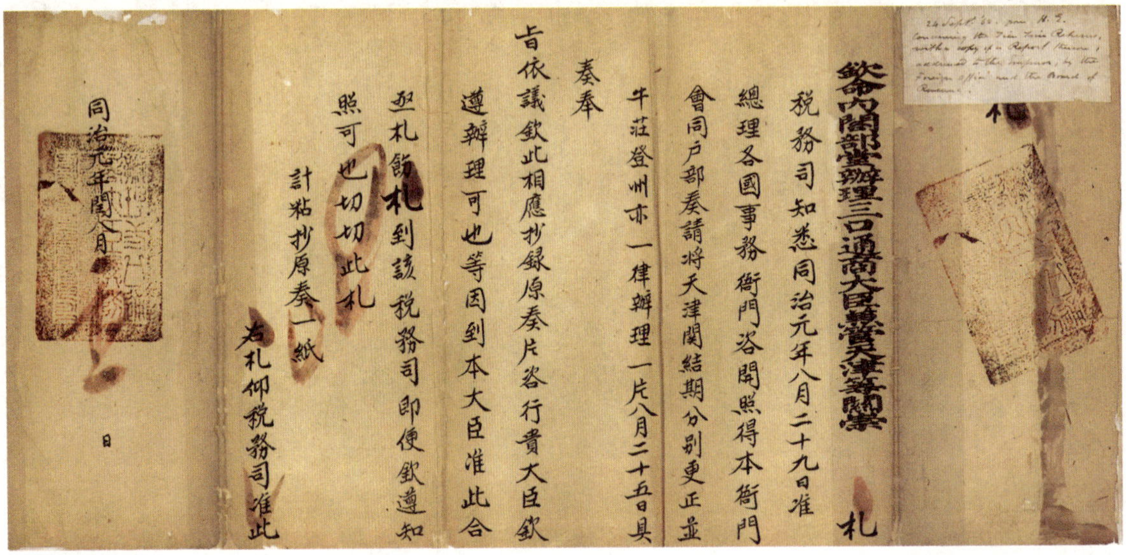
欽命內閣部堂辦理三口通商大臣兼管天津等關崇　札
稅務司知悉同治元年八月二十九日准
總理各國事務衙門咨開照得本衙門
會同戶部奏請將天津關結期分別更正並
牛莊登州亦一律辦理一片八月二十五日具
奏奉
旨依議欽此相應抄錄原奏片咨行貴大臣欽
遵辦理可也等因到本大臣准此合
亟札飭札到該稅務司即便欽遵知
照可也切切此札
計粘抄原奏一紙
右札仰稅務司准此
同治元年閏八月　日

三口通商大臣崇厚为天津关税结期更正并与牛庄、登州一律办理事致天津海关税务司札 附原奏抄件（1862年9月24日）

1861年1月20日，总理衙门获准在京设立，负责对外交涉事务。同年设三口通商大臣，专责北方交涉、通商和海防事宜，并在津开设海关。这件档案便记载了天津海关开关的具体时间（1861年3月23日）以及创办初期税收方面的情况。

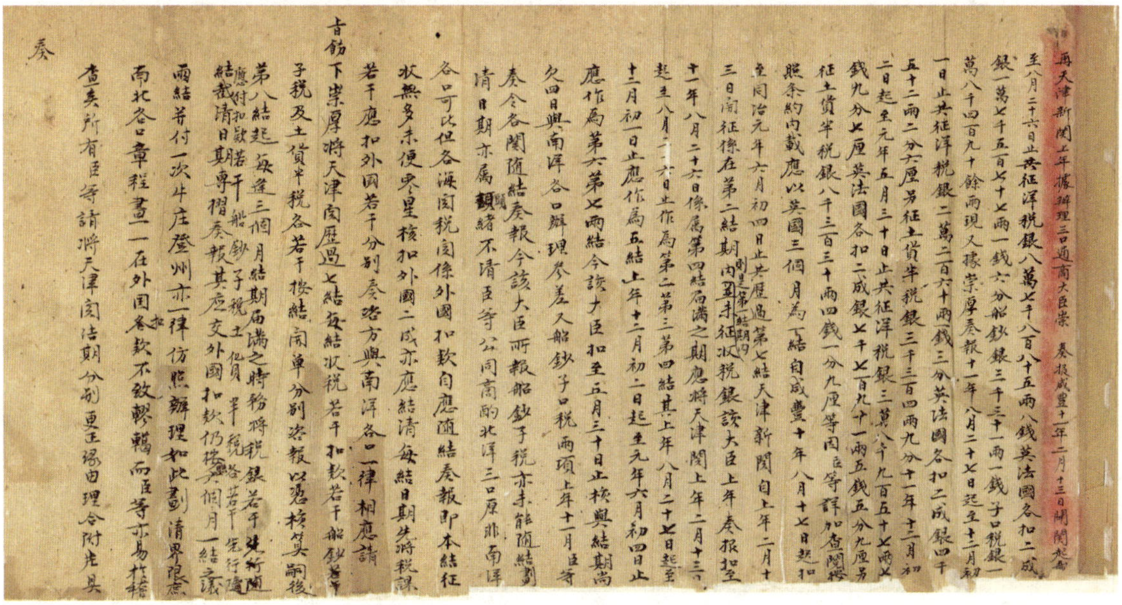
再天津新關上年據辦理三口通商大臣崇　奏報咸豐十一年二月十三日開關起
至八月二十六日止共征洋稅銀八萬七千八百八十五兩八錢英法國各扣二成
銀一萬七千五百七十七兩一錢六分船鈔銀三千三十一兩一錢子口稅銀一
萬八千四百九十餘兩現又據崇厚奏報十一年八月二十七日起至十二月初
一日止共征洋稅銀二萬二百六十兩一錢三分英法國各扣二成銀四千
五十二兩二分六厘另征土貨半稅銀三千三百四兩九分十一年十二月初
二日起至元年五月三十日止共征洋稅銀三萬八千九百五十七兩七
錢九分七厘英法國各扣二成銀七千七百九十一兩五錢五分九厘另
征土貨半稅銀八千三百三十兩四錢一分九厘等因臣等詳加查閱按
照條約內載應以英國三個月為一結自咸豐十年八月十七日起扣
至同治元年六月初四日止共歷過第七結天津新關自上年二月十
三日開征係在第二結期內則是第一結期內並未征收稅銀該大臣上年奏報扣至
十一年八月二十六日係屬第四結屆滿之期應將天津關上年二月十三
起至八月二十六日止作為第二第三第四結其上年八月二十七日起至
十二月初一日止應作為五結上年十二月初二日起至元年六月初四日止
應作為第六第七兩結今該大臣扣至五月三十日止核與結期尚
欠四日與南洋各口辦理參差又船鈔子口稅兩項上年十一月臣等
奏令各關隨結奏報今該大臣所報船鈔子稅亦未能隨結劃
清日期亦屬顛緒不清臣等公同商酌北洋三口原非南洋
各口可比但各海關稅關係外國扣款自應隨結奏報即本結征
收無多未便另星核扣外國二成亦應結清每結日期先將稅課
若干應扣外國若干分別奏咨方與南洋各口一律相應請
旨飭下崇厚將天津關歷過七結每結收稅若干扣款若干船鈔若干
子稅及土貨半稅各若干按結開單分別咨報以憑核算嗣後
第八結起每逢三個月結期屆滿之時務將稅銀若干船鈔子稅土貨半稅若干應付扣款若干先行隨
結截清日期專摺奏報其應交外國扣款仍按每個月一結之議
兩結并付一次牛庄登州亦一律仿照辦理如此劃清界限庶
南北各口章程畫一在外國扣款不致轇轕而臣等亦易於稽
查矣所有臣等請將天津關結期分別更正緣由理合附片具
奏

第七章

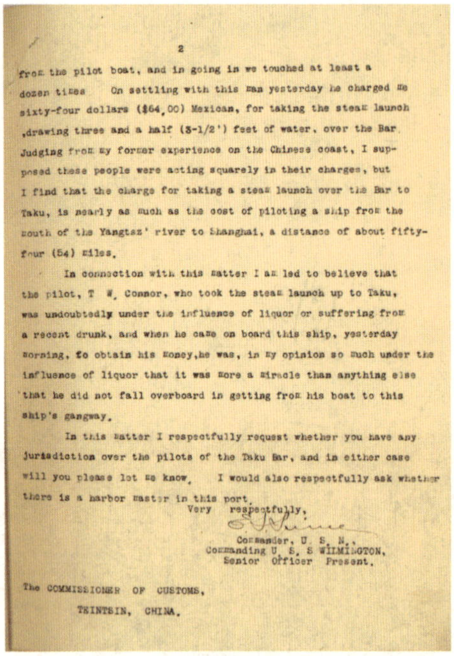

2

from the pilot boat, and in going in we touched at least a dozen times On settling with this man yesterday he charged me sixty-four dollars ($64,00) Mexican, for taking the steam launch ,drawing three and a half (3-1/2') feet of water, over the Bar. Judging from my former experience on the Chinese coast, I supposed these people were acting squarely in their charges, but I find that the charge for taking a steam launch over the Bar to Taku, is nearly as much as the cost of piloting a ship from the mouth of the Yangtsz' river to Shanghai, a distance of about fifty-four (54) miles.

In connection with this matter I am led to believe that the pilot, T W. Connor, who took the steam launch up to Taku, was undoubtedly under the influence of liquor or suffering from a recent drunk, and when he came on board this ship, yesterday morning, to obtain his money,he was, in my opinion so much under the influence of liquor that it was more a miracle than anything else that he did not fall overboard in getting from his boat to this ship's gangway.

In this matter I respectfully request whether you have any jurisdiction over the pilots of the Taku Bar, and in either case will you please let me know. I would also respectfully ask whether there is a harbor master in this port.

Very respectfully,

Commander, U. S. N.,
Commanding U. S. S WILMINGTON,
Senior Officer Present.

The COMMISSIONER OF CUSTOMS,
TSINTSIN, CHINA.

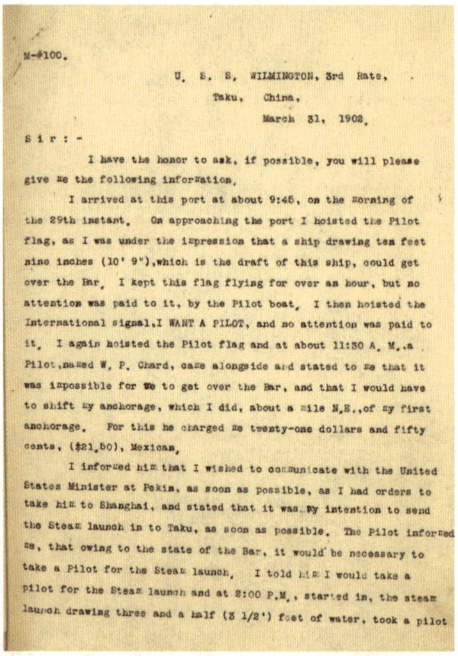

M-#100.

U. S. S, WILMINGTON, 3rd Rate,
Taku, China,
March 31, 1902.

S i r : -

I have the honor to ask, if possible, you will please give me the following information.

I arrived at this port at about 9:45, on the morning of the 29th instant. On approaching the port I hoisted the Pilot flag, as I was under the impression that a ship drawing ten feet nine inches (10' 9"),which is the draft of this ship, could get over the Bar. I kept this flag flying for over an hour, but no attention was paid to it, by the Pilot boat. I then hoisted the International signal,I WANT A PILOT, and no attention was paid to it. I again hoisted the Pilot flag and at about 11:30 A. M.,a Pilot,named W. P. Chard, came alongside and stated to me that it was impossible for me to get over the Bar, and that I would have to shift my anchorage, which I did, about a mile N.E.,of my first anchorage. For this he charged me twenty-one dollars and fifty cents, ($21,50), Mexican,

I informed him that I wished to communicate with the United States Minister at Pekin, as soon as possible, as I had orders to take him to Shanghai, and stated that it was my intention to send the Steam launch in to Taku, as soon as possible. The Pilot informed me, that owing to the state of the Bar, it would be necessary to take a Pilot for the Steam launch. I told him I would take a pilot for the Steam launch and at 2:00 P.M., started in, the steam launch drawing three and a half (3 1/2') feet of water, took a pilot

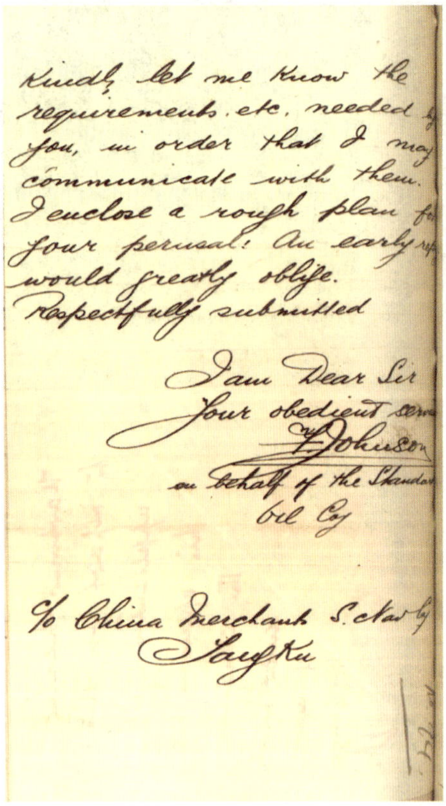

Kindly let me know the requirements etc. needed by you, in order that I may communicate with them. I enclose a rough plan for your perusal. An early reply would greatly oblige. Respectfully submitted

I am Dear Sir
Your obedient serv
Johnson
on behalf of the Standard Oil Coy

c/o China Merchants S. Nav. Co.
Taugku

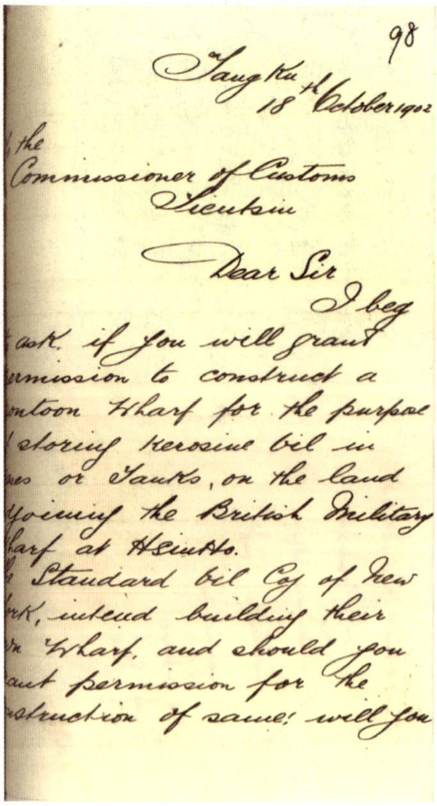

98

Taugku
18th October 1902

the
Commissioner of Customs
Tientsin

Dear Sir

I beg
ask, if you will grant
rmission to construct a
ontoon Wharf for the purpose
storing Kerosine Oil in
ses or Tanks, on the land
joining the British Military
Wharf at Hsinho.
Standard Oil Coy of New
rk, intend building their
n Wharf, and should you
ant permission for the
nstruction of same: will you

■天津都统衙门、天津海关道、汇丰银行等机构致天津海关税务司德璀琳的函（1902年）

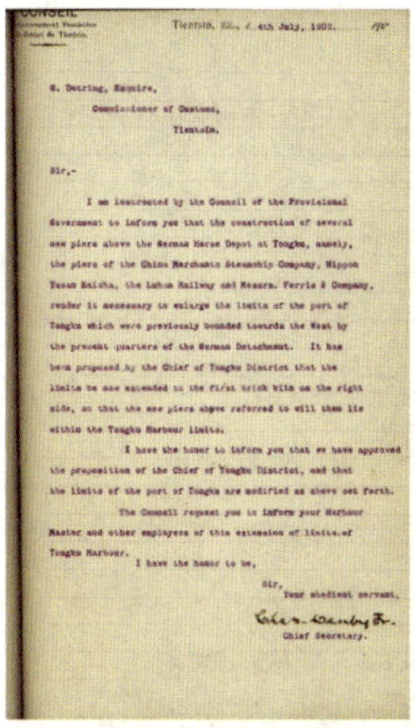

CONSEIL

Tientsin, 4th July, 1902.

G. Detring, Esquire,

Commissioner of Customs,

Tientsin.

Sir,-

I am instructed by the Council of the Provisional Government to inform you that the construction of several new piers above the German Horse Depot at Tongku, namely, the piers of the China Merchants Steamship Company, Nippon Yusen Kaisha, the Luhan Railway and Messrs. Ferris & Company, render it necessary to enlarge the limits of the port of Tongku which were previously bounded towards the West by the present quarters of the German Detachment. It has been proposed by the Chief of Tongku District that the limits be now extended to the first brick kiln on the right side, so that the new piers above referred to will then lie within the Tongku Harbour limits.

I have the honor to inform you that we have approved the proposition of the Chief of Tongku District, and that the limits of the port of Tongku are modified as above set forth.

The Council request you to inform your Harbour Master and other employees of this extension of limits of Tongku Harbour.

I have the honor to be,

Sir,

Your obedient servant,

Chas. Denby Jr.

Chief Secretary.

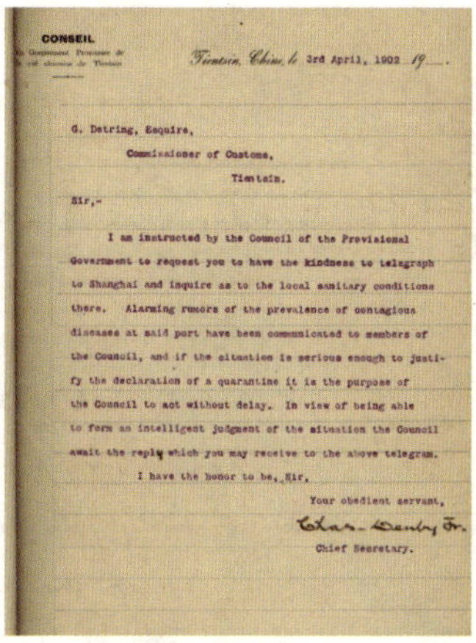

CONSEIL

Tientsin, Chine, le 3rd April, 1902

G. Detring, Esquire,

Commissioner of Customs,

Tientsin.

Sir,-

I am instructed by the Council of the Provisional Government to request you to have the kindness to telegraph to Shanghai and inquire as to the local sanitary conditions there. Alarming rumors of the prevalence of contagious diseases at said port have been communicated to members of the Council, and if the situation is serious enough to justify the declaration of a quarantine it is the purpose of the Council to act without delay. In view of being able to form an intelligent judgment of the situation the Council await the reply which you may receive to the above telegram.

I have the honor to be, Sir,

Your obedient servant,

Chas. Denby Jr.

Chief Secretary.

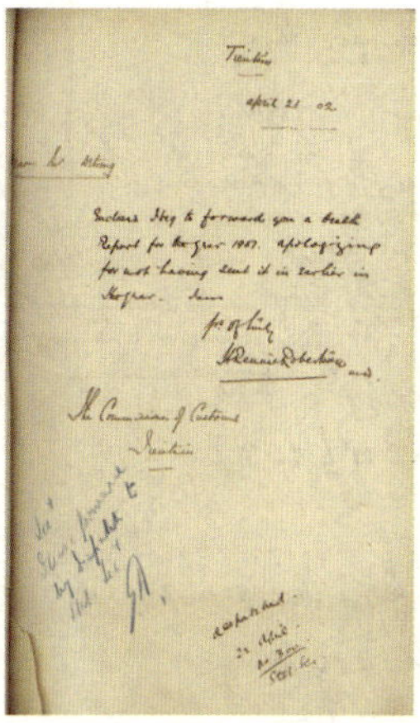

Tientsin

April 21 02

Dear Mr. Detring

Enclosed I beg to forward you a Death Report for the year 1901, apologizing for not having sent it in earlier in the year.

Yours faithfully

A. Rennie Robertson

The Commissioner of Customs

Tientsin

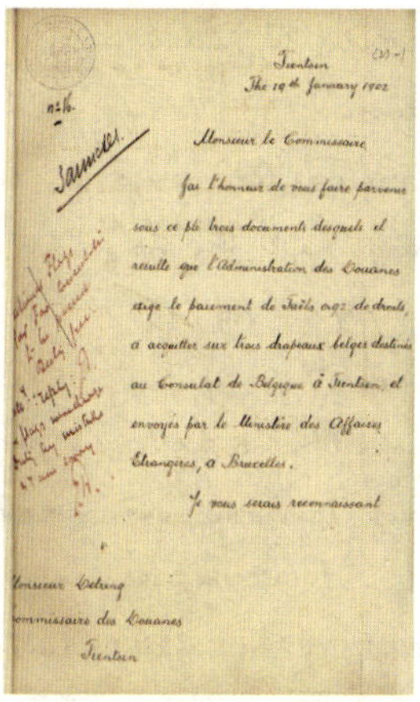

Tientsin

The 19th January 1902

Monsieur le Commissaire

J'ai l'honneur de vous faire parvenir sous ce pli trois documents desquels il résulte que l'Administration des Douanes exige le paiement de Taëls 0.92 de droits, à acquitter sur trois drapeaux belges destinés au Consulat de Belgique à Tientsin et envoyés par le Ministère des Affaires Etrangères, à Bruxelles.

Je vous serais reconnaissant

Monsieur Detring

Commissaire des Douanes

Tientsin

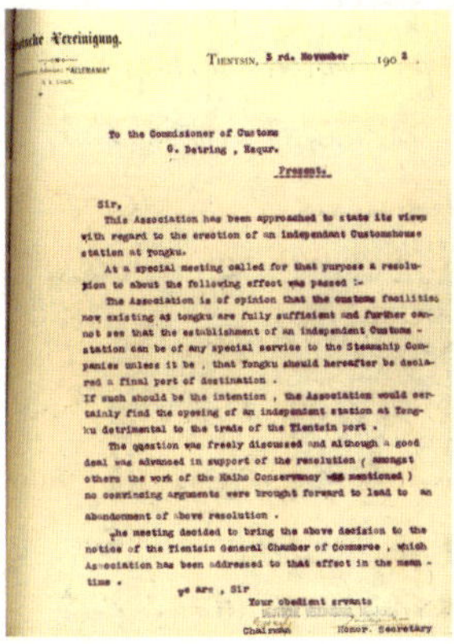

Deutsche Vereinigung.

Tientsin, 3 rd. November 1902.

To the Commissioner of Customs

G. Detring, Esqur.

Present.

Sir,

This Association has been approached to state its views with regard to the erection of an independent Customshouse station at Tongku.

At a special meeting called for that purpose a resolution to about the following effect was passed :-

The Association is of opinion that the customs facilities now existing at tongku are fully sufficient and further cannot see that the establishment of an independent Customs-station can be of any special service to the Steamship Companies unless it be, that Tongku should hereafter be declared a final port of destination.

If such should be the intention, the Association would certainly find the opening of an independent station at Tongku detrimental to the trade of the Tientsin port.

The question was freely discussed and although a good deal was advanced in support of the resolution (amongst others the work of the Haiho Conservancy was mentioned) no convincing arguments were brought forward to lead to an abandonment of above resolution.

The meeting decided to bring the above decision to the notice of the Tientsin General Chamber of Commerce, which Association has been addressed to that effect in the meantime.

We are, Sir

Your obedient servants

Chairman Honor. Secretary

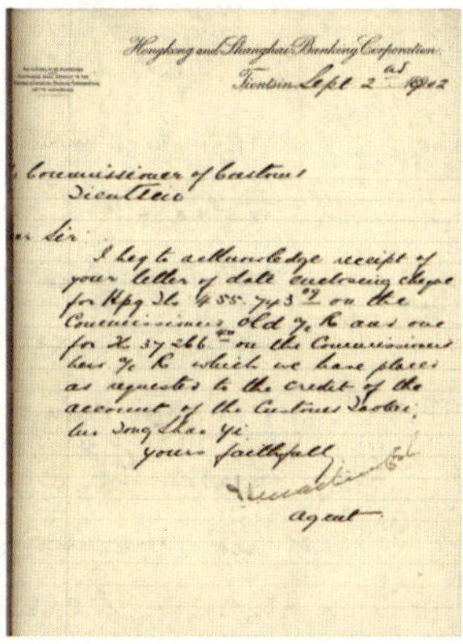

Hongkong and Shanghai Banking Corporation

Tientsin Sept 2nd 1902

The Commissioner of Customs

Tientsin

Dear Sir:

I beg to acknowledge receipt of your letter of date enclosing cheque for Hpg Tls 455.743.97 on the Commissioner Old % h and one for Tls 37,266.00 on the Commissioner New % h which we have placed as requested to the credit of the account of the Customs Taotai, Tong Shao Yi.

Yours faithfully

Agent

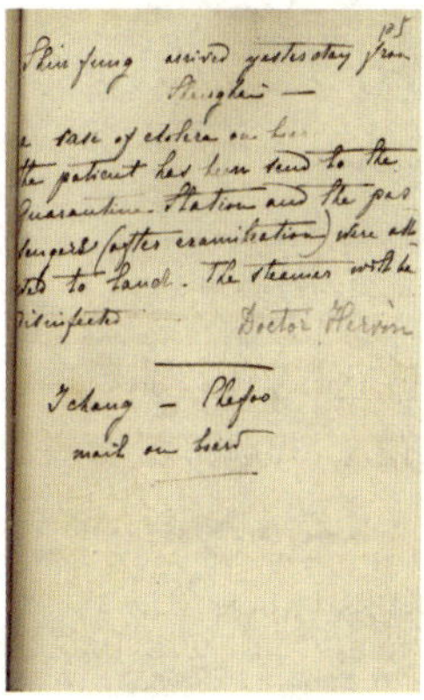

Shin fung arrived yesterday from Shanghai —

a case of cholera on board the patient has been sent to the Quarantine Station and the passengers (after examination) were allowed to land. The steamer will be disinfected

Doctor Hervin

Ichang — Phepo

mail on board

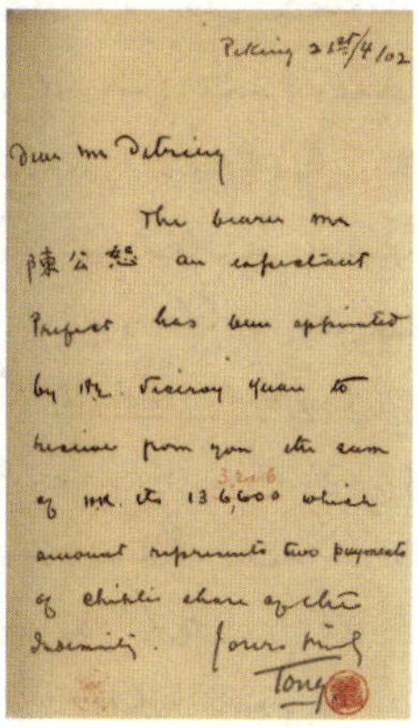

Peking 21st/4/02

Dear Mr Detring

The bearer Mr 陳公懋 an expectant Prefect has been appointed by H.E. Viceroy Yuan to receive from you the sum of HK. Tls 136,600 which amount represents two payments of Chihli share of the Indemnity.

Yours truly

Tong

No. 2779.

I. G.

4. October, 1902.

Sir,

Deputy Commr's. Lease: reply to query concerning forfeit in connection with renewal of lease of. Houses, etc., owned & rented: forwarding particulars & plan showing situation of.

1. I have the honour to acknowledge receipt of your despatch No. 218 of 6 September last:

Dep. Commissioner's house: renewal of lease of, sanctioned; Houses, etc., owned and rented: Particulars re, called for.

and in reply to your query:

"Seeing the house is rented,

"why should there be a forfeit?"

I beg to state as follows:–

Mr Nefedieff, whilst acting as Agent, made a contract with himself to lease the house himself on the expiry of our tenancy. He further bound himself as Agent for the proprietress in a forfeit of Tls. 1000 should the Agreement be broken! This Agreement was binding on the Agent, and as such Mr. Batonieff could

could only renew our lease if we agreed to indemnify him for the amount of the forfeit. The transaction was a curious one and had the forfeit not been arranged for in the Agreement drawn up by Mr. Nefedieff, there would have been no possibility of our renewing our lease.

2. In compliance with the second part of the above-quoted despatch I enclose a plan of the Tientsin Settlements showing, in yellow, the houses and ground plots owned by the Customs and, in red, the houses rented. The references are as follows:

<u>Property owned</u> (<u>coloured yellow</u>):

A. Custom House building, etc. in French Concession. Mow 10.373. Estimated value: Building, Tls. 30,000. Land, Tls. 83,000. Total Tls.

天津海关税务司德璀琳为津海关房产情况事致海关总税务司赫德的第2779号呈文附天津海关产业位置示意图（1902年10月4日）

Tls. 113,000.

B. Commissioner's house and garden.
Lot No. 8. British Concession - Mo
13.58 (99 years' lease dating from
1861). Estimated value :- House,
Tls. 10,000. Land, Tls. 108,000. Tota
Tls. 118,000.

C. Commissioner's compound. Lot No. 10,
British Concession (adjoining B.).
Mou 11.42 (99 years' lease dating fr
1861). Estimated value: Tls. 92,000

D. Examination Shed Compound and
Harbour Master's residence. Lot
No. 21. British Concession. Mou
8.73 (99 years' lease dating from 18
Estimated value:- House and buildings
Tls. 10,000. Land, Tls. 70,000.
Total, Tls. 80,000.

Property rented (coloured red):-

E. Two rooms for Examiner Eckwold,
French Concession. Rent Tls 480 a year

F. House for Examiners Mackenzie and
Moreland
Moreland, French Concession. Rent
Tls. 480 a year.

G. Imperial Post Office, French
Concession. The whole of upper
storey used as quarters for Asst.
Examiners and Tidewaiters.
Rent of whole building, Tls. 3000
a year.

H. Two semi-detached houses, British
Concession, for Asst. Examiner
Halberg and 2nd Class Tidewaiter
Tiismar. Rent for both houses
together, Tls 720 a year.

I. House for Deputy Commissioner
(Mr. Mayers), British Concession.
Rent. Tls. 1000 a year.

J. House for Married Assistant (Mr.
Hey), British Extra Concession.
Rent, Tls. 720 a year.

I have, etc.,
(Signed) Detring.
Commissioner.

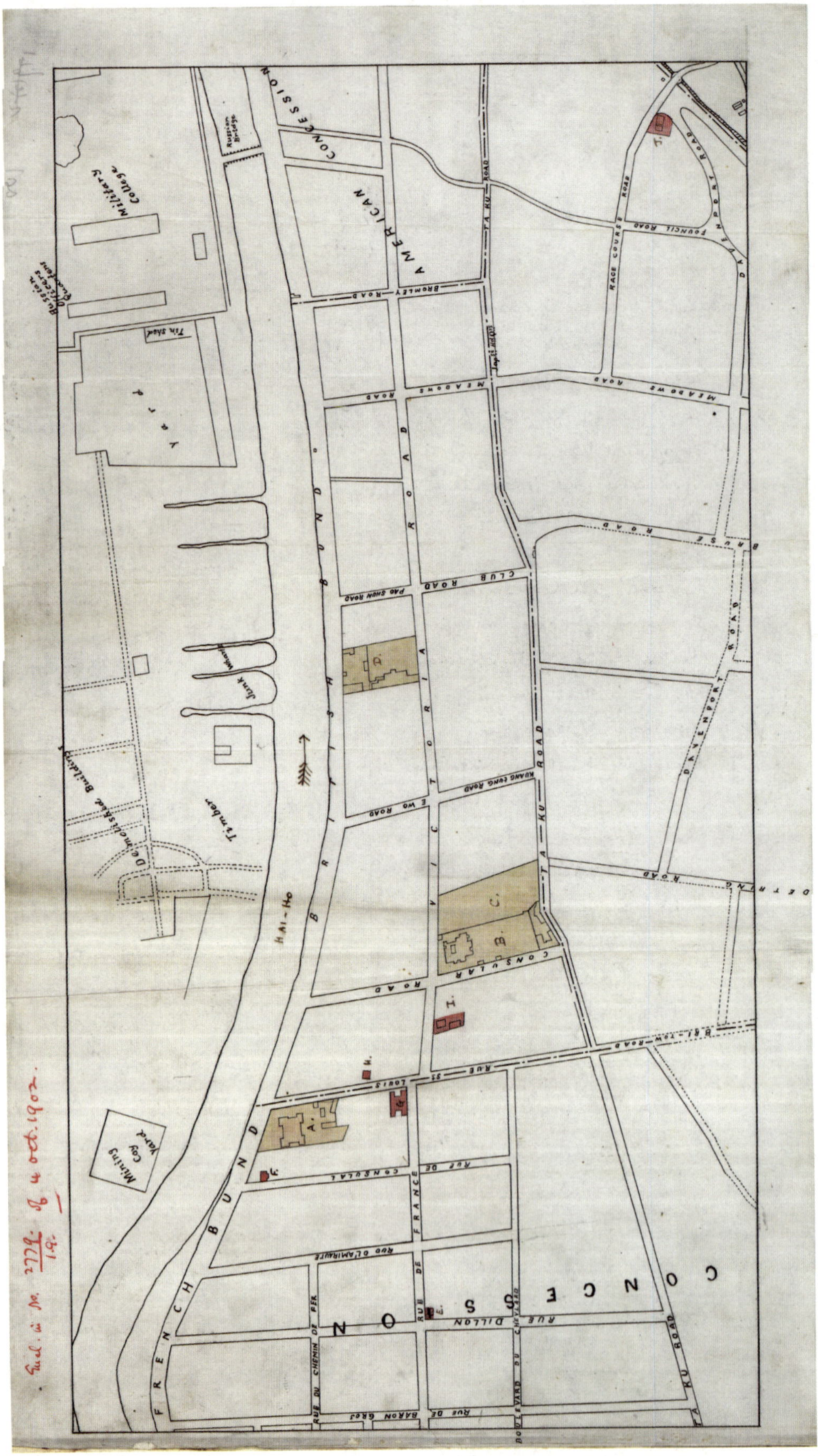
AMERICAN CONCESSION
BRITISH BUND
VICTORIA ROAD
TAKU ROAD
FRENCH BUND
CONCESSION
HAI-HO
Military College
Yard
Timber
Mining Coy Yard
BROMLEY ROAD
MEADOWS ROAD
CLUB ROAD
PAO SHUN ROAD
CONSULAR ROAD
RACE COURSE ROAD
COUNCIL ROAD
DAVENPORT ROAD
RUE DE FRANCE
RUE DILLON

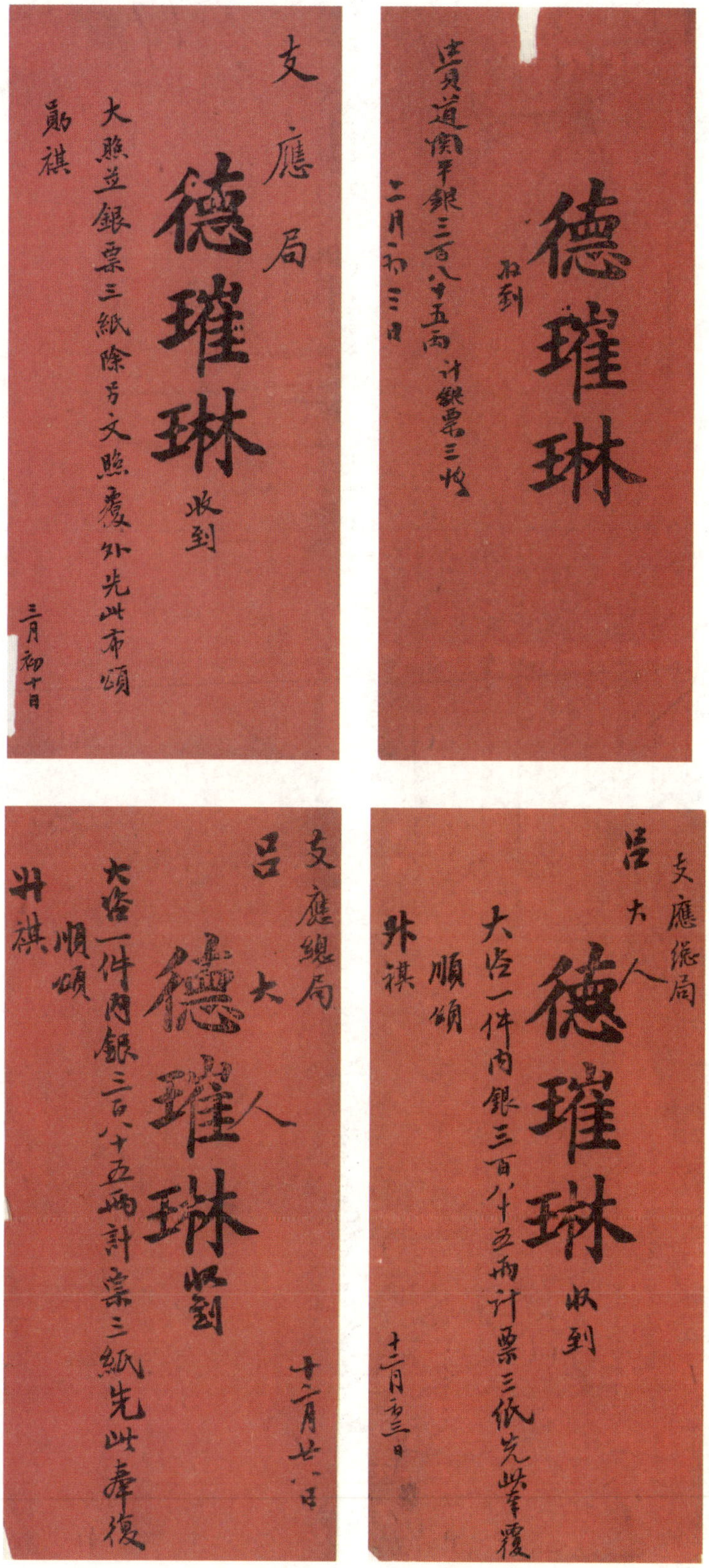

■ 天津海关税务司德璀琳名帖

海关为晚清接纳洋员最多的机构，德璀琳便是海关洋员中知名度很高的一位。1867年，德璀琳出任天津海关四等文书，后担任津海关税务司长达二十余年。任职期间对李鸿章在津举办洋务多有协助，对近代外交亦有涉及。德璀琳长期担任天津英租界工部局董事长，对租界的建设和生活影响深远。

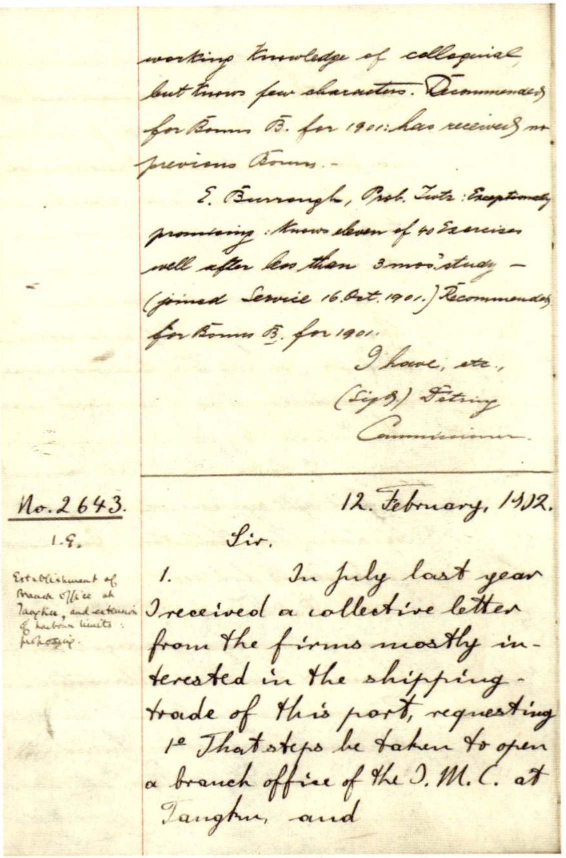
working knowledge of colloquial but knows few characters. Recommended for Bonus B. for 1901: has received no previous Bonus.

E. Burrough, Prob. Tidr.: Exceptionally promising: Knows eleven of 40 Exercises well after less than 3 mos.' study — (joined Service 16 Oct. 1901.) Recommended for Bonus B. for 1901.

I have, etc.,
(Sigd.) Detring
Commissioner.

No. 2643.
I.G.

Establishment of Branch Office at Tangku, and extension of harbour limits: proposing.

12 February, 1902.

Sir,

1. In July last year I received a collective letter from the firms mostly interested in the shipping trade of this port, requesting

1° That steps be taken to open a branch office of the I.M.C. at Tangku, and

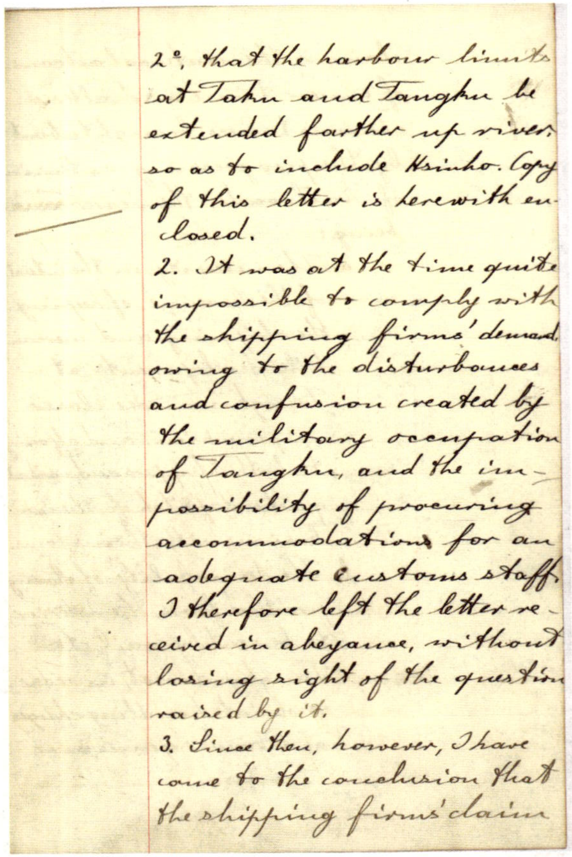
2° that the harbour limits at Taku and Tangku be extended farther up river so as to include Hsinho. Copy of this letter is herewith enclosed.

2. It was at the time quite impossible to comply with the shipping firms' demand owing to the disturbances and confusion created by the military occupation of Tangku, and the impossibility of procuring accommodations for an adequate Customs staff. I therefore left the letter received in abeyance, without losing sight of the question raised by it.

3. Since then, however, I have come to the conclusion that the shipping firms' claim

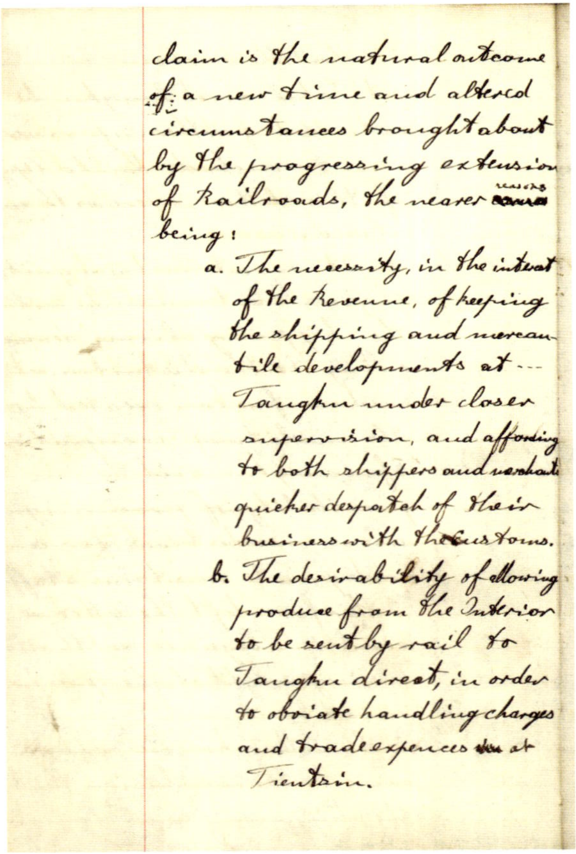
claim is the natural outcome of a new time and altered circumstances brought about by the progressing extension of railroads, the nearer reasons being:

a. The necessity, in the interest of the Revenue, of keeping the shipping and mercantile developments at Tangku under closer supervision, and affording to both shippers and merchants quicker despatch of their business with the Customs.

b. The desirability of allowing produce from the Interior to be sent by rail to Tangku direct, in order to obviate handling charges and trade expences at Tientsin.

■ 天津海关税务司德璀琳为开设塘沽海关分卡及展延港口界限事致海关总税务司赫德的第2643号呈文（1902年2月12日）

c. The desirability of allowing inward cargo to be sent from Tangku by rail directly to the interior, for the same reasons.

d. The advisability, in the interest of the Revenue, of providing a proper Customs Station at Tangku, for dealing with native shipping which sooner or later is to come under the supervision of the I.M.C.

4. In order to provide suitable buildings for the suggested Branch office at Tangku, a sum of forty thousand Hk. Taels (Hk. Tls. 40,000) would be required, which would cover the cost of an office building to be erected on the premises ceded to the Customs some years ago by the Imperial Railway Administration, the erection of three dwelling houses for the staff on the lot situated on the right bank of the River opposite the present Customs premises, and the bunding of the water frontage of this lot with a jetty or pontoon landing stage. In the event of your sanctioning the expenditure I shall have plans and estimates prepared, and submit them for your approval, so that immediate action may be taken.

5. For the maintenance of an adequate Customs Staff at Tangku for collecting the Revenue both from the Foreign and Native Shipping, I reckon that a yearly expense of Hk. Tls. 25,000 will have to be met, – it being at present, i.e. for the year 1901, Hk. Tls. 10,330.

6. As to the extension of the harbour limits to Hsinho, I see no objection to granting it, in accordance with the shipping firms' request.

I have, etc.,

(sigd.) Detring

Commissioner

No. 2644. 15 Feb. 1902.

I.G.

Telegram.

[C. – 142].

(sd.) Detring.

Commissioner

Bredon Shanghai

Please arrange send here

Clerks Keng Shang Ts'ai

Chien Huai to transferred

Canton during troubles Detring

No. 5 No. 6

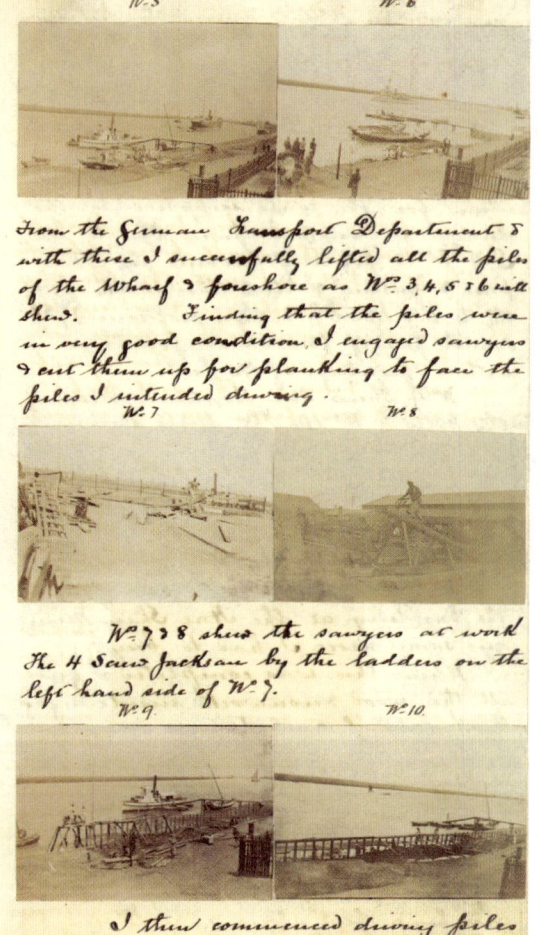

from the German Transport Department & with these I successfully lifted all the piles of the Wharf & foreshore as No. 3, 4, 5 & 6 will shew. Finding that the piles were in very good condition I engaged sawyers & cut them up for planking to face the piles I intended driving.

No. 7 No. 8

No. 7 & 8 shew the sawyers at work. The 4 Senr Jackson by the ladders on the left hand side of No. 7.

No. 9 No. 10

I then commenced driving piles

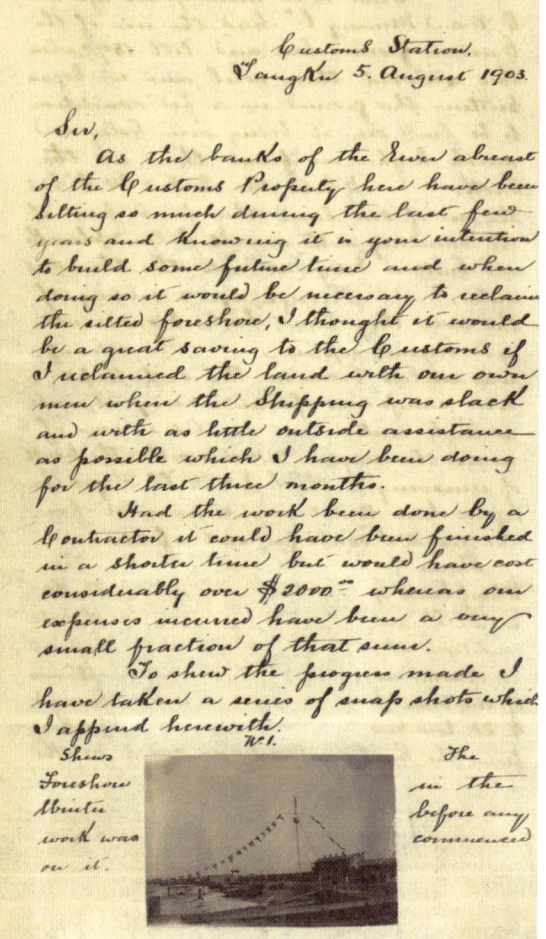

Customs Station,
Tangku 5. August 1903.

Sir,

As the banks of the River abreast of the Customs Property here have been silting so much during the last few years and knowing it is your intention to build some future time and when doing so it would be necessary to reclaim the silted foreshore, I thought it would be a great saving to the Customs if I reclaimed the land with our own men when the Shipping was slack and with as little outside assistance as possible which I have been doing for the last three months.

Had the work been done by a Contractor it could have been finished in a shorter time but would have cost considerably over $2000.00 whereas our expenses incurred have been a very small fraction of that sum.

To shew the progress made I have taken a series of snap shots which I append herewith.

No. 1.

Shews The Foreshore in the Winter before any work was commenced on it.

天津海关塘沽分卡南头前滩开垦工作报告（局部）（1903年8月5日）

The Northern Section of Our Fore shore can be filled in later. I have been promised some piles if I can draw them which will be enough for that work or nearly so.

I have filled in 5000 Sq feet of land. with a frontage of 180 ft. & have used

44. Large Piles.
44 Small Piles.
3000. Sp. ft of planking.

} which cost the Customs Nothing beyond the labour of Splitting & Sawing.

I cannot speak too highly of the able way Our Boatmen & crew of the Kweishun worked. night & day, we often had to work at night at low water & high at the dredger. & I respectfully ask that they may receive a small bonus of say Boatmen & Carpenter $50.00 Crew of Kweishun $20.00 & Crew of Dredger $10.00

The entire cost of all this work has been.

	$.	C.
116. Carpenters @ $0.45.	52.	20
120. Sawyers " " "	54.	00
455. Catties of Nails, Bolts & fastenings	91.	00
Repairs to dredger.	85.	00.
Bonus to Boatmen, Kweishun & Dredger. ?	80.	00
	$ 362	20

I have the honour to be Sir
Your obedient Servant
R.H. Shangman.
Tidesurveyor.

G. Detring Esquire.
Commissioner of Customs.
Tientsin.

supplied altogether 4 tons of coal to h
and I had the use of her for 23 day

Unfortunately during that time a
had an accident with her which I –
had promptly repaired & returned it b
them stronger than before.

No. 11.

No. 12.

No. 13.

No. 14.

No. 15.

No. 16.

No. 17.

No. 18.

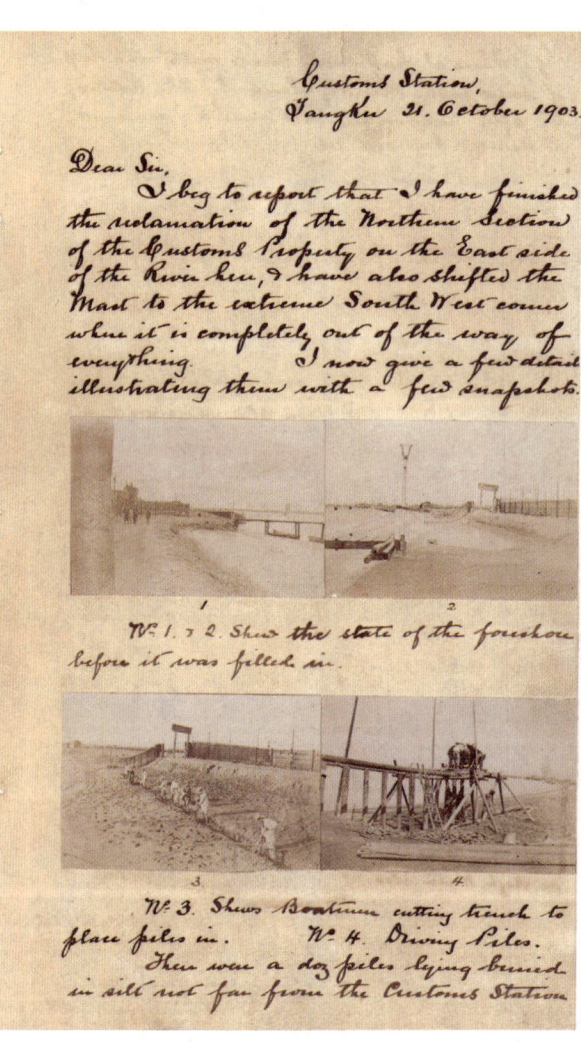

天津海关塘沽分卡北头前滩开垦工作报告（1903年10月21日）

Customs Station,
Tangku 21. October 1903.

Dear Sir,

I beg to report that I have finished the reclamation of the Northern Section of the Customs Property on the East side of the River here, & have also shifted the Mast to the extreme South West corner where it is completely out of the way of everything. I now give a few details illustrating them with a few snapshots.

No. 1 & 2. Shew the state of the foreshore before it was filled in.

No. 3. Shews Boatmen cutting trench to place piles in. No. 4. Driving Piles.

There were a doz piles lying buried in silt not far from the Customs Station

These I had given me, & with the help of Screw Jacks kindly lent by the Railway Co. after excavating all round I managed to draw & had cut up for planking.

No. 5 & 6. Boatmen drawing Piles with Jacks.

No. 7. Shews depth the Piles were covered with silt. There were still 3 more piles between the men & the water covered by two feet of silt.

Nº 17. Shews Mast being lowered.

18

19.

Nº 18. The Mast Down shewing cotton chock.
Nº 19. The Compound without a mast.

20.

21.

Nº 20. View of Customs Station & Customs property from S.W. Nº 21. View from the North. with mast erected in S.W corner of Compound.

The following is a list of expenses incurred in carrying out this work. The Boatmen & Crew of Feifu have worked very hard & are deserving of a little encouragement.

105. Carpenters @ $0.45	$ 47. 25
85. Sawyers " "	38. 25
30. Long piles " 5 -	150. -
563. Cattees Spikes, Nails, Bolts, Bands & fastenings	153. 50
Cumshaw to Boatmen, Carpenters & Crew of Feifu	70. -
	$ 459 .00

I enclose herewith a Sketch to scale of the Customs Property on the East side of the River shewing exact amount of space there is for Building after all these improvements.

I have the honour to be.
Sir
Your obedient Servant
A.H. Shangman
Tidesurveyor.

G. Detring Esquire
Commissioner of Customs
Tientsin.

I had to fill in nearly 500 Sq feet of Ground for the Railway Company to give us a good approach to the Road, for which I used their lakes for filling.

Nº 8 & 9. Shew the Carpenters and Boatmen securing planks, stringers and fastenings to the Piles. Nº 10. The fastening completed. Nº 11. The filling from outside Commenced.

12

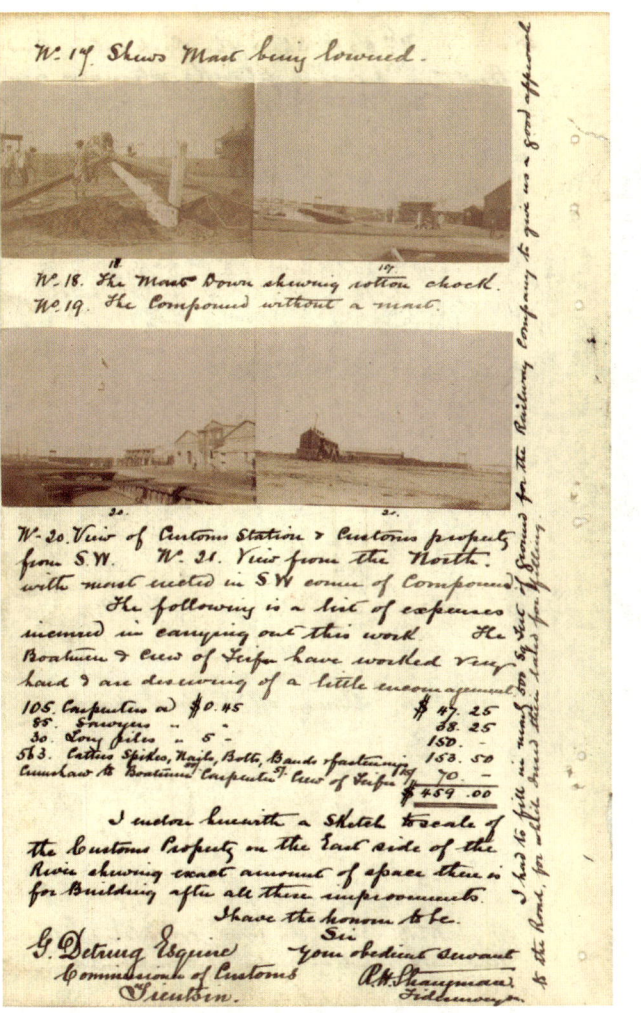
13.

Nº 12. Chow Fuie. Boatmen washing themselves in River. Nº 13 and 14. High water. filling in from the shore, carrying earth from the Railway Cº property.

14

15.

Nº 15. Levelling off the last spadeful.

16

17.

Nº 16. Shews the work completed. River View. with mast in centre of Compound.

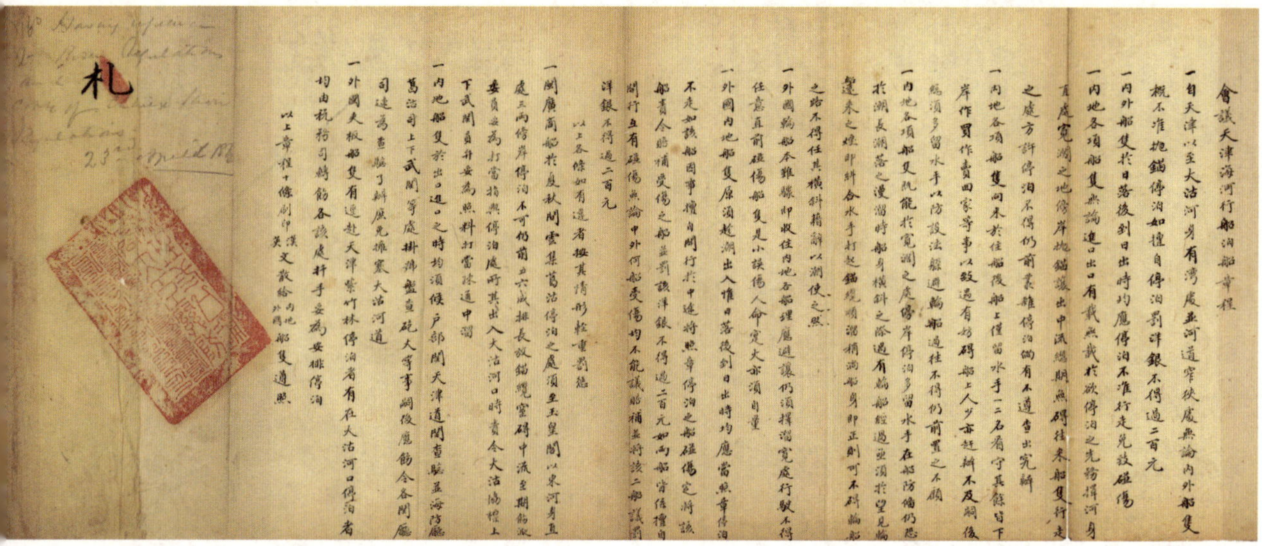

會議天津海河行船泊船章程
一自天津以至大沽河身有灣處並河道窄狹處無論內外船隻概不准拋錨停泊如擅自停泊罰洋銀不得過二百元
一內外船隻於日落後到日出時均應停泊不准行走免致碰傷
一內地各項船隻無論進口出口有載無載於欲停泊之先務擇河身直處寬潤之地傍岸拋錨讓出中流總期無礙往來船隻行走之處方許停泊不得仍前素雜停泊倘有不遵查出究辦
一內地各項船隻向本於住船後船上僅留水手一二名看守其餘皆下岸作買作賣四家等事以致遇有妨碍船上人少亦趕辦不及嗣後總須多留水手以防設法躲避輪船通往不得仍前置之不顧
一內地各項船隻凡能於寬潤之處傍岸停泊多留水手在船防備仍恐於潮長潮落之漫溜時船身橫斜之際遇有輪船經過並須於望見輪船遠來之際即飭令水手打起錨纜順溜捎淌船身即正則可不碍輪船之路不得任其橫斜藉辭以潮使之然
一外國輪船本雖躲即收住內地各船理應避讓仍須擇溜寬處行駛不得任意直前碰傷船隻是小誤傷人命更大亦須自量
一外國內地船隻原須趁潮出入惟日落後到日出時均應當照章停泊不走如該船因事擅自開行於中途將照章停泊之船碰傷定將該船責令賠補受傷之船並罰該洋銀不得過二百元如兩船皆係擅自開行且有碰傷無論中外何船受傷均不能議賠補並將該二船議罰洋銀不得過二百元
以上各條如有違者按其情形輕重罰懲
一關廣商船於夏秋間雲集葛沽停泊之處須至玉皇閣以東河身直處三兩傍岸停泊不可仍前五六成排長放錨纜窒碍中流至期飭派妥員妥為打當指與停泊處所其出入大沽河口時責令大沽協檯上下武閘員弁妥為照料打當沫通中溜
一內地船隻於出口進口之時均須候戶部閘天津道閘查驗並海防廳葛沽司上下武閘等處掛號盤查既大寧事嗣後應飭令各閘廳司速為查驗了辦庶免擁塞大沽河道
一外國大板船隻有進赴天津紫竹林停泊者有在大沽河口停泊者均由稅務司轉飭各該處扦手妥為安排停泊
以上章程十條刷印漢英文散給內地外國船隻遵照
札

天津市档案馆馆藏

珍品档案图录（1655–1949）

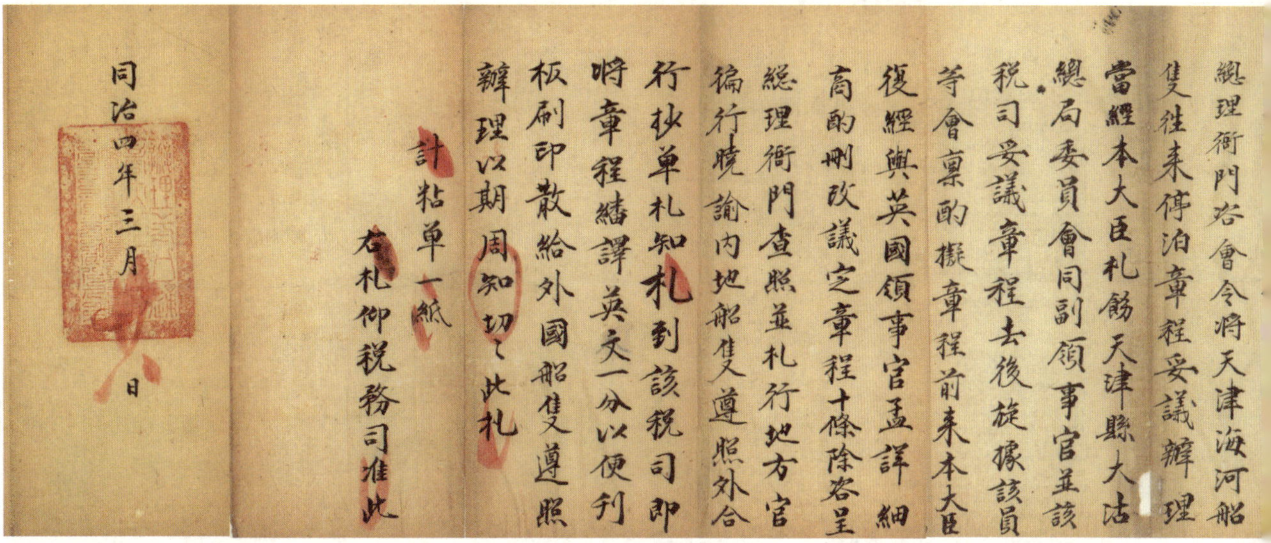
總理衙門咨會令將天津海河船
隻往来停泊章程妥議辦理
當經本大臣札飭天津縣大沽
總局委員會同副領事官並該
稅司妥議章程去後旋據該員
等會稟酌擬章程前来本大臣
復經與英國領事官孟詳細
商酌删改議定章程十條除咨呈
總理衙門查照並札行地方官
徧行曉諭内地船隻遵照外合
行抄单札知札到該稅司即
將章程繕譯英文一分以便刊
板刷印散給外國船隻遵照
辦理以期周知切切此札
計粘单一紙
右札仰稅務司准此
同治四年三月 日

■ 三口通商大臣崇厚为颁行天津海河行船泊船章程事致天津海关税务司札 附章程抄件（1865 年 4 月 23 日）

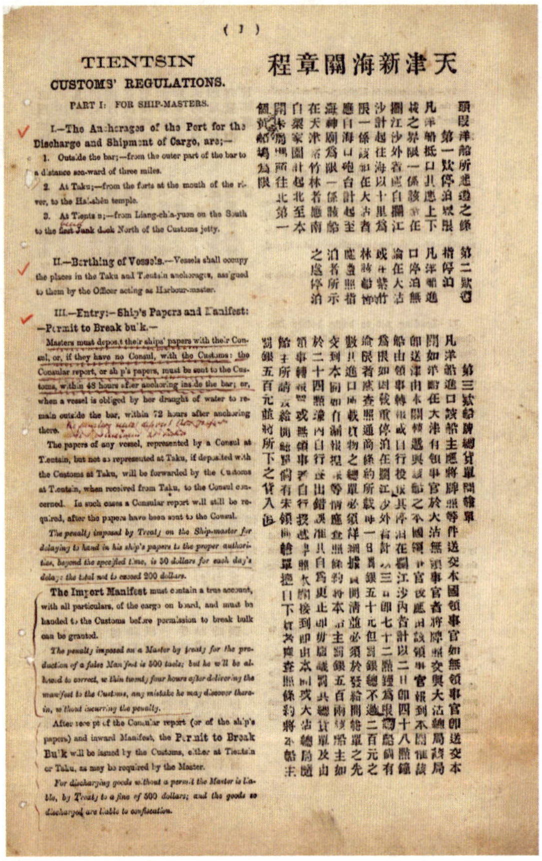

(1)

TIENTSIN
CUSTOMS' REGULATIONS.

PART I: FOR SHIP-MASTERS.

I.—The Anchorages of the Port for the Discharge and Shipment of Cargo, are;—

1. Outside the bar;—from the outer part of the bar to a distance sea-ward of three miles.

2. At Taku;—from the forts at the mouth of the river, to the Hai-shên temple.

3. At Tientsin;—from Liang-chia-yuan on the South to the first Junk dock North of the Customs jetty.

II.—Berthing of Vessels.—Vessels shall occupy the places in the Taku and Tientsin anchorages, assigned to them by the Officer acting as Harbour-master.

III.—Entry:—Ship's Papers and Manifest:—Permit to Break bulk.—

Masters must deposit their ships' papers with their Consul, or, if they have no Consul, with the Customs: the Consular report, or ship's papers, must be sent to the Customs, within 48 hours after anchoring inside the bar; or, when a vessel is obliged by her draught of water to remain outside the bar, within 72 hours after anchoring there.

The papers of any vessel, represented by a Consul at Tientsin, but not so represented at Taku, if deposited with the Customs at Taku, will be forwarded by the Customs at Tientsin, when received from Taku, to the Consul concerned. In such cases a Consular report will still be required, after the papers have been sent to the Consul.

The penalty imposed by Treaty on the Ship-master for delaying to hand in his ship's papers to the proper authorities, beyond the specified time, is 50 dollars for each day's delay: the total not to exceed 200 dollars.

The Import Manifest must contain a true account, with all particulars, of the cargo on board, and must be handed to the Customs before permission to break bulk can be granted.

The penalty imposed on a Master by treaty for the production of a false Manifest is 500 taels; but he will be allowed to correct, within twenty four hours after delivering the manifest to the Customs, any mistake he may discover therein, without incurring the penalty.

After receipt of the Consular report (or of the ship's papers) and inward Manifest, the **Permit to Break Bulk** will be issued by the Customs, either at Tientsin or Taku, as may be required by the Master.

For discharging goods without a permit the Master is liable, by Treaty to a fine of 500 dollars; and the goods so discharged are liable to confiscation.

天津新海關章程

頭段洋船所述遵之條

第一欵停泊界限

凡洋船抵口其應上下貨之界限一係該管在攔江沙外者應自攔江沙計起往海以十里為限一係該口在大沽者應自海口炮台計起至海神廟為限一係驗船在天津紫竹林者應南自梁家園計起北至本關前所往北第一個躉船碼頭為限

第二欵指停泊

凡洋船進口停泊無論在大沽或在紫竹林該處應查照指泊者所示之處停泊

第三欵船牌總貨單開艙單

凡洋船進口該船主應將牌照等件送交本國領事官如無領事官即送交本關如洋船在大津有領事官於大沽無領事官者將牌照交與大沽總局該局即送津由本關轉遞與該船之本國領事官應由該領事官報到本關船由領事轉報或自行投報其停泊在攔江沙內者計以二日即四十八點鐘為限如因載重停泊在攔江沙外者計以三日即七十二點鐘為限倘船有逾限者應查照通商條約所載每一日罰銀五十元但罰銀總不過二百元之數其進口所載貨物之總單必須詳細開清並必須於發給開艙單之先交到本關如有漏報捏[illegible]等情應查照條約將本船主罰銀五百兩惟船主如於二十四點鐘內自行查出錯誤准其自為更正即毋庸議罰其總貨單及由領事轉報[illegible]或無領事者自行投遞[illegible]接到即由本關或大沽總局隨船主所請發給開艙單[illegible]查照條約將本船主罰銀五百元並將所下之貨入官

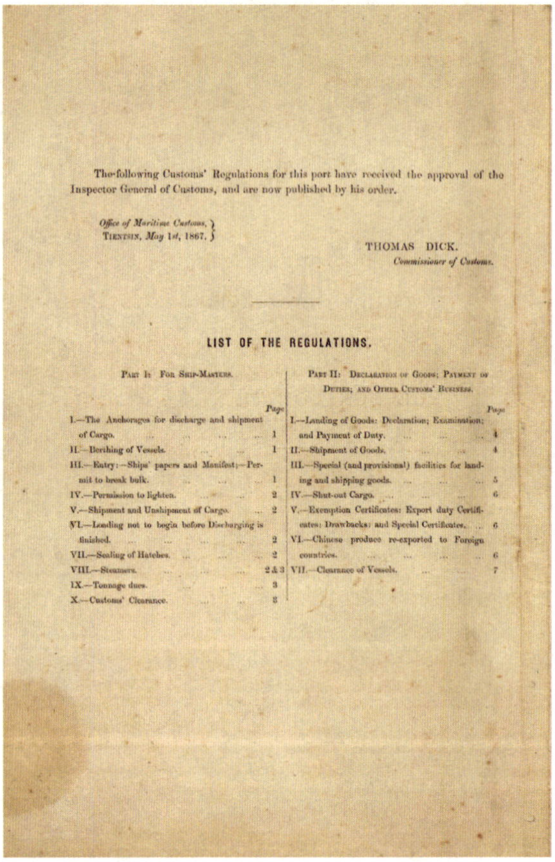

The following Customs' Regulations for this port have received the approval of the Inspector General of Customs, and are now published by his order.

Office of Maritime Customs,
TIENTSIN, *May 1st, 1867.*

THOMAS DICK.
Commissioner of Customs.

LIST OF THE REGULATIONS.

■ 天津新海关章程（局部）（1867 年）

天津口管理船舶章程

HARBOUR REGULATIONS FOR THE PORT OF TIENTSIN.

THE following Regulations have been approved by the Ministry of Finance and the Ministry of Communications and are published for the information and guidance of all concerned. Those of them that concern foreign interests have been agreed to by the Treaty Power Consuls at the Port.

查此項章程業經呈奉總稅務司轉呈財政部交通部核准所有各條與洋商有關係者亦經本口各國領事贊同茲特刊佈俾衆週知

By Order of the Inspector General of Customs,

L. DE LUCA,
Commissioner of Customs.

CUSTOM HOUSE,
TIENTSIN, 16*th April* 1931.

1.—The term "vessel" in these regulations refers to vessels of foreign type. Regulations concerning native-type craft are embodied herein only in so far as is necessary for their due control when working in connexion with foreign-type vessels. They are regulated in other respects by special notifications.

一凡此章所載船隻字樣係專指洋式船隻而言其華式船隻如襄助洋式船隻起下貨物等事者亦歸此章管轄此外之華式船隻則另有專章管理

2.—The control of the Harbour Authorities of the port of Tientsin extends from the ex-Austrian Bridge to 3 miles to the eastward of the 12-foot contour of the Taku Bar.

二原定本口內港務長管轄界限今議推展訂自金湯橋（即舊奧國橋）起至大沽攔江沙以外計算往海三英里爲止

Anchorages.

拋錨界限

3.—The anchorages for foreign-type vessels are:—

(*a*) For vessels other than those provided for in (*b*) and (*c*)—

At Tientsin: from the ex-Austrian Bridge to the lower end of the ex-Belgian Concession.

三洋式船隻拋錨界限

甲凡非屬以下二種船隻下椗界限計分三段開列於後

天津界限自金湯橋（即舊奧國橋）起至舊比租界以下盡處止

(2)

At Tangku: from the upper end of the China Merchants Steam Navigation Company's Wharf to the North Fort.

Outside the Bar: from the 12-foot contour to 3 miles to the eastward of it.

N.B.—When vessels are of too deep a draught to enter the channel across the Bar, or when they have only passengers to land, or a trifling amount of cargo to handle, they may obtain special permission to work outside the Taku Bar on application in writing to the Commissioner of Customs through their agents.

(*b*) For explosives: in Powder Reach, Tangku, or outside Taku Bar and clear of other shipping.

(*c*) For quarantine purposes: outside the Bar.

塘沽界限由招商局碼頭起至北砲台止

口外界限自攔江沙外段起往海至三英里止

各輪船如有食水過深未能駛過攔江沙者或祇有搭客或進出口貨少不欲入口者准由各該船公司稟請稅務司發給專單准於攔江沙外裝卸貨物

乙凡裝載爆裂物料之船隻均須下椗於塘沽火藥准至之界內或下椗於大沽攔江沙外遠離他船

丙凡因聽候查驗有無疫症應行隔離之船隻均須下椗於大沽攔江沙外

4.—All vessels within the waters of the port are to abide and be governed by the navigation rules and regulations promulgated by the Ministry of Communications and the local Harbour Notifications issued for the welfare and safety of such vessels by the Harbour Authorities.

四本口界內各項船隻對於交通部所頒布之航政法規或港務長所發之關於船隻利益及安全之各項佈告均應遵守

5.—Swinging berths shall be kept clear of craft in order to be always available for use. Should any of the swinging berths be closed, the following signals will be exhibited from a mast situated on the roof of the Haiho Conservancy Commission's Office:—

Upper Swinging Berth closed:
By day: a *black* ball.
By night: two vertical *white* lights.

Middle Swinging Berth closed:
By day: a *black* diamond.
By night: a *red* light.

Lower Swinging Berth closed:
By day: a *black* square.
By night: a *green* light.

五凡指定船隻轉頭處各項船隻均不准在此停留以便得隨時應用如轉頭處停閉時應於海河工程局辦公處屋頂桅桿上懸示下列之信號

上流船隻轉頭處停閉時
日間懸一黑球
夜間在一直線上懸白燈二盞

中段船隻轉頭處停閉時
日間懸一黑平行斜方形
夜間懸一紅燈

下流船隻轉頭處停閉時
日間懸一黑四方形
夜間懸一綠燈

6.—Vessels shall moor in accordance with instructions from the Harbour Master, and shall not shift their berths without a special permit, except when outward bound.

六凡船隻停泊事宜均須聽由港務長指示所有停泊之船隻除已出界者可以任便開行外其餘並未領有特發准單各船隻均不得擅自移泊

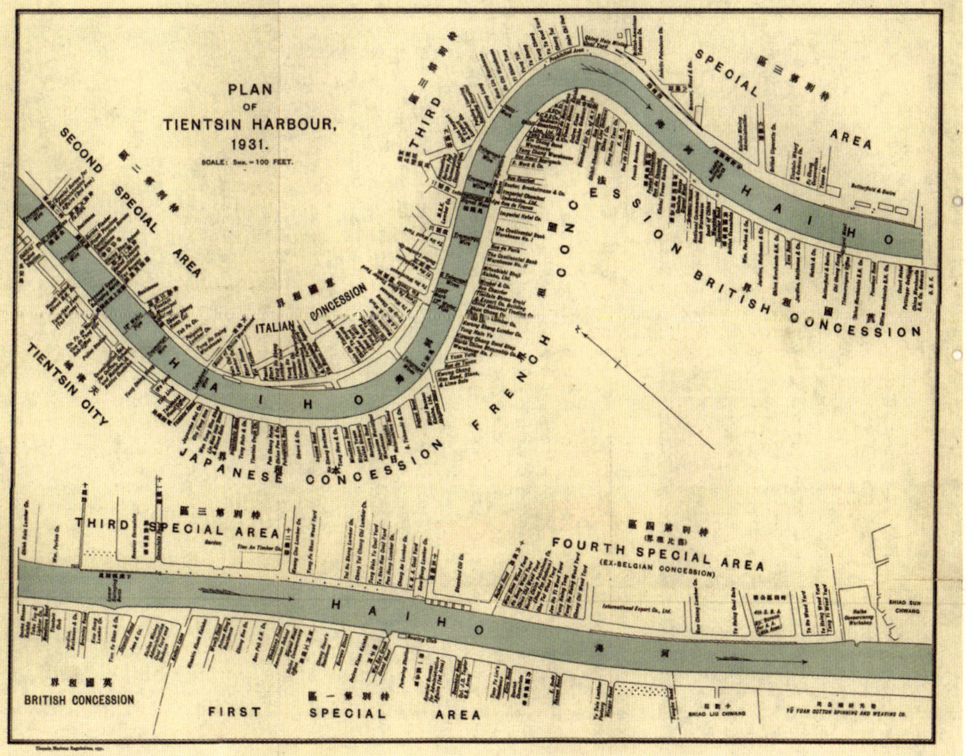

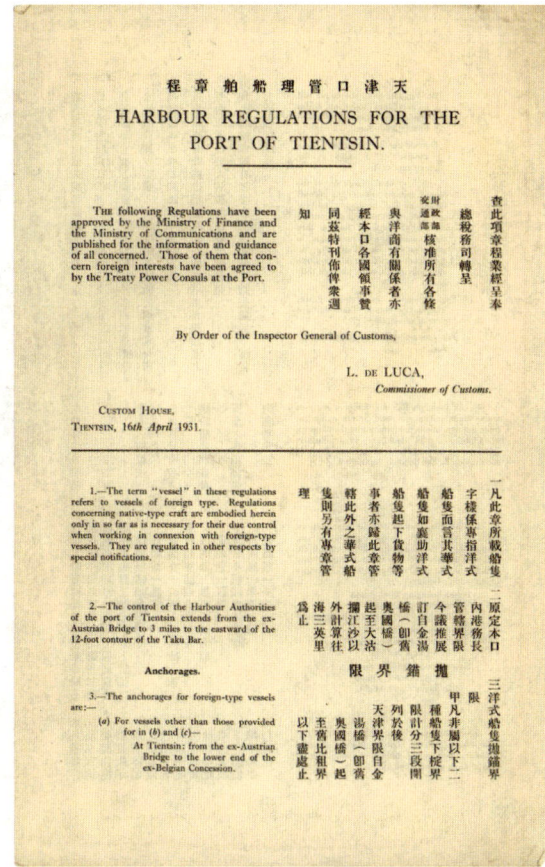

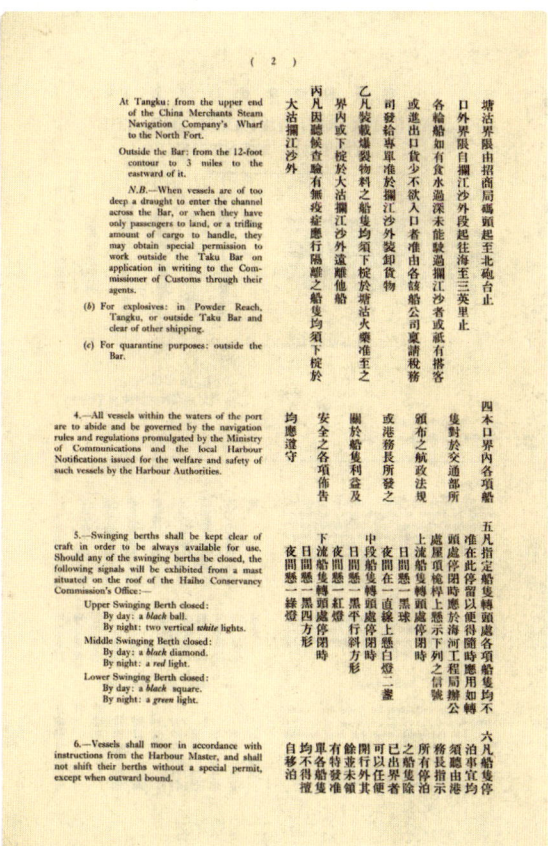

天津口管理船舶章程（局部）附天津港口平面图（1931年）

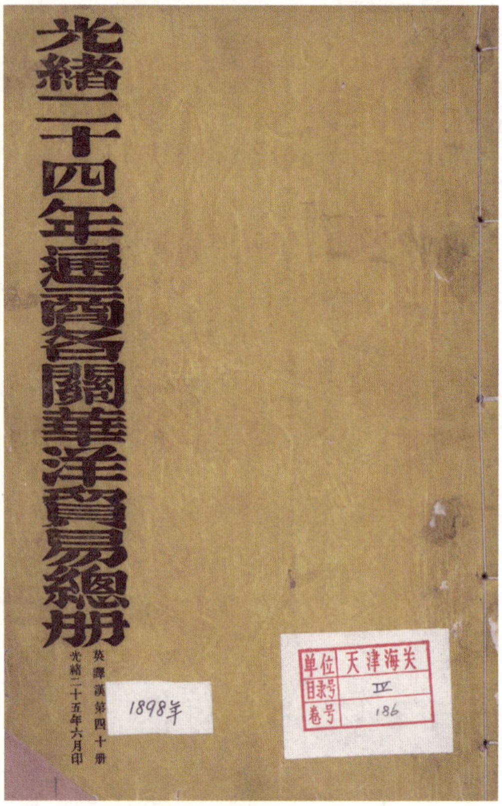

光緒二十四年通商各關華洋貿易總册

英譯漢第四十册

光緒二十五年六月印

1898年

单位 天津海关
目录号 IV
卷号 186

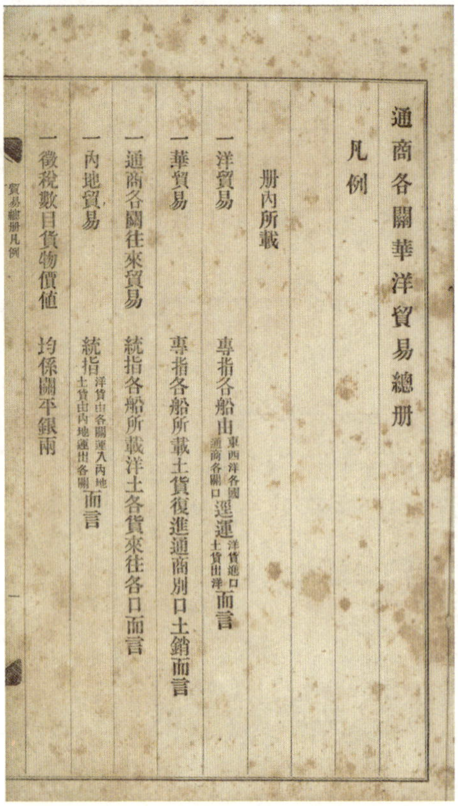

通商各關華洋貿易總册

凡例

册内所載

一洋貿易　專指各船由東西洋各國通商各關口運進洋貨進口土貨出洋而言

一華貿易　專指各船所載土貨復進通商别口土銷而言

一通商各關往來貿易　統指各船所載洋土各貨來往各口而言

一内地貿易　統指洋貨由各關運入内地土貨由内地運出各關而言

一徵税欵目貨物價值　均係關平銀兩

貿易總册凡例　一

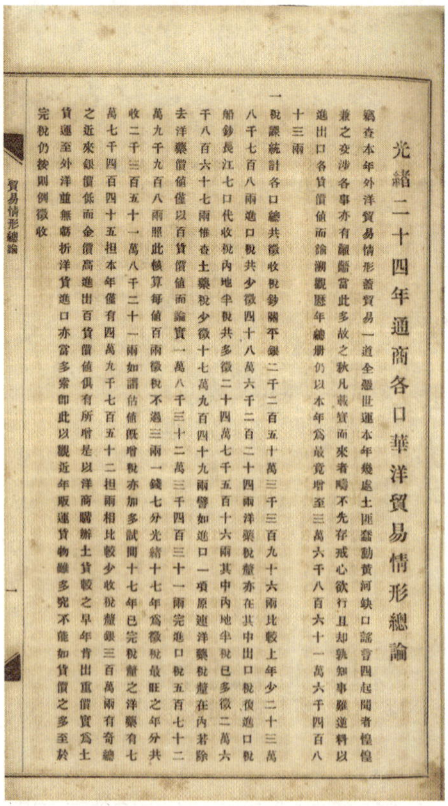

光緒二十四年通商各口華洋貿易情形總論

竊查本年外洋貿易情形蓋貿易一道全憑世運本年幾處土匪蠢動黄河缺口謠言四起聞者惶惶兼之交涉各事亦有齟齬當此多故之秋凡載貨而來者曷不先存戒心欲行且却孰知事雖逆料以進出口各貨價值而論溯觀歷年總册仍以本年爲最竟增至三萬六千八百六十一萬六千四百八十三兩

一税課統計各口總共徵收税鈔關平銀二千二百五十萬三千三百九十六兩比較上年少二十三萬八千七百八兩進口税共少徵四十八萬六千二百二十四兩洋藥税釐亦在其中出口税復進口税船鈔長江七口代收税内地半税共多徵二十四萬七千五百十六兩其中内地半税已多徵二萬六千八百六十七兩惟查土藥税少徵十七萬九百四十九兩譬如進口一項原連洋藥税釐在内若除去洋藥價值僅以百貨價值而論實一萬八千三十二萬三千四百三十一兩完進口税五百七十二萬九千九百八兩照此核算每值百兩徵税不過三兩一錢七分光緒十七年爲徵税最旺之年分共收二千三百五十一萬八千二十一兩如謂估值既增税亦加多試問十七年已完税釐之洋藥有七萬七千四百四十五担本年僅有四萬九千七百五十二担兩相比較少收税釐銀三百萬兩有奇總之近來銀價低而金價高進出百貨價值俱有所增是以洋商購辦土貨較之早年肯出重價實爲土貨運至外洋並無虧折洋貨進口亦當多索即此以觀近年販運貨物雖多究不能如貨價之多至於完税仍按則例徵收

貿易情形總論　一

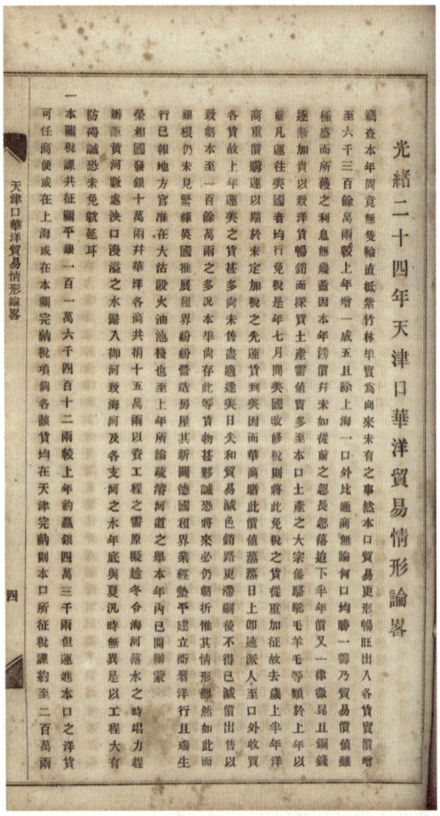

光緒二十四年天津口華洋貿易情形論畧

竊查本年周竟無隻輪直抵紫竹林半實爲向來未有之事然本口貿易更形暢旺出入各貨實價增至六千三百餘萬兩較上年增一成五且除上海一口外比通商無論何口均勝一籌乃貿易價值雖極盛而所獲之利息無幾蓋因本年鎊價幷未如從前之忽長忽落迨下半年價又一律微昂且銅錢逐漸加貴以致洋貨暢銷而採買土產需值實多至本口土產之大宗係駱駝毛羊毛等類於上年以前凡運往美國者均行免税是年七月間美國改修税則將此免税之貨從重加征故去歲上半年洋商重價購運以期於未定加税之先運貨到美因而華商睹此價值蒸蒸日上即速派人至口外收買各貨故上年運美之貨甚多尚未售盡適逢美日失和貿易減色銷路更滯嗣後不得已減價出售以致虧本至一百餘萬兩之多況本年尚存此等貨物甚夥誠恐將來必仍虧折惟其情形雖然如此而銀根仍未見緊緣英國推展租界紛紛營造房屋其新闢德國租界業經墊平建立衙署洋行且瘾生行已報地方官准在大沽設火油池棧也至上年所論疏濬河道之舉本年内已開辦蒙榮相國發銀十萬兩幷華洋各商共捐十五萬兩以資工程之需原擬趁冬令海河落水之時竭力趕辦詎黄河數處決口漫溢之水歸入御河致海河及各支河之水年底與夏汎時無異是以工程大有防碍誠恐未免躭延耳

一本關税課共征關平銀一百一萬六千四百十二兩較上年約贏銀四萬三千兩但運進本口之洋貨可任商便或在上海或在本關完納税項倘各款貨均在天津完納則本口所征税課約至二百萬兩

天津口華洋貿易情形論畧　四

光绪二十四年通商各关华洋贸易总册（局部）（1899年）

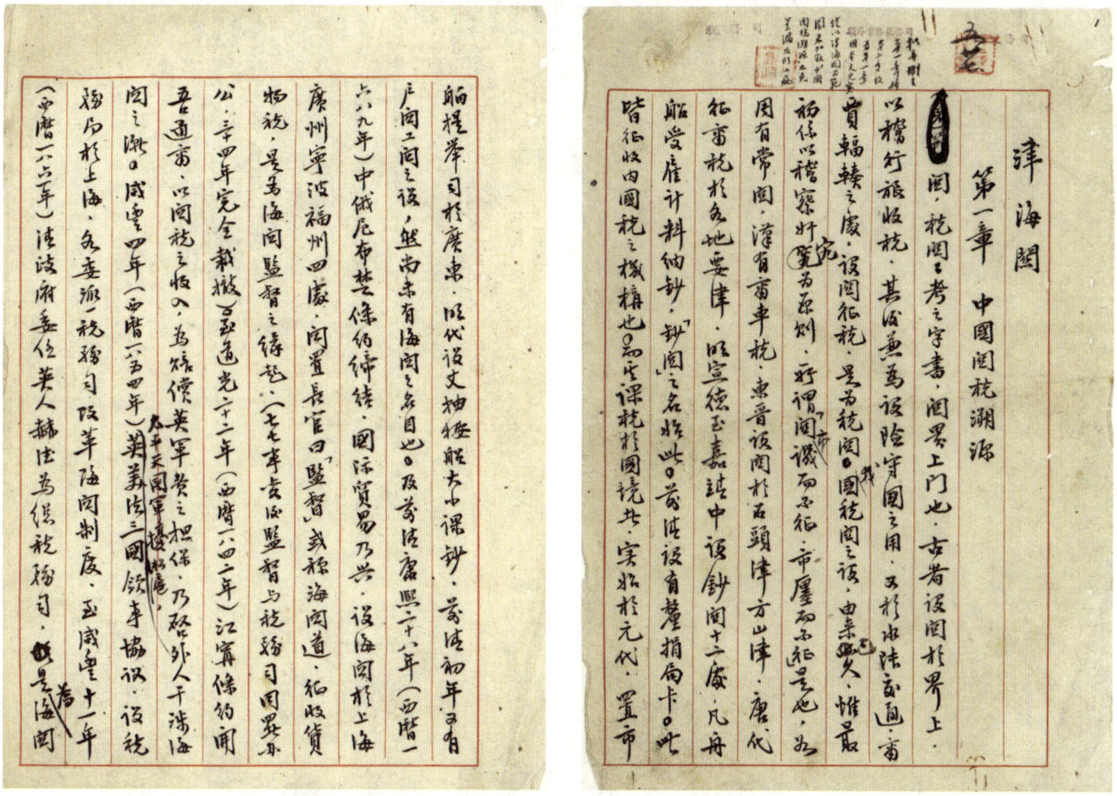

津海關

第一章 中國關稅溯源

關，稅關之考之字書，關界上門也。古者設關於界上，
以稽行旅收稅。甚後兼為設險守國之用。又於水陸交通衝
要輻輳之處，設關征稅，是為稅關。我國稅關之設，由來已久，惟最
初係以稽察奸宄為原則，所謂關譏而不征，市廛而不征是也。至
周有常關，漢有舟車稅，東晉設關於石頭津方山津，唐代
征商稅於各地要津，明宣德至嘉靖中設鈔關十二處，凡舟
船受雇計料納鈔，「鈔關」之名始此。前清設有釐捐局卡。此
皆征收內國稅之機構也。至若課稅於國境者，實始於元代，置市
舶提舉司於廣東，明代設文抽按船大小課鈔。前清初年又有
戶關工關之設，然尚未有海關之名目也。及前清康熙二十八年（西曆一
六八九年）中俄尼布楚條約締結，國際貿易乃興，設海關於上海、
廣州、寧波、福州四處，關置長官曰「監督」，或稱海關道，征收貨
物稅，是為海關監督之緣起。（[illegible]
公。二十四年完全裁撤）至道光二十二年（西曆一八四二年）江寧條約開
五通商，以關稅之收入，為賠償英軍費之担保，乃啓外人干涉海
關之漸。咸豐四年（西曆一八五四年）太平天國軍攻陷滬，英美法三國領事協議，設稅
務司於上海，為委派一稅務司改革海關制度。至咸豐十一年
（西曆一八六一年）清政府委任英人赫德為總稅務司，是為海關

天津海关溯源（局部）

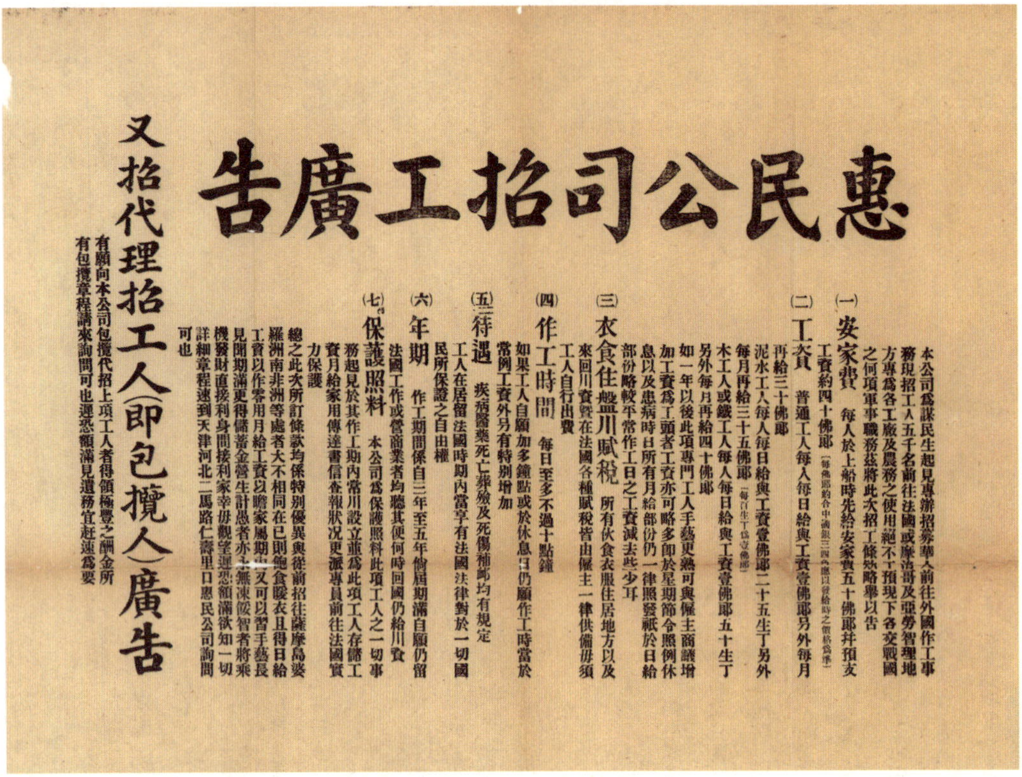

惠民公司招工廣告

本公司爲謀民生起見專辦招募華人前往外國作工事務現招工人五千名前往法國或摩洛哥及亞勞智理地方專爲各工廠及農務之使用絕不干預現下各交戰國之何項軍事職務茲將此次招工條欵略舉以告

（一）安家費　每人於上船時先給安家費五十佛郎并預支工資約四十佛郎（每佛郎約合中國銀三四角應以發給時之價格爲準）

（二）工資　普通工人每人每日給與工資壹佛郎另外每月再給三十佛郎
泥水工人每人每日給與工資壹佛郎二十五生丁另外每月再給三十五佛郎（每百生丁爲壹佛郎）
木工人或鐵工人每人每日給與工資壹佛郎五十生丁另外每月再給四十佛郎
如一年以後此項專門工人手藝更熟可與僱主商議增加工資爲工頭者工資亦可略多即於星期節令照例休息以及患病時日所有月給部份仍一律照發祇於日給部份略較平常作工日之工資減去些少耳

（三）衣食住盤川賦稅　所有伙食衣服住居地方以及來回川資暨在法國各種賦稅皆由僱主一律供備毋須工人自行出費

（四）作工時間　每日至多不過十點鐘
如果工人自願加多鐘點或於休息日仍願作工時當於常例工資外另有特別增加

（五）待遇　疾病醫藥死亡葬殮及死傷補䘏均有規定
工人在居留法國時期內當享有法國法律對於一切國民所保證之自由權

（六）年期　作工期間係自三年至五年倘屆期滿自願仍留法國工作或營商業者均聽其便何時回國仍給川資

（七）保護照料　本公司爲保護照料此項工人之一切事務起見於其作工期內常川設立並爲此項工人存儲工資月給家用傳達書信査報狀況更派專員前往法國實力保護

總之此次所訂條款均係特別優異與從前招往薩摩島婆羅洲南非洲等處者大不相同在巳則飽食暖衣且得日給工資以作零用月給工資以贍家屬期滿又可以習手藝長見聞期滿更得儲蓄金營生計愚者亦無凍餒智者將乘機發財直接利身間接利家幸毋觀望遲恐額滿欲知一切詳細章程速到天津河北二馬路仁壽里口惠民公司詢問可也

又招代理招工人（即包攬人）廣告

有願向本公司包攬代招上項工人者得領極豐之酬金所有包攬章程請來詢問可也遲恐額滿見遺務宜赶速爲要

惠民公司招工广告

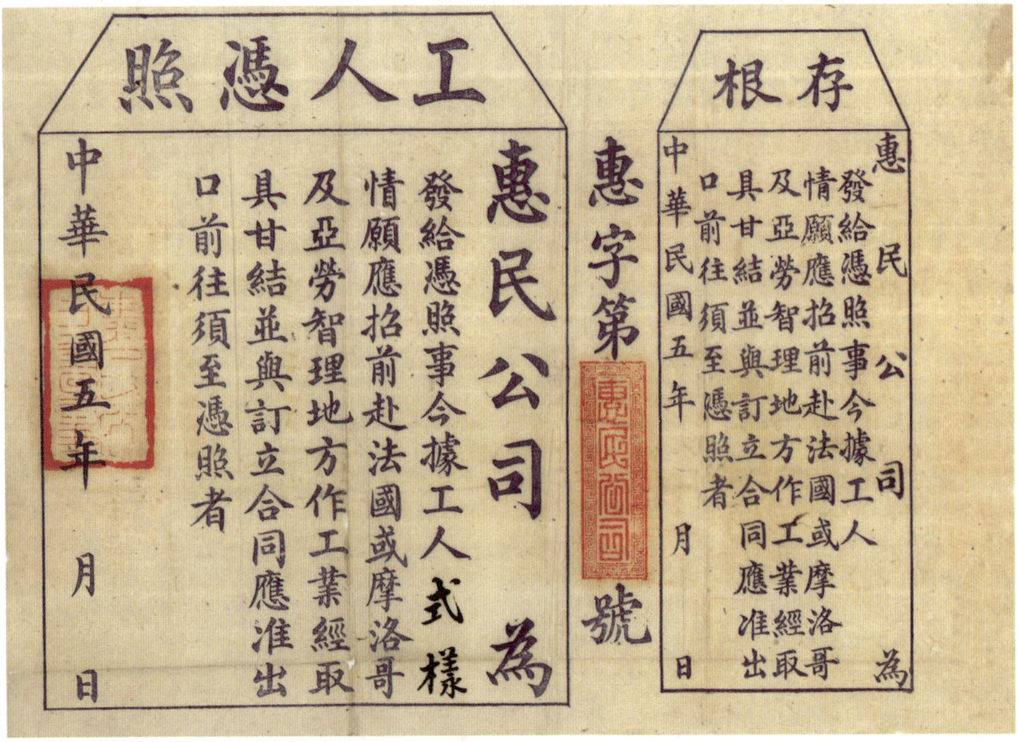

存根

惠民公司爲
發給憑照事今據工人
情願應招前赴法國或摩洛哥
及亞勞智理地方作工業經取
具甘結並與訂立合同應准出
口前往須至憑照者
中華民國五年　月　日

惠字第　號

工人憑照

惠民公司爲
發給憑照事今據工人式樣
情願應招前赴法國或摩洛哥
及亞勞智理地方作工業經取
具甘結並與訂立合同應准出
口前往須至憑照者
中華民國五年　月　日

惠民公司招工凭照样本（1916年）

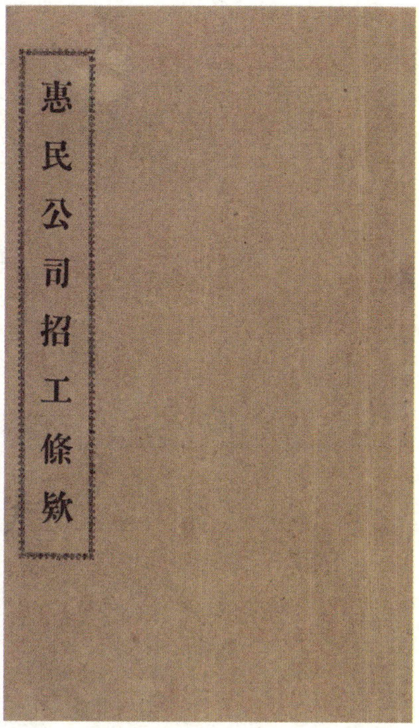
惠民公司招工條欵

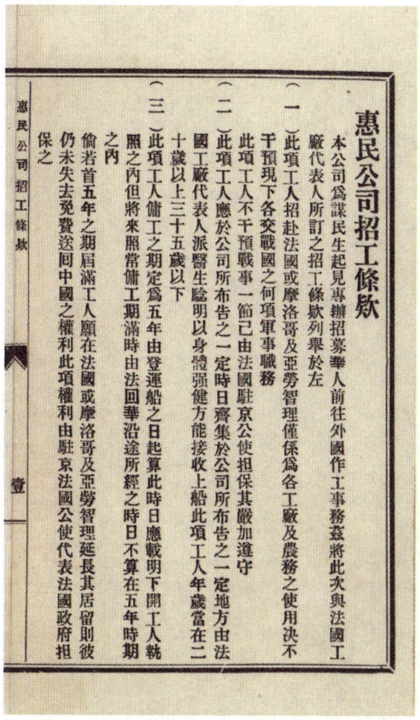
惠民公司招工條欵

本公司爲謀民生起見專辦招募華人前往外國作工事務茲將此次與法國工廠代表人所訂之招工條欵列舉於左

（一）此項工人招赴法國或摩洛哥及亞勞智理僅係爲各工廠及農務之使用決不干預現下各交戰國之何項軍事職務

此項工人不干預戰事一節已由法國駐京公使担保其嚴加遵守

（二）此項工人應於公司所布告之一定時日齊集於公司所布告之一定地方由法國工廠代表人派醫生驗明以身體强健方能接收上船此項工人年歲當在二十歲以上三十五歲以下

（三）此項工人傭工之期定爲五年由登運船之日起算此時日應載明下開工人執照之內但將來照常傭工期滿時由法回華沿途所經之時日不算在五年時期之內

倘若首五年之期屆滿工人願在法國或摩洛哥及亞勞智理延長其居留則彼仍未失去免費送回中國之權利此項權利由駐京法國公使代表法國政府担保之

惠民公司招工條欵　壹

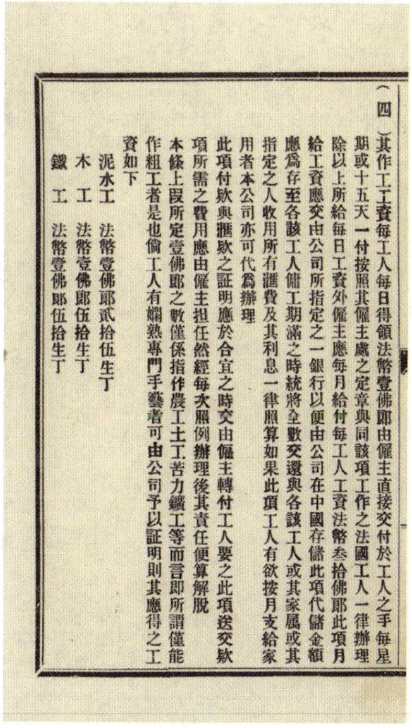
（四）其作工工資每工人每日得領法幣壹佛郎由僱主直接交付於工人之手每星期或十五天一付按照其僱主處之定章與同該項工作之法國工人一律辦理除以上所給每日工資外僱主應每月給付每工人工資法幣叁拾佛郎此項月給工資應交由公司所指定之一銀行以便由公司在中國存儲此項代儲金額應爲存至各該工人傭工期滿之時統將全數交還與各該工人或其家屬或其指定之人收用所有滙費及其利息一律照算如果此項工人有欲按月支給家用者本公司亦可代爲辦理

此項付欵與滙欵之証明應於合宜之時交由僱主轉付工人要之此項送交欵項所需之費用應由僱主担任然經每次照例辦理後其責任便算解脫

本條上叚所定壹佛郎之數僅係指作農工土工苦力鑛工等而言即所謂僅能作粗工者是也倘工人有嫻熟專門手藝者可由公司予以証明則其應得之工資如下

泥水工　法幣壹佛郎貳拾伍生丁

木　工　法幣壹佛郎伍拾生丁

鐵　工　法幣壹佛郎伍拾生丁

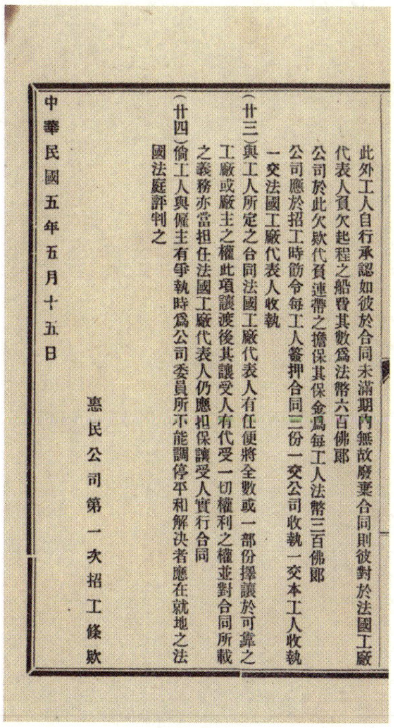
此外工人自行承認如彼於合同未滿期內無故廢棄合同則彼對於法國工廠代表人負欠起程之船費其數爲法幣六百佛郎

公司於此欠欵代負連帶之擔保其保金爲每工人法幣三百佛郎

公司應於招工時飭令每工人簽押合同三份一交公司收執一交本工人收執一交法國工廠代表人收執

（廿三）與工人所定之合同法國工廠代表人有任便將全數或一部份擇讓於可靠之工廠或廠主之權此項讓渡後其讓受人有代受一切權利之權並對合同所載之義務亦當担任法國工廠代表人仍應担保讓受人實行合同

（廿四）倘工人與僱主有爭執時爲公司委員所不能調停平和解決者應在就地之法國法庭評判之

中華民國五年五月十五日

惠民公司第一次招工條欵

■ 惠民公司第一次招工条款（局部）（1916年5月15日）

天津海关档案里保存了早期对外输出华工的资料。惠民公司是在一战背景下应运而生的机构，对外以招工为名，实际是为欧洲战场输送华工。据不完全统计，只这一家公司便向欧洲输送了超过14万的华工，其中一部分人成为参战国的炮灰，惨死异国他乡。

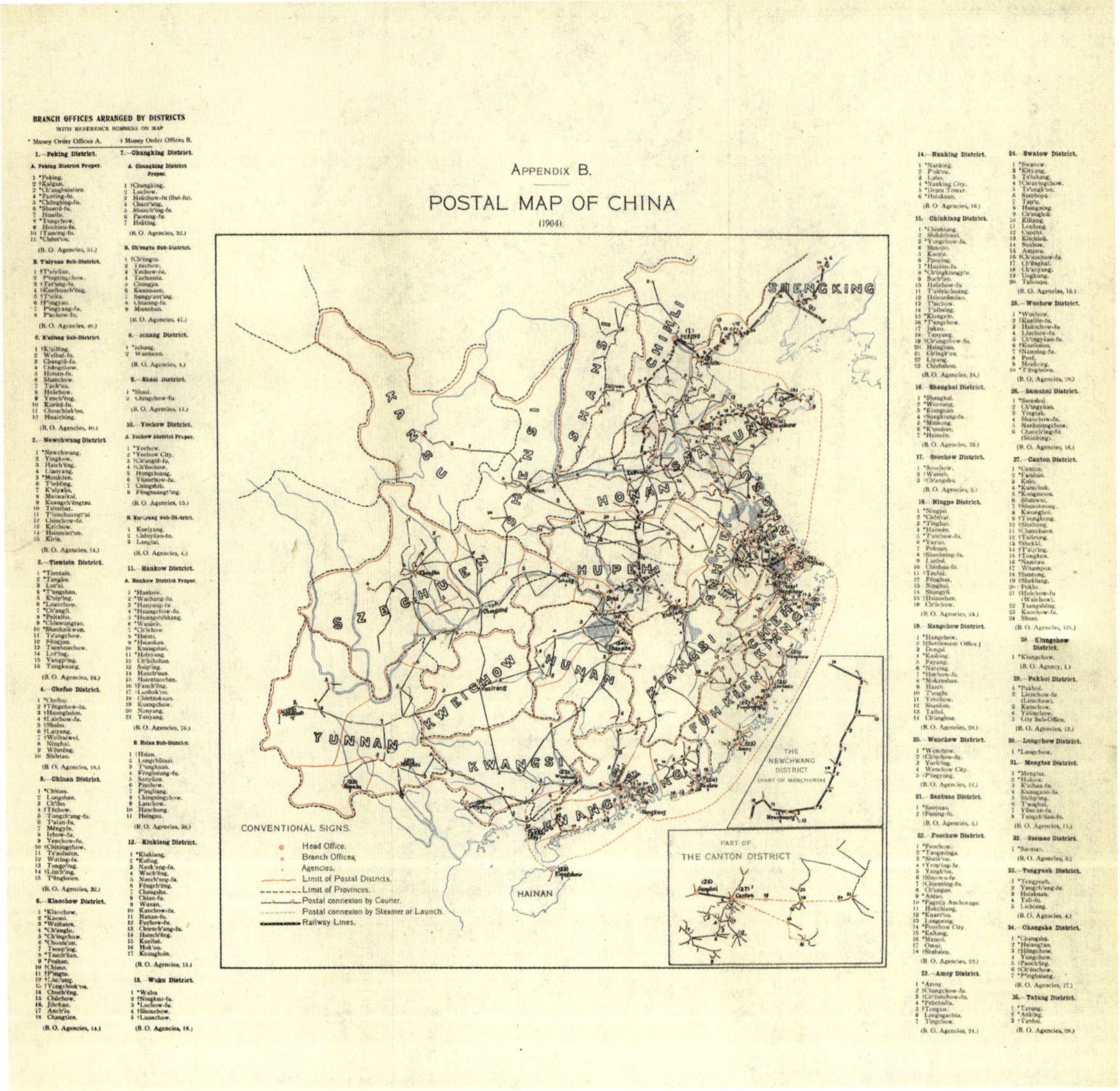
BRANCH OFFICES ARRANGED BY DISTRICTS
WITH REFERENCE NUMBERS ON MAP
APPENDIX B.
POSTAL MAP OF CHINA
(1904)
SHENGKING
CHIHLI
SHANSI
KANSU
SHENSI
HONAN
SHANTUNG
KIANGSU
NGANHWEI
HUPEH
SZECHUEN
HUNAN
KWEICHOW
KIANGSI
CHEKIANG
FUHKIEN
YUNNAN
KWANGSI
KWANGTUNG
HAINAN
THE NEWCHWANG DISTRICT
(PART OF MANCHURIA)
PART OF THE CANTON DISTRICT
CONVENTIONAL SIGNS.
Head Office.
Branch Offices.
Agencies.
Limit of Postal Districts.
Limit of Provinces.
Postal connexion by Courier.
Postal connexion by Steamer or Launch.
Railway Lines.

■ 大清邮政图（1904 年）

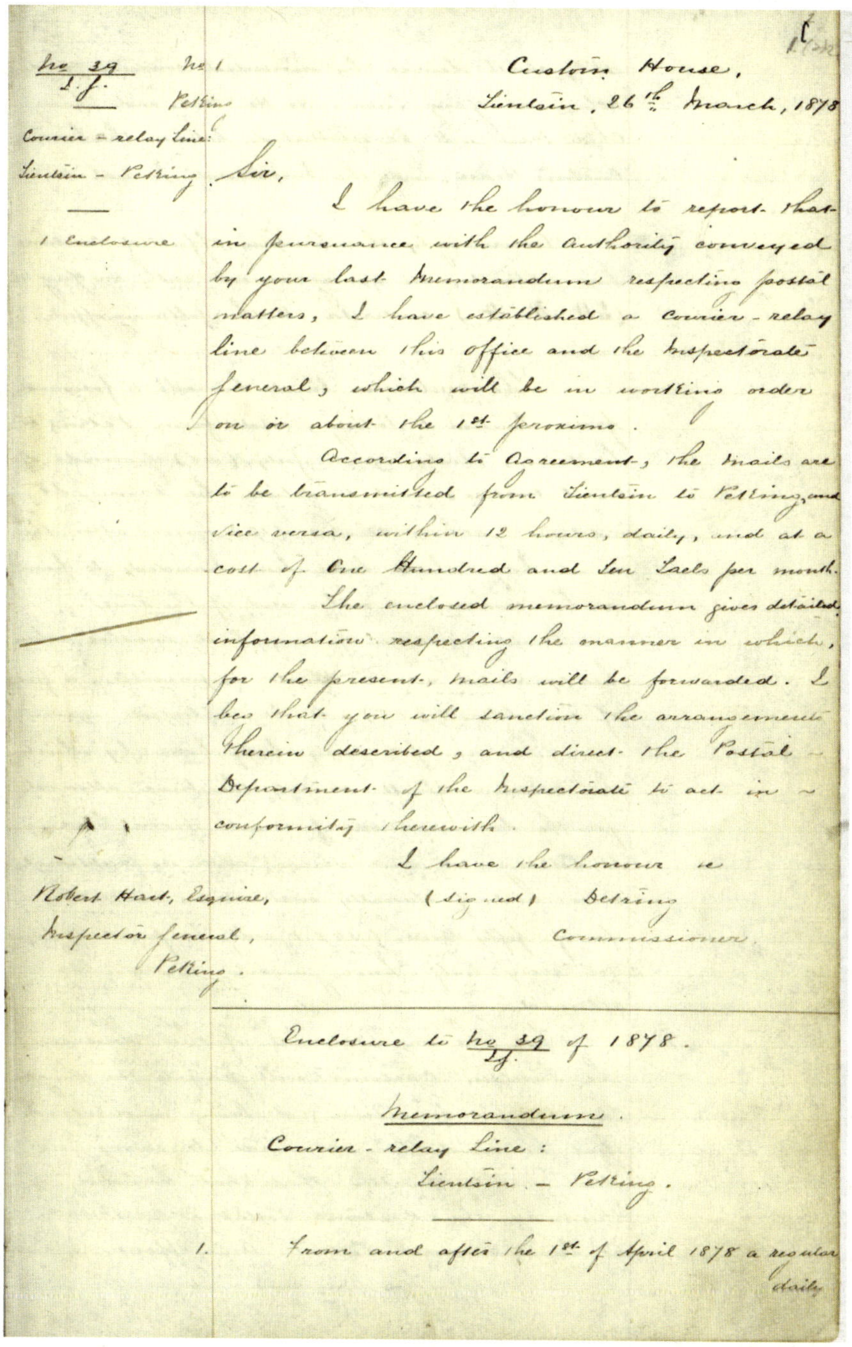

No 39 / I.G.　No 1 Peking

Custom House,
Tientsin, 26th March, 1878

Courier-relay line:
Tientsin - Peking

1 Enclosure

Sir,

I have the honour to report that in pursuance with the authority conveyed by your last Memorandum respecting postal matters, I have established a courier-relay line between this office and the Inspectorate General, which will be in working order on or about the 1st proximo.

According to agreement, the mails are to be transmitted from Tientsin to Peking, and vice versa, within 12 hours, daily, and at a cost of One Hundred and Ten Taels per month.

The enclosed memorandum gives detailed information respecting the manner in which, for the present, mails will be forwarded. I beg that you will sanction the arrangement therein described, and direct the Postal Department of the Inspectorate to act in conformity therewith.

I have the honour &c
(signed) Detring
Commissioner.

Robert Hart, Esquire,
Inspector General,
Peking.

Enclosure to No 39 I.G. of 1878.

Memorandum.

Courier-relay line:
Tientsin - Peking.

1. From and after the 1st of April 1878 a regular daily

■ 天津海关税务司德璀琳为设立京津间邮递路线事致海关总税务司赫德的第39号呈文 附邮递安排备忘录（1878年3月26日）

1878年，天津海关税务司德璀琳仿西洋通例，在津试办近代邮政。开设天津海关书信馆，不再区分官府公函与民间邮件，对华洋信件一律收寄。同年发行中国第一套印有大清邮政局字样的蟠龙邮票。中国近代邮政事业在天津诞生。

62

he infliction of a fine of

re to wear uniforms,
cial hat and a black
border and white breast
racters 津海關信差. Each
vided with a Hu-chao,
tsin Commissioner.

ils will be despatched
e sunset, so as to reach,
t, Peking early next
ed Foreign mails arrive
or early in the morning,
tched at once - if the
ely enter Peking before
ates.
very heavy mails at
Postal Department will
all Telegrams, Despatches
ly the Newspapers addressed
cial; while the remainder
ollow, either by extra courier,
regular one.
should leave Peking daily
ially; so as to reach Tientsin
e, and deliver the mails
Steamers leaving the Port.
void overburdening the
Letters, Despatches or
f daily as they get ready,
their reaching their
first opportunity

Mails

2

daily mail Service by mounted couriers and relays at Yang Tsun, Ho Hsi Wu, and Chang Chia Wan will be established between the Tientsin Custom House and the Inspectorate General at Peking.

2. Accordingly the Tientsin Office of Customs has entered into an agreement with Hu Yung-an (胡永安) contractor, to the following effect, viz:–

The contractor binds himself to forward from Tientsin to Peking, and from Peking to Tientsin, daily up to forty (40) pounds of mail matter, and to deliver the same to address within twelve (12) hours after the mail bags shall have been handed to him or his couriers at either end of the line.

Except in case of very bad weather, when heavy rains make roads impassible, a fine of one dollar ($1.00) will be inflicted upon Hu Yung-an for every half hour by which his couriers shall exceed the time allowed for the transmission of mails from Tientsin to Peking, or vice versa; while in exceptional cases, and if specially instructed, an extra fee of fifty cents (50¢) will be paid to him for every half hour gained on the time allowed.

For the maintenance of this Service the Tientsin Customs will pay to Hu Yung-an Tls: 110. per mensem; it being understood that he and his men are to carry no other mail-matter that that handed to them by the Customs Postal Departments at Tientsin and Peking. An offence against

this

Mails for Foreign countries, Shanghai, or Ports West or South from Shanghai, should be wrapped up in sealed bags or strong paper covers, addressed to the Postal Department, Custom House, Shanghai, and mails for this Port, Chefoo or Newchwang should be addressed to the Postal Department of the Tientsin Custom House.

The time of departure of a courier, as well as the time of arrival, should be entered as heretofore in his way-book by the despatching and receiving Postal Department respectively.

For the present and until further notice it should be avoided to collect and despatch mail matter for other persons than those belonging to the Customs Service, and such of the Legations as shall manifest a desire to share in the expenditure required to keep up this line. On what terms such Legations may participate, will hereafter be stated.

Postal Department,
Custom House,
Tientsin, 26th March, 1878.
(signed) Detring
Commissioner

this rule w
Fifty Taels
The
consisting
waistcoat
shield, w
courier w
issued by

3 As
from Tien
and be d
morning;
during the
they will
couriers
the closing
In
Tientsin
forward
and Lette
to the In
of the In
or by the
The
at 4 P.
early nex
in time
In
couriers a
should
which w
destinatio
offering.

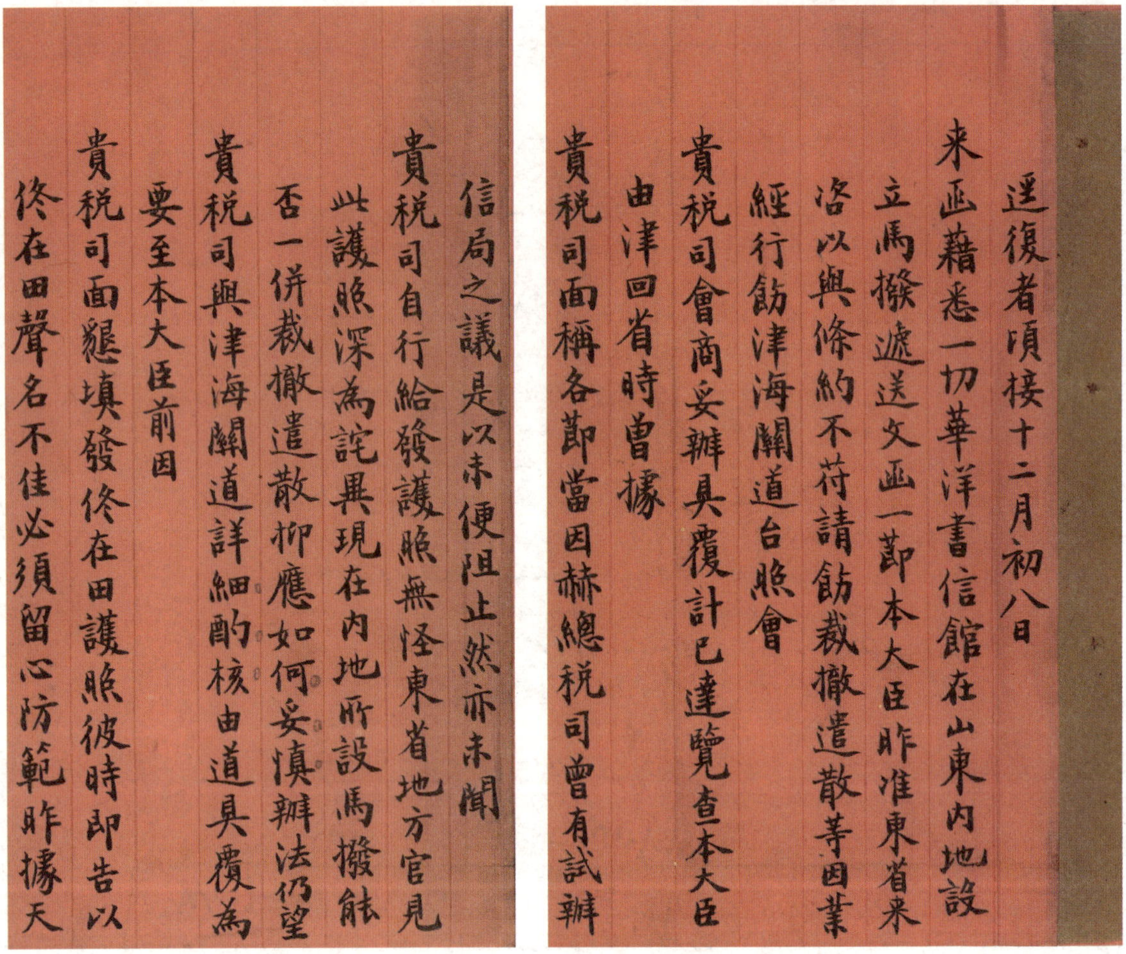

逕復者頃接十二月初八日
来函藉悉一切華洋書信館在山東內地設
立馬撥遞送文函一節本大臣昨准東省来
咨以與條約不符請飭裁撤遣散等因業
經行飭津海關道台照會
貴稅司會商妥辦具覆計已達覽查本大臣
由津回省時曾據
貴稅司面稱各節當因赫總稅司曾有試辦
信局之議是以未便阻止然亦未聞
貴稅司自行給發護照無怪東省地方官見
此護照深為詫異現在內地所設馬撥能
否一併裁撤遣散抑應如何妥慎辦法仍望
貴稅司與津海關道詳細酌核由道具覆為
要至本大臣前因
貴稅司面懇填發佟在田護照彼時即告以
佟在田聲名不佳必須留心防範昨據天

■ 直隶总督李鸿章为裁撤华洋书信馆在山东设立的马拨事致天津海关税务司德璀琳函（1879年1月7日）

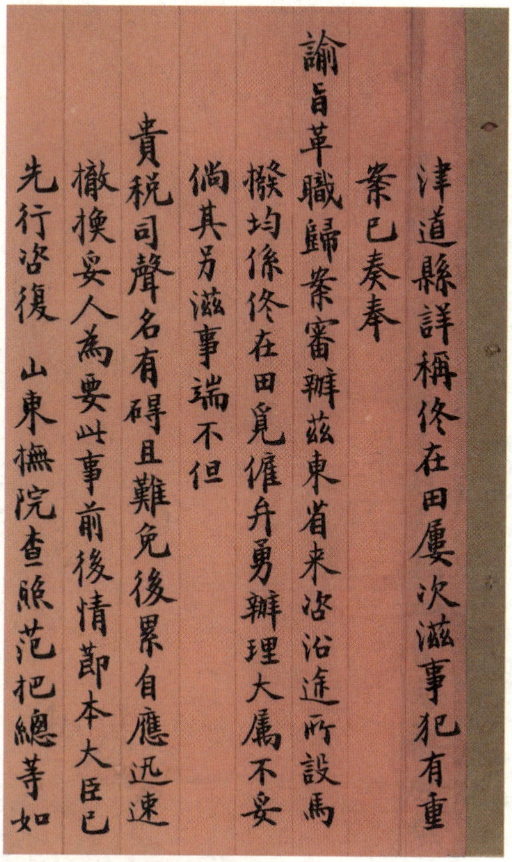

津道縣詳稱佟在田屢次滋事犯有重
案已奏奉
諭旨革職歸案審辦茲東省來咨沿途所設馬
撥均係佟在田覓僱弁勇辦理大屬不妥
倘其另滋事端不但
貴稅司聲名有碍且難免後累自應迅速
撤換妥人為要此事前後情節本大臣已
先行咨復 山東撫院查照范把總等如

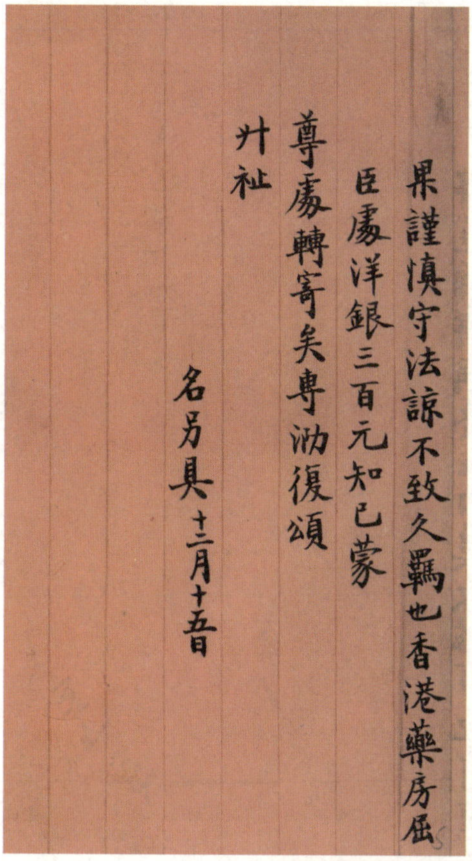

果謹慎守法諒不致久羈也香港藥房屆
臣處洋銀三百元知已蒙
尊處轉寄矣專泐復頌
升祉
名另具 十二月十五日

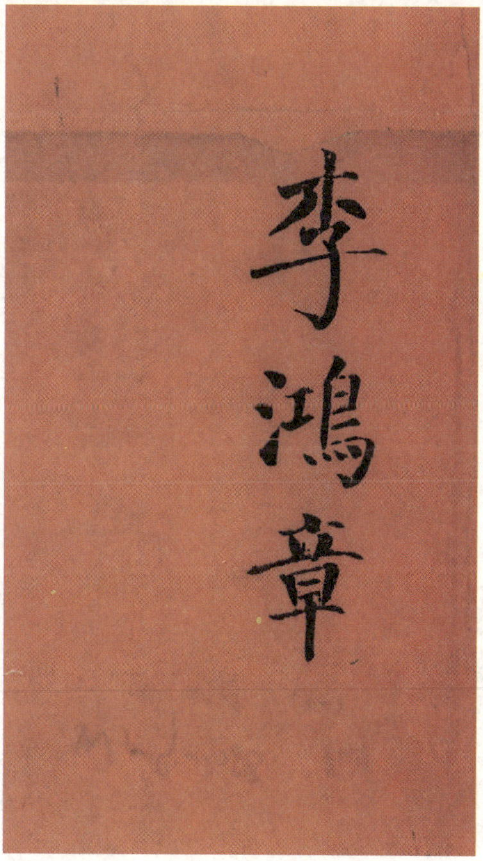

李鴻章

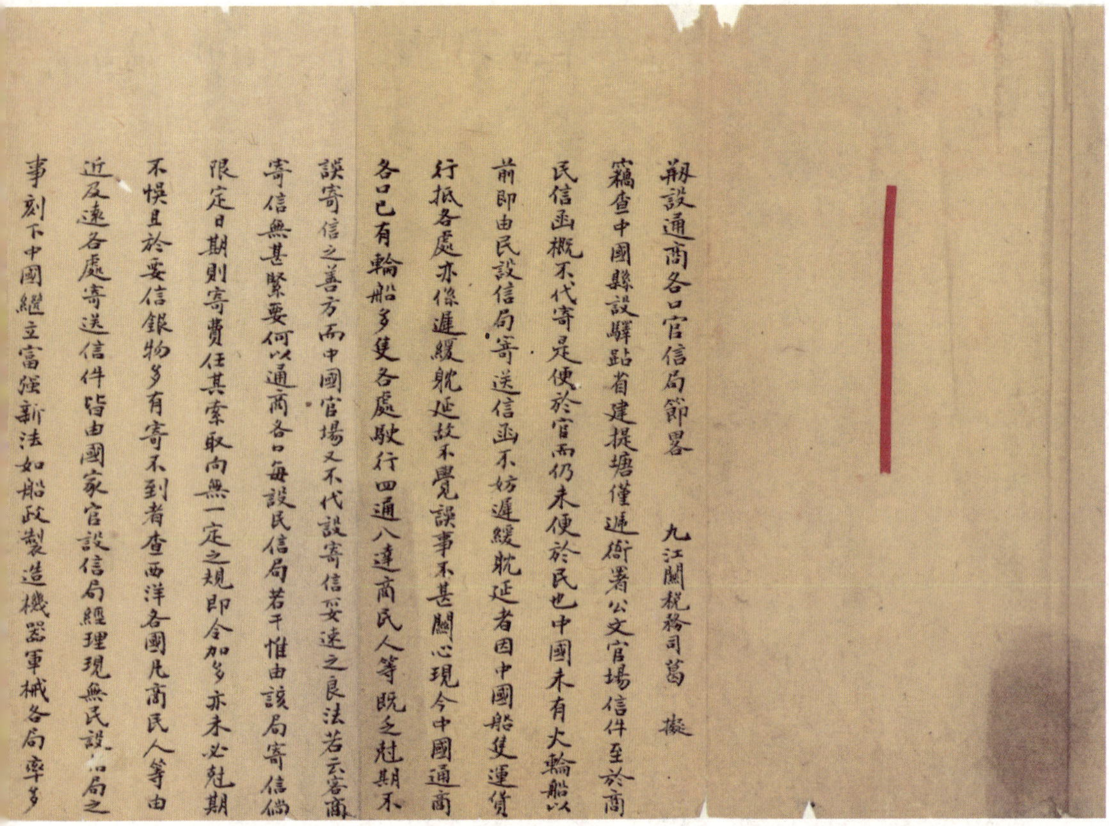

剏設通商各口官信局節畧　九江關稅務司葛　擬

竊查中國縣設驛站省建提塘僅遞衙署公文官場信件至於商民信函概不代寄是便於官而仍未便於民也中國未有大輪船以前即由民設信局寄送信函不妨遲緩耽延者因中國船隻運貨行抵各處亦係遲緩耽延故不覺誤事不甚關心現今中國通商各口已有輪船多隻各處駛行四通八達商民人等既乏赴期不誤寄信之善方而中國官場又不代設寄信妥速之良法若云客商寄信無甚緊要何以通商各口每設民信局若干惟由該局寄信倘限定日期則寄費任其索取向無一定之規即令加多亦未必赴期不悞且於要信銀物多有寄不到者查西洋各國凡商民人等由近及遠各處寄送信件皆由國家官設信局經理現無民設之局之事刻下中國經立富強新法如船政製造機器軍械各局率多

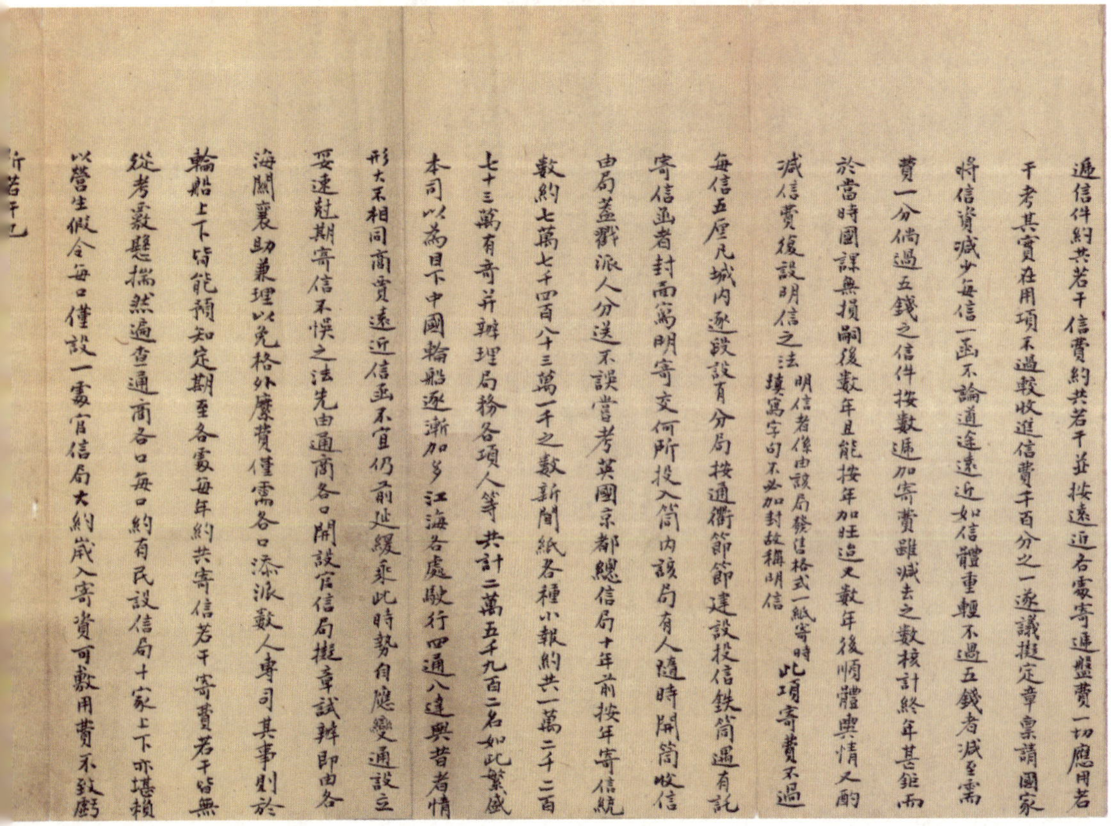

遞信件約共若干信費約共若干並按遠近各處寄遞盤費一切應用若干考其實在用項不過較收進信費千百分之一遂議擬定章稟請國家將信資減少每信一函不論道途遠近如信體重輕不過五錢者減至需費一分倘過五錢之信件按數遞加寄費雖減去之數核計終年甚鉅而於當時國課無損嗣後數年且能按年加旺迨又數年後順體輿情又酌減信費復設明信之法（明信者係由該局發信格式一紙寄時填寫字句不必加封故稱明信）此項寄費不過每信五厘凡城内遂設分局按通衢節節建設投信鐵筒遇有託寄信函者封面寫明寄交何所投入筒内該局有人隨時開筒收信由局蓋戳派人分送不誤嘗考英國京都總信局十年前按年寄信統數約七萬七千四百八十三萬一千之數新聞紙各種小報約共一萬二千二百七十三萬有奇並辦理局務各項人等共計二萬五千九百二名如此繁盛本司以為目下中國輪船逐漸加多江海各處駛行四通八達與昔者情形大不相同商賈遠近信函不宜仍前延緩乘此時勢自應變通設立妥速赴期寄信不悞之法先由通商各口開設官信局擬章試辦即由各海關襄助兼理以免格外糜費僅需各口添派數人專司其事則於輪船上下皆能預知定期至各處每年約共寄信若干寄費若干皆無從考覈懸揣然通查通商各口每口約有民設信局十家上下亦堪核以營生假令每口僅設一處官信局大約歲入寄資可敷用費不致虧所若干

九江关葛税务司拟定创设通商各口官信局节略（1877年）

民以遠寄信等事，是不獨於商民士賈等大有便益，且於國家課
款頗有攸關，又免遲悞壓勒之弊。復查中國之外各國皆設有此項官
信局，至日本雖僻處海隅，難名大國，除本國遍設官信局外，復在中國
通商各口亦有官設信局。伏思此等信局應由中國自行設立，以爲治國
分內之事，似無須别國代爲補此缺陷也。攷上文言及官設信局又於國課攸關，
似難遽信，請以英國京都官信總局證之。嘗攷十年以前即西歷一千八百六十七
年，即中國同治六年，總計本年所收寄費得銀一千四百萬四千兩，共支出用費計
銀九百七十三萬八千兩，尚餘銀四百二十六萬六千兩。至去年即西歷一千八百七十六年，
即中國光緒二年，計共得寄費銀一千七百九十一萬，支出用費未詳，大約所加無幾，
足見進款逐漸旺暢矣。凡有大小衙署官封文信往來，均由該局寄遞，概不
給費。又考英國總信局通天下各國信局較之，無能出其右者，姑將英國前
數十年與近年辦法之通變約畧較之。前五十餘年京城內各處寄資每
信二分，其他各省城內每信一分，若由此省寄至别省，照遠近計其多寡，路
愈遠則費愈加重，商民均不滿意。昔者英國貿易通商未及今之豐盛，
商民之俊秀亦未及今之繁多，嗣後貿易漸豐，商賈愈衆，而且通文識
字者愈多，遂公同稟請當道減抑信費，旋經有識者通盤核計每年寄

英局可寄信通商各口外，其餘各局均係寄信外國，而英界工部局又另設
一信局，專送各國租界之信件（每信寄費一分），並寄通商各口信件（每信寄費三分）。
現查該局去歲終年共寄各信件並新聞紙等統共十八萬九千五百十四件（新聞紙每件及四兩重之小包寄費均係一分，照各國向規，先向該局購買小戳記若干備用，每信封外加一箇，即如付資一般，法至便也），共送租界內信紙等統共
二十四萬七千八百九十六件，其所收寄費除一切支銷外，尚存九百兩餘銀，此數雖屬
無多，亦有盈無絀之一證也。所寄多係英字信函，有裨士商實非淺鮮。至上海向
無禁止民間設立信局之例，故或由民信局寄信，或由附便及輪船寄信，各聽其
便，故由該局所寄者不過十之一二而已。至各租界之外各處本地信函，并無
由局寄法，均須自派專人送遞。若城內城外等處華洋信函皆由官設信
局遞送，則寄信既多，費必加旺，且於商賈士民均稱便適矣。此項官信局
先擬在通商各口設立，俟辦有成效，由中國與各國議定約章，互相收投代
寄，則以後在中國之洋信局可以陸續收回，專歸中國官信局經理，在中
國尤爲得體，而進款自必加多也。尚有按照西國信局各條章未及錄出，俟經
各憲酌核　批示可以試辦，再行縷述。

光緒三年　三月　日

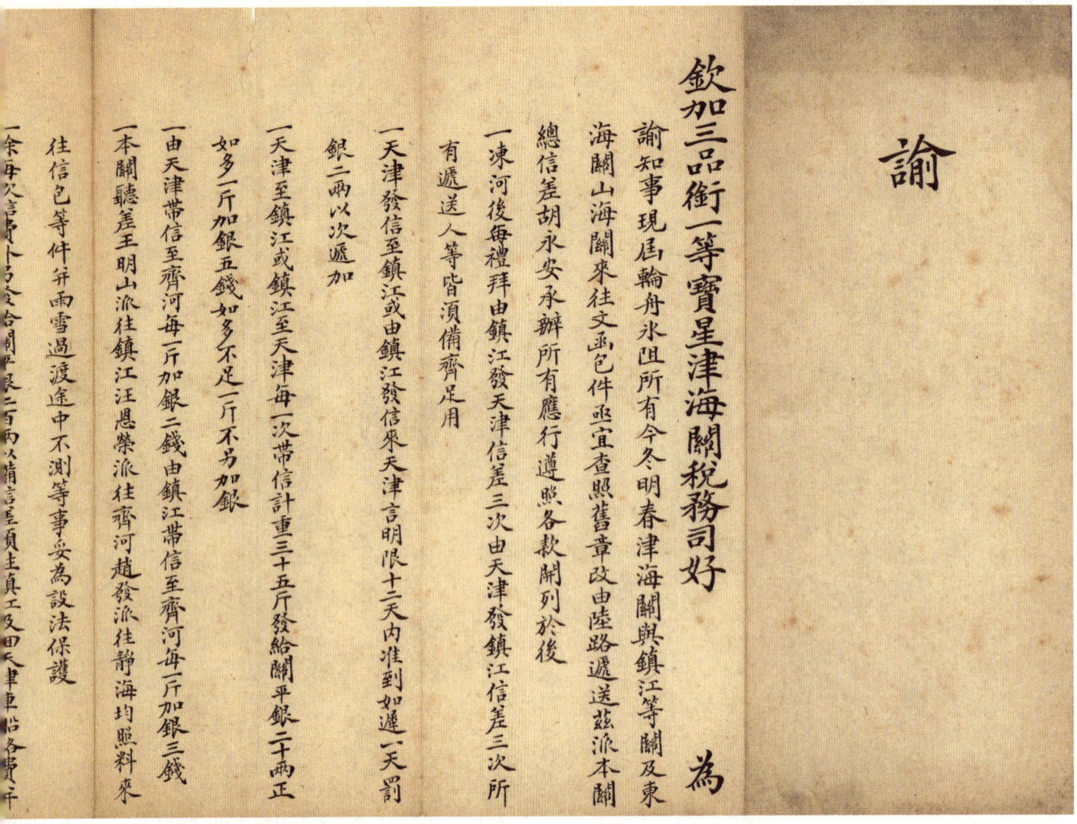

諭

欽加三品銜一等寶星津海關稅務司好　為

諭知事現屆輪舟冰阻所有今冬明春津海關與鎮江等關及東

海關山海關來往文函包件亟宜查照舊章改由陸路遞送茲派本關

總信差胡永安承辦所有應行遵照各款開列於後

一凍河後每禮拜由鎮江發天津信差三次由天津發鎮江信差三次所

有遞送人等皆須備齊足用

一天津發信至鎮江或由鎮江發信來天津言明限十二天內准到如遲一天罰

銀二兩以次遞加

一天津至鎮江或鎮江至天津每一次帶信計重三十五斤發給關平銀二十兩正

如多一斤加銀五錢如多不足一斤不另加銀

一由天津帶信至齊河每一斤加銀二錢由鎮江帶信至齊河每一斤加銀三錢

一本關聽差王明山派往鎮江汪愚榮派往齊河趙發派往靜海均照料來

往信包等件并雨雪過渡途中不測等事妥為設法保護

一余每次[illegible]

天津海关税务司好博逊为冻河后陆运津关至镇江各关往来函件事的谕（1882年10月22日）

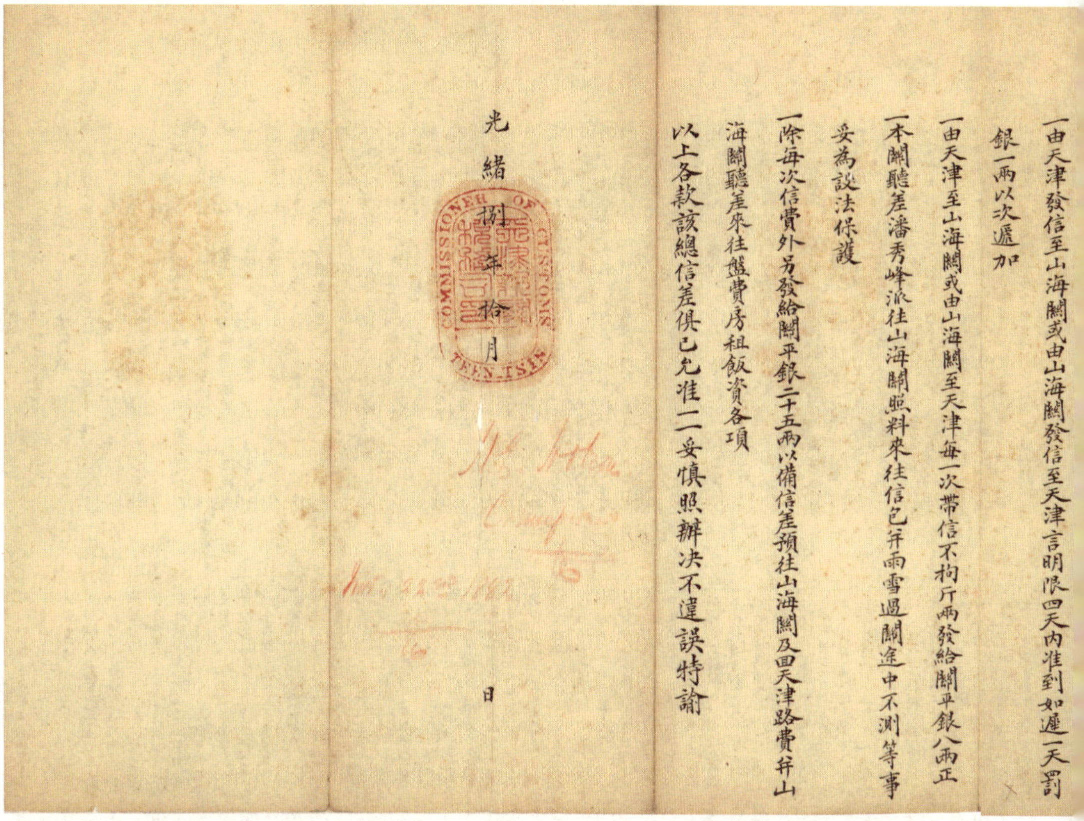
一由天津發信至山海關或由山海關發信至天津言明限四天內准到如遲一天罰
銀一兩以次遞加
一由天津至山海關或由山海關至天津每一次帶信不拘斤兩發給關平銀八兩正
一本關聽差潘秀峰派往山海關照料來往信包弁雨雪過關途中不測等事
妥為設法保護
一除每次信費外另發給關平銀二十五兩以備信差預往山海關及回天津路費弁山
海關聽差來往盤費房租飯資各項
以上各款該總信差俱已允准一一妥慎照辦決不違誤特諭

光緒捌年拾月　日

COMMISSIONER OF CUSTOMS TIEN-TSIN

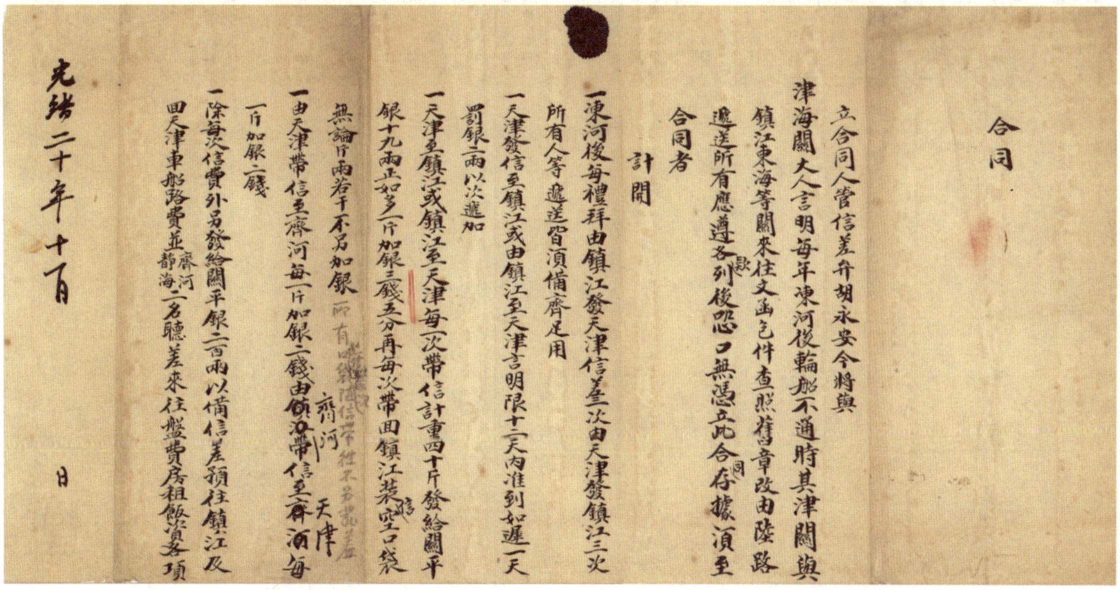
合同

立合同人管信差弁胡永安今將與
津海關大人言明每年凍河後輪船不通時其津關與
鎮江東海等關來往文函包件查照舊章改由陸路
遞送所有應遵各款列後恐口無憑立此合同存據須至
合同者

計開

一凍河後每禮拜由鎮江發天津信差一次由天津發鎮江三次
所有人等遞送留須備齊足用
一天津發信至鎮江或由鎮江至天津言明限十二天內准到如遲一天
罰銀二兩以次遞加
一天津至鎮江或鎮江至天津每一次帶信計重四十斤發給關平
銀十九兩正如多一斤加銀三錢五分再每次帶回鎮江裝空口袋
無論斤兩若干不另加銀
一由天津帶信至齊河每一斤加銀一錢由齊河帶信至天津每
一斤加銀二錢
一除每次信費外另發給關平銀二百兩以備信差預往鎮江及
回天津車船路費並齊河、靜海一名聽差來往盤費房租飯資各項

光緒二十年十月　日

■ 天津海关与管信差弁胡永安为冻河后陆运津关至镇江各关往来函件事的合同（1894年）

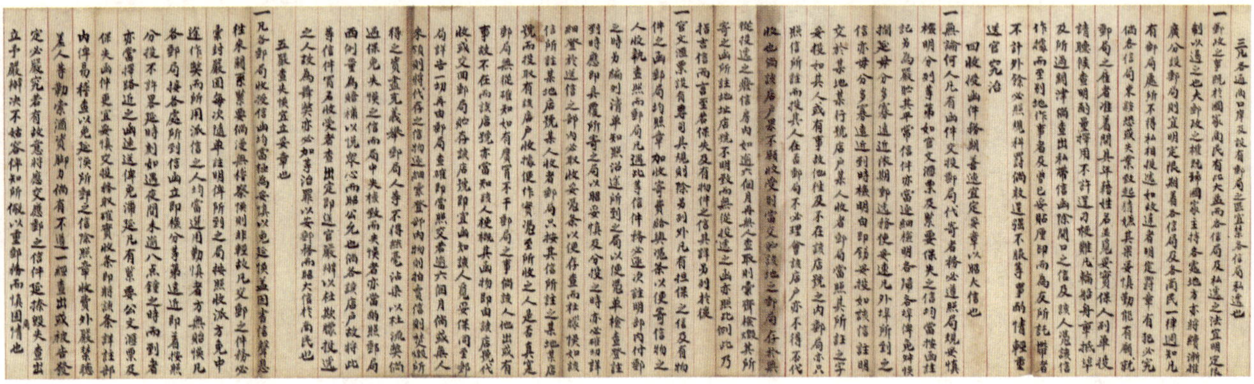

■ 岭南胡秉枢拟定的邮政条例（时间疑为1906年11月10日）

胡秉枢，广东人，晚清农业技师。著有中国第一部也是目前仅见的一部纯技术性茶书《茶务佥载》。该书于1877年经竹添光鸿翻译成日文，由劝农局在日本出版发行。据《晚清中国茶业技师赴日事迹考》一文考证，胡秉枢于1877年赴日，初在东京劝农局内试制红茶获得成功，后为静冈茶商村松吉平所聘，赴该地传授茶叶制法。1878年4月，胡秉枢受聘为三井国产的制茶技师，1879年3月合同期满回国。因留下的资料极为有限，目前学界对胡秉枢的研究仅限于此。这篇署名『岭南沂生胡秉枢』的邮政条例内容之详尽、思路之合理，为晚清人物研究又添一珍贵史料。

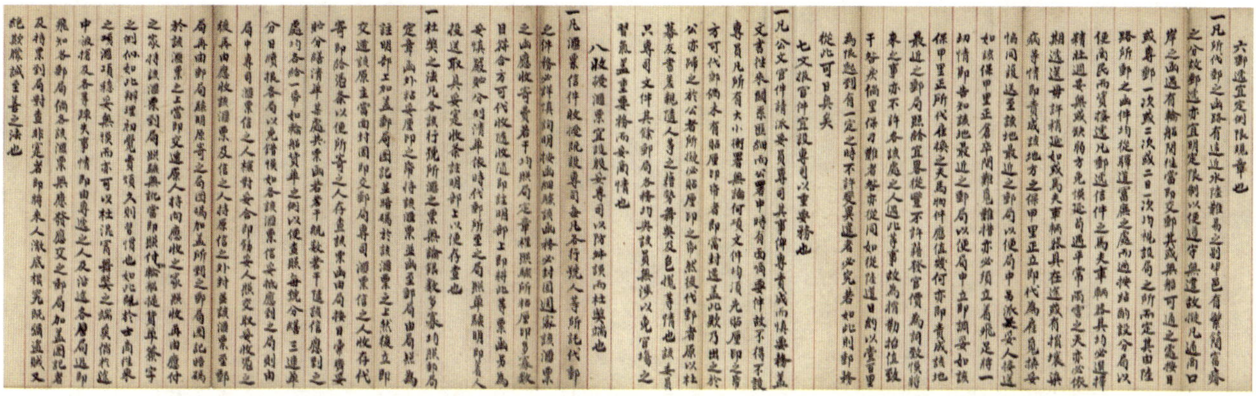

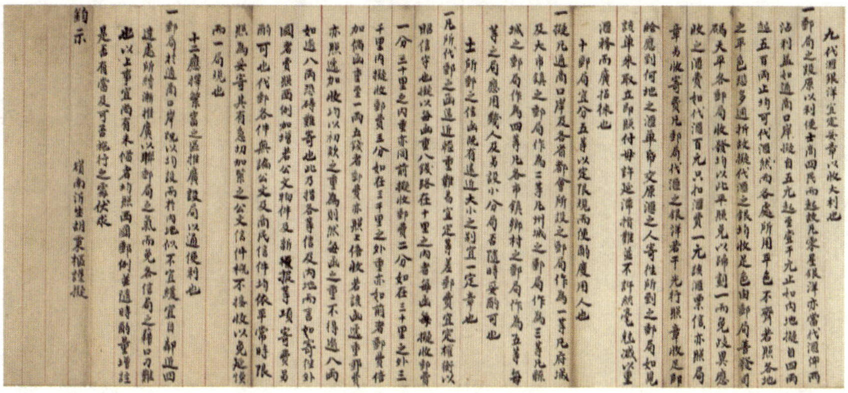

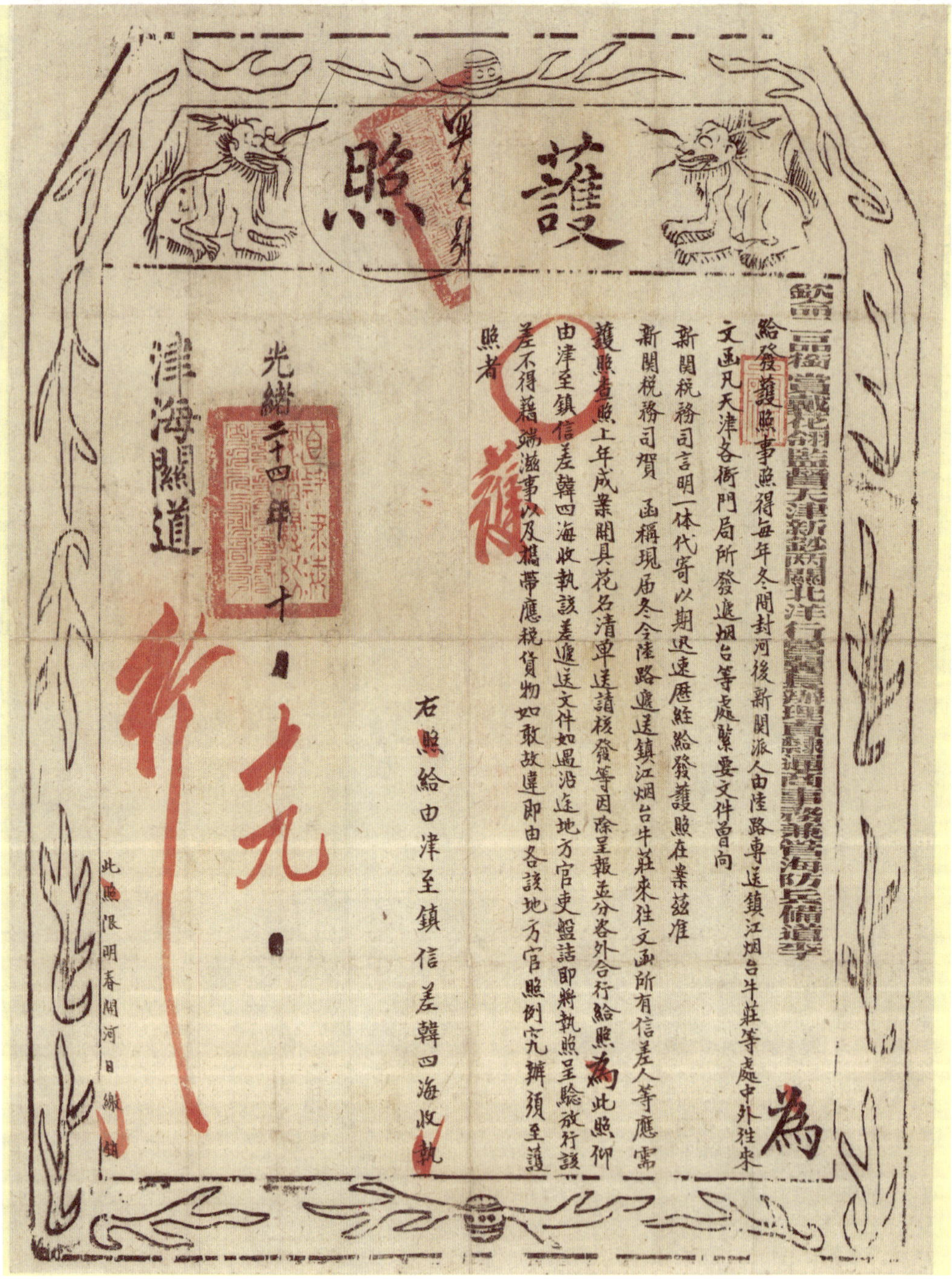

護照

欽命二品銜賞戴花翎監督天津新鈔兩關北洋行營翼長辦理直隸通商事務兼管海防兵備道李 為
給發護照事照得每年冬間封河後新關派人由陸路專送鎮江烟台牛莊等處中外往來
文函凡天津各衙門局所發遞烟台等處緊要文件曾向
新關稅務司言明一体代寄以期迅速歷經給發護照在案茲准
新關稅務司賀 函稱現屆冬令陸路遞送鎮江烟台牛莊來往文函所有信差人等應需
護照查照上年成案開具花名清單送請核發等因除呈報並分咨外合行給照為此照仰
由津至鎮信差韓四海收執該差遞送文件如遇沿途地方官吏盤詰即將執照呈驗放行該
差不得藉端滋事以及攜帶應稅貨物如敢故違即由各該地方官照例究辦須至護
照者

右照給由津至鎮信差韓四海收執

光緒二十四年十月十九日

津海關道

行

此照限明春開河日繳銷

天津海关道发给天津至镇江冬季陆运信差韩四海的护照（1898 年 12 月 2 日）

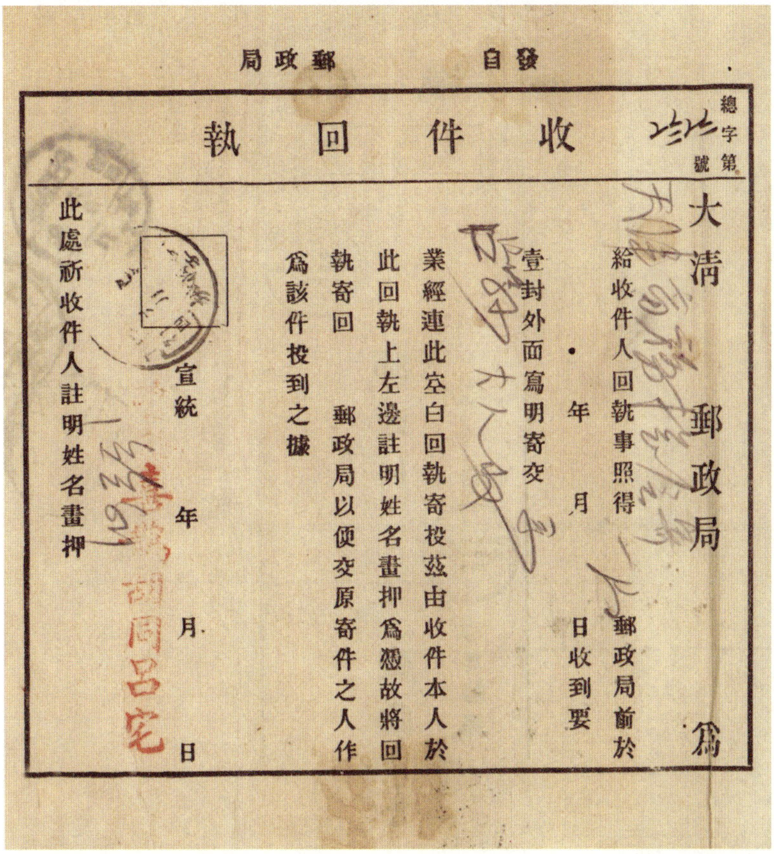

發自　　郵政局

收件回執

總字第　　號

大清　　郵政局　　爲

給收件人回執事照得　　郵政局前於

年　　月　　日收到要

壹封外面寫明寄交

業經連此空白回執寄投茲由收件本人於

此回執上左邊註明姓名畫押爲憑故將回

執寄回　　郵政局以便交原寄件之人作

爲該件投到之據

宣統　　年　　月　　日

此處祈收件人註明姓名畫押

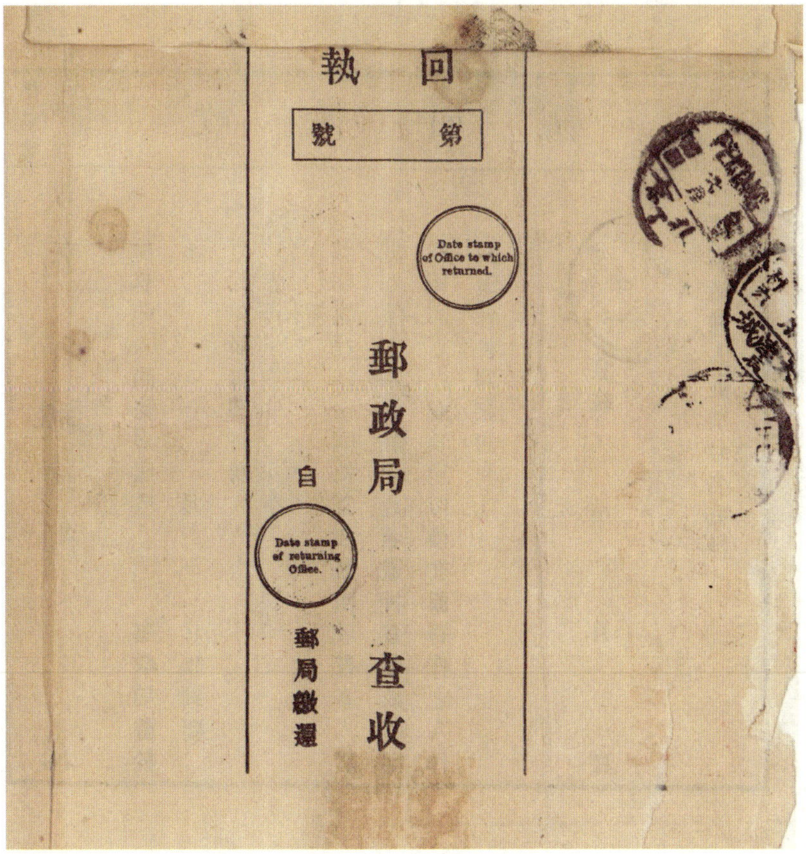

回執

第　　號

Date stamp of Office to which returned.

郵政局

自

Date stamp of returning Office.

郵局繳還

查收

大清邮政局收件回执（1909年）

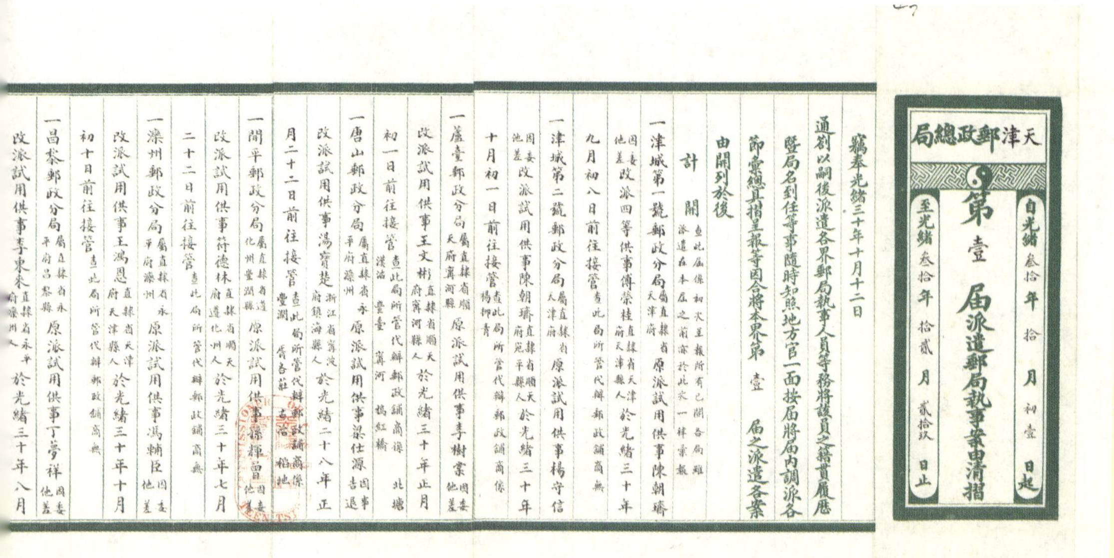

天津郵政總局

自光緒叁拾年拾月初壹日起

第壹屆派遣郵局執事案由清摺

至光緒叁拾年拾貳月貳拾玖日止

天津邮政总局第一届派遣邮局执事人员案由清折（1905年2月20日）

民国时期邮政人员制服图样

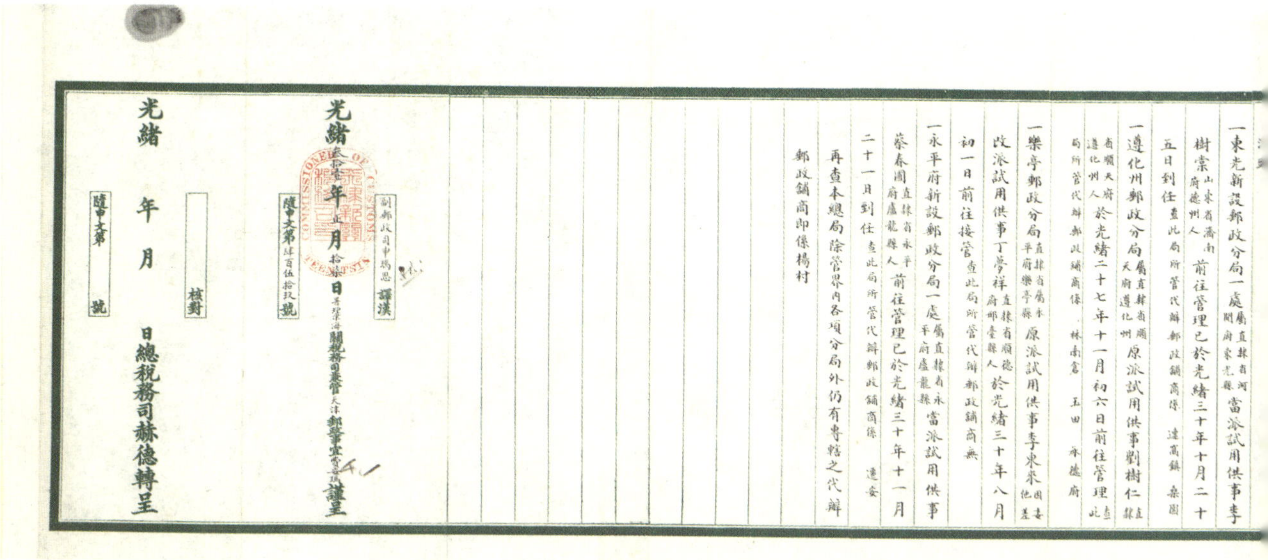

一東光新設郵政分局一處屬直隸省河間府東光縣當派試用供事李
樹棠山東省濟南府德州人前往管理已於光緒三十年十月二十
五日到任查此局所管代辦郵政鋪商係 連窩鎮 桑園
一遵化州郵政分局屬直隸省順天府遵化州原派試用供事劉樹仁直隸
省順天府遵化州人於光緒二十七年十一月初六日前往管理查此
局所管代辦郵政鋪商係 林南倉 玉田 承德府
一樂亭郵政分局直隸省屬永平府樂亭縣原派試用供事李東來固安他差
改派試用供事丁夢祥直隸省順德府邢臺縣人於光緒三十年八月
初一日前往接管查此局所管代辦郵政鋪商無
一永平府新設郵政分局一處屬直隸省永平府盧龍縣當派試用供事
蔡春園直隸省永平府盧龍縣人前往管理已於光緒三十年十一月
二十一日到任查此局所管代辦郵政鋪商係 遷安
再查本總局除管界內各項分局外仍有專轄之代辦
郵政鋪商即係楊村

副郵政司申瑪思 譯漢

光緒叁拾壹年正月拾柒日 署理津海關稅務司兼管天津郵務事宜賀璧理 謹呈

隨申文第肆百伍拾玖號

核對

光緒 年 月 日總稅務司赫德轉呈

隨申文第 號

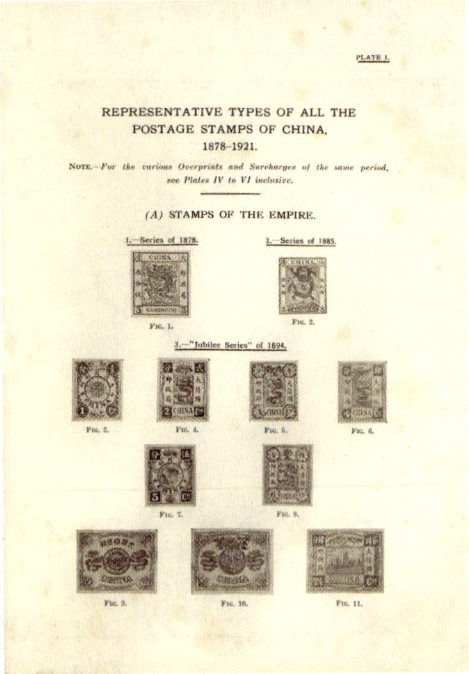

PLATE I.

REPRESENTATIVE TYPES OF ALL THE POSTAGE STAMPS OF CHINA, 1878–1921.

NOTE.—*For the various Overprints and Surcharges of the same period, see Plates IV to VI inclusive.*

(*A*) STAMPS OF THE EMPIRE.

1.—Series of 1878.

FIG. 1.

2.—Series of 1885.

FIG. 2.

3.—"Jubilee Series" of 1894.

FIG. 3. FIG. 4. FIG. 5. FIG. 6.

FIG. 7. FIG. 8.

FIG. 9. FIG. 10. FIG. 11.

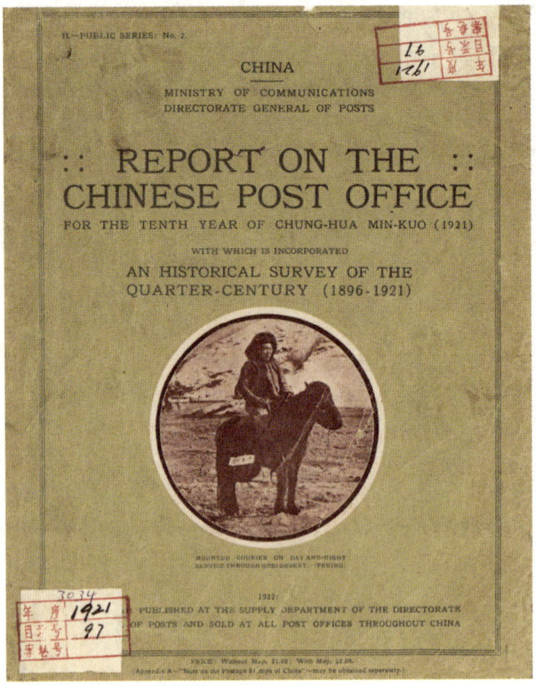

II.—PUBLIC SERIES: No. 2.

CHINA

MINISTRY OF COMMUNICATIONS
DIRECTORATE GENERAL OF POSTS

:: REPORT ON THE ::
CHINESE POST OFFICE

FOR THE TENTH YEAR OF CHUNG-HUA MIN-KUO (1921)

WITH WHICH IS INCORPORATED

AN HISTORICAL SURVEY OF THE QUARTER-CENTURY (1896-1921)

MOUNTED COURIER ON DAY-AND-NIGHT SERVICE THROUGH GOBI DESERT (PEKING)

1922:

PUBLISHED AT THE SUPPLY DEPARTMENT OF THE DIRECTORATE OF POSTS AND SOLD AT ALL POST OFFICES THROUGHOUT CHINA

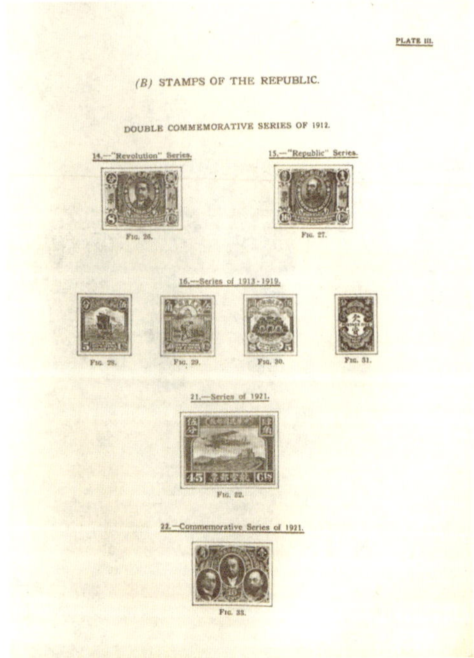

PLATE III.

(*B*) STAMPS OF THE REPUBLIC.

DOUBLE COMMEMORATIVE SERIES OF 1912.

14.—"Revolution" Series.

FIG. 26.

15.—"Republic" Series.

FIG. 27.

16.—Series of 1913-1919.

FIG. 28. FIG. 29. FIG. 30. FIG. 31.

21.—Series of 1921.

FIG. 32.

22.—Commemorative Series of 1921.

FIG. 33.

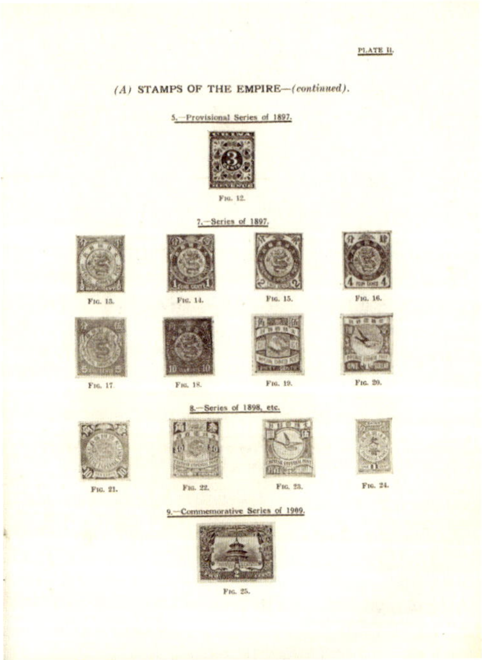

PLATE II.

(*A*) STAMPS OF THE EMPIRE—(*continued*).

5.—Provisional Series of 1897.

FIG. 12.

7.—Series of 1897.

FIG. 13. FIG. 14. FIG. 15. FIG. 16.

FIG. 17. FIG. 18. FIG. 19. FIG. 20.

8.—Series of 1898, etc.

FIG. 21. FIG. 22. FIG. 23. FIG. 24.

9.—Commemorative Series of 1909.

FIG. 25.

■ 晚清民国代表性邮票样式一览（1878–1921 年）

这件档案出自 1922 年出版的 Report on the Chinese Post Office，展现了近代邮政四十余年所发行的具有代表性的邮票样式。

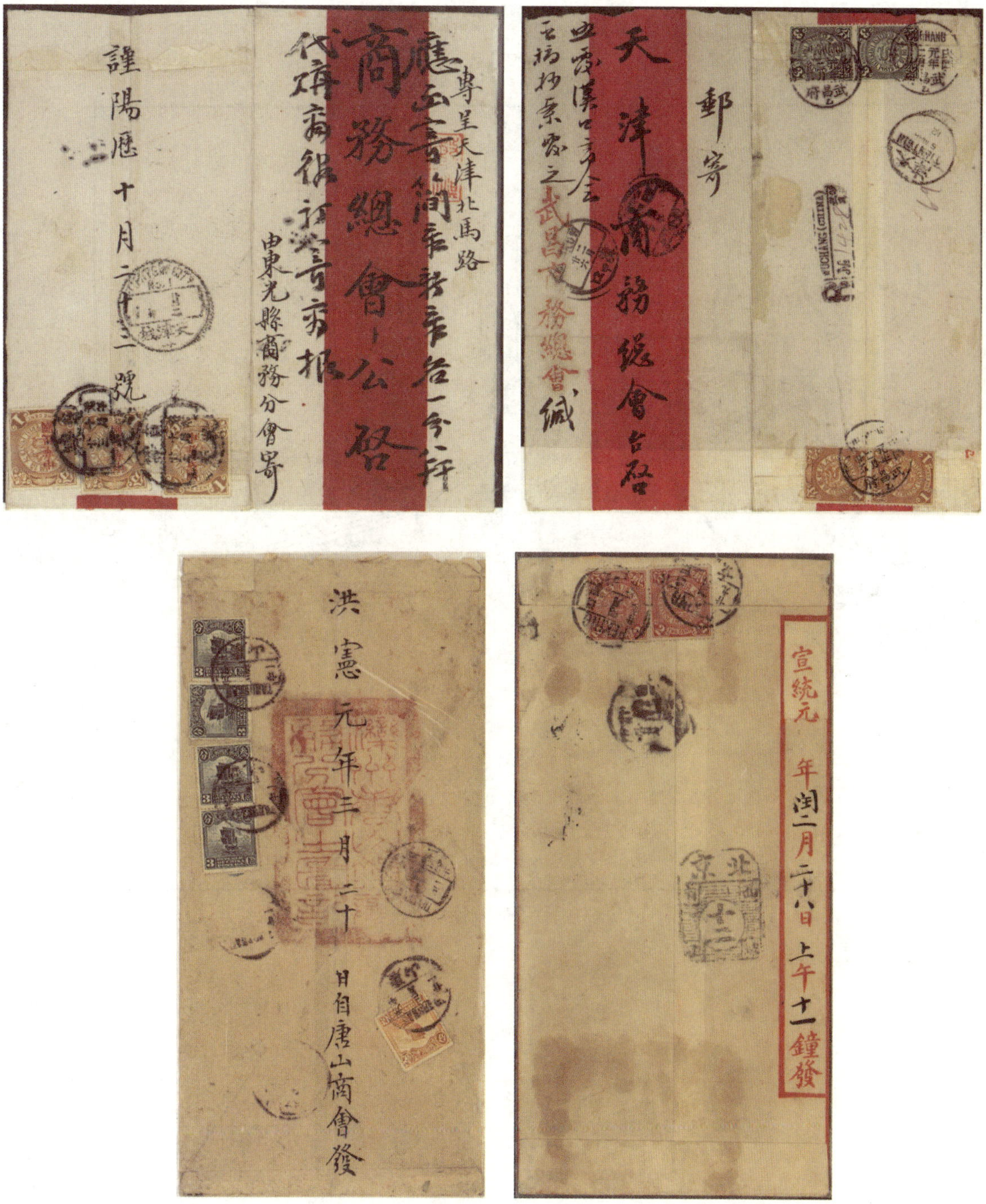

■ 一组近代实封、邮票并戳记

这组实封、邮票并戳记选取了三个具有代表性的时间，分别是宣统元年、中华民国元年和洪宪元年，直观展现了小蟠龙邮票等实物档案以及极具特色的邮戳。在东光县商务总会致天津商务总会函封的小蟠龙邮票上特意加盖了宋体『中华民国』字样，是晚清民国时代嬗递的一个缩影。

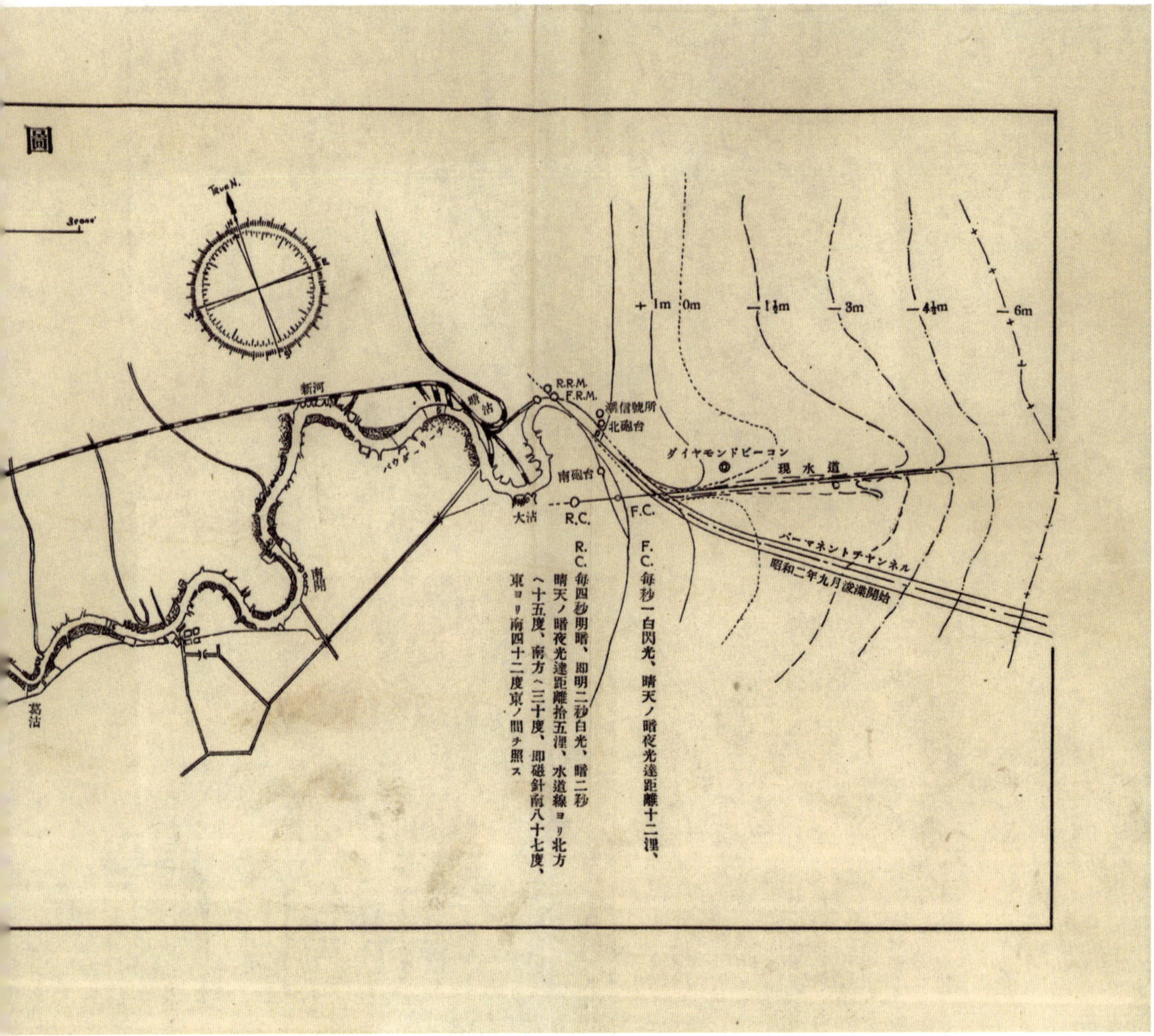

■ 海河裁湾取直图

1890年天津水灾之后，海河通航状况日趋窳败。至1898年，河道泥沙壅塞，全年竟无一艘轮船可驶抵租界河坝。1897年，海河工程委员会成立。1901年，海河工程局改组成立。按照工程师特令特建议，实施海河裁湾取直计划。自天津至大沽间，裁湾三处。第一湾自挂甲寺起，至杨庄止，1901年10月动工，至1902年8月通船。第二湾自下圈起，至何家庄止，与第一湾同时动工，至1902年9月通船。第三湾自杨家庄起，至新庄止，1903年9月动工，至1904年6月完工，7月通船。1911年春，开始第四次裁湾工程。始于赵北庄，至蔡家庄止。自1911年春动工，至1913年7月通船。坟山湾裁湾工程，始于1921年6月，至1923年10月完工。经过几次裁湾取直，海河通航状况得到改善。

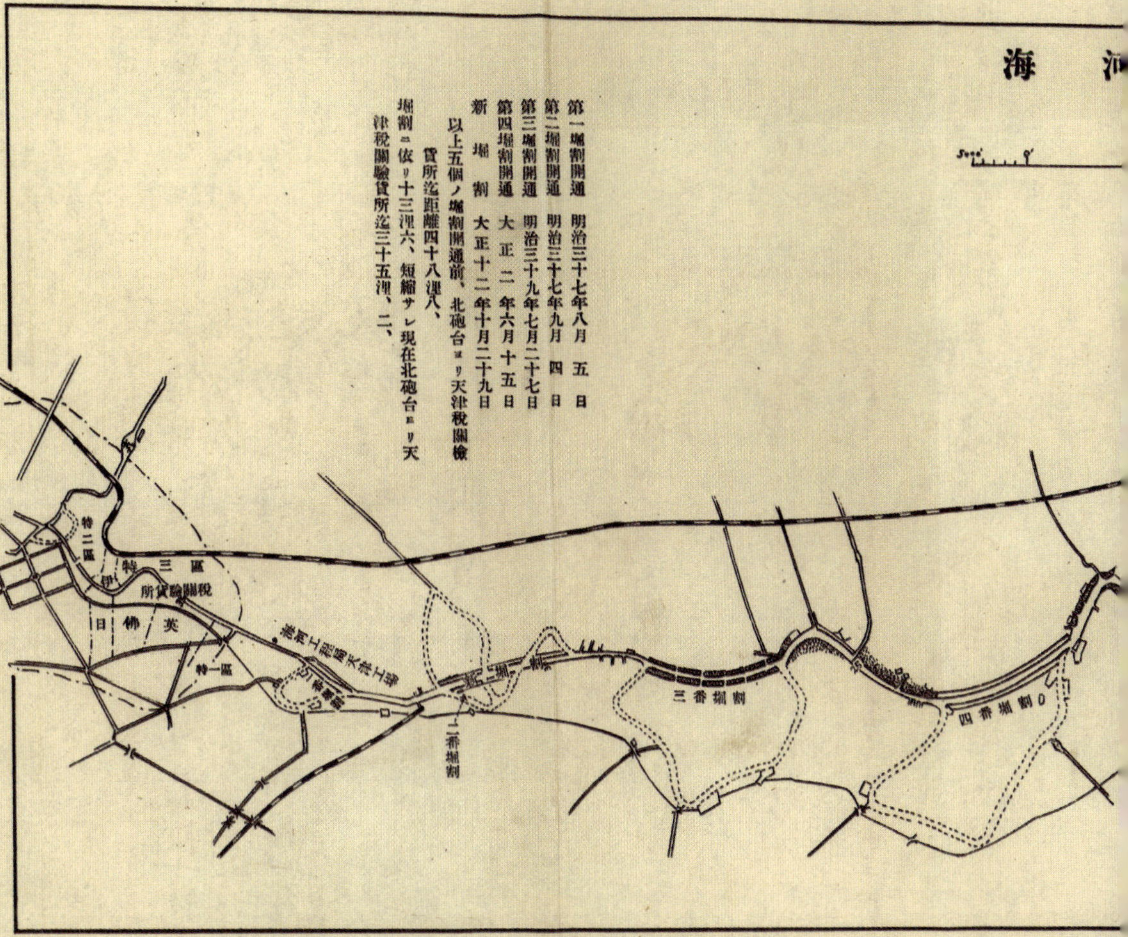
海
第一堀割開通　明治三十七年八月　五　日
第二堀割開通　明治三十七年九月　四　日
第三堀割開通　明治三十九年七月二十七日
第四堀割開通　大　正　二　年六月十五日
新　堀　割　大正十二年十月二十九日
以上五個ノ堀割開通前、北砲台ヨリ天津税關檢貨所迄距離四十八浬八、
堀割ニ依リ十三浬六、短縮サレ現在北砲台ヨリ天津税關驗貨所迄三十五浬、二、
特二區
特三區
税關驗貨所
英
佛
日
伊
特一區
三番堀割
四番堀割
二番堀割

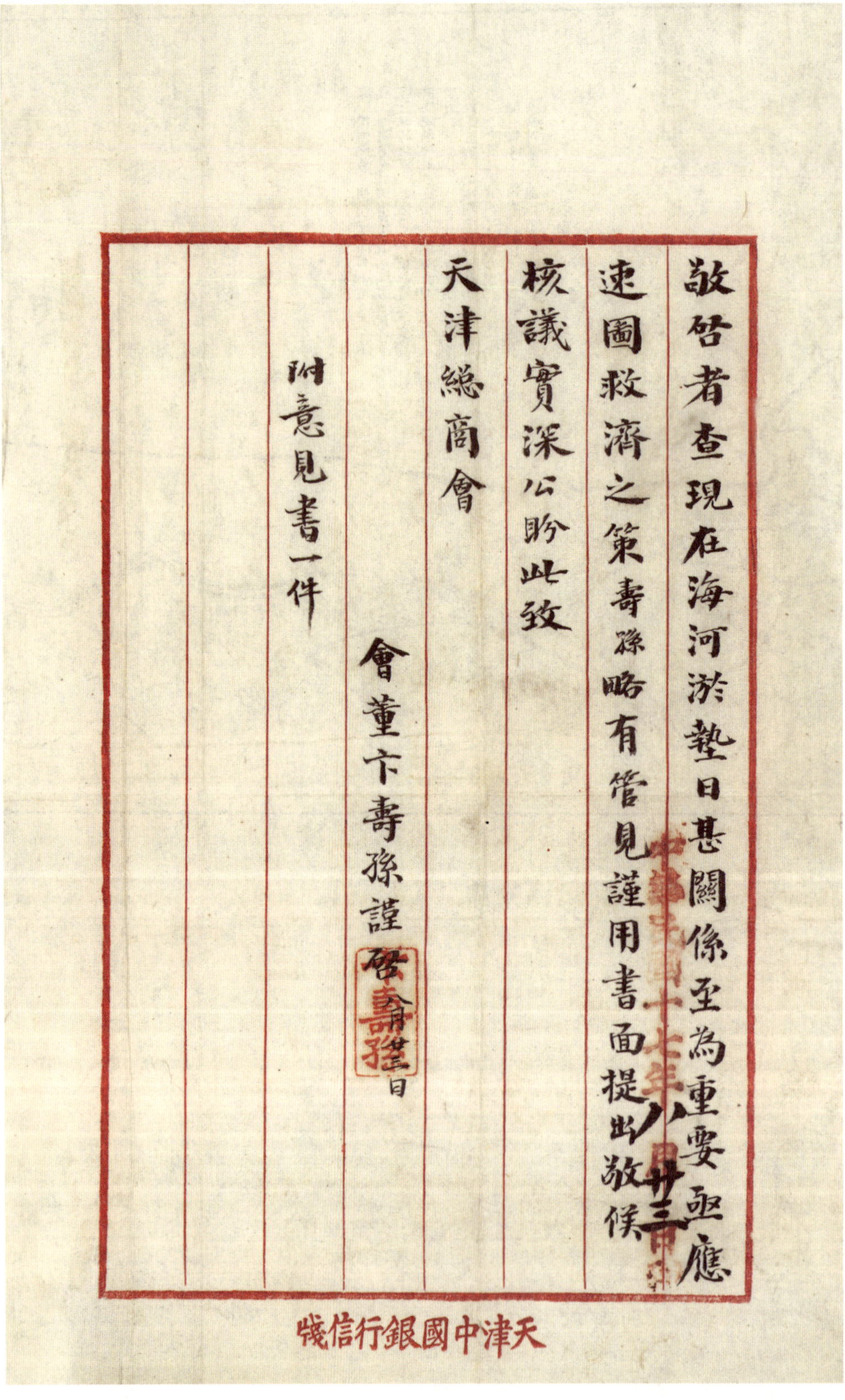

敬啓者查現在海河淤墊日甚關係至為重要亟應速圖救濟之策壽孫略有管見謹用書面提出敬候
核議實深公盼此致
天津總商會
會董卞壽孫謹啓 八月廿三日
附意見書一件

天津中國銀行信箋

■天津总商会会董卞寿孙为治理海河淤垫事致天津总商会函 附拟请借拨英国退还庚款浚治海河救济津埠意见书（1928年8月23日）

擬請借撥（英國退還）庚款濬治海河救濟津埠意見書

竊維海河為全省各河入海尾閭因受永定河濁流之灌注以致河身日高出口日就淤淺現在各公司海輪業已不能駛入若再不速圖濬治微特本埠中外商業將益見凋零而一遇上游河水盛漲更有漫溢橫決害及人民生命財產之虞緣天津一埠撫有渤海良好港口復扼平奉平漢平綏正太津浦五路之中心為北方海陸兩運聯絡交會之樞紐凡河北河南山東山西陝甘新疆熱察綏內外蒙古等處物產之出入莫不經由本埠故其貿易區域之廣幾佔全國之半據海關報告冊所載各埠進出口貨總額天津列居第二可見吾國市場上海而外當以本埠為最重要假令海河失濬港口淤塞則上述各省區貨物輸轉勢須遷地為良然試數北方各海口如大連烟台青島頗皆偏於一隅顯非失彼欲求如天津之海陸交會足以綰轂十餘省區者殆未有也況本埠碼頭駁岸躉船倉庫以及關於商業上之各種建設經中外商人投億萬之鉅資積數十年之歲月慘淡經營始克有今日之完備一旦星移物換損失何可勝言而貧民苦工將因此失業者更不知凡幾是故為實行民生主義計為發展全國商業計為防止本省水患計為維持天津市面計為保全中外人財產計均應以急謀濬治海河為要圖此不僅屬局部之問題實舉國上下所應共同注重者也惟治河之策其說甚多治本治標各有長短究應採取何種宜付專家討論壽孫於此事素乏研究但聞諸留心河務者言現在治標辦法宜在上游相當地點（分別修築閘壩）束水攔淤俾上游泥沙得有阻截之所而下游積淤亦獲收沖刷之效此項工程簡而易行所費較省預計約需五百萬元左右至治本辦法則須統籌全局增闢引河為一勞永逸之計所費約需四五千萬元就吾國目前財政狀況言似未易遽議此種鉅大之計畫即假定姑用治標之策亦非先有的款無從着手此舉籌款方法擬請國民政府酌照從前海關代徵振災附捐成案由津海關按進出口貨抽收臨時附捐並即指定以此項附捐作為基金由政府發行河北河工庫券向各輪船轉運貨棧保險等公司及經營進出口

第一頁

（寅印）

貿易之華洋各商分別勸募以為治河經費之用惟為增加庫券信用易於推銷起見除以上項附捐指抵本息外查英國退還庚子賠款前由中英[redacted]委員建議曾將興辦順直水利列為該款用途之一刻下該河既亟待疏濬擬請由國民政府轉商英國政府在退還庚款積存數內借撥五十萬鎊以為前項河工庫券之第二擔保俾信用格外鞏固券價以踴躍如在庫券尚未募足以前需款緊急並得以該庫券作為抵押先在所借庚款內酌撥應用以免工程延誤一俟券款募集若干即隨時歸還庚款將該項庫券贖回似此變通辦理名為借撥庚款而實則藉庚款為庫券增加擔保及臨時周轉之用將來仍如數歸還於原定退款興學等用途不致有所妨礙且於華洋商人共有裨益暫資緩急莫善於此以國民政府之注重民生當數俯從民意以中英商務關係之密切想英政府亦必能一致贊助樂觀厥成也至於治河方案應如何徵聘專家考察上下游各河道統籌規畫治河機關應如何博採輿論妥定劃一完善之組織以及公開用款監督工務等事統俟將來由各法團與主管官廳公同商榷茲不備及所有海河淤阻關係重要及擬請國府舉辦附捐發行河工庫券並借撥英國退還庚款以增擔保而應急需各節謹具意見書提候

貴會核議即請聯合各法團電懇國民政府暨財政交通內政外交四部及河北省政府財政建設兩廳（天津特別市政府）酌予採擇施行全國幸甚津埠幸甚

卞壽孫謹提 十七年八月二十三日

第二頁

（寅印）

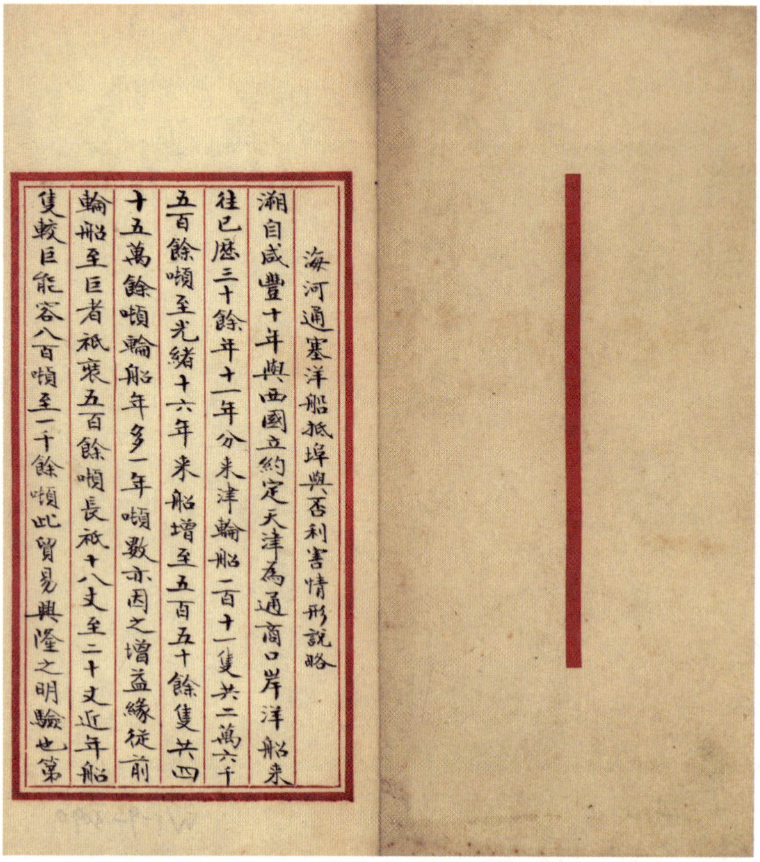

海河通塞洋船抵埠與否利害情形說略

溯自咸豐十年與西國立約定天津為通商口岸洋船來往已歷三十餘年十一年分来津輪船一百十一隻共二萬六千五百餘噸至光緒十六年来船增至五百五十餘隻共四十五萬餘噸輪船年多一年噸數亦因之增益緣從前輪船至巨者祇裝五百餘噸長祇十八丈至二十丈近年船隻較巨能容八百噸至一千餘噸此貿易興隆之明驗也第

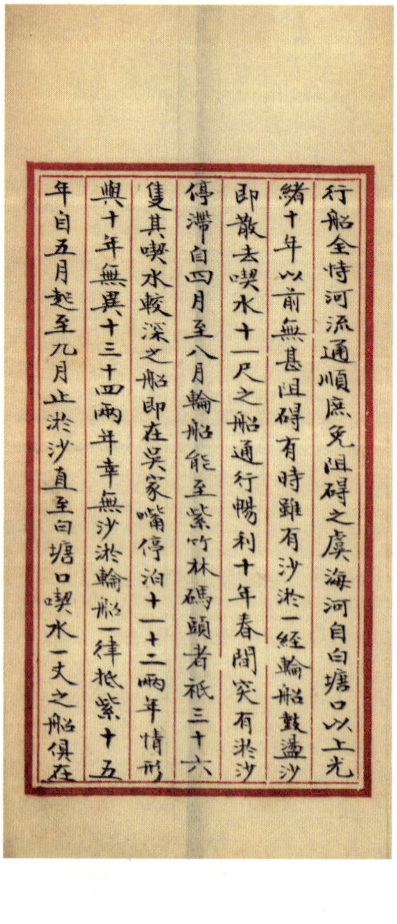

行船全恃河流通順庶免阻碍之虞海河自白塘口以上光緒十年以前無甚阻碍有時雖有沙淤一經輪船鼓盪沙即散去喫水十一尺之船通行暢利十年春間突有淤沙停滯自四月至八月輪船能至紫竹林碼頭者祇三十六隻其喫水較深之船即在吳家嘴停泊十一十二兩年情形與十年無異十三十四兩年幸無沙淤輪船一律抵紫十五年自五月起至九月止淤沙直至白塘口喫水一丈之船俱在

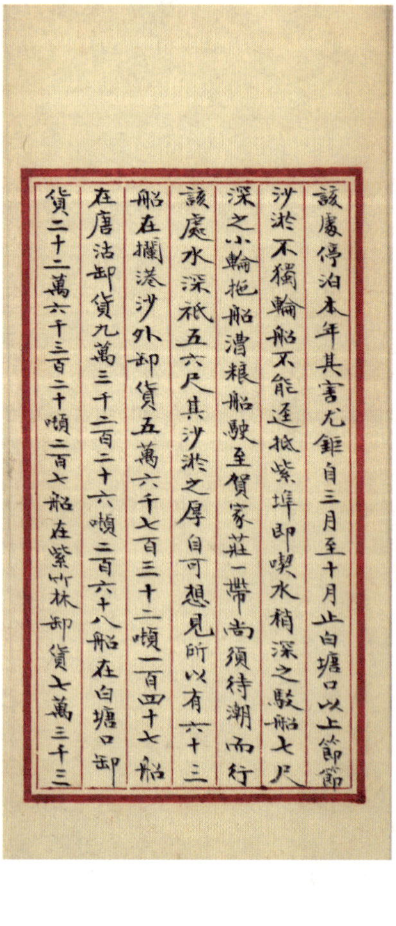

該處停泊本年其害尤鉅自三月至十月止白塘口以上節節沙淤不獨輪船不能逕抵紫埠即喫水稍深之駁船七尺深之小輪拖船漕粮船駛至賀家莊一帶尚須待潮而行該處水深祇五六尺其沙淤之厚自可想見所以有六十三船在攔港沙外卸貨五萬六千七百三十二噸一百四十七船在唐沽卸貨九萬三千二百二十六噸二百六十八船在白塘口卸貨二十二萬六千三百二十噸二百七船在紫竹林卸貨七萬三千三

海河通塞洋船抵埠与否利害情形说略（局部）

裁挖淤嘴辦法章程

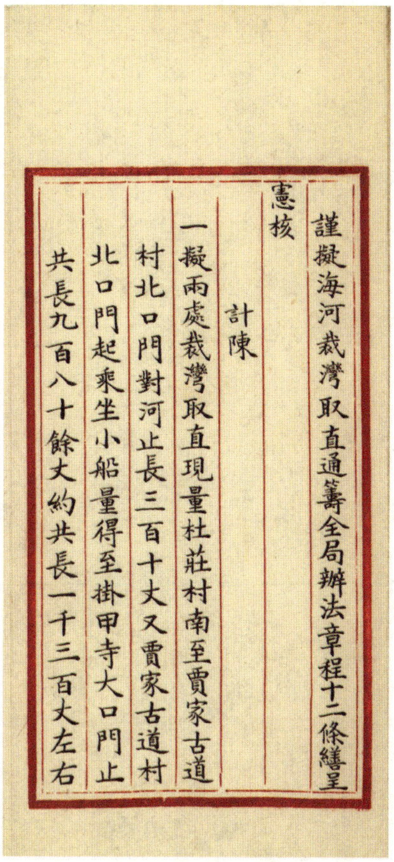

謹擬海河裁灣取直通籌全局辦法章程十二條繕呈

憲核

計陳

一擬兩處裁灣取直現量杜莊村南至賈家古道村北口門對河止長三百十丈又賈家古道村北口門起乘坐小船量得至掛甲寺大口門止共長九百八十餘丈約共長一千三百丈左右

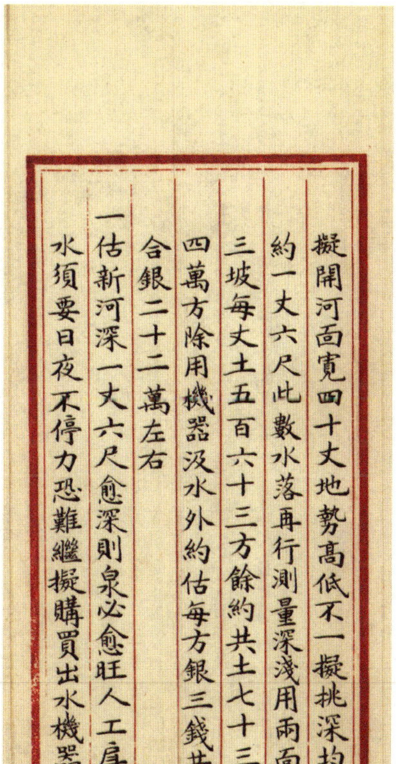

擬開河面寬四十丈地勢高低不一擬挑深均約一丈六尺此數水落再行測量深淺用兩面三坡每丈土五百六十三方餘約共土七十三四萬方除用機器汲水外約估每方銀三錢共合銀二十二萬左右

一估新河深一丈六尺愈深則泉必愈旺人工戽水須要日夜不停力恐難繼擬購買出水機器

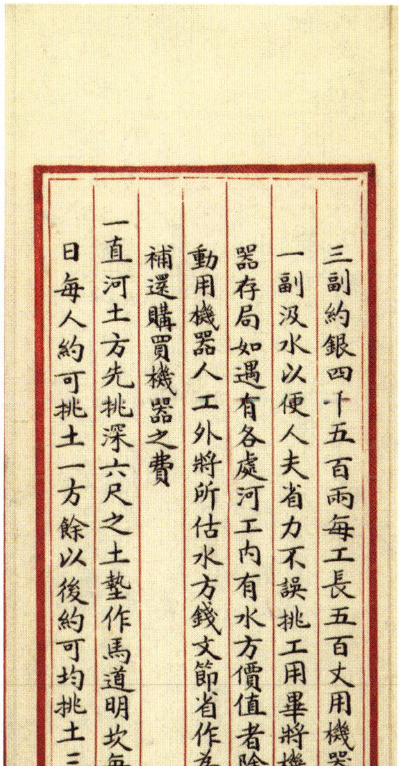

三副約銀四千五百兩每工長五百丈用機器一副汲水以便人夫省力不誤挑工用畢將機器存局如遇有各處河工內有水方價值者除動用機器人工外將所估水方錢文節省作為補還購買機器之費

一直河土方先挑深六尺之土墊作馬道明坎每日每人約可挑土一方餘以後約可均挑土三

裁挖淤嘴办法章程（局部）

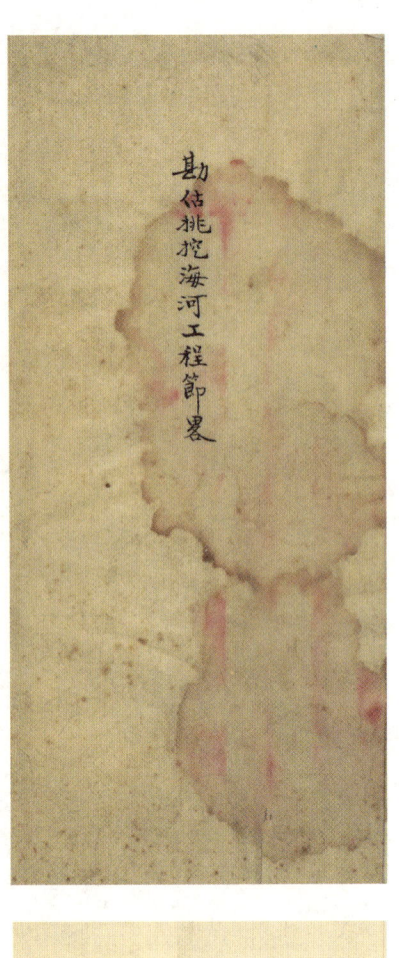

勘估挑挖海河工程節畧

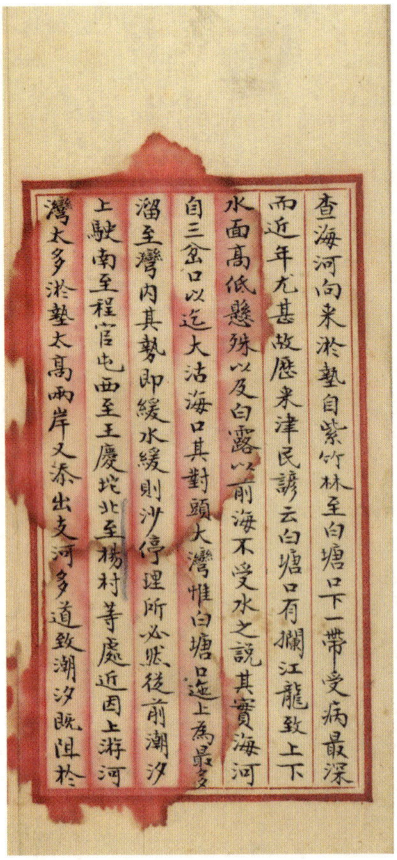

查海河向來淤墊自紫竹林至白塘口下一帶受病最深
而近年尤甚故歷來津民諺云白塘口有攔江龍致上下
水面高低懸殊以及白露以前海不受水之說其實海河
自三岔口以迄大沽海口其對頭大灣惟白塘口迤上為最多
溜至灣內其勢即緩水緩則沙停理所必然從前潮汐
上駛南至程官屯西至王慶坨北至楊村等處近因上游河
灣太多淤墊太高兩岸又添出支河多道致潮汐既阻於

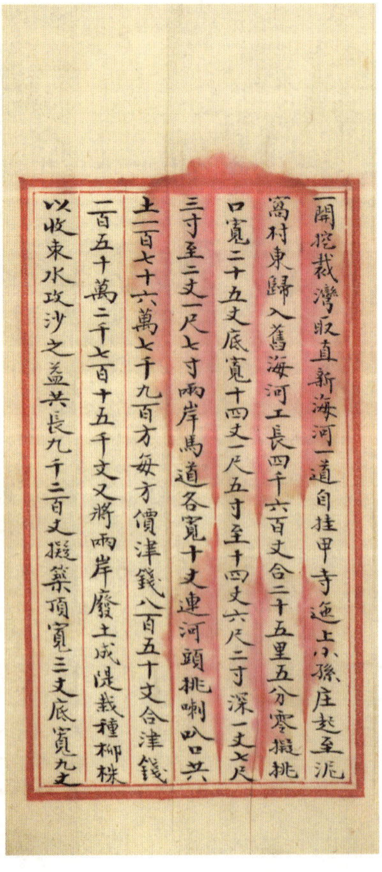

一開挖裁灣取直新海河一道自挂甲寺迤上小孫庄起至泥
窩村東歸入舊海河工長四千六百丈合二十五里五分零擬挑
口寬二十五丈底寬十四丈一尺五寸至十四丈六尺二寸深一丈六尺
三寸至二丈一尺七寸兩岸馬道各寬十丈連河頭挑喇叭口共
土一百七十六萬七千九百方每方價津錢八百五十文合津錢
一百五十萬二千七百十五千文又將兩岸廢土成堤栽種柳株
以收束水攻沙之益共長九千二百丈擬築頂寬三丈底寬九丈

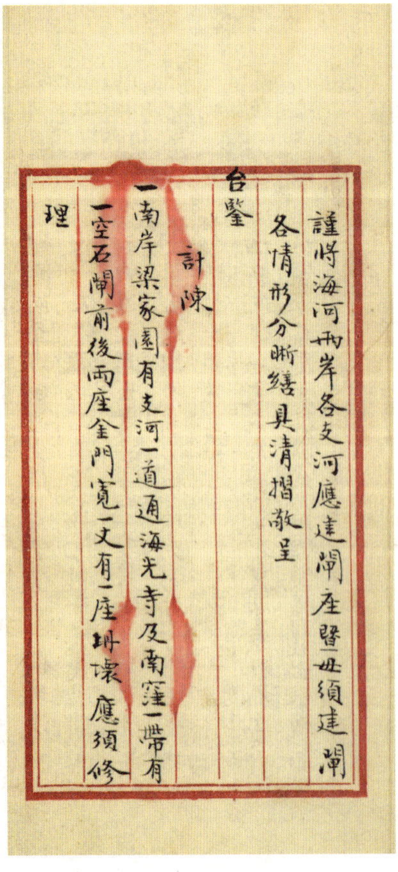

謹將海河兩岸各支河應建閘座暨毋須建閘
各情形分晰繕具清摺敬呈
台鑒
計陳
一南岸梁家園有支河一道通海光寺及南窪一帶有
一空石閘前後兩座全門寬一丈有二座坍壞應須修
理

勘估挑挖海河工程节略（局部）

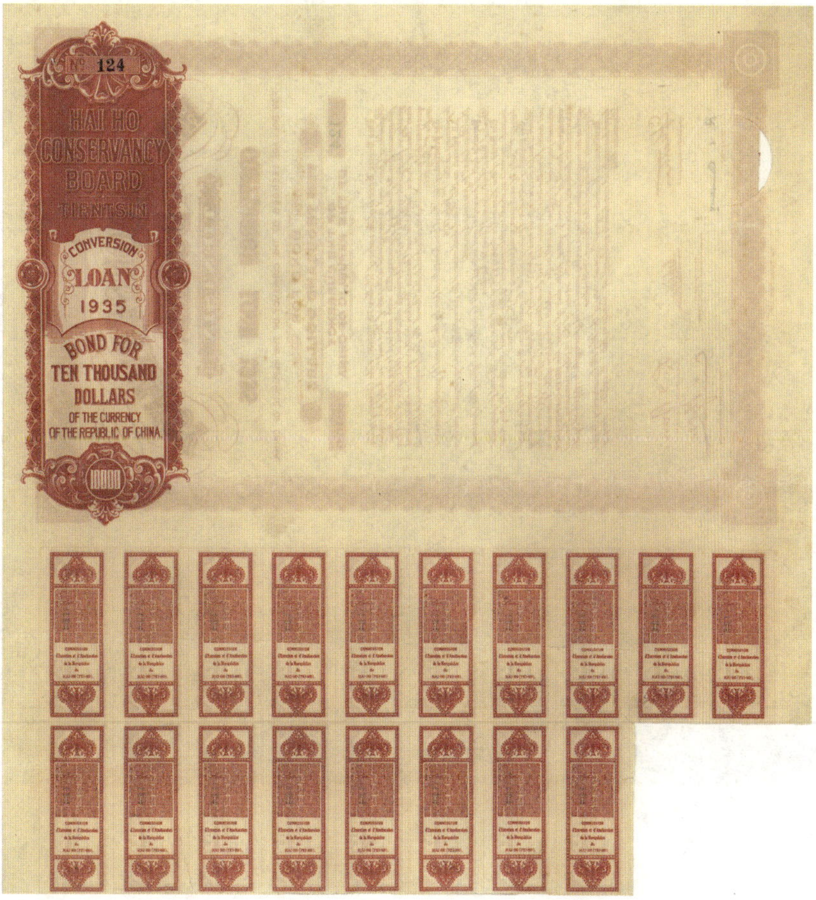

天津海河工程局发行的债券（1935年）

海河上转头沉箱施工大沽沙堤埝照片

The cable pipe being pulled across the foreshore.

The cable pipe being mounted on the boats.

One of the two vertical ends being raised.

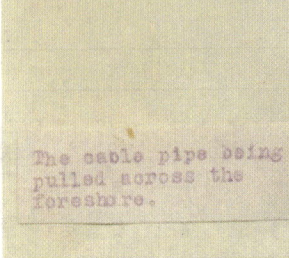

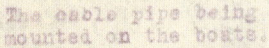

万国桥附近水下电缆管道铺设照片（1932年底）

The boats with the cable pipe resting on them ready for the transportation to the bridge.

The boats with the cable pipe arriving at the bridge.

The cable pipe being lowered into the trench in the river bed.

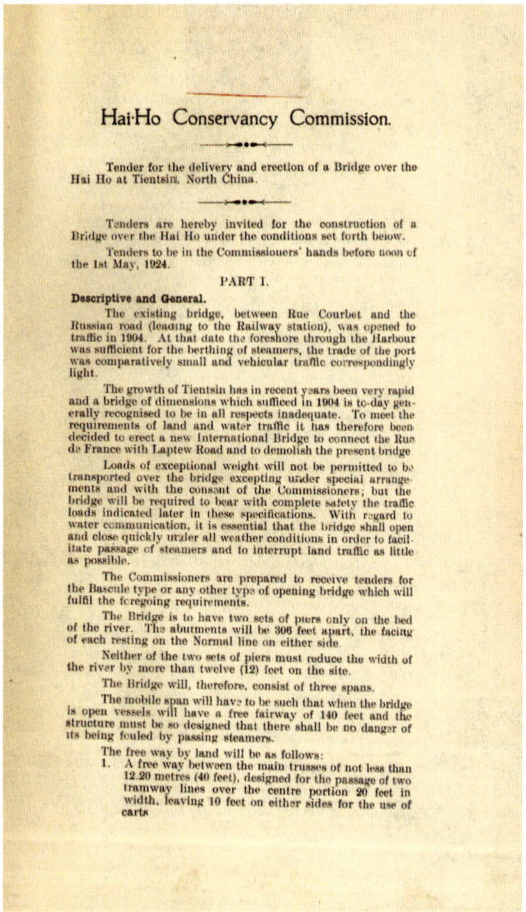

Hai·Ho Conservancy Commission.

Tender for the delivery and erection of a Bridge over the Hai Ho at Tientsin, North China.

Tenders are hereby invited for the construction of a Bridge over the Hai Ho under the conditions set forth below.

Tenders to be in the Commissioners' hands before noon of the 1st May, 1924.

PART I.

Descriptive and General.

The existing bridge, between Rue Courbet and the Russian road (leading to the Railway station), was opened to traffic in 1904. At that date the foreshore through the Harbour was sufficient for the berthing of steamers, the trade of the port was comparatively small and vehicular traffic correspondingly light.

The growth of Tientsin has in recent years been very rapid and a bridge of dimensions which sufficed in 1904 is to-day generally recognised to be in all respects inadequate. To meet the requirements of land and water traffic it has therefore been decided to erect a new International Bridge to connect the Rue de France with Laptew Road and to demolish the present bridge

Loads of exceptional weight will not be permitted to be transported over the bridge excepting under special arrangements and with the consent of the Commissioners; but the bridge will be required to bear with complete safety the traffic loads indicated later in these specifications. With regard to water communication, it is essential that the bridge shall open and close quickly under all weather conditions in order to facilitate passage of steamers and to interrupt land traffic as little as possible.

The Commissioners are prepared to receive tenders for the Bascule type or any other type of opening bridge which will fulfil the foregoing requirements.

The Bridge is to have two sets of piers only on the bed of the river. The abutments will be 306 feet apart, the facing of each resting on the Normal line on either side.

Neither of the two sets of piers must reduce the width of the river by more than twelve (12) feet on the site.

The Bridge will, therefore, consist of three spans.

The mobile span will have to be such that when the bridge is open vessels will have a free fairway of 140 feet and the structure must be so designed that there shall be no danger of its being fouled by passing steamers.

The free way by land will be as follows:

1. A free way between the main trusses of not less than 12.20 metres (40 feet), designed for the passage of two tramway lines over the centre portion 20 feet in width, leaving 10 feet on either sides for the use of carts

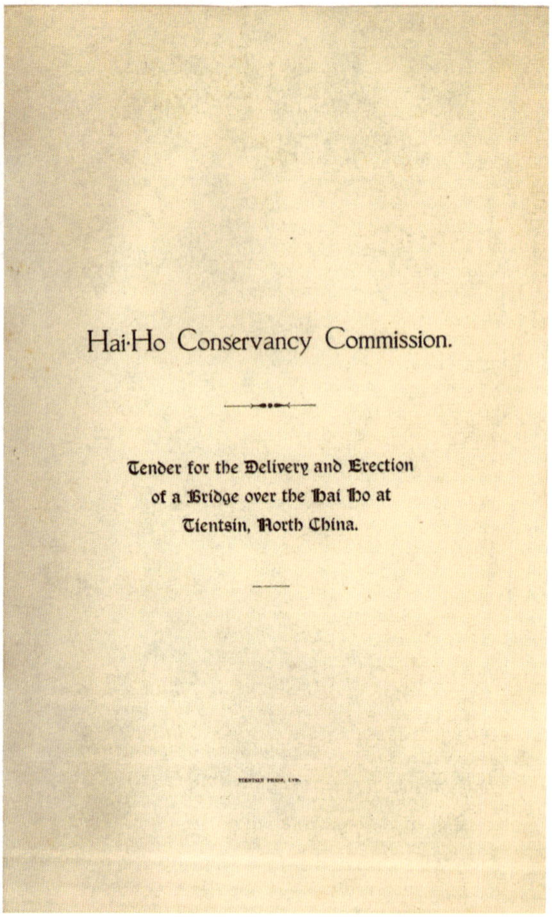

Hai·Ho Conservancy Commission.

Tender for the Delivery and Erection of a Bridge over the Hai Ho at Tientsin, North China.

■建筑万国桥招标书及图纸（部分）（1924年）

万国桥建桥任务由天津法租界工部局主持，海河工程局参与审标。建桥投标者共计17家，设计方案多达31个。最后美国芝加哥的布施尔泽尔公司设计的方案中标，采用斯克则式旋转升降设计（Scherzer Rolling Lift Bridge）。工程交由法国著名营造商大德施奈得公司承包。解放后，万国桥更名为解放桥。

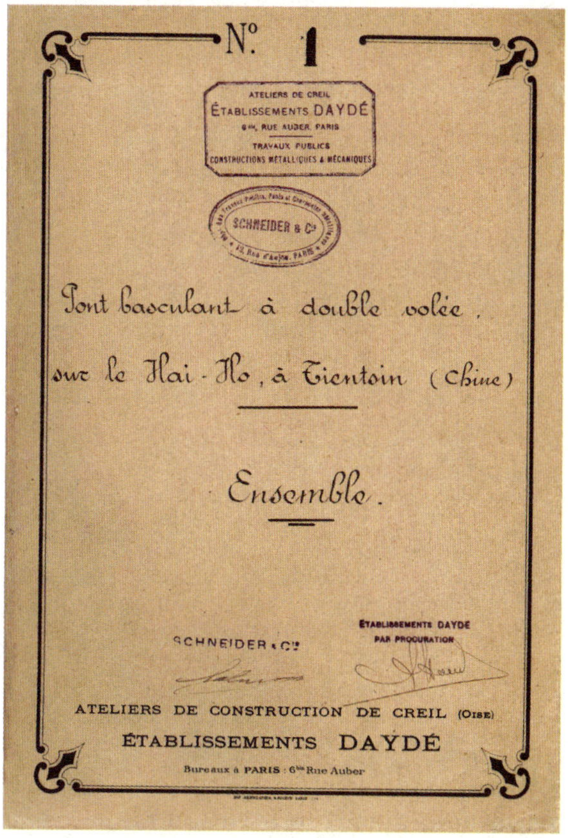

N°. 1
ATELIERS DE CREIL
ÉTABLISSEMENTS DAYDÉ
6 bis, RUE AUBER, PARIS
TRAVAUX PUBLICS
CONSTRUCTIONS MÉTALLIQUES & MÉCANIQUES
SCHNEIDER & Cie
Pont basculant à double volée,
sur le Hai-Ho, à Tientsin (Chine)
Ensemble.
SCHNEIDER & Cie
ÉTABLISSEMENTS DAYDÉ
PAR PROCURATION
ATELIERS DE CONSTRUCTION DE CREIL (Oise)
ÉTABLISSEMENTS DAYDÉ
Bureaux à PARIS : 6bis Rue Auber

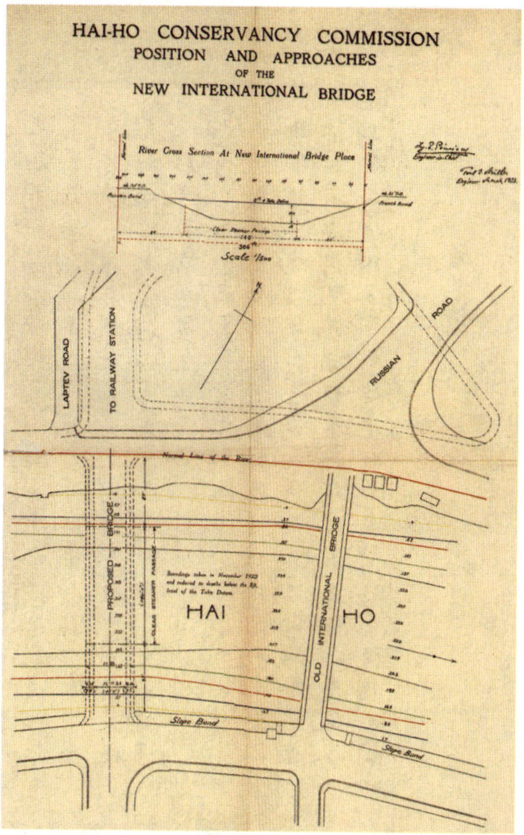

HAI-HO CONSERVANCY COMMISSION
POSITION AND APPROACHES
OF THE
NEW INTERNATIONAL BRIDGE
River Cross Section At New International Bridge Place
Scale 1/800
LAPTEV ROAD
TO RAILWAY STATION
RUSSIAN
ROAD
PROPOSED BRIDGE
CLEAR STEAMER PASSAGE
HAI
HO
OLD INTERNATIONAL BRIDGE
Slope Bund
Slope Bund

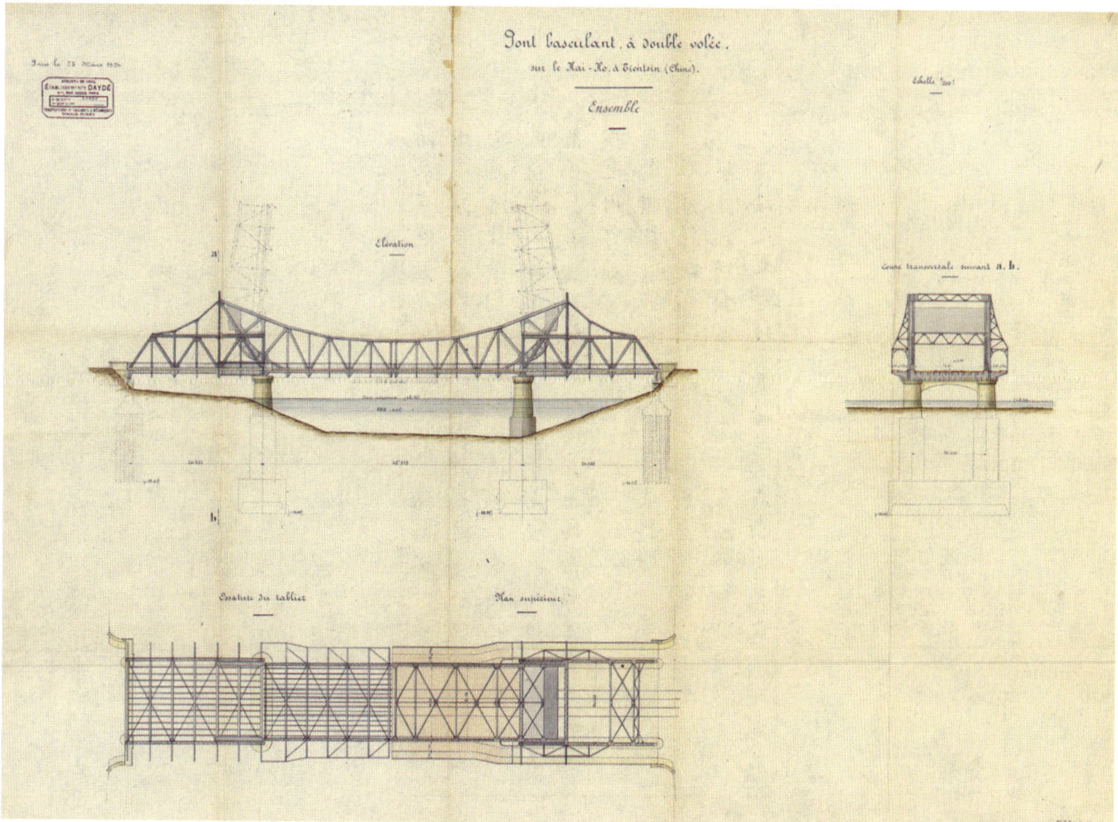

Pont basculant, à double volée,
sur le Hai-Ho, à Tientsin (Chine).
Ensemble
Élévation
Coupe transversale suivant a.b.
Ossature du tablier
Plan supérieur

天津新萬國鐵橋建築費用報告書

一舊萬國橋

竊查橫跨海河之舊萬國橋係於前清光緒二十九年十二月間（即一千九百零四年一月間）開始通行當中馬路寬二十二英尺兩旁行人便道各寬四英尺半橋下船舶往來航路寬六十八英尺當籌畫建造該橋之時北寧（即京奉）鐵路沿綫運輸事業尚未興盛海河左岸亦無重要之建築兩岸往來祇有馬車及人力車而已至於利用該橋上游河道以供重要船隻航行之用其希望甚小嗣因本口貿易積極發展各租界地面逐漸開拓電車汽車之交通先後設置而海河兩岸人民蕃衍鐵路運輸勃興加以本口停輪界限有應行推廣之必要（參看下節）於是建造新橋乃為當務之急蓋一面海河兩岸交通賴以便利一面沿海船隻亦得直抵該橋上游碼頭也

二民國九年建橋委員會之組成

建築新橋及拆卸舊橋問題發起於民國五年當時日本駐津總領事松平君（現任日本駐倫敦大使）曾請求津海關稅務司梅樂和君將本口停輪界限展至金湯橋地方俾輪船可以平安駛過萬國橋而停泊於日本租界河沿是項提議頗邀一時之贊助惟梅樂和君意以為拆移舊橋及建造一適宜新橋乃係此項計畫最重要之預備嗣於民國九年梅樂和君離津之時復提議將該案交由英工部局辦理於是乃有建橋委員會之成立籌備修橋事宜考其組織之內容如下

中國政府代表一人　吳提督（Admiral Y. L. Woo）

駐津領袖領事　克爾君（Mr W. P. Ker）

駐津法國領事　蘇新君（Mr E. Saussine）

津海關稅務司代表海河工程局首先為侯禮威君

天津新万国铁桥建筑费用报告书（局部）

八海河工程局對於鐵橋担負責任

當民國十二年七月二十七日由比國總領事兼天津領袖領事費蘭克君(Mr. Franck)致函海河工程局董事會委託該董事會對於鐵橋一切事宜担負責任並將建橋委員會最後報告書抄送該董事會查閱

九新橋說明書

新橋說明書係由海河工程局總工程師起稿於民國十二年七月二十三日經該董事會會議通過當即飭令該局秘書用英法兩國文字將說明書發表同時並授權與該秘書從事研究法俄兩租界內購買地

關稅務司鈔件

三百七十二元四角三分至造具本報告書時尚未照付也茲將特別第三區圖解一份附列於後用以表示購買之地畝面積大小

十一新橋之投標並建築及費用

查第九節內曾經述及新橋說明書係由海河工程局總工程師起草於民國十二年七月二十三日以前(即在建橋委員會解散前)脫稿印刷公佈分送本口各領事並登報招標嗣後共得標三十箇係由十六家公司所投按照投標其橋式分為二種係升降式及旋轉升降式標價用銀兩折合最高之數為一

關稅務司鈔件

百十一萬二千兩最低之數為五十萬九千兩嗣民國十三年六月四日議決採用法國大德施奈得(Messrs. Bayde + Schneider)公司天津代理者法商永興洋行(Messrs. Olivier + Co.)所投之標建造斯克則(Scherzer)式旋轉升降鐵橋一座標價為二百九十一萬八千四百法郎又美金二十五萬一千三百五十四元按彼時兌換率折合約等於銀五十七萬七千兩以價值低廉次序而言該標列為第八然就所投修造斯克則式鐵橋之標而論該標價係屬最廉蓋因斯克則式鐵橋當時以為最屬適宜也該標之被採用係由

天津商報館
經濟叢書第一種
海河問題之研究
楊豹靈著
海河工程局之挖泥船「新河」號

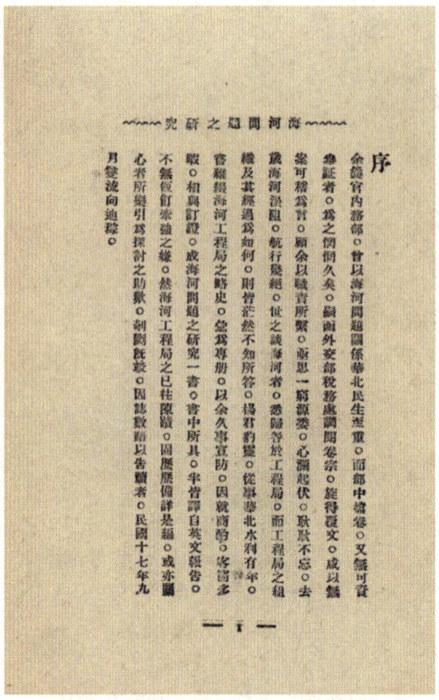
〜〜海河問題之研究〜〜

序

余曩官內務部。曾以海河問題關係華北民生至重。而部中檔卷。又無可資參証者。為之惘惘久矣。嗣函外交部稅務處調閱卷宗。旋得覆文。咸以無案可稽爲言。顧余以職責所繫。亟思一窮源委。心潮起伏。耿耿不忘。去歲海河淤阻。航行幾絕。世之談海河者。悉歸咎於工程局。而工程局之組織及其經過爲如何。則皆茫然不知所答。楊君豹靈。從事華北水利有年。嘗纂輯海河工程局之略史。彙爲專册。以余久專宣防。因就商酌。客歲多暇。相與訂證。成海河問題之研究一書。書中所具。半皆譯自英文報告。不無復訂牽強之嫌。然海河工程局之已往陳蹟。固歷歷備詳是編。或亦關心者所樂引爲探討之助歟。剞劂既竣。因誌數語以告讀者。民國十七年九月雙流向迪琮。

— 1 —

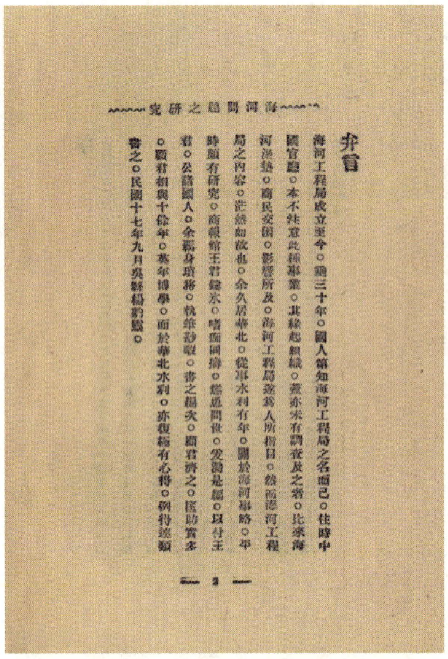
〜〜海河問題之研究〜〜

弁言

海河工程局成立至今。垂三十年。國人第知海河工程局之名而已。往時中國官廳。本不注意此種事業。其緣起組織。蓋亦未有調查及之者。比來海河淤墊。商民交困。影響所及。海河工程局遂爲人所指目。然而該河工程局之內容。茫然如故也。余久居華北。從事水利有年。關於海河事略。平時頗有研究。商報館王君鏡求。嗜痂同癖。慫恿問世。爰撰是編。以付王君。公諸國人。余羈身項務。執筆鮮暇。書之編次。顧君濟之。匡助實多。顧君相與十餘年。英年博學。而於華北水利。亦復極有心得。例得連類書之。民國十七年九月吳縣楊豹靈。

— 2 —

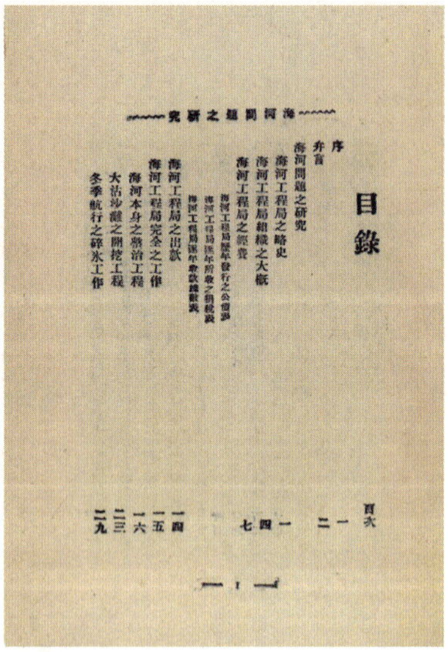
〜〜海河問題之研究〜〜

目錄

	頁次
序	一
弁言	二
海河問題之研究	
海河工程局之略史	一
海河工程局組織之大概	四
海河工程局之經費	七
海河工程局歷年發行之公債表	
海河工程局歷年所收之捐稅表	
海河工程局歷年收支款總數表	
海河工程局之出款	一四
海河工程局完全之工作	一五
海河本身之整治工程	一六
大沽沙壩之開挖工程	二三
冬季航行之碎冰工作	二九

— 1 —

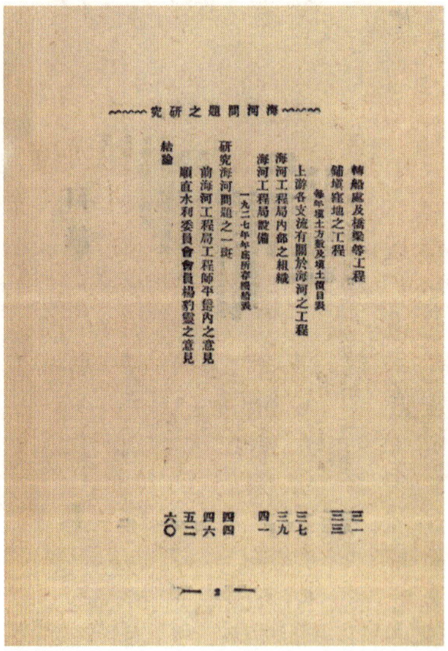
〜〜海河問題之研究〜〜

轉船廠及橋樑等工程	三一
鋪填窪地之工程	三三
每年填土方數及填土價目表	
上游各支流有關於海河之工程	三七
海河工程局內部之組織	三九
海河工程局設備	四一
一九二七年年底所存機船表	
研究海河問題之一斑	四四
前海河工程局工程師平爵內之意見	四六
順直水利委員會會員楊豹靈之意見	五二
結論	六〇

— 2 —

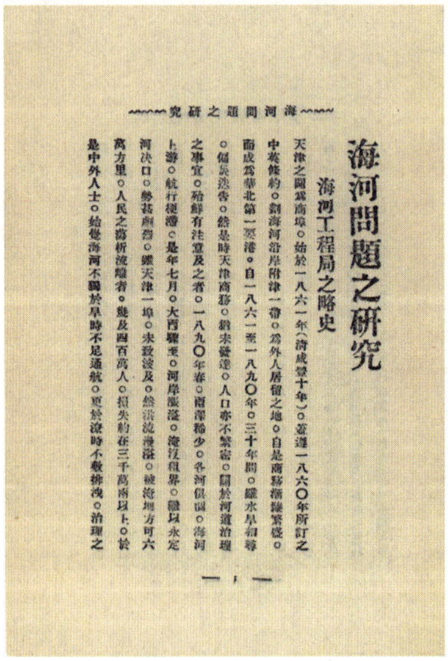
〜〜海河問題之研究〜〜

海河問題之研究

海河工程局之略史

天津之闢爲商埠。始於一八六一年（清咸豐十年）。蓋遵一八六〇年所訂之中英條約。劃海河沿岸附津一帶。爲外人居留之地。自是商務循緣繁盛。而成爲華北第一要港。自一八六一至一八九〇年。三十年間。雖水旱相尋。偶罹災眚。然是時天津商務。猶未發達。人口亦不繁密。關於河道治理之事宜。殆鮮有注意及之者。一八九〇年春。雨澤稀少。各河俱涸。海河上游。航行梗滯。是年七月。大雨驟至。河岸泛溢。淹沒租界。繼以永定河決口。勢甚兩猛。雖天津一埠。未致波及。然洪流漫溢。被淹地方可六萬方里。人民之蕩析流離者。幾及四百萬人。損失約在三千萬兩以上。於是中外人士。始覺海河不獨於旱時不足通航。更於澇時不敷排洩。治理之

— 1 —

■海河问题之研究（局部）（1929年4月1日出版）

杨豹灵，苏州人，早年赴美留学。1918年任顺直水利委员会流量测验处处长。其所著《海河问题之研究》一书是研究华北水利以及海河工程局历史的重要资料。

第八章

天津之李鸿章时代

天津之李鸿章时代

三十年前，魏源说了句中肯的话，师夷长技以制夷。魏源于1842年写成五十卷的《海国图志》，在序言中，提出了『师夷长技以制夷』的著名命题。江湖人语，庙堂无人愿听。这话货卖到东瀛，日人拍案：救国之策莫善于此！岛国看世界的眼界变了，行动上则找到近代化的契机。

变局：李中堂的大眼界

李鸿章能来天津，缘于他的老师曾国藩处理天津教案无方，丢了清名。一端是小乱则乱大谋的百姓，一端是不请自来请之不去的洋人，这杆秤并不容易端平。

在天津这座背枕京畿面朝大海的城市，李鸿章开始将目光投注到大而深邃的海域，睁眼看不一样的世界。当此三千年未有之大变局也！李鸿章顿悟，一语掷地，言之凿凿，闻者惊心。

何谓『未有』？三千年未有之劲敌与其兵刃相接，三千年未有之近代化冲击着古老天朝的堤岸。

天变矣！人曰：穷则变，变则通，通则久。

此时的朝廷，开始刮起筹办洋务的季候风，天津乃京师门户，得风气之先。上谕将天津洋务一切事宜悉数委托，李中堂直隶总督兼任北洋大臣。军政大权在握，放大声，必有大动作。

洋务：打出来的近代化起步

大清帝国的近代化起步从纷攘中开幕。泥古者曰：天不变道亦不变。洋务派答：古方不以医新症。道器体用的辩论并不能掩盖挨打的事实，筹办洋务的行动也从不再挨打巩固根本的命题出发。

李鸿章上复议制造轮船未可裁撤折 1872年：臣愚以为国家诸费皆可省，惟养兵设防练习枪炮制造兵轮之费万不可省。为切肤之痛计，再穷不能穷国防！

天朝的军事产业开始在天津扎根。扩充机器局，枪炮弹药自产自销；建造大沽船坞，承修营造船舰；兴办北洋水师，设防旅顺、威海、大沽。

自军事而商务工业，李鸿章亦无一不留意。遂开招商局，以便沿海河川交通；办开平煤矿，用机器开采能源；倡议铺设铁路，网络延展通达；其他如邮政、电报均拔得头筹。天津成为洋务运动之重镇，见证了多项历史第一。

日人德富苏峰评价李鸿章：迩来二十有五年，彼统制北洋，开府天津，综支那之大政，立世界之舞台，此实彼之全盛时代也。

血祭：北洋海军折翼黄海

旧官场上，敢于做事和精于自保往往如矛与盾，李鸿章执两端而取其中。他的北洋海军事业做得很大，舰队从无到有，自小徂大，直接跻身世界八强。

这里深藏着李鸿章的隐忧：泰西倒在其次，日本祸在肘腋，刻不容缓。而此刻，听了魏源一句话的日本，师夷制夷，倒幕维新，早已不是那个拜倒在大唐脚下的藩属小国。1868年日本明治维新，之后的二十余年，吞琉球，征朝鲜，觊觎台湾。

时间并不会停歇，等待一个古老帝国的清醒。李鸿章感到了杀机，他要孤注一掷。

1894年9月17日，12点50分，黄海海域，两支在近代化跑道上竞赛的舰队狭路相逢。初战则海军提督丁汝昌负伤，继战则右翼『超勇』、『扬威』折损，日舰包抄，北洋终失五舰而归，元气大伤。

『致远』管带邓世昌以下二百五十人阵亡，『经远』管带林永升以下二百七十人殉国，『超勇』、『扬威』管带黄建勋、林履中沉海而亡。

历史的镜头定格在北洋海军血祭的一幕。五个小时，决定了半个世纪。风起于青萍之末，黄海上空的炮声将再次回响在九·一八的现场。

国殇：一人时运与一朝命运

1895年1月23日，岁近农历除夕，一封非同寻常的书信致于北洋水师提督丁汝昌麾下，来言者正是日本联合舰队司令伊东佑亨。信曰：贵国有今日之败者，盖因墨守常经之所由致，当务之急唯去旧谋。二十日后2月12日，丁汝昌自杀成仁。

故人已逝，苟活之人情何以堪？朝廷摘掉李鸿章的三眼花翎，剥掉黄袍马褂，调离原岗，留朝察看。

甲午一役，李鸿章得意之势终，失意之运方始。梁启超叹曰：鸿章莅粤未一年，直隶而有义和团之事。及于李之死1901年11月7日死于北京贤良寺，临终犹双目炯炯，而其所摩抚卵翼之天津，尚未收复。呜呼！吾知公之不瞑于九原也。

梁启超说李鸿章乃时势所造之英雄也。那谁才是真正造时势的英雄？《马关条约》签订的消息传来，在北京应试的千余举子上书问政，为首者乃康有为。而此时的天津，有一个人正伏案灯下，写一本振聋发聩的旷世奇书。严复，北洋水师学堂总办。甲午夏始译《天演论》，1896年稿成，1897年刊载于天津的《国闻汇编》，1898年正式出版。提出『物竞天择，适者生存』，于自强保种三致意焉，其思想影响几代国人至今。

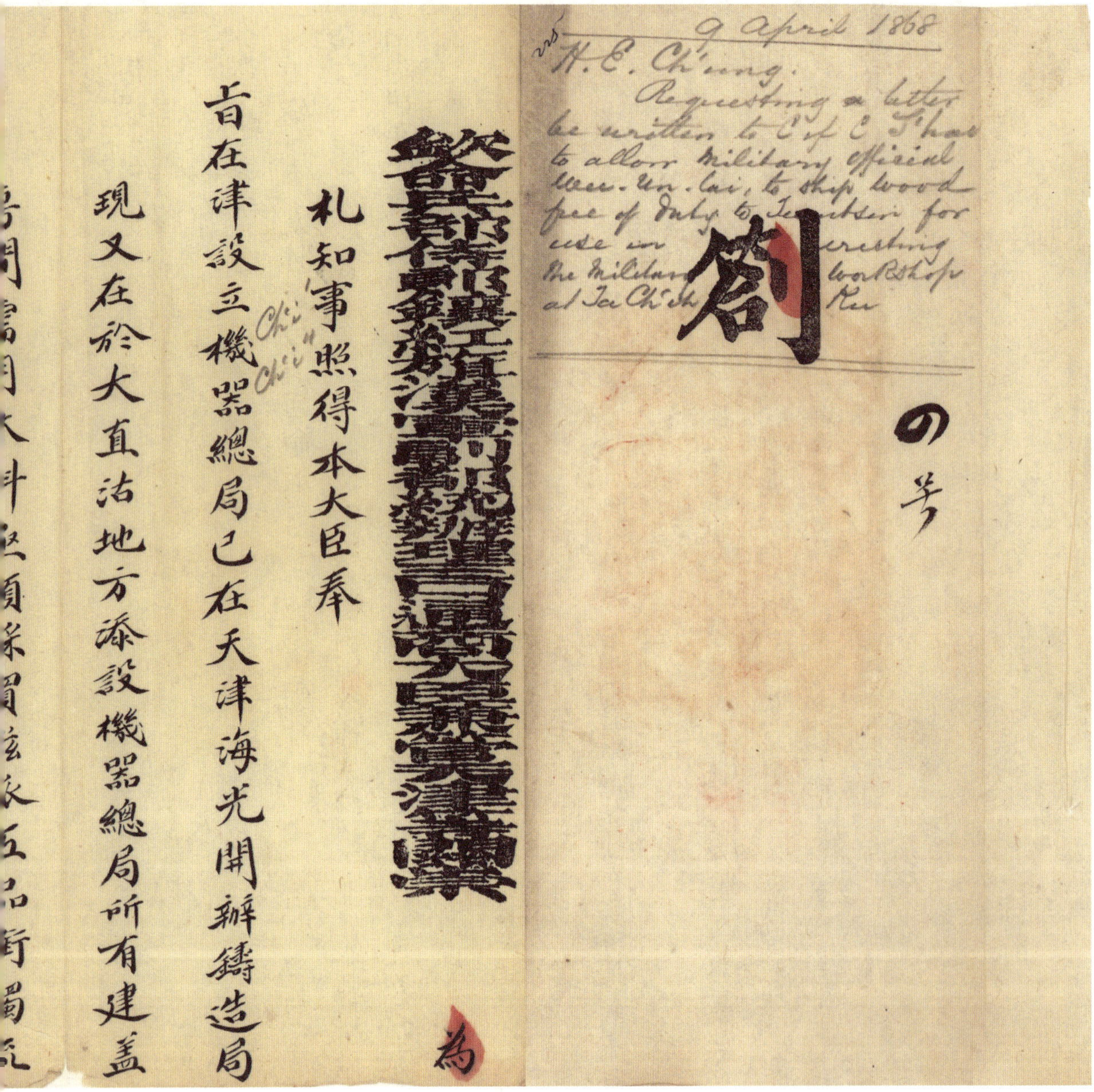

■ 三口通商大臣崇厚为赴沪采买机器局所需木料给予通行事致天津海关税务司休士札（1868年4月8日）

崇厚，1861年出任三口通商大臣。天津洋务事业即始于崇厚任内，最著名者乃天津机器局，后由李鸿章接办扩充，成为当时北方最大的军工企业。

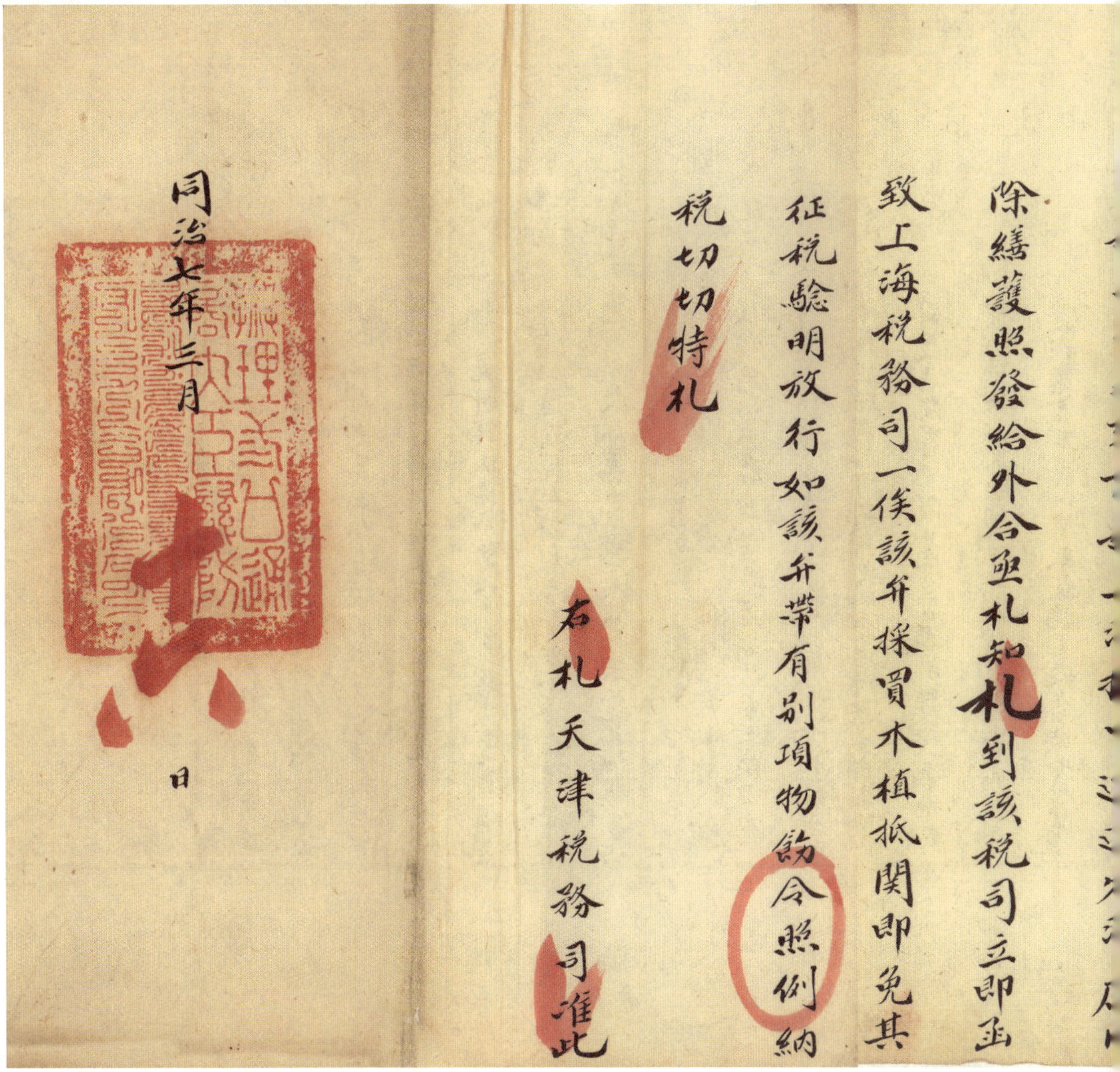

除繕護照發給外合亟札知札到該稅司立即亟
致工海稅務司一俟該弁採買木植抵關即免其
征稅驗明放行如該弁帶有別項物飭令照例納
稅切切特札

右札天津稅務司准此

同治七年三月十六日

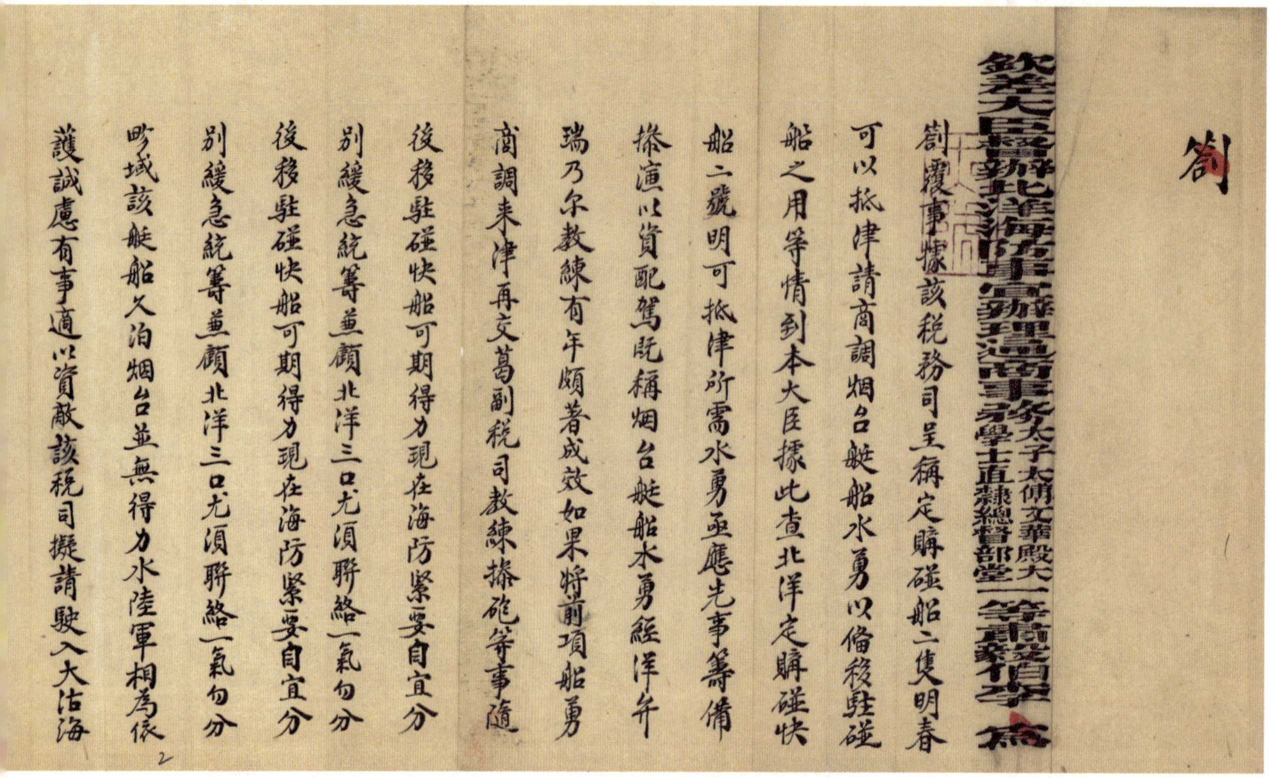
劄
欽差大臣督辦北洋海防事宜辦理通商事務太子太傅文華殿大學士直隸總督部堂一等肅毅伯李　為
劄覆事據該稅務司呈稱定購碰船二隻明春
可以抵津請商調烟台艇船水勇以備移駐碰
船之用等情到本大臣據此查北洋定購碰快
船二號明可抵津所需水勇亟應先事籌備
操演以資配駕既稱烟台艇船水勇經洋弁
瑞乃尔教練有年頗著成效如果將前項船勇
商調來津再交葛副稅司教練操砲等事隨
後移駐碰快船可期得力現在海防緊要自宜分
別緩急統籌兼顧北洋三口尤須聯絡一氣勿分
後移駐碰快船可期得力現在海防緊要自宜分
別緩急統籌兼顧北洋三口尤須聯絡一氣勿分
畛域該艇船久泊烟台並無得力水陸軍相為依
護誠慮有事適以資敵該稅司擬請駛入大沽海

■ 直隶总督李鸿章为借调烟台艇船水勇以备移驻新购碰船事致天津海关税务司德璀琳札（1880年8月13日）

李鸿章曾说：国家诸费皆可省，惟养兵设防练习枪炮制造兵轮之费万不可省。李鸿章在直隶总督任内，利用天津得天独厚的条件，练兵制器，用力颇深，尤其北洋海军，更是倾其心血。

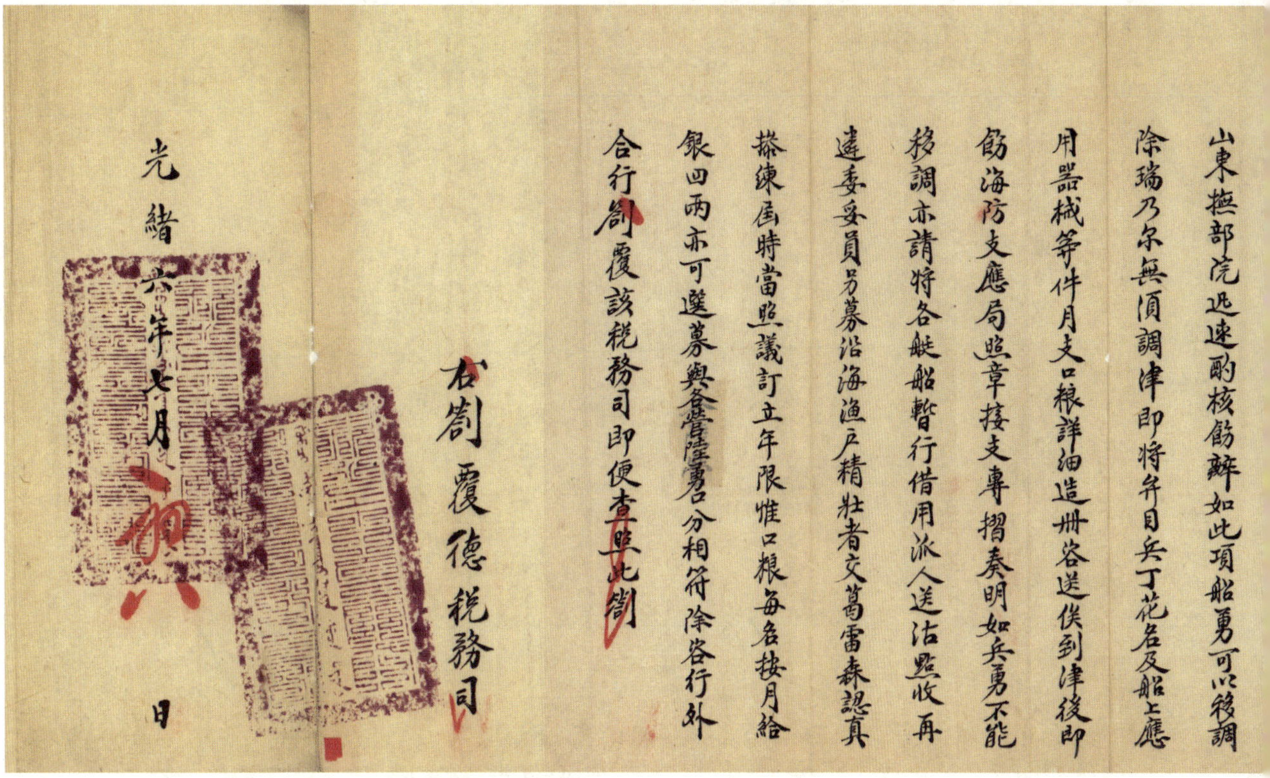
山東撫部院迅速酌核飭辦如此項船勇可以移調
除瑞乃尔無須調津即將弁目兵丁花名及船上應
用器械等件月支口粮詳细造册咨送俟到津後即
飭海防支應局照章接支專摺奏明如兵勇不能
移調亦請將各艇船暫行借用派人送沽照收再
遴委妥員另募沿海漁户精壯者交葛雷森認真
操練屆時當照議訂立年限惟口粮每名按月給
銀四兩亦可遴募與在營陸勇名分相符除咨行外
合行劄覆該税務司即便查照此劄

右劄覆德税務司

光緒六年七月初八日

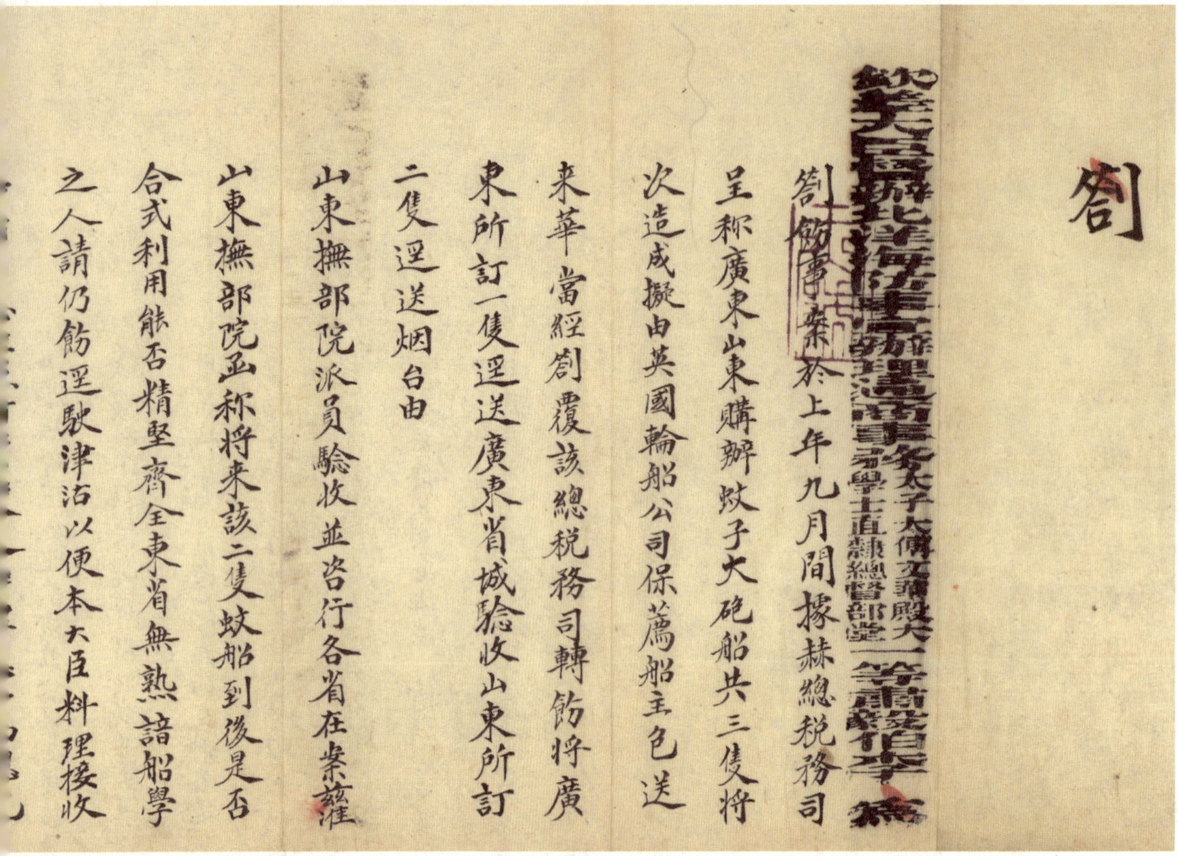
劄
欽差大臣辦理北洋通商事務太子太傅文華殿大學士直隸總督部堂一等肅毅伯李 為
劄飭事案於上年九月間據赫總稅務司
呈稱廣東山東購辦蚊子大砲船共三隻將
次造成擬由英國輪船公司保薦船主包送
來華當經劄覆該總稅務司轉飭將廣
東所訂一隻逕送廣東省城驗收山東所訂
二隻逕送烟台由
山東撫部院派員驗收並咨行各省在案旋
山東撫部院函稱將來該二隻蚊船到後是否
合式利用能否精堅齊全東省無熟諳船學
之人請仍飭逕駛津沽以便本大臣料理接收

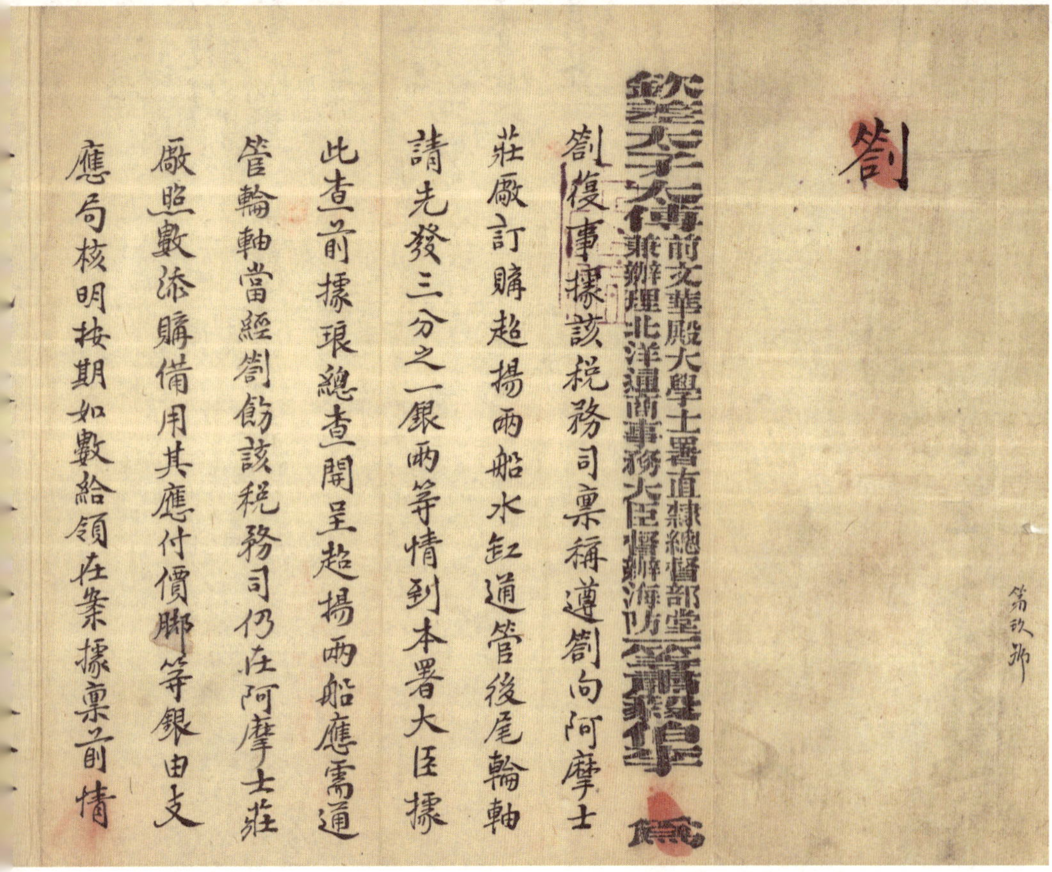
劄
欽差太子太傅前文華殿大學士署直隸總督部堂兼辦理北洋通商事務大臣督辦海防一等肅毅伯李 為
劄復事據該稅務司稟稱遵劄向阿摩士
莊廠訂購超揚兩船水缸道管後尾輪軸
請先發三分之一銀兩等情到本署大臣據
此查前據琅總查閱呈超揚兩船應需道
管輪軸當經劄飭該稅務司仍在阿摩士莊
廠照數添購備用其應付價腳等銀由支
應局核明按期如數給領在案據稟前情
第玖帋

直隶总督李鸿章为山东订购英国蚊子炮船运津代为验收事致天津海关税务司德璀琳札（1881年2月21日）

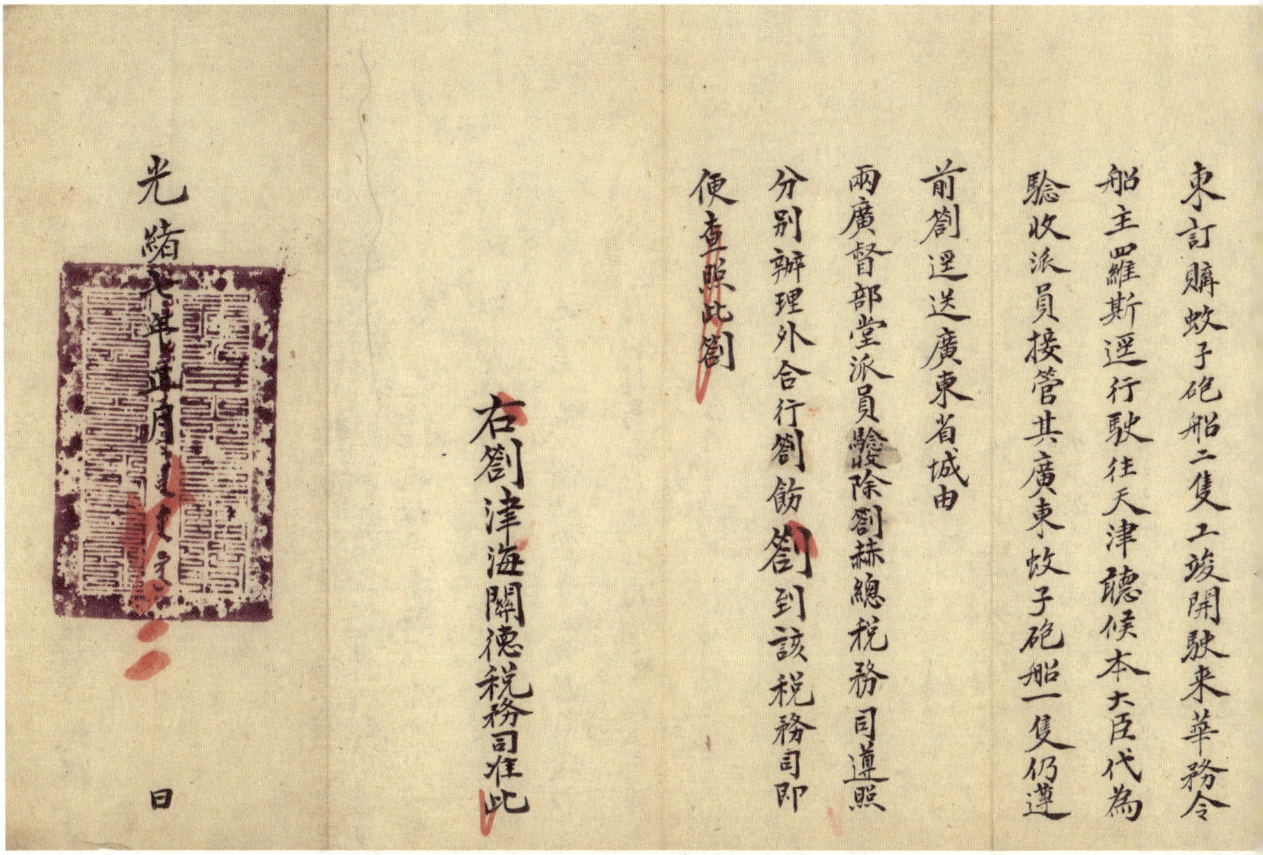

東訂購蚊子砲船二隻工竣開駛來華務令
船主四羅斯逕行駛往天津聽候本大臣代為
驗收派員接管其廣東蚊子砲船一隻仍遵
前劄逕送廣東省城由
兩廣督部堂派員驗收除劄赫總稅務司遵照
分別辦理外合行劄飭劄到該稅務司即
便查照此劄
右劄津海關德稅務司准此
光緒七年正月　日

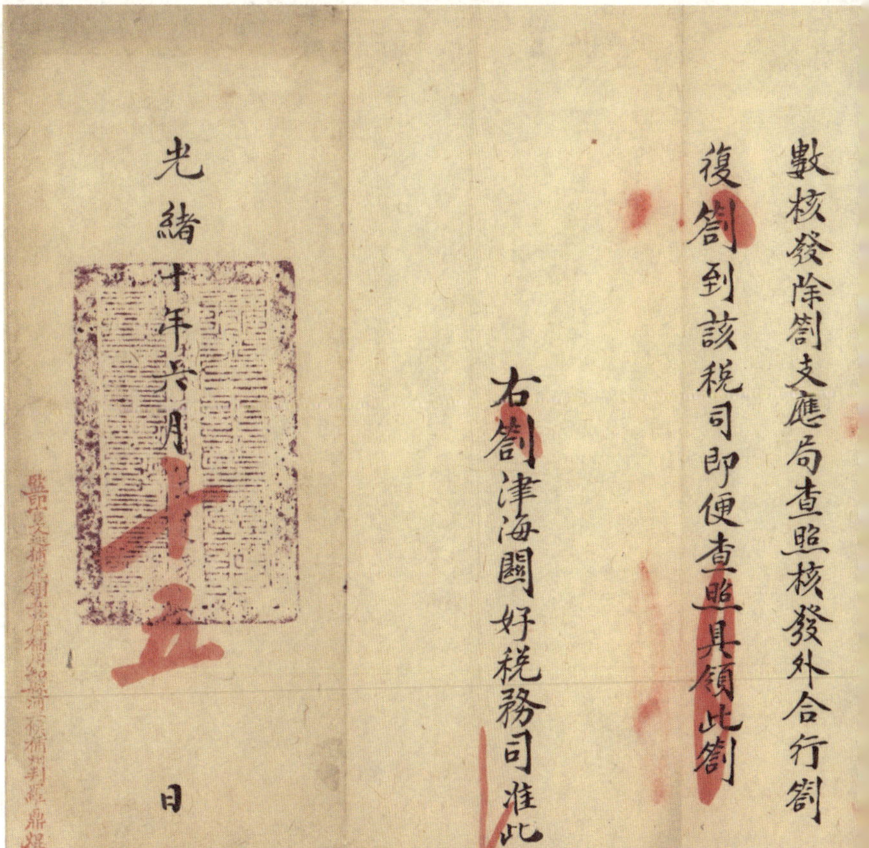

數核發除劄支應局查照核發外合行劄
復劄到該稅司即便查照具領此劄
右劄津海關好稅務司准此
光緒十年六月十五日

■ 直隶总督李鸿章为向阿摩士庄厂订购超扬两船水缸通管后尾轮轴拨款事致天津海关税务司好博逊札（1884年8月5日）

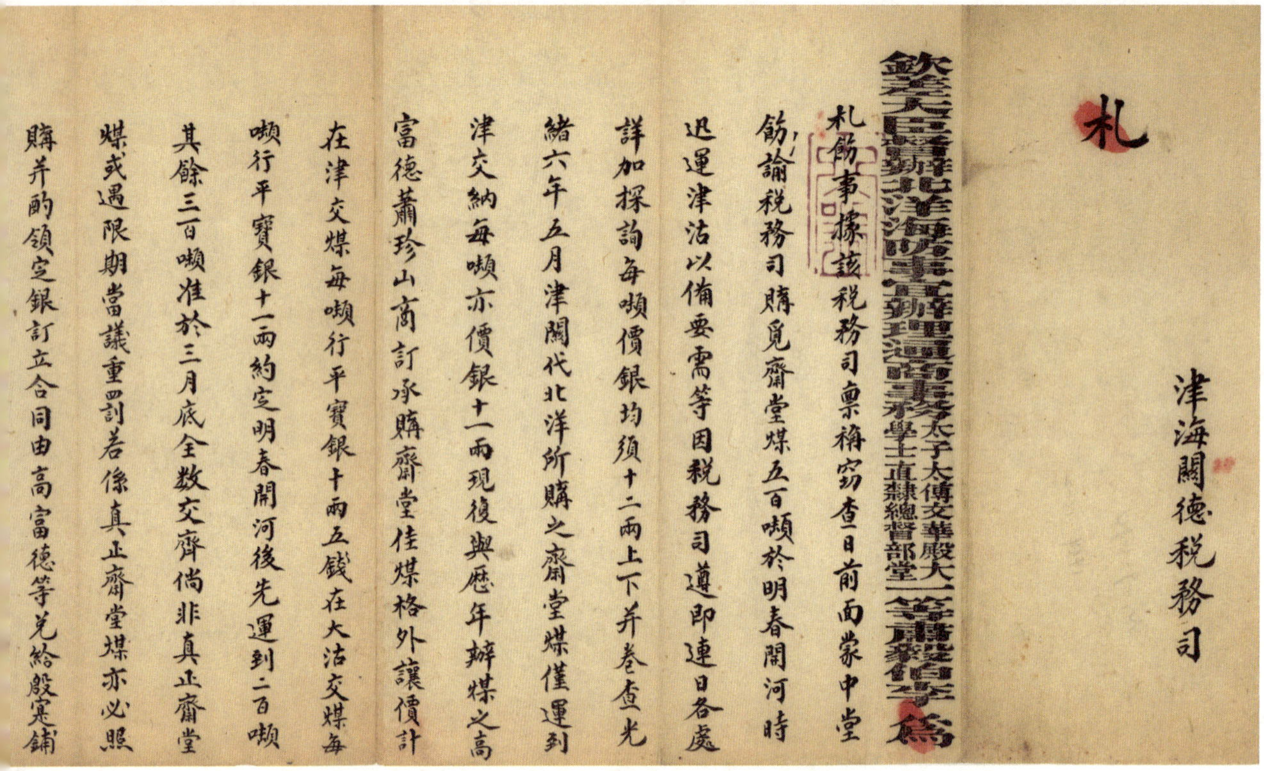
札

津海關德稅務司

欽差大臣辦理北洋通商事務督辦北洋海防事宜太子太傅文華殿大學士直隸總督部堂一等肅毅伯李　為

札飭事據該稅務司禀稱竊查日前面蒙中堂
飭諭稅務司購覓齋堂煤五百噸於明春開河時
迅運津沽以備要需等因稅務司遵即連日各處
詳加採詢每噸價銀均須十二兩上下并卷查光
緒六年五月津關代北洋所購之齋堂煤僅運到
津交納每噸亦價銀十一兩現復與歷年辦煤之高
富德蕭珍山商訂承購齋堂佳煤格外讓價計
在津交煤每噸行平寶銀十兩五錢在大沽交煤每
噸行平寶銀十一兩約定明春開河後先運到二百噸
其餘三百噸准於三月底全数交齊倘非真正齋堂
煤或遇限期當議重罰若係真正齋堂煤亦必照
購并酌領定銀訂立合同由高富德等先給殷寔鋪

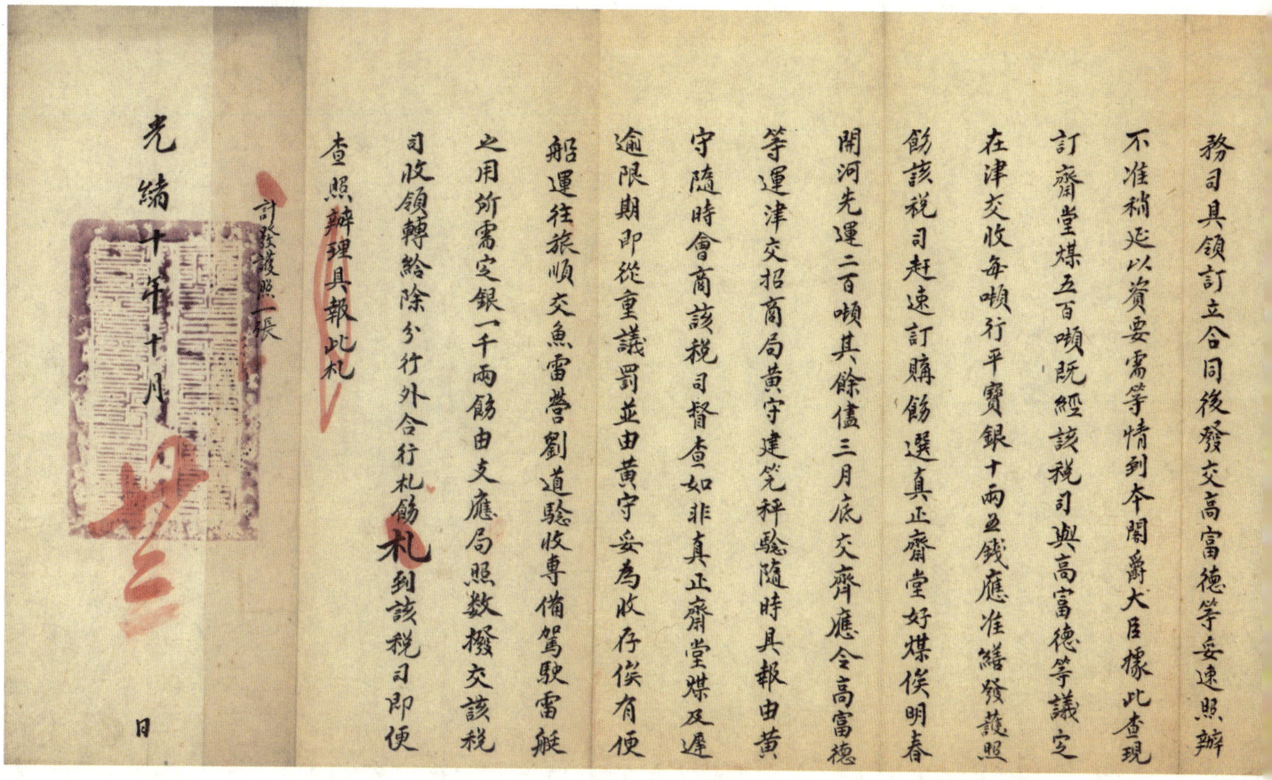

務司具領訂立合同後發交高富德等妥速照辦
不准稍延以資要需等情到本閣爵大臣據此查現
訂齋堂煤五百噸既經該稅司與高富德等議定
在津交收每噸行平寶銀十兩五錢應准繕發護照
飭該稅司趕速訂購飭選真正齋堂好煤俟明春
開河先運二百噸其餘儘三月底交齊應令高富德
等運津交招商局黃守建筦秤驗隨時具報由黃
守隨時會商該稅司督查如非真正齋堂煤及遲
逾限期即從重議罰並由黃守妥為收存俟有便
船運往旅順交魚雷營劉道驗收專備駕駛雷艇
之用所需定銀一千兩飭由支應局照數撥交該稅
司收領轉給除分行外合行札飭札到該稅司即便
查照辦理具報此札
計發護照一張
光緒十年十月　日

■ 直隶总督李鸿章为北洋水师购买上等斋堂煤事致天津海关税务司德璀琳札（1884年12月10日）

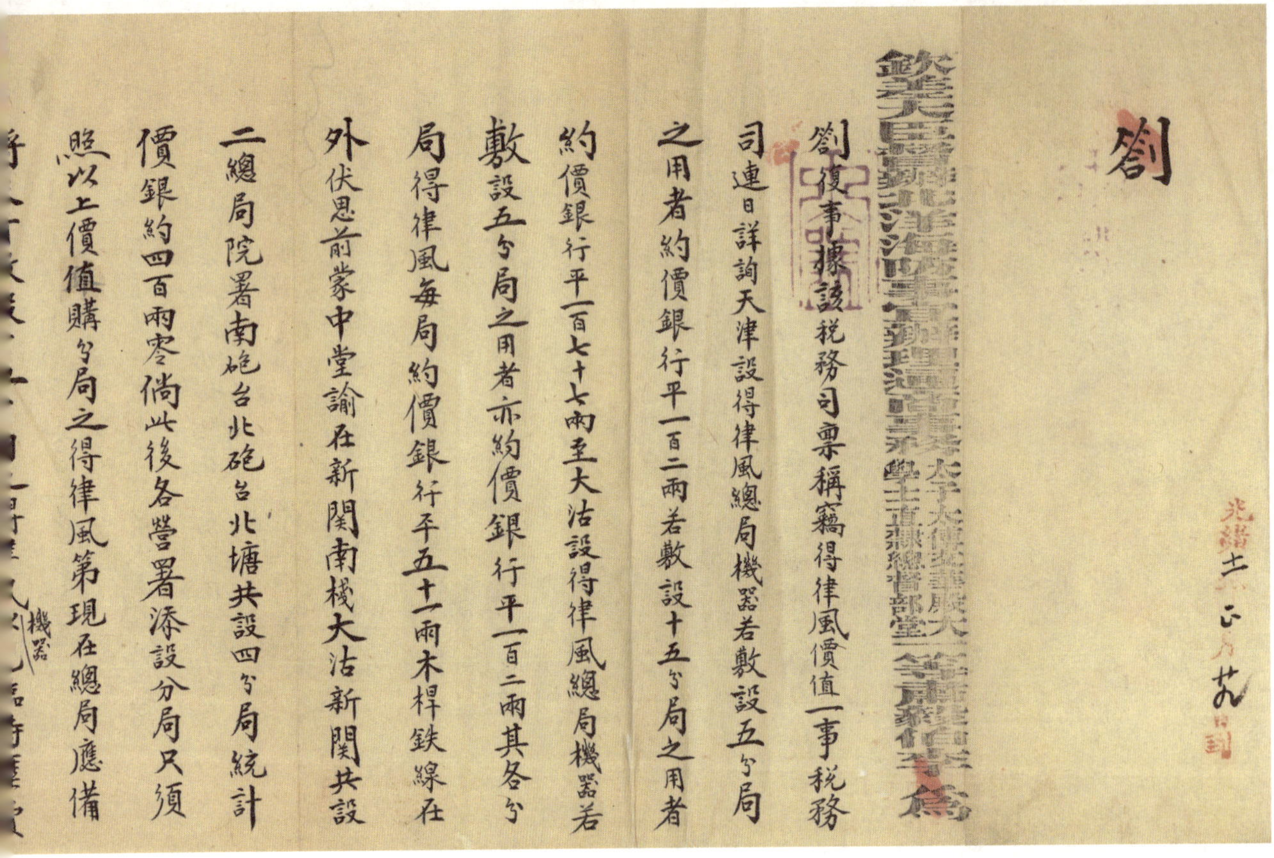

劉

欽差大臣辦理北洋通商事務太子太傅文華殿大學士直隸總督部堂一等肅毅伯李 為

劉復事據該稅務司稟稱竊得律風價值一事稅務司連日詳詢天津設得律風總局機器若數設五个局之用者約價銀行平一百二兩若數設十五个局之用者約價銀行平一百七十七兩至大沽設得律風總局機器若數設五个局之用者亦約價銀行平一百二兩其各个局得律風每局約價銀行平五十一兩木桿鉄線在外伏思前蒙中堂諭在新關南棧大沽新關共設二總局院署南炮台北炮台北塘共設四个局統計價銀約四百兩零倘此後各營署添設分局只須照以上價值購个局之得律風第現在總局應備

光緒十一年正月廿九日到

■ 直隶总督李鸿章为天津设得律风局价格事致天津海关税务司德璀琳札（1885年3月15日）

因「自强」而「求富」，才有了近代民用工业的起步。十九世纪末的天津，通讯不仅有邮政和电报，还出现了高科技「得律风」。得律风者，「telephone」也。时人回忆，当年直隶总督衙门和李鸿章官邸就装有电话。

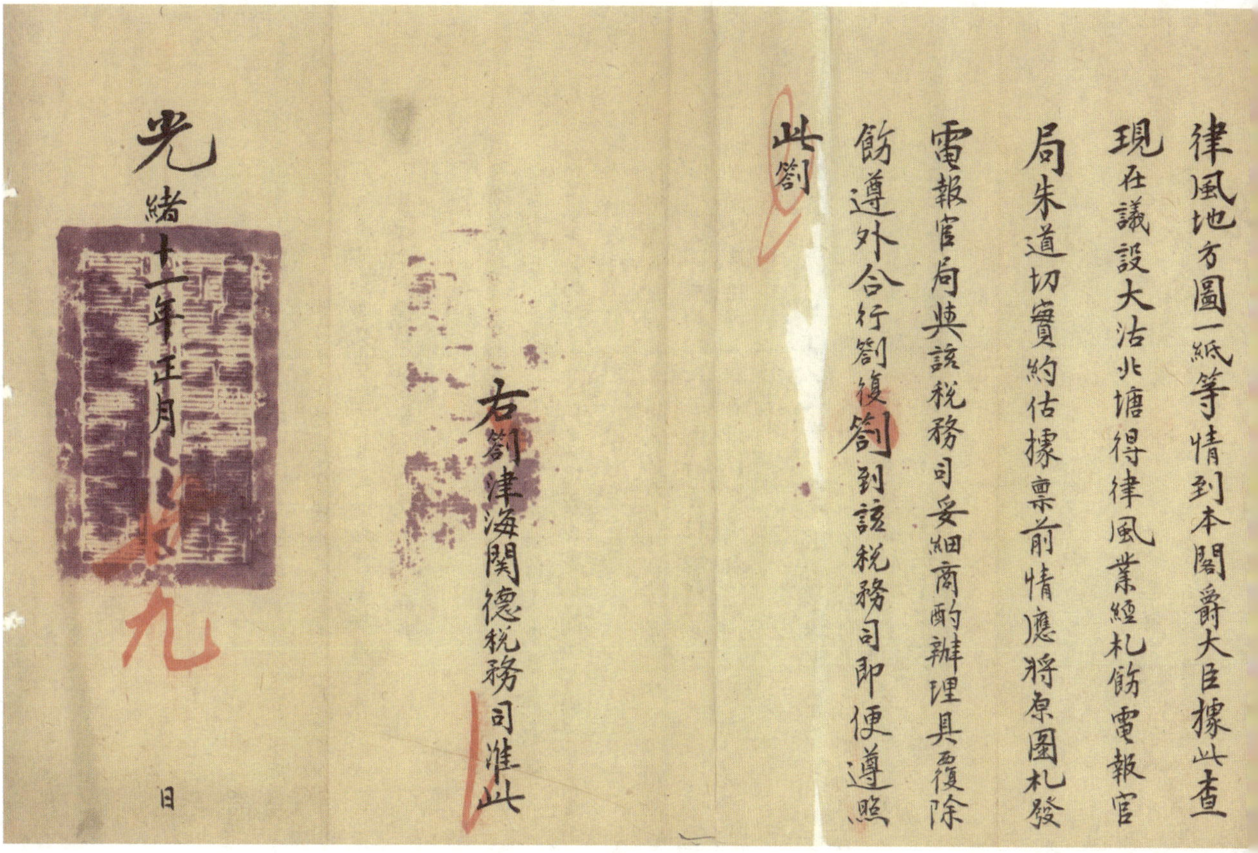

律風地方圖一紙等情到本閣爵大臣據此查
現在議設大沽北塘得律風業經札飭電報官
局朱道切實約估據禀前情應將原圖札發
電報官局與該稅務司妥細商酌辦理具覆除
飭遵外合行劄復劄到該稅務司即便遵照
此劄

右劄津海關德稅務司準此

光緒十一年正月九日

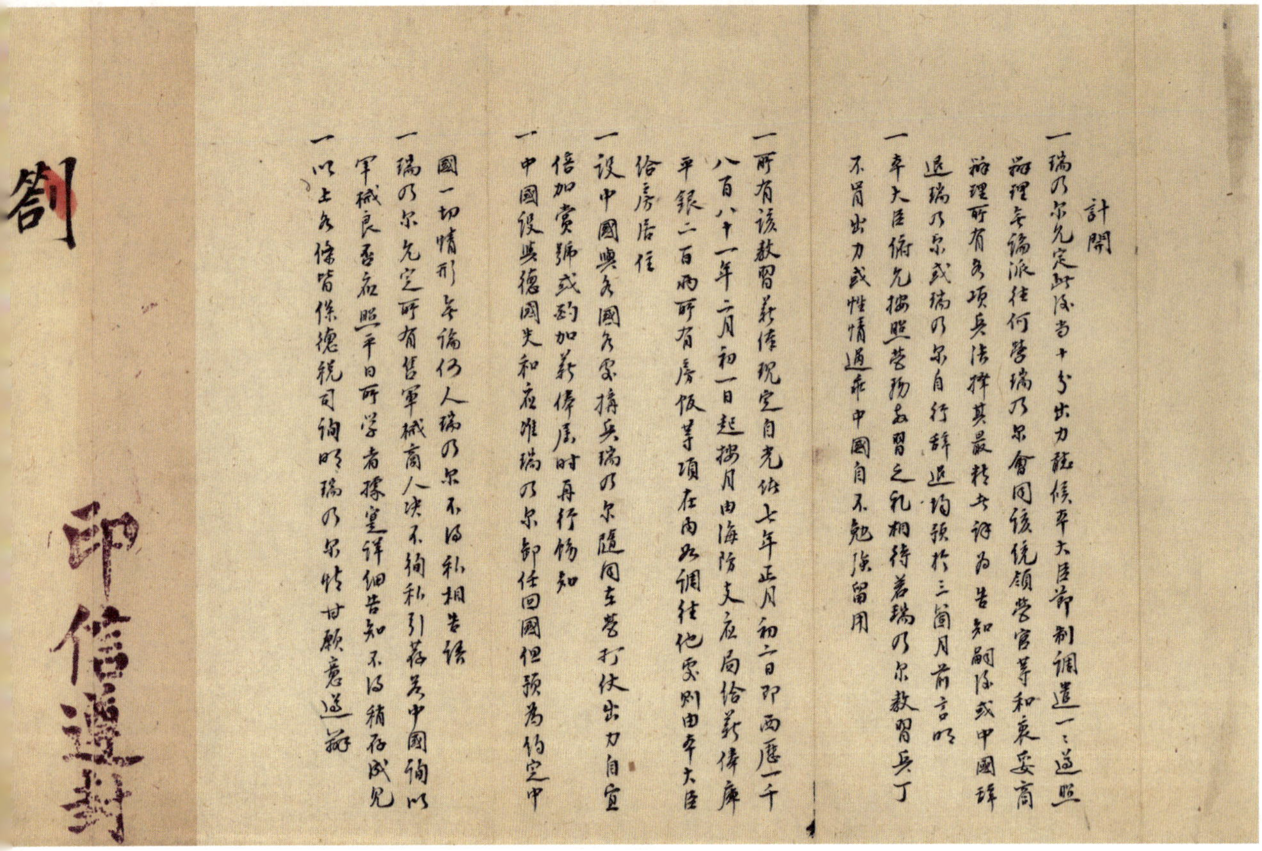

計開

一 瑞乃尔允定此後當十分出力，聽候本大臣節制調遣，一一遵照辦理。無論派往何營，瑞乃尔會同該統領營官等和衷妥商，辦理所有各項兵法，擇其最精者詳為告知。嗣後或中國辭退瑞乃尔，或瑞乃尔自行辭退，均須於三個月前言明。

一 本大臣俯允按照營務教習之禮相待，若瑞乃尔教習兵丁不肯出力，或性情過乖，中國自不勉強留用。

一 所有該教習薪俸，現定自光緒七年正月初二日，即西歷一千八百八十一年二月初一日起，按月由海防支應局給薪俸庫平銀二百兩，所有房飯等項在內。如調往他處，則由本大臣給房居住。

一 設中國與各國有事需撥兵，瑞乃尔隨同在營打仗出力，自宜倍加賞卹，或酌加薪俸，屆時再行飭知。

一 中國設與德國失和，在難，瑞乃尔即任回國，但須為約定，中國一切情形，無論何人，瑞乃尔不得私相告語。

一 瑞乃尔允定所有售軍械商人，决不徇私引薦。若中國詢以軍械良否，應照平日所學者據實詳細告知，不得稍存成見。

一 以上各條皆係德稅司詢明瑞乃尔情甘願意遵辦。

劄

印信遵封

■ 直隶总督李鸿章为德国人瑞乃尔聘用事致天津海关税务司德璀琳札 附聘用章程（1881年1月28日）

瑞乃尔，德国人，克虏伯炮厂派往来华，后被聘为旅顺炮台教习。甲午战争爆发，瑞乃尔协助北洋海军作战。1895年初，日军自海陆夹击威海卫港，北洋舰队危在旦夕。2月8日午夜，瑞乃尔出面，向主帅丁汝昌劝降。12日，丁汝昌自杀成仁。威海卫一役，李鸿章多年经营之北洋水师全军覆没，可谓得意之势终，失意之运方始。

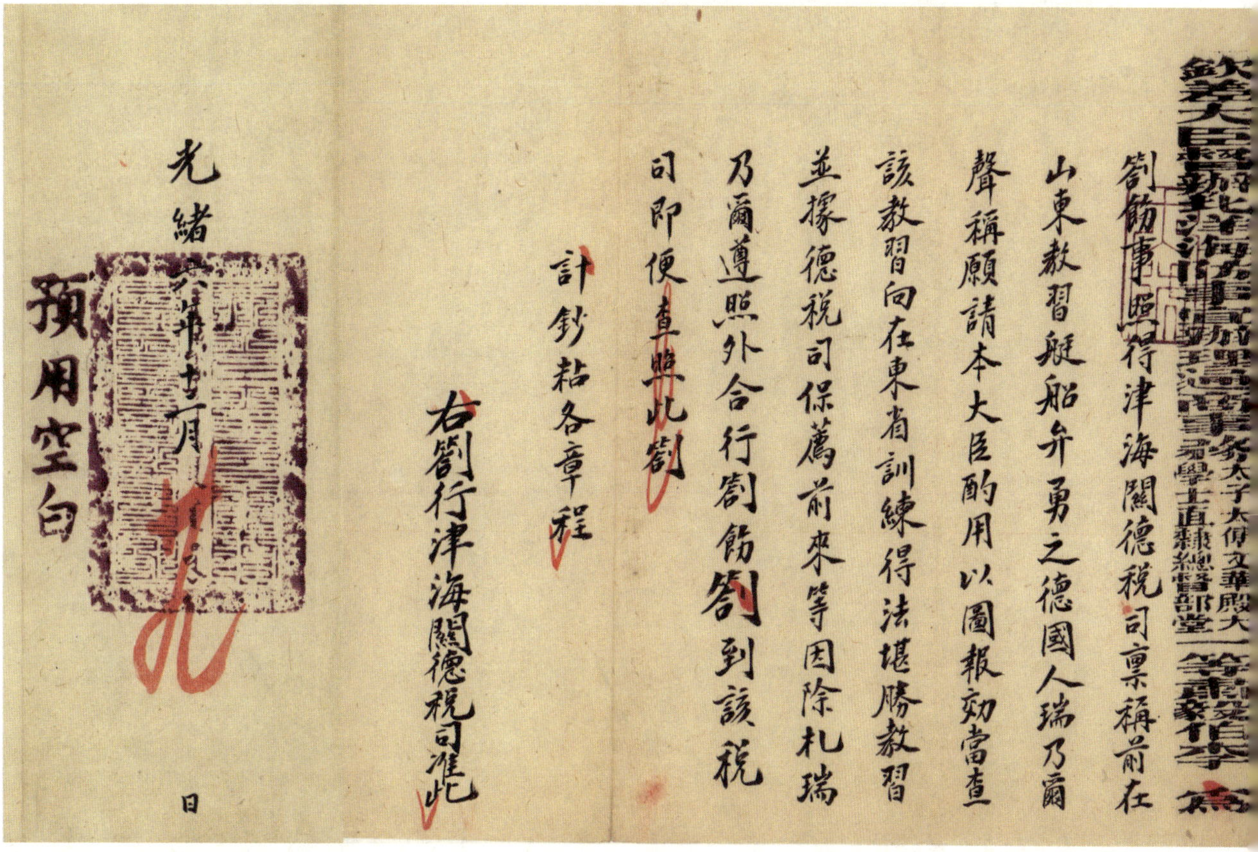
欽差大臣辦理北洋通商事務太子太傅文華殿大學士直隸總督部堂一等肅毅伯李　為

劄飭事照得津海關德稅司稟稱前在

山東教習艇船弁勇之德國人瑞乃爾

聲稱願請本大臣酌用以圖報効當查

該教習向在東省訓練得法堪勝教習

並據德稅司保薦前來等因除札瑞

乃爾遵照外合行劄飭劄到該稅

司即便查照此劄

計鈔粘各章程

右劄行津海關德稅司准此

光緒六年十二月　日

預用空白

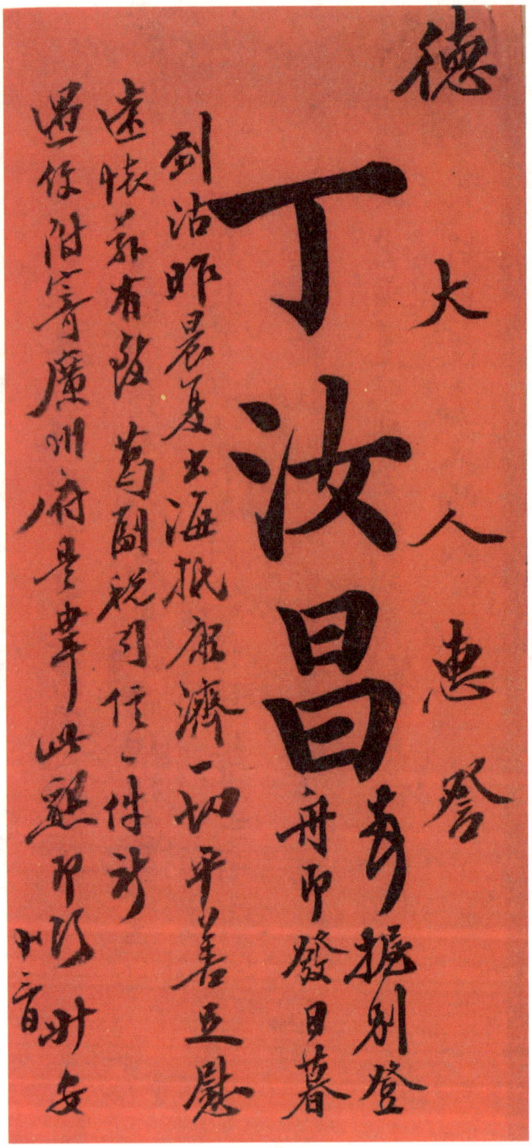

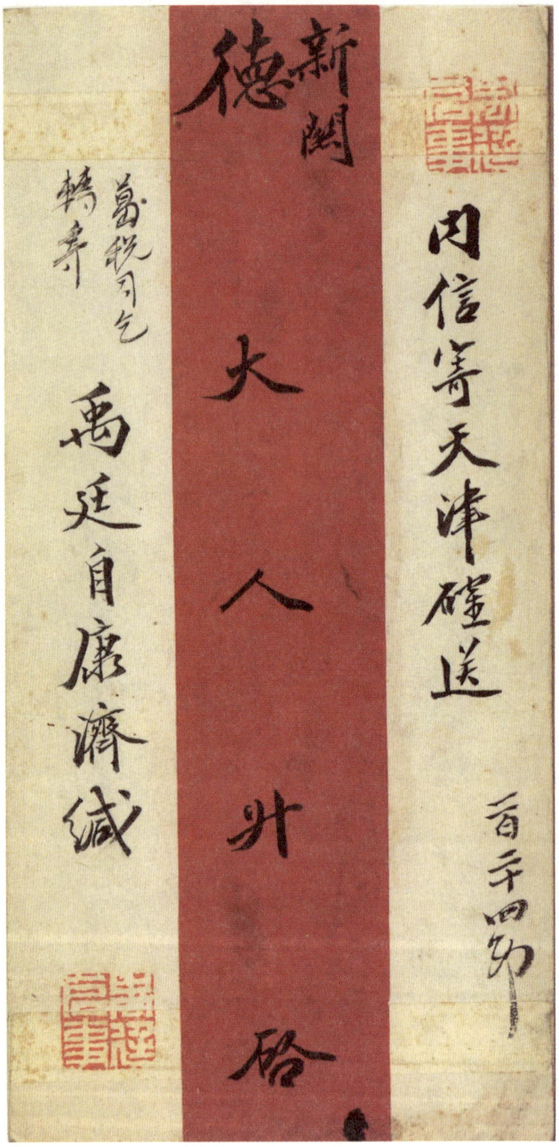

■ 北洋海军提督丁汝昌为抵康济事致天津海关税务司德璀琳函

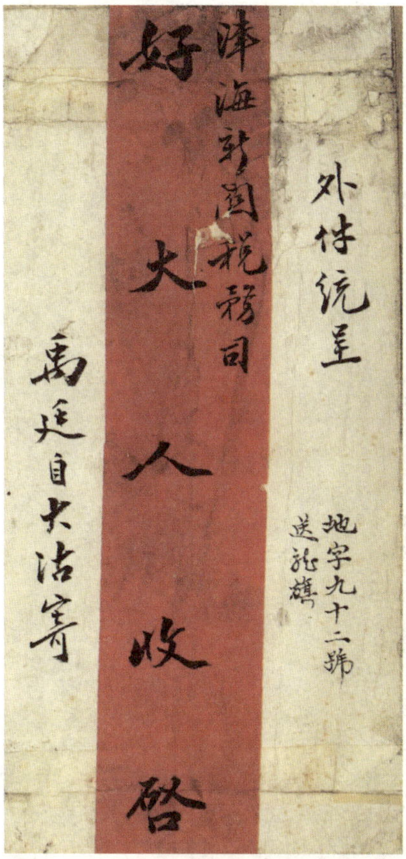

■ 北洋海军提督丁汝昌为派专人送旗及因病不能赴宴事致天津海关税务司好博逊函

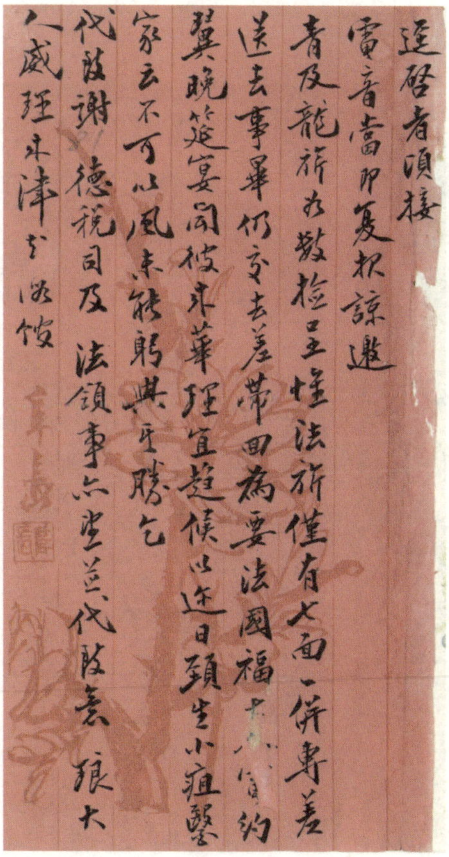

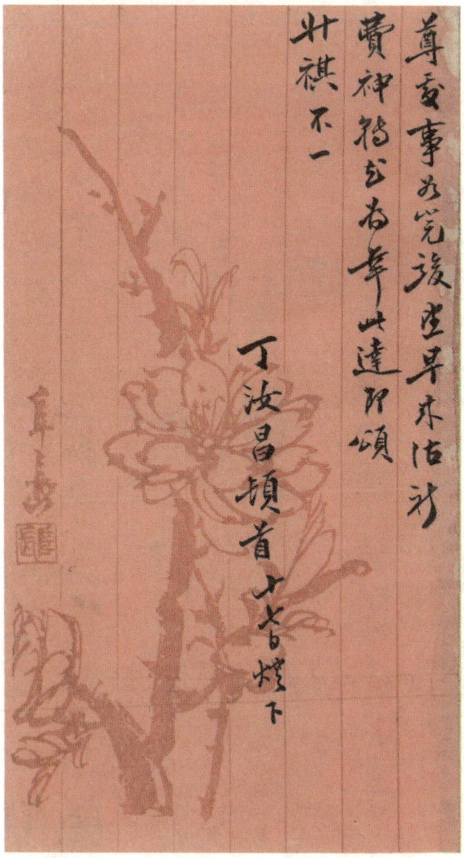

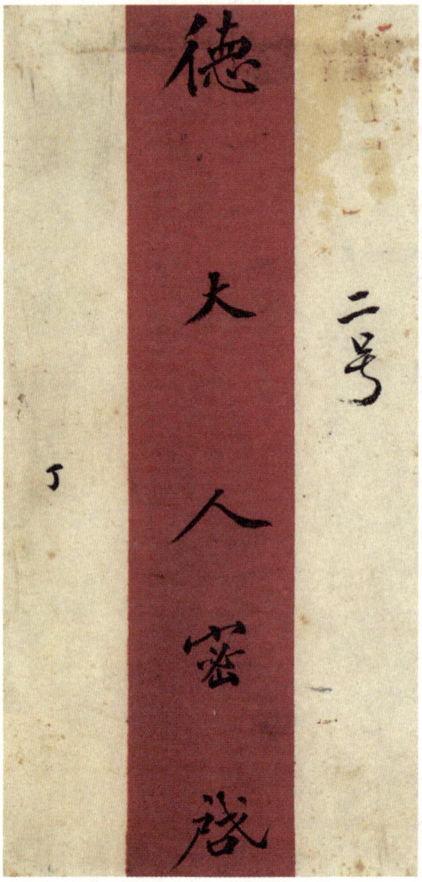

■北洋海军提督丁汝昌为抽调快轮以资侦探事致天津海关税务司德璀琳函（1894年7月22日）

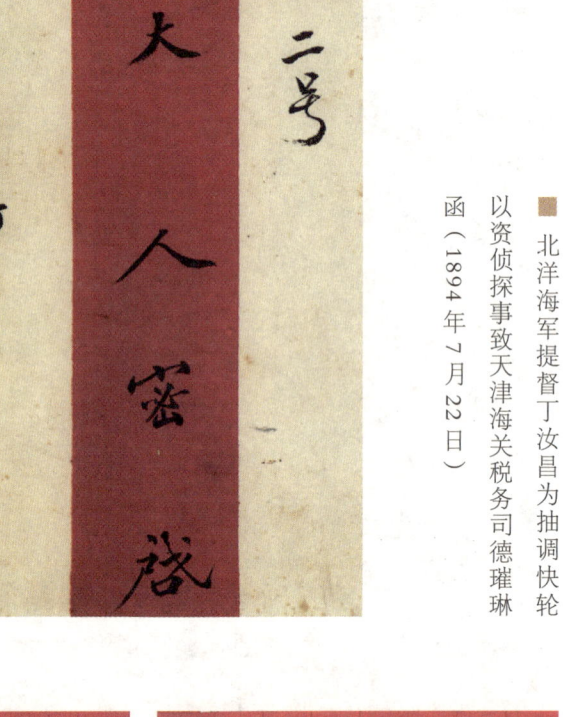

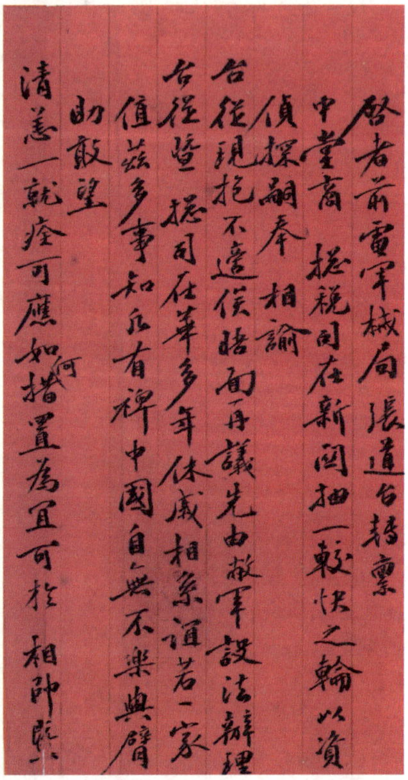

啓者前雷軍械局張道台轉稟
中堂商 總稅司在新關抽一較快之輪以資
偵探嗣奉 相諭
台從現抱不適俟晤面再議先由敝軍設法辦理
台從暨 總司在華多年休戚相系誼若一家
值茲多事知必有裨中國自無不樂與贊
助敢望
清恙一就痊可應如何措置為宜可於 相帥暨

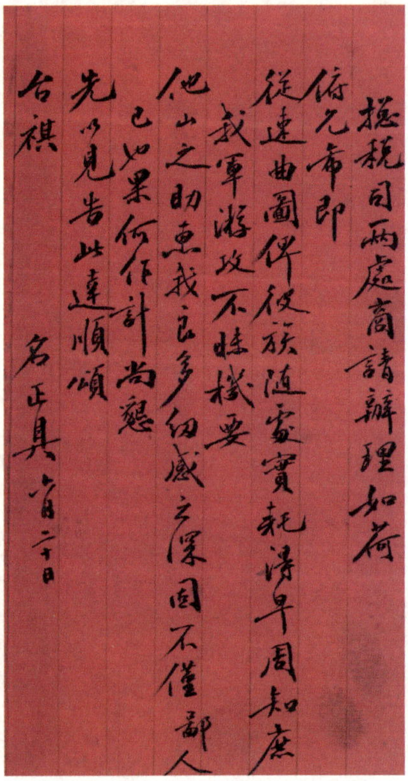

總稅司兩處商請辦理如荷
俯允希即
從速由圖俾彼族隨處實耗得早周知庶
我軍游攻不悞機要
他山之助惠我良多紉感之深固不僅鄙人
已也如果何作計尚懇
先以見告此達順頌
台祺
名正具 六月二十日

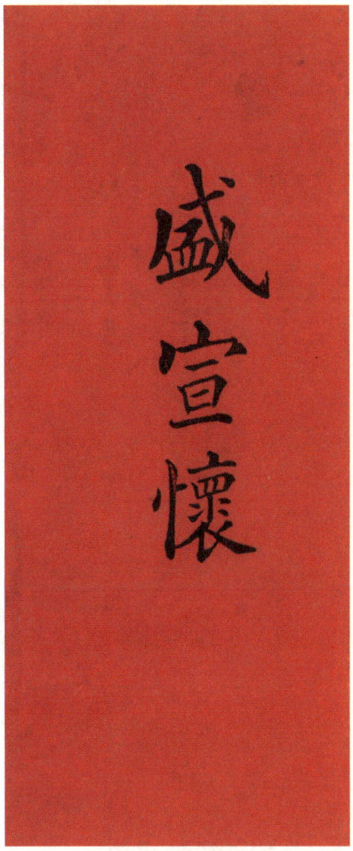
盛宣懷

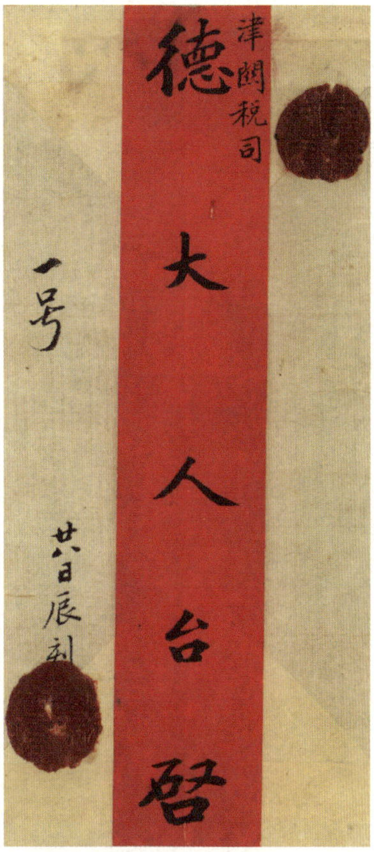
津關稅司
德大人台啓
一号
廿八日辰刻

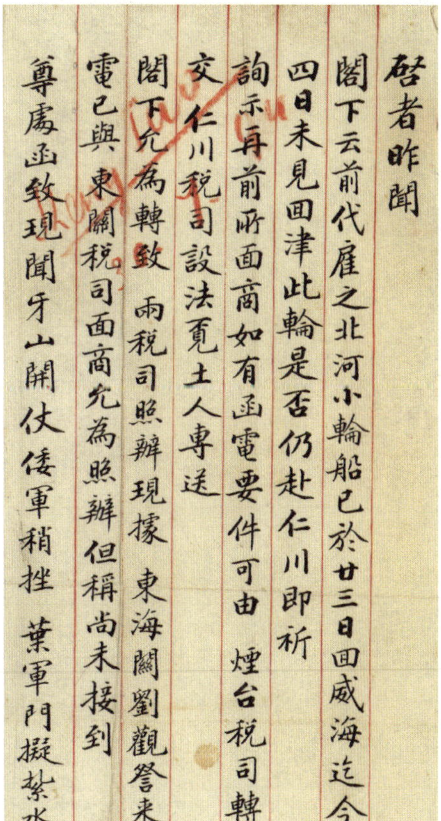
啓者昨閱
閣下云前代雇之北河小輪船已於廿三日回威海迄今
四日未見回津此輪是否仍赴仁川即祈
詢示再前所面商如有函電要件可由 煙台稅司轉
交仁川稅司設法覓土人專送
閣下允為轉致 兩稅司照辦現據 東海關劉觀察來
電已與東關稅司面商允為照辦但稱尚未接到
尊處函致現聞牙山開仗倭軍稍挫 葉軍門擬紮水

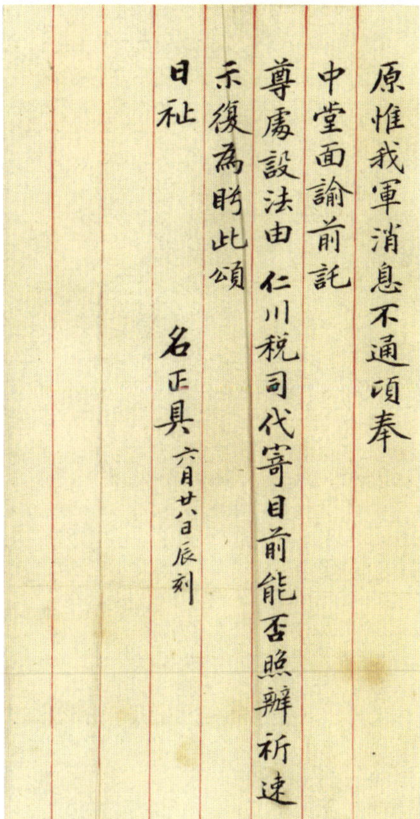
原惟我軍消息不通頃奉
中堂面諭前託
尊處設法由 仁川稅司代寄目前能否照辦祈速
示復為盼此頌
日祉
名正具 六月廿八日辰刻

天津海关道盛宣怀为北河小轮船去向及战时往来通信事致天津海关税务司德璀琳函（1894年7月30日）

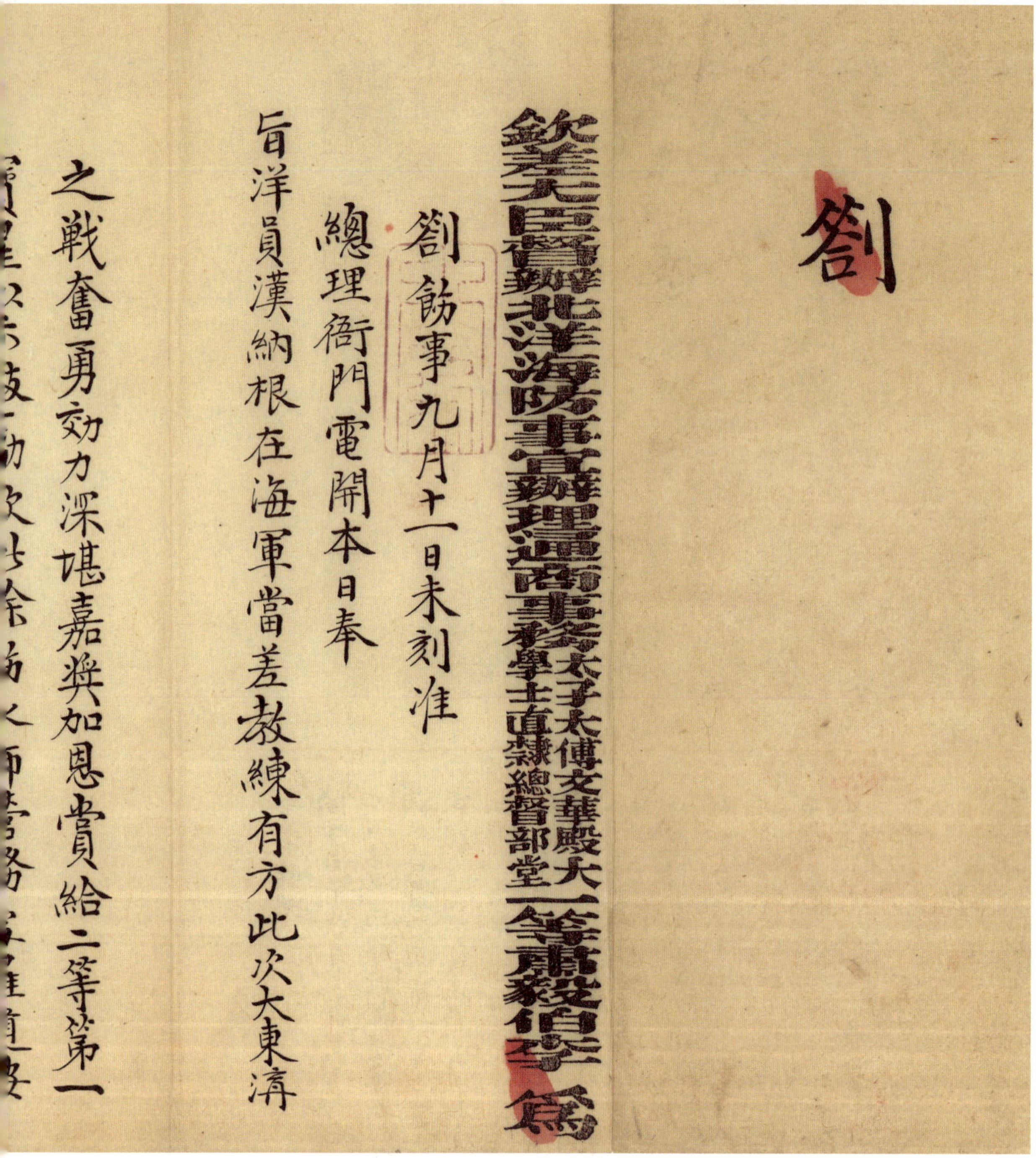
劉
欽差大臣督辦北洋海防事宜辦理通商事務太子太傅文華殿大學士直隸總督部堂一等肅毅伯李　為
劄飭事九月十一日未刻准
總理衙門電開本日奉
旨洋員漢納根在海軍當差教練有方此次大東溝
之戰奮勇效力深堪嘉獎加恩賞給二等第一

■直隶总督李鸿章为洋员汉纳根在大东沟之战奋勇效力给予嘉奖事致天津海关税务司德璀琳札（1894年10月10日）

大东沟海战即黄海海战。1894年9月17日，12点50分，中日舰队在黄海海域狭路相逢。北洋海军之『超勇』、『扬威』折损，邓世昌等诸将士阵亡，从此元气大伤，黄海制海权亦落入日军之手。汉纳根，天津海关税务司德璀琳长婿，曾与北洋水师提督丁汝昌同在『定远』号上作战。后清廷特颁谕旨，赏给二等第一宝星。

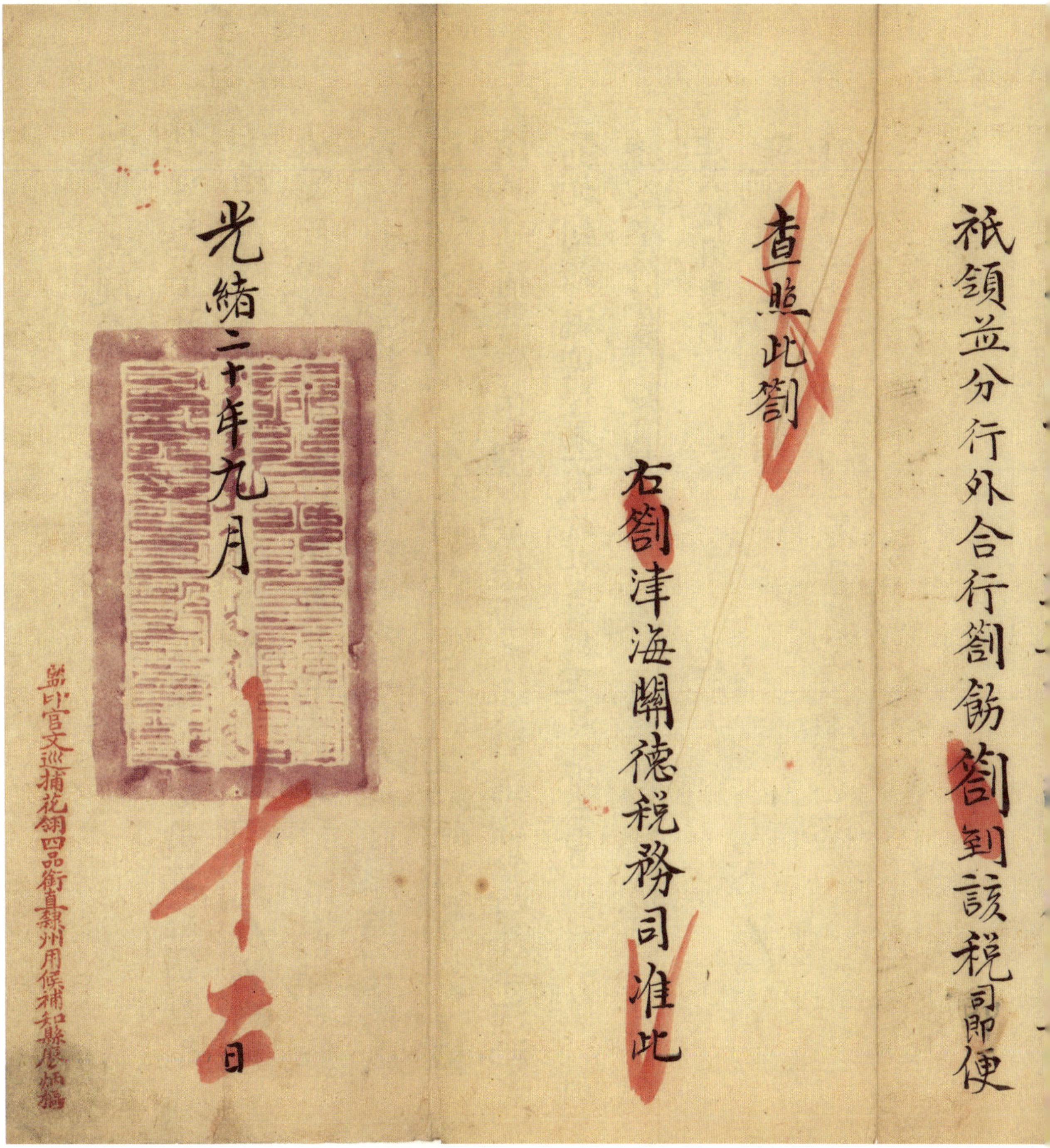
祇領並分行外合行劄飭劄到該稅司即便

查照此劄

右劄津海關德稅務司准此

光緒二十年九月十六日

監印官文巡捕花翎四品銜直隸州用候補知縣廖炳樞

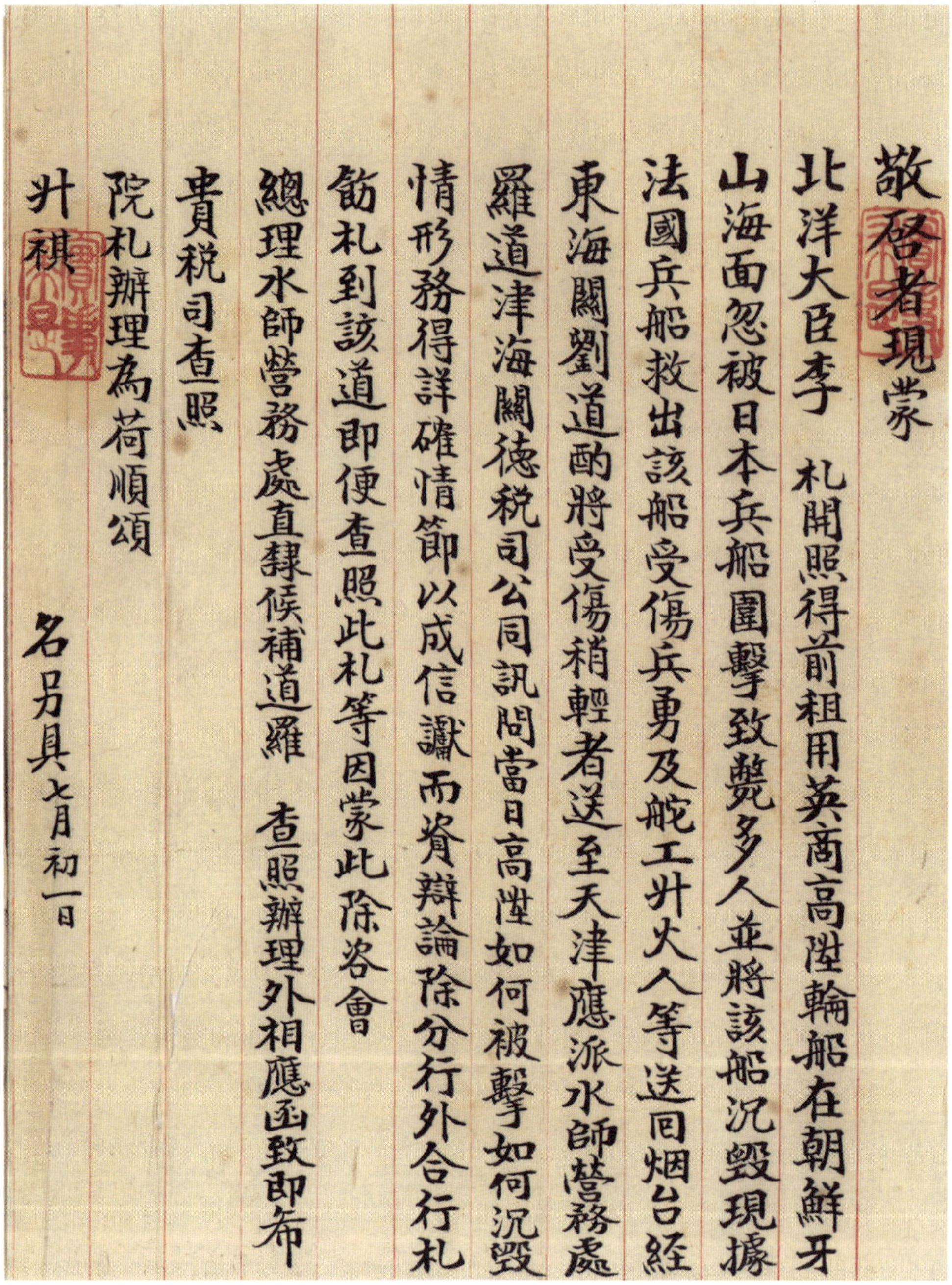
敬啓者現蒙
北洋大臣李 札開照得前租用英商高陞輪船在朝鮮牙山海面忽被日本兵船圍擊致斃多人並將該船沉毁現據
法國兵船救出該船受傷兵勇及舵工升火人等送回烟台經
東海關劉道酌將受傷稍輕者送至天津應派水師營務處
羅道津海關德税司公同訊問當日高陞如何被擊如何沉毁情形務得詳確情節以成信讞而資辯論除分行外合行札飭札到該道即便查照此札等因蒙此除咨會
總理水師營務處直隷候補道羅 查照辦理外相應函致即希
貴税司查照
院札辦理為荷順頌
升祺 名另具 七月初一日

■ 天津海关道盛宣怀为讯问英商轮船高升号在牙山海面被日击沉事致天津海关税务司德璀琳函（1894年8月1日）

1894年7月25日，清政府雇用英国商船高升号从塘沽起航，运送中国士兵前往朝鲜牙山，在丰岛附近海面遭遇日本浪速号伏击沉没，871名李鸿章所部淮军精锐遇难，史称『高升号事件』。

第九章

袁世凯与天津商会

袁世凯与天津商会

李鸿章生前说过一句话：环顾宇内人才，无出袁世凯右者。及至中堂盖棺，梁任公定论：李鸿章，谨守范围之人也！此言另有弦外深意：以传统士大夫观念论，李鸿章无非是一个敢梦周公而不敢梦文王的角色，而此刻，坐镇北洋的袁世凯呢？任公说了句半截话，袁世凯有气魄敢为破格之举，至其心术如何，毅力如何？先生止笔，此后省略数万言。

新政：最后的稻草

清廷难得没有不同的声音，满朝上下似乎都站到了一个队伍之中。就在几年前，康梁一派刚在历史舞台亮相，便匆匆丢了几颗项上人头。而今，亡命途中的老太太也要咸与维新了。

袁世凯与维新的渊源，在平常人看来，自是逃不过戊戌告密的那一出。维新，第一次说时成了悲剧，第二次说则带了几分喜剧，历史就在悲喜之中轮回交替着。当年康梁想做的事，换了茬人，接着做。

天津，洋务时代的样板，新政时代又成了试验田，可算得政治生命的风水宝地。袁世凯与天津渊源匪浅，当年就是在小站挖了第一桶金。而今，坐镇直隶搞新政，一手抓兵权，一手抓实业，两手抓，两手都要硬。1901年11月7日，李鸿章病死，袁世凯承李鸿章衣钵，署理直隶总督兼北洋大臣。1902年8月15日，天津『都统衙门』撤销，袁世凯接收天津，直隶总督衙门正式由保定迁入天津。

抛开心术暂且不谈，单说袁世凯在天津的破格之举，就超过了老前辈。编练新军，开办警政，改革司法，哪一项都是创新。实业更是有周学熙操刀布划，北洋银元局、直隶工艺总局、劝工陈列所、劝业会场、高等工业学堂，北洋实业在河北这块不起眼的洼地振翅起飞。

天津变得喧嚣起来，新政权舆之地，各行省咸派员考察，藉为取法之资。取经的人们从四面八方涌来，这座天子码头，舟车络绎，迎来送往，热闹非常。

自治：商会在行动

庚子之后的天津，经济一落千丈，钱法败坏，如何起死回生？

袁世凯刚刚接手，便设立了天津商务局1902年8月，欲官商共度难关。然而，官僚味浓郁的商务局并没有得到天津商界的肯定。次年，商人们便要求脱去官场习气，改商务局为商人自治的商务公所1903年5月。

在密不透风的社会结构里，商人自治是一个足以让人兴奋的话题。在袁世凯批复过的《商务公所暂行章程》里，我们看到了自治的魅力——公举。各行公举出能代表自己利益的董事，这在程序上让自治成为可能。

就在天津商务公所诞生的这一年，中央权力机构中出现了商部这个新生事物1903年9月。这年冬天，在商部劝办商会的折子里1904年1月11日，我们看到了商战国策，那个曾飘摇在理论家头脑里的民间主张终于在国家层面转变成政治风暴。

全国都在行动，更何况商部的章程里点了天津的名。按照最高指示，商务公所更名为天津商务总会。白纸黑字：商会之地，人人皆有参议之责。在公举和参议中，商人培养起日常自治的能力。更为重要的是，商会还给商人们搭建了一个走进社会的大舞台。

光绪三十四年孟秋月，吉日良辰，天津商会新宇落成1908年8月，《大事记》里表彰了几件大事：如果说劝工和公估算是商人分内，那开报馆、办学堂，参与救灾和戒烟则反映了商人在公共领域开垦的力度。

壬子年：让子弹飞

商会广泛地参与社会改良和启蒙，甚至将足迹踏进了近代政治的门槛，这让袁世凯感到了一丝隐痛。

1905年6月，天津商界二百余人郑重签字，抵制美约，拒绝美货，公然站到了朝廷邦交的对立面。商人们走向街头，演说国货与国脉的命题，人心激动。商人插足政治，这让袁世凯感到了不安，甩出四个字：不许胡来。

是年冬天，五大臣公费留学，考察宪政，次年海归，陈奏言道：君主立宪好，皇位可永固。老佛爷听了称心如愿，特批准仿行预备。

立宪有了合法的政治气候，袁世凯在天津自然如鱼得水。天津府自治局先行成立，继之天津自治研究所、天津县自治期成会。一批批绅商接受自治培训，成为宪政文化基因的携带者。

1907年，普选制度首次试运行，天津县议事会产生。近42万天津人口，2572名候选人，30名议员，为议长者乃天津盐商李士铭。袁世凯说他为天津今日贺，更为宪政将来贺。

然而，话音未落，风云突变，北京有令，袁世凯调离天津，中央任职军机大臣兼外务部尚书。一年后，旧主归西。新主人打发旧臣子回家养疾，从此散发天涯，烟蓑雨笠一渔舟。

袁世凯在洹上蛰伏下来，心事悠悠，他想着三千年前商朝宰相伊尹就是在这里东山再起。而他挂牵的天津，宪政运动正集聚着更大的社会能量。盐商出身的孙洪伊领衔请愿，一而再，再而三，在天子脚下誓死不懈。

然而，皇族内阁却将古老帝国最后一点气数败尽，历史的天空震彻武昌举义的枪声。袁世凯洹上归来，却发现已无君主立宪之路可走，所面对的，只有走向共和。

1912年，中华民国开元。2月12日，清帝退位。13日，孙中山引退。15日，袁世凯全票当选临时大总统。27日，南京临时政府迎驾专员抵达北京。袁世凯虽投鼠忌器，然两害相权取其轻。孰轻？商民轻。29日夜，兵变自北京始。3月2日，张怀芝所部巡防营洗劫天津商业最繁华的北门一带。一夜之间，十年心力，化为乌有，天津这座华北工商业重镇面目全非。10日，袁世凯如愿在北京就职。袁氏共和开篇。

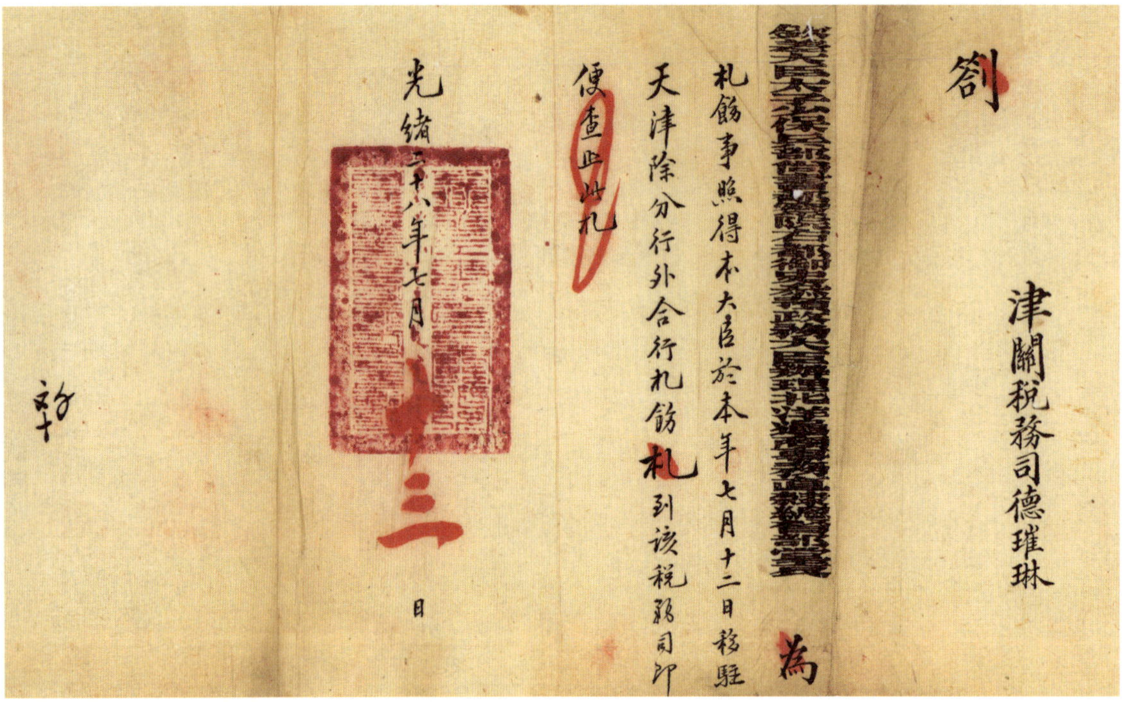

劄
津關稅務司德璀琳
為
札飭事照得本大臣於本年七月十二日移駐
天津除分行外合行札飭札到該稅務司即
便查照此札
光緒二十八年七月十三日
行

■ 直隶总督袁世凯为移驻天津事致天津海关税务司德璀琳札（1902年8月16日）

在天津历史上，有两任直隶总督一定得提起，一位是李鸿章，另一位则是袁世凯。1902年8月15日，袁世凯驾临天津，都统衙门时代终结。据说当年的天津城，龙旗高挂，结彩三日，以庆『光复』。而袁世凯果如梁启超所言，有气魄敢为破格之举。袁氏『新政』创造之多，影响之大，远远超过老前辈。

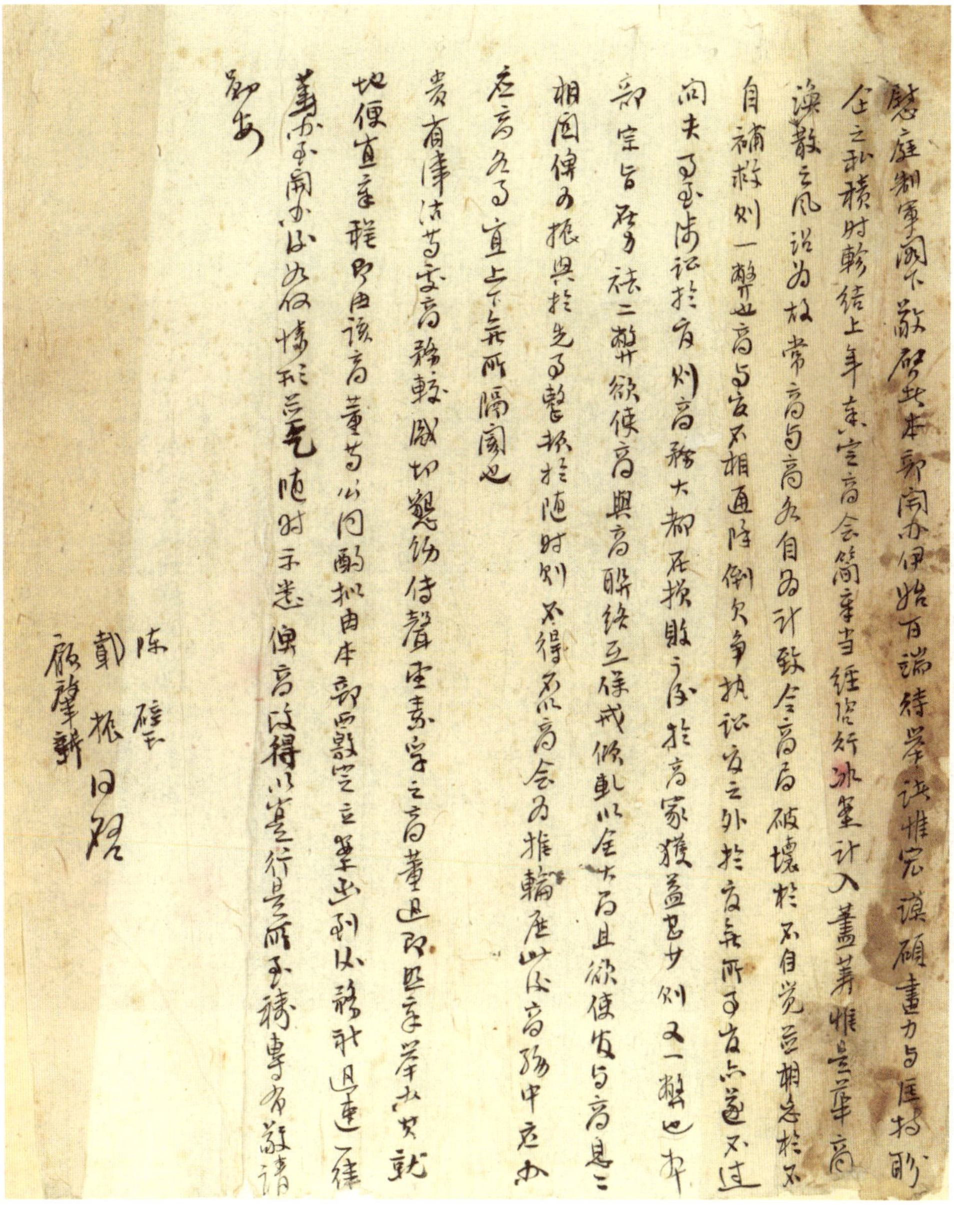
慰庭制軍閣下：敬啟者，本部開辦伊始，百端待舉，誠惟宏謨碩畫，力與匡扶，矧
今之和積財輸結上年東三省商會簡章，查經迭行飭知計入叢葉，惟是華商
渙散之風沿為故常，商與商各自為計，致令商局破壞於不自覺，莫相為於不
自補救，則一弊也；商與官不相通，時倒欠爭執，訟官之外於官無所平，亦不過
問夫商卞詞訟於官，則商務大都壞敗，商家獲益甚少，則又一弊也。本
部宗旨原為袪二弊，欲使商與商聯絡互保，我依輔以全大局，且欲使官與商息息
相關，俾可振興於先，而整頓於隨時，則不得不亟亟商會為推輪，庶此後商務中應興
應革各事宜上下無所隔閡也。
貴省津沽為要，商務較繁，切望飭令聲望素孚之商董迅即照章舉出，或就
地便宜章程即由該商董等公同酌擬，由本部照覆定立，章出利從，務祈迅速，一律
籌辦，本部開辦以后，以為便利，此後隨時示悉，俾商政得以逐漸舉行，是所至禱。專此布敬，請
勛安
陳璧
載振 同啟
顧肇新

商部尚书载振等为速办天津商会事致直隶总督袁世凯函（抄件）（时间疑为1904年3月17日）

商部，晚清中央权力机构中出现的新事物。1903年9月7日创置，掌商务及铁路矿务诸权。载振为首任尚书。伍廷芳任左侍郎，陈璧任右侍郎。徐世昌任左丞，唐文治任右丞。绍昌任左参议，王清穆为右参议。

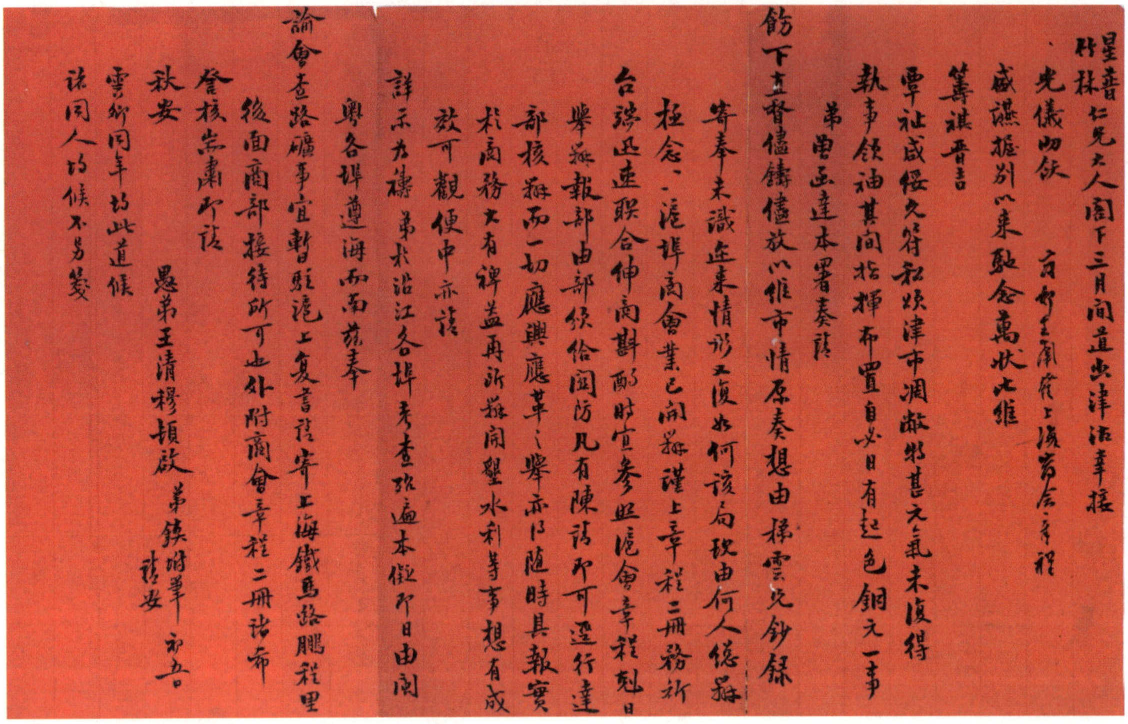

星普、竹孫仁兄大人閣下：三月間道出津沽，幸接
光儀，叨飫 方[illegible]閣前上海商會章程
盛讌，握別以來，馳念萬狀。比維
籌祺晉吉，
覃祉咸綏，為符私頌。津市凋敝，兆甚元氣未復，得
執事領袖其間，指揮布置，自必日有起色。銅元一事
弟曾函達本署奏請
飭下直督，儘鑄儘放，以維市情，原奏想由稚雲兄鈔錄
寄奉，未識近來情形又復如何，該局現由何人總辦，
極念極念。滬埠商會業已開辦，謹上章程二冊，務祈
台端迅速聯合紳商，斟酌時宜，參照滬會章程，剋日
舉辦，報部，由部給發關防。凡有陳請，即可逕行達
部核辦，而一切應興應革之舉，亦得隨時具報，實
於商務大有裨益。再，所辦開墾水利等事，想有成
效可觀，便中亦請
詳示為禱。弟於沿江各埠考查殆遍，本擬即日由閩
粵各埠遵海而南，恭奉
諭會查路礦事宜，暫駐滬上，復言請寄上海鐵馬路鵬程里
後面商部接待所可也。外附商會章程二冊，諸希
察核，是肅，即請
秋安
愚弟王清穆頓啟 弟鎮附筆請安 初五
雲卿同年均此道候
諸同人均候，不另箋

■ 商部参议王清穆为请速联合绅商举办商会事致宁世福王贤宾函

（时间疑为 1903 年 12 月 23 日）

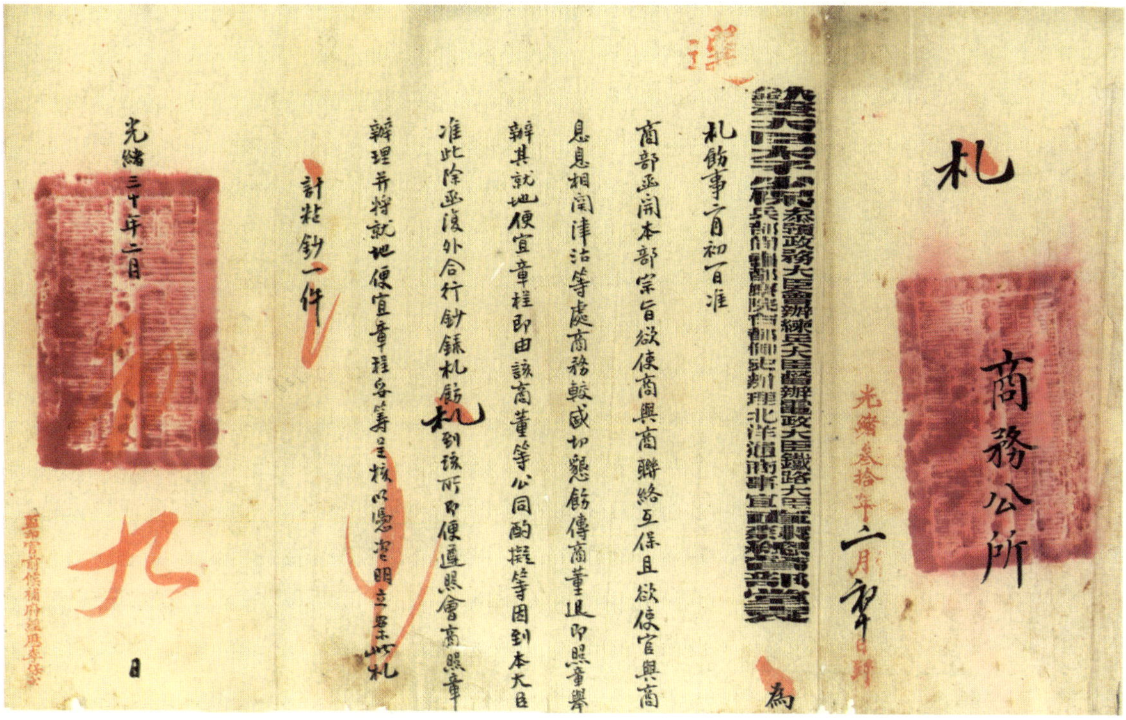
札
商務公所
光緒叁拾年二月 日
為
札飭事二月初一日准
商部咨開本部宗旨欲使商與商聯絡互保且欲使官與商
息息相關津沽等處商務較盛切懇飭傳商董迅即照章舉
辦其就地便宜章程即由該商董等公同酌擬等因到本大臣
准此除咨復外合行鈔錄札飭札到該所即便遵照會商照章
辦理并將就地便宜章程各等呈核以憑咨明立案此札
計粘鈔一件
光緒三十年二月 日

直隶总督袁世凯为酌拟商会就地便宜章程事致天津商务公所札（1904年3月25日）

袁世凯接手天津之初，便设立天津商务局。1903年5月，天津商人要求改商务局为商人自治的商务公所。在商部下发统一建制商会的章程后，商务公所改为天津商会。

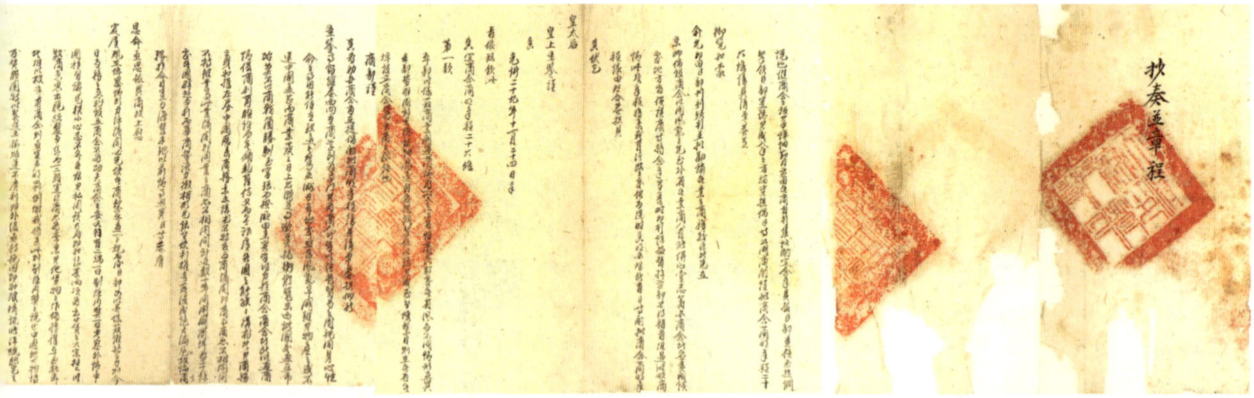

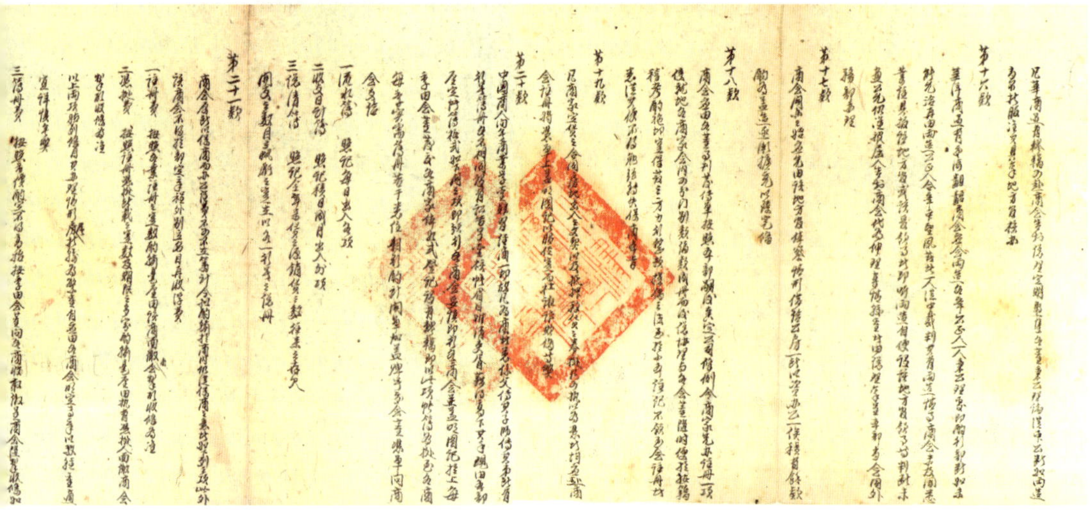

商部奏为劝办商会以利商战角胜洋商折 附奏定商会简明章程（抄件）

（1904年1月11日）

商部的奏折里写道：纵览东西诸国，交通互市，殆莫不以商战角胜驯至富强。于是，倡设商会、保护商业、开通商情。晚清最后十年，在这个有着重农轻商悠久传统的帝国里，商战确实上升成为国策。

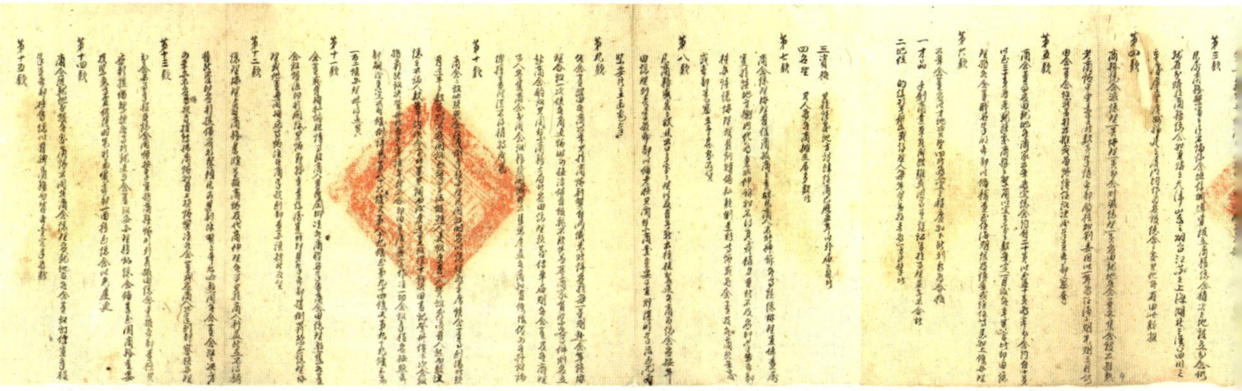

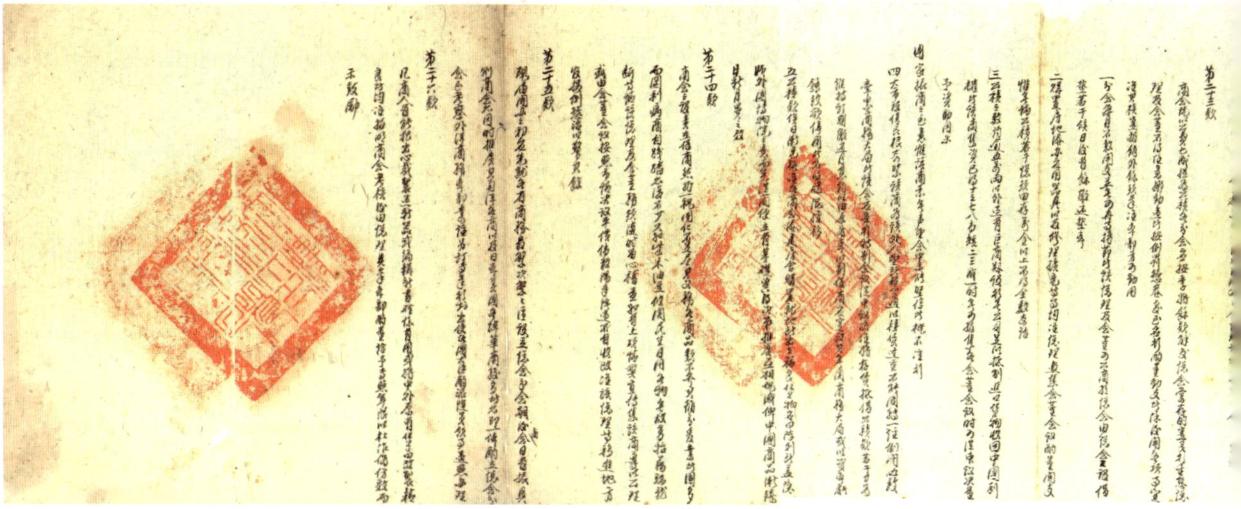

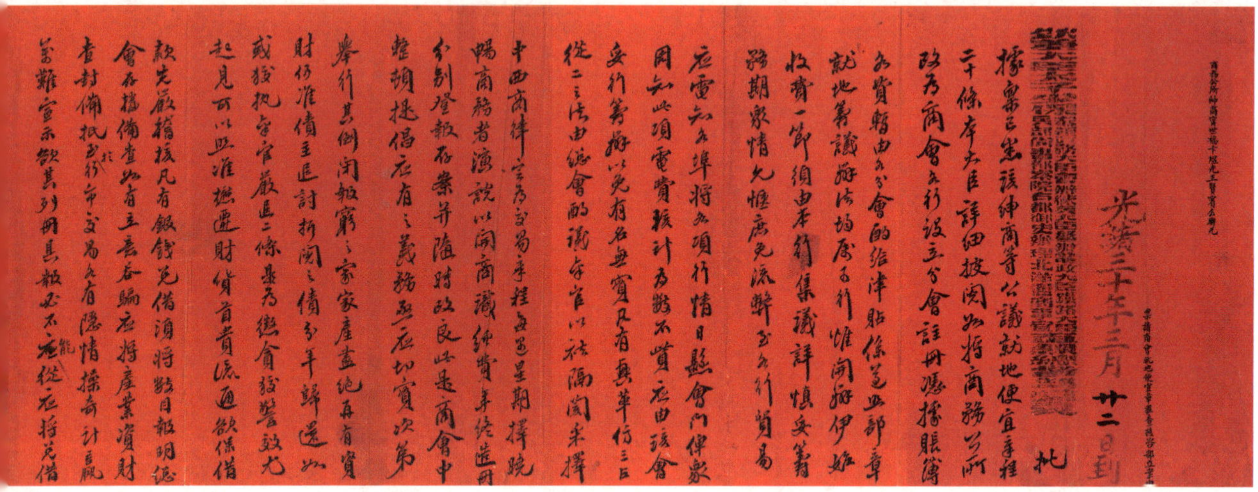

光绪三十年三月廿二日到
批

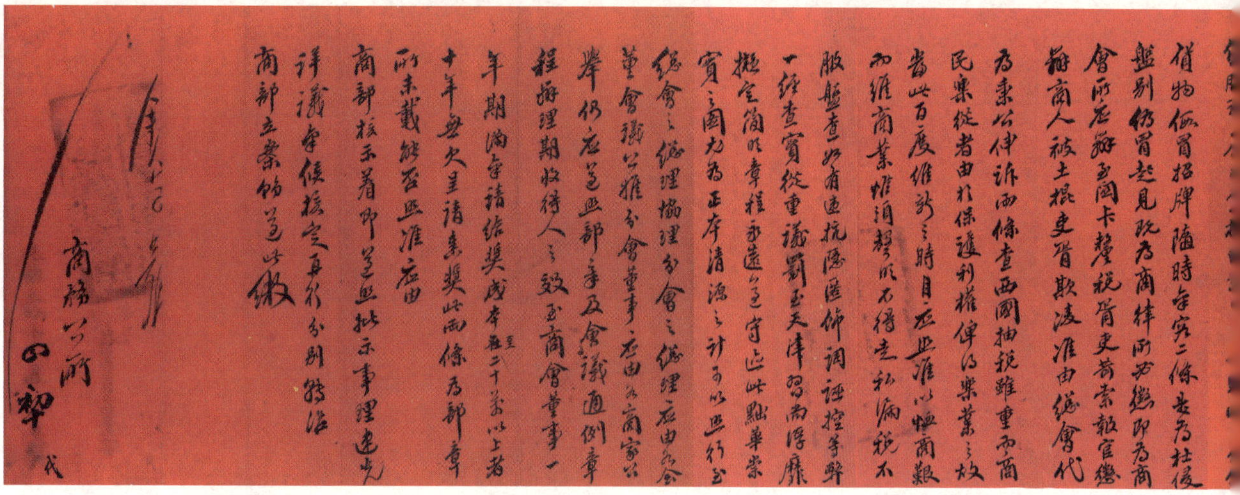

■ 直隶总督袁世凯为天津商务公所绅商宁世福等公议《商会就地便宜章程二十条》事的批文（1904 年 5 月 24 日）

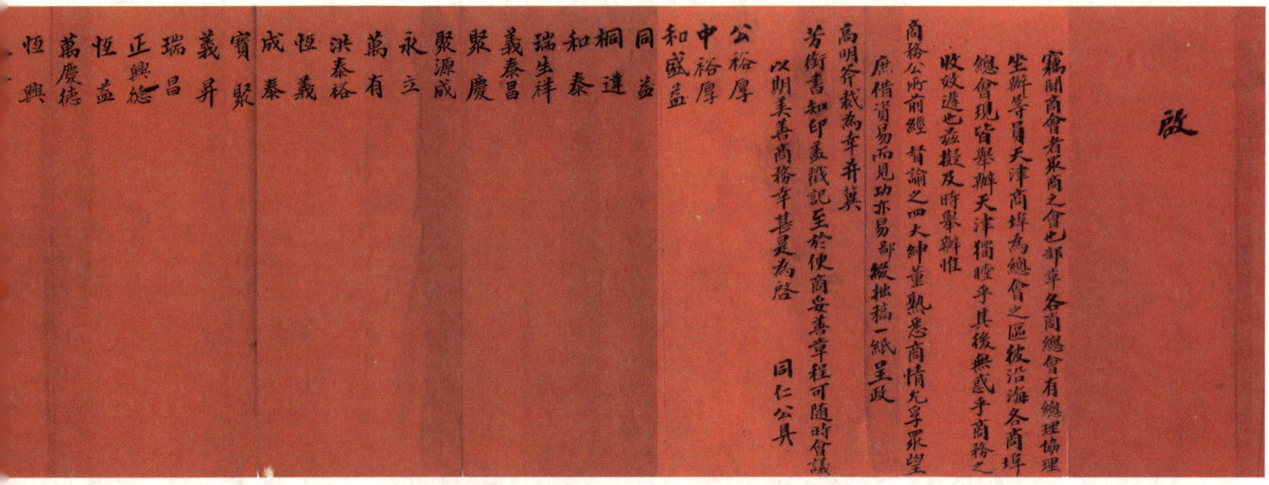
啟
竊聞商會者聚商之會也部章各商總會有總理協理
坐辦等員天津商埠為總會之區彼沿海各商埠
總會現皆舉辦天津獨瞠乎其後無惑乎商務之
收效遲也茲擬及時舉辦惟
商務公所前經 督諭之四大紳董熟悉商情允孚眾望
庶借資易而見功亦易鄙 綴拙稿一紙呈政
高明斧裁為幸并冀
芳銜書知印蓋戳記至於使商安善章程可隨時會議
以期美善商務幸甚是為啟 同仁公具
公裕厚
中裕厚
和盛益
同益
桐達
和泰
瑞生祥
義泰昌
聚慶
聚源成
永立
萬有
洪泰裕
恆義
成泰
寶聚
義昇
瑞昌
正興德
恆益
萬慶德
恆興

■ 公裕厚等六十一户商号为商务公所改为天津商会并公推宁世福王贤宾为总协理事致袁世凯的禀文（时间疑为1903年）

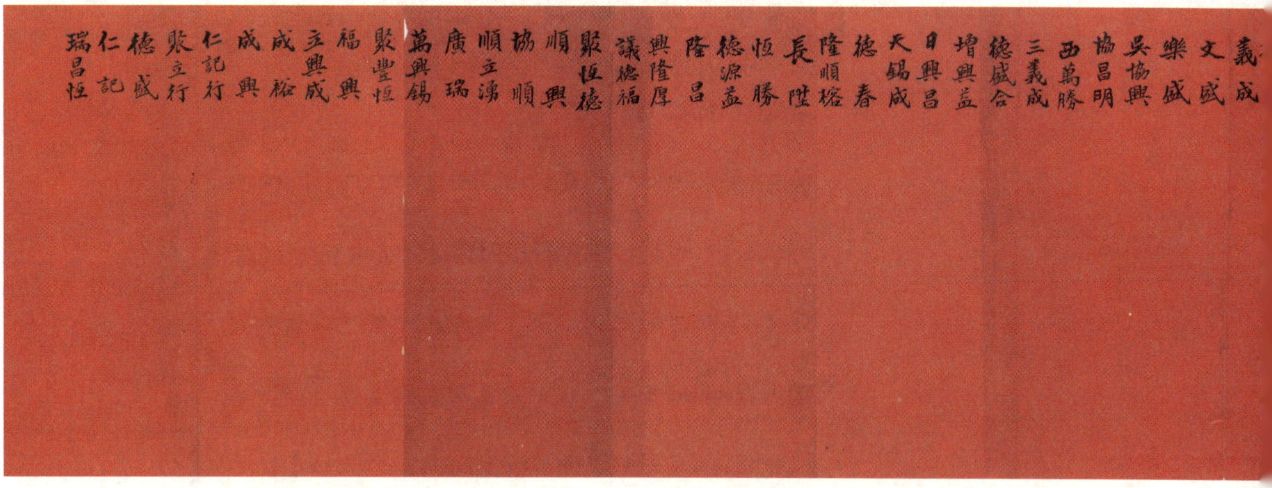

義成
文盛
樂盛
吳協興
協昌明
西萬勝
三義成
德盛合
增興益
日興昌
天錫成
德春
隆順榕
長陞
恆勝
德源益
隆昌
興隆厚
議德福
聚恆德
順興
協順
順立湧
廣瑞
萬興錫
聚豐恆
福興
立興成
咸裕
成興
仁記行
聚立行
德盛
仁記
瑞昌恆

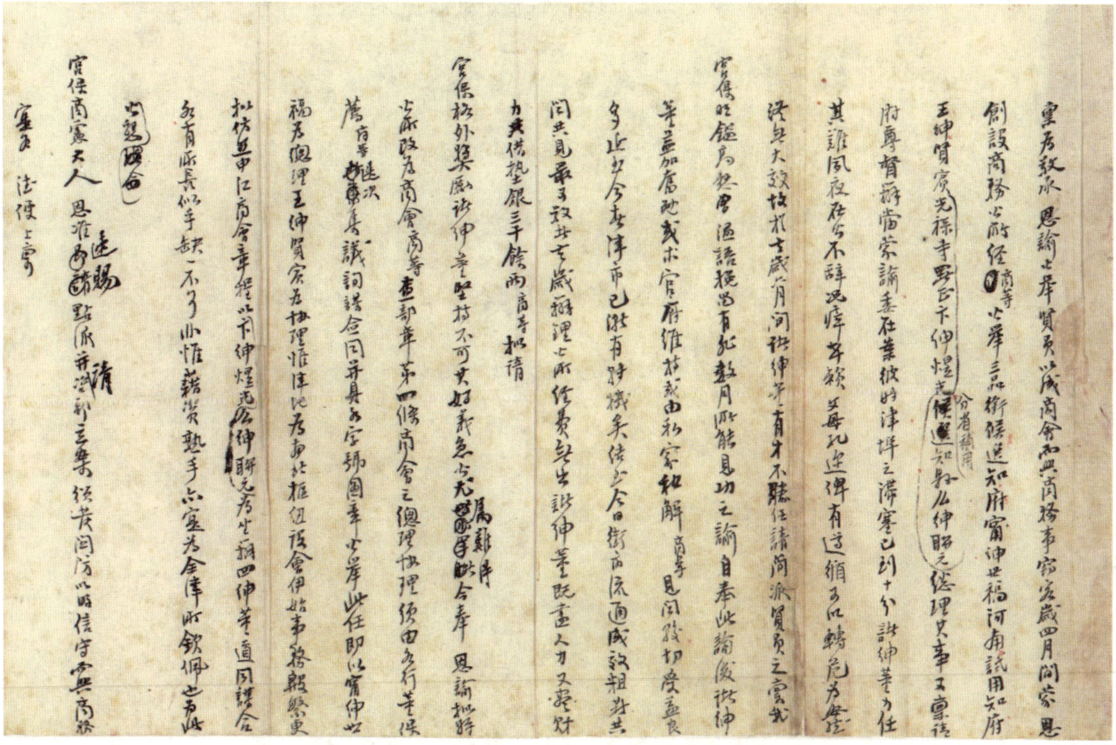

寔為敦承 恩諭士庶賢員以成商會而興商務事竊客歲四月間蒙 恩
創設商務公所經 商等 公舉三品銜候選知府甯紳世福河南試用知府
王紳賢賓 光祿寺署正卞紳煜光 候選知縣么紳聯元 總理其事又稟請
府尊督辦當蒙諭委在案彼時津埠之滯塞已到十分該紳等力任
其難夙夜在公不辭況瘁幸賴 上憲先進俾有遵循乃得轉危為安
從此大致粗定本歲六月間該紳等有才不勝任請商派賢員之[illegible]
宮保[illegible]過語[illegible]有紀數月所能見功之諭自奉此諭後該紳
等益加奮勉或求官府維持或由私家和解 商等 見聞殷切受益良
多此外今春津市已漸有轉機矣此皆今日街市流通咸致粗若其
間其見最多致於去歲辦理公所經費無出該紳等既盡人力又墊財
力共借墊銀三千餘兩 商等 擬請
宮保格外獎勵該紳等堅持不可其好義急公尤屬難得[illegible]奉 恩諭擬將
公所改為商會 商等 查部章第四條商會之總理協理須由各行董保
薦 商等 遵將[illegible]集議詞請合同并具名字銜開單公舉此任即以甯紳世
福為總理王紳賢賓為協理惟津地為南北樞紐設會伊始事務殷繁更
擬仿照申江商會章程以卞紳煜光么紳聯元為坐辦四紳等道同謀合
各有所長似乎缺一不可 小惟藉資熟手亦寔為全津所欽佩也為此
公懇[illegible]
宮保商憲大人 恩准 速賜 點派 請 并咨部立案[illegible]以昭信守而興商務
寔為 德便 上稟

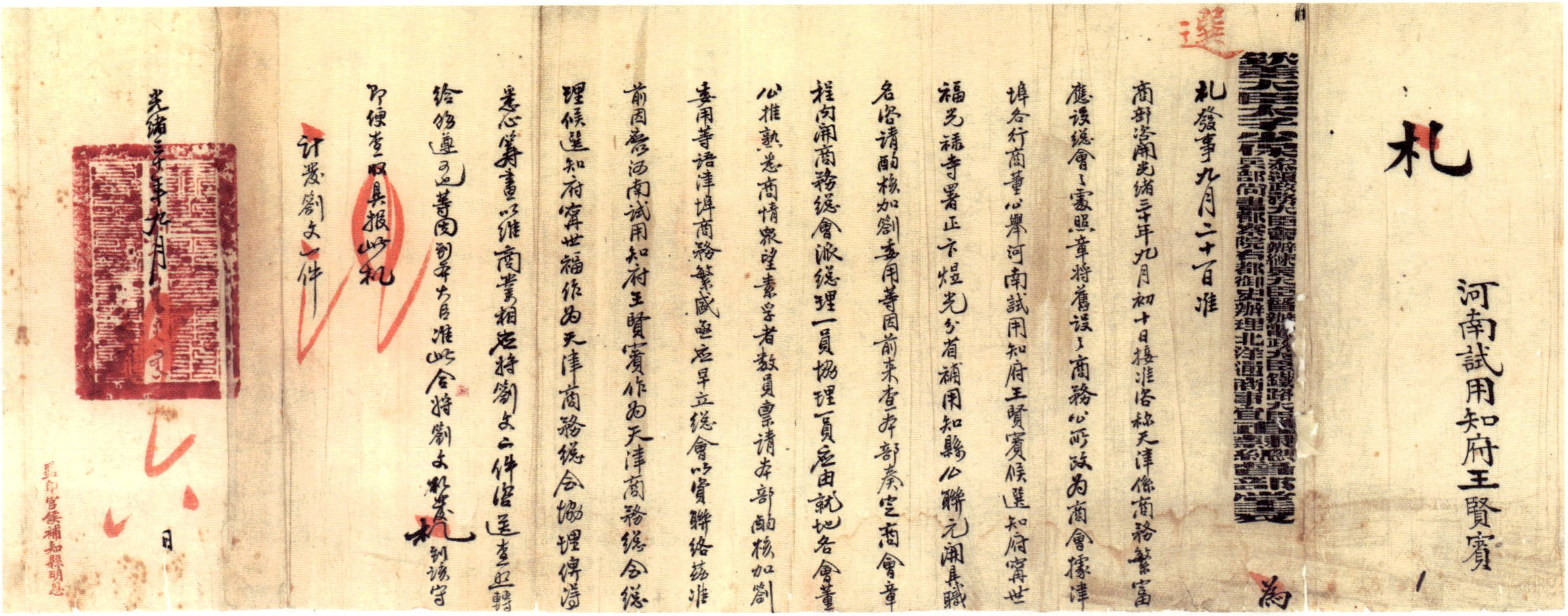

■ 直隶总督袁世凯为天津商会公选会长事致王贤宾札（1904 年 11 月 3 日）

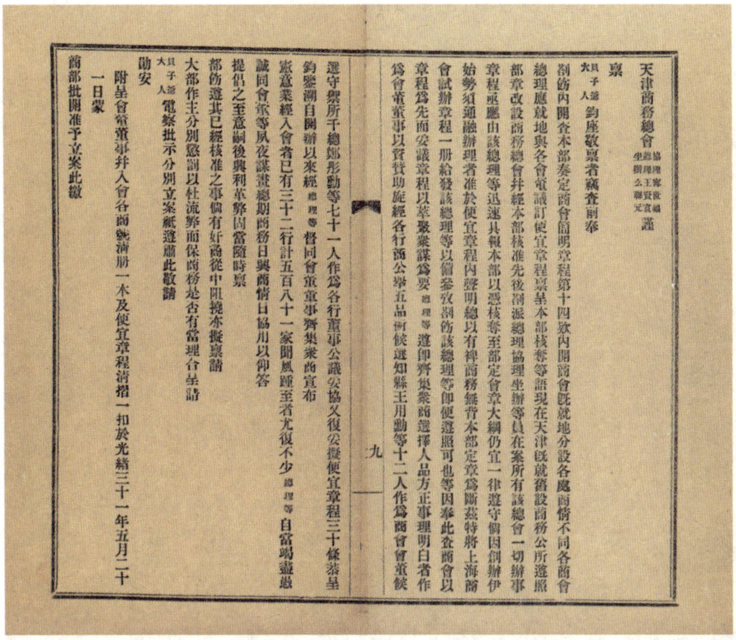
天津商務總會協理寧世福 總理王賢賓 坐辦么聯元謹
稟
貝子銜大人鈞座敬稟者竊查前奉
劄飭內開查本部奏定商會簡明章程第十四欵內開商會既就地分設各處商情不同各商會
總理應就地與各會董議訂便宜章程稟呈本部核奪等語現在天津既就舊設商務公所遵照
部章改設商務總會并經本部核准先後劄派總理協理坐辦等員在案所有該總會一切辦事
章程亟應由該總理等迅速具報本部以憑核奪至部定會章大綱仍宜一律遵守倘因創辦伊
始勢須通融辦理者准於便宜章程內聲明總以有裨商務無背本部定章為斷茲特將上海商
會試辦章程一冊給發該總理等以備參攷劄飭該總理等即便遵照可也等因奉此查商會以
章程為先而妥議章程以萃聚衆謀為要總理等遵即齊集衆商選擇人品方正事理明白者作
為會董董事以資贊助旋經各行商公舉五品銜候選知縣王用勳等十二人作為商會會董候
選守禦所千總鄧彤勳等七十一人作為各行董事公議妥協又復妥擬便宜章程三十條恭呈
鈞鑒溯自開辦以來經總理等督同會董董事齊集衆商宣布
憲意業經入會者已有三十二行計五百八十一家聞風踵至者尤復不少總理等自當竭盡愚
誠同會董等夙夜謀贊總期商務日興商情日協用以仰答
提倡之至意嗣後興利革弊固當隨時稟
部飭遵其已經核准之事倘有奸商從中阻撓亦擬稟請
大部作主分別懲罰以杜流弊而保商務是否有當理合呈請
貝子銜大人電察批示分別立案祗遵肅此敬請
勛安
附呈會董董事并入會各商號清冊一本及便宜章程清摺一扣於光緒三十一年五月二十
一日蒙
商部批開准予立案此繳
九

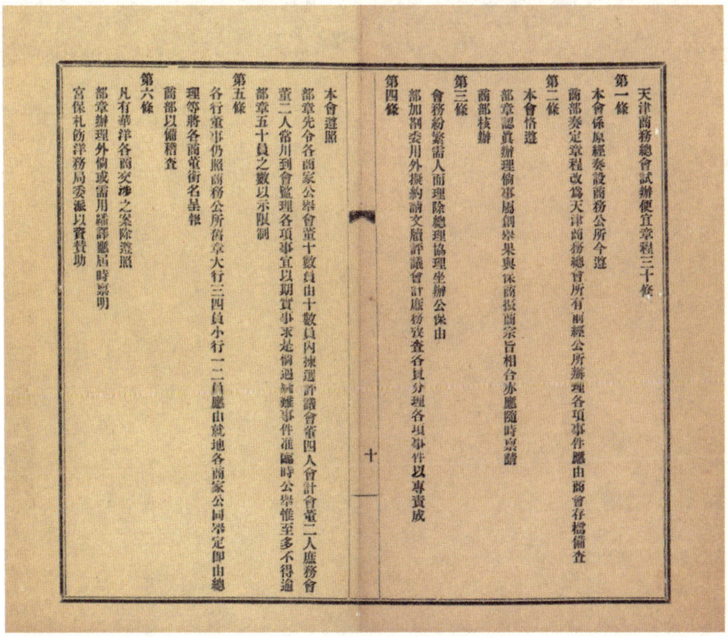
天津商務總會試辦便宜章程三十條
第一條
本會係原經奏設商務公所今遵
商部奏定章程改為天津商務總會所有前經公所辦理各項事件應由商會存檔備查
第二條
本會恪遵
部章認眞辦理倘事屬創舉果與保商振商宗旨相合亦應隨時稟請
商部核辦
第三條
會務紛繁需人而理除總理協理坐辦公保由
部加劄委用外擬約請文牘評議會計庶務查各員分理各項事件以專責成
第四條
本會遵照
部章先令各商家公舉會董十數員由十數員內揀選評議會董四人會計會董二人庶務會
董二人常川到會監理各項事宜以期實事求是倘遇繁難事件准臨時公舉惟至多不得逾
部章五十員之數以示限制
第五條
各行董事仍照商務公所舊章大行三四員小行一二員應由就地各商家公同舉定即由總
理等將各商董銜名呈報
商部以備稽查
第六條
凡有華洋各商交涉之案除遵照
部章辦理外倘或需用繙譯應屆時稟明
宮保札飭洋務局委派以資贊助
十

■ 商部奏定简明章程 附刊天津商会试办便宜章程（局部）

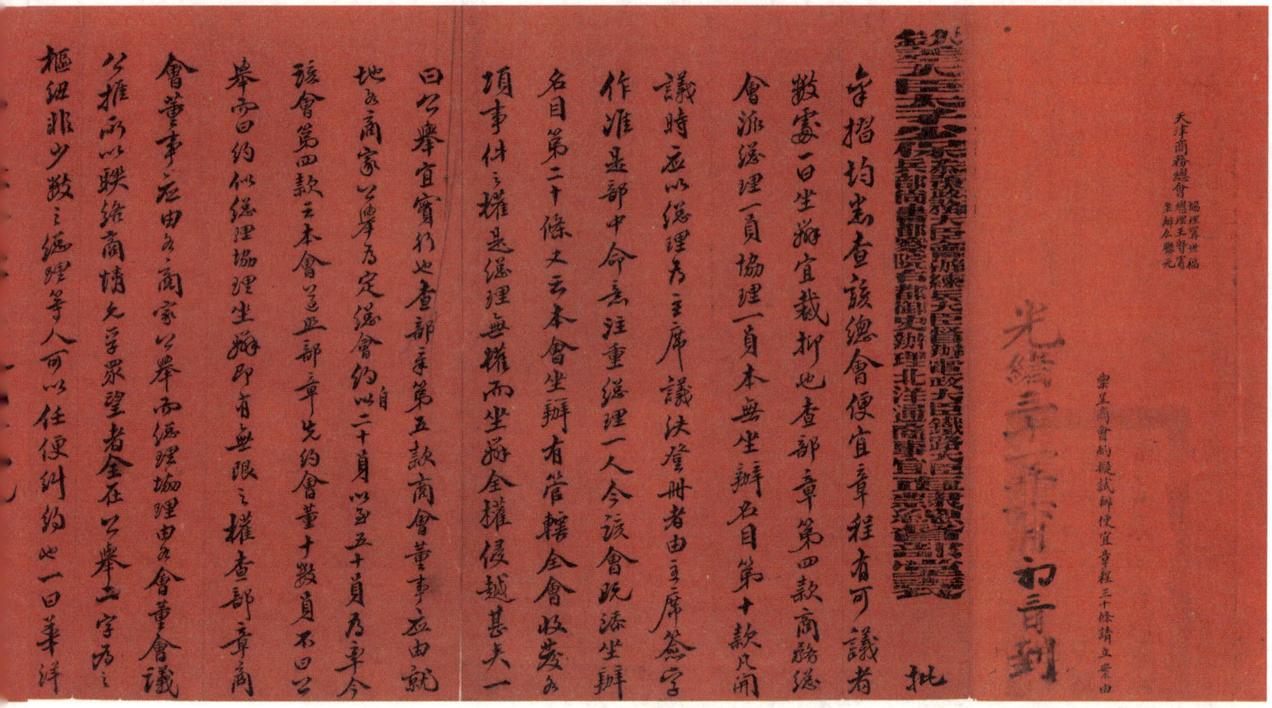
天津商務總會協理寗世福 總理王賢賓 坐辦么聯元
光緒三[illegible]月初三日到
稟呈商會酌擬試辦便宜章程三十條請立案由
批
來摺均悉查該總會便宜章程有可議者
數處一曰坐辦宜裁撤也查部章第四款商務總
會派總理一員協理一員本無坐辦名目第十款凡開
議時應以總理為主席議決登冊者由主席簽字
作准是部中命意注重總理一人今該會既添坐辦
名目第二十條又云本會坐辦有管轄全會收發各
項事件之權是總理無權而坐辦全權侵越甚矣一
曰公舉宜實行也查部章第五款商會董事應由就
地各商家公舉為定總會約以二十員自以至五十員為率今
該會第四款云本會遵照部章先約會董十數員不曰公
舉而曰約似總理協理坐辦即有無限之權查部章商
會董事應由各商家公舉而總理協理由各會董會議
公推所以聯絡商情允孚眾望者全在公舉二字為之
樞紐非少數之總理等人可以任便糾約也一曰華洋

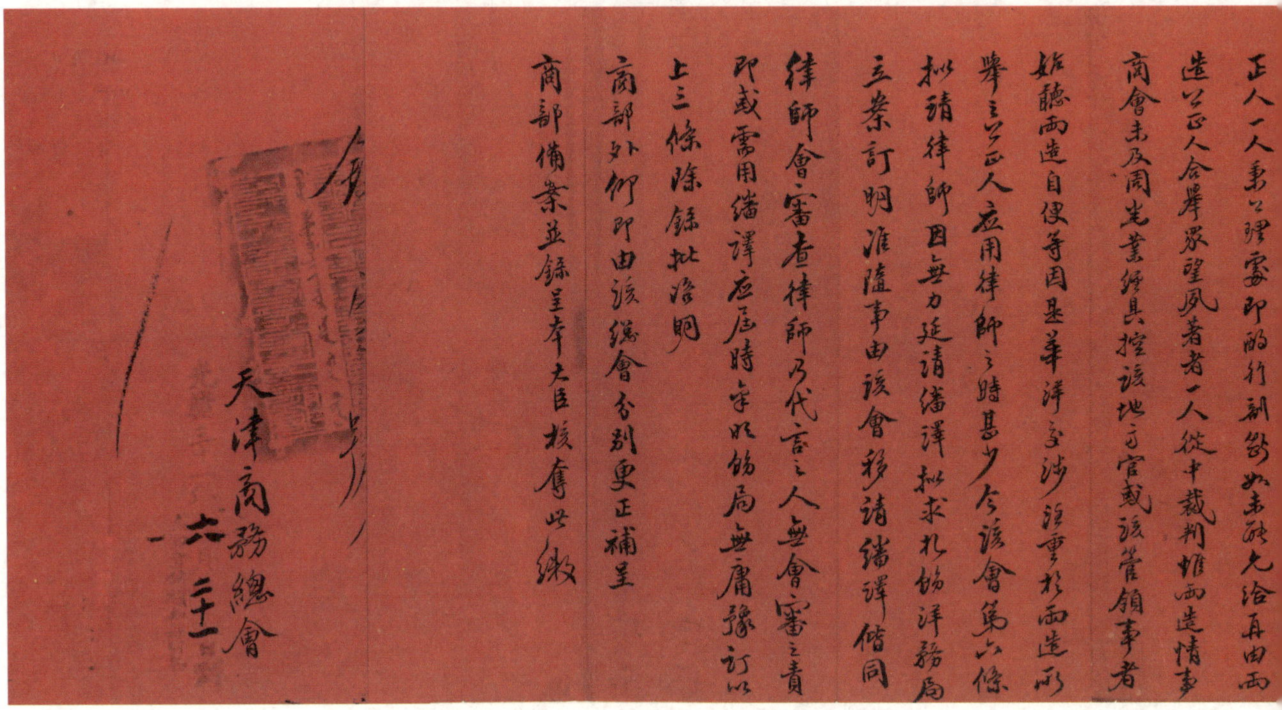
正人一人專以理處即的行剖斷如未能允洽再由兩
造公正人合舉眾望夙著者一人從中裁判惟兩造情事
商會未及周悉業經具控該地方官或該管領事者
始聽兩造自便等因是華洋交涉須重於兩造所
舉之公正人應用律師之時甚少今該會第六條
抄請律師因無力延請繙譯擬求札飭洋務局
三條訂明准隨事由該會移請繙譯偕同
律師會審查律師乃代言之人無會審之責
即或需用繙譯應屆時咨飭局無庸豫訂以
上三條除錄批咨明
商部外仰即由該總會分別更正補呈
商部備案並錄呈本大臣核奪此繳
天津商務總會
六 二十一

■ 直隶总督袁世凯为修改《试办便宜章程三十条》事致天津商会的批文（1905年7月23日）

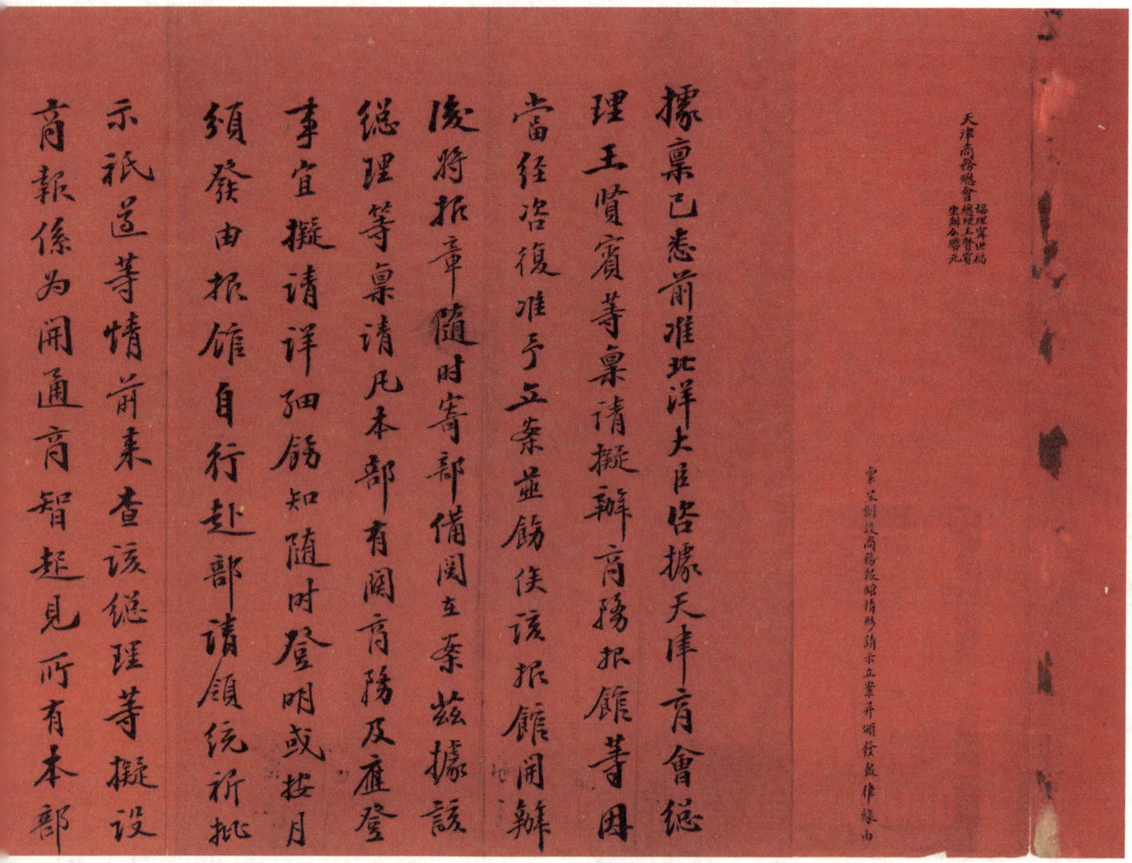

據稟已悉前准北洋大臣咨據天津商會總
理王賢賓等稟請擬辦商務報館等因
當經咨復准予立案並飭俟該報館開辦
後將報章隨時寄部備閱在案茲據該
總理等稟請凡本部有關商務及應登
事宜擬請詳細飭知隨時登明或按月
頒發由報館自行赴部請領統祈批
示祇遵等情前來查該總理等擬設
商報係為開通商智起見所有本部

■ 商部为天津商会王贤宾等禀呈创设商务报馆事的批文（1905 年 9 月 27 日）

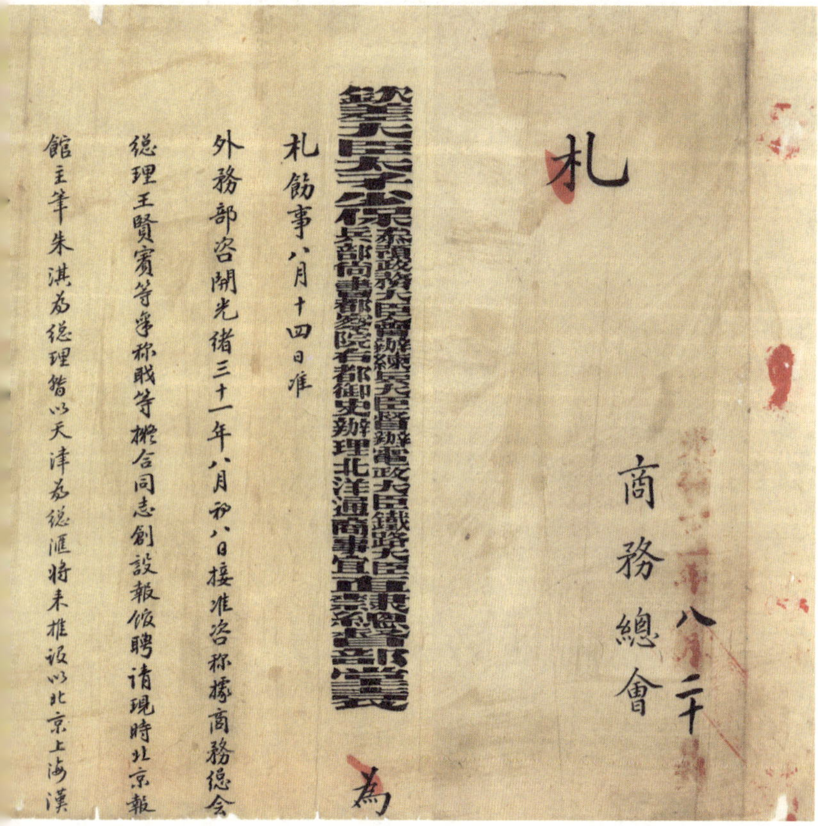

札

商務總會

八月二十

欽差大臣太子少保參預政務大臣會辦練兵大臣督辦電政大臣鐵路大臣直隸總督部堂兼兵部尚書都察院右都御史辦理北洋通商事宜一等男爵袁為

札飭事八月十四日准

外務部咨開光緒三十一年八月初八日接准咨稱據商務總會

總理王賢賓等稟稱職等擬合同志創設報館聘請現時北京報

館主筆朱淇為總理皆以天津為總滙將來推設以北京上海漢

■ 直隶总督袁世凯为商务报馆事致天津商会札（1905 年 9 月 18 日）

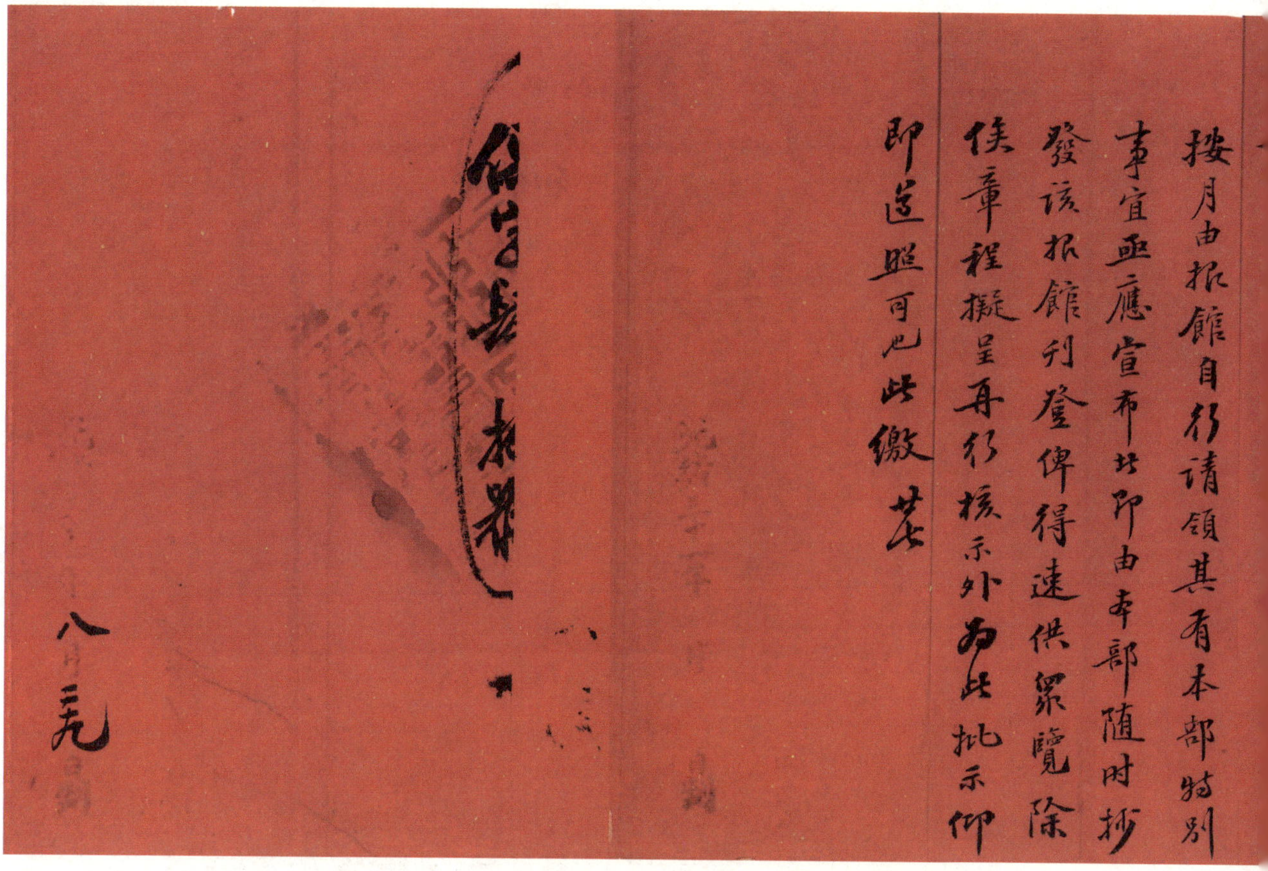

按月由報館自行請領其有本部特別
事宜亟應宣布者即由本部隨時抄
發該報館刊登俾得速供衆覽除
俟章程擬呈再行核示外為此批示仰
即遵照可也此繳

八 三元

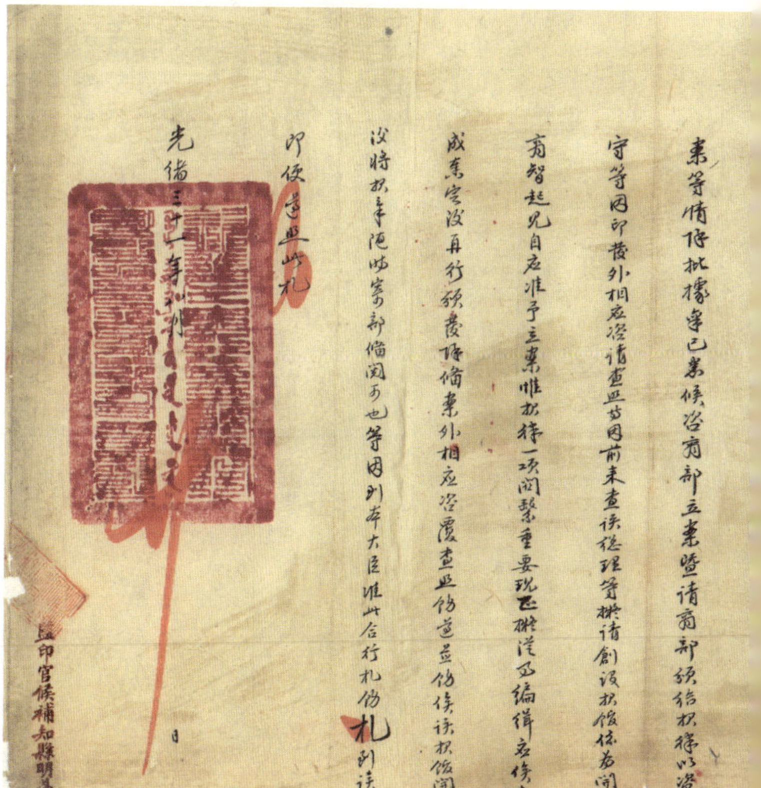

案等情除批據章已案候咨商部立案暨請商部頒給報律以資遵
守等因印發外相應咨請查照等因前來查該總理等擬請創設報館係為開通
商智起見自應准予立案唯報律一項關繫重要現已擬從速編纂應俟書
成奏定後再行頒發除備案外相應咨覆查照飭遵並飭該報館開辦
後將報章隨時寄部備閱可也等因到本大臣准此合行札飭札到該會
即便遵照毋違此札

光緒三十一年九月初八日

監印官候補知縣明志

試辦天津縣議事會章程草案

第一章　組織及選舉

第一條　本議事會以議員及由議員中公推之議長副議長組織之

議員以三十人爲定額

於定額外設候補議員十五人

第二條　議員均由複選舉當選者任之

第三條　凡有本縣籍貫而具左開之資格者均有選舉權

一　二十歲以上之男子

二　現住縣境內已滿二年以上者

試辦天津縣議事會章程草案　一

三　能自贍其身家者

四　能自寫履歷者

第四條　雖具前條之資格而有下列各項情事之一者均停止其選舉權

一　犯國律載明之刑罰者

二　爲不正當之營業者

三　失財產上之信用確有實據而尚未清了者

四　有心疾者

以上四項除法律特定限制外於情事完結後仍得有選舉權

第五條　有下列之身分者亦停止其選舉權

一　現充吏胥者

二　現爲僧道者

第六條　凡具左開資格而無第四第五條情事及不吸鴉片者得被選舉爲議員

一　二十五歲以上之男子

二　現住縣境內已滿三年以上者

三　屬於下開各項身分之一者

甲　士（中學堂已畢業者或曾經在庠者或曾辦學界事務者）

乙　紳（向來所公認爲紳者）

試辦天津縣議事會章程草案　二

丙　商（自出資本在二千元以上者或代人經商在五千元以上者）

丁　農（自有〇頃以上之田地者或於農業上有發明或著述者或曾在學堂研究農學者）

戊　工（曾爲工程師者或於工業上有發明或著述者或曾在學堂研究工學者）

第七條　議長一人副議長二人均由議員中投票互選以得票最多數者五人呈請地方官酌定之

第八條　議長副議長議員均爲名譽職不支薪俸其辦公經費另定之

第九條　凡議員非因下開事故不得辭職

一　確有疾病不能擔任職務者

二　確有業務不能常住境內者

■ 试办天津县议事会章程草案（局部）

袁世凯在天津试办地方自治。1906年8月，天津自治局开局，选派士绅宣讲自治法理，另设自治研究所研究学理。天津地方自治仿效日本，设有天津县自治期成会。1907年，中国历史上第一次地方选举在津举行，天津县议事会宣告成立。商人广泛参与其中，成为参事议事的重要力量。

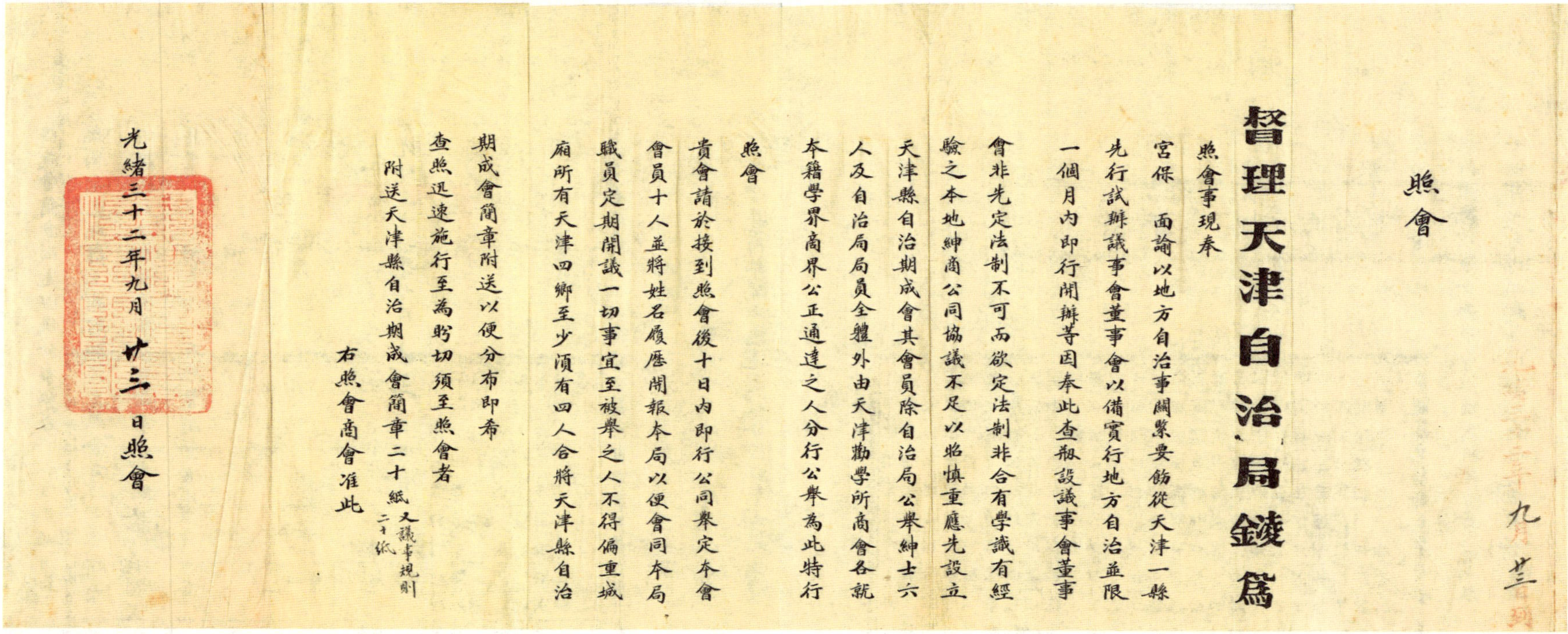
照會

督理天津自治局錢 爲

照會事現奉

宮保　面諭以地方自治事關緊要飭從天津一縣

先行試辦議事會董事會以備實行地方自治並限

一個月內即行開辦等因奉此查擬設議事會董事

會非先定法制不可而欲定法制非合有學識有經

驗之本地紳商公同協議不足以昭慎重應先設立

天津縣自治期成會其會員除自治局公舉紳士六

人及自治局局員全體外由天津勸學所商會各就

本籍學界商界公正通達之人分行公舉為此特行

照會

貴會請於接到照會後十日內即行公同舉定本會

會員十人並將姓名履歷開報本局以便會同本局

職員定期開議一切事宜至被舉之人不得偏重城

廂所有天津四鄉至少須有四人合將天津縣自治

期成會簡章附送以便分布即希

查照迅速施行至為盼切須至照會者

附送天津縣自治期成會簡章二十紙 又議事規則二十紙

右照會商會准此

光緒三十二年九月廿三日照會

■ 督理天津自治局凌福彭、金邦平为公举天津县自治期成会会员事致天津商会的照会（1906 年 11 月 9 日）

試辦天津縣地方自治章程

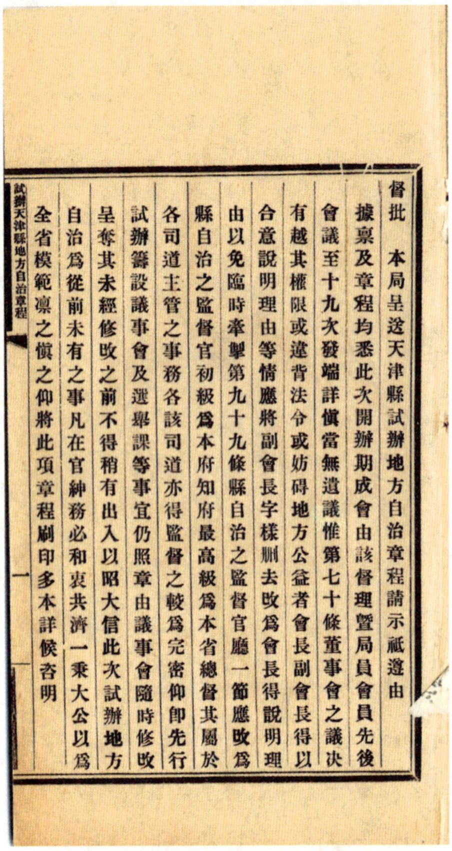

督批　本局呈送天津縣試辦地方自治章程請示祗遵由

據禀及章程均悉此次開辦期成會由該督理暨局員會員先後會議至十九次發端詳慎當無遺議惟第七十條董事會之議決有越其權限或違背法令或妨碍地方公益者會長副會長得以合意說明理由等情應將副會長字樣删去改爲會長得說明理由以免臨時牽掣第九十九條縣自治之監督官應一節應改爲縣自治之監督官初級爲本府知府最高級爲本省總督其屬於各司道主管之事務各該司道亦得監督之較爲完密仰即先行試辦籌設議事會及選舉課等事宜仍照章由議事會隨時修改呈奪其未經修改之前不得稍有出入以昭大信此次試辦地方自治爲從前未有之事凡在官紳務必和衷共濟一秉大公以爲全省模範凛之愼之仰將此項章程刷印多本詳候咨明

試辦天津縣地方自治章程　一

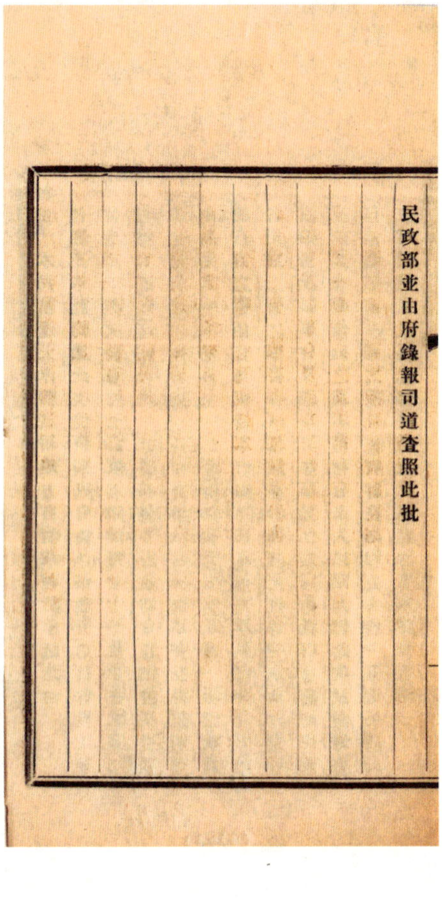

民政部並由府錄報司道查照此批

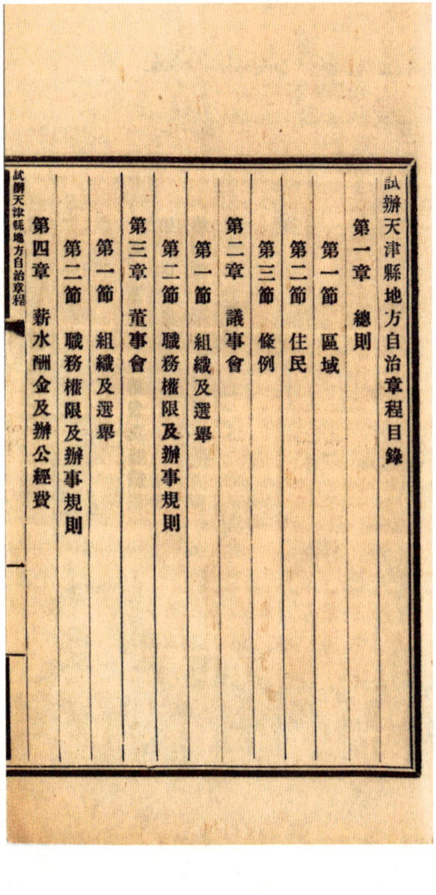

試辦天津縣地方自治章程目錄

試辦天津縣地方自治章程　一

试办天津县地方自治章程（局部）

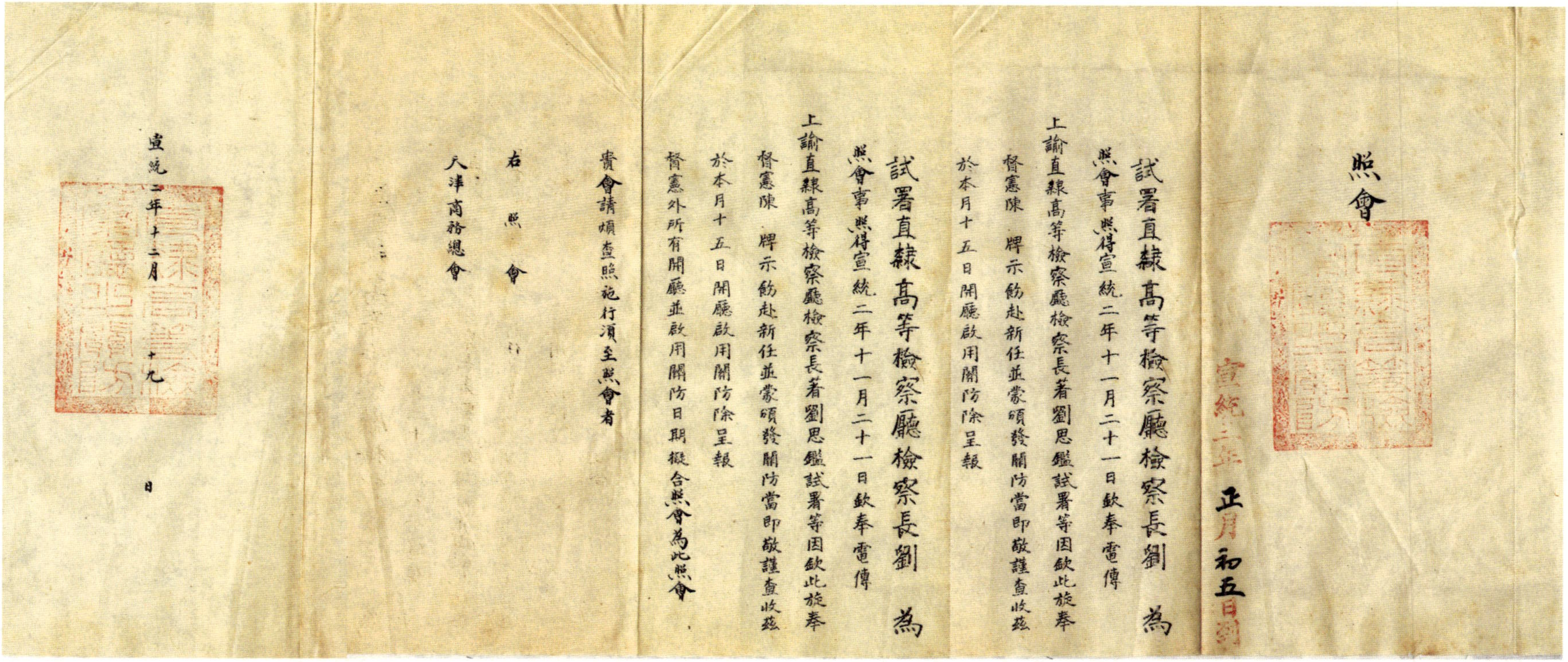
照會

試署直隸高等檢察廳檢察長劉 為

照會事照得宣統二年十一月二十一日欽奉電傳

上諭直隸高等檢察廳檢察長着劉思鑑試署等因欽此旋奉

督憲陳 牌示飭赴新任並蒙頒發關防當即敬謹查收茲

於本月十五日開廳啟用關防除呈報

試署直隸高等檢察廳檢察長劉 為

照會事照得宣統二年十一月二十一日欽奉電傳

上諭直隸高等檢察廳檢察長着劉思鑑試署等因欽此旋奉

督憲陳 牌示飭赴新任並蒙頒發關防當即敬謹查收茲

於本月十五日開廳啟用關防除呈報

督憲外所有開廳並啟用關防日期擬合照會為此照會

貴會請煩查照施行須至照會者

右 照 會

天津商務總會

宣統二年十二月十九日

宣統三年正月初五日到

■ 试署直隶高等检察厅检察长刘思鉴为开厅启用关防事致天津商务总会的照会（1911年1月19日）

晚清『新政』的地方司法体制改革是从天津开始试办的。1907年，天津府高等审判分厅和天津县地方审判厅成立，率先进行司法独立的试验。两厅设立民事部、刑事部，承审、会审，并合设检事局为检察厅，乃我国建设司法之始。

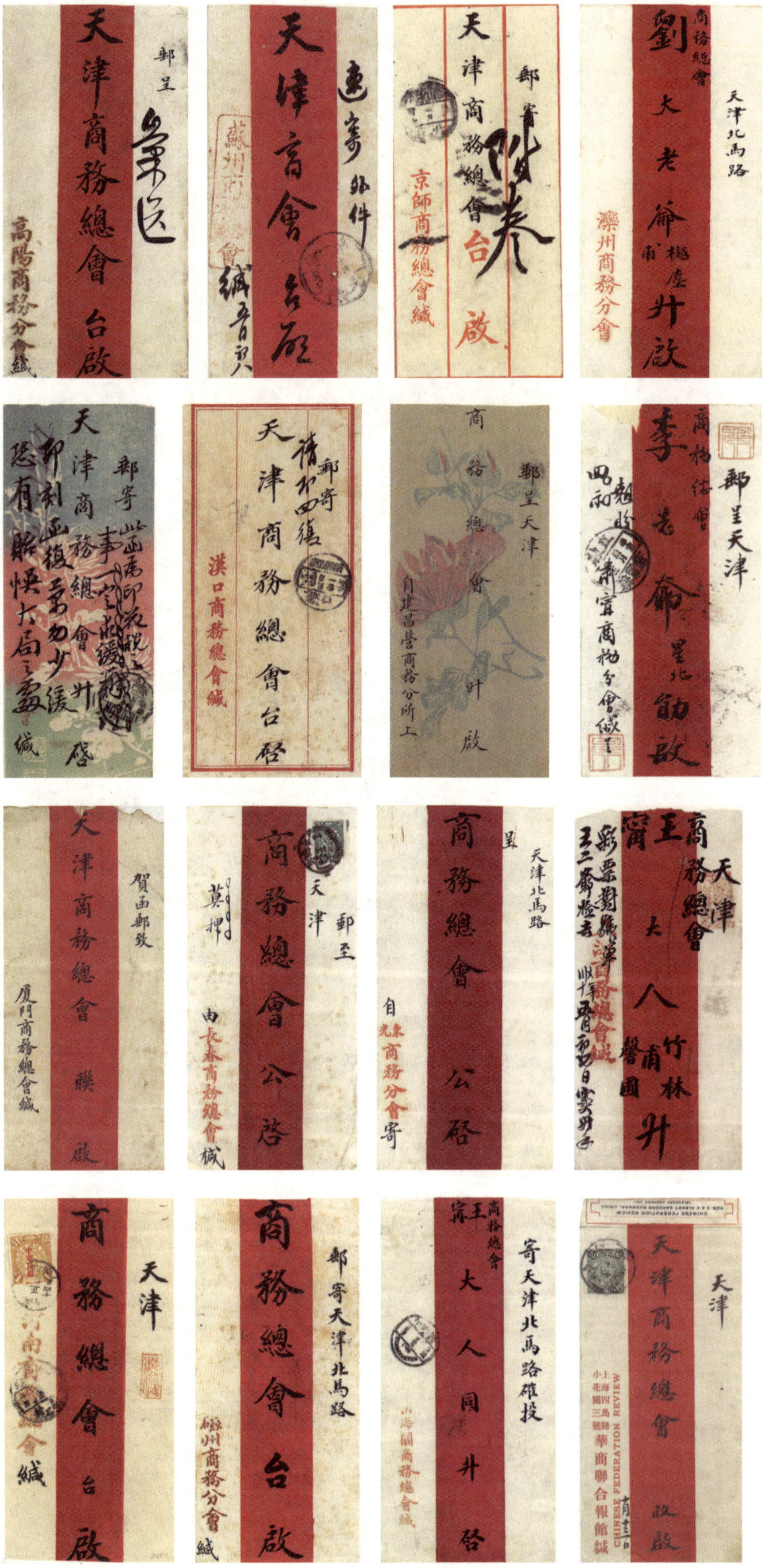
天津商務總會台啟
高陽商務分會緘
京師商務總會緘
灤州商務分會
漢口商務總會緘
厦門商務總會緘
長春商務總會緘
商務總會公啟
天津北馬路
華商聯合報館緘
CHINESE FEDERATION REVIEW

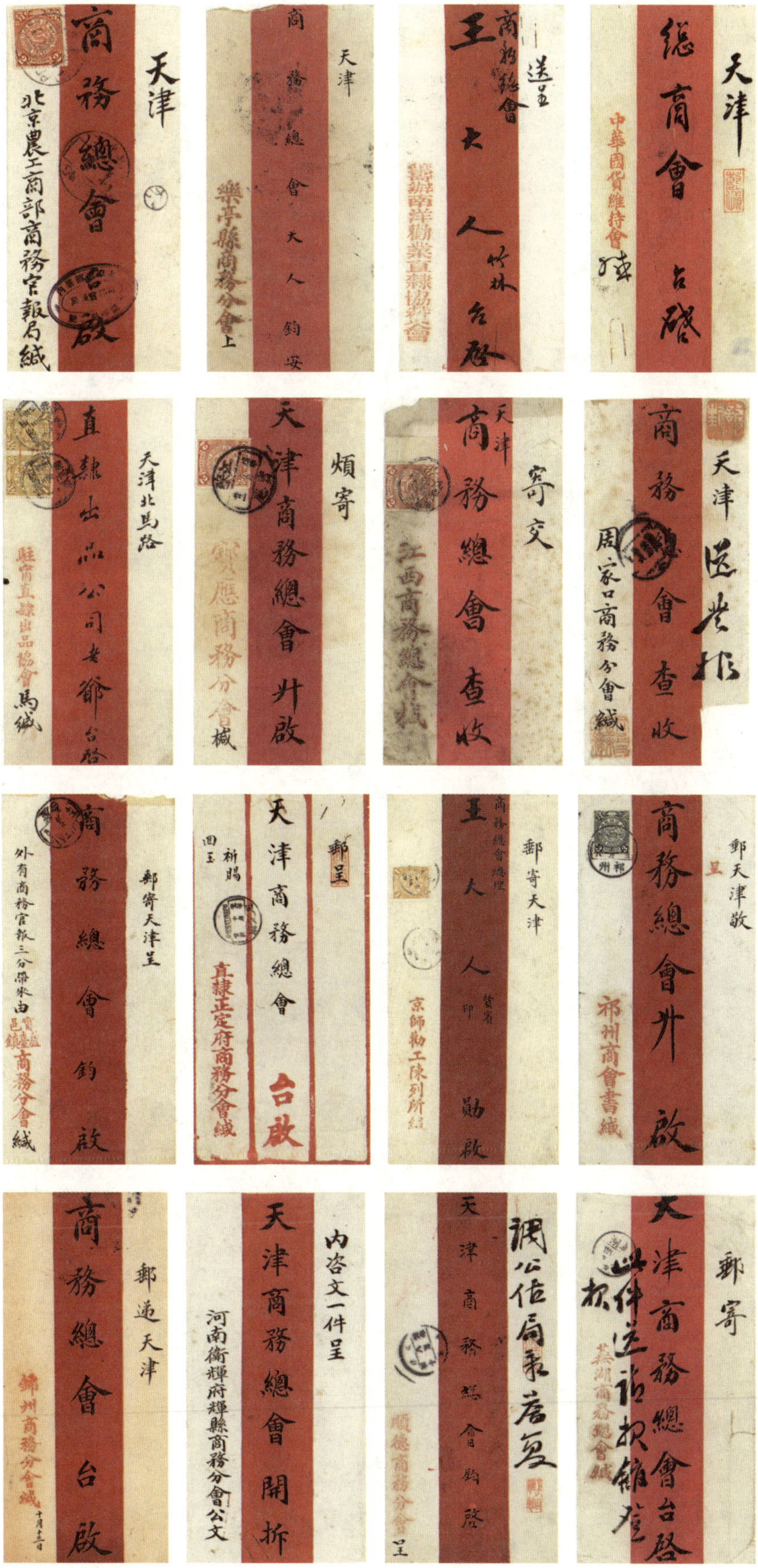

天津
商務總會台啟
北京農工商部商務官報局緘
天津
商務總會大人鈞安
樂亭縣商務分會上
送呈
天津
總商會台啟
中華國貨維持會緘
天津北馬路
駐寧直隸出品協會馬緘
煩寄
天津商務總會
寄交
商務總會查收
江西商務總會緘
天津
商務總會查收
周家口商務分會緘
郵寄天津呈
商務總會鈞啟
郵呈
天津商務總會
台啟
直隸正定府商務分會緘
郵寄天津
京師勸工陳列所緘
郵天津敬呈
商務總會升啟
祁州商會書緘
郵遞天津
商務總會台啟
錦州商務分會緘
內咨文一件呈
天津商務總會開拆
河南衛輝府輝縣商務分會公文
郵寄
天津商務總會台啟

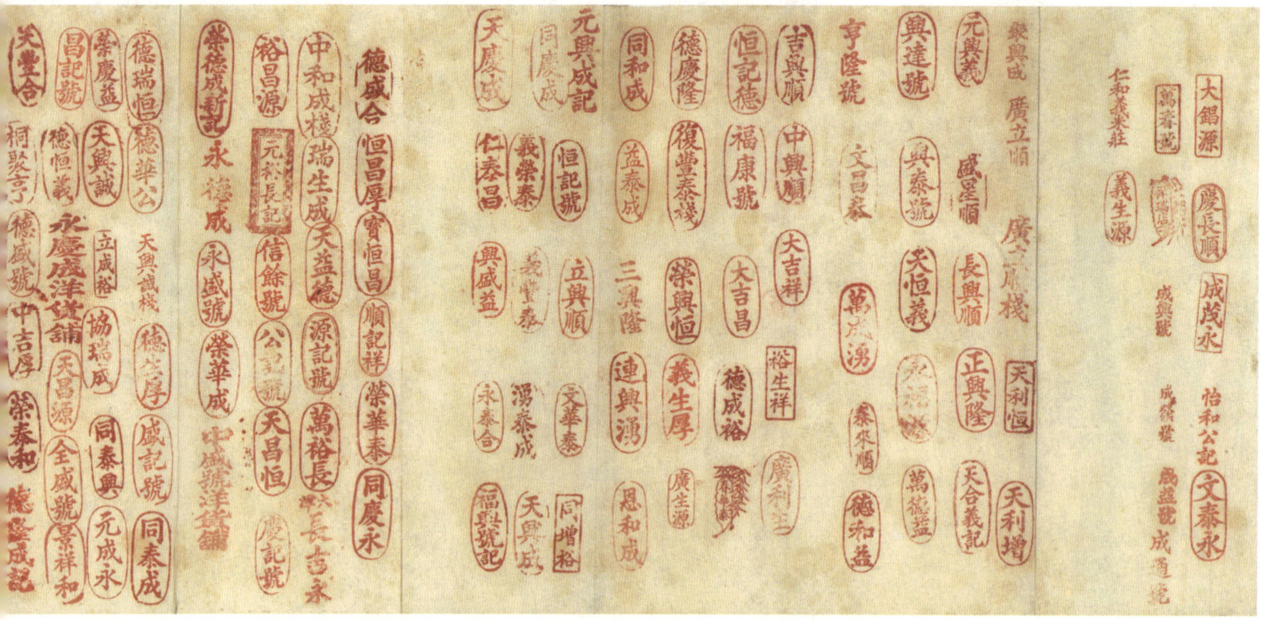

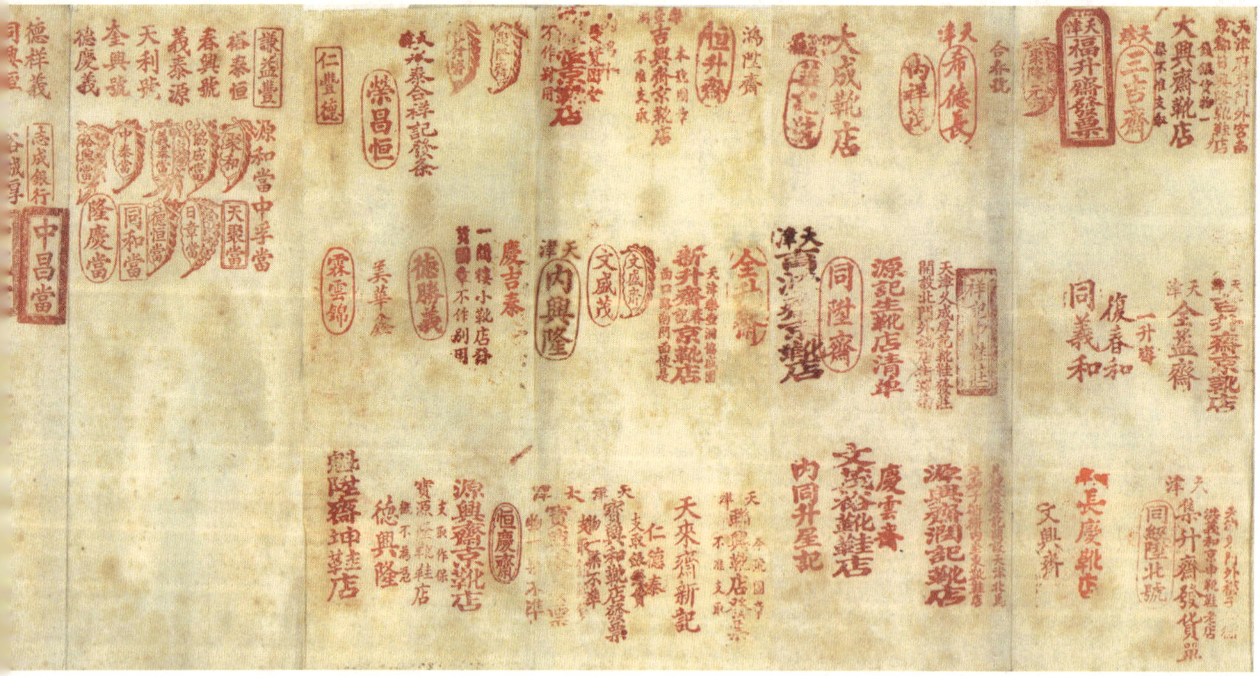

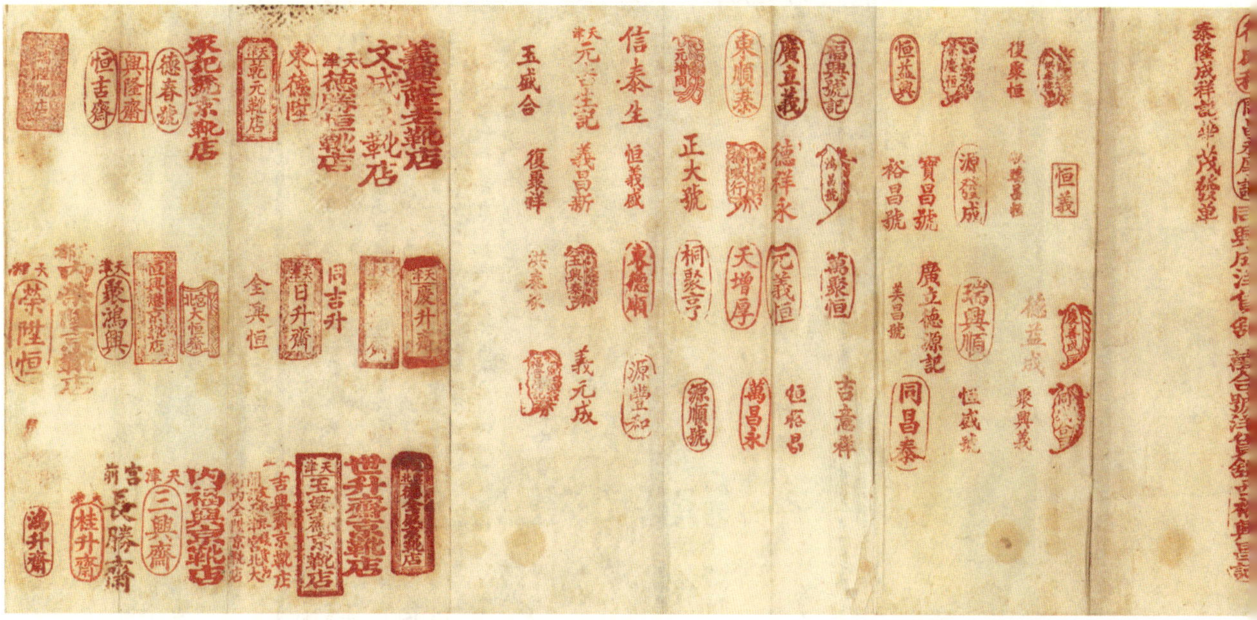

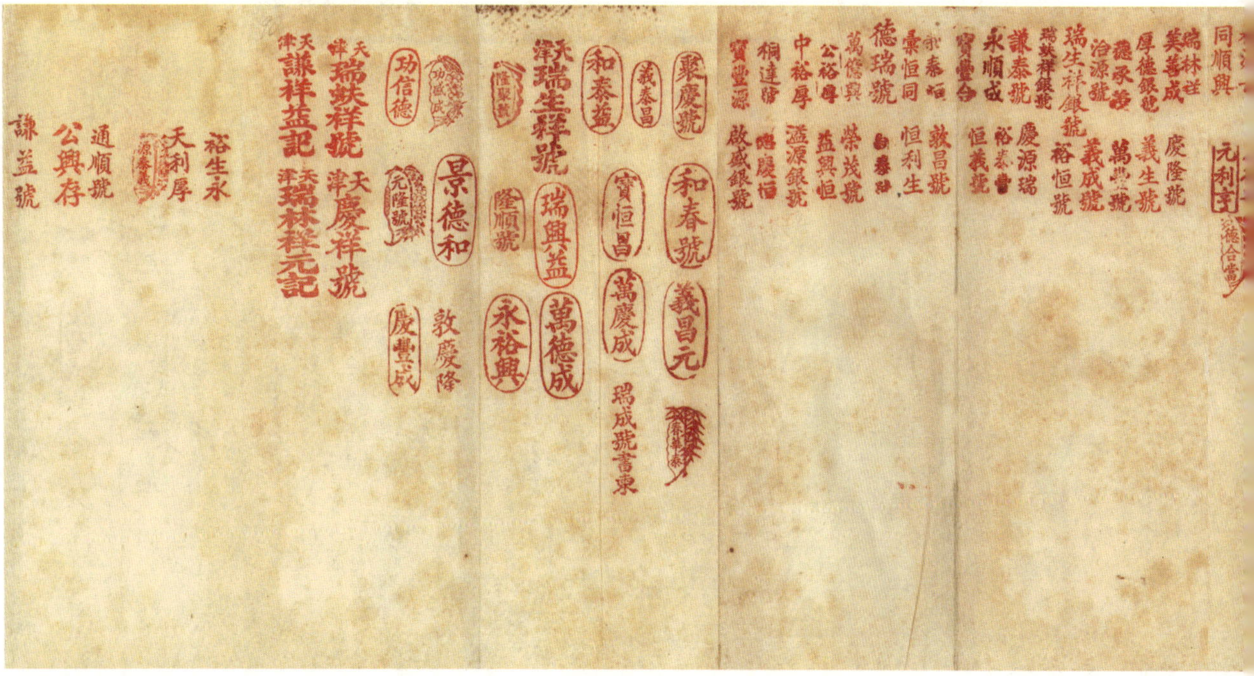

■ 天津商户戳记

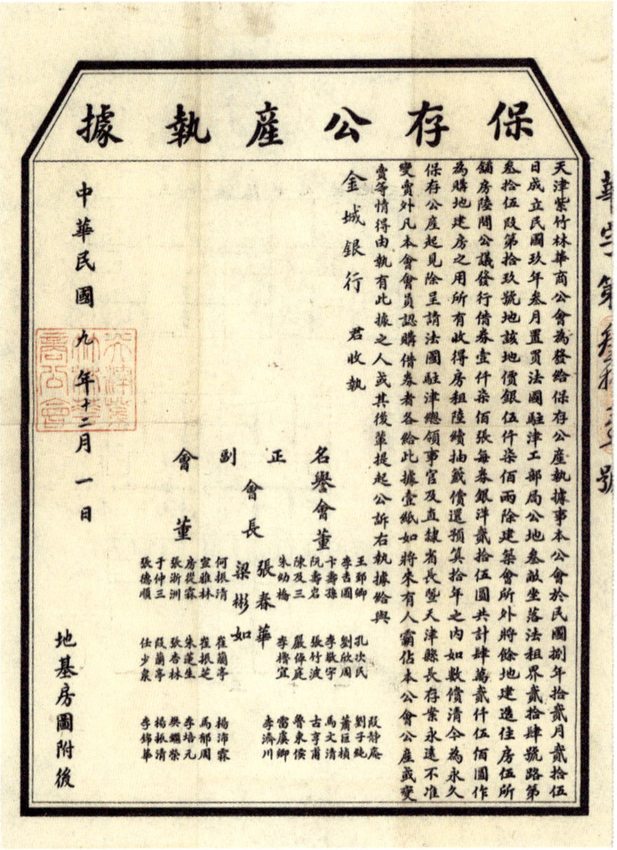

保存公產執據

天津紫竹林華商公會為發給保存公產執據事本公會於民國捌年拾貳月貳拾伍日成立民國玖年叁月置買法國駐津工部局公地叁畝坐落法租界貳拾肆號路第叁拾伍段第拾玖號地該地價銀伍仟柒佰兩除建築會所外將餘地建造住房伍所鋪房陸間公議發行借券壹仟柒佰張每券銀洋貳拾伍圓共計肆萬貳仟伍佰圓作為購地建房之用所有收得房租陸續抽籤償還預算拾年之內如數償清今為永久保存公產起見除呈請法國駐津總領事官及直隸省長暨天津縣長存案永遠不准變賣外凡本會會員認購借券者各給此據壹紙如將來有人霸佔本公會公產或變賣等情得由執有此據之人或其後輩提起公訴右執據給與

金城銀行　君收執

名譽會董　王郅卿　李吉圃　卞壽孫　阮壽岩　陳及三　朱幼梅　孔次民　劉欣周　李敬宇　張竹波　嚴保庭　李撙宜　段靜庵　劉子純　蕭巨楨　馬文清　古亨甫　魯東侯　雷廣卿　李濟川

正會長　張春華

副會長　梁彬如

會董　何振清　宣雅林　房從霖　張浙洲　于仲三　張德順　崔蘭亭　崔振芝　朱蓮生　狄杏林　段蘭亭　仕少泉　楊沛霖　馬郁周　李培元　樊耀榮　楊振清　李錦華

中華民國九年十二月一日

地基房圖附後

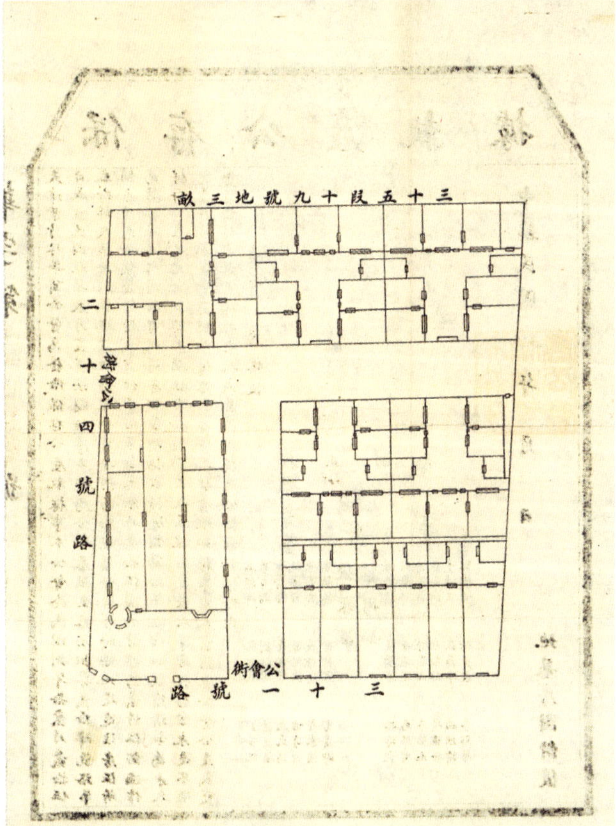

天津紫竹林华商公会保存公产执据（1920年12月1日）

■ 天津紫竹林华商公会附设小学校初级班第一次毕业学董职教员暨学生全体合影（1923年7月）

1919年3月，由商人张春华倡议组织的华商公会在天津租界成立。法租界内全体中国商号均为会员。1921年，华商公会会董提议于公会会址创设小学一处，定名为天津紫竹林华商公会附设小学校，张春华为首任校长。

天津市商会选举大会开幕典礼摄影

（1940年9月28日）

两副楹联，自1908年天津商会新址落成，便一直悬挂门旁，与朝夕相伴，与日月同辉。厅房外对联曰：举代表逾五十行或损或益或革或兴吾侪呼吁时闻各如愿以去；尽义务垂两千日有胆有识有守有为我津英贤辈出望接踵而来。厅房内对联曰：开百二州县利权，愧材力多疏，问何时能偿众愿；结五十行商团体，幸规模粗具，其进步仍赖诸君。

■ 天津市商会选举大会开幕摄影

（1940年9月28日）

■ 中国全国工业协会天津区分会第一届理监事合影

（1946年4月20日）

第十章

南风北薰广仁堂

南风北薰广仁堂

这是怎样的庭院深深，女人们从跨进三重门的那刻起，便将自己的生命交付给这方天井。庭外的丁香和刺梅花开枯荣，庭内的青春似水流淌。云板声声，生生隔断了外边的骨肉和世界。转桶吱呀，光阴又爬满里面清冷的脸。

贞节·气节

饿死事小，失节事大。大儒们丢下这句话，仿佛说得越狠，自身就越清洁，世道便越清明。圣人之仁，反求诸女人。津河广仁堂，为体天仁而广圣治，正应了这番逻辑。

戊寅春夏1878年，天失调和，北方大旱，饥民相徙道路，向南壅塞。沪上诸子意气风发，倡办义赈，欣欣然要践行于礼。1878年2月，上海公济同人会与果育堂倡办河南义赈，乃沪上绅商大规模义赈之始。

在礼的眼观里，诸子们先看到了女人的堕落：京都津门开窑匪徒舟车络绎，广收失翳女子，侯家后、前门外顿成失节的渊薮。

他们欲清外翳之源，先筹收恤之法。沪上王承基上海人、郑观应广东人、经元善浙江人三儒，集捐洋银一万元，并一纸请示，放在了直隶总督李鸿章安徽人的面前：建议援南省章程，开北方风气之先。

李鸿章遂命吴大澂江苏人、李金镛江苏人卜地建房，再命盛宣怀江苏人谋划长久计策，自己则搬出怡贤亲王的牌位，向清政府争取了南米三百石。

广仁堂开张了，南方士绅的心血在千里之外的天津落地生花。西门外太平庄上的这座四合院，超越了儒家的慈善心，成为体制内守护女子贞节的庇佑所。

慈善·商战

经元善在沪上作壁上观，思想的触角直接伸到英吉利：泰西善堂甚多，盖恶其导民惰也！这个工作时间搞慈善休息时间做买卖的商人天生对博施济众上瘾。

郑观应著名的商战理论家也在冥思，对照着泰西，掂量以商盘活士、农、工，统领富强的大问题。这个从洋行买办起家的男人要为自己的职业争取相称的社会地位。

两人问政，透着商人的精明，都问到了『民』的头上：民饥民贫难免民盗民娼，传统善堂能解决衣食问题，却不能解决惰民的精神问题，如何化莠为良？以国家战略言，予民技艺！

广仁堂这个清净封闭的小社会竟成了男人们经纬思想的大天地，慈善办出几分商战的气息：贞女节妇们纺纱织布，男孩长成，聪颖者读书，次之刻字印刷修发制衣，下者耘田耕种。

课工教艺，兴农开荒，养教兼施，惟如此计，慈善功德方不是一锤子买卖。津河广仁堂，遂开北方善堂之新气象，风声所树，率土具瞻。

办慈善的绅商看到了『民』，在他们的维新理论内，女人也是民的一部分，需要自养以促国强。1905年广仁堂开设女工厂，孀居的女人从居住的庭院走向劳作的庭院。然而，庭院深深，终究不是社会，更多的女人需要跨越重门，自由地走向屋外的天地。1898年，经元善等人倡办的中国女学堂在沪上落成，为近代女学堂肇始，首招女童二十余名，各地景从。

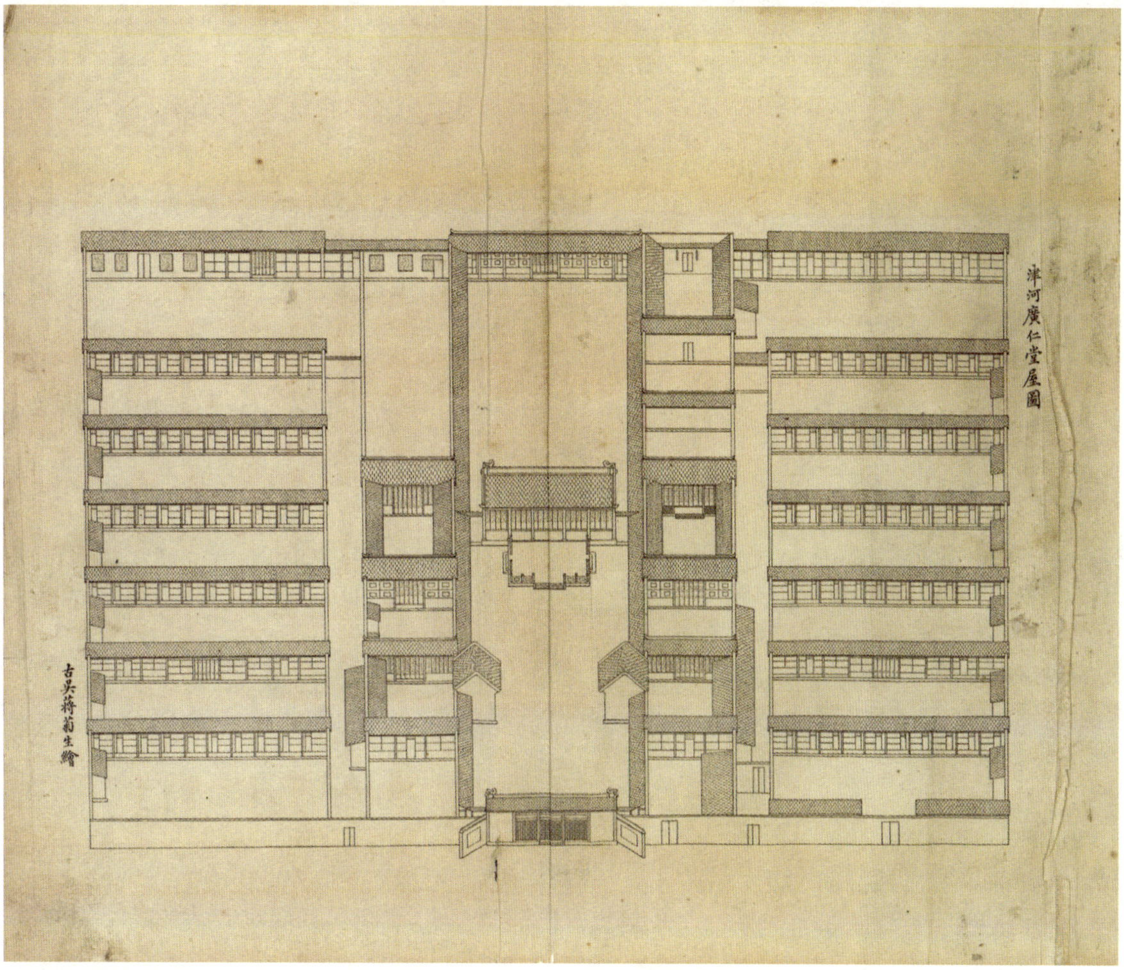

■ 古吴蒋菊生绘津河广仁堂屋图

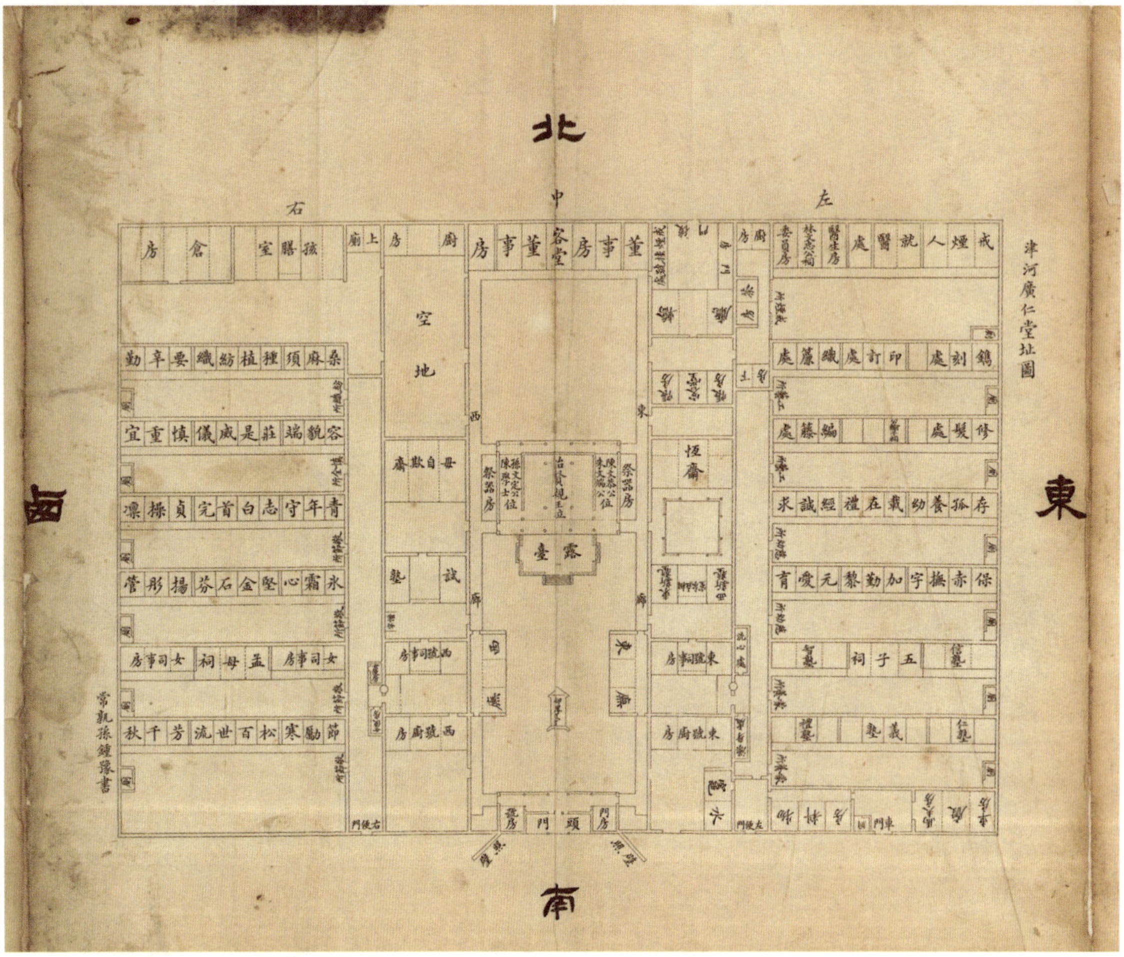

■ 常熟孙钟豫书津河广仁堂址图

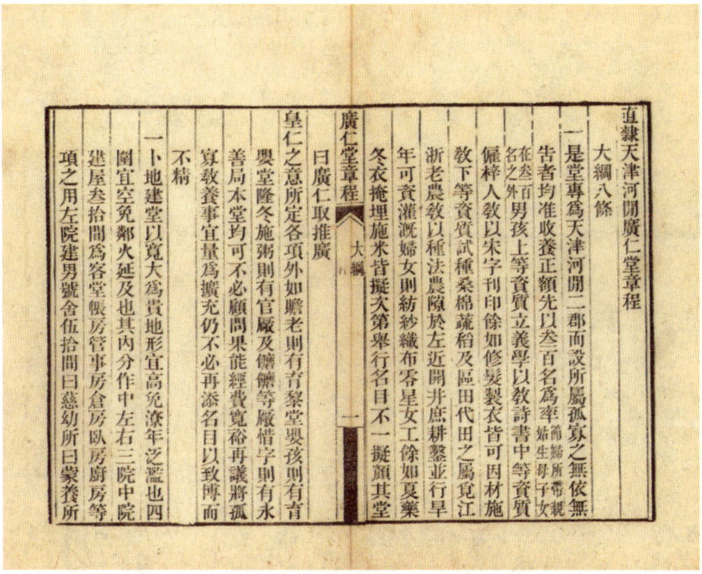

直隸天津河間廣仁堂章程

大綱八條

一是堂專爲天津河間二郡而設所屬孤寡之無依無告者均准收養正額先以叁百名爲率（節婦所帶親姑生母子女在叁百名之外）男孩上等資質立義學以教詩書中等資質僱梓人教以宋字刊印餘如修髮製衣皆可因材施教下等資質試種桑棉蔬稻及區田代田之屬覓江浙老農教以種法農隙於左近開井庶耕鑿並行旱年可資灌溉婦女則紡紗織布零星女工餘如夏藥冬衣掩埋施米皆擬次第舉行名目不一擬顏其堂

廣仁堂章程　大綱　一

曰廣仁取推廣皇仁之意所定各項外如贍老則有育黎堂嬰孩則有育嬰堂隆冬施粥則有官廠及鑣鑣等廠惜字則有永善局本堂均可不必顧問果能經費寬裕再議將孤寡教養事宜量爲擴充仍不必再添名目以致博而不精

一卜地建堂以寬大爲貴地形宜高免潦年泛濫也四圍宜空免鄰火延及也其內分作中左右三院中院建屋叁拾間爲客堂帳房管事房倉房臥房廚房等項之用左院建男號舍伍拾間曰慈幼所曰蒙養所

廣仁堂成立舊章

全宗号 130
案卷号 537

直隶天津河间广仁堂章程（局部）（1878年）

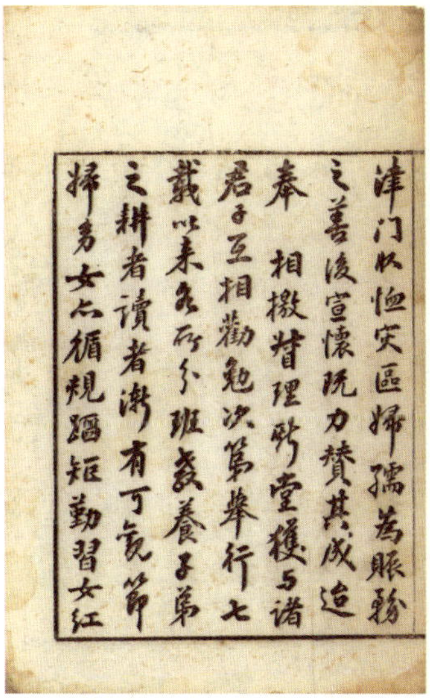

津門收恤災區婦孺爲賑務之善後宣懷既力贊其成迨奉　相檄督理斯堂暨與諸君子互相勸勉次第舉行七載以來各所分班教養子弟之耕者讀者漸有可觀節婦男女亦循規蹈矩勤習女紅

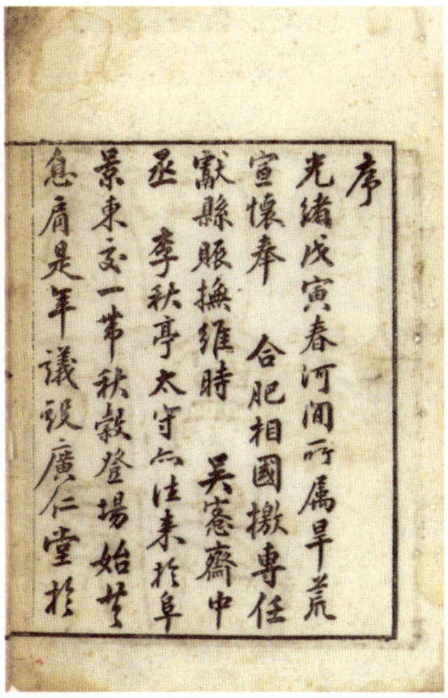

序

光緒戊寅春河間所屬旱荒宣懷奉　合肥相國檄專任獻縣賑撫維時　吳憲齋中丞　李秋亭太守亦往來於阜景東交一帶秋穀登場始共息肩是年議設廣仁堂於

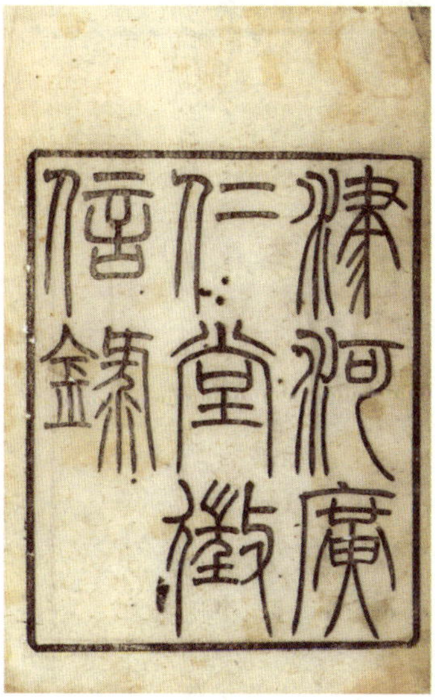

津河廣仁堂徵信錄

津河广仁堂征信录之盛宣怀序言（局部）（1885年）

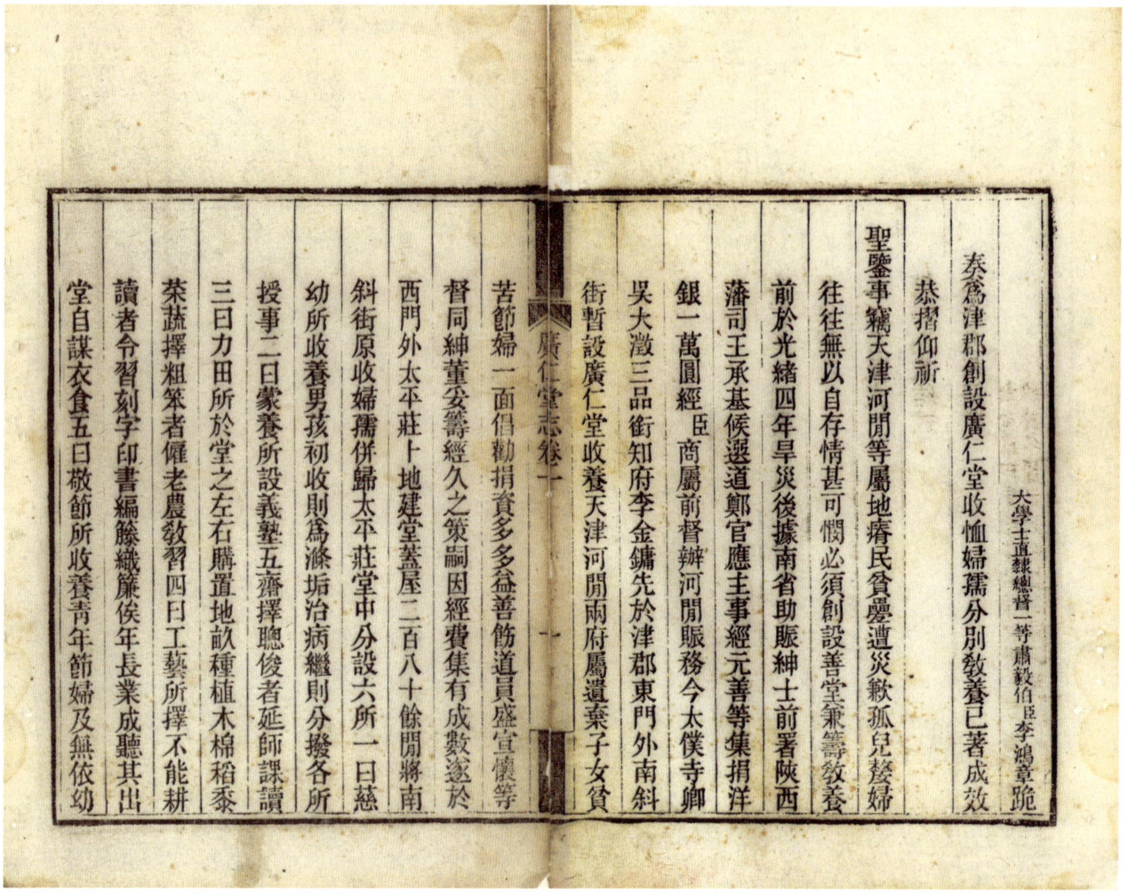

大學士直隸總督一等肅毅伯臣李鴻章跪
奏為津郡創設廣仁堂收恤婦孺分別教養已著成效
恭摺仰祈
聖鑒事竊天津河間等屬地瘠民貧屢遭災歉孤兒嫠婦
往往無以自存情甚可憫必須創設善堂兼籌教養
前於光緒四年旱災後據南省助賑紳士前署陝西
藩司王承基候選道鄭官應主事經元善等集捐洋
銀一萬圓經臣商屬前督辦河間賑務今太僕寺卿
吳大澂三品銜知府李金鏞先於津郡東門外南斜
街暫設廣仁堂收養天津河間兩府屬遺棄子女貧

廣仁堂志卷一　一

苦節婦一面倡勸捐資多多益善飭道員盛宣懷等
督同紳董妥籌經久之策嗣因經費集有成數遂於
西門外太平莊卜地建堂蓋屋二百八十餘間將南
斜街原收婦孺併歸太平莊堂中分設六所一曰慈
幼所收養男孩初收則為滌垢治病繼則分撥各所
授事二曰蒙養所設義塾五齋擇聰俊者延師課讀
三曰力田所於堂之左右購置地畝種植木棉稻黍
菜蔬擇粗笨者僱老農教習四曰工藝所擇不能耕
讀者令習刻字印書編籐織簾俟年長業成聽其出
堂自謀衣食五曰敬節所收養青年節婦及無依幼

■ 直隶总督李鸿章为天津创设广仁堂已著成效事仰祈圣鉴折并批文（局部）（1882年4月23日）

光緒八年三月初六日大學士直隸總督一等肅毅伯臣李鴻章奏津郡創設
廣仁堂收恤婦孺分別教養已著成效並請按年
賞給南米三百石於江蘇海運漕糧項下在津就近撥領以廣
皇仁一摺光緒八年三月初九日軍機大臣奉
旨著照所請該部知道欽此
又　奏廣仁堂中恭設怡賢親王等神位請
頒匾額一片光緒八年三月初九日內閣奉
上諭李鴻章奏前因怡賢親王創修水利功德及民天津地方曾為建立祠宇迄今
年久荒廢紳民追慕不忘於廣仁堂恭設神牌以正室為王祠宇歲時祭祀呈請
頒發匾額等語著南書房翰林恭書匾額一方交李鴻章祗領懸挂以順輿情欽
此

欽差大臣文華殿大學士直隸總督一等肅毅伯臣李鴻章
二品頂戴直隸布政使司布政使臣崧駿
二品銜直隸津海關道臣周馥
布政使銜署直隸津海關道臣盛宣懷
五品銜內閣中書臣郭之楨
四品銜同知直隸州用北河候補通判臣袁遂
直隸宣化府延慶州知州臣章成義
同知銜揀選知縣臣盛鍾岐
四品銜知州用候選州同臣楊培
知州用北河候補州同臣馮慶鏞
敬謹勒石
五品銜知縣用浙江補用州判臣孫鍾豫敬書

天津水灾照片（1939年）

天津乃九河下梢，历史上常遇洪涝。1939年夏季，霪雨连绵，山洪爆发，冲溃堤坝，天津城内外洪水漫溢。这一帧帧黑白照片记录了特殊年代里的一场水灾，也记录下天津各类慈善组织的救援行动。

西营门南施馒首
〈107〉

西营门内大街放馒首
〈106〉

南运河南岸稍直口
〈135〉

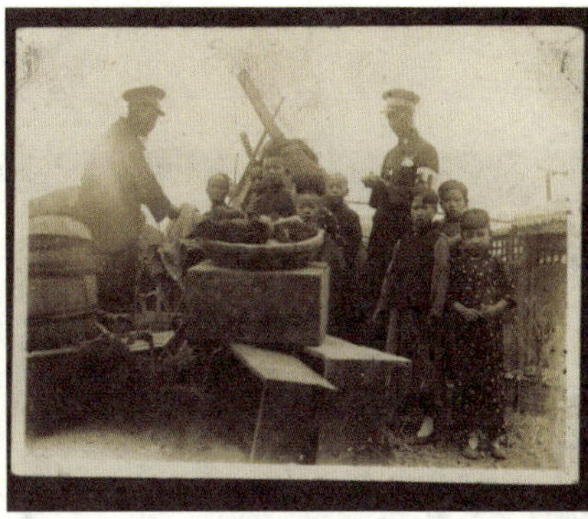

土城尖山村
〈122〉

医务组巡回治疗（一）
〈141〉

沪燕卍会馆驻津代表与天津主要两会联合振济留影（其二）
〈136〉

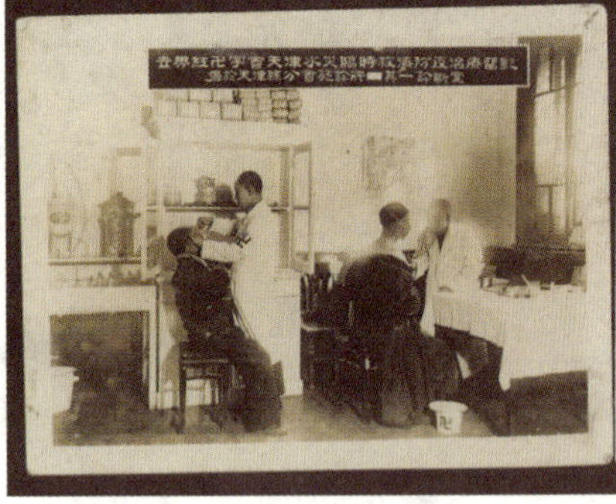

临时防疫治疗(一)

〈146〉

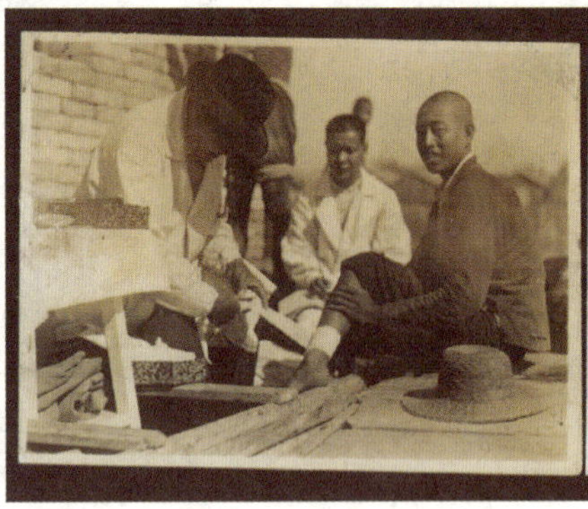

医务组巡迴治疗(二)

〈142〉

临时防疫治疗(三)

〈148〉

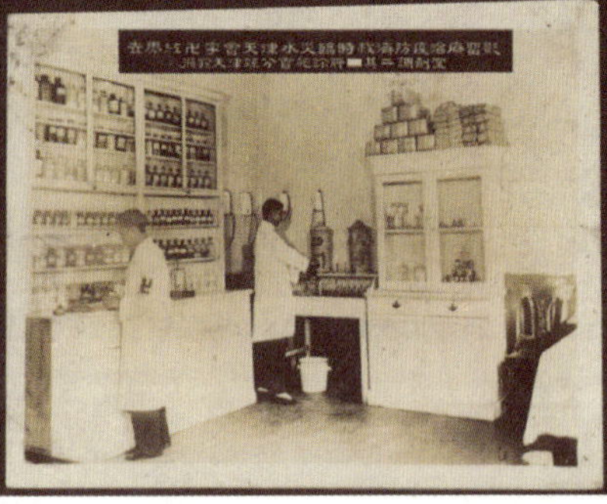

临时防疫治疗(二)

〈147〉

南中收容所资遣难民留影

〈150〉

临时防疫治疗(四)

〈149〉

省中收容所遣散时发给难民振票

〈151〉

省一中学校收容所（其二）

〈153〉

救济队运输

〈160〉

南门外大街

〈164〉

掩埋组从棚房顶上捞引尸体

〈175〉

掩埋组在义地瘗柩情状

〈177〉

大陆影院收容所

〈182〉

河北赵家场空地之埋屍群塚

〈178〉

英租界十三号路戈登堂（今和平区解放北路天津市政府）

〈6〉

英租界還生西湖飯店

〈1〉

英租界二十号路利顺德饭店（今和平区解放北路利顺德饭店）

〈10〉

英租界二十号路开滦矿务局（今和平区泰安道中共天津市委机关）

〈9〉

英租界二十九号路耀华中学校（今和平区南京路耀华中学）〈11〉

法租界二号路马大夫医院（今和平区大沽北路口腔医院办公楼）〈16〉

法租界二十一号路天祥市场（今和平区和平路劝业场）〈20〉

法租界二十七号路香港大药房（今和平区新华北路香港药店）〈24〉

日租界旭街南头（今和平区和平路）〈29〉

特别一区谦德庄（今河西谦德庄）〈35〉

南马路上之南大水沟街口

〈42〉

南市荣业大街升平戏院

〈38〉

西营门内河北天津监狱

〈49〉

西南城角广仁堂后洋

〈45〉

灾区写真

〈55〉

南郊八里台之南开大学校故址

〈50〉

■ 天津市蓝卍字会收容救治水灾难民照片（1939年7月）

据任云兰女士考证，『卍』字系列宗教团体在天津的慈善活动非常踊跃。天津红卍字会成立于1922年，由徐世光、王人文等人在日租界创办，广泛从事施医、施药、恤嫠、救灾等慈善活动。世界黄卍字会成立于1934年，在津举办冬赈、置办公墓，并创办多所小学。蓝卍字会成立于1935年，在慈善救济中做了大量工作。虽然『卍』字系列团体一定程度带有宗教色彩，但慈善一直是他们共同的主题。

天津市藍卍字會法租界法漢學校水災難民收容所蒸做饅首 民國二十八年七月

天津市藍卍字會法租界西開學校水災難民收容所散放饅首 民國二十八年七月

天津市藍卍字會法租界法漢學校水災難民收容所儲計室 民國二十八年七月

第十一章

津门会馆寻踪

津门会馆寻踪

呦呦鹿鸣，食野之苹。我有嘉宾，鼓瑟吹笙。鼓瑟鼓琴，和乐且湛。我有旨酒，以燕乐嘉宾之心。古时乡饮酒礼升乐先歌《鹿鸣》以昭德音。

鹿鸣乡谊

1895年孟夏月，天津城东仓廒街上的江苏会馆勒石为记，碑文开篇竟有几分《诗经·鹿鸣》的神韵。呦呦鹿鸣从乡间贤老饮酒的仪式中传来，温暖了多少客居乡人的愁绪。

津门会馆的精神底色终究是乡土气。乡是乡饮酒礼中的乡，醉翁之意不在酒，在乎凝聚同乡人心。乡是延伸异乡的乡土，勿论地位职业成色，走进会馆便是遇到了故乡。

有了故乡，会馆便有了乡野的四季，春祀秋祭。有了乡音，会馆便有了乡民的小调，娱人娱己。甚至乡间的神祇，西北关云长，东南林默娘，都被恭敬地请进会馆，庇佑着走四方的乡亲。

于是，便会听到南腔北调的声音，慢条斯理地说出同样一句话：族有祖祠，乡有公约，这客居便有会馆，一理罢了。

合群共进

1912年，中华民国开元，鼓楼一侧的广东会馆里，董事们忙着为这座宏伟的楼宇立碑，文字流露出开元的新意：人生斯世，不能离群而独立！

一个『群』字，为会馆立另一层意义。乡谊而外，这些只身万里漂泊而来的商贾士绅，更为了以群来联络事业，扩展生意，在津门落地生根，变他乡为故乡。

于是，会馆里多了大家的事情：为同乡失学儿童创办学校教书育人，为客死他乡的贫民购买义园掩埋枯骨，至于赈灾救济、请医疗养、资助旅费等零星事迹更是不绝于闻。

由小家而大家，进而国家，会馆的舞台上演出过更大的事情。这里既有各路名角皮黄昆弋轮番登场，又有学生演绎新剧救国募捐示威游行，更有共和伟人们振臂一呼劝勉国人同心戮力。

而今，声声散尽，津门会馆静矣。现仅存广东会馆一座。南北风韵的四合小院，古槐参天。昔日，乡人寄托树木乃是昌达的夙愿，如今，留一天碧荫、一伞沁凉。再一步迈进声乐场，想古乐东风沉醉。

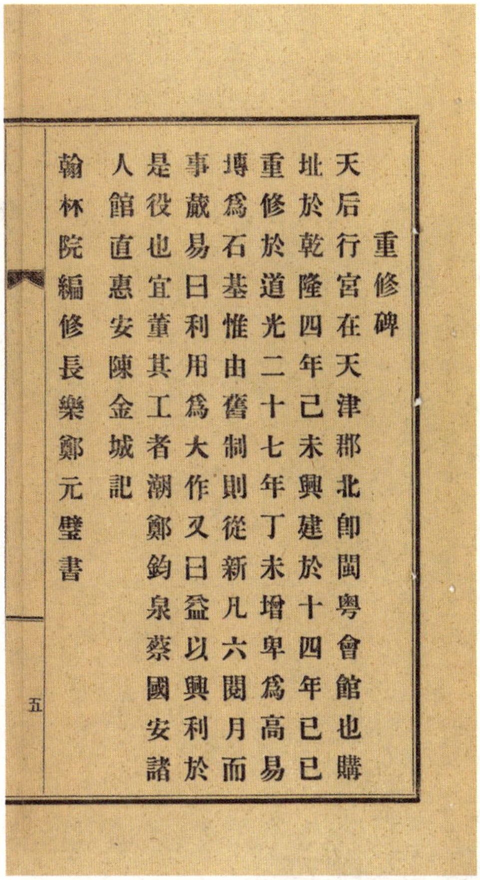

重修碑

天后行宮在天津郡北即閩粤會館也購址於乾隆四年己未興建於十四年己巳重修於道光二十七年丁未增卑爲高易塼爲石基惟由舊制則從新凡六閱月而事蒇易曰利用爲大作又曰益以興利於是役也宜董其工者潮鄭鈞泉蔡國安諸人館直惠安陳金城記

翰林院編修長樂鄭元璧書

五

天后宫重修碑文（时间疑为1847年）

闽粤会馆重整旧规文（时间疑为1854年底或1855年初）

天津最早的同乡会馆当属1739年建立的闽粤会馆。清代南北贸易盛行，南洋客商往来频繁。为联络乡谊，旅津的闽粤潮三帮在北门西建立闽粤会馆。

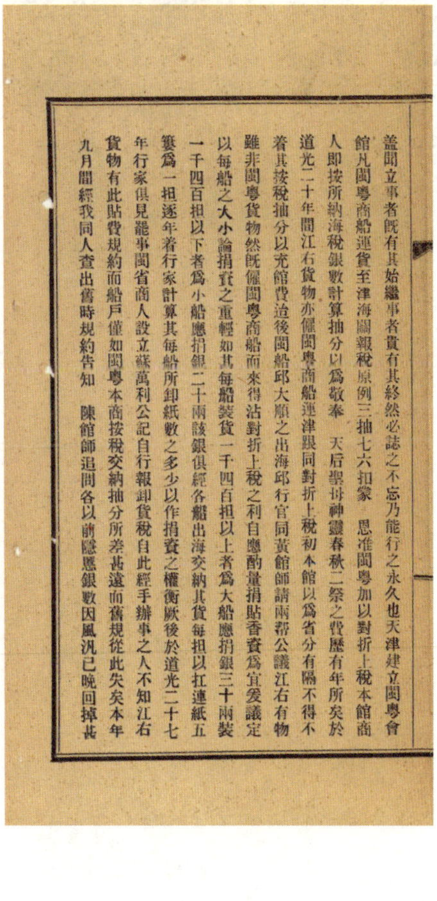

蓋聞立事者既有其始繼事者貴有其終然必誌之不忘乃能行之永久也天津建立閩粤會館凡閩粤商船運貨至津海關報稅原例三抽七六扣象　恩准閩粤加以對折上稅本館商人即按所納海稅銀數計算抽分以爲敬奉　天后聖母神靈春秋二祭之費歷有年所矣於道光二十年間江右貨物亦僱閩粤商船運津跟同對折上稅初本館以爲省分有隔不得不着其按稅抽分以充館費迨後閩船邸大順之出海邸行官同黃館師請兩幇公議江右有物雖非閩粤貨物然既僱閩粤商船而來得沾對折上稅之利自應酌量捐貼香資爲宜爰議定以每船之大小論捐資之重輕如其每船裝貨一千四百担以上者爲大船應捐銀三十兩裝一千四百担以下者爲小船應捐銀二十兩該銀俱經各船出海交納其貨每担以扛連紙五簍爲一担逐年着行家計算其每船所卸紙數之多少以作捐資之權衡厥後於道光二十七年行家俱見罷事閩省商人設立蘇萬利公記自行報卸貨稅自此經手辦事之人不知江右貨物有此貼費規約而船戶僅知閩粤本商按稅交納抽分所差甚遠而舊規從此失矣本年九月間經我同人查出舊時規約告知　陳館師追問各以前隱匿銀數因風汛已晚回掉甚

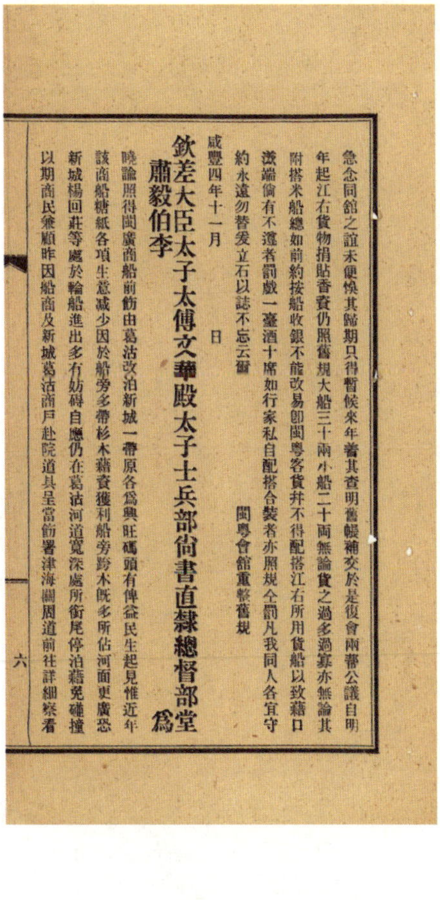

急念同館之誼未便悞其歸期只得暫候來年着其查明舊帳補交於是復會兩幇公議自明年起江右貨物捐貼香資仍照舊規大船三十兩小船二十兩無論貨之過多過寡亦無論其附搭米船總如前約按船收銀不能改易即閩粤客貨幷不得配搭江右所用貨船以致藉口滋端倘有不遵者罰戲一臺酒十席如行家私自配搭合裝者亦照規仝罰凡我同人各宜守約永遠勿替爰立石以誌不忘云爾

閩粤會館重整舊規

咸豐四年十一月　日

欽差大臣太子太傅文華殿太子士兵部尚書直隸總督部堂肅毅伯李　爲

曉諭照得閩廣商船前飭由葛沽改泊新城一帶原各爲興旺碼頭有俾益民生起見惟近年該商船糖紙各項生意減少因於船旁多帶杉木藉資獲利船旁黔木既多所佔河面更廣恐新城楊回莊等處於輪船進出多有妨碍自應仍在葛沽河道寬深處所銜尾停泊藉免磕撞以期商民兼顧昨因船商及新城葛沽商戶赴院道具呈當飭署津海關周道前往詳細察看

六

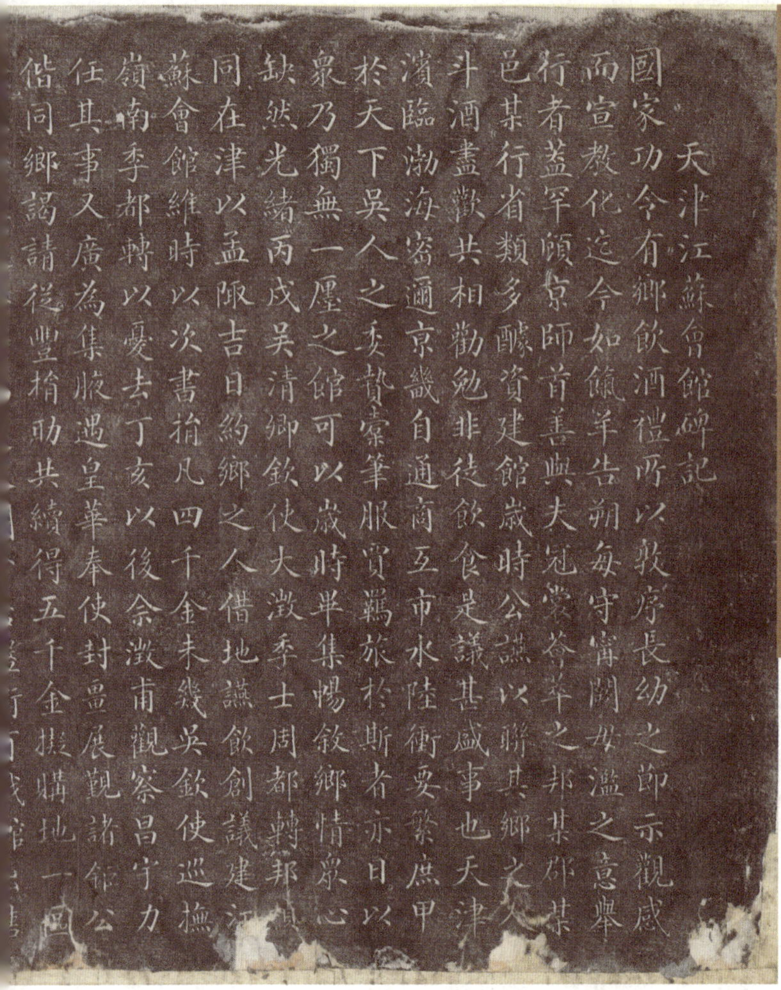
天津江蘇會館碑記
國家功令有鄉飲酒禮所以敦序長幼之節示觀感
而宣教化迄今如儀羊告朔每守甯闕毋濫之意舉
行者蓋罕頗京師首善輿夫冠裳薈萃之邦某郡某
邑某行者類多醵資建館歲時公讌以聯其鄉之人
斗酒盡歡共相勸勉非徒飲食是議甚盛事也天津
濱臨渤海密邇京畿自通商互市水陸衝要繁庶甲
於天下吳人之秀者簪筆服賈羈旅於斯者亦日以
衆乃獨無一廛之館可以歲時畢集暢敘鄉情衆心
缺然光緒丙戌吳清卿欽使大澂季士周都轉
同在津以孟陬吉日約鄉之人借地讌飲創議建江
蘇會館維時以次書捐凡四千金未幾吳欽使巡撫
嶺南季都轉以憂去丁亥以後余澂甫觀察昌宇力
任其事又廣為集腋遇皇華奉使封疆展覲諸館公
偕同鄉謁請從豐捐助共續得五千金撥購地一區

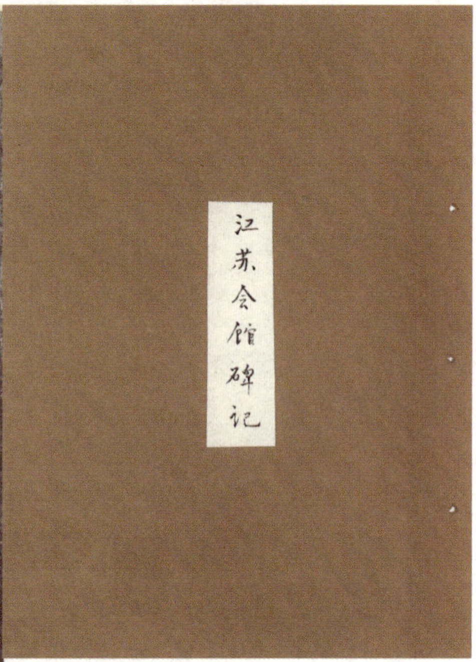

江苏会馆碑记（1895年立）

1887年，吴大澂、盛宣怀等人募资万余两成立江苏会馆，初在东门外，后移至仓廒街。

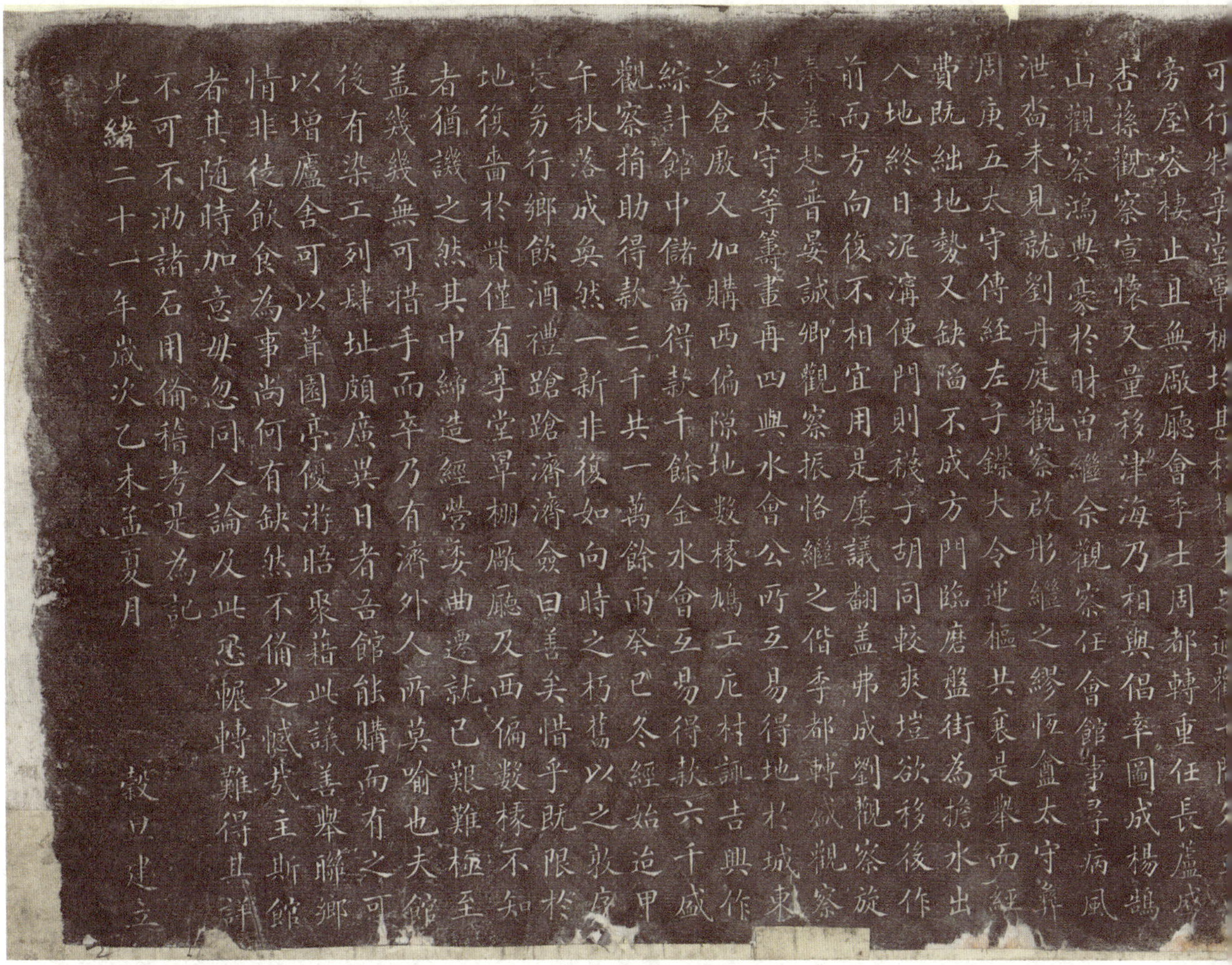
可行特亭堂罩棚均甚朽
旁屋容棲止且無廠廳會季士周都轉重任長蘆咸
杏蓀觀察宣懷又量移津海乃相與倡率圖成楊鵲
山觀察鴻典豪於財曾繼余觀察任會館事尋病風
泄尚未見就劉丹庭觀察啟形繼之繆恆盦太守彝
周庚五太守傅經左子鏻大令運樞共襄是舉而經
費既絀地勢又缺隘不成方門臨磨盤街為擔水出
入地終日泥濘便門則稜子胡同較爽塏欲移後作
前面方向後不相宜用是屢議翻蓋弗成劉觀察旋
奉差赴晉晏誠鄉觀察振恪繼之偕季都轉[illegible]觀察
繆太守等籌畫再四與水會公所互易得地於城東
之倉廒又加購西偏隙地數椽鳩工庀材諏吉興作
綜計館中儲蓄得款千餘金水會互易得款六千盛
觀察捐助得款三千共一萬餘兩癸巳冬經始迨甲
午秋落成奐然一新非復如向時之朽舊以之敦序
長幼行鄉飲酒禮蹌蹌濟濟僉曰善矣惜乎既限於
地復畜於貲僅有亭堂罩棚廠廳及西偏數椽不知
者猶譏之然其中締造經營委曲遷就已艱難極至
蓋幾幾無可措手而卒乃有濟外人所莫喻也夫館
後有染工列肆址頗廣異日者吾館能購而有之可
以增廬舍可以葺園亭優游晤聚藉此議善舉聯鄉
情非徒飲食為事尚何有缺然不備之憾哉主斯館
者其隨時加意毋忽同人論及此恐輾轉難得其詳
不可不泐諸石用備稽考是為記
光緒二十一年歲次乙未孟夏月　穀旦建立

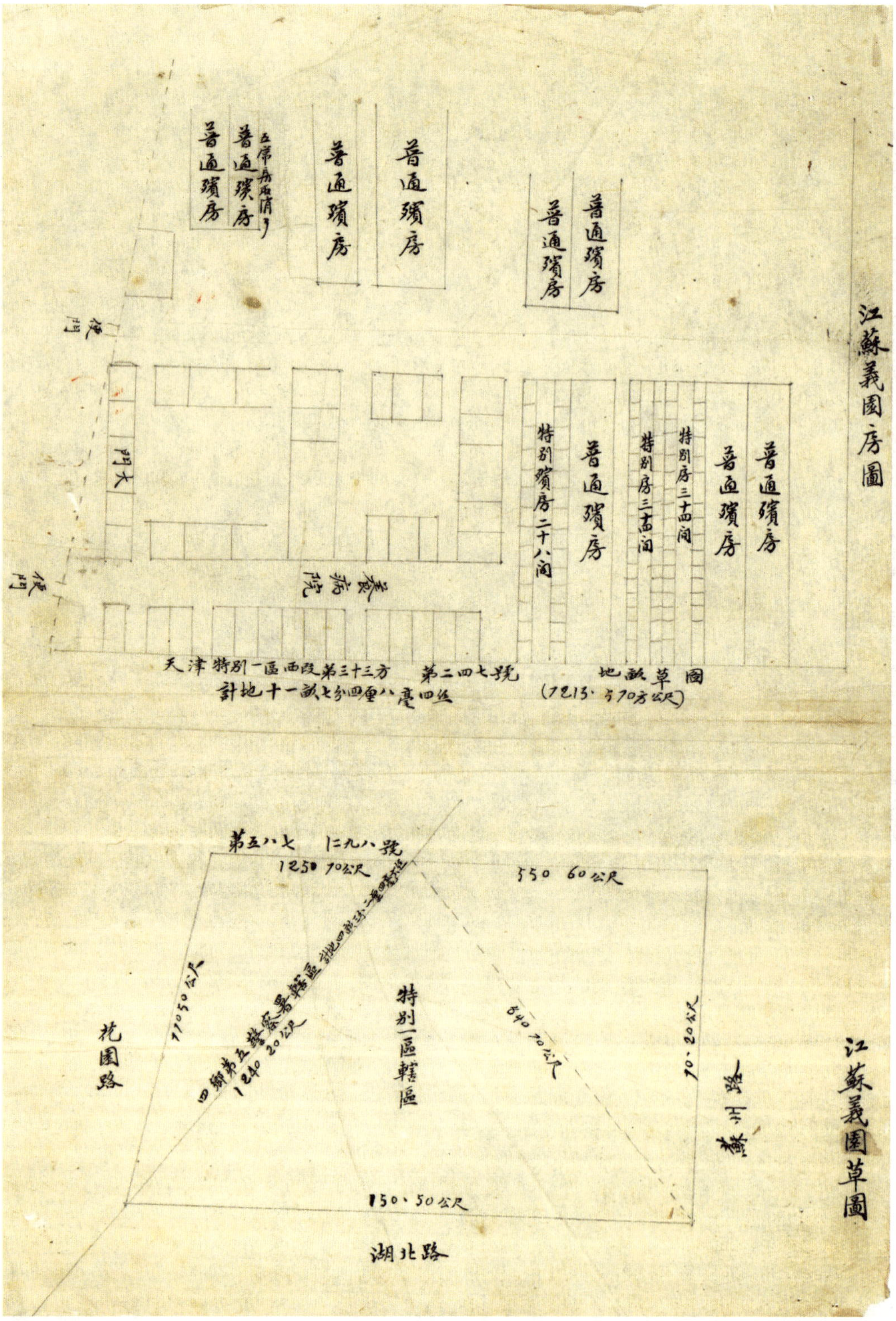

江苏义园草图（时间疑为1938年）

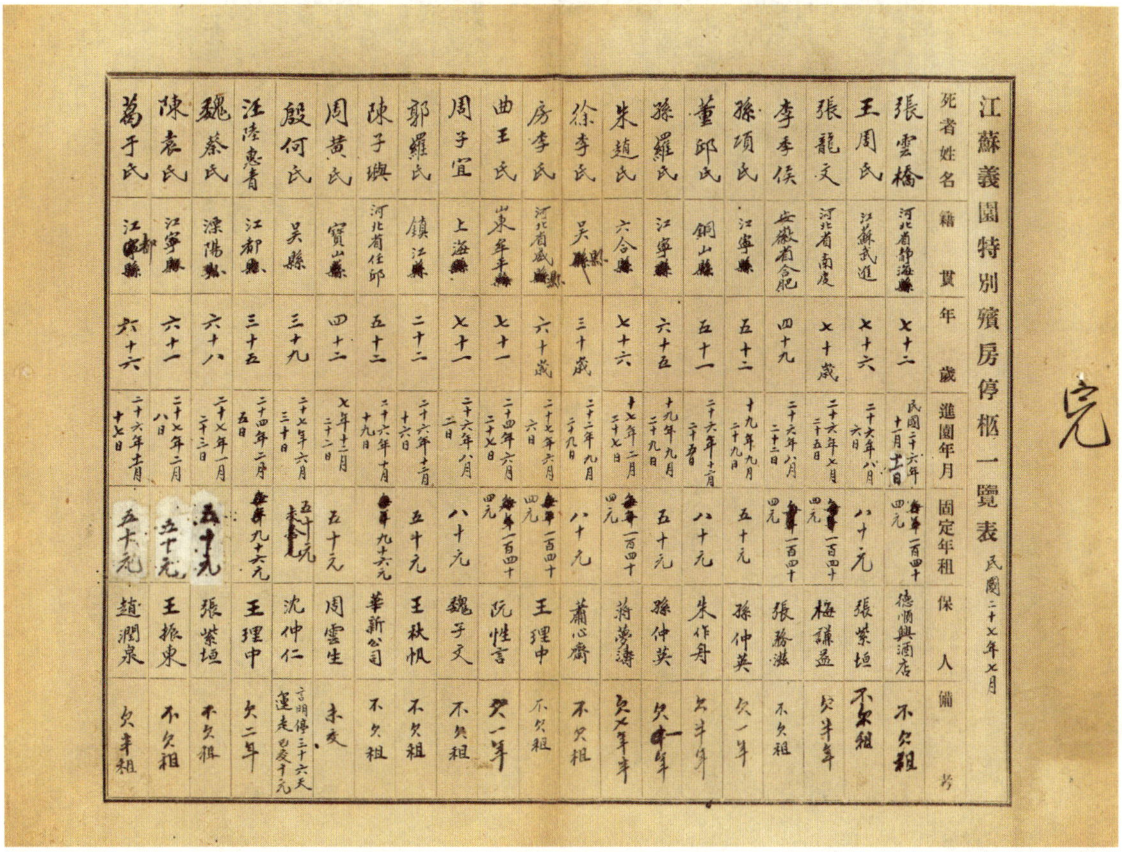

江蘇義園特別殯房停柩一覽表 民國二十七年七月

死者姓名	籍貫	年歲	進園年月	固定年租	保人	備考
張雲橋	河北省静海縣	七十二	民國二十六年十一月十一日	每年一百四十四元	德順興酒店	不欠租
王周氏	江蘇武進	七十六	二十六年八月六日	八十元	張紫垣	不欠租
張龍文	河北省南皮	七十歲	二十六年七月二十五日	每年一百四十四元	梅謙益	欠半年
李季侯	安徽省合肥	四十九	二十六年八月二十二日	每年一百四十四元	張務滋	不欠租
孫項氏	江寧縣	五十二	十九年九月二十九日	五十元	孫仲英	欠一年
董邱氏	銅山縣	五十一	二十六年十二月二十日	八十元	朱作舟	欠半年
孫羅氏	江寧縣	六十五	十九年九月二十九日	五十元	孫仲英	欠半年
朱趙氏	六合縣	七十六	十七年二月二十七日	每年一百四十四元	蔣夢濤	欠七年半
徐李氏	吳縣	三十歲	二十二年九月二十九日	八十元	蕭心齋	不欠租
房李氏	河北省威縣	六十歲	二十七年六月六日	每年一百四十四元	王理中	不欠租
曲王氏	山東牟平縣	七十一	二十四年六月二十七日	每年一百四十四元	阮性言	欠一年
周子宜	上海縣	七十一	二十六年八月二日	八十元	魏子文	不欠租
郭羅氏	鎮江縣	二十二	二十六年十二月十六日	五十元	王秋帆	不欠租
陳子璵	河北省任邱	五十二	二十六年十一月十九日	每年九十六元	華新公司	不欠租
周黃氏	寶山縣	四十二	七年十二月二十二日	五十元	周雲生	未交
殷何氏	吳縣	三十九	二十七年六月三十日	五十元	沈仲仁	言明停三十六天運走 已交十元
汪陸惠青	江都縣	三十五	二十四年二月五日	每年九十六元	王理中	欠二年
魏蔡氏	溧陽縣	六十八	二十七年一月二十三日	五十元	張紫垣	不欠租
陳袁氏	江寧縣	六十一	二十七年二月八日	五十元	王振東	不欠租
葛于氏	江都縣	六十六	二十六年十一月十七日	五十元	趙潤泉	欠半年租

完

江苏义园特别殡房停柩一览表（1938 年）

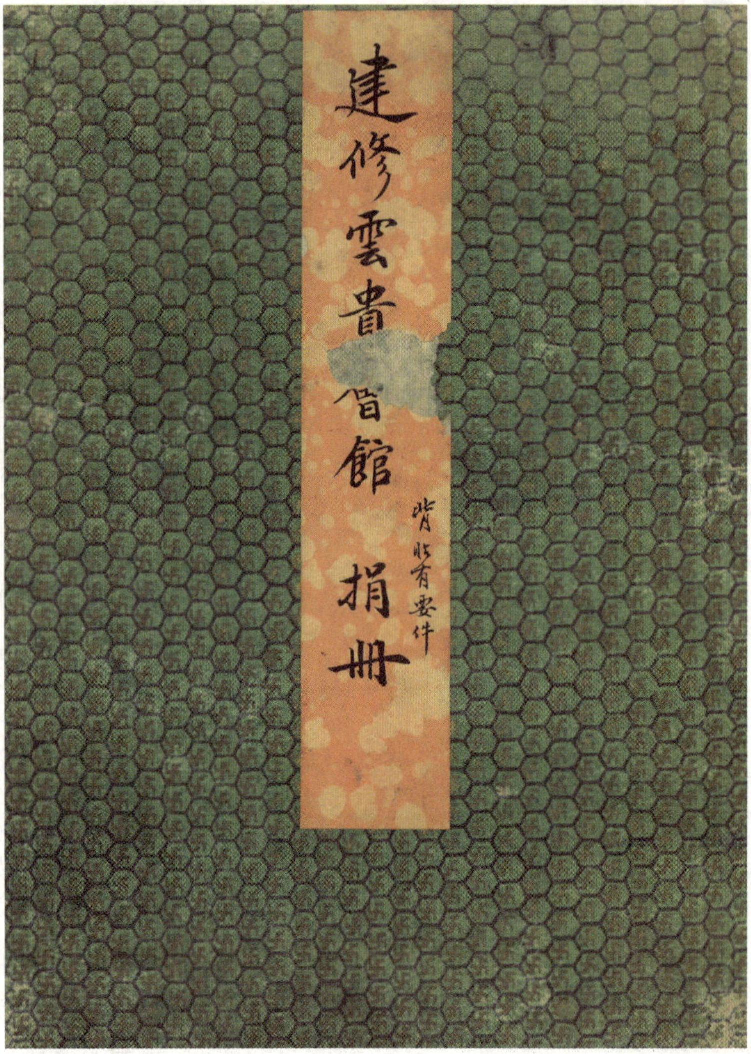

建修云贵会馆捐册（局部）

1910年，由陈夔龙发起募款，在河北宇纬路设立云贵会馆。

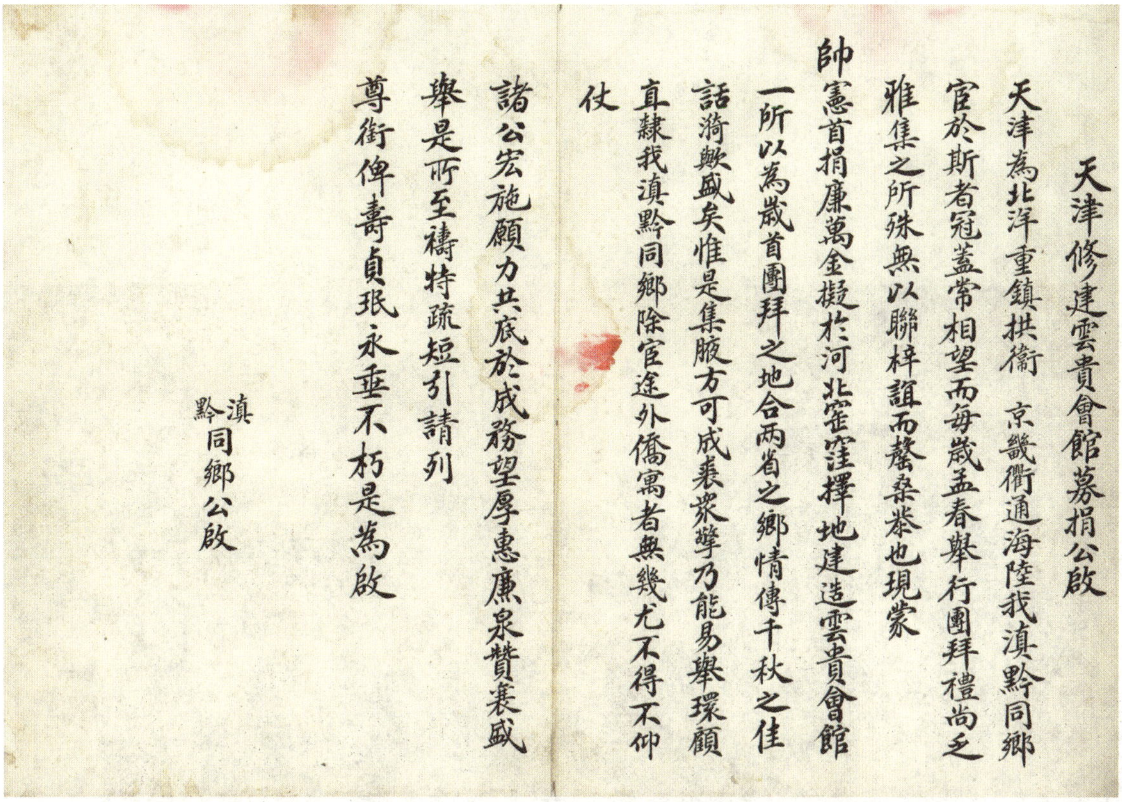

天津修建雲貴會館募捐公啟

天津為北洋重鎮拱衛　京畿衢通海陸我滇黔同鄉官於斯者冠蓋常相望而每歲孟春舉行團拜禮尚乏雅集之所殊無以聯梓誼而馨桑桊也現蒙

帥憲首捐廉萬金擬於河北窪擇地建造雲貴會館一所以為歲首團拜之地合兩省之鄉情傳千秋之佳話猗歟盛矣惟是集腋方可成裘衆擎乃能易舉環顧直隸我滇黔同鄉除官遊外僑寓者無幾尤不得不仰仗

諸公宏施願力共底於成務望厚惠廉泉贊襄盛舉是所至禱特疏短引請列

尊銜俾壽貞珉永垂不朽是為啟

滇黔同鄉公啟

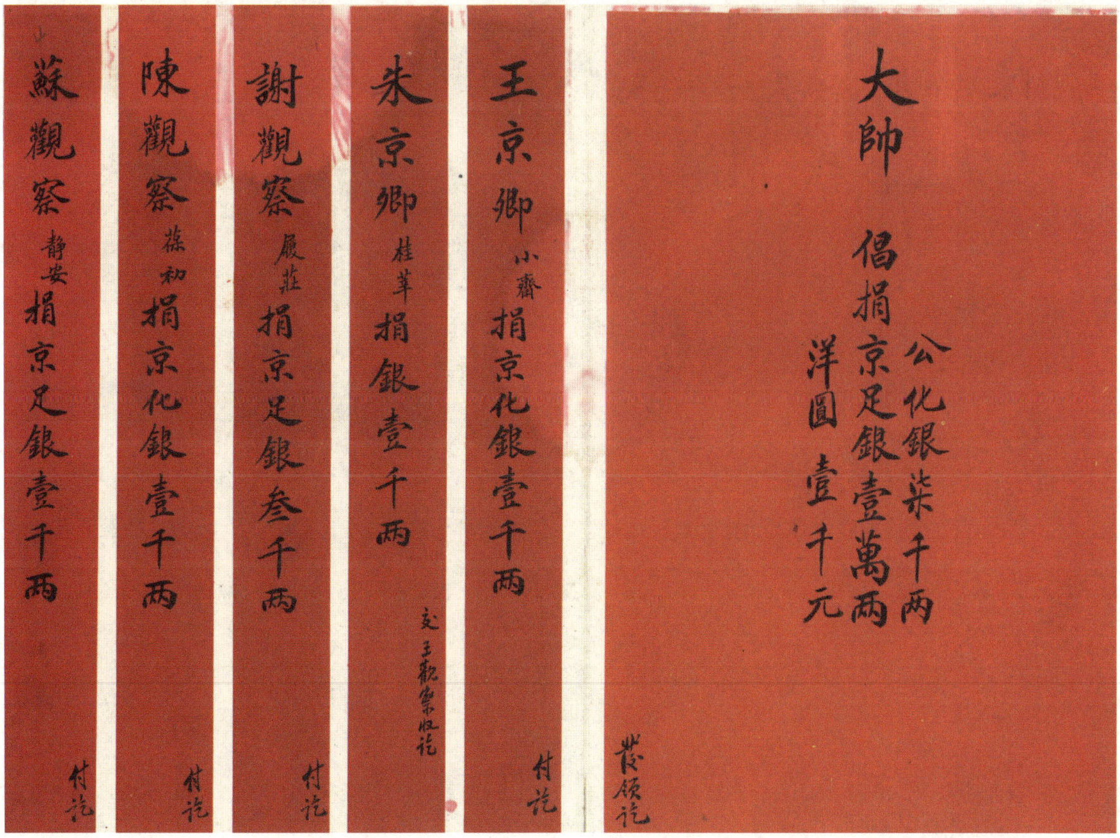

大帥　倡捐京足銀壹萬兩　公化銀柒千兩　洋圓壹千元　茂領訖

王京卿小齋　捐京化銀壹千兩　付訖

朱京卿桂莘　捐銀壹千兩　交王觀察收訖

謝觀察嚴莊　捐京足銀叁千兩　付訖

陳觀察筱初　捐京化銀壹千兩　付訖

蘇觀察靜安　捐京足銀壹千兩　付訖

旅津山東同鄉會歡讌于孝侯主席

■ 旅津山东同乡会欢宴于孝侯及刘孝同纪念摄影

（1932年9月25日）

民國貳拾叁年元旦山東旅津同
PHOTOGRAPHERS
TIENTSIN

■ 山东旅津同乡会董事在会馆团拜合影纪念
（1934年元旦）

■ 山东旅津同乡会馆十周暨山东公学创基纪念摄影

山东旅津同乡会起源于 1930 年成立的山东公学，次年改组成立。后在大沽路购房建立山东会馆。

山東公學創基紀念攝影

私立山東公學小學校遷移新

■ 天津市私立山东公学小学校迁移新校舍后全体师生合影

（1943年9月10日）

天津市私立山東公學小學十五週年紀
禮堂
年紀念會場
校十五週

■ 天津市私立山东公学小学十五周年纪念校董师生全体合影
（1946 年 10 月 21 日）

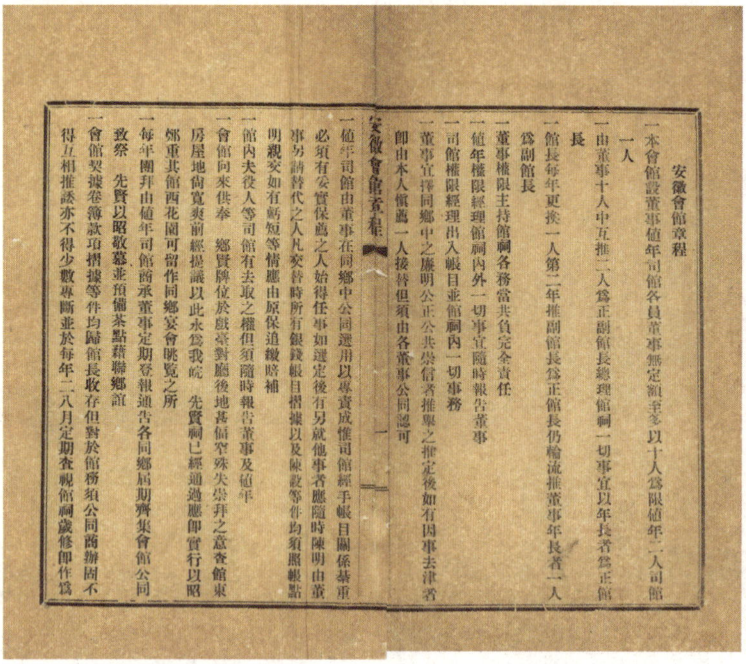

安徽會館章程

一本會館設董事值年司館各員董事無定額至多以十人爲限值年二人司館一人

一由董事十人中互推二人爲正副館長總理館祠一切事宜以年長者爲正館長

一館長每年更換一人第二年推副館長爲正館長仍輪流推董事年長者一人爲副館長

一董事權限主持館祠各務當共負完全責任

一值年權限經理館祠內外一切事宜隨時報告董事

一司館權限經理出入帳目並館祠內一切事務

一董事宜擇同鄉中之廉明公正公共崇信者推舉之推定後如有因事去津者即由本人備薦一人接替但須由各董事公同認可

一值年司館由董事在同鄉中公同選用以專責成惟司館經手帳目關係甚重必須有妥實保薦之人始得任事如選定後有另就他事者應隨時陳明由董事另請替代之人凡交替時所有銀錢帳目摺據以及陳設等件均須照帳點明親交如有虧短等情應由原保追繳賠補

一館內夫役人等司館有去取之權但須隨時報告董事及值年

一會館向來供奉　鄉賢牌位於戲臺對廳後地甚偪窄殊失崇拜之意查館東房屋地尚寬爽前經提議以此永爲我皖　先賢祠已經通過應即實行以昭鄭重其館西花園可留作同鄉宴會眺覽之所

一每年團拜由值年司館商承董事定期登報通告各同鄉屆期齊集會館公同致祭　先賢以昭敬慕並預備茶點藉聯鄉誼

一會館契據卷簿款項摺據等件均歸館長收存但對於館務須公同商辦固不得互相推諉亦不得少數專斷並於每年二八月定期查視館祠歲修即作爲

安徽會館章程　一

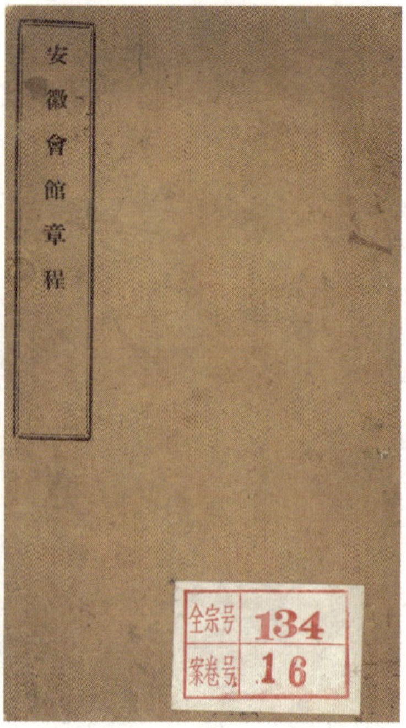

■ 安徽会馆章程（局部）（1915年）

1908年，在杨士骧、周学熙等皖籍名人的倡导下，旅津安徽同乡踊跃捐款，于新浮桥北建立了安徽会馆。

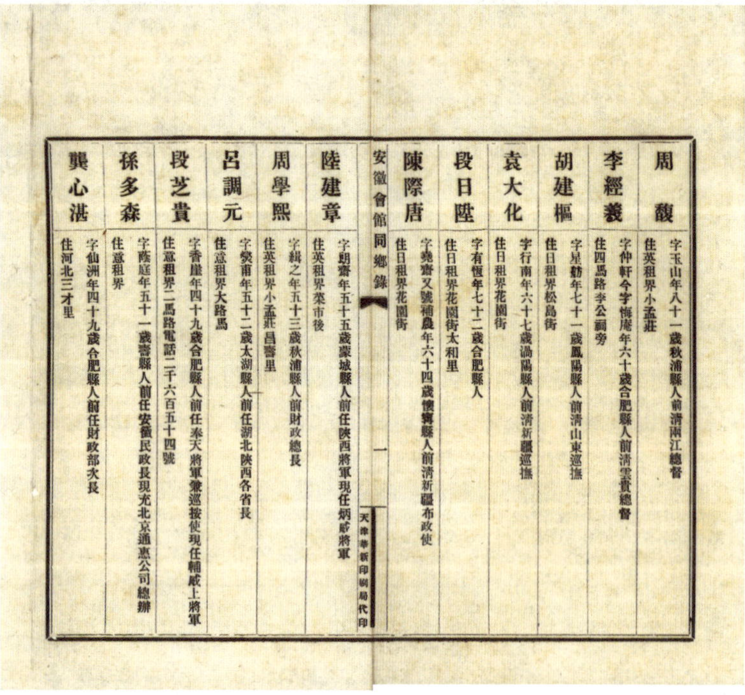

周馥	字玉山年八十一歲秋浦縣人前清兩江總督 住英租界小孟莊
李經羲	字仲軒今字悔庵年六十歲合肥縣人前清雲貴總督 住四馬路李公祠旁
胡建樞	字星勳年七十一歲鳳陽縣人前清山東巡撫 住日租界松島街
袁大化	字行南年六十七歲渦陽縣人前清新疆巡撫 住日租界花園街
段日陞	字有恆年七十二歲合肥縣人 住日租界花園街太和里
陳際唐	字堯齋又號補農年六十四歲懷寧縣人前清新疆布政使 住日租界花園街
陸建章	字朗齋年五十五歲蒙城縣人前任陝西將軍現任炳威將軍 住英租界菜市後
周學熙	字緝之年五十三歲秋浦縣人前財政總長 住英租界小孟莊昌壽里
呂調元	字爕甫年五十二歲太湖縣人前任湖北陝西各省長 住意租界大路馬
段芝貴	字香巖年四十九歲合肥縣人前任奉天將軍兼巡按使現任輔威上將軍 住意租界二馬路電話二千六百五十四號
孫多森	字蔭庭年五十一歲壽縣人前任安徽民政長現充北京通惠公司總辦 住意租界
龔心湛	字仙洲年四十九歲合肥縣人前任財政部次長 住河北三才里

安徽會館同鄉錄　一
天津華新印刷局代印

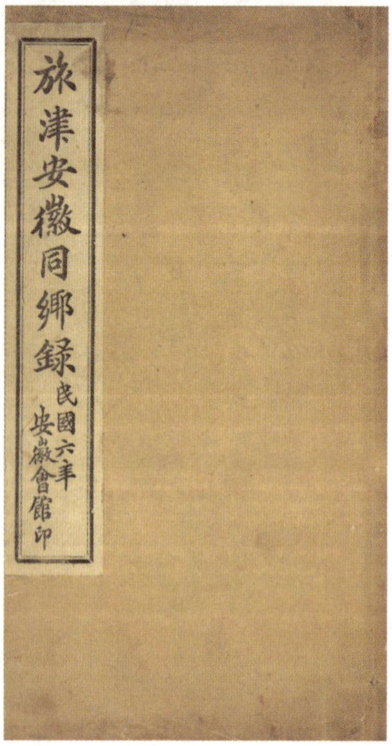

■ 旅津安徽同乡录（局部）（1917年）

第十二章

从长芦盐到永久黄

从长芦盐到永久黄

1926年8月，在美国费城举办的万国博览会上，一袋中国永利制造的纯碱荣获金质奖章，被世人誉为『中国工业进步的象征』。消息传到渤海湾的塘沽，工人们沸腾了。就在两个月前，这里成为亚洲第一家掌握苏尔维制碱工艺的工厂。创始人范旭东动情地说：『这么多年的辛劳、艰苦，换来了中国人自己制造的纯碱，也换来大家头上的白发。求仁得仁，诸君内心是得到安慰的。我为诸君祝福。求进步的人群，应当是永生的。』

长芦，久大

1913年秋，范旭东只身来到塘沽，他是为盐而来的。官场灰冷，欧游刺激，让一介书生难按意气。他在阡陌间行走着，一夜秋风劲吹，万物枯凋，茫茫漠漠。脚下的方田，自春而夏，由夏复秋，凝结出白皑皑的盐，堆积成坨。眼前的风景默默伫立了几百年，周而复始，范旭东陷入了沉思。

这里就是著名的长芦盐产区。长芦盐场有八处之多，绵亘直隶一带沿海，曰：丰财、芦台、越支、济民、石碑、归化、海丰、严镇。后多有裁并，至民国年间，天津境内仅存丰财、芦台二场。清承明制，设司为治。康熙年间，长芦盐运使司公署移至鼓楼一带，天津遂成为长芦盐产、运、销中心。

盐税为历代政府财政支柱，实行引岸专商，由官府发放凭证，特许生产，特许经营。灶户按限额晒海为盐，送至盐坨，盐商凭引购盐，交纳课税，再将盐运至指定的区域行销。盐本有巨利，引岸捆绑了市场，画地为界，富归盐商，加之官府勒索，盐竟成了吃人渊薮。

从塘沽回到北京，范旭东的改革设想成形了：盐政亟须取消专商，废除引岸，改良盐产，统一税率！分明是向官商相护的利益群体叫板，向垄断封锁的市场说不，他要走的这条路岂是等闲？范旭东要办工厂科学救国，宽广的渤海湾承载了一代实业家的鸿鹄之志。

1914年7月，北洋政府财政部盐务署批准久大精盐工厂立案。11月，第一次募股，社会名流张謇、梁启超、范源廉等名列其中。这是一个特殊时代，虽因政坛动荡和秩序混乱而声名狼藉，却接纳了一批实业大家，意外地为民族工业创造了空间，近代化乃大势所趋。

1915年底，天津久大生产出『海王星』牌精盐，质纯色白，改变了中国人食用粗盐的历史。久大精盐引起了旧盐商的不满，他们试图阻止灶户向久大提供粗盐原料。1916年，梁启超出任北洋政府财政总长。这一年，久大精盐进军长江流域。1918年，再指湘济鄂。1920年，设九江精盐查运所。至此，久大冲破引岸专商的封锁，打下了淮南四岸的半壁江山。

永利，双翼

1914年，第一次世界大战爆发，洋商无暇东顾，洋碱来源断绝。英国卜内门公司囤积居奇，而工业生产不能一日无碱。对于范旭东，这是一次机遇，更是新的挑战，他决心在塘沽建厂，变盐为碱。

学化工出身的陈调甫从沪上慕名而来，范旭东指着盐坨说：『一个化学家，看见这样丰富的资源而不起雄心者，非丈夫也。』范旭东派陈调甫赴美，寻求图纸设计。这话后来经陈调甫之口，说与正在哥伦比亚大学读书的侯德榜，侯德榜久久难抑平静。

当时欧美多采用苏尔维法制碱，但技术为几家大公司垄断，永利要学，谈何容易？陈调甫辗转找到美国专家，无奈设计生搬硬套，实际建设还有许多问题需要摸索解决。陈调甫大力举荐侯德榜。1921年，侯德榜收到范旭东的信，邀他回国工作。次年，侯德榜任永利总工程师。

1924年8月13日，永利正式开工生产，然而纯碱黑红间杂，质量不高，这让永利进退两难。卜内门公司经理暗自窃喜，扼杀永利，便能独占市场。面对困境，永利人决定迎难而上。1926年6月29日，永利再次开工，碱质纯白，至此，『红三角』一举打破洋碱独霸的局面。

在永利坎坷实践的路上，一直有研究团队支持陪伴，这就是黄海化学工业研究所。范旭东的远见卓识便在于他对科技人才的重视。『黄海』由哈佛大学博士孙学悟主持，承担了久大、永利生产技术难题的科研攻关，同时独立开展化工科学专题研究。永久黄，三位一体，亲密无间。

如果说碱是中国化工的一翼，酸则是需要展开的另一翼。1931年，国民政府欲与外商合办硫酸铵厂，却遭到百般刁难。范旭东请缨自办，既不要外商资本，亦拒绝官股插足。1933年，行政院限永利两年半内完工，厂址必须选在南京。1936年底，永利合成铵厂如期建成，南京对岸的卸甲甸，厂房矗立，气象壮观，这里成为远东第一流的大型化工厂。从此，中国化工再也不用听凭他人摆布了。

国难，西迁

早在1933年，侯德榜赴美招标，范旭东临别嘱咐：国难当头，勿买日货，决不能贪小利而失大义。永利建设铵厂的几年，也正是国是日亟土地沦丧的几年，民族灾难已迫在眉睫。

1937年1月26日，第一批硫酸生产出来，永利铵厂一次开车成功。2月5日，硫酸铵试车成功。接着，硝酸也顺利投产。幸福和温暖在南京这个寒冷的冬季里蔓延，慰藉着苦难里奋进的心灵。然而，留给永利的时间不多了。

7月7日，抗日战争全面爆发。天津、塘沽相继沦陷，碱厂盐厂『宁肯玉碎，不求瓦全』。8月13日，淞沪抗战爆发，战火烧到长江边上。永利铵厂配合军需，日夜赶制硝酸铵，送往南京金陵兵工厂制造炸药。日本对铵厂早已垂涎，利诱不成，便叫嚣毁灭。范旭东电嘱同仁：宁举丧，不受奠仪！12月5日，铵厂最后一批人员撤离，物资被运送到『黄埔号』拖轮上。汽笛悲鸣，大雨如注。侯德榜伫立在甲板上，如狮般怒吼：铵厂，我们一定会回来的！江水重重地拍打驳船，苦楚、愤怒、悲壮。

抗日西迁，中华民族历史上一次空前的大迁移。工厂西迁，教育西迁，平民西迁。头顶着敌机炮雨，脚踏险恶山川，男女老幼，相携道路。在这场旷日持久的惨烈拉锯战里，西迁就是在以空间换取时间。

永久黄一路西行，最终在岷江畔的五通桥四川西部犍为县停下了脚步。江山北望，狼烟起，山河残缺，不禁问：在逃难中消沉，还是重建家园？这些秉持实业救国、科学救国的理想，至心皈命，在苦难中求索的人们，深知责任所在，事待人兴。1939年3月1日，永利川厂废去五通桥道士观旧名，改称『新塘沽』，矢志光复，燕云在望。

在四川建华西化工重地，单靠井卤煮盐旧法制碱困难重重。已经学有专著《纯碱制造》的侯德榜果断放弃成熟的苏尔维法，转而探索更为节能的察安法。经过无数次的试验，反复推敲论证，侯德榜和他的团队创造出优于察安法的全新的制碱工艺。

1941年3月，永利川厂正式将中国人自己创造的制碱新工艺命名为『侯氏碱法』。1943年10月，英国化工学会，这个在全世界享有崇高威望的组织，将名誉会员荣衔第一次授予中国人侯德榜，这是对暴风雨中从不屈服的永利人最大的回报。

爱国，敬业，守持，奋进，在波澜壮阔的近代史上又岂止永久黄？1937年10月，晏阳初写道：『几千年来，中国人所怀抱的观念是『天下』，是『家族』，近代西方的民族意识和国家观念，始终没有打入我们老百姓的骨髓中。直到现在，敌顽攻进来的巨炮和重弹，轰醒了我们的民族意识，南北数千里燃烧的战线，才激发了我们的全面抗御、同仇敌忾的斗志，我们从亡国灭种的危机中，开始觉悟了中国民族的整全性和不可分性。生则同生，死则同死；存则同存，亡则同亡，这是民族自觉史的开端，是真正的新中国国家的序幕。』

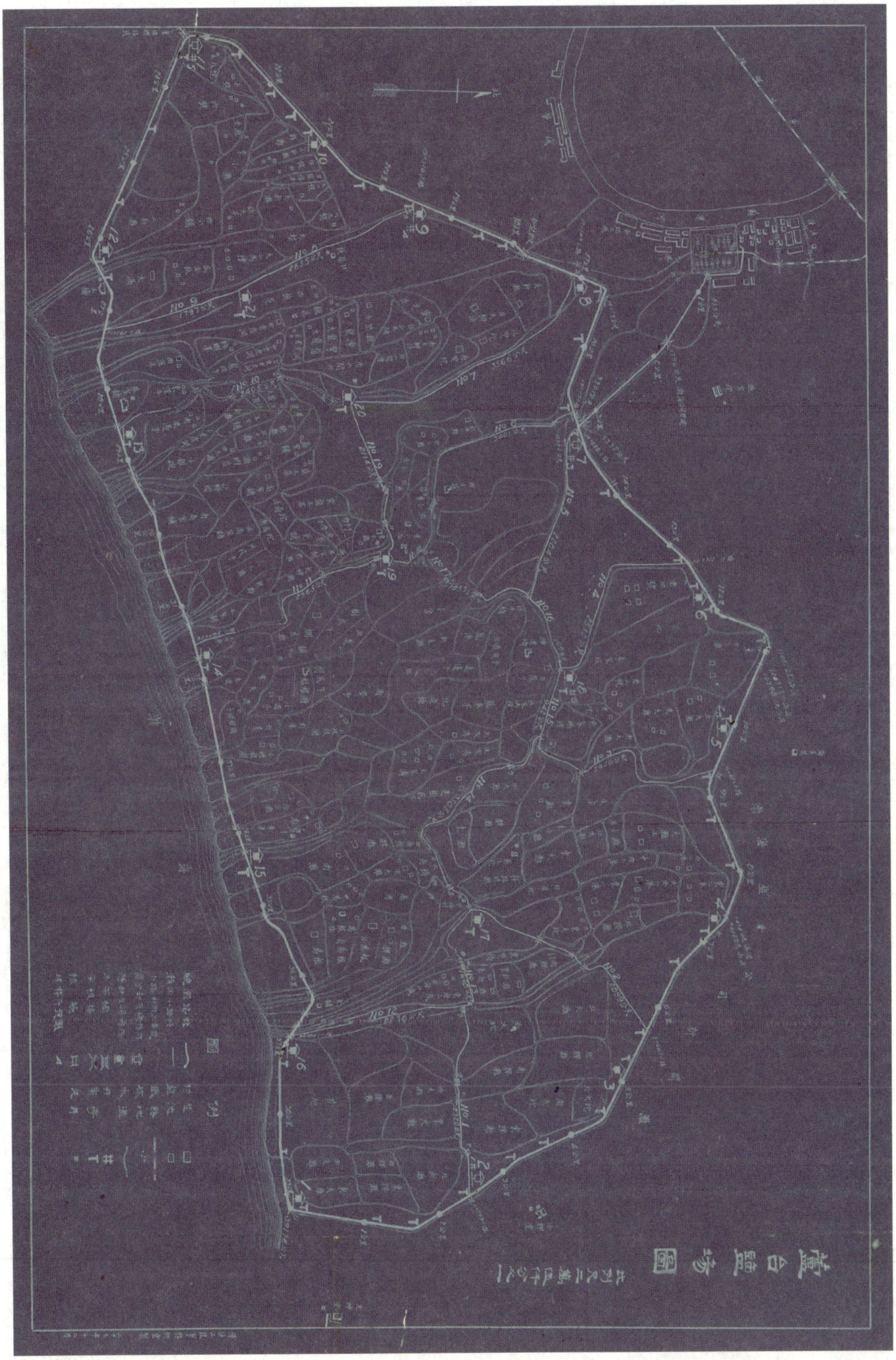

汉沽工程事务所制芦台盐场图（1938年12月）

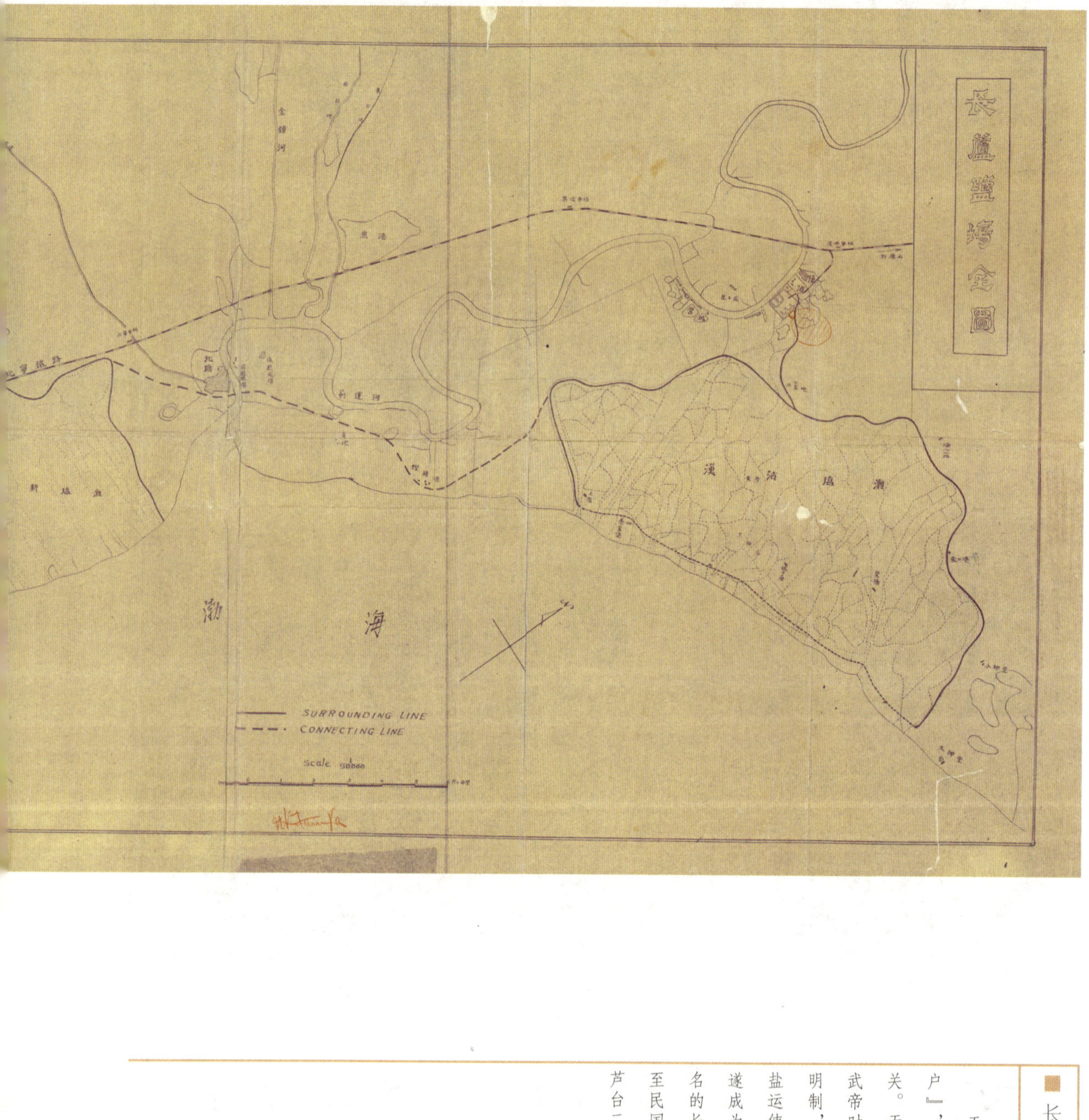

长芦盐场全图

天津『当河海之冲，为畿辅门户』，其城市的发展与盐利息息相关。天津煮海为盐的历史悠久，汉武帝时便在渔阳郡设盐铁官。清承明制，设司为治。康熙年间，长芦盐运使司公署移至鼓楼一带，天津遂成为长芦盐产、运、销中心。著名的长芦盐场绵亘直隶一带沿海，至民国年间，天津境内仍存丰财、芦台二场。

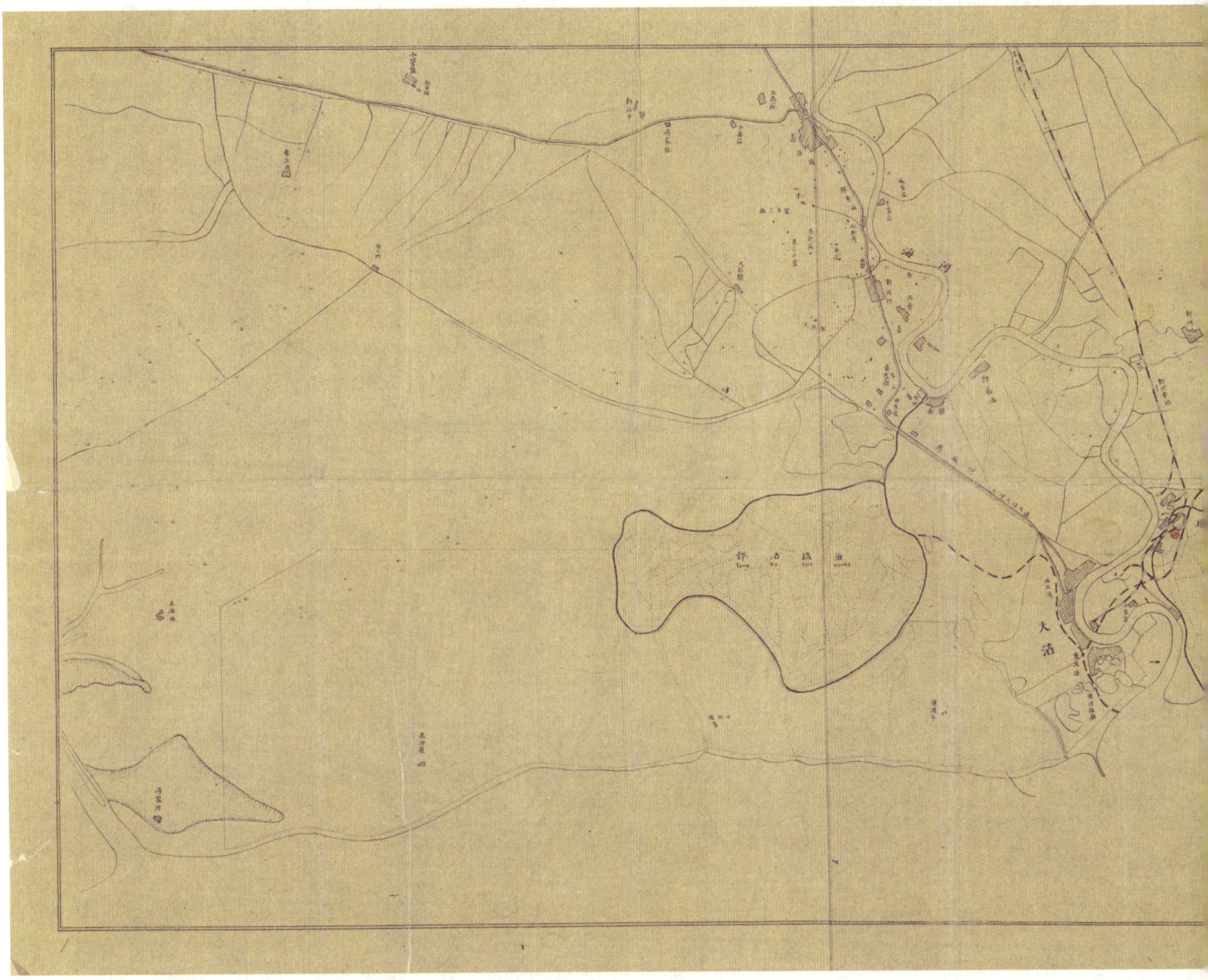
大冶

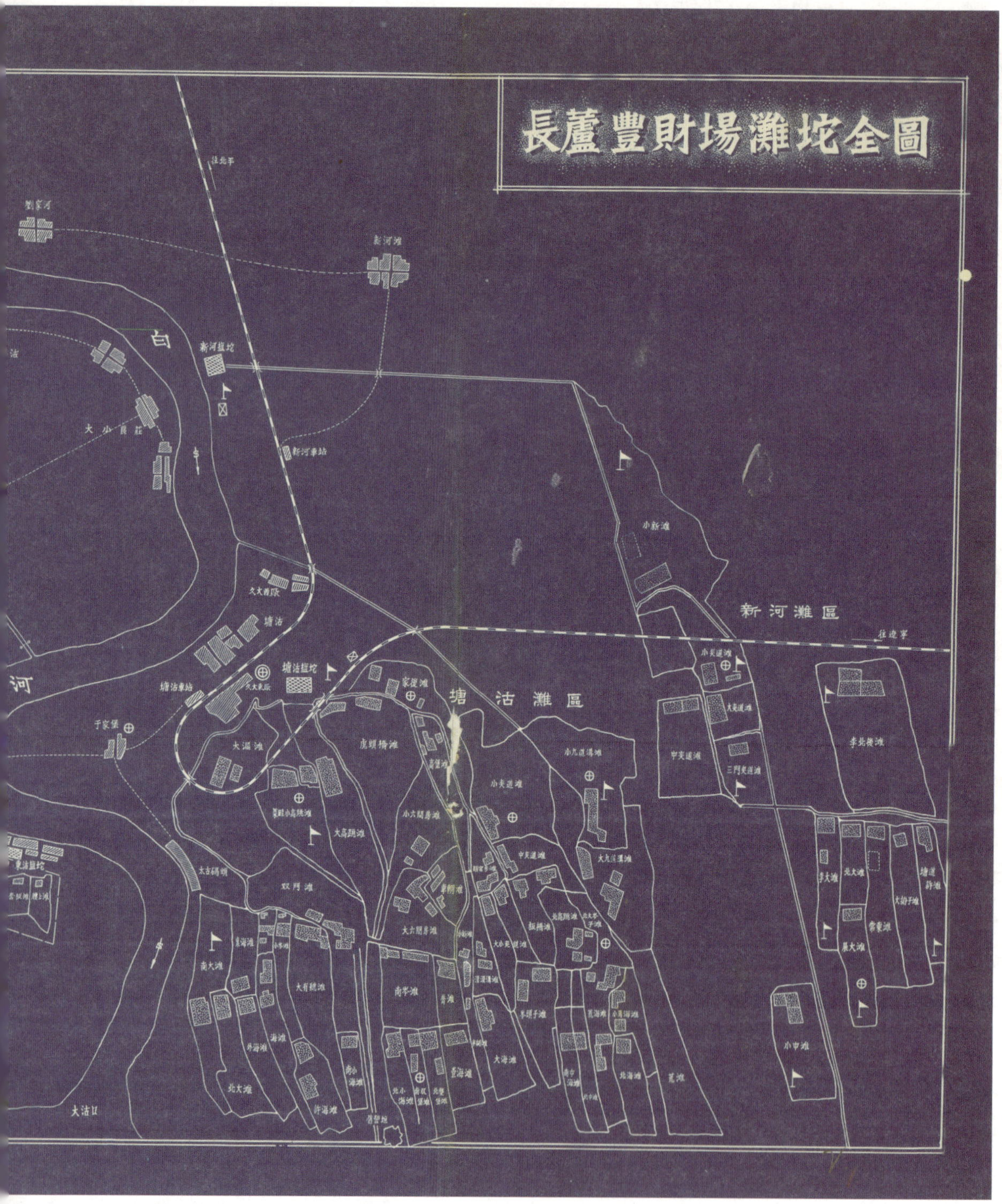
長蘆豐財場灘坨全圖
新河灘區
塘沽灘區
白
河

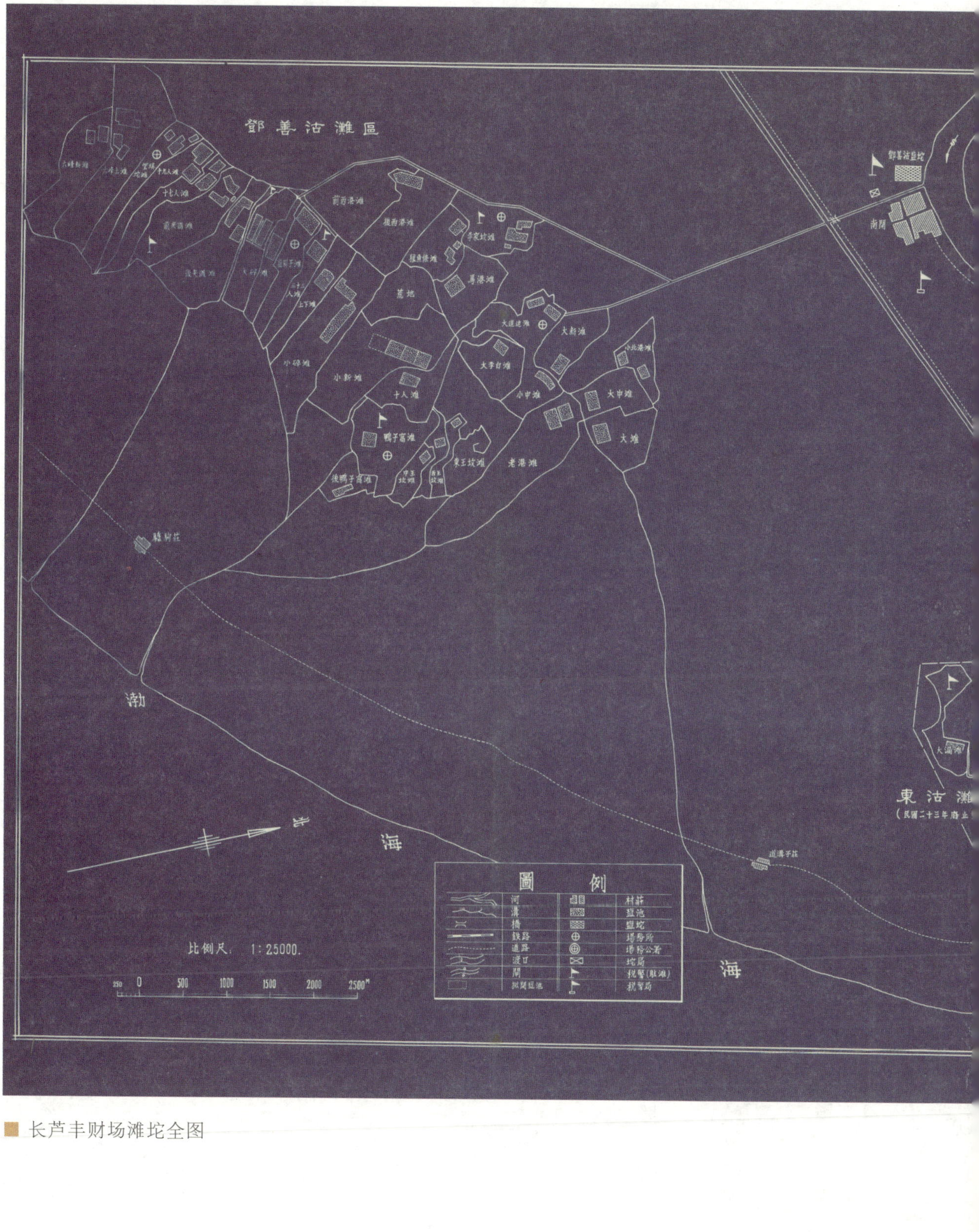
鄧善沽灘區
東沽灘
渤
海
海
北
圖例
河
溝
橋
鐵路
道路
渡口
閘
村莊
鹽池
鹽坨
比例尺 1:25000.
0
500
1000
1500
2000
2500

■ 长芦丰财场滩坨全图

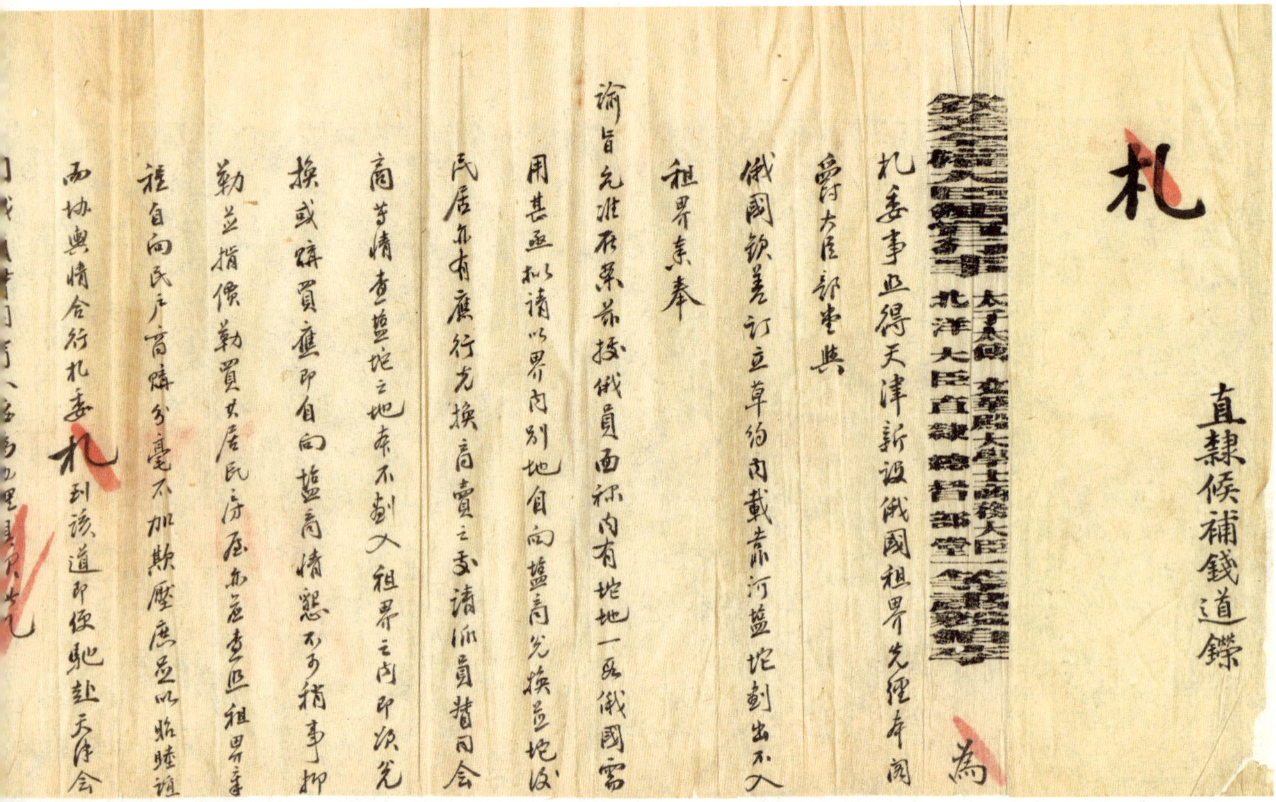

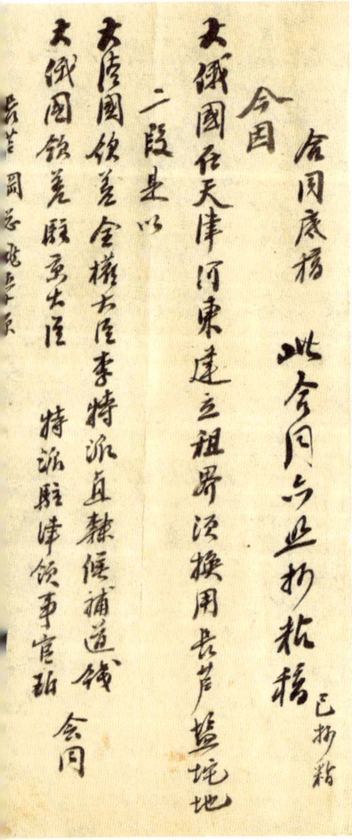

直隶候补道钱鑅与俄国驻天津领事珀佩为天津俄租界调换盐坨地事的合同底稿（抄件）

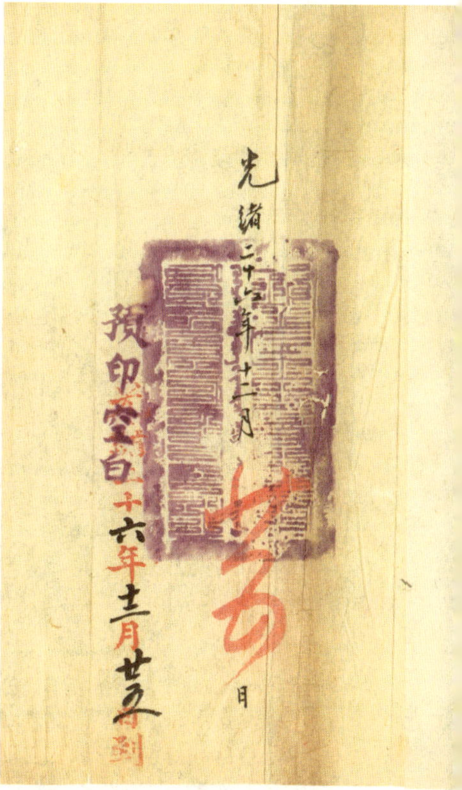

光緒二十六年十二月　日

預印空白

二十六年十二月廿五到

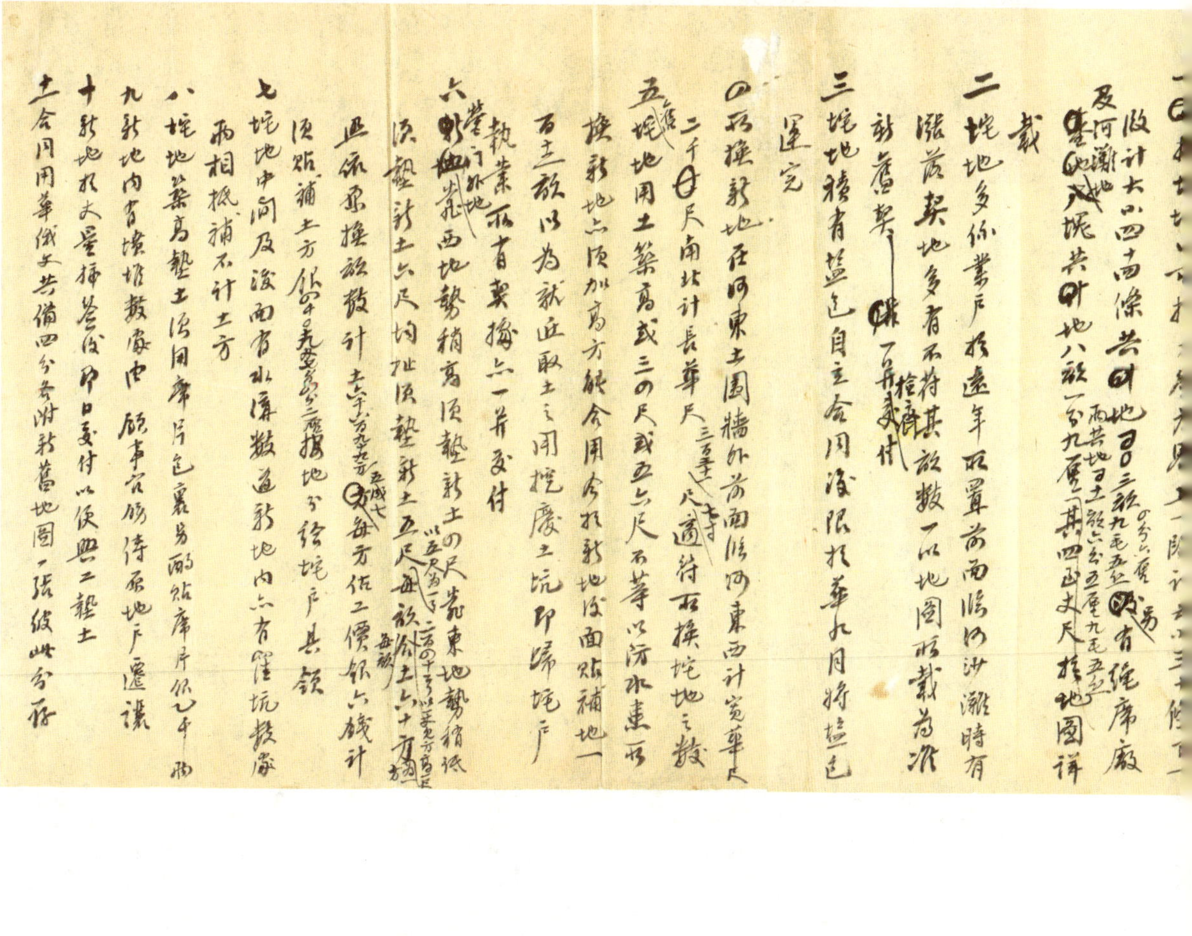

■ 直隶总督李鸿章为天津俄租界内盐坨地交涉事致直隶候补道钱鑅札（1901年2月13日）

八国联军占领天津后，掀起了新一轮的瓜分狂潮。1900年12月31日，直隶总督李鸿章与俄国全权大使订立草约，内有明文『天津俄国租界设在河东，约占所立界牌内之地一段，内有靠河盐坨，地界关系紧要，应划出不入租界之内』。后俄方提出将盐坨划入租界，经反复交涉，清政府作出让步，一个自明代以来最大的存盐场所由此消失。钱鑅，字绍云，武进人。历任安徽庐江、怀宁，山东博山、利津、济阳、历城、兰山等县知县。曾总办芦汉铁路，督办漠河金矿。后在天津主政交涉划分界址事。

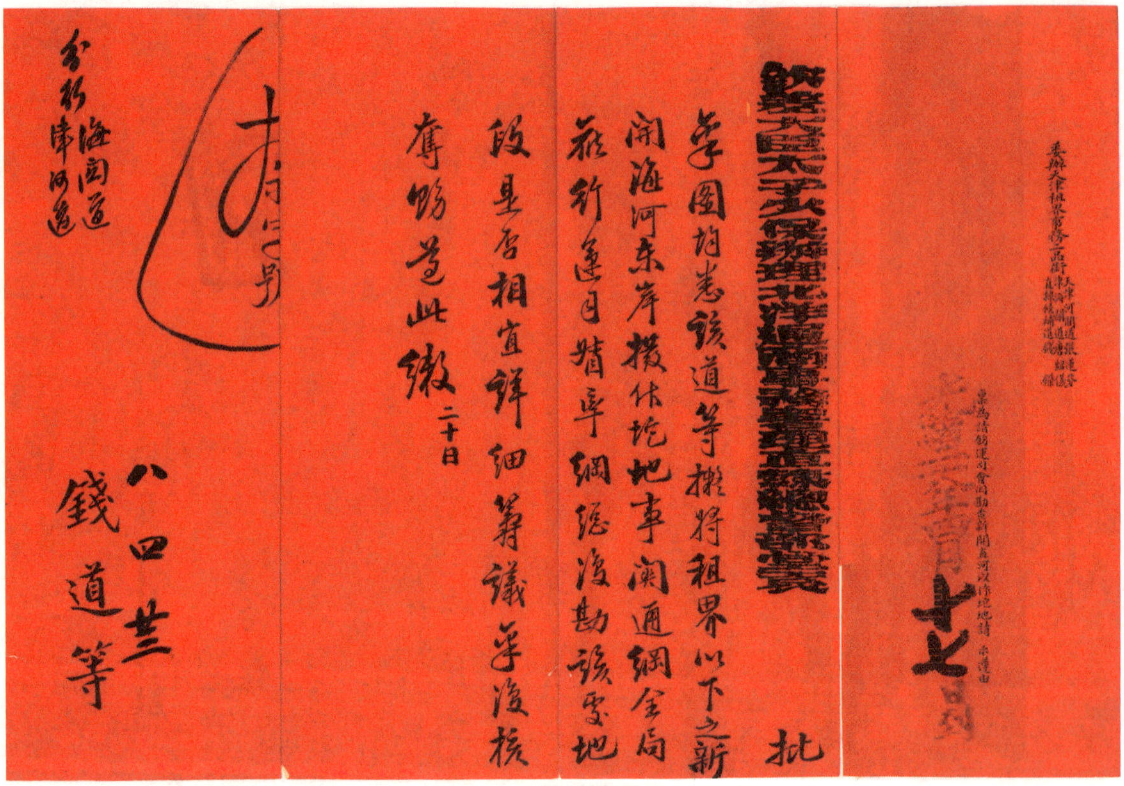

■ 直隶总督袁世凯为拟划新开河东岸作盐坨新址事致直隶候补道钱鑅的批文（1902年5月29日）

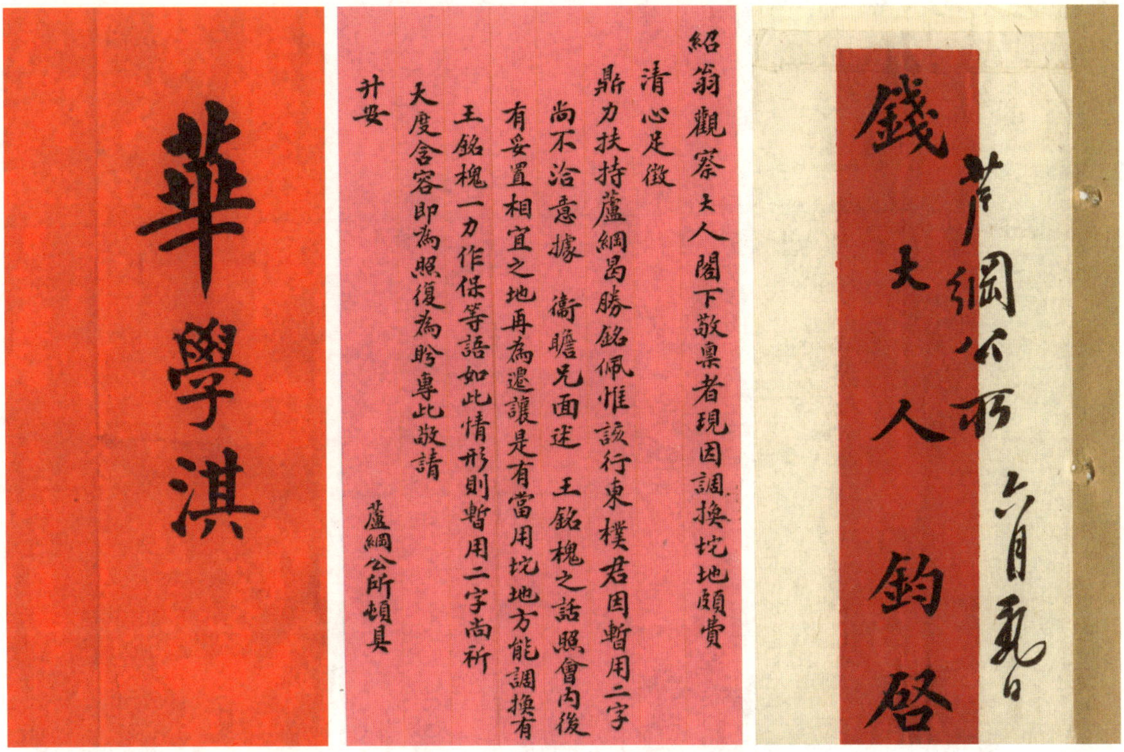

■ 芦纲公所华学淇为天津俄租界调换坨地事致直隶候补道钱鑅函（时间疑为1902年7月13日）

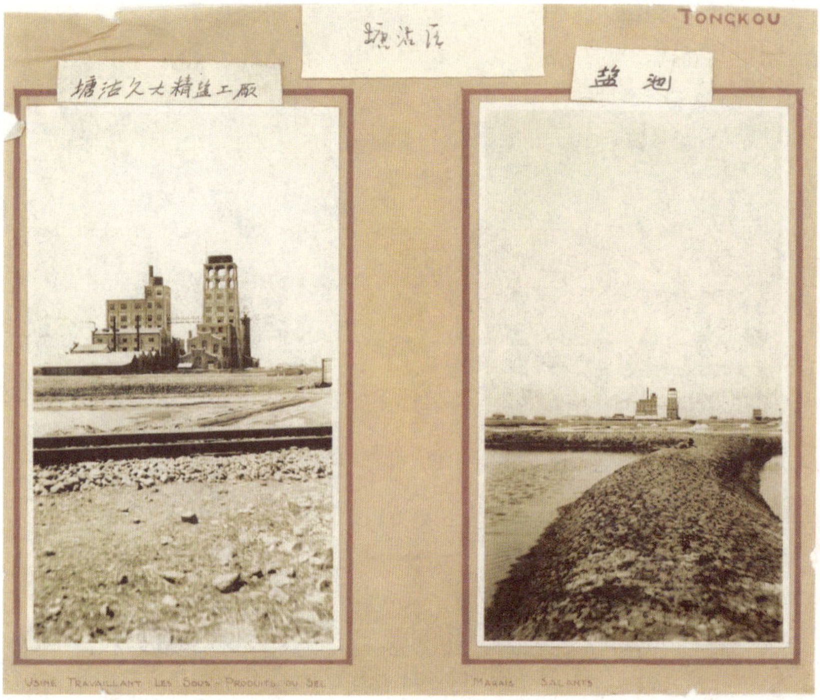

■ 塘沽久大精盐工厂照片

1914年7月，北洋政府财政部盐务署批准久大精盐工厂立案。1915年底，天津久大生产出『海王星』牌精盐，质纯色白，一举改变了中国人食用粗盐的历史。后久大精盐在长江流域的销售冲破了古老的引岸专商制度。

TONCKOU

塘沽区

盐垛及正在装运中之盐車

DÉPÔTS DE SEL ET CHARGEMENT

盐池

MARAIS SALANTS

TONCKOU

塘沽区引海水導入盐池正在运转中之风車

TREUILS A VOILES AMENANT L'EAU DANS LES MARAIS SALANTS

塘沽区：盐垛

DÉPÔTS DE SEL

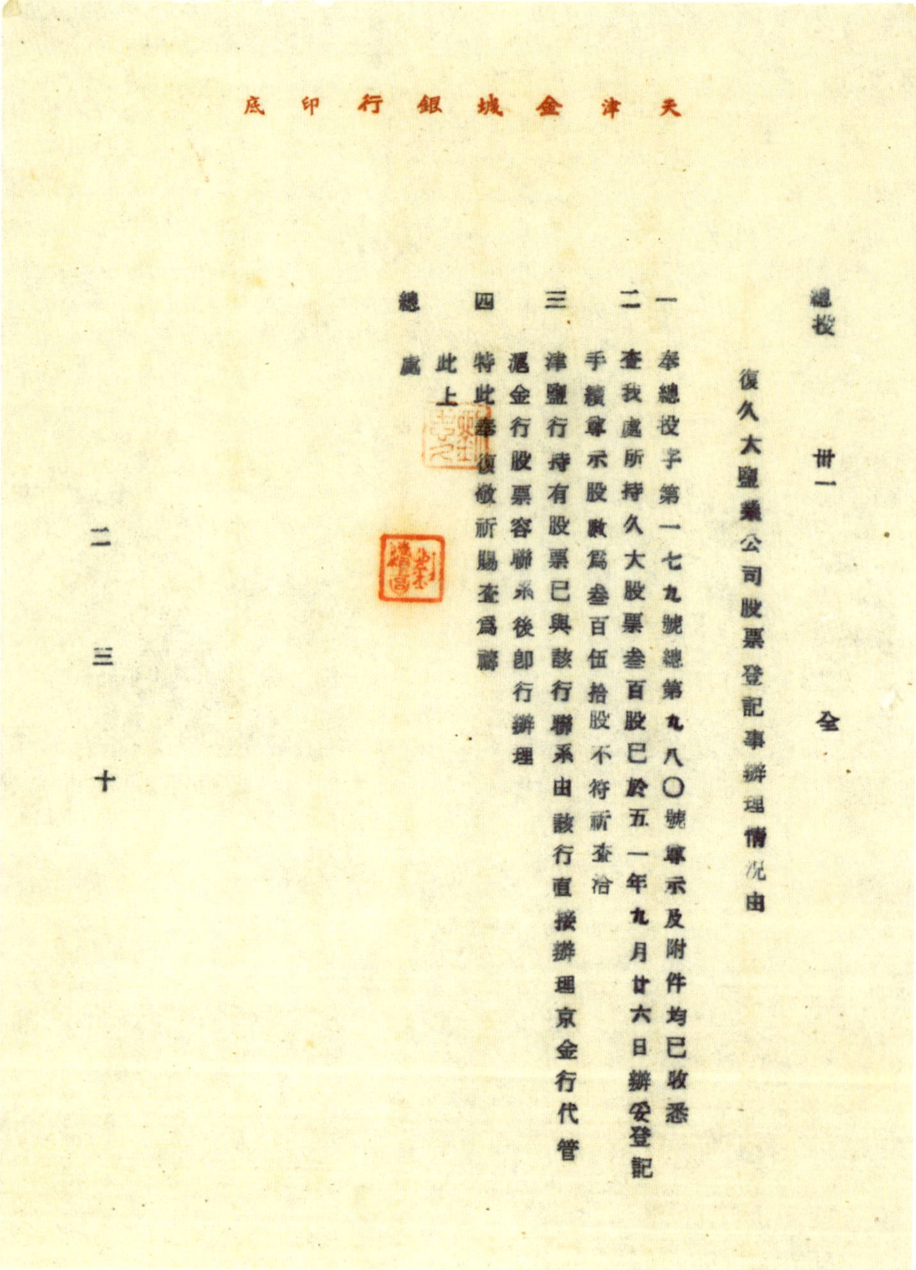

天津金城銀行印底

總棧　冊一　全

復久大鹽業公司股票登記事辦理情况由

一　奉總棧字第一七九號總第九八〇號尊示及附件均已收悉

二　查我處所持久大股票叁百股已於五一年九月廿六日辦妥登記手續尊示股數爲叁百伍拾股不符祈查洽

三　津鹽行持有股票已與該行聯系由該行直接辦理京金行代管滬金行股票容聯系後即行辦理

四　特此奉復敬祈賜查爲禱

此上

總處

二　三　十

天津金城银行为久大盐业公司股票登记办理情况事的复函

周作民，近代著名银行家。范旭东，近代杰出实业家。二人皆有魄力，可担创举。后，周作民做了永利董事长，范旭东当了金城监察人。周作民说：我深切知道范旭东做事扎实，为人守信，他的事业不会不成功的。于是，力排众议，慷慨注资，挽永久黄于逆境，助民族工业之崛起。

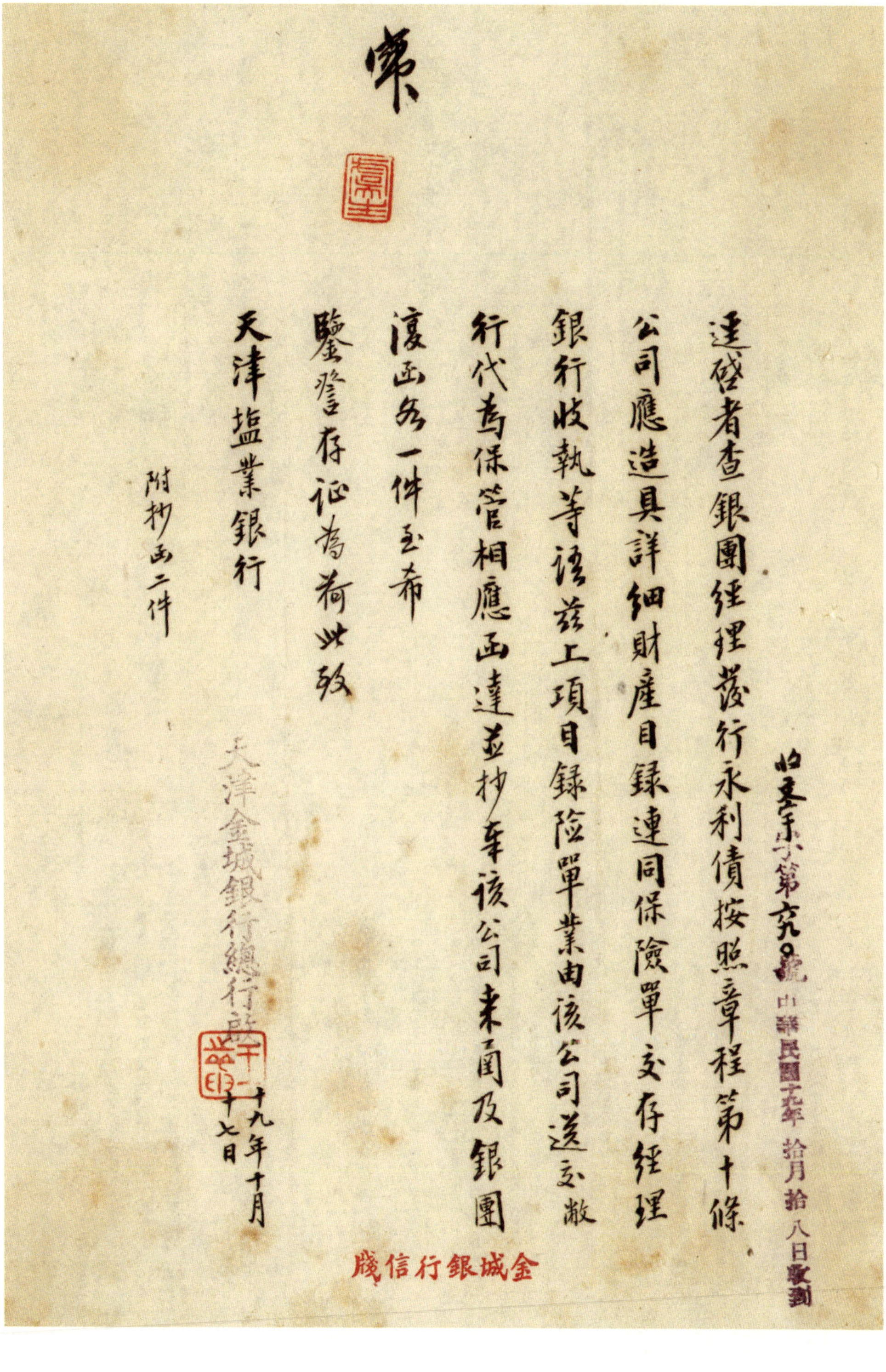

收文字第六九〇號 中華民國十九年拾月拾八日收到

逕啓者查銀團經理發行永利債按照章程第十條
公司應造具詳細財產目録連同保險單交存經理
銀行收執等語茲上項目録險單業由該公司送交敝
行代為保管相應函達並抄奉該公司來函及銀團
復函各一件至希
鑒詧存記為荷此致
天津鹽業銀行

附抄函二件

天津金城銀行總行啟 十九年十月十七日

金城銀行信箋

天津金城银行为代理发行永利债券事致天津盐业银行函（1930年10月18日）

久大盐业股份有限公司章程草案（局部）

久大鹽業股份有限公司章程草案

久大鹽業股份有限公司章程草案

第一章　總則

原文「公司」

第一條　本公司定名為「久大鹽業股份有限公司」
原文「久大精鹽股份有限公司」

第二條　本公司設總店於上海市，分設支店及經銷處於中外各大埠，設第一精鹽廠於河北省塘沽，及第二精鹽廠於江蘇省之淮北。塘沽精鹽廠於民國四年經呈准鹽務署立案，在工廠周圍一百里以內不得設同一性質之工廠。
原文「設總店於直隸省天津設支店於中外各大埠設總廠於直隸省塘沽設分廠於產鹽適宜區域前項本公司工廠經呈准鹽務署立案在工廠周圍一百里以內不得設同一性質之工廠」

第三條　本公司以製造精鹽及模範食鹽，與鹽廠一切附產品，與附產加工品，並投資發運各岸食鹽，與工業漁業用鹽，輸出鹽，為營業範圍。
原文「本公司遵照製鹽特許條例分製品為數種
甲　精製鹽及再製鹽
乙　晒鹽及結晶鹽
丙　製造各項以鹽為原料之副產品」

一

第四條　本公司存立年限，自二十五年　月　日起算扣足三十年，如欲展期，須經股東會議決。
原文「自主管官廳批准之日起暫定三十年」

第五條　本公司公告方法，除書信外，並擇登各市埠著名報紙。
原文「布告」

第二章　資本及股票

第六條　本公司資本，共國幣貳百壹拾萬元，分貳萬壹千股，每股壹百元，業已收足。
原文「國幣貳百伍拾萬元已收足貳百壹拾萬元」

第七條　本公司股票，分記名式，無記名式，兩種。
甲、記名式共壹萬肆千股。
乙、無記名式共柒千股。
原文「股票分有記名無記名二式有記名股每股壹百元無記名股又分整零兩種整股每股壹百元零股每股拾元其額如左
甲　記名股股額每股壹百元共壹萬叁千肆百股
乙　無記名整股股額每股壹百元共柒千肆百股
丙　無記名零股股額每股拾元共貳千股
本公司股票無論記名式無記名式均係額定不得請求更易」

二

永利化学工业股份有限公司章程草案（局部）

永利化學工業股份有限公司章程草案

永利化學工業股份有限公司章程草案

第一章　總綱

第一條　本公司遵照公司法股份有限公司規定組織定名為永利化學工業股份有限公司

第二條　本公司經國民政府特許自民國十九年七月起至四十九年六月止扣足三十年免除鹼類成品及原料鹽稅并核減國有運輸機關運費

第三條　本公司設總公司於河北省天津並設分店於國內外各大埠

第四條　本公司在河北省塘沽建設製鹼工廠江蘇省浦口建設錏氣工業工廠兩廠兼製酸鹼一切副產並代理國內外各化學工廠出品為營業範圍

一

第五條　本公司存立年限自本章程呈准實業部之日起算暫定三十年如欲展期由股東會議決

第六條　本公司公告方法除函告外由本公司於京滬津最通行之報紙布告之

第二章　股份

第七條　本公司資本總額定國幣壹千萬圓共分十萬股每股壹百圓

第八條　本公司股票用記名式蓋以本公司圖記并由董事五人署名蓋章

第九條　本公司股票不得轉賣與非中華民國國籍之人

第三章　職員

第十條　本公司設董事七人監察人二人董事任期三年監察人任期一年得連選連任

第十一條　本公司董事監察人均由股東會於五十股以上之股東中選舉之

二

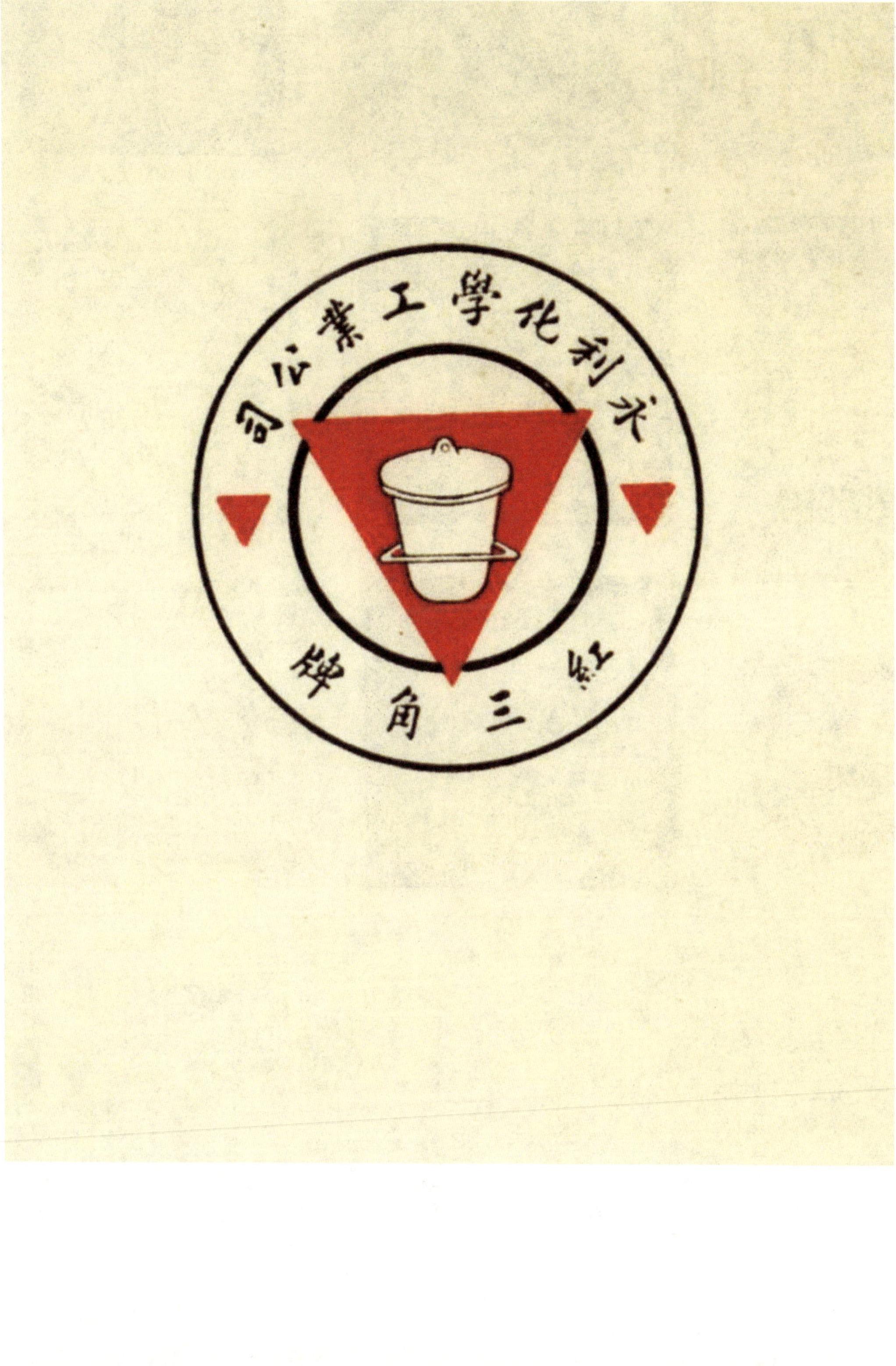

永利化学工业公司红三角牌商标

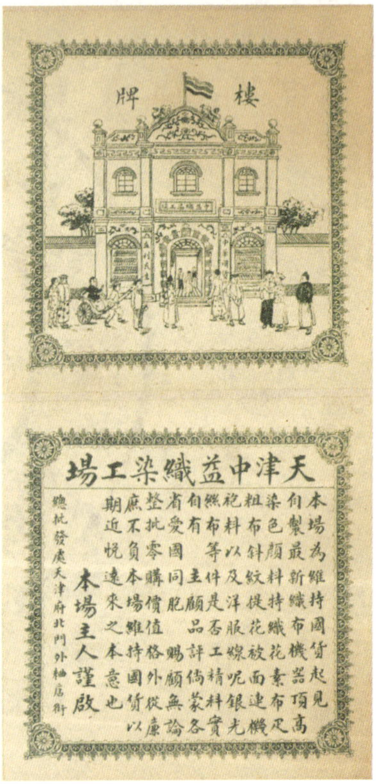

一组老商标图片

『中华民国之共和基础及富强之根本首在研究实业，欲实业逐渐扩充发达在工艺家专精研究，力谋进步而尤在爱国同胞提倡助销国货为惟一之维持，盖自开利源不使外溢供给需要经济调和，然后共和幸福方可享受』。这是天津一个普普通通的织染工厂印在商标上的文字，伴随这枚商标广而告之的更是一种坚定的信仰，它既是『提倡实业、助销国货』的告白，也是『振兴实业谋强国、新货行销挽利权』的呼吁。天津的实业之路，民族振兴的缩影。从周学熙和启新洋灰到宋棐卿的『抵羊』，从清末的实习工场到民国的工商业辉煌，这里有太多我们熟悉和陌生的名字，有太多轰烈或默默的举动。谨以一组老商标，向这座城市，整个民族，曾发出实业救国的声音，并用实践亲躬这一理想的人们致敬。

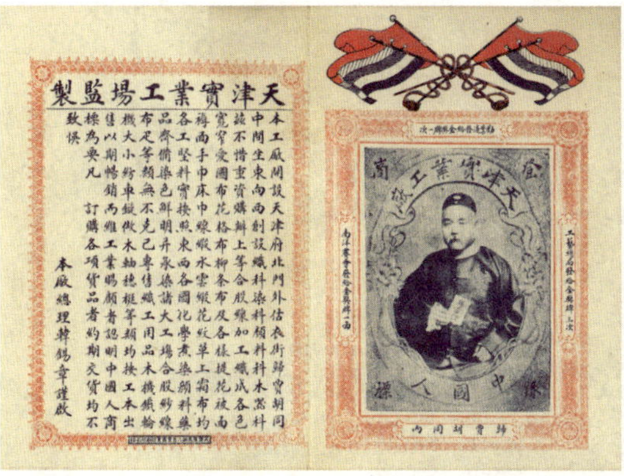
天津實業工場監製
天津實業工廠
中國人標

嚴防假冒
仿單
振新織染工廠

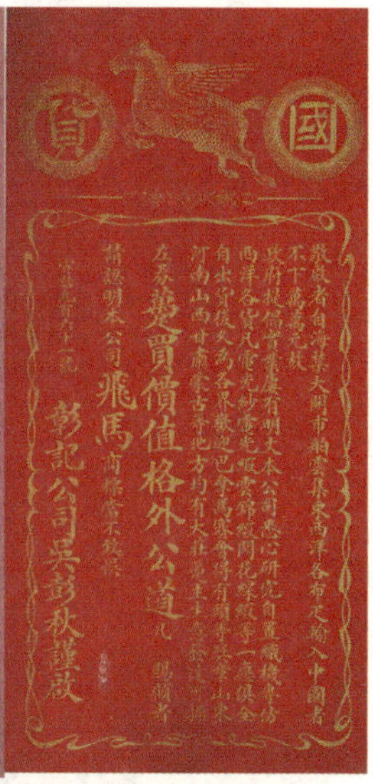
國貨
要買價值格外公道
飛馬
彰記公司吳彭秋謹啟

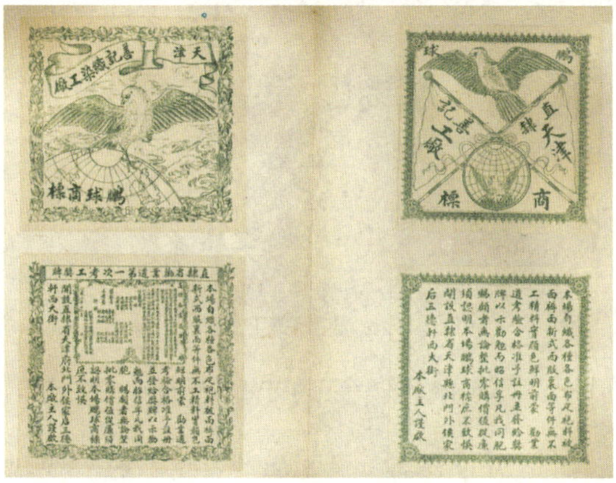

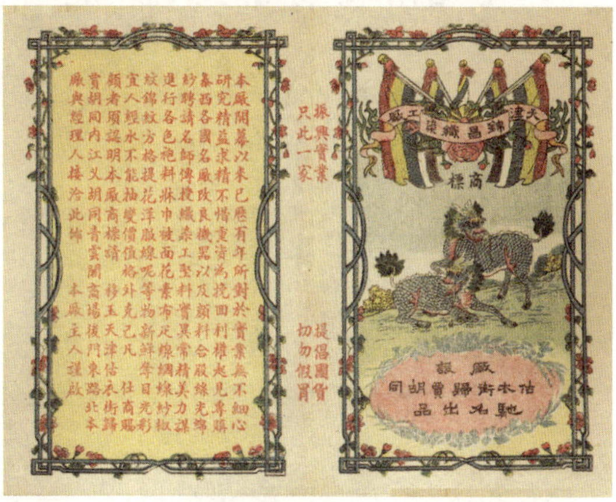

瑞記
工廠
天津絲光愛國布商標
本廠開設在天津西馬路
宣講所對過春德胡同內

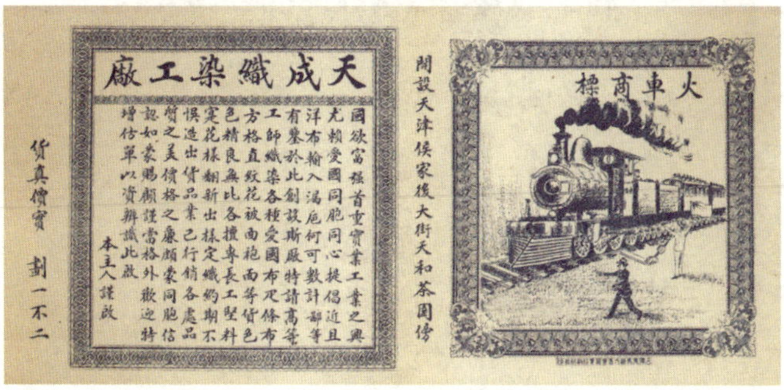
天成織染工廠
火車商標
開設天津侯家後大街天和茶園傍
貨真價實
劃一不二

假冒必究

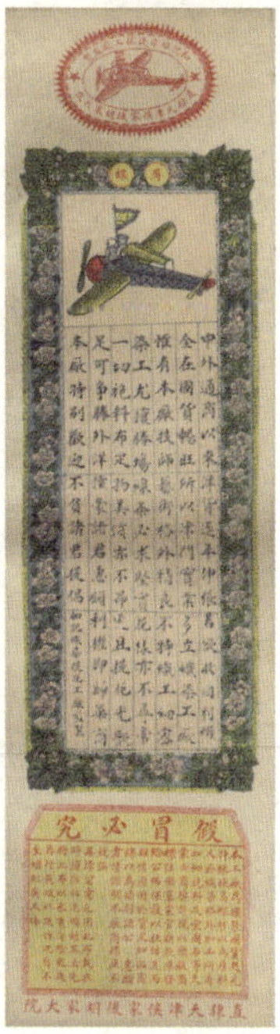
假冒必究

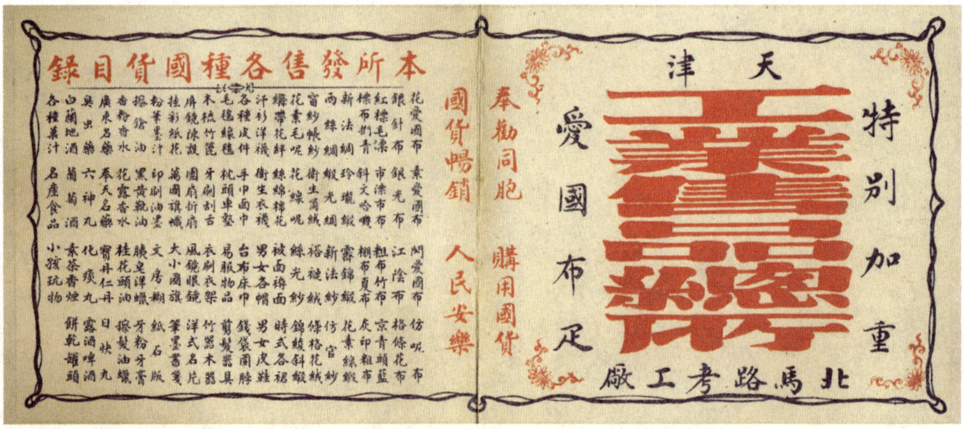
天津
工業售品總所
特別加重
愛國布疋
奉勸同胞 購用國貨
北馬路考工廠
國貨暢銷 人民安樂
本所發售各種國貨目錄
花愛國布 素愛國布 閃愛國布 仿呢布
銀針布 銀光布 江陰布 格條花布
市漆市布 粗布竹布 京青頭藍
斜文哈嘰 棚布夏布 灰印粗布
新法綢 珍瓏緞 露錦緞 花素絨緞
雨綫綢 光綢緞 新法紗 仿宫紗
窗紗帳紗 衛生簾絨 格袖絨 條格花絨
花素毛呢 花綫呢 綫光紗 錦紋斜緞
綁帶花絆 綫綿棉花 被面褥面 時式各裙
汗衫洋襪 衛生衣襪 男女各帽 男女皮鞋
各種皮件 手巾面巾 台布床巾 錢袋圍脖
毛毯線毯 枕頭車墊 易服物品 剪髮器具
木梳竹篦 牙刷刮舌 衣刷衣架 竹器木器
團扇折扇 風鏡眼鏡 洋式名片
挂彩紙花 萬國旗幟 大小國旗 筆墨書箋
粉筆墨汁 印刷油墨 文房糊 紙石版
黑黃靴油 胰皂洋蠟 牙粉牙膏
香粉香水 花露香水 桂花頭油 擦髮油蠟
廣東名藥 奉天名藥 寶丹仁丹 日快丸
六神丸 化痰丸 露酒啤酒
白蘭地酒 葡萄酒 素茶香煙 餅乾罐頭
各種菓汁 名產食品 小孩玩物

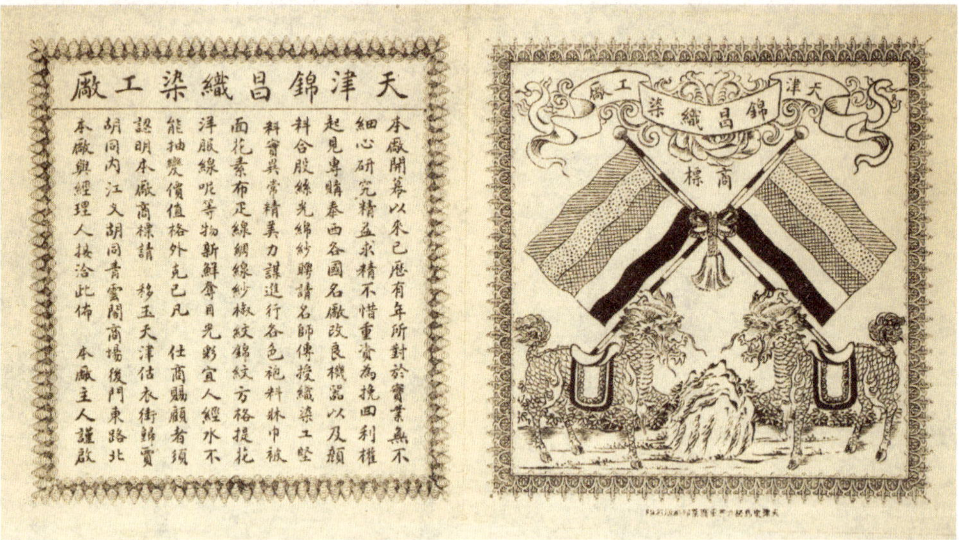
天津 錦昌織染 工廠
商標
天津錦昌織染工廠
本廠開幕以來已歷有年所對於實業無不
細心研究精益求精不惜重資為挽回利權
起見專購泰西各國名廠改良機器以及顏
料合股綫光綿紗聘請名師傳授織染工堅
料實異常精美力謀進行各色袍料袜巾被
面花素布疋綫綢綫紗椒紋錦紋方格提花
洋服綫呢等物新鮮奪目光彩宜人經水不
能抽變價值格外克己凡 仕商賜顧者須
認明本廠商標請 移玉天津估衣街歸賈
胡同內江文胡同青雲閣商場後門東路北
本廠與經理人接洽此佈 本廠主人謹啟

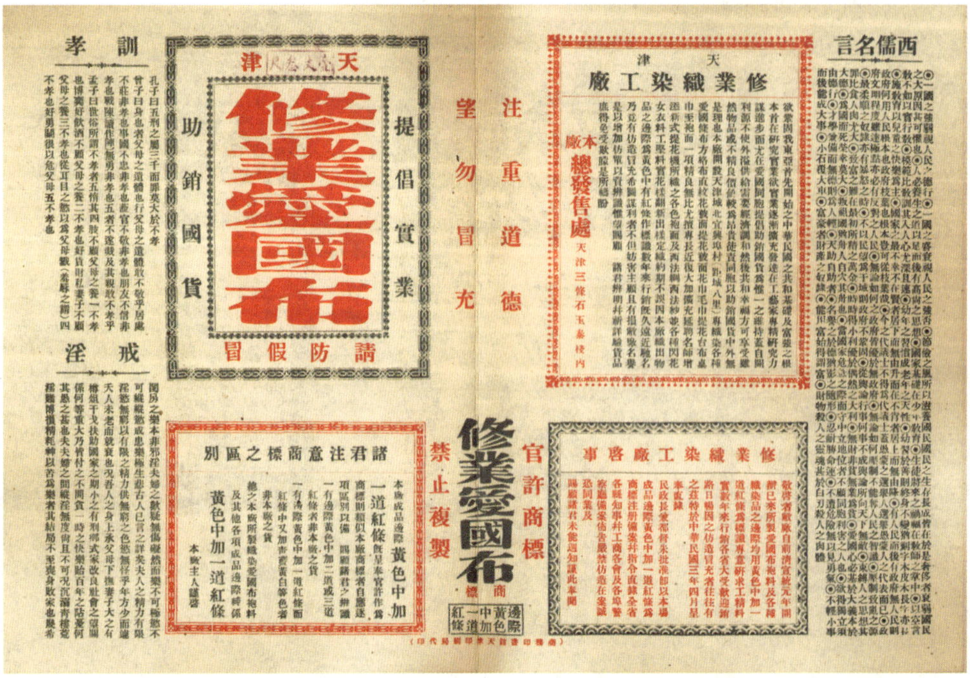
天津
修業愛國布
提倡實業
助銷國貨
請防假冒
注重道德
望勿冒充
天津
修業織染工廠
本廠總發售處 天津三條石玉泰棧內
西儒名言
訓孝
戒淫
修業織染工廠啓事
請君注意商標之區別
黃色中加一道紅條
官許商標
修業愛國布
禁止複製
商標
邊際黃色中加一道紅條

第十三章

东方华尔街与『四行一会』

东方华尔街与『四行一会』

民国金融史上素有『南四行』『北四行』之说，一南一北，遥相对应。江浙财团以上海、新华、浙江兴业和浙江实业执商业银行之牛耳。北方四行的盐业、金城、大陆和中南，亦声气相通，互为一脉。若要触摸近代银行业的云飞浪卷，来天津追寻『北四行』踪迹，那可是必须的。

东方华尔街

天津有一条路，今天我们称之为解放北路，历史上地跨英法两国租界，洋楼林立，门庭若市，这条街上聚集了众多的银行、洋行、保险公司，鼎盛时期，这条街上的资金流量居全国第二，是当之无愧的『东方华尔街』。

有学者罗澍伟说过：一座城市的金融业发达程度，往往是这座城市的经济，尤其是商业贸易发达的硬指标。二十世纪之前，传统的钱庄和票号占据天津金融业的主导地位。票号维系天津与各地的传统商贸联系，钱庄则仍以银钱兑换为主要业务。

天津开埠催生了外国金融机构在这座港口的诞生。天津最早的外资银行是英国汇丰银行天津分行旧址坐落于解放北路86号。汇丰在群雄逐鹿的外资银行里独步津门，是与向清政府提供大额贷款以及吸纳官僚贵族的存款分不开的，更为重要的是，汇丰为洋行的发展提供了资金融通。汇丰模式也成为国人创办银行可资借鉴的样板，中国通商银行就是这一学习过程的成果之一。1898年，中国通商银行天津分行成立。

天津掀起兴办银行的热潮是二十世纪的事了。一战之前是天津银行业的初步发展阶段，除了逐步增加的外资银行，三家华资银行在津落户也是值得关注的。志成银行、直隶省银行和殖业银行，虽有着开办背景的差异，但都难脱旧式银号的窠臼。

第一次世界大战的爆发，给民族工业带来了发展的缝隙，天津的华资银行业也是在这个时期大量涌现并步入繁盛的，这其中就包括了著名的『北四行』。金城、大陆初建早期都以天津为活动中心，盐业、中南虽设总行于京沪，但其业务重心亦在天津。当年叱咤风云的『北四行』并非都在解放北路上建有机构，但无一例外地都将行址设在了租界区内。

北四行

北京和天津，有着一层很玄妙的关系。皇亲国戚、各路军阀在北京这方舞台上粉墨登场，插科打诨，各尽能事。下得台来，又怀揣着各自的阴谋、动机，隐退到天津租界这方幕后，做起寓公。这也造就了天津华资商业银行异于其他的地缘特色和政治背景。

北洋政府财政拮据，加之军阀连年混战，需要高额的借款，亦需利用银行发行公债融资，这自然刺激了银行业的发展。另外，各路军阀积累的大量财富也希望通过适当的投资，来实现滚雪球一样的增值。『北四行』的起步，也无一例外地跟军阀攀上了关系。

1915年盐业银行成立，总理张镇芳。张乃袁世凯长兄之内弟，袁世凯督直，张官任天津长芦盐运使。除了大股东张镇芳，注资盐业银行的股东还有张勋、倪嗣冲等政坛名流，其他如那桐、张怀芝等亦名噪一时。1917年成立的金城银行旧址坐落于解放北路97、99号也是北洋政府时期兴办银行风潮的产儿。据统计金城银行开办时军阀官僚投资高达九成，其中倪嗣冲、王郅隆成为最大的股东。1919年开幕的大陆银行甚至被称为督军银行，其最大的股东冯国璋既是直系大军阀，又是代理大总统，张勋、张调宸等人也是集军阀和官僚双重身份于一身。『北四行』里的中南银行虽然以南洋华侨为投资主体，但也在业务经营上依附北洋政府，与军阀有着脱不开的关系。

以『北四行』为代表的天津华资银行主要的业务之一是为北洋政府发行债券并从中获得巨额利润。另外，注资民族工商业也成为『北四行』的重要功绩。纺织、面粉、化工等大型企业都成为华资银行合作对象，这里不乏久大、永利、恒源、裕源等在天津近代史上举足轻重的大企业。某种程度上，天津近代民族工商业的辉煌离不开『北四行』的助推。

四行储蓄会

北洋政府时期，市面上流通的钞票名目繁多，而中国的钞票多信誉不佳。『北四行』负责人之吴鼎昌、周作民、谈荔孙、胡笔江本就关系密切，为重振中国钞票，他们认为四行必须联手合作。1921年，四行准备库成立，总库设在上海，天津设分库旧址坐落于解放北路145号，四行共同发行中南银行钞票，因为兑换充足，得到市场认可。

『北四行』联合，不仅诞生了四行准备库，还创造了四行储蓄会这一极富特色的金融组织。早年，皇族官僚多将钱款存于外资银行。『北四行』等华资银行兴起，作为大股东的军阀官僚自然存入大量资金。但如何吸纳社会上的小额闲散资金，这里的确有一番启蒙。

早在1912年，外商就已经在津沪等城市开办了万国储蓄会，有奖揽储，汇集小额存款，聚少成多。然而，旧式的钱庄票号，新式的华资银行都未将储蓄作为主营业务。『北四行』有鉴于此，以『存户即是股东』相号召，力争储蓄事业社会化，与万国储蓄会一争高下。

1923年，四行储蓄会开业，由盐业、金城、大陆、中南各出资二十五万，作为专办储蓄业务的基本储金。『北四行』的四位总经理进入执行委员会，大家公推吴鼎昌为主任，综理一切事务。四行储蓄会总会设于上海，与四行准备总库合署办公。天津分会亦与天津四行准备库同址。

四行储蓄会向社会公众提供了五种储蓄方式，分别为活期储金、分期储金、定期储金、长期储金和特别储金。因有四行担保本息，实力雄厚，存款人在获得利息之外，还有红利可图，这种全新的理财方式渐渐得到储户们的接纳和欢迎，四行储蓄会也因此在市场站稳了脚跟。四行储蓄会利用储户的资金购买各种债券，投资房地产，甚至择机大做外汇投机生意，获得巨额盈利，终与『北四行』并驾齐驱。『四行一会』也在近代金融史上写下浓重的一笔。

当年穿行在『东方华尔街』上的身影，意气风发，他们中既有多财善贾的银行家，亦不乏长袖善舞的政治家。金融曰投资，政治曰投机。金融因政而兴，亦可因政而废。在经历了天津沦陷和国民党后期的恶性通胀之后，一度生机蓬勃的天津金融业出现了衰退。而今，『四行一会』早已风流散去，金融街旧迹还在，等你凭吊。

■ 一组天津金融街上的老银行照片

解放北路，历史上地跨英法两国租界。英租界的人们称呼其维多利亚道或中街，是今天营口道至开封道的一段。营口道以北的部分，历史上属于法租界，另有大法国路的名字。这条街上曾经聚集了众多的银行、洋行、保险公司，有『东方华尔街』的美誉。而与这条金融街纵横交错形成的街区，也成为中国北方最大的金融中心。

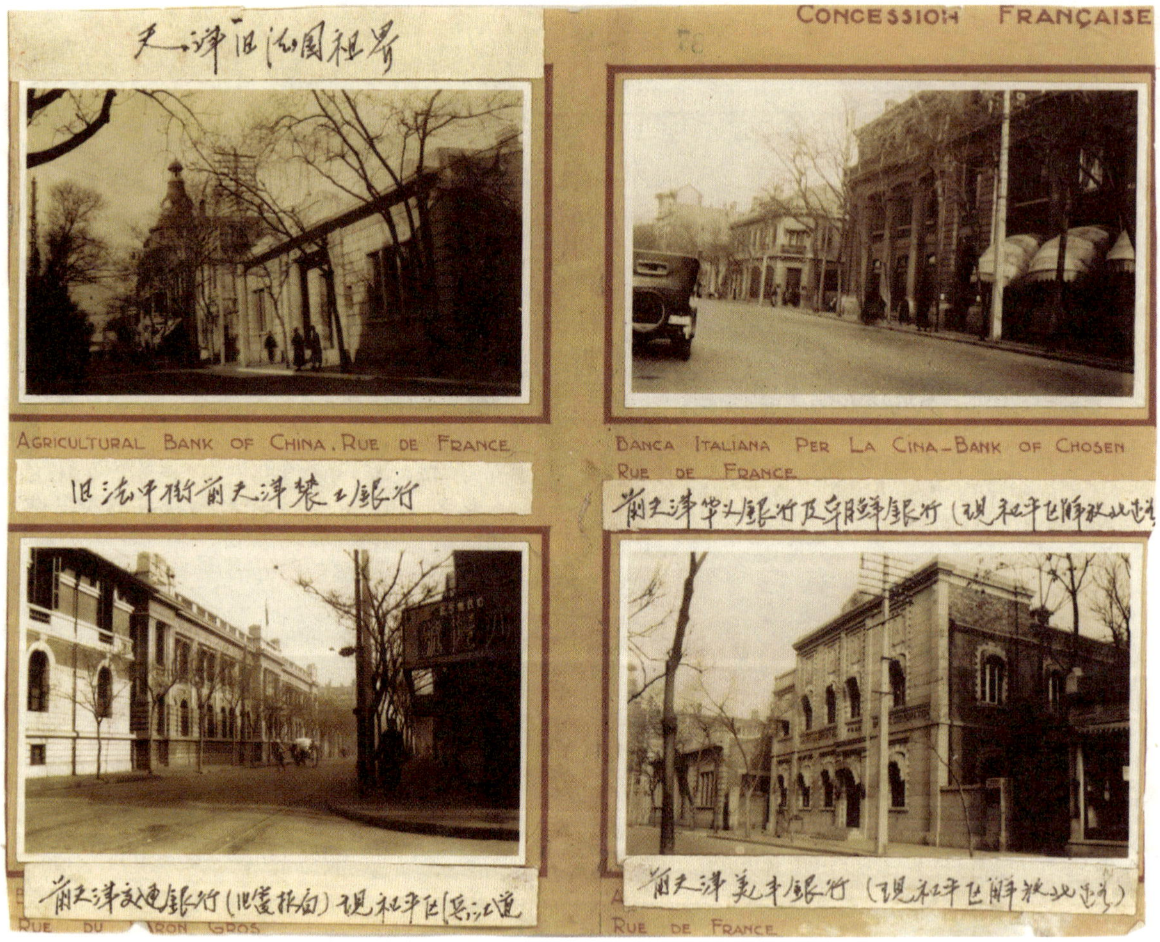

天津市档案馆馆藏

珍品档案图录（1655–1949）

前天津法商东方汇理银行
（现天津市历史艺术博物馆）

前天津法商东方汇理银行
（现和平区解放北路）

旧法国河坝（现张自忠路）
前天津"大陆银行"仓库

QUAI AUGUSTE BOPPE GODOWN DE LA CONTINENTAL BANK

旧法租界12号路（现营口道）手世大楼

RUE SAINT-LOUIS IMMEUBLE SAINT-LOUIS

CONCESSION FRANÇAISE
天津旧法国租界
RUE DE L'AMIRAUTE YIEH YIEH COMMERCIAL BANK
(BANQUE DU SEL.)
旧法租界6号路（现赤峰道）
盐业银行
RUE DE L'AMIRAUTE GODOWN DE LA BANQUE
DU SEL
旧法租界6号路（现赤峰道）
盐业银行仓库

VICTORIA ROAD THE NATIONAL CITY BANK OF NEW-YORK

CONCESSION ANCLAISE
VICTORIA ROAD THE CENTRAL BANK OF CHINA

旧法中街及什字路（现解放北路及东长道）前天津"华义银行""朝鲜银行"及天津法商"乌利文洋行"

旧法国河坝（现张自忠路）前天津"大陆银行仓库"及"万国桥"（现解放桥）

AVANT PLAN HONGKONG AND SHANGHAI BANKING CORPORATION
ARRIÈRE PLAN YOKOHAMA SPECIE BANK

CONCESSION ANGLAISE

VICTORIA ROAD AVANT PLAN CHARTERED BANK OF INDIA AUSTRALIA AND CHINA ARRIÈRE PLAN JARDINE AND MATHESON

CHARTERES BANK OF INDIA AUSTRALIA AND CHINA

AVANT PLAN BANQUE FRANCS CHINOISES RUE of FRANCE ARRIERE PLAN
JOKOHAMA SPECIE BANK ET CHASE BANK VICTORIA ROAD

VICTORIA ROAD CHASE BANK. JOKOHAMA SPECIE BANK ET HONGKONG
AND SHANGHAI BANK

VICTORIA ROAD. AVANT PLAN: CHINA AND SOUTH SEA BANK ARRIERE PLAN: NATIONAL CITY BANK OF NEW-YOAK

VICTORIA ROAD THE CHASE BANK ET THE CENTRAL BANK OF CHINA

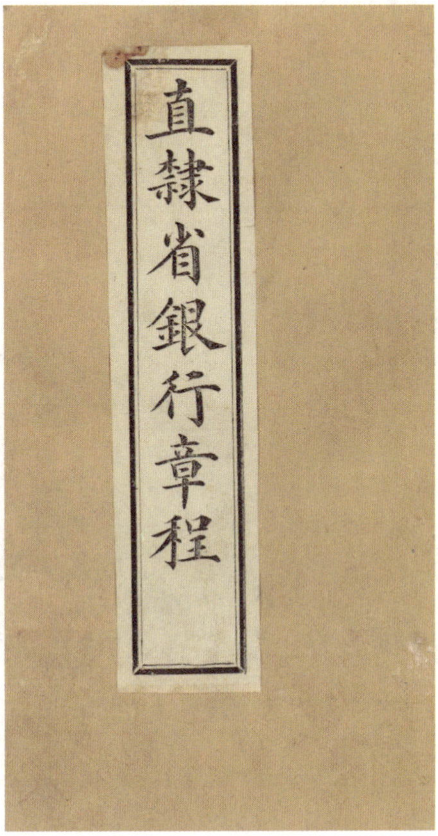
直隸省銀行章程

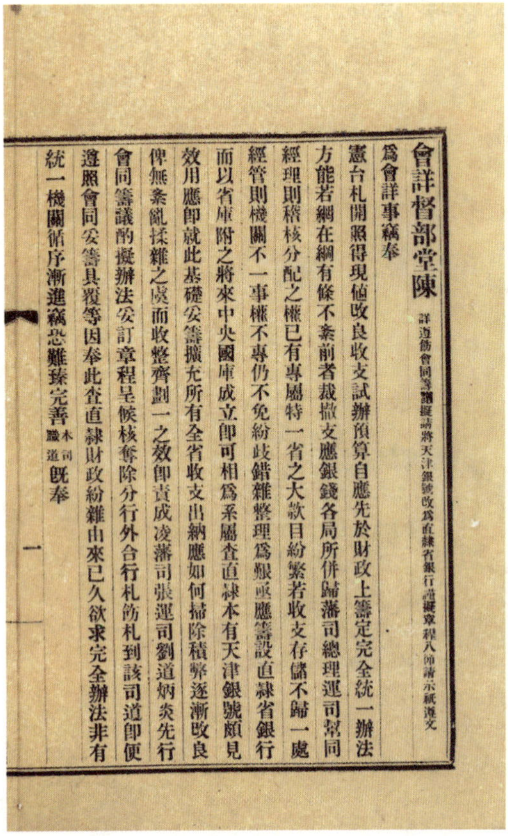
會詳督部堂陳 詳遵飭會同籌議擬請將天津銀號改爲直隸省銀行謹擬章程八節請示祇遵文
爲會詳事竊奉
憲台札開照得現値改良收支試辦預算自應先於財政上籌定完全統一辦法
方能若綱在綱有條不紊前者裁撤支應銀錢各局所併歸藩司總理運司幫同
經理則稽核分配之權已有專屬特一省之大款目紛繁若收支存儲不歸一處
經管則機關不一事權不專仍不免紛歧錯雜整理爲艱亟應籌設直隸省銀行
而以省庫附之將來中央國庫成立即可相爲系屬查直隸本有天津銀號頗見
效用應即就此基礎妥籌擴充所有全省收支出納應如何掃除積弊逐漸改良
俾無棼亂揉雜之虞而收整齊劃一之效即責成淩藩司張運司劉道炳炎先行
會同籌議酌擬辦法妥訂章程呈候核奪除分行外合行札飭札到該司道即便
遵照會同妥籌具覆等因奉此查直隸財政紛雜由來已久欲求完全辦法非有
統一機關循序漸進竊恐難臻完善本司職道既奉
一

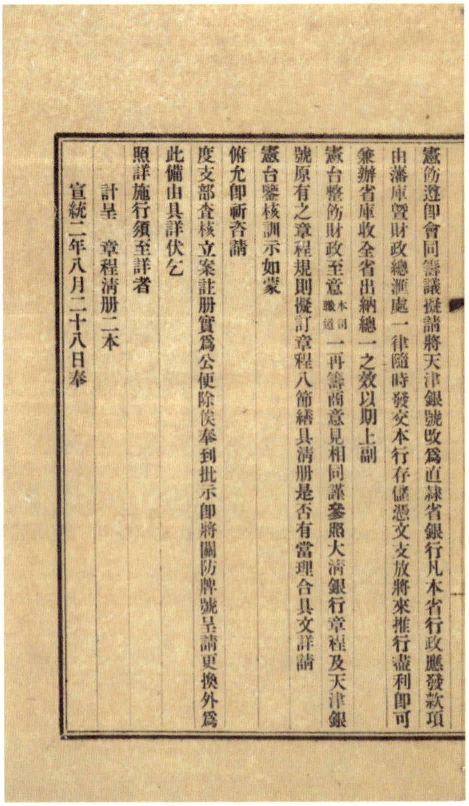
憲飭遵即會同籌議擬請將天津銀號改爲直隸省銀行凡本省行政應發款項
由藩庫暨財政總滙處一律隨時發交本行存儲憑文支放將來推行盡利即可
兼辦省庫收全省出納總一之效以期上副
憲台整飭財政至意本司職道一再籌商意見相同謹參照大清銀行章程及天津銀
號原有之章程規則擬訂章程八節繕具清册是否有當理合具文詳請
憲台鑒核訓示如蒙
俯允即祈咨請
度支部查核立案註册實爲公便除俟奉到批示即將關防牌號呈請更換外爲
此備由具詳伏乞
照詳施行須至詳者
計呈 章程淸册二本
宣統二年八月二十八日奉

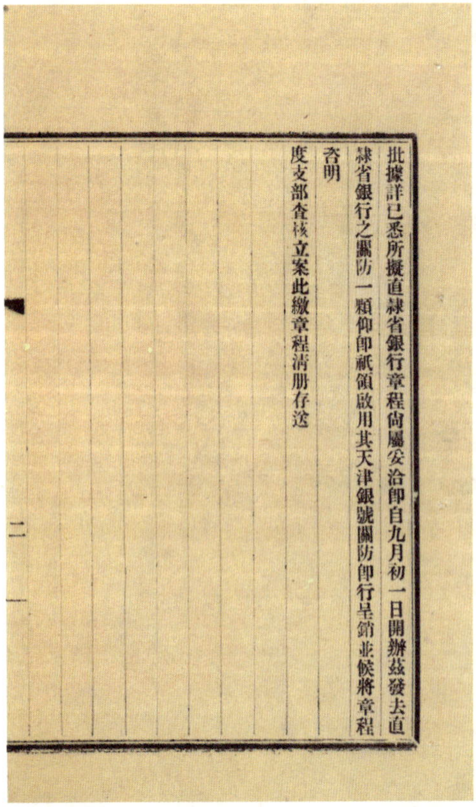
批據詳已悉所擬直隸省銀行章程尙屬妥洽即自九月初一日開辦茲發去直
隸省銀行之關防一顆仰即祇領啟用其天津銀號關防即行呈銷並候將章程
咨明
度支部查核立案此繳章程淸册存送
二

直隶省银行章程（局部）（1910年）

直隸省銀行章程

第一節　宗旨

一設立直隸省銀行係爲本省地方財政總滙而設一切事宜遵照度支部奏定銀行通行則例稟承　總督辦理並隨時咨報度支部查核並由部隨時派員前往稽查

二省銀行爲全省財政機關凡直隸本省地方行政應發款項由藩庫及財政總滙處一律隨時發交本行存儲憑文支放

第二節　定名

直隸省銀行就舊日天津銀號改設總行仍設天津分號在他省者名爲駐某處直隸銀行在本省者名爲直隸省某處分銀行

第三節　資本

直隸省銀行就天津銀號原有官本五十萬兩護本六十萬兩再由司局各庫將舊存之款籌撥九十萬兩湊足二百萬兩爲直隸省銀行資本

第四節　營業

一收發官款

二存放定期及活期款項

三折收未滿限期票

四滙兌劃撥各種款項

五抵押永久不壞妥實押款

六兌換國幣

七暫用原有之銀兩銀元票中央新幣未行以前仍以天津銀號原發之銀票銀元票暫照行用應遵照部章分年按成遞減將來中央新幣發行之後所有天津銀號舊出之票即當一律收回

第五節　人員

天津總行

督理二員　藩運兩司任充

總辦一員　幫總辦一員

稽查一員　理事二員

經理一員　副經理一員

收發官款二員　總司帳一人

幫司帳二人　司銀帳一人

司洋元帳一人　司錢帳一人

司局所帳兼辦月總二人　司各項股票兼辦月報一人

司謄清帳並結日清各表二人　司對帳二人

管票紙二人　總管庫一人

管櫃房一人　司庫帳兼管金銀幣挑選銀色四人

管滙票兼管單據押件二人　抄寫四人

總書信一人　幫書信二人

司各分行信帳管滙劃撥帳三人司門市八人

外司帳二人　副跑街四人

管公債二人　總司儲蓄一人

管儲蓄二人　儲蓄站櫃五人

司儲蓄入款帳二人　司儲蓄出款帳二人

洋文繙譯一人　知客二人

經理股票交通事宜二人　學徒十二人

上海分行

經理一員　副經理一人

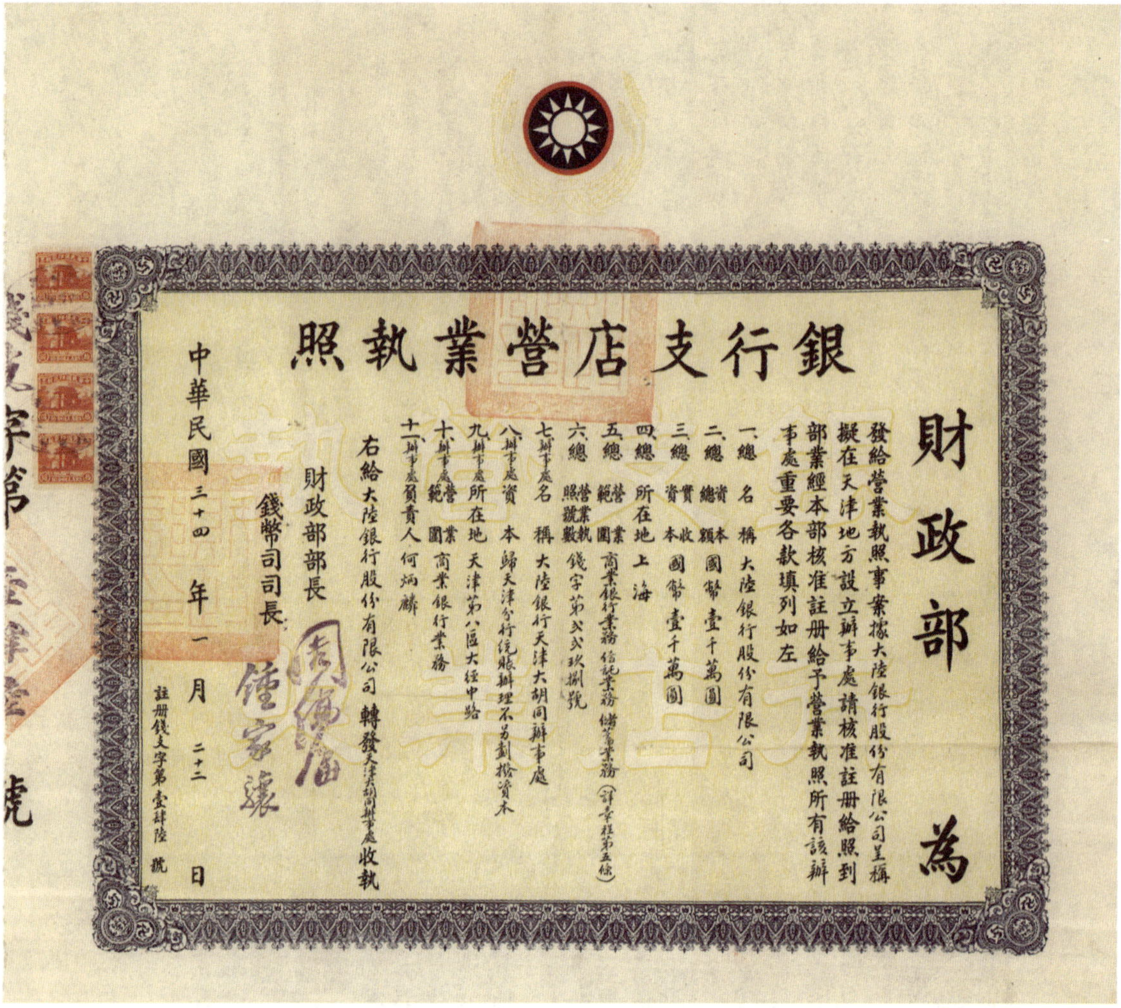
銀行支店營業執照

財政部 為

發給營業執照事案據大陸銀行股份有限公司呈稱擬在天津地方設立辦事處請核准註冊給照到部業經本部核准註冊給予營業執照所有該辦事處重要各款填列如左

一、總名稱 大陸銀行股份有限公司
二、總資本額 國幣壹千萬圓
三、總實收資本 國幣壹千萬圓
四、總所在地 上海
五、總營業範圍 商業銀行業務 信託業務 儲蓄業務（詳章程第五條）
六、總營業執照號數 錢字第弍弍玖捌號
七、辦事處名稱 大陸銀行天津大胡同辦事處
八、辦事處資本 歸天津分行統賬辦理不另劃撥資本
九、辦事處所在地 天津第八區大經中路
十、辦事處營業範圍 商業銀行業務
十一、辦事處負責人 何炳麟

右給大陸銀行股份有限公司 轉發天津大胡同辦事處收執

財政部部長
錢幣司司長

中華民國三十四年一月二十二日

註册錢文字第壹肆陸號

■ 大陆银行天津大胡同办事处营业执照（1945年1月22日）

金城、大陆、盐业、中南，著名的『北四行』，中国近代华资银行业的翘楚，都曾以天津为经营中心。

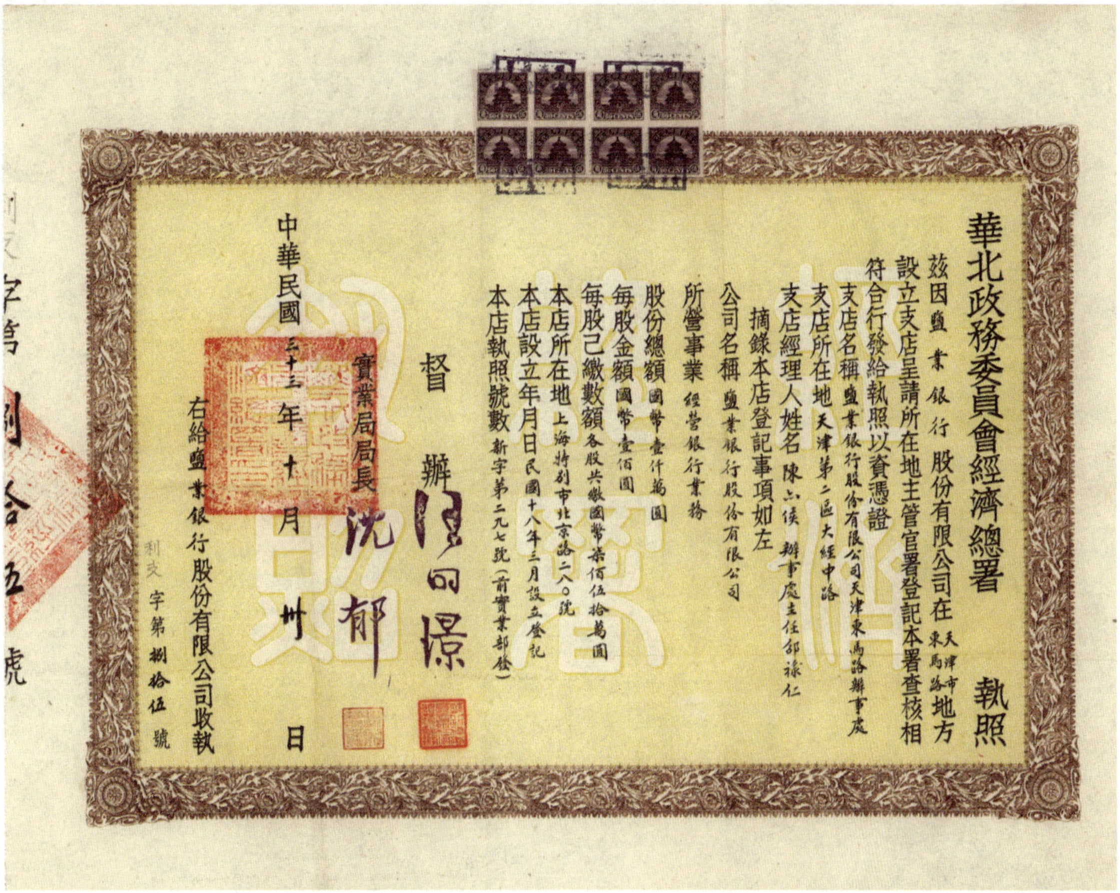

華北政務委員會經濟總署 執照

茲因鹽業銀行股份有限公司在天津市東馬路地方設立支店呈請所在地主管官署登記本署查核相符合行發給執照以資憑證

支店名稱 鹽業銀行股份有限公司天津東馬路辦事處

支店所在地 天津第二區大經中路

支店經理人姓名 陳亦侯 辦事處主任 邵祿仁

摘錄本店登記事項如左

公司名稱 鹽業銀行股份有限公司

所營事業 經營銀行業務

股份總額 國幣壹仟萬圓

每股金額 國幣壹佰圓

每股已繳數額 各股共繳國幣柒佰伍拾萬圓

本店所在地 上海特別市北京路二八〇號

本店設立年月日 民國十八年三月設立登記

本店執照號數 新字第二九七號（前實業部發）

督辦

實業局局長 沈郁

中華民國三十三年十月卅日

右給鹽業銀行股份有限公司收執

利支字第捌拾伍號

■ 盐业银行天津东马路支行营业执照

（1944 年 10 月 30 日）

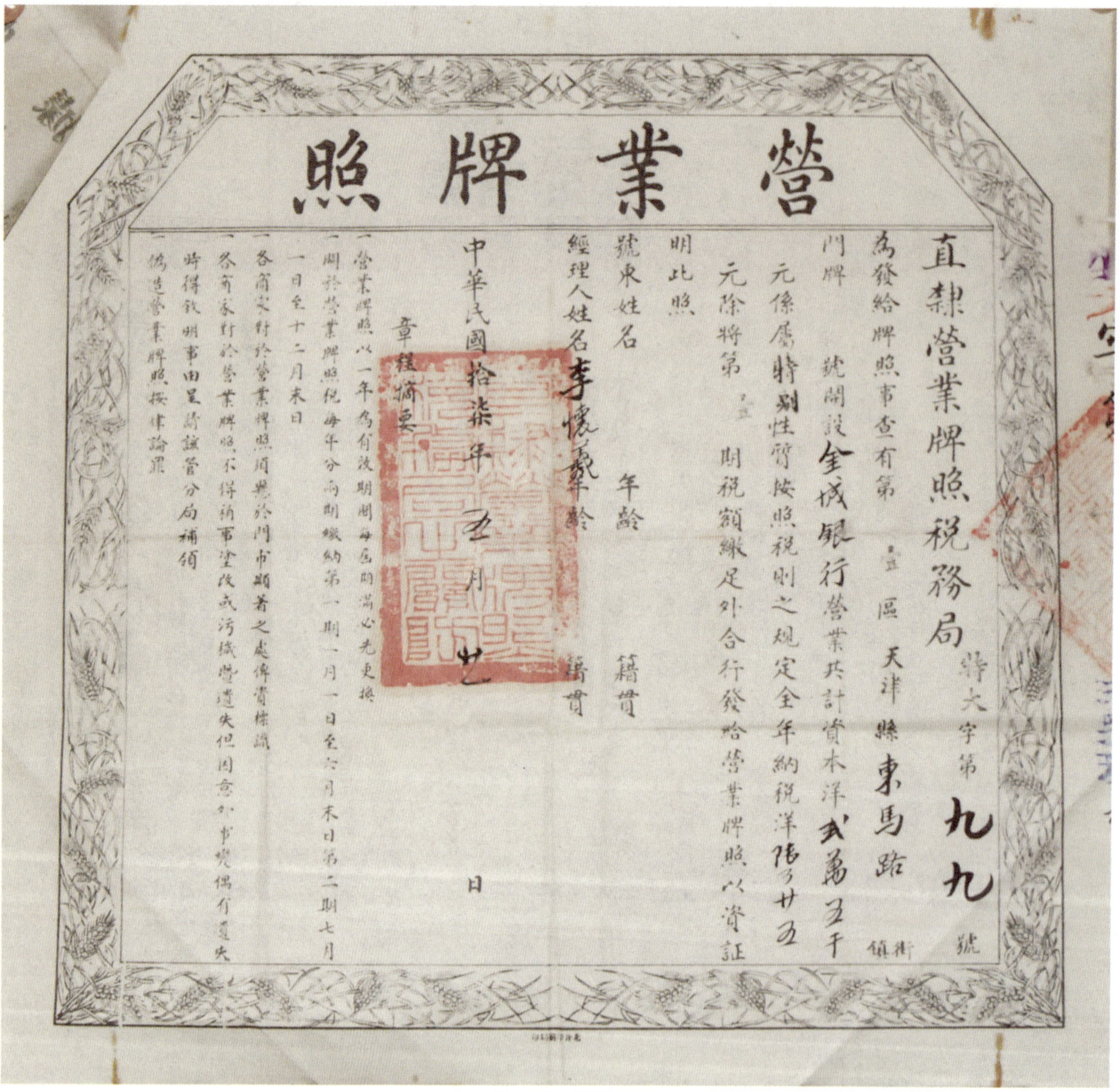

營業牌照

直隸營業牌照稅務局　特大字第 九九 號

為發給牌照事查有第 壹 區 天津 縣 東馬路 街鎮
門牌 號開設金城銀行營業共計資本洋貳萬五千
元係屬特别性質按照稅則之規定全年納稅洋陸百廿五
元除將第 壹 期稅額繳足外合行發給營業牌照以資証
明此照

號東姓名　年齡　籍貫

經理人姓名 李懷　年齡　籍貫

中華民國拾柒年五月廿一日

章程摘要

一營業牌照以一年為有效期間每屆期滿必先更換

一關於營業牌照稅每年分兩期繳納第一期一月一日至六月末日第二期七月一日至十二月末日

一各商家對於營業牌照須懸於門市顯著之處俾資標識

一各商家對於營業牌照不得損毀塗改或污穢遺失但因意外事變偶有遺失時得敘明事由呈請該管分局補領

一偽造營業牌照按律論罪

■ 金城银行营业执照（1928 年 5 月 21 日）

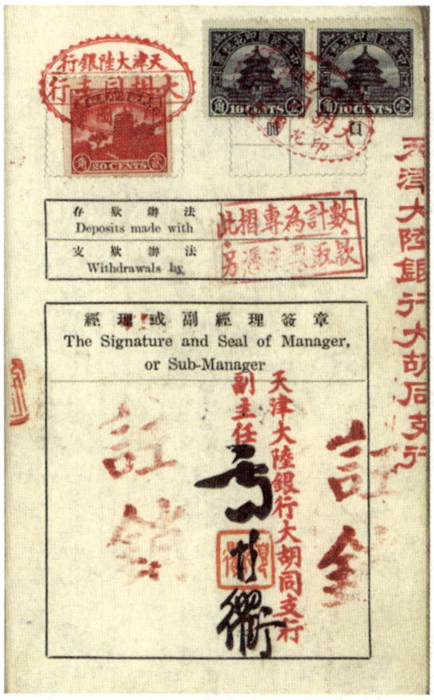

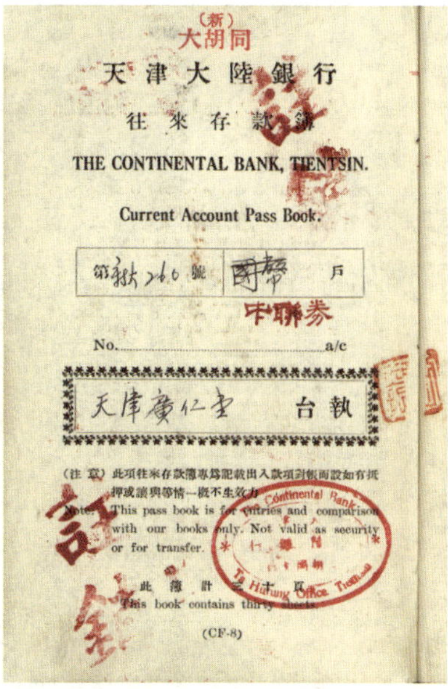

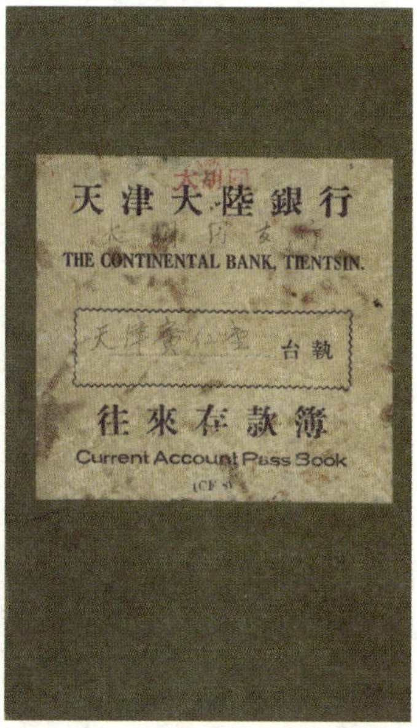

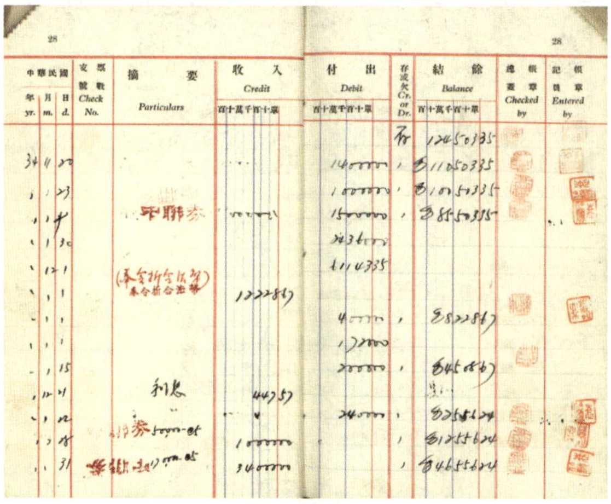

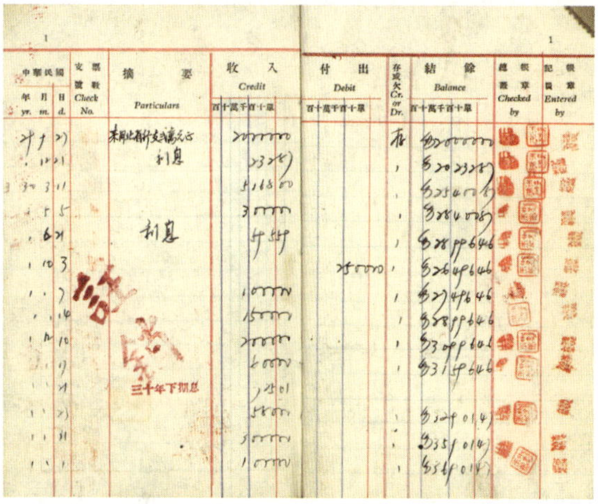

天津广仁堂所持天津大陆银行大胡同支行存折（局部）（1940—1946年）

早在1912年，外商就已经在津沪等城市开办了万国储蓄会。为挽回利权，『北四行』提出『存户即是股东』的口号，推动了储蓄事业社会化。1923年，四行储蓄会开业，由盐业、金城、大陆、中南各出资二十五万。总会设于上海，天津设有分会。

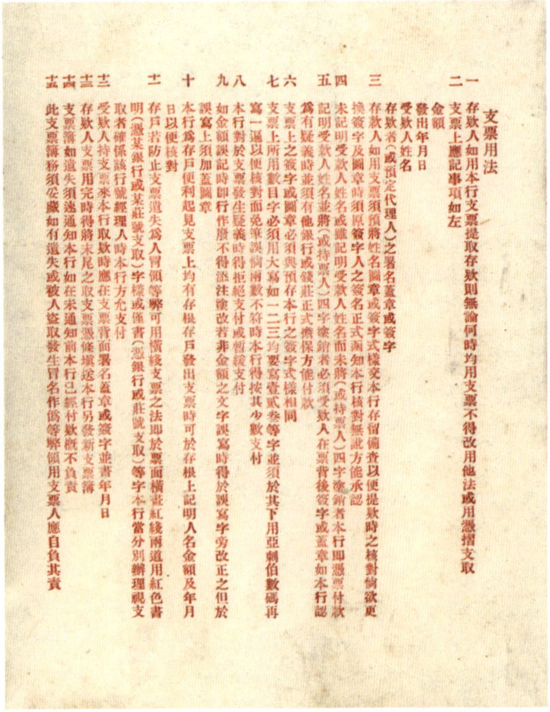
支票用法

一 存款人如用本行支票提取存款則無論何時均用支票不得改用他法或用憑摺支取

二 支票上應記事項如左

金額

發出年月日

受款人姓名

三 存款者(或預定代理人)之署名蓋章或簽字

四 存款人如用支票須預將姓名圖章或簽字式樣交本行存留備查以便提款時之核對倘欲更換簽字及圖章時須原簽字人之簽名正式函知本行核對無訛方能承認

五 未記明受款人姓名或雖記明受款人姓名而未將(或持票人)四字塗銷者本行即憑票付款記明受款人姓名並將(或持票人)四字塗銷者必須受款人在票背後簽字或蓋章如本行認爲有疑義時並須有他銀行或錢莊正式擔保方能付款

六 支票上之簽字或圖章必須與預存本行之簽字式樣相同

七 支票上所用數目字必須用大寫如一二三均要寫壹貳叁等字並須於其下用亞剌伯數碼再寫一遍以便核對而免筆誤倘兩數不符時本行得按其少數支付

八 本行對於支票發生疑義時得拒絕支付或暫緩支付

九 如金額誤記時即行作廢不得添注塗改若非金額之文字誤寫時得於誤寫字旁改正之但於誤寫上須加蓋圖章

十 本行爲存戶便利起見支票上均有存根存戶發出支票時可於存根上記明人名金額及年月日以便核對

十一 存戶若防止支票遺失爲人冒領等弊可用橫綫支票之法即於票面橫畫紅綫兩道用紅色書明(憑某銀行或某莊號支取)字樣或僅書(憑銀行或莊號支取)等字本行當分別辦理視支取者確係該行號經理人時本行方允支付

十二 受款人持支票來本行取款時應在支票背面署名蓋章或簽字並書年月日

十三 存款人支票用完時得將末尾之取支票憑條撕送本行另發新支票簿

十四 支票簿如遺失須速通知本行如在未通知前本行已經付款概不負責

十五 此支票簿務須妥藏如有遺失或被人盜取發生冒名作偽等弊僅用支票人應自負其責

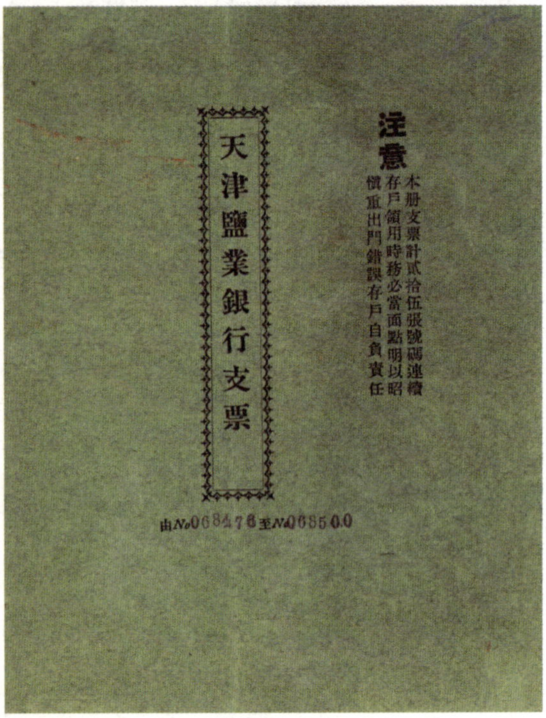
天津鹽業銀行支票

注意

本冊支票計貳拾伍張號碼連續存戶領用時務必當面點明以昭慎重出門錯誤存戶自負責任

由No068476至No068500

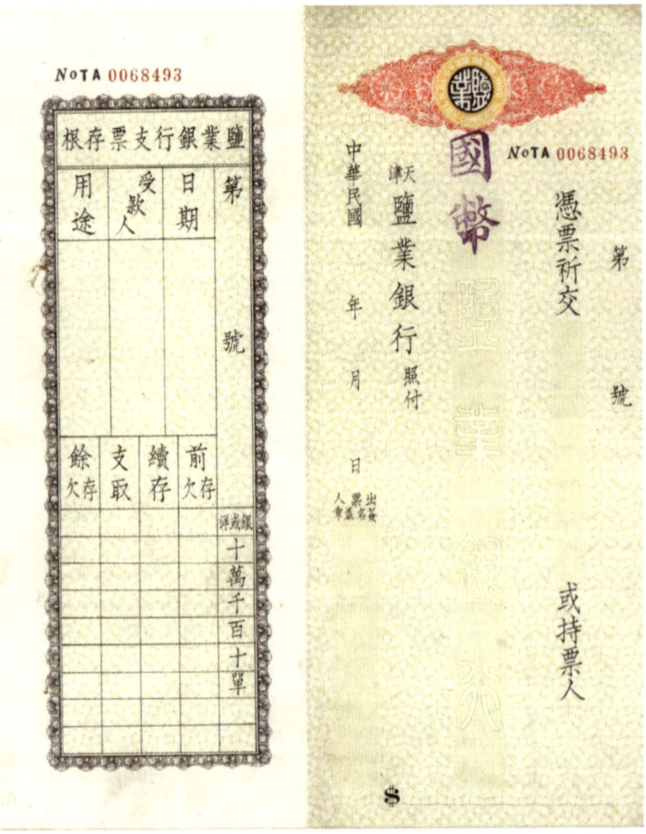

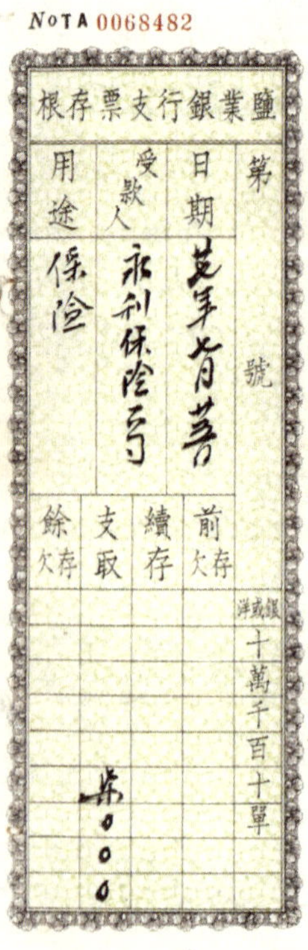

天津市档案馆馆藏

珍品档案图录（1655—1949）

天津盐业银行支票（局部）（1938年）

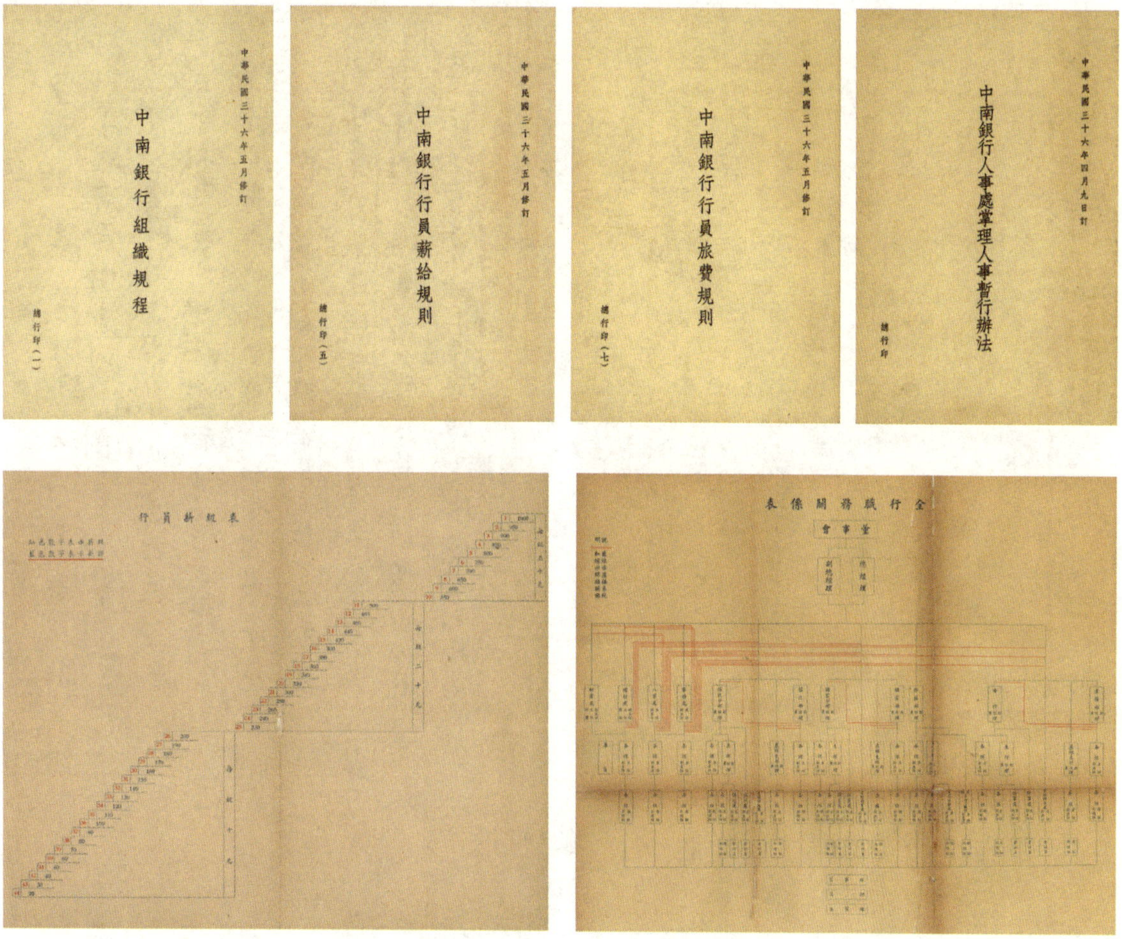

■ 中南银行规程（局部）（1947 年）

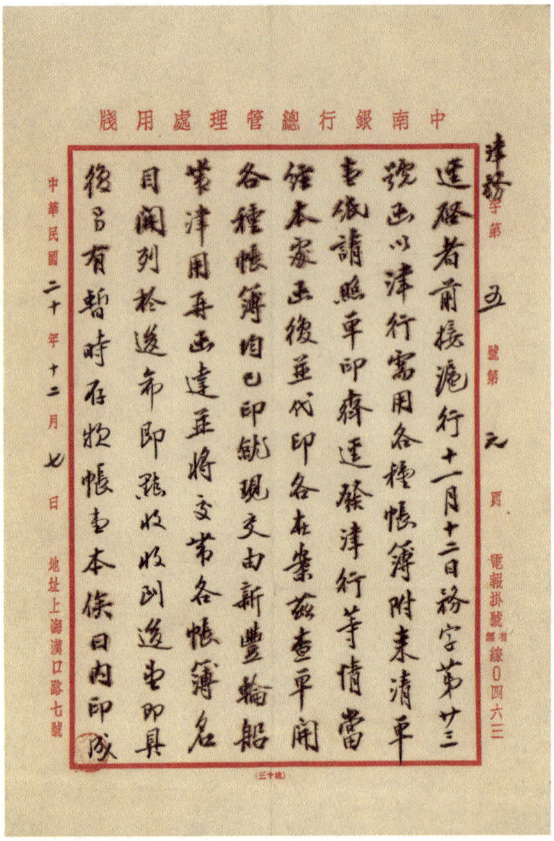

中南銀行總管理處用牋

津務字第五號第一頁

逕啓者前接滬行十一月十二日務字第廿三號函以津行需用各種帳簿附來清單壹紙請照單印齊逕發津行等情當經本處函復並代印各在案茲查單開各種帳簿均已印就現交由新豐輪船裝津用再函達並將交帶各帳簿名目開列於後希即照收收到後並即具復以有暫時存放帳壹本俟日內印成

中華民國二十年十二月七日

電報掛號綠〇四六三

地址上海漢口路七號

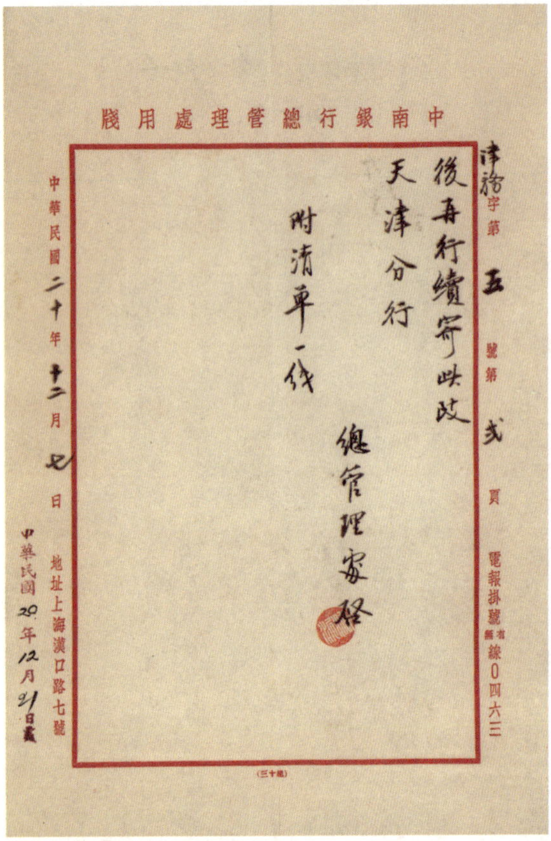

中南銀行總管理處用牋

津務字第五號第弍頁

後再行續寄此致

天津分行

附清單一紙

總管理處啓

中華民國二十年十二月七日

電報掛號綠〇四六三

地址上海漢口路七號

中華民國20年12月21日

■ 中南银行上海总管理处为账簿事致天津分行启（1931 年 12 月 7 日）

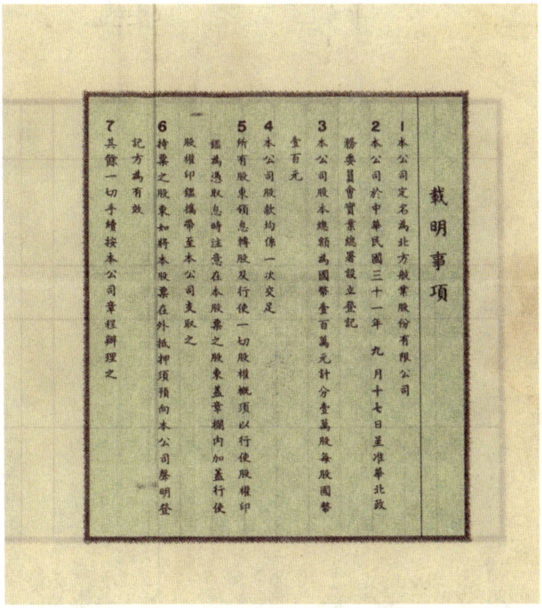

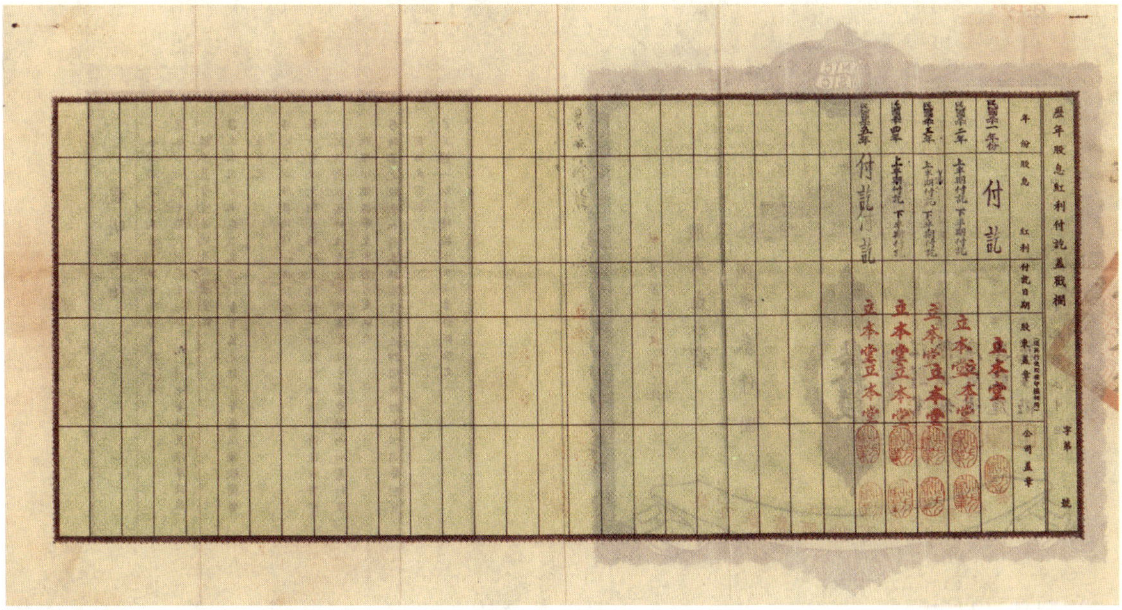

■ 一组中外公司发行的股票

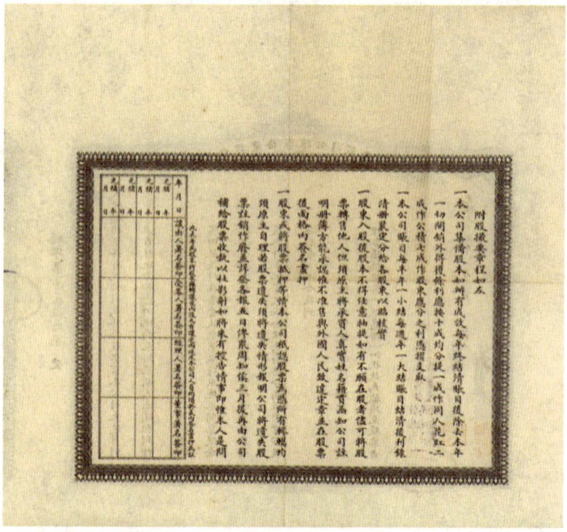
附股據章程如左

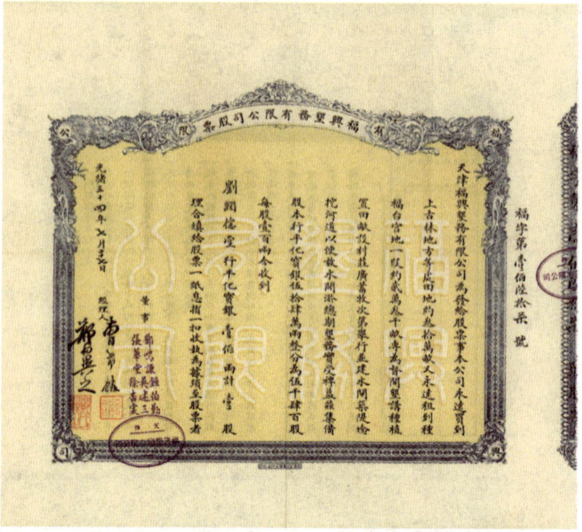
福興墾務有限公司股票
福字第壹佰陸拾柒號

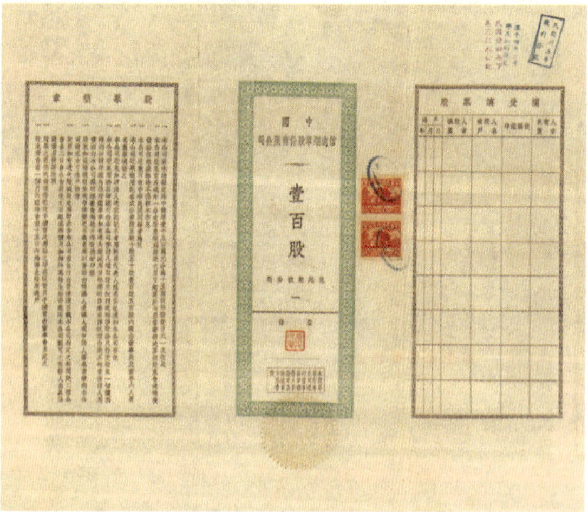
壹百股

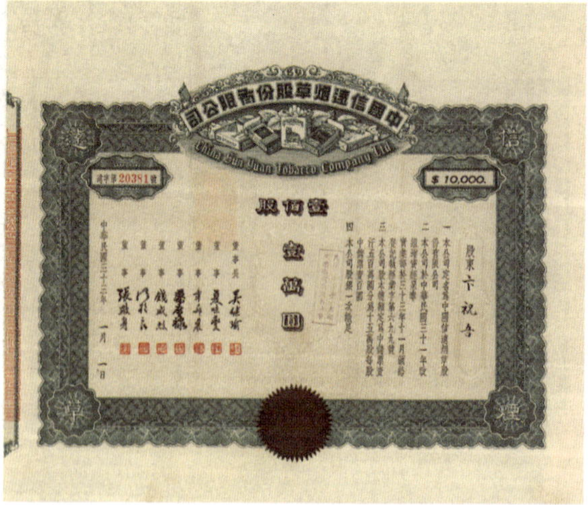
中國信遠煙草股份有限公司
$10,000.
壹佰股
壹萬圓

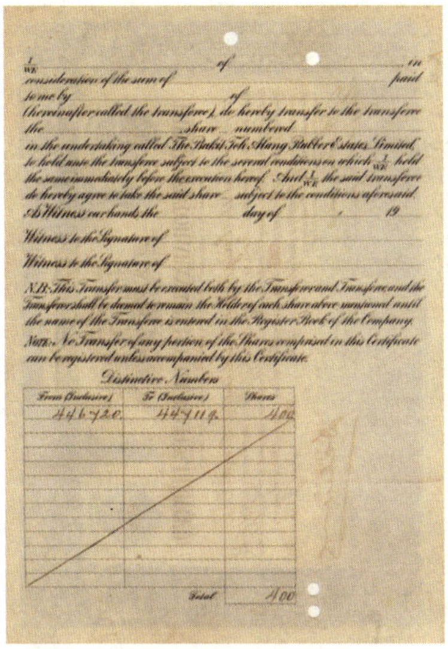

NEW ISSUE.
INCORPORATED UNDER THE COMPANIES ORDINANCES OF HONGKONG
CERTIFICATE
3315
NUMBER OF
400
THE BUKIT TOH ALANG RUBBER ESTATES, LIMITED

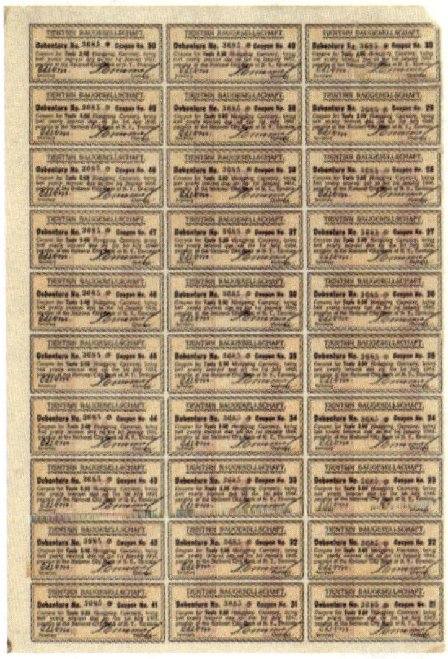
TIENTSIN BAUGESELLSCHAFT

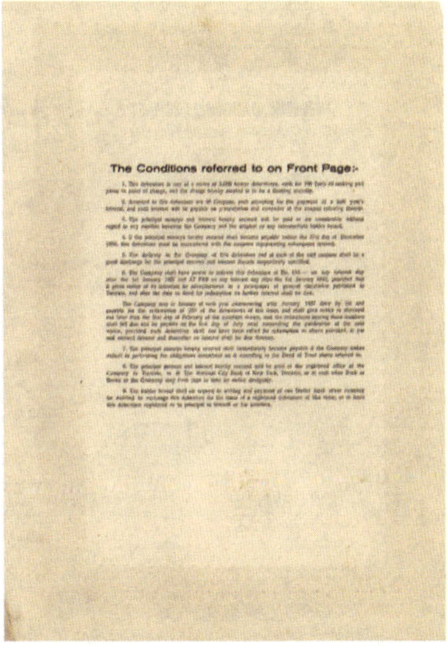
The Conditions referred to on Front Page:-

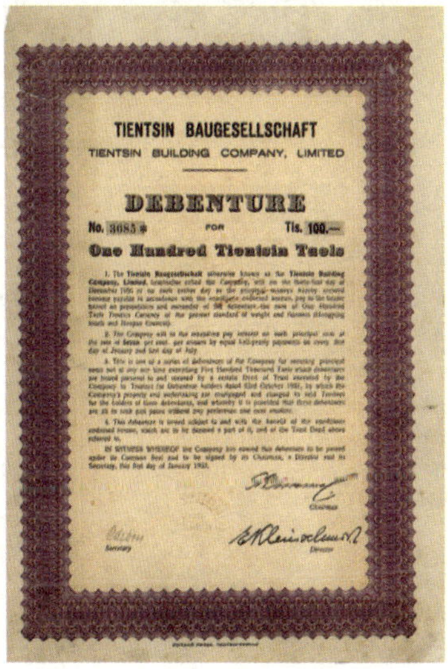
TIENTSIN BAUGESELLSCHAFT
TIENTSIN BUILDING COMPANY, LIMITED
DEBENTURE
One Hundred Tientsin Taels

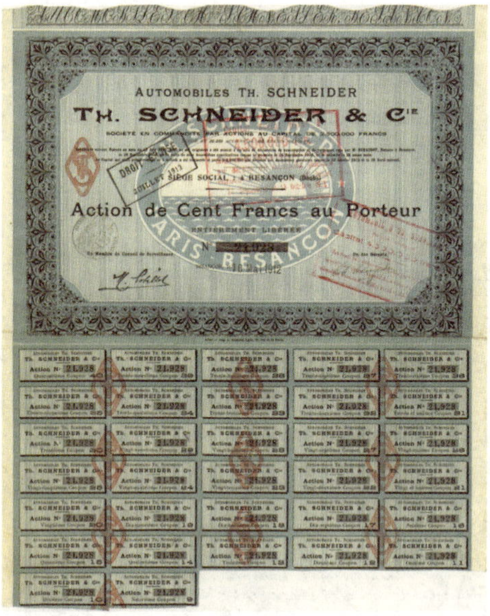
AUTOMOBILES TH. SCHNEIDER

TH. SCHNEIDER & CIE

SOCIÉTÉ EN COMMANDITE PAR ACTIONS AU CAPITAL DE 2,000,000 FRANCS

SIÈGE SOCIAL : A BESANÇON (Doubs)

Action de Cent Francs au Porteur

ENTIÈREMENT LIBÉRÉE

N° 21,928

PARIS BESANÇON

Besançon, le 16 Mai 1912

Th. SCHNEIDER & Cie Action N° 21,928

CHINA THEATRES, Limited.

Incorporated at Shanghai under the Companies' Ordinances, Hongkong and the China (Companies) Order in Council 1915.

No. of Certificate. 25 No. of Shares. 10

CAPITAL: TAELS 200,000

DIVIDED INTO 4,000 SHARES OF 50 TAELS EACH.

This is to certify that Guy Denison Barry Bidwell of Tientsin is the holder of Ten Shares, fully paid up and numbered 1740 to 1749 inclusive in the above named Company, subject to the Memorandum and Articles of Association thereof.

Given under the Common Seal of the said Company the 19th day of July 1918.

The Seal of the said Company was hereunto affixed in the presence of

Directors.

F. Marshall Sanderson Secretary.

Register folio 11

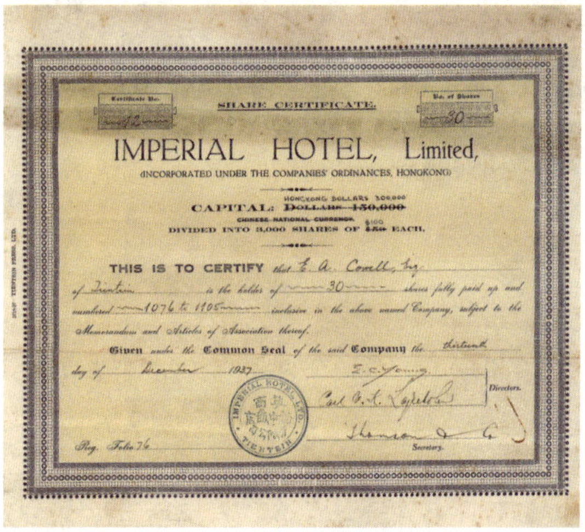
Certificate No. 12 SHARE CERTIFICATE. No. of Shares 30

IMPERIAL HOTEL, Limited,

(INCORPORATED UNDER THE COMPANIES' ORDINANCES, HONGKONG)

CAPITAL: HONGKONG DOLLARS 300,000 ~~DOLLARS 150,000 CHINESE NATIONAL CURRENCY~~

DIVIDED INTO 3,000 SHARES OF $100 ~~$50~~ EACH.

THIS IS TO CERTIFY that E. A. Cowell, Esq. of Tientsin is the holder of 30 shares fully paid up and numbered 1076 to 1105 inclusive in the above named Company, subject to the Memorandum and Articles of Association thereof.

Given under the Common Seal of the said Company the thirteenth day of December 1937

Directors.

Secretary.

Reg. Folio 76

IMPERIAL HOTEL, LTD. TIENTSIN

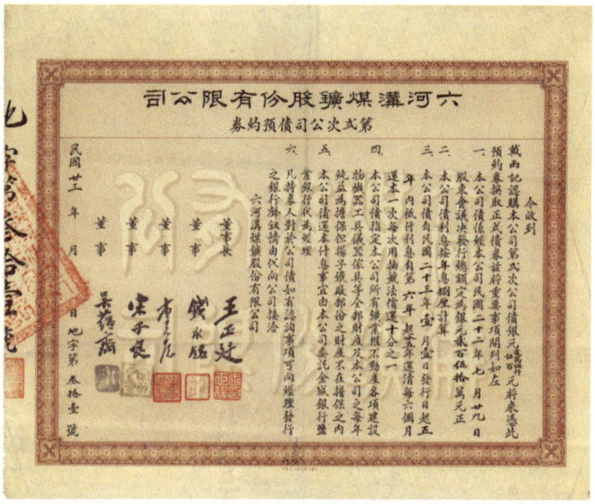
六河溝煤礦股份有限公司

第貳次公司債預約券

今收到

戴雨記認購本公司第貳次公司債銀元伍佰元將來憑此

預約券換取正式債券茲將重要事項開列如左

一 本公司債係經本公司民國二十二年七月廿九日

股東會議決發行總額定為銀元貳百伍拾萬元正

二 本公司債利息按年息捌厘計算

三 本公司債自民國二十三年壹月壹日發行日起五

年內祇付利息自第六年起五年還清每六個月

還本一次每次用抽籤法償還十分之一

四 本公司債指定本公司所有鑛業權不動產各項建設

物機器工具傢具等全部財產及本公司之每年

純益為擔保但揚子鑛廠部份之財產不在擔保之內

五 本公司債還本付息事宜由本公司委託金城銀行暨

業銀行代為經理

六 凡持券人對於公司債如有詢問事項可向經理發行

之銀行接洽或請由代向公司接洽

六河溝煤鑛股份有限公司

董事長 王正廷

董事 錢永銘

董事

董事 宋子良

董事 吴蕴斋

民國廿三年 月 日 地字第叁拾壹號

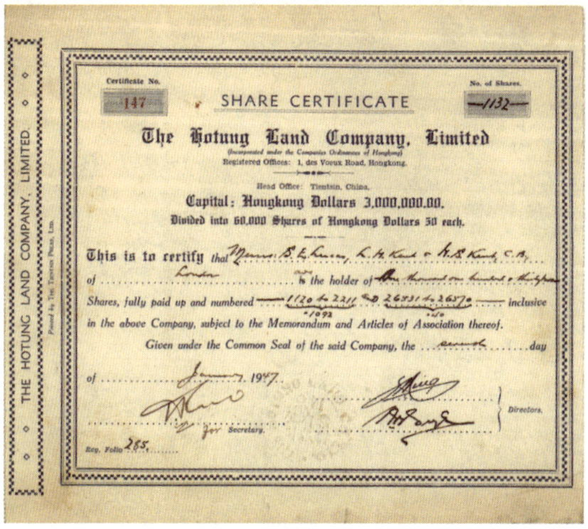
THE HOTUNG LAND COMPANY, LIMITED.

Certificate No. 147 SHARE CERTIFICATE No. of Shares. 1132

The Hotung Land Company, Limited

(Incorporated under the Companies Ordinances of Hongkong)

Registered Offices: 1, des Voeux Road, Hongkong.

Head Office: Tientsin, China.

Capital: Hongkong Dollars 3,000,000.00.

Divided into 60,000 Shares of Hongkong Dollars 50 each.

This is to certify that Messrs. B. E. Lucas, L. H. Kent & H. B. Kent, C.A. of London are the holder of One thousand one hundred & thirty-two Shares, fully paid up and numbered 1120 to 2211 & 26531 to 26570 inclusive in the above Company, subject to the Memorandum and Articles of Association thereof.

Given under the Common Seal of the said Company, the second day of January 1947.

for Secretary.

Directors.

Reg. Folio 285.

■ 中南银行壹元旧币（1921年）

北洋政府时期，市面上流通的钞币名目繁多，而中国发行的钞币多信誉不佳。『北四行』负责人之吴鼎昌、周作民、谈荔孙、胡笔江有鉴于此，认为四行有联手合作的必要。1921年，四行准备库成立，总库设于上海，天津设有分库。四行共同发行中南银行钞票，因为兑换充足，得到市场广泛认可。

BANK OF COMMUNICATIONS
F040389
TIENTSIN
交通銀行
拾圓
天津
PROVINCIAL BANK OF MANCHURIA
東三省官銀號滙兑券
O0992425
拾圓
大洋
ГОСУДАРСТВЕННЫЙ
КРЕДИТНЫЙ БИЛЕТЪ
ТЫСЯЧА РУБЛЕЙ
ГЕ 121445
1917
РУБЛЕЙ
1000
BANK OF MANCHURIA
TIENTSIN
$5
伍圓
Promises to pay the bearer on demand at its Office here
Five Dollars Local Currency.
東三省銀行滙兑券
0000000
伍圓
天津
中華民國九年

一组曾经流通的旧币

PROVINCIAL BANK OF CHIHLI
000000
ONE
SPECIMEN
ONE DOLLAR
TIENTSIN

直隸省銀行
000000
壹圓
天津
壹
SPECIMEN
中華民國九年印
兌付現洋

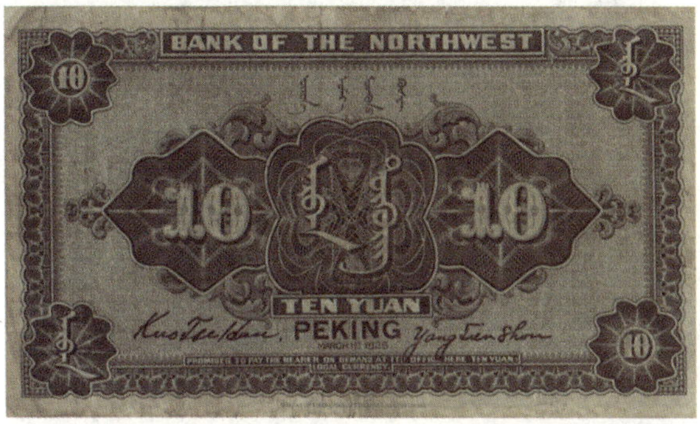
BANK OF THE NORTHWEST
10
TEN YUAN
PEKING

西北銀行
0055889
拾圓
北京
中華民國十四年印

THE PROVINCIAL BANK OF SHANTUNG
20
SPECIMEN
Nº
000000
OCTOBER 1st.1925.

山東省銀行
貳角
天津
SPECIMEN
000000
中華民國十四年印

THE NATIONAL INDUSTRIAL BANK OF CHINA
1
YUAN
00000
ONE YUAN
TIENTSIN

中國實業銀行
壹
壹圓
天津

THE FRONTIER BANK
10
TEN YUAN
0000000
TIENTSIN

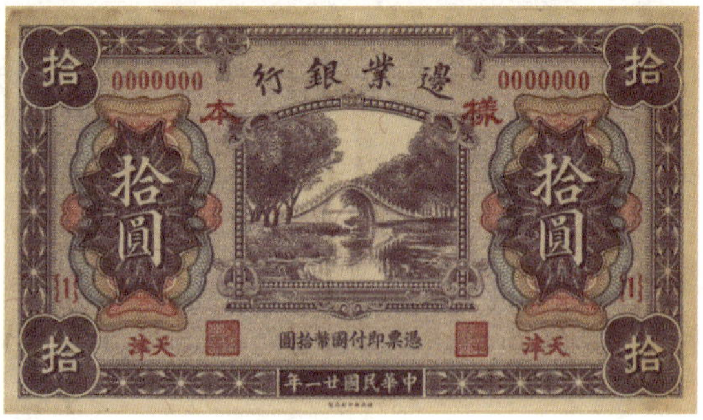
邊業銀行
拾
0000000
拾圓
天津
憑票即付國幣拾圓
中華民國十一年

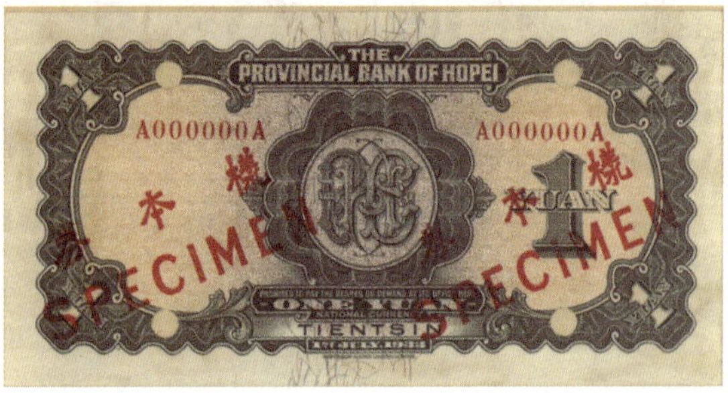
THE PROVINCIAL BANK OF HOPEI
A000000A
1
YUAN
SPECIMEN
ONE YUAN
TIENTSIN

河北省銀行
壹
A000000A
壹圓
天津
SPECIMEN

元
銅
叁拾枚

北平農工銀行
財政部特准
樣本
A0000000
A0000000
叁拾枚
元
銅

中國聯合準備銀行
500
500
500
500
500

中國聯合準備銀行
伍百圓
伍百圓
伍百圓
樣本
樣本
500
500

THE FARMERS BANK OF CHINA
10
10
DY409715
DY409715
10
TEN YUAN
10
10
10

中國農民銀行
拾圓
拾圓
拾圓
拾圓
DY409715
DY409715
拾
拾

BANK OF CHINA
CHUNGKING
FIFTY YUAN
1940

中國銀行
Z194797
Z194797
伍拾
重慶
伍拾圓

THE CENTRAL RESERVE BANK OF CHINA
FIVE YUAN
1940

中央儲備銀行
278491B
278491B
伍圓
伍圓

10
拾圓

10
拾圓
BP 708130
BP 708130

第十四章

傀儡皇帝与抗日少帅

傀儡皇帝与抗日少帅

晚清最后十年，两个生命诞于危难之际。1901年6月3日，一个男婴在逃难的马车里降生，这一天，其父打了胜仗，故得乳名『双喜』，乃草莽之虎子也。1906年2月7日，北京什刹海边的醇王府里，一个男婴呱呱坠地，三岁便坐帝床，实皇家之龙脉。这两个孩子，原本该在各自的轨迹里行走，二十年后，竟打了个人生的照面，旋即又在是非大义前南辕北辙，换得两般生前身后名。

旧皇帝的复辟梦

民国开元，紫禁城里藏着小朝廷。宣统退位诏书换得一纸优待条件，年进四百万银，照例丰衣足食、歌舞升平。这一年，逊帝溥仪尚在年幼、少不更事。到了张勋闹复辟，再次搬出帝王招牌，溥仪已经是少年人粗阅人间事了。

溥仪在帝王文化圈里教育成长，且不说围绕左右的遗老遗少日薰暮染，就是那些乱世里讨生路的军阀枭雄，在必要时也是要念旧朝廷当年的恩宠，对溥仪尊敬有加的。溥仪身上蕴含的政治价值，日本人看得很清楚。如果不是冯玉祥北京政变1924年11月5日，把溥仪撵出了紫禁城，日本人恐怕尚缺少接近废帝的机会。

溥仪交出玉玺，仓皇出宫，逃入日本公使馆，埋下了日后做他人傀儡的伏笔。1925年2月23日，溥仪由日本便衣陪同抵达天津，先住张园，后入静园，在天津租界里蛰伏下来。当上寓公的溥仪照例称孤道寡，奉系军阀张作霖也是俯下身子磕过头的。

张作霖叱咤风云，其长子张学良自然也做了奉系的新『军阀』。只是与其父不同，他这个军人是颇有革命新意的。按照张少帅自己的话调侃，他的『弱点便是一辈子未尝有过上司』，自然不会像父亲一样对溥仪五体投地。

1926年的一天，张学良的名字出现在溥仪的《召见录》里。此番『召见』，张学良给溥仪上了一堂野外生存课，大意是：你要是真正好好做一个平民，将来选中国大总统有你的份；你如果今天还是皇帝老爷这一套，将来有一天会把你的脑瓜子要掉。

这位少帅不一般，而真正把张学良这个新军人推上历史舞台的却是1928年6月4日的家仇，日本关东军在皇姑屯设伏炸死了张作霖。张学良继任东北保安总司令。是年12月29日，东北易帜，形式上维护了国家统一。同样这一年，溥仪的『家仇』则体现在军阀孙殿英大盗东陵，自己的祖宗受了奇耻大辱。

新军人的救国志

张作霖已逝，日本人原是想将张学良培养成掌中傀儡的。1929年日本著名的特务头子土肥原贤二便写过一篇《王道论》进呈张学良，结果却遭到了严厉的回绝。之后，关东军才退而求其次，将目标锁定在没有军事实权却连做梦都想着重登九五、燕市再游的溥仪身上。

1931年7月23日，『御弟』溥杰游学归来，向溥仪透露了一个惊天秘密，曾任天津日军司令部参谋的吉冈安直亲口说：现在张学良闹得很不像话，满洲在最近也许就要发生点什么事情！

这个即将发生的大事情就是『九一八事变』，日本侵华的大幕由此拉开。张学良不抵抗政策，坐失东北根据地。天赐机缘，溥仪身边的重臣各抒己见：有主拒者，如陈宝琛；有主迎者，如郑孝胥；亦有稳健论者，如胡嗣瑗。天津日租界里的溥仪暗暗排布，伺机而动，静园不静。

11月2日，土肥原贤二夜访，承诺帮助溥仪建立独立自主的满洲帝国。6日，据说张学良派人给静园送去一筐水果，暗藏炸弹，意在提醒。两日后，土肥原在津策动暴乱。又两日，溥仪趁乱偷渡白河，正式踏上叛逃之路。

这一去，离祖宗发祥之地愈近，却离龙兴故里之梦愈远。误入日本人彀中的溥仪岂不知别时容易见时难？1932年3月，溥仪出任伪满洲国『执政』，年号『大同』。1934年，登极为伪满洲帝国皇帝，年号『康德』。伪满十四年统治，他不过是这个或者那个代理人手中的傀儡。

对这场提着脑袋搞复辟的闹剧，张学良看得很清楚：认贼作父，不得善终。而张少帅更高人之处在于他始终抱定一个信念：煮豆燃萁，相煎何急？于是才有了西安事变之壮举。

国难当头，蒋中正安内攘外，张汉卿攘外安内。1936年12月12日，西北剿匪副司令兵谏总司令，目的只有一个：停止剿共，促蒋抗日。历史在张学良的手中改变了，兄弟阋于墙，外御其侮，他真正抓住了时代赋予的救亡大义。

张少帅的亲笔信

一场西安事变，国共第二次合作成矣！张学良却付出了蛟龙困于涸泽的代价。少帅晚年说『从21岁到36岁，这就是我的生命』。然而，他的一生虽英雄坐老，却至死不改赤子之心。

1945年春，监禁中的张学良给他的老朋友，时任伪天津市警察局局长的阎家琦写了一封亲笔信：『经韬兄大鉴。别来将近十年，每一念及，不能有所忘怀。兹就近日国内外大势为兄一述。盟军迫近柏林，希特勒之败不待计而后知之者。日军在太平洋及缅甸之败，动则全负战死，此非其猛勇，是无抵抗之力、可退之地也。日本海空两军外强中干，弱点毕露，不堪为盟军之对手，菲列宾之海战可以证之。现日本之航支损失泰半，致海外日军孤悬，恐不久皆将为全负战死乎。我中美空军联合袭敌，万里航行，如入无人之境，不过盟军一部份力量而已。转瞬德国问题解决，盟军陆海空联袂东来，我国五百万大军同时反攻，而我盟友苏联，西方之敌已灭，其不忘张鼓峰、哈欣河之后必将有已报之也。日本之必败，路人皆知，此之实现当在不远。古人云：久蛰思启。方大军反攻之日，愿兄振臂一呼，纠合同志，断敌归路，扰敌后方，此诚男儿报国之时也。最高当局查人之深，待人之诚，对兄出处及往事必能为之保障，关于此层，请勿介介于怀，愿放胆做去，弟亦敢以人格生命担保之。笔拙情深，不能述心境于万一。谨布区区，愿好图之。弟张学良顿首。三月十五日。』

据学者研究，张学良给阎家琦的信是应戴笠请求，为策反在沦陷区的旧部和同好所写，类似的信他先后写了二百余封。张学良年谱。这些格式和内容相似的亲笔信虽是面命之作，实际上也无法提供任何政治担保，但字里行间仍透露出张学良一以贯之的爱国情怀。他在信里对世界形势作出了准确的预判。当时，第二次世界大战接近胜利，雅尔塔会议给世界反法西斯战争胜利后的解决方案定了基调。就在张学良对时局作出判断的月余，苏军攻占柏林，希特勒自杀身亡，德国无条件投降1945年5月9日。日本溃败，指日可待。

1945年8月8日，苏联正式对日宣战。次日，关东军司令官山田乙三觐见，命令溥仪速走通化大栗子沟。溥仪最后的帝王生活除了算卦、吃药，只剩下逃亡和害怕。8月15日，日本宣布投降。两日后，苏军在沈阳机场俘虏溥仪。中国反法西斯战争史上的这出满洲傀儡戏落幕。

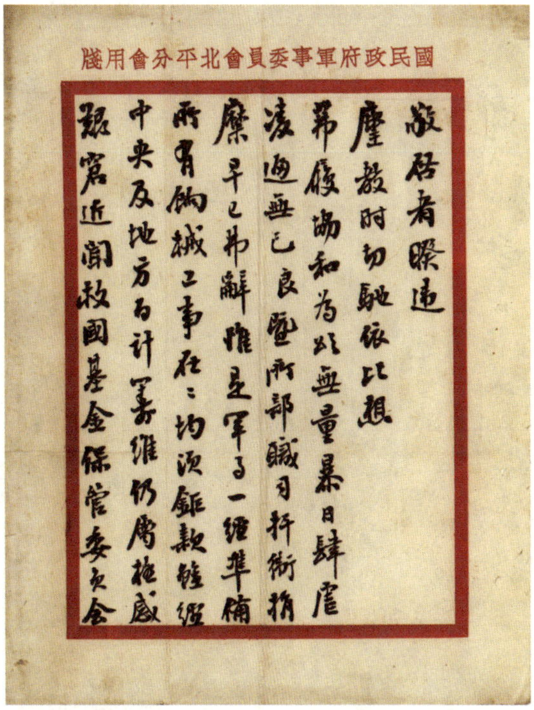
國民政府軍事委員會北平分會用箋

敬啓者暌違
麾教時切馳依比想
第候協和為頌無量暴日肆虐
凌逼無已良暨所部職司捍衛捐
糜早已弗辭惟是軍事一經準備
所有餉械工事在在均須鉅款雖經
中央及地方百計籌維仍屬極感
艱窘近聞救國基金保管委員會

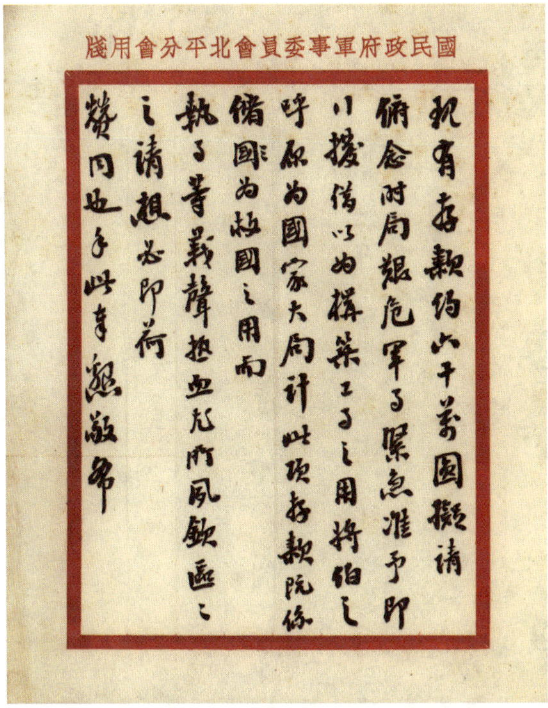
國民政府軍事委員會北平分會用箋

現有存款約六十萬圓擬請
俯念時局艱危軍事緊急准予即
行撥借以為構築工事之用將伯之
呼原為國家大局計此項存款既係
儲為救國之用而
執事等義聲熱血尤所夙欽區區
之請想必即荷
贊同也專此奉懇敬希

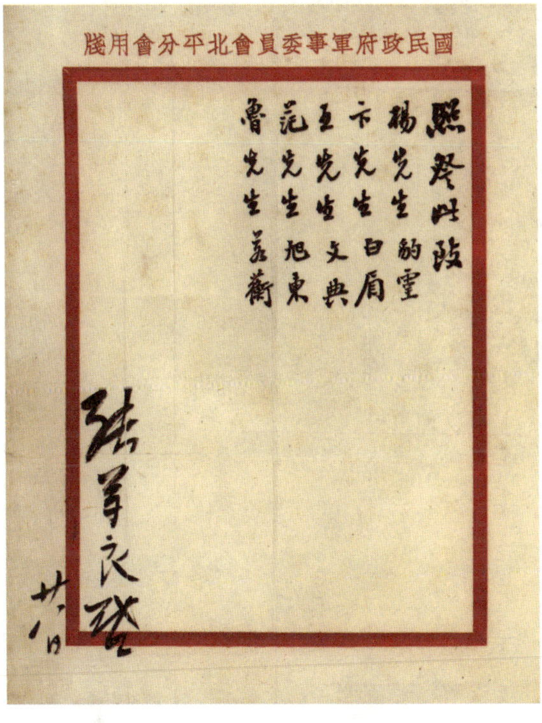
國民政府軍事委員會北平分會用箋

照察此致
楊先生豹靈
卞先生白眉
王先生文典
范先生旭東
魯先生若蘅
張學良啓
廿六日

张学良为请拨借救国储金事致救国基金保管委员会执事的函（时间疑为1933年）

张学良函曰：『暴日肆虐，凌逼无已。良暨所部职司捍卫捐糜早已弗辞，惟是军事一经准备，所有饷械工事在在均须巨款。虽经中央及地方百计筹维，仍属极感艰窘。近闻救国基金保管委员会现有存款约六十万圆，拟请俯念时局艰危，军事紧急，准予即行拨借，以为构筑工事之用。将伯之呼原为国家大局计，此项存款既系储为救国之用，而执事等义声热血尤所夙钦，区区之请想必即荷赞同也。』

此函亦致杨豹灵、卞白眉、王文典、范旭东、鲁若蘅诸位先生门下。

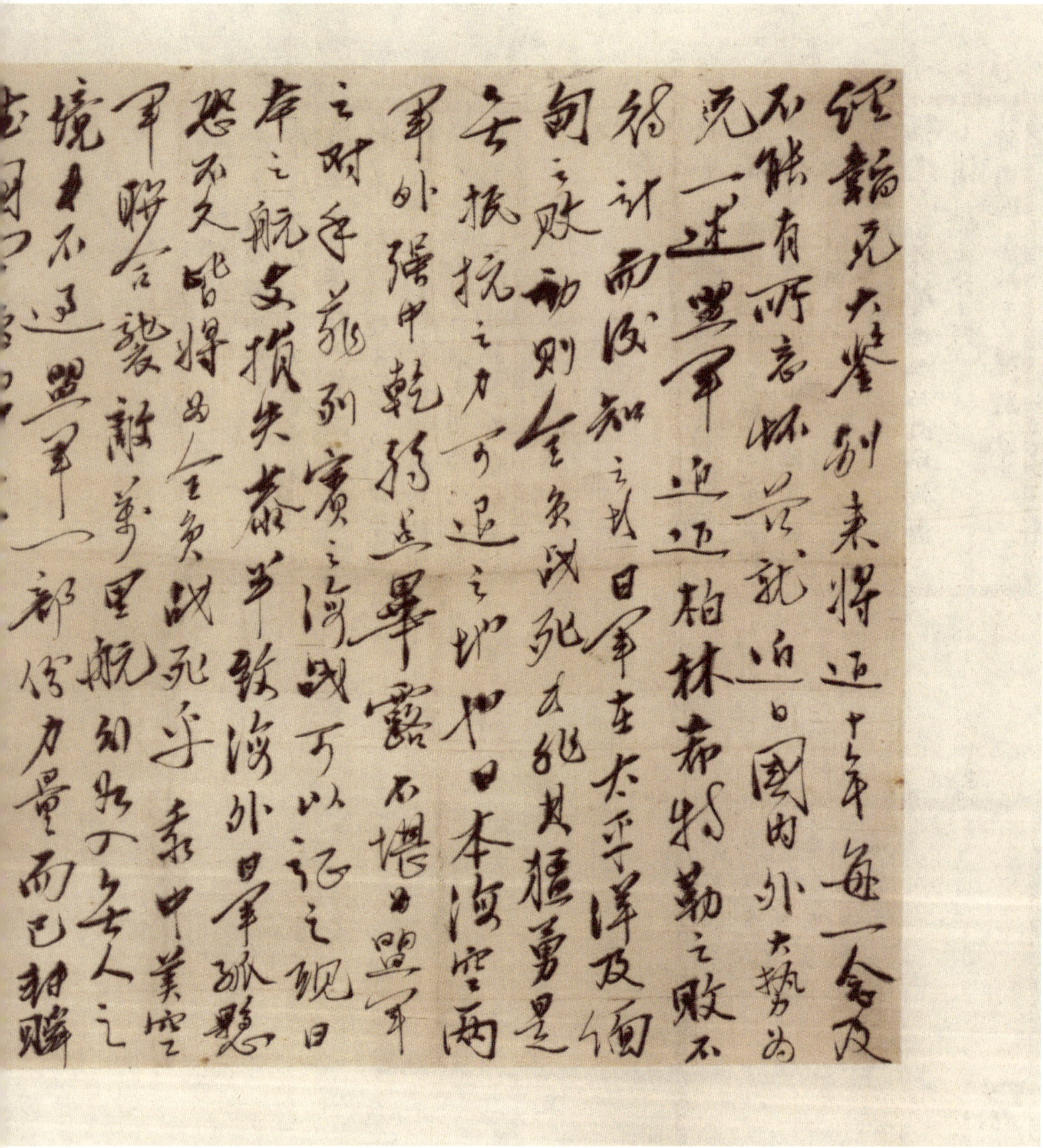
經韜兄大使鑒別來將近十年每一念及
不能有所忘懷茲就近日國內外大勢為
兄一述盟軍迫近柏林希特勒之敗不
待計而後知之矣日軍在太平洋及緬
甸之敗動則全員戰死而能其猛勇是
無抵抗之力可退之地也日本海空兩
軍外强中乾轉近畢露不堪與盟軍
之對手菲列賓之海戰可以證之現日
本之航空損失慘重致海外日軍孤懸
恐不久皆將為全員戰死乎查中美空
軍聯合襲擊萬里航行即知今無人之
境不過盟軍一部份力量而已封鎖

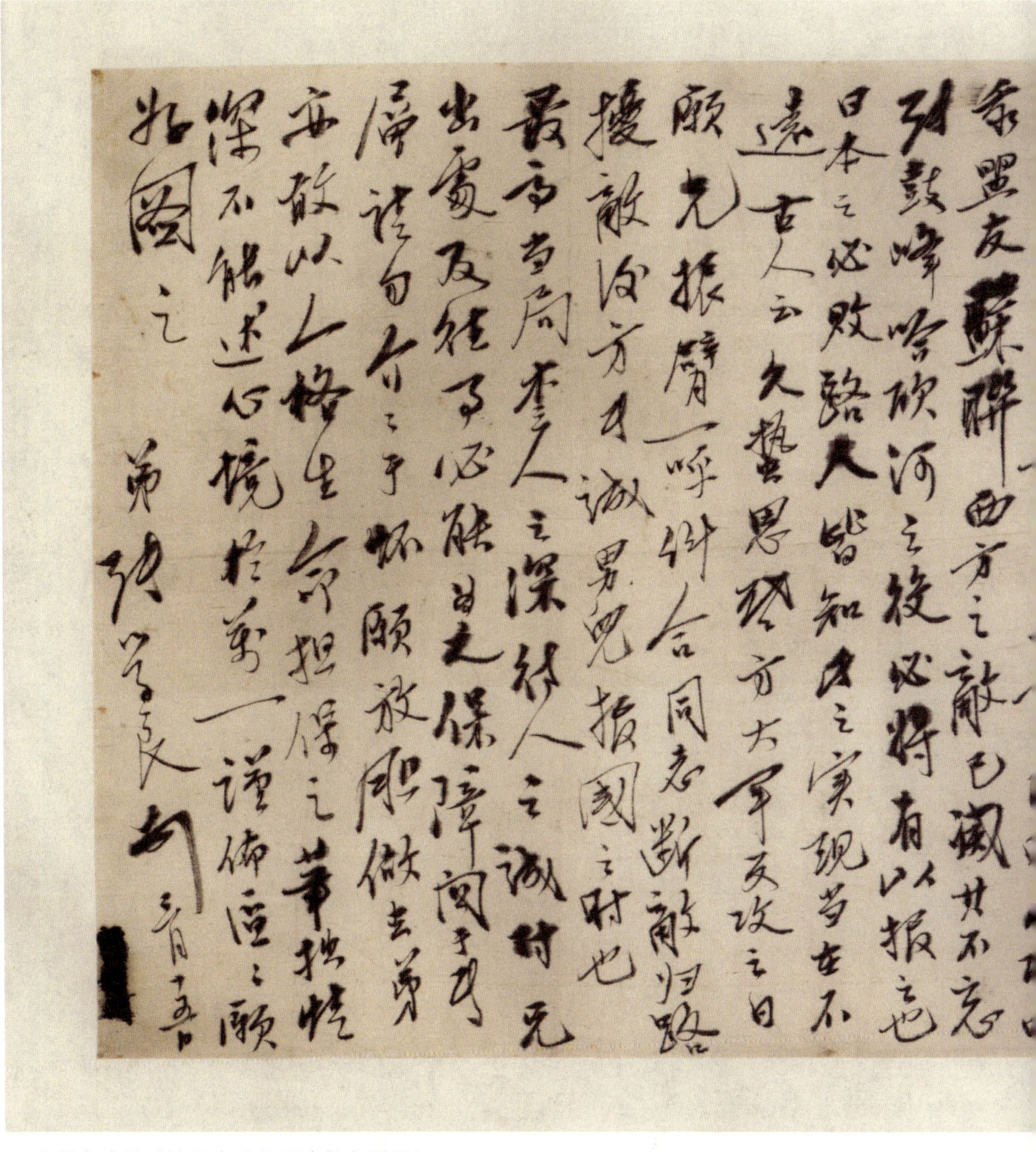

■ 张学良为推动抗日事致伪天津警察局局长阎家琦的函（1945 年 3 月 15 日）

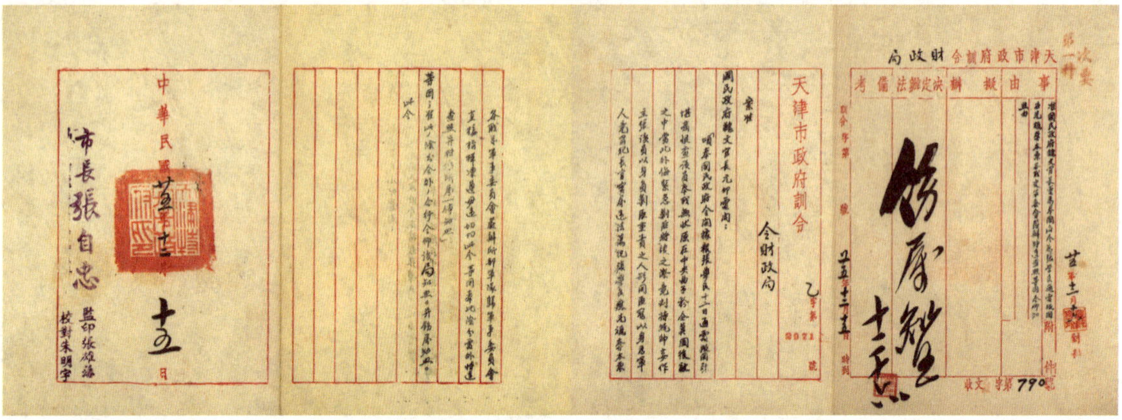
天津市政府訓令

令財政局

市長張自忠

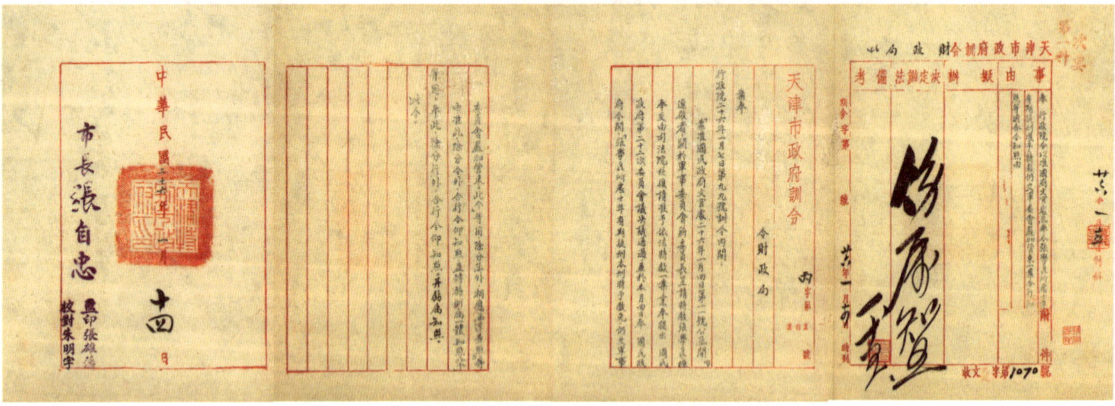
天津市政府訓令

令財政局

市長張自忠

■ 国民党天津市政府关于转发西安事变及对张学良处理情况的训令（1936年12月–1937年1月）

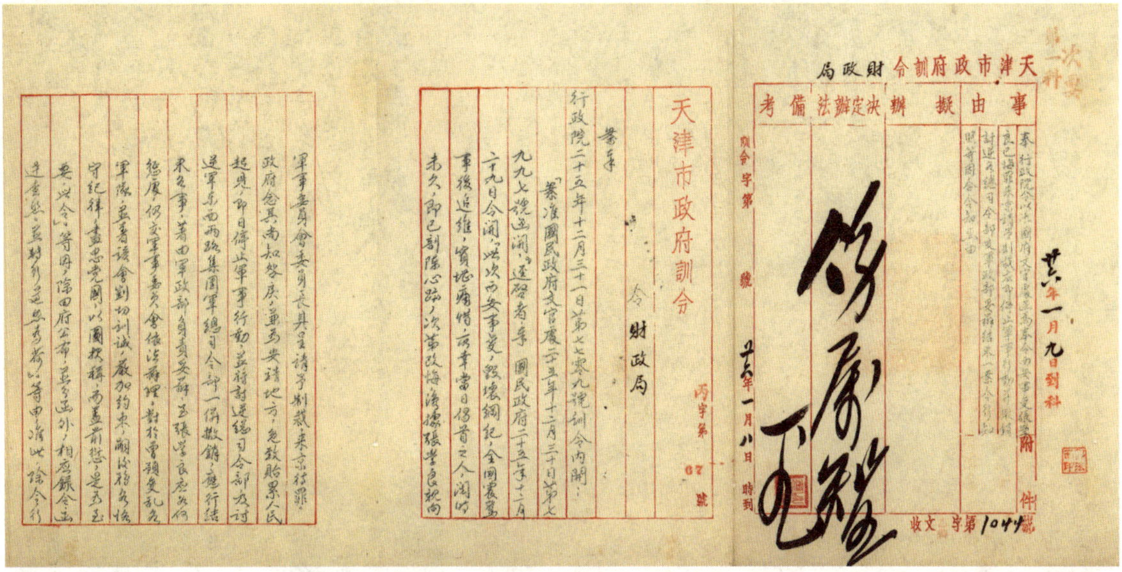
天津市政府訓令　財政局

事由	擬辦	決定辦法	備考
奉行政院令以國府文官處函為奉令西安事變張學良已悔罪來京請予制裁令飭停止軍事行動並撤銷討逆總司令部及東西兩路集團軍總司令部等因令仰知照由			

二十六年一月九日到

府令字第　號

二十六年一月八日　時到

附件

收文　字第1044號

天津市政府訓令　丙字第67號

令財政局

案奉

行政院二十五年十二月三十一日第七〇〇九號訓令內開：「案准國民政府文官處二十五年十二月三十日第七九九七號函開：『逕啟者，奉國民政府二十五年十二月二十九日令開：此次西安事變，毀壞綱紀，全國震驚，事後追維，實堪痛惜。該事當日倡首之人，[illegible]未久，即已剖陳心跡，決策改悔，張學良親向軍事委員會委員長具呈請予制裁，來京待罪，政府念其尚知警庚，兼為安靖地方，免致貽累人民起見，即日停止軍事行動，並將討逆總司令部及討逆軍東西兩路集團軍總司令部一併撤銷，應行結束各事，着由軍政部負責妥辦。至張學良應如何懲處，仰交軍事委員會依法辦理。對於曾預變亂各軍隊，並着該會剴切訓誡，嚴加約束，嗣後務各恪守紀律，盡忠黨國，以圖救贖，而蓋前愆，是為至要。此令。』等因，除由府公布，並分函外，相應錄令函達查照，並轉行遵照為荷。」等由；准此，除令行

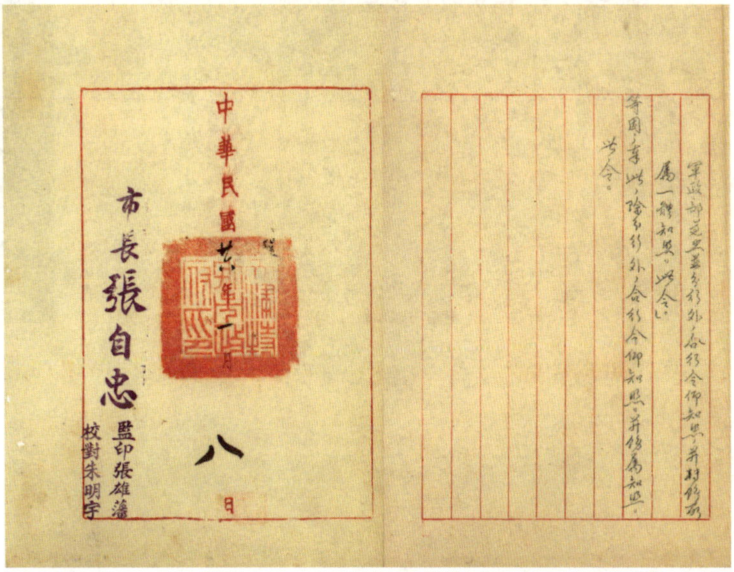
軍政部遵照並分行外，合行令仰知照，並轉飭所屬一體知照。此令。」等因；奉此，除分行外，合行令仰知照，並飭屬知照。此令。

中華民國二十六年一月八日

市長張自忠

監印張雄藩

校對朱明宇

第十四章

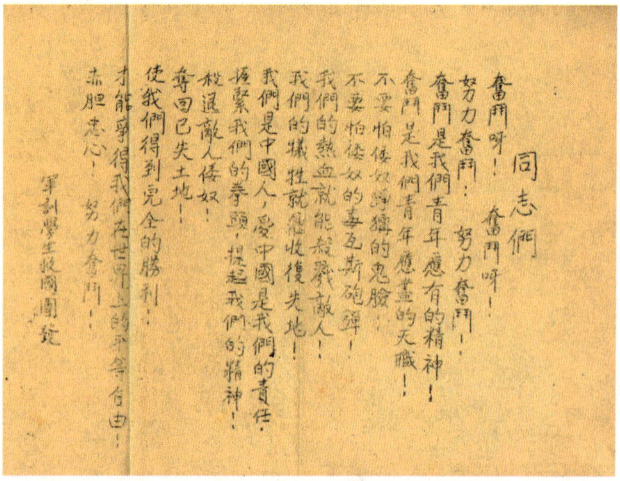

同志們

奮鬥呀！　奮鬥呀！

努力奮鬥！　努力奮鬥！

奮鬥是我們青年應有的精神！

奮鬥是我們青年應盡的天職！

不要怕倭奴獰猙的鬼臉！

不要怕倭奴的毒瓦斯砲彈！

我們的熱血就能殺戮敵人！

我們的犧牲就能收復失地！

我們是中國人，愛中國是我們的責任！

握緊我們的拳頭，提起我們的精神！

殺退敵人倭奴！

奪回已失土地！

使我們得到完全的勝利！

才能爭得我們在世界上的平等自由！

赤胆忠心！　努力奮鬥！

軍訓學生救國團發

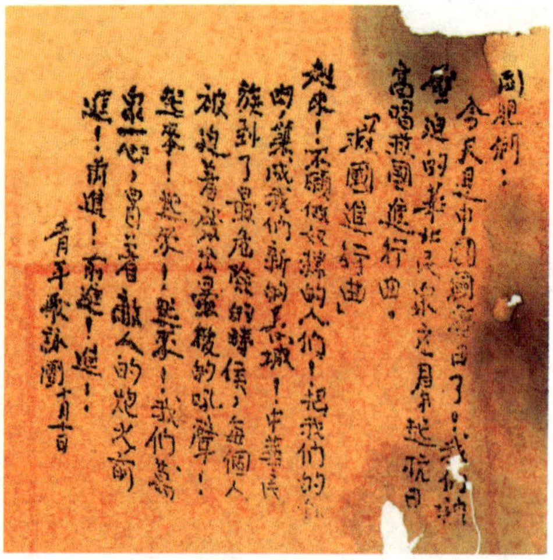

同胞們：

今天是中國國恥日了！我們的

愛國的華北民眾定月齊起抗日

高唱救國進行曲。

「救國進行曲」

起來！不願做奴隸的人們！把我們的血

肉，築成我們新的長城！中華民

族到了最危險的時候，每個人

被迫着發出最後的吼聲！

起來！起來！起來！我們萬

眾一心，冒着敵人的炮火前

進！前進！前進！進！

青年歌詠團　十月十日

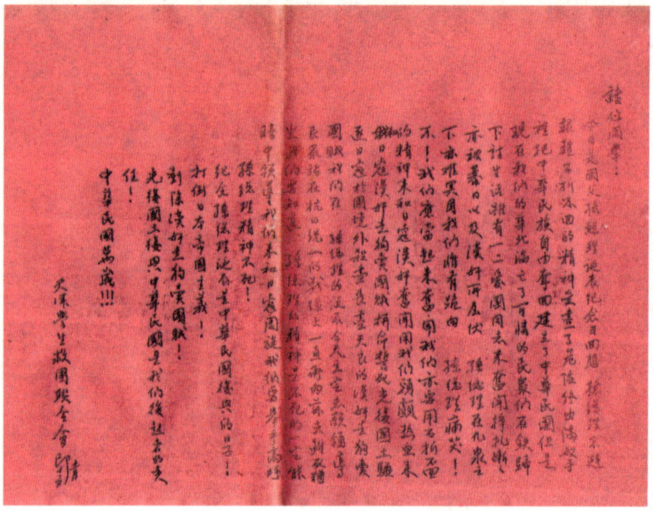

諸位同學：

……

打倒日本帝國主義！

剷除漢奸賣國賊！

中華民國萬歲!!!

天津學生救國聯合會啓

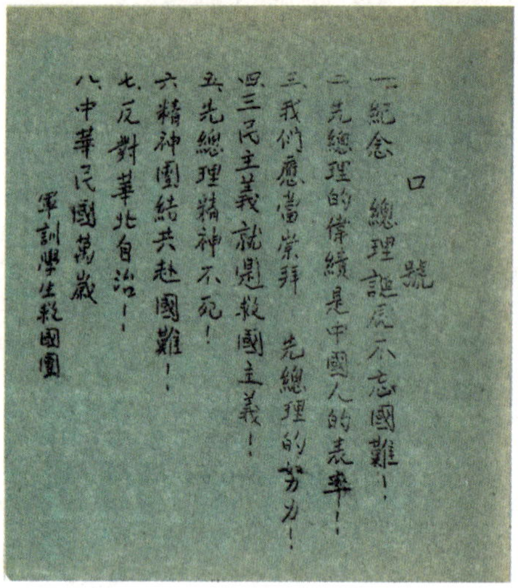

口號

一、紀念　總理誕辰不忘國難！

二、先總理的偉績是中國人的表率！

三、我們應當崇拜　先總理的努力！

四、三民主義就是救國主義！

五、先總理精神不死！

六、精神團結共赴國難！

七、反對華北自治！

八、中華民國萬歲

軍訓學生救國團

■ 天津学生救国联合会等学生团体制作的抗日宣传单

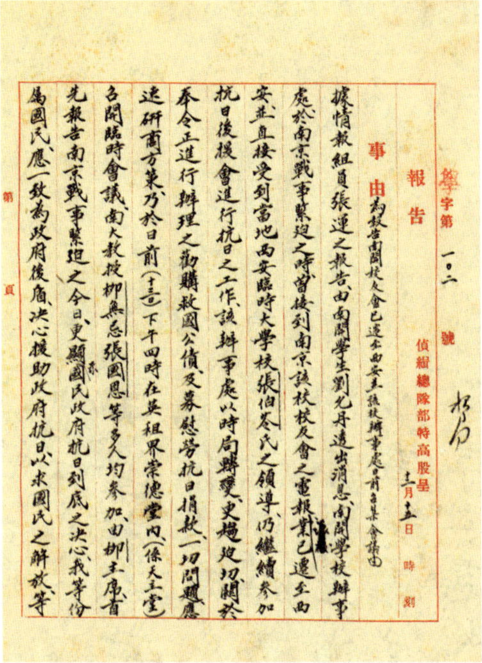

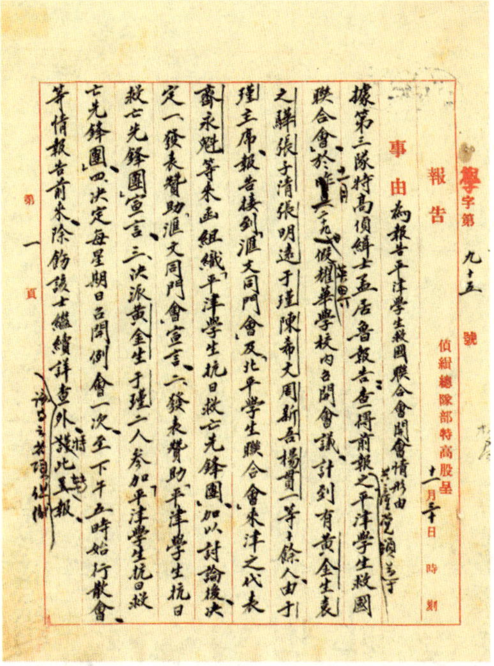

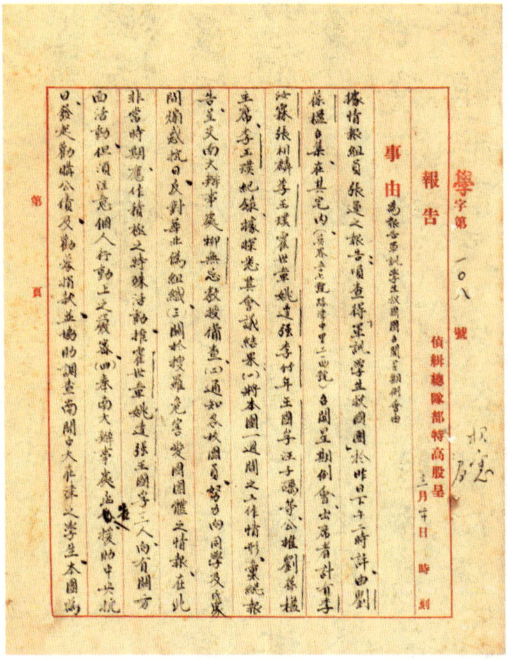

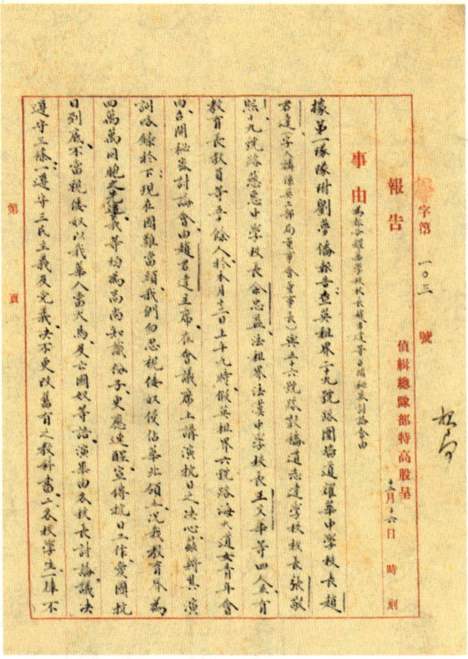

■ 天津市公安局侦缉总队部特高股主任张凌冲为天津学校抗日动态事致吴总队长的报告（局部）（1937 年）

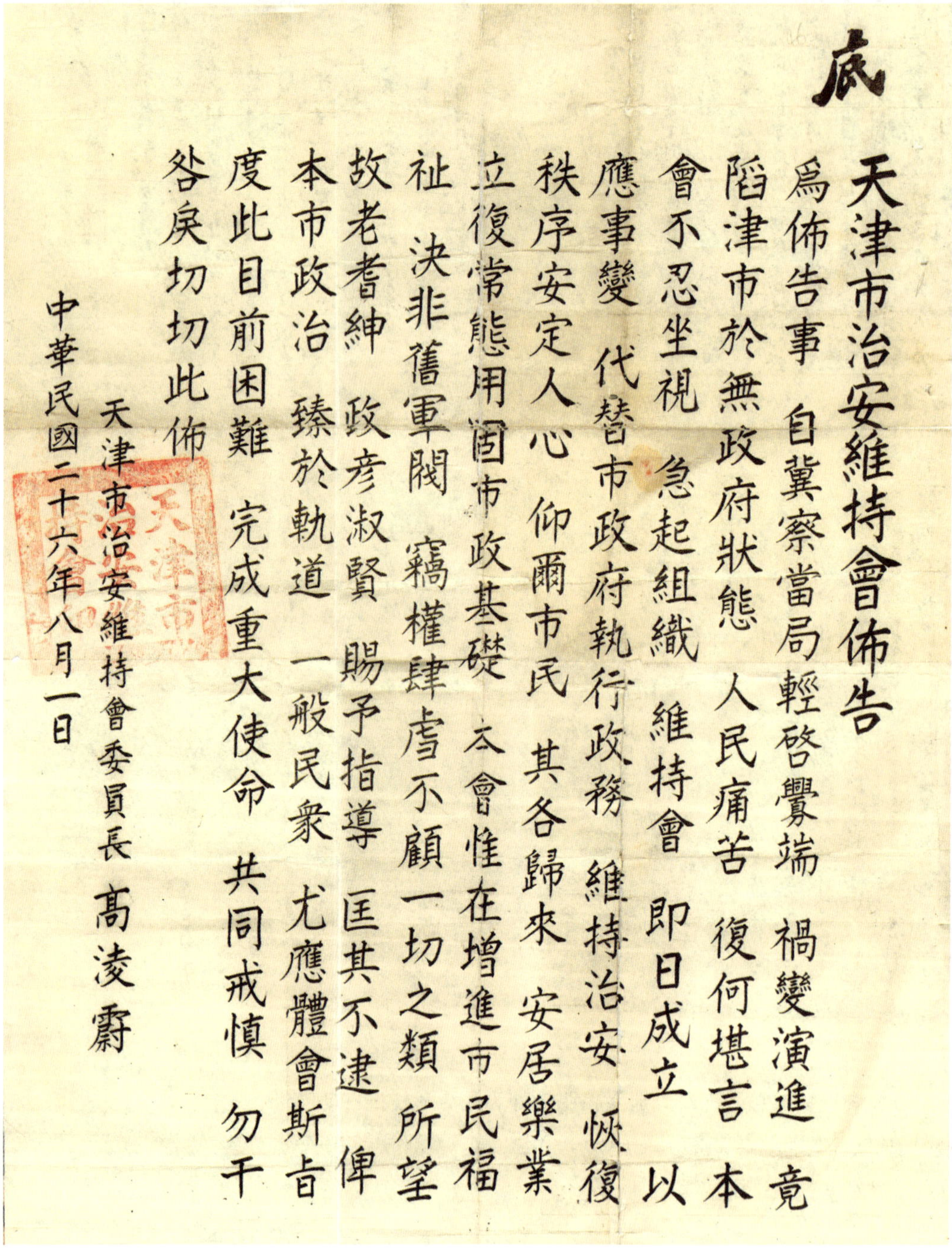
底

天津市治安維持會佈告

爲佈告事 自冀察當局輕啓釁端 禍變演進 竟
陷津市於無政府狀態 人民痛苦 復何堪言 本
會不忍坐視 急起組織 維持會 即日成立 以
應事變 代替市政府執行政務 維持治安 恢復
秩序安定人心 仰爾市民 其各歸來 安居樂業
立復常態用固市政基礎 本會惟在增進市民福
祉 決非舊軍閥 竊權肆虐不顧一切之類 所望
故老耆紳 政彥淑賢 賜予指導 匡其不逮 俾
本市政治 臻於軌道 一般民衆 尤應體會斯旨
度此目前困難 完成重大使命 共同戒慎 勿干
咎戾切切此佈

天津市治安維持會委員長 高凌霨

中華民國二十六年八月一日

■ 高凌霨为伪天津市治安维持会成立事的布告（1937年8月1日）

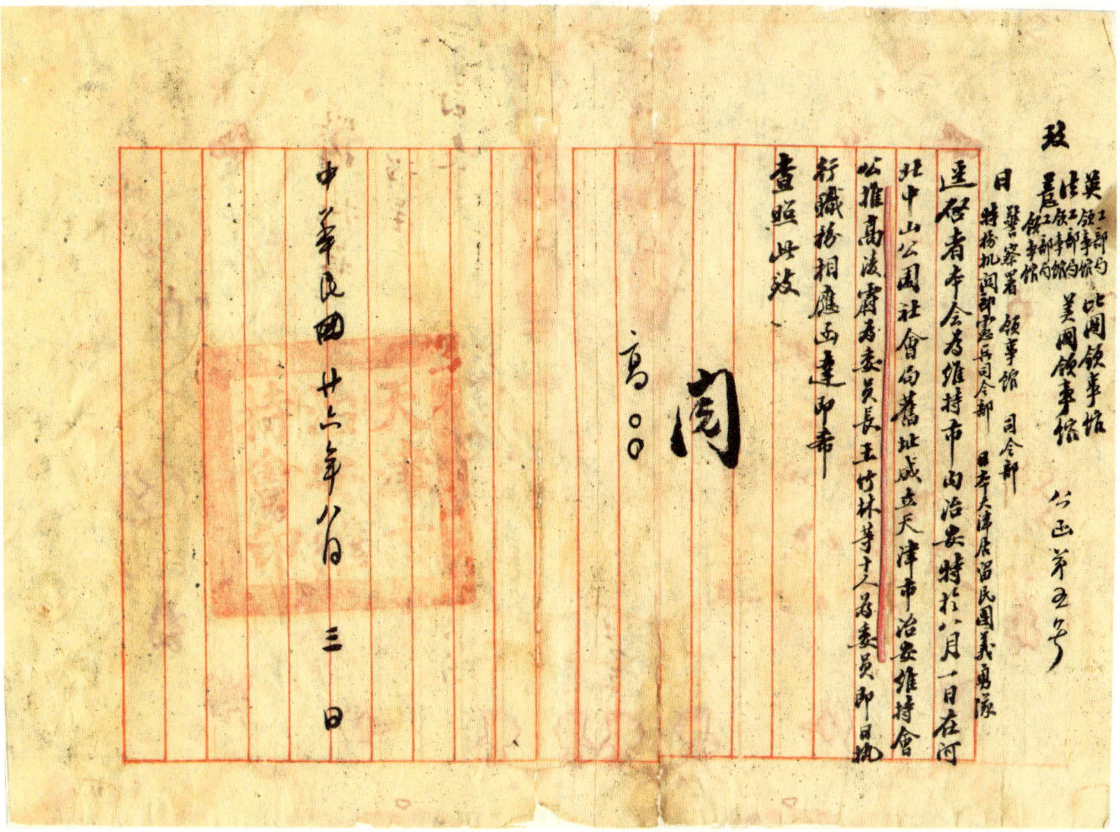
致
英　領事館　工部局
法　領事館　工部局
意　領事館　工部局
比國領事館
美國領事館
公函第五号
日　警察署　領事館　司令部
特務機關部　憲兵司令部　日本天津居留民團義勇隊
逕啟者本会為維持市內治安特於八月一日在河北中山公園社會局舊址成立天津市治安維持會公推高凌霨為委員長王竹林等十人為委員即日執行職務相應函達即希
查照此致
閱
高○○
中華民國廿六年八月三日

■ 伪天津市治安维持会为成立并推高凌霨任委员长事致天津租界各国领事馆等机构的函（1937年8月3日）

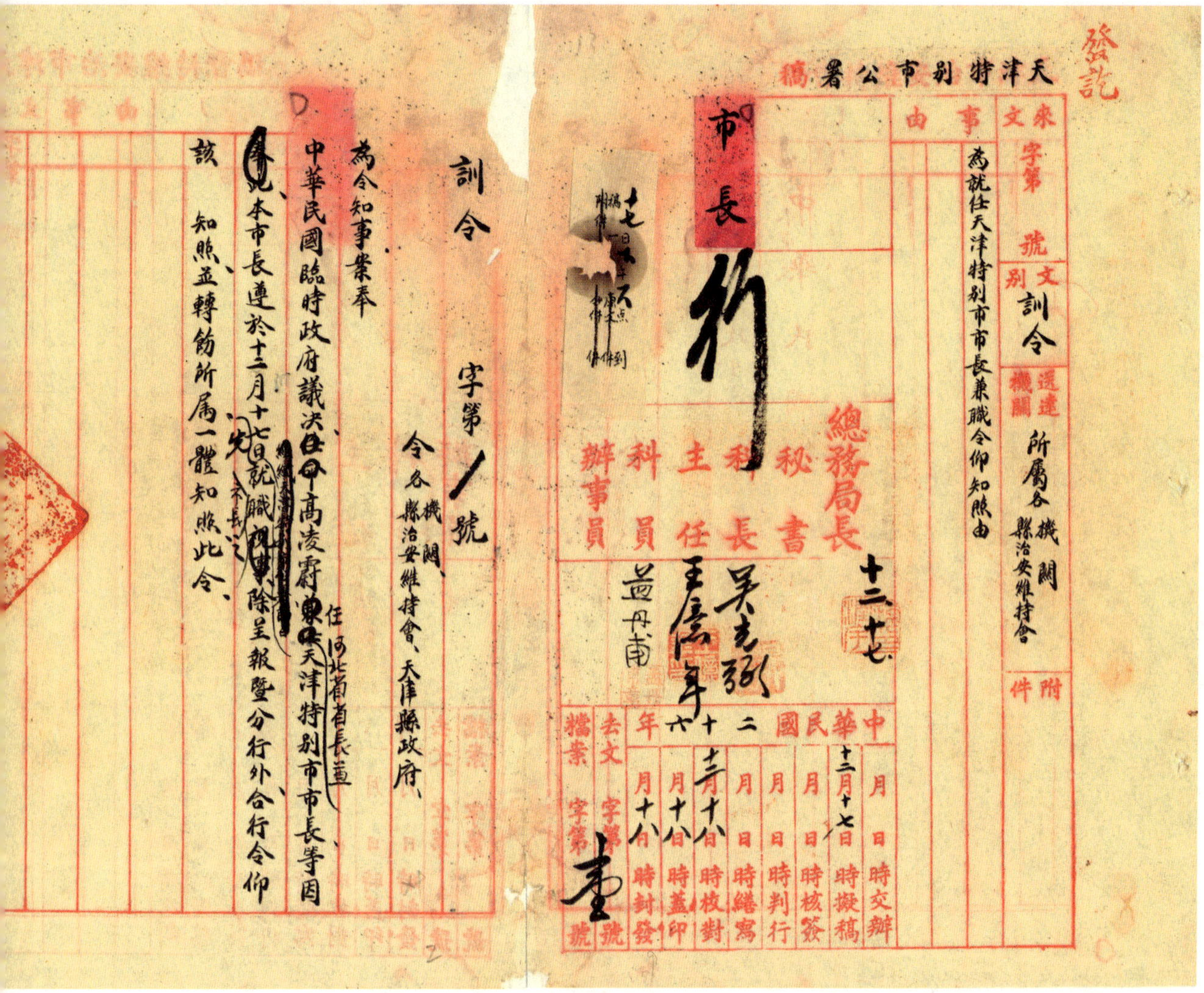
天津特別市公署稿

發訖

來文 字第 號

事由：為就任天津特別市市長兼職令仰知照由

文別：訓令

送達機關：所屬各機關、縣治安維持會

附件

市長 行

總務局長 秘書 科長 主任 科員 辦事員

中華民國二十六年 十二月十七日 擬稿 十二月十八日 繕寫

訓令 字第一號

令各機關、縣治安維持會、天津縣政府、

為令知事案奉

中華民國臨時政府議決任命高凌霨任河北省省長兼天津特別市市長等因

奉此本市長遵於十二月十七日就職視事，除呈報暨分行外合行令仰

該 知照並轉飭所屬一體知照此令、

■伪河北省省长兼天津特别市市长高凌霨为就职事致天津各机关的训令（1937年12月18日）

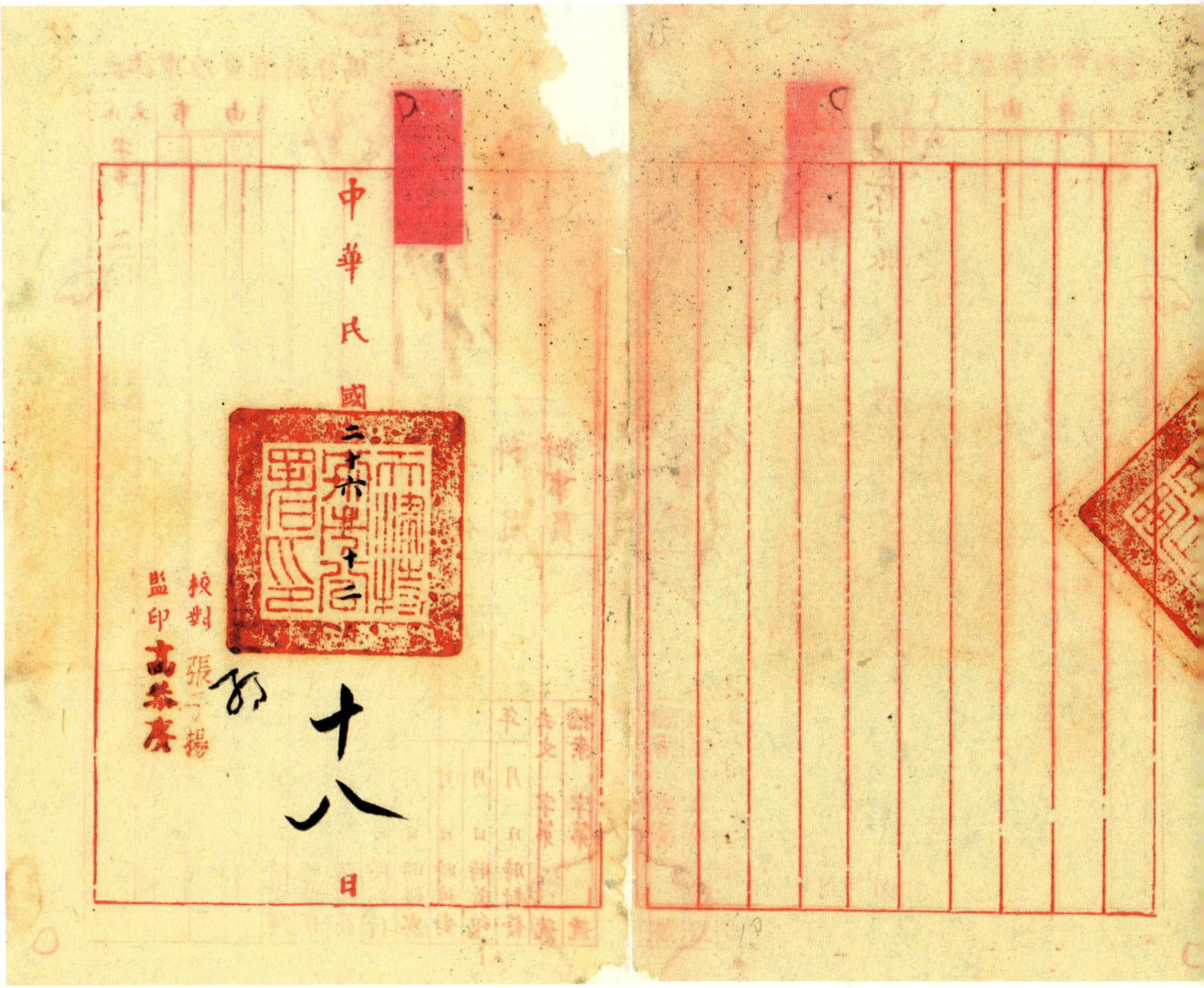

中華民國二十六年十二月十八日

校對 張[illegible]揚

監印 高[illegible][illegible]

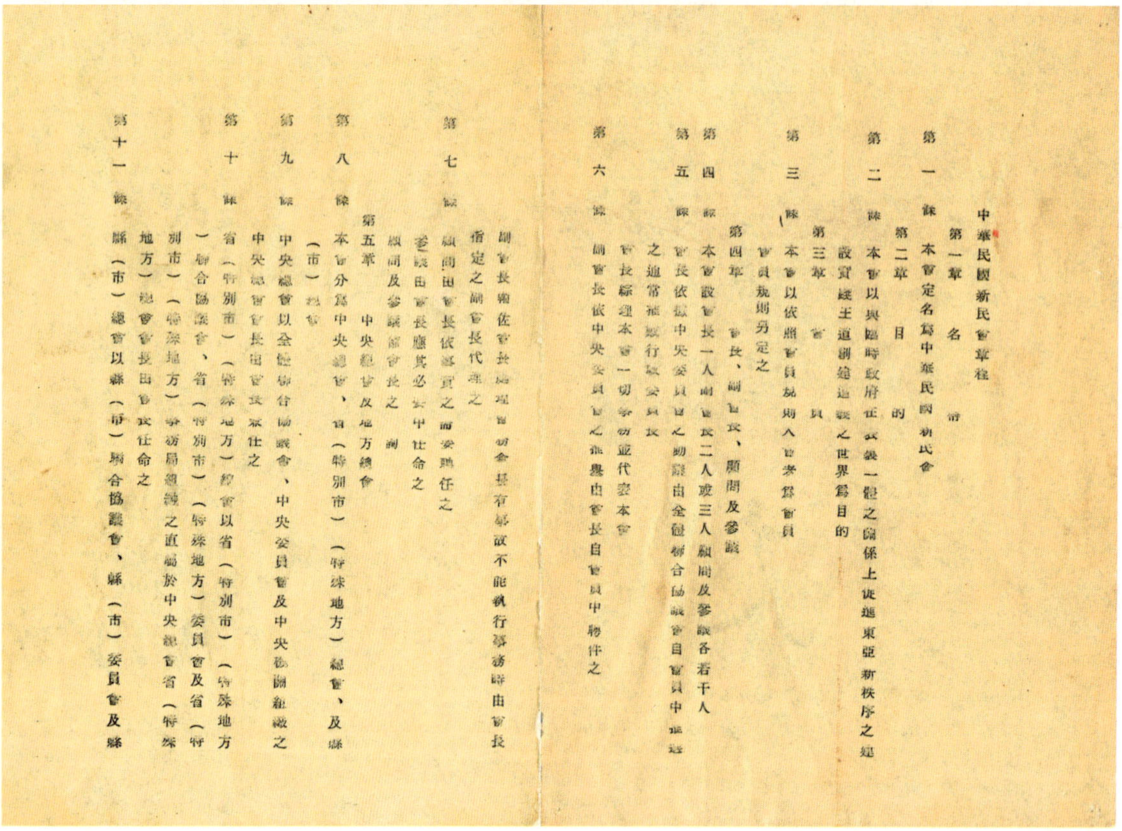

中華民國新民會章程

第一章 名 稱

第一條 本會定名為中華民國新民會

第二章 目 的

第二條 本會以與臨時政府任表裏一體之關係上促進東亞新秩序之建設實踐王道創造道義之世界為目的

第三章 會 員

第三條 本會以依照會員規則入會者為會員

會員規則另定之

第四章 會長、副會長、顧問及參議

第四條 本會設會長一人副會長二人或三人顧問及參議各若干人

第五條 會長依據中央委員會之動議由全體聯合協議會自會員中推薦之通常推戴行政委員長

會長綜理本會一切會務並代表本會

第六條 副會長依中央委員會之推舉由會長自會員中聘任之

副會長輔佐會長處理會務會長有事故不能執行事務時由會長指定之副會長代理之

第七條 顧問由會長依委員之推薦聘任之

參議由會長應其必要中任命之

顧問及參議備會長之諮詢

第五章 中央總會及地方總會

第八條 本會分為中央總會、省（特別市）（特殊地方）總會、及縣（市）總會

第九條 中央總會以全體聯合協議會、中央委員會及中央指導部組織之

中央總會會長由會長兼任之

第十條 省（特別市）（特殊地方）總會以省（特別市）（特殊地方）聯合協議會、省（特別市）（特殊地方）委員會及省（特別市）（特殊地方）事務局組織之直屬於中央總會省（特殊地方）總會會長由會長任命之

第十一條 縣（市）總會以縣（市）聯合協議會、縣（市）委員會及縣

伪新民会章程（局部）（1940年3月1日）

1937年12月24日，日本华北方面特务机关长喜多诚一操纵成立『新民会』，这是一个打着民众团体旗号，实际推行日本『以华制华』政策的汉奸反动机构。组织上和华北伪政权结为一体，依附军队开展活动。主要任务是防共反共，宣扬『中日亲善』，配合治安强化运动，推行奴化教育宣传，镇压沦陷区人民的反抗，直接为日本侵略战争服务。

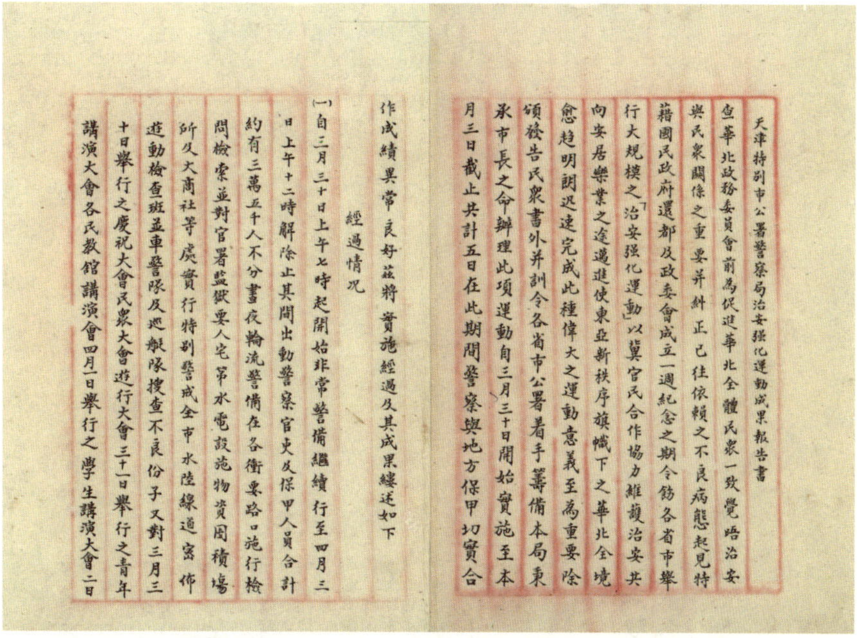

天津特別市公署警察局治安强化運動成果報告書

查華北政務委員會前為促進華北全體民衆一致覺悟治安與民衆關係之重要并糾正已往依賴之不良病態起見特藉國民政府還都及政委會成立一週紀念之期令飭各省市舉行大規模之「治安强化運動」以冀官民合作協力維護治安共向安居樂業之途邁進使東亞新秩序旗幟下之華北全境愈趨明朗迅速完成此種偉大之運動意義至為重要除頒發告民衆書外并訓令各省市公署着手籌備本局秉承市長之命辦理此項運動自三月三十日開始實施至本月三日截止共計五日在此期間警察與地方保甲切實合作成績異常良好茲將實施經過及其成果縷述如下

經過情况

(一)自三月三十日上午七時起開始非常警備繼續行至四月三日上午十二時解除止其間出動警察官吏及保甲人員合計約有三萬五千人不分晝夜輪流警備在各衝要路口施行檢問檢索並對官署監獄要人宅第水電設施物資囤積場所及大商社等處實行特別警戒全市水陸綫道密佈巡動檢查班並車警隊及巡緝隊搜查不良份子又對三月三十日舉行之慶祝大會民衆大會遊行大會三十一日舉行之青年講演大會各民教館講演會四月一日舉行之學生講演大會二日

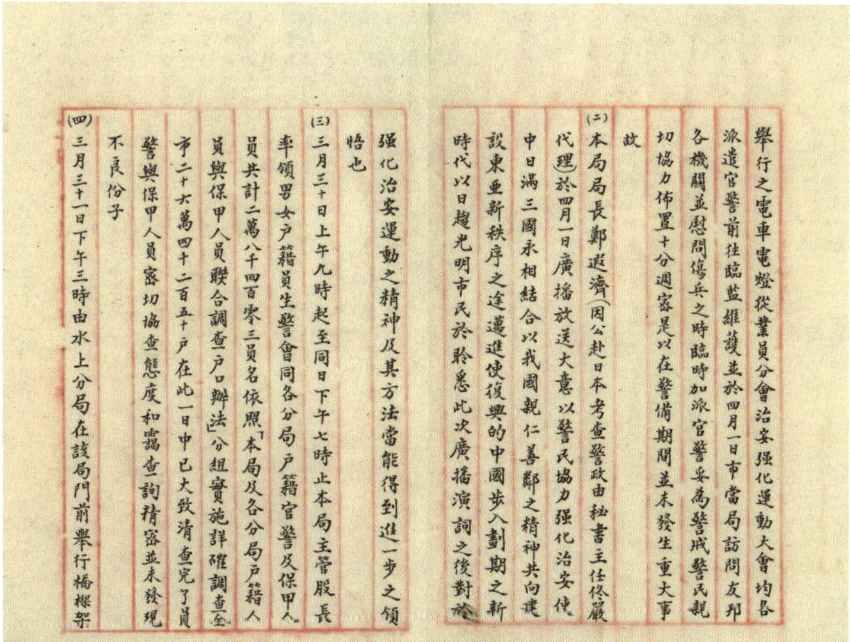

舉行之電車電燈從業員分會治安强化運動大會均各派遣官警前往臨監維護並於四月一日市當局訪問友邦各機關並慰問傷兵之時臨時加派官警妥為警戒警民親切協力佈置十分週密是以在警備期間並未發生重大事故

(二)本局局長鄭遐濟(因公赴日本考查警政由秘書主任佟嚴代理)於四月一日廣播放送大意以警民協力强化治安使中日滿三國永相結合以我國親仁善鄰之精神共向建設東亞新秩序之途邁進使復興的中國步入劃期之新時代以日趨光明市民於聆悉此次廣播演詞之後對於强化治安運動之精神及其方法當能得到進一步之領悟也

(三)三月三十日上午九時起至同日下午七時止本局主管股長率領男女戶籍員生警會同各分局戶籍官警及保甲人員共計二萬八千四百零三員名依照「本局及各分局戶籍人員與保甲人員聯合調查戶口辦法」分組實施詳確調查至市二十六萬四千二百五十戶在此一日中已大致清查完了員警與保甲人員密切協查態度和藹查詢精密並未發現不良份子

(四)三月三十一日下午三時由水上分局在該局門前舉行橋樑架

■ 伪天津特别市公署警察局治安强化运动成果报告书（局部）（1941年）

治安强化运动是日本侵略者在华北沦陷区强迫推行的一种奴化政策。以『清乡』为主，加强保甲制度，推行连坐法，目的是在沦陷区禁绝抗日活动。1941年3月30日，伪华北政务委员会开始推行第一次治安强化运动。至1942年底共进行了五次治安强化运动。

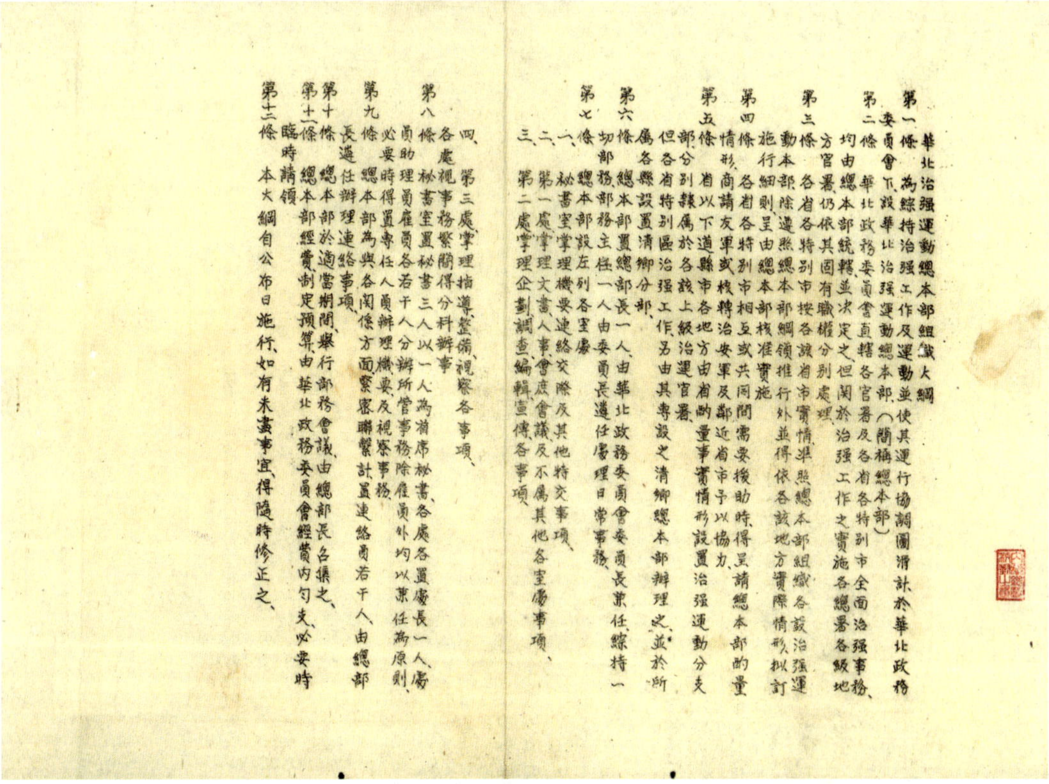

華北治強運動總本部組織大綱

第一條 為綜持治強工作及運動並使其運行協調圓滑計於華北政務委員會下設華北治強運動總本部（簡稱總本部）

第二條 華北政務委員會直轄各官署及各省各特別市全面治強事務、均由總本部統轄並決定之、但關於治強工作之實施各總署各級地方官署仍依其固有職權分別處理、

第三條 各省各特別市按各該省市實情準照總本部組織各設治強運動本部、除遵照總本部綱領推行外並得依各該地方實際情形擬訂施行細則、呈由總本部核准實施

第四條 各省各特別市相互或共同間需要援助時、得呈請總本部酌量情形、商請友軍或核轉治安軍及鄰近省市予以協力、

第五條 省以下道縣市各地方由省酌量事實情形設置治強運動分支部、分別隸屬於各該上級治運官署、但各省特別區治強工作、另由其專設之清鄉總本部辦理之、並於所屬各縣設置清鄉分部、

第六條 總本部置總部長一人、由華北政務委員會委員長兼任、綜持一切部務、部務主任一人由委員長遴任處理日常事務、

第七條 總本部設左列各室處

一、秘書室掌理機要連絡交際及其他特交事項、

二、第一處掌理文書、人事、會庶會議及不屬其他各室處事項、

三、第二處掌理企劃調查、編輯宣傳各事項、

四、第三處掌理指導、警備、視察各事項、

第八條 各處視事務繁簡得分科辦事

秘書室置秘書三人以一人為首席秘書、各處各置處長一人、處員助理員雇員各若干人分辦所管事務、除雇員外均以兼任為原則、必要時得置專任人員辦理機要及視察事務、

第九條 總本部為與各關係方面緊密聯繫計、置連絡員若干人、由總部長遴任辦理連絡事項、

第十條 總本部於適當期間、舉行部務會議、由總部長召集之、

第十一條 總本部經費制定預算、由華北政務委員會經費內勻支、必要時臨時請領

第十二條 本大綱自公布日施行、如有未盡事宜、得隨時修正之、

伪华北治安强化运动总本部组织大纲

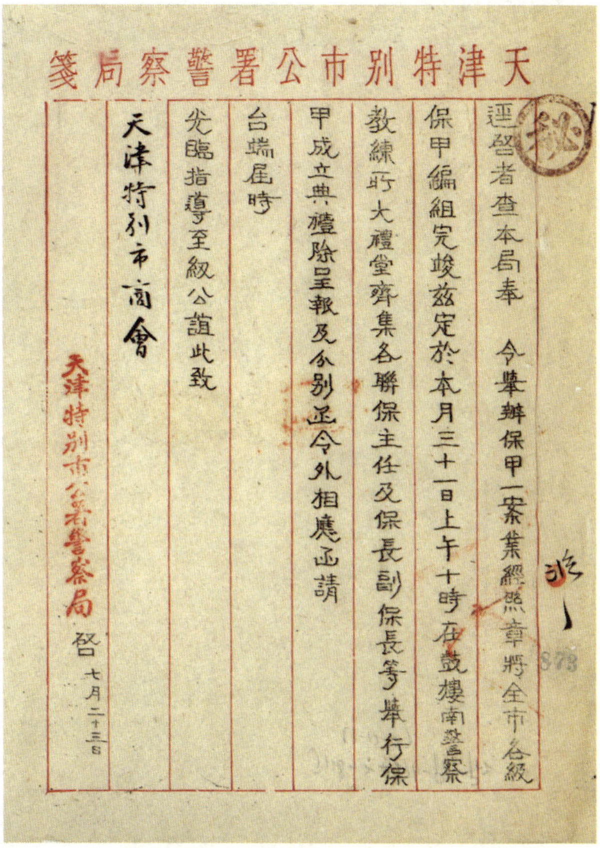

天津特別市公署警察局箋

逕啓者查本局奉
令肇辦保甲一案業經照章將全市各級
保甲編組完竣茲定於本月三十一日上午十時在鼓樓南警察
教練所大禮堂齊集各聯保主任及保長副保長等舉行保
甲成立典禮除呈報及分別函令外相應函請
台端屆時
光臨指導至紉公誼此致
天津特別市商會

天津特別市公署警察局 啓
七月二十三日

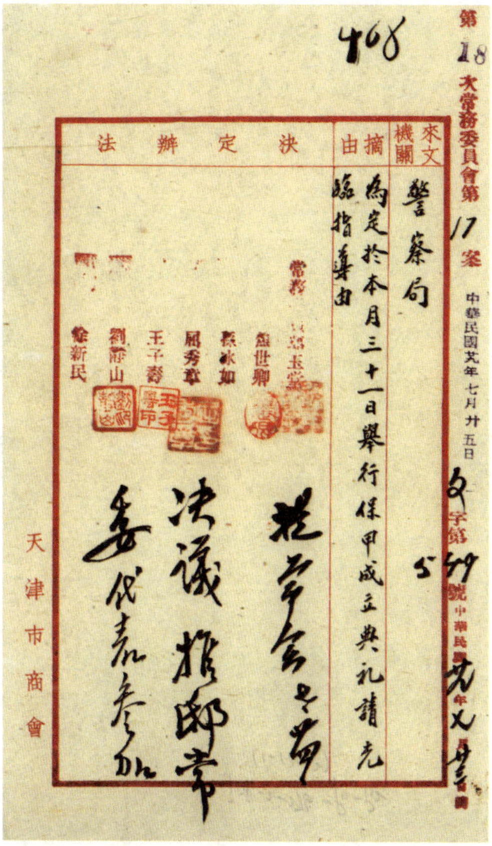

第18次常務委員會第17案

中華民國廿九年七月廿五日

文字第549號

來文機關	警察局
摘由	為定於本月三十一日舉行保甲成立典禮請光臨指導由
決定辦法	

常務 周秀章 王子壽 劉靜山 徐新民

天津市商會

■ 伪天津特别市公署警察局为举行保甲成立典礼事致天津特别市商会的启（1940 年 7 月 23 日）

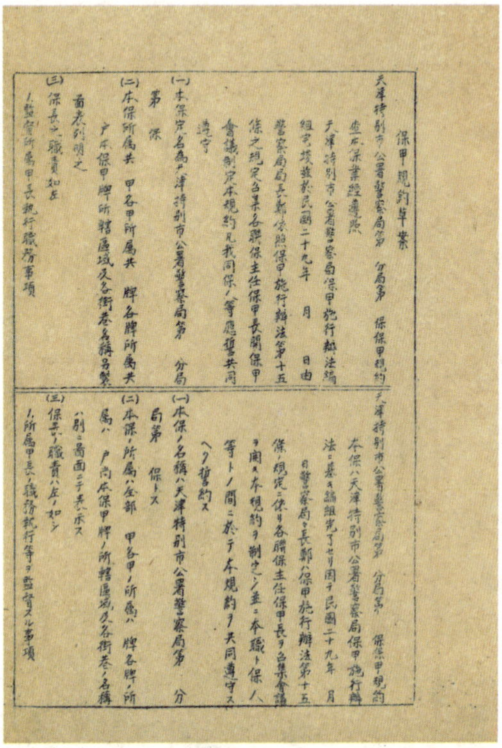

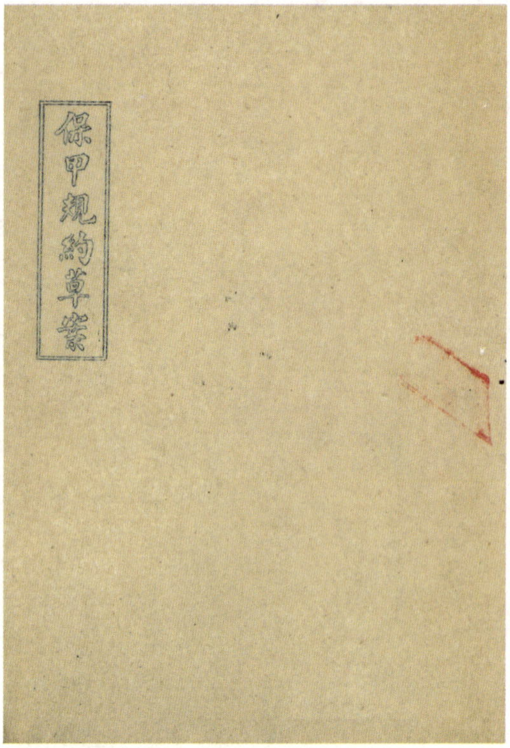

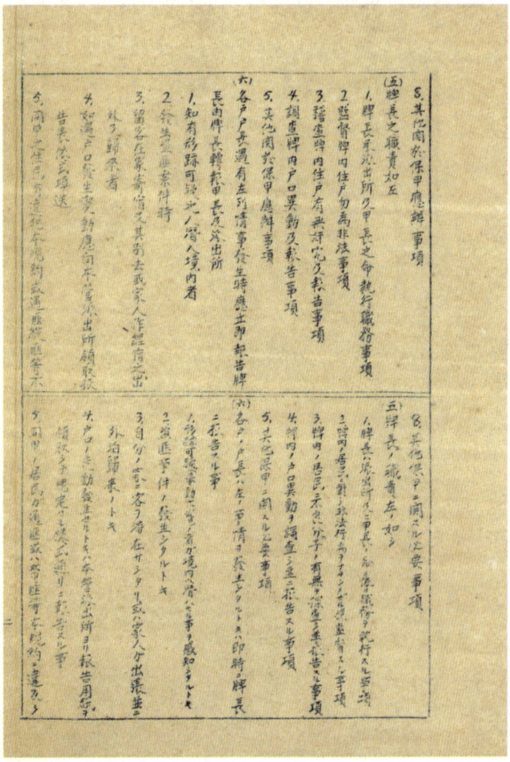

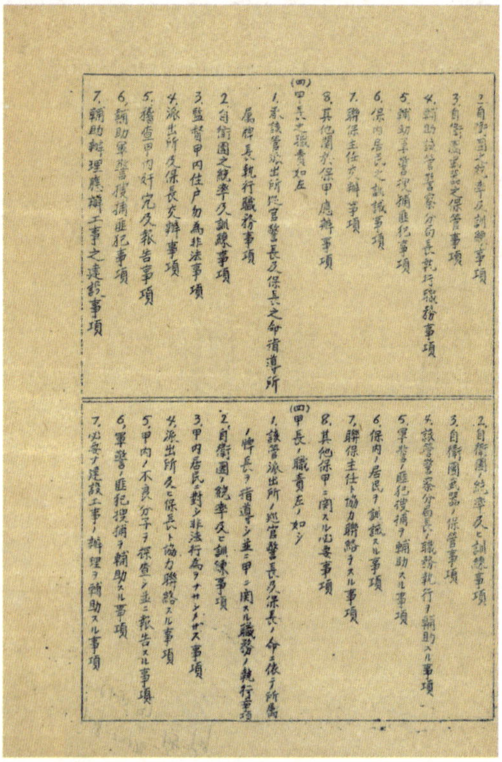

伪天津特别市公署警察局保甲规约草案（1940年）

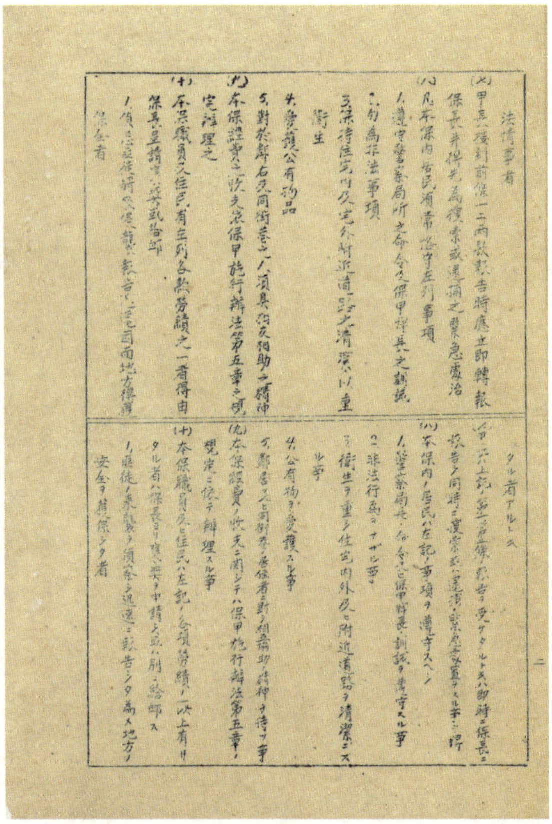

法情事者
（七）甲長ハ獲到前條一二兩款之情事時應立即轉報
保長并得先爲獲索或逮捕之緊急處治
（八）凡本保內各民須常遵守左列事項
1.遵守警察局所之命令及保甲職員之訓誡
2.勿爲非法事項
3.保持住宅內外及宅外附近道路之清潔以重
衛生
4.愛護公有物品
5.對於鄰右及同街巷之人須具親友相助之精神
（九）本保經費之收支依保甲施行辦法第五章之規
定辦理之
（十）本保職員及住民有左列各款勞績之一者得由
保長呈請官署或警察部
1.領導住民擒獲匪徒或報告官署而地方得獲
保全者

タル者アルトキハ
甲長ハ上記第一第二ノ情報ヲ受ケタルトキハ即時ニ保長ニ
報告ノ同時ニ捜索或ハ逮捕ノ緊急處置ヲ爲スヘシ
（八）本保内ノ居民ハ左記ノ事項ヲ遵守スヘシ
1.警察局長ノ命令及保甲職員ノ訓誡ヲ遵守スル事
2.非法行爲ヲナサヽル事
3.衛生ヲ重シ住宅内外及ヒ附近道路ヲ清潔ニス
ル事
4.公有物ヲ愛護スル事
5.隣居ノ人ト同街巷居住者ニ對シ相扶助ノ精神ヲ持ツ事
（九）本保經費ノ收支ニ關シテハ保甲施行辦法第五章ノ
規定ニ依テ辦理スル事
（十）本保職員及ヒ住民ハ左記ノ各項勞績ノ一以上有リ
タル者ハ保長ヨリ官署ニ申請シ或ハ表彰ス
1.匪徒ノ來襲ヲ領導シテ迅速ニ報告シタ爲メ地方ノ
安全ヲ確保シタ者

二

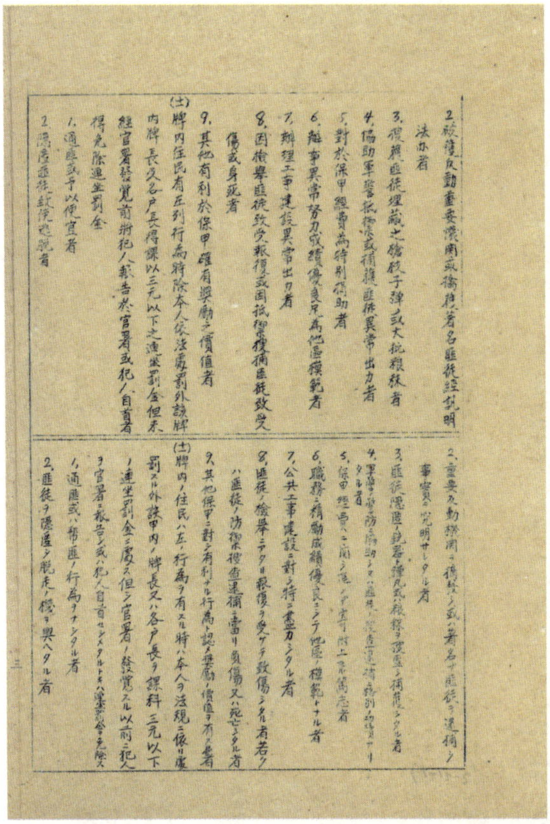

2.破獲反動重要機關或擒捉著名匪徒經其究明
法辦者
3.獲報匪徒埋藏之槍枝子彈或大批糧秣者
4.協助軍警捕獲或補獲匪徒異常出力者
5.對於保甲經費爲特別補助者
6.遇事異常努力成績優良可爲他區模範者
7.辦理工事建設異常出力者
8.因檢舉匪徒致受報復或因抵禦捕獲匪徒致受
傷或身死者
9.其他有利於保甲確有獎勵之價值者
（十一）牌內住民有左列行爲時除本人依法處罰外該牌
內牌長及各戶長得課以三元以下之連坐罰金但未
經官署發覺前將犯人報告於官署或犯人自首者
得免除連坐罰金
1.通匪或予以便宜者
2.隱匿匪徒或使逃脫者

2.重要ナル反動機關ヲ摘發シ或ハ著名ナル匪徒ヲ逮捕シ
事實ニ究明サレタル者
3.匪徒ノ隱匿シタル銃器彈丸或ハ糧秣ヲ探查シ捕獲シタル者
4.軍警ノ防衛ヲ協助シ又ハ匪徒ノ逮捕ニ特別ノ功績アリ
タル者
5.保甲經費ニ關シテ特ニ寄附シタル者
6.職務ニ精勵成績優良ニシテ他區ノ模範トナル者
7.公共工事建設ニ對シテ特ニ盡力シタル者
8.匪徒ノ檢擧ニアタリ報復ヲ受ケテ致傷シタル者若ク
ハ匪徒ノ防禦捜查逮捕ニ當リ負傷又ハ死亡シタル者
9.其他保甲ニ對シテ有利ナル行爲ト認メ獎勵ノ價値ヲ有スル者
（十一）牌内ノ住民ハ左ノ行爲ヲ有スル時ハ本人ヲ法規ニ依リ處
罰スル外該甲内ノ牌長又ハ各戶長ヲ課料三元以下
ノ連坐罰金ニ處ス但シ官署ノ發覺スル以前ニ犯人
ヲ官署ニ報告シ或ハ犯人自首セシメタルトキハ連坐罰金ヲ免除ス
1.通匪或ハ帮匪ノ行爲ナシタル者
2.匪徒ヲ隱匿シ脱走ノ機ヲ與ヘタル者

三

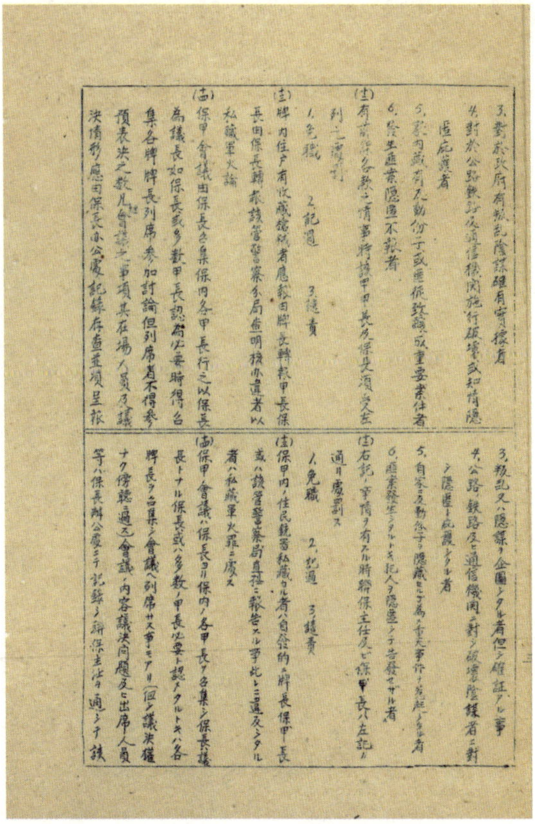

3.對於政府有搗亂陰謀確有實據者
4.對於公路鐵路及通信機關施行破壞或知情隱
匿庇護者
5.家內藏有反動份子或匪徒致發生重要案件者
6.發生匪案隱匿不報者
（十二）有前列各款之情事時該甲甲長及保長須受左
列之處罰
1.免職　2.記過　3.譴責
（十三）牌內住戶有收藏槍械者應由牌長轉報甲長保
長由保長轉報該管警察分局查明核辦違者以
私藏軍火論
（十四）保甲會議由保長召集保內各甲長行之以保長
爲議長如保長或多數甲長認爲必要時得召
集各牌牌長列席參加討論但列席者不得參
預表決之數凡會議之事項其在場人員及議
決情形應由保長辦公處紀錄存查並須呈報

3.政治又ハ陰謀ヲ企圖シタル者但シ確証アル事
4.公路、鉄路及ヒ通信機關ニ對シ破壞陰謀者ニ對
シ隱匿シ庇護シタル者
5.自家ニ反動分子ヲ隱藏セシメ爲ニ重大事件ヲ惹起シタル者
6.匪案發生シタルトキ犯人ヲ隱匿シテ告發セサル者
（十二）右記ノ事情ヲ有スル時該保主任及ヒ保甲長ハ左記ノ
通リ處罰ス
1.免職　2.記過　3.譴責
（十三）保甲内ノ住民銃器私藏シタル者ハ自發的ニ牌長保甲長
或ハ該管警察局直接ニ報告スル事此ニ違反シタル
者ハ私藏軍火罪ニ處ス
（十四）保甲ノ會議ハ保長ヨリ保内ノ各甲長ヲ召集シ保長議
長トナル保長或ハ多數ノ甲長必要ト認メタルトキハ各
牌長ヲ召集シ會議ヘ列席サス事モアリ（但シ議決權
ナク傍聽ニ過ス）會議ノ內容議決問題及ヒ出席人員
等ハ保長辦公處ニテ記錄シ保主任ニ通シテ報

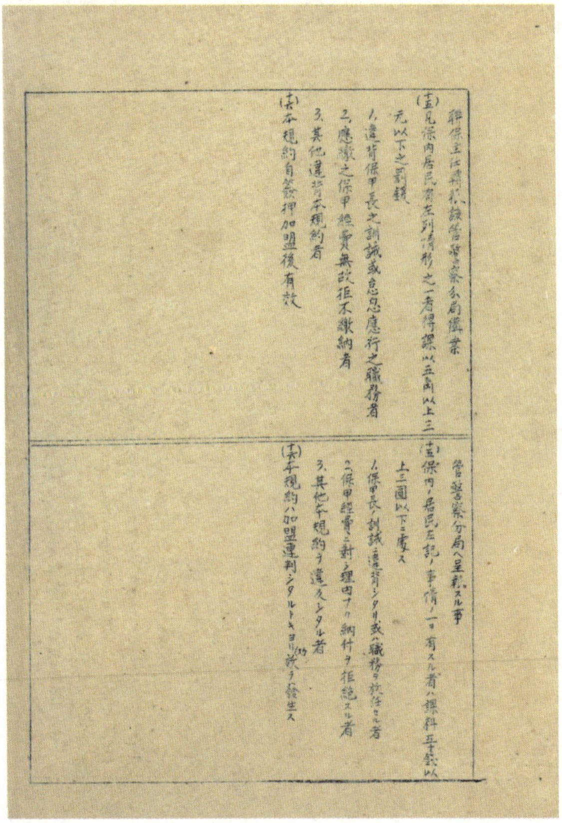

報保主任轉報警察分局備案
（十五）凡保內居民有左列情形之一者得課以五角以上三
元以下之罰鍰
1.違背保甲長之訓誡或怠忽應行之職務者
2.應繳之保甲經費無故拒不繳納者
3.其他違背本規約者
（十六）本規約自簽押加盟後有效

告警察分局ヘ呈報スル事
（十五）保内ノ居民左記ノ事情ノ一ヲ有スル者ハ課料五十錢以
上三圓以下ニ處ス
1.保甲長ノ訓誡ニ違背シタリ或ハ職務ヲ放任シタ者
2.保甲經費ニ對シ理由ナク納付ヲ拒絕スル者
3.其他本規約ヲ違反シタル者
（十六）本規約ハ加盟連判シタルトキヨリ效力ヲ發生ス

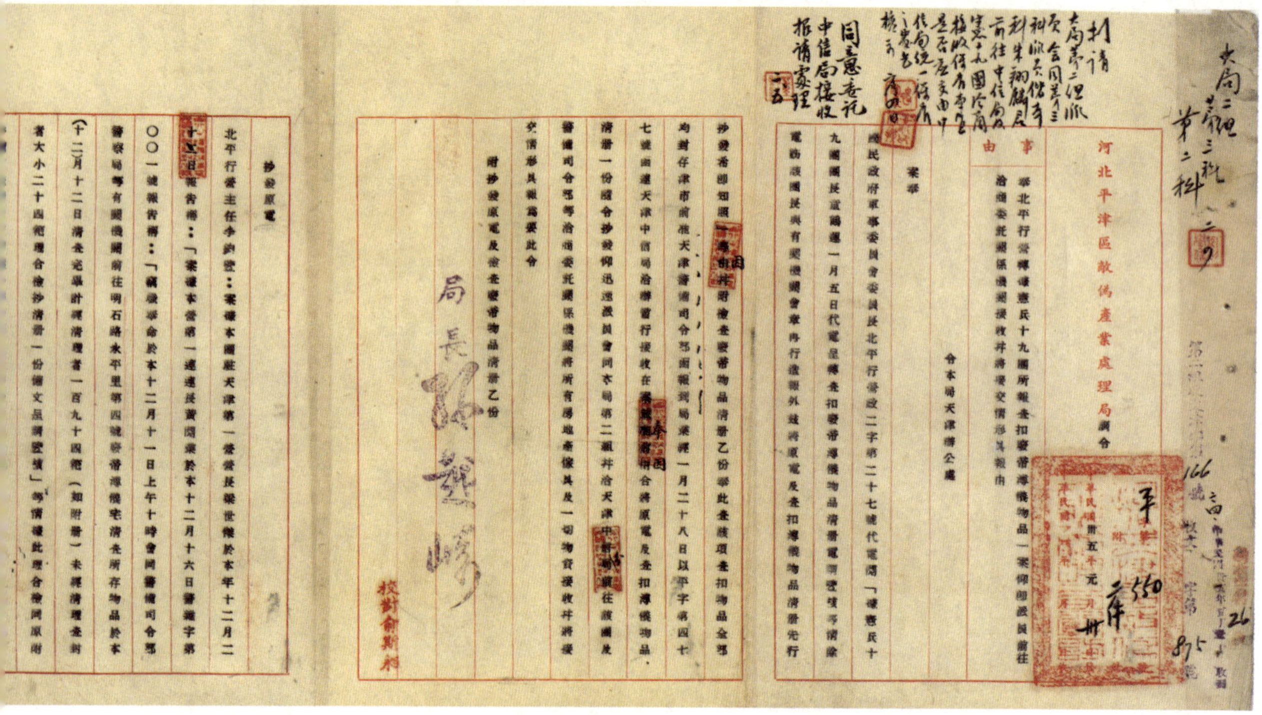
河北平津區敵偽產業處理局訓令
事由：爲北平行營轉據憲兵十九團所報查扣廢帝溥儀物品一案仰即派員前往洽商委託關係機關接收并將移交情形具報由
令本局天津辦公處
案奉
國民政府軍事委員會委員長北平行營政二字第二十七號代電開「據憲兵十九團團長宣鐵吾一月五日代電呈轉查扣廢帝溥儀物品清冊電請鑒核等情除電飭該團長與有關機關會商再行處理外茲將原電及查扣溥儀物品清冊先行抄發希即知照」等因，并附檢查廢帝物品清冊乙份奉此查該項查扣物品全部均封存津市前准天津警備司令部函報到局業經一月二十八日以平字第四十七號函達天津中信局洽辦暫行接收在案奉令前因，合將原電及查扣溥儀物品清冊一份隨令抄發仰迅速派員會同本局第二組并洽天津中信局前往該團及警備司令部等洽商委託關係機關將所有房地產傢具及一切物資接收并將接交情形具報為要此令
附抄發原電及檢查廢帝物品清冊乙份
局長 孫越崎
校對俞斯利

抄發原電
北平行營主任李鈞鑒：案據本團駐天津第一營營長梁世儀於本年十二月二十五日報告稱：「案據本營第一連連長黃開業於本十二月十六日警維字第〇〇一號報告稱：「竊職遵命於本十二月十一日上午十時會同警備司令部警察局等有關機關前往明石路永平里第四號廢帝溥儀宅清查所存物品於本（十二）月十二日清查完畢計經清理者一百九十四箱（如附冊）未經清理查封者大小二十四箱理合檢抄清冊一份備文呈請鑒核」等情據此理合檢同原附

■ 国民党河北平津区敌伪产业处理局为接管宪兵第十九团所扣溥仪物品情形事致天津办公处训令 附原电抄件、宪兵第十九团第一营第一连检查废帝溥仪物品清单（局部）（1946年1月30日）

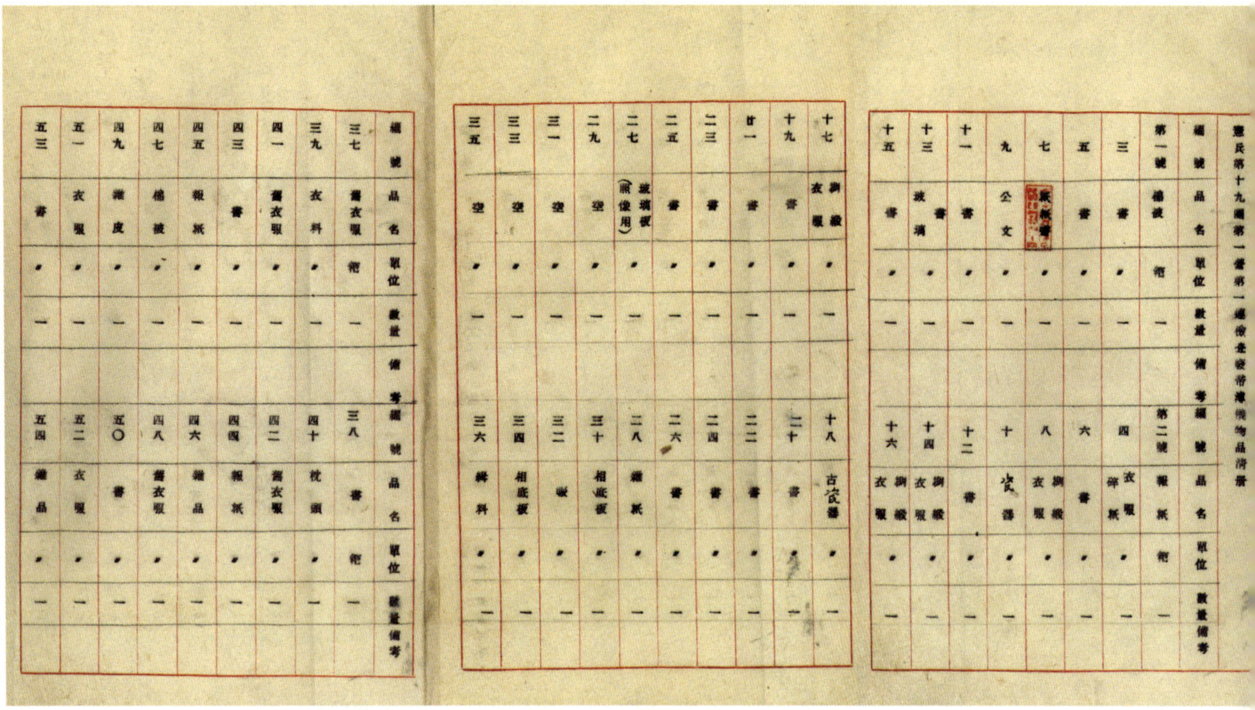
憲兵第十九團第一營第一連檢查[illegible]物品清冊

編號	品名	單位	數量	備考
第一號	棉被	包	一	
第二號	報紙	包	一	
三	書	〃	一	
四	衣服 碎紙	〃	一	
五	書	〃	一	
六	書	〃	一	
七	[illegible]	〃	一	
八	綢緞 衣服	〃	一	
九	公文	〃	一	
十	瓷器	〃	一	
十一	書	〃	一	
十二	書	〃	一	
十三	玻璃 書	〃	一	
十四	綢緞 衣服	〃	一	
十五	書	〃	一	
十六	綢緞 衣服	〃	一	
十七	綢緞 衣服	〃	一	
十八	古瓷器	〃	一	
十九	書	〃	一	
二十	書	〃	一	
廿一	書	〃	一	
二二	書	〃	一	
二三	書	〃	一	
二四	書	〃	一	
二五	書	〃	一	
二六	書	〃	一	
二七	玻璃板（照像用）	〃	一	
二八	雜紙	〃	一	
二九	空	〃	一	
三十	相底板	〃	一	
三一	空	〃	一	
三二	碗	〃	一	
三三	空	〃	一	
三四	相底板	〃	一	
三五	空	〃	一	
三六	綢料	〃	一	
三七	舊衣服	包	一	
三八	書	包	一	
三九	衣料	〃	一	
四十	枕頭	〃	一	
四一	舊衣服	〃	一	
四二	舊衣服	〃	一	
四三	書	〃	一	
四四	報紙	〃	一	
四五	報紙	〃	一	
四六	雜品	〃	一	
四七	棉被	〃	一	
四八	舊衣服	〃	一	
四九	雜皮	〃	一	
五〇	書	〃	一	
五一	衣服	〃	一	
五二	衣服	〃	一	
五三	書	〃	一	
五四	雜品	〃	一	

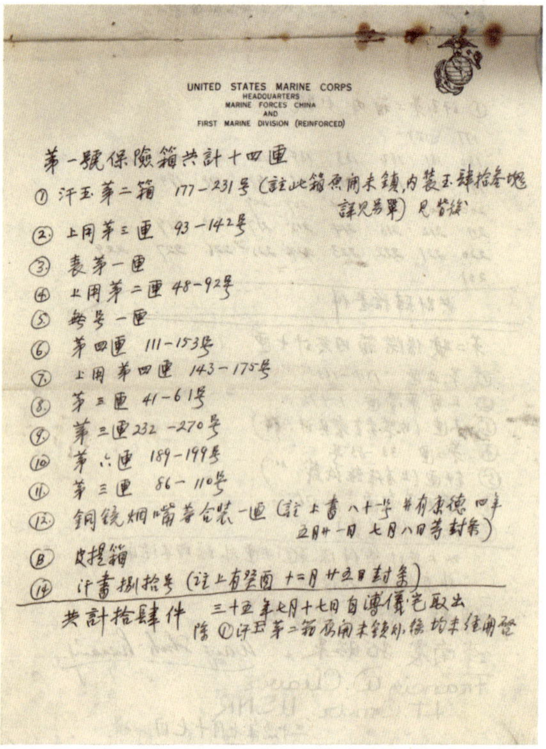
UNITED STATES MARINE CORPS
HEADQUARTERS
MARINE FORCES CHINA
AND
FIRST MARINE DIVISION (REINFORCED)

第一號保險箱共計十四匣
① 汗玉第二箱 177—231号（註此箱原開未鎖，内裝玉肆拾叁塊 詳見另單）見皆從
② 上用第三匣 93—142号
③ 表第一匣
④ 上用第二匣 48—92号
⑤ 無号一匣
⑥ 第四匣 111—153号
⑦ 上用第四匣 143—175号
⑧ 第三匣 41—61号
⑨ 第三匣 232—270号
⑩ 第六匣 189—199号
⑪ 第三匣 86—110号
⑫ 銅镀烟嘴春合装一匣（註上書八十号 #有康德四年五月廿一日 七月八日等封条）
⑬ 皮提箱
⑭ 汗書捌拾号（註上有癸酉 十二月廿五日封条）
共計拾肆件 三十五年七月十七日自溥儀宅取出
除①汗玉第二箱原開未鎖外，係均未經開啓

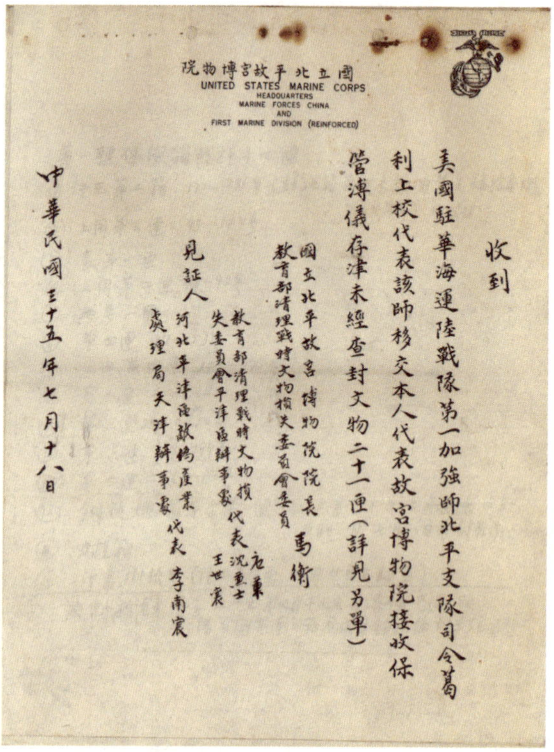
國立北平故宮博物院
UNITED STATES MARINE CORPS
HEADQUARTERS
MARINE FORCES CHINA
AND
FIRST MARINE DIVISION (REINFORCED)

收到
美國駐華海運陸戰隊第一加強師北平支隊司令葛
利上校代表該師移交本人代表故宮博物院接收保
管溥儀存津未經查封文物二十一匣（詳見另單）
國立北平故宮博物院院長
教育部清理戰時文物損失委員會委員 馬衡
教育部清理戰時文物損失委員會平津區辦事處代表 沈兼士 王世襄
見証人
河北平津區敵偽產業處理局天津辦事處代表 李南宸
中華民國三十五年七月十八日

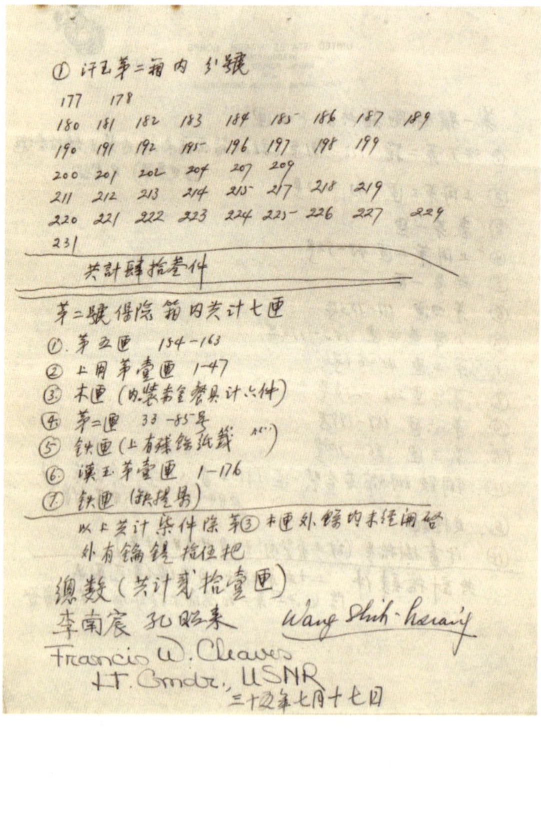
① 汗玉第二箱内 引號
177 178
180 181 182 183 184 185 186 187 189
190 191 192 195 196 197 198 199
200 201 202 204 207 209
211 212 213 214 215 217 218 219
220 221 222 223 224 225 226 227 229
231
共計肆拾叁件
第二號保險箱内共计七匣
①. 第五匣 154—163
② 上用第壹匣 1—47
③ 木匣（内装帝后餐具计六件）
④ 第二匣 33—85号
⑤ 铁匣（上有殘餘纸截 "）
⑥ 漢玉第壹匣 1—176
⑦ 铁匣（铁提男）
以上共计柒件除第③木匣外，餘均未经开啓
外有鑰匙拾伍把
總數（共计贰拾壹匣）
李南宸 孔昭来 Wang Shih-hsiang
Francis W. Cleaves
Lt. Comdr., USNR
三十五年七月十七日

■ 国立北平故宫博物院为美国驻华海军陆战队第一加强师移交溥仪文物所立收据 附中英文移交清单（局部）（1946年7月18日）

THE CHINESE NATIONAL PALACE MUSEUM
PEIPING, CHINA.

18 July, 1946.

We the undersigned certify that we have this date, recorded a physical inventory of certain antiques which are listed in the following, that we witnessed the release of these antiques from the Government of the United States of America by Colonel Benjamin W. Gally, U.S. Marine Corps, that these antiques were released to the Director of the Chinese National Palace Museum, Peking, China, that the Director accepted these antiques in their entireties for the aforementioned Museum and that the Director issued a written receipt to Colonel Benjamin Gally for these antiques:

Box No. 1: 1 Gold table set consisting of 7 pcs, ea.

Box No. 2: 43 Jade, white, assorted carrings, pcs.

Box No. 3: 34 Jade, assorted colors, assorted carvings, pcs.

Box No. 4: 9 Bracelets, green jade, assorted carvings, jeweled, w/pearls & small diamonds, ea.
1 Gold table set, consisting of 7 pcs, ea.
8 Jade, green, assorted carvings, pcs.
3 Ornaments, ancient hairdress, jeweled w/pearls & small diamonds, pcs.
4 Watches, pocket, gold cases, trimmed in pearls & diamonds, ea.
4 Watches, wrist, w/wristlets and cases, ea.

Box No. 5: 1 Necklace, blue quartz & saphire, large, ea.
2 Necklaces, green jade, w/pearls, large, ea.
1 Necklace, brown jade, large, ea.
10 Necklaces, pink opal or quartz, large, w/ornaments, ea.
1 Necklace, blue opal & saphire, large, ea.
1 Necklace, spice-wood, large, w/ornaments, ea.
2 Necklaces, white jade, large, w/ornaments, ea.
3 Necklaces, yellow opal or quartz, large, w/ornaments, ea.

Box No. 6: 48 Jade, assorted colors, assorted carvings, pcs.

Box No. 7: 37 Jade, assorted colors, assorted carvings, pcs.

Box No. 8: 1 Album, autographs by various persons, good omen to China, ea.
9 Bars, gold, appx. 1 oz., ea.
7 Books, poetry & undetermined indexes, ea.
7 Bottles, precious stone, snuff, ea.
2 Bottles, gold, snuff, ea.
1 Box, bamboo, w/carved jade cover, ea.
1 Bottle, carved ivory, small, ea.
1 Comb, ancient, Chinese, bone, for whiskers, ea.
23 Fans, small, ancient, in box, ea.
2 Knives, carved jade handled, 10" blade, w/gold sheaths, ea.
1 Mirror, bronze, ancient, 4" Dia, ea.
4 Ornaments, assorted, for Emperor's dress robe, each beaded, w/gold & rubies trimmings, ea.

-1-

I N V E N T O R Y   C E R T I F I C A T E

CHINESE NATIONAL PALACE MUSEUM

PEIPING, CHINA, 18 JULY, 1946

Box No. 8: 3 Paintings, ancient scrolls, ea.
5 Paintings, ancient scrolls, ea.
3 Paintings, ancient scrolls, by Emperor Chen Lung, ea.
1 Painting, by Emperor Chen Quen, ea.
2 Rings, gold, finger, large, engraved, ea.
16 Seals (Chops), carved, white jade, assorted, ea.
4 Seals (Chops), carved, brown jade, ea.
2 Seals (Chops), carved, white jade, Emperor Chen Lung's, in jade box, w/pearls mountings & gold inlaid Chinese characters, ea. (Note: one seal missing from this set).
2 Writings, inscription in Chinese characters, ea.
1 Watch Chain, gold, w/diamonds mounted in pin attached, ea.

Box No. 9: 1 Brush, writing, enclosed in lacquer case, believed to be Emperor Chen Lung's, ea.
4 Brushes, writing, enclosed in white carved jade cases, believed to be Emperor Chen Lung's, ea.
2 Brushes, writing, enclosed in gold trimmed carved hard-wood cases, ea.
1 Scroll, writing, with inscription by Emperor Chen Lung, ea.
3 Jade, assorted carving, brown, pcs.
1 Lute, ancient Chinese, miniature, lacquer & wood, ea.

Box No.10: 9 Necklaces, ancient, w/assorted ornaments, coral, large, ea.

Box No.11: 2 Bracelets, carved green jade, ea.
1 Buckle, belt, carved, pink quartz, in gold binding, ea.
3 Earrings, carved green jade, ancient, Chinese, ea.
6 Ear ornaments, carved green jade, ancient, ea.
2 Gems, rubies, finished, ea.
3 Gems, blue opal or quartz, finished, ea.
18 Gems, pink opal or quartz, finished, ea.
17 Gems, pink & yellow opal or quartz, finished, ea.
4 Gems, white opal or quartz, large, ea.
2 Gems, rubies, large, ea.
1 Gem, pink quartz, small, ea.
2 Gems, pearls, small, ea.
1 Gem, green opal or quartz, large, ea.
1 Holder, feather, carved green jade, large, ea.
22 Jade, green, carved ornaments, assorted, ea.
1 Mouth piece, carved green jade, for tobacco pipe, ea.
1 Ornament carved, black & pink quartz, ancient, ea.
1 Ornament, ancient, Emperor's dress robe, trimmed with pearls and green jade, ea.
2 Ornaments, carved yellow quartz, large, ea.
1 Ornament, for ancient dress robe, w/2 gems, pearls, & 2 gems, blue opal or quartz, ea.
2 Rings, finger, white gold, engraved characters, ancient Chinese, ea.
19 Rings, finger, carved green jade, ancient, ea.

Box No.12: 186 Gems, pearls, assorted, ea.
2 Gems, white opal or quartz, ea.
2 Wigs, dark hair, w/ornaments, attached, ea.

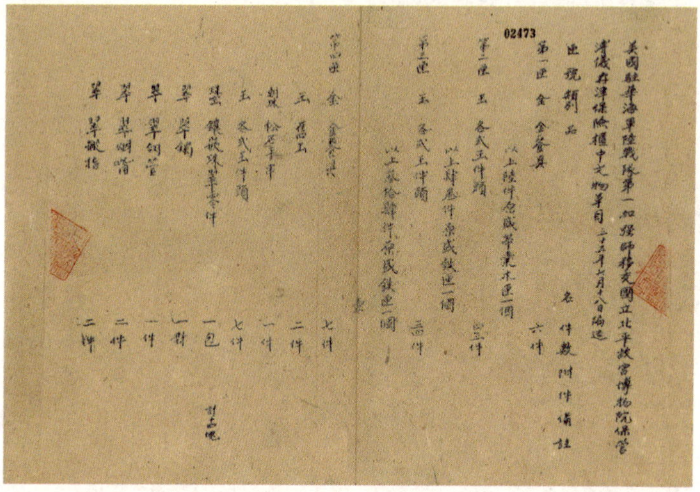

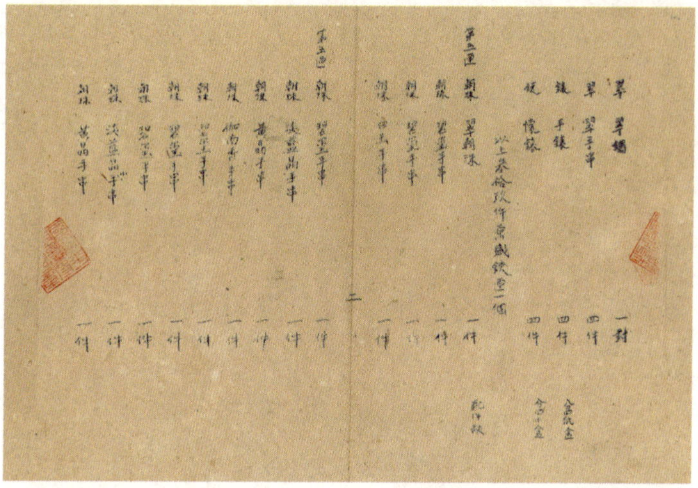

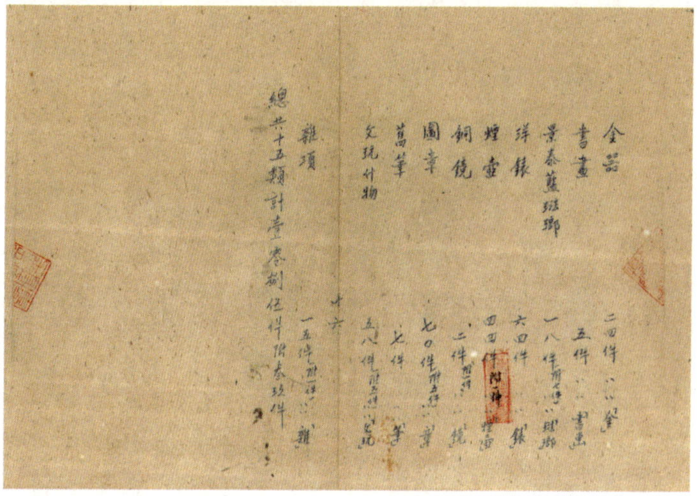

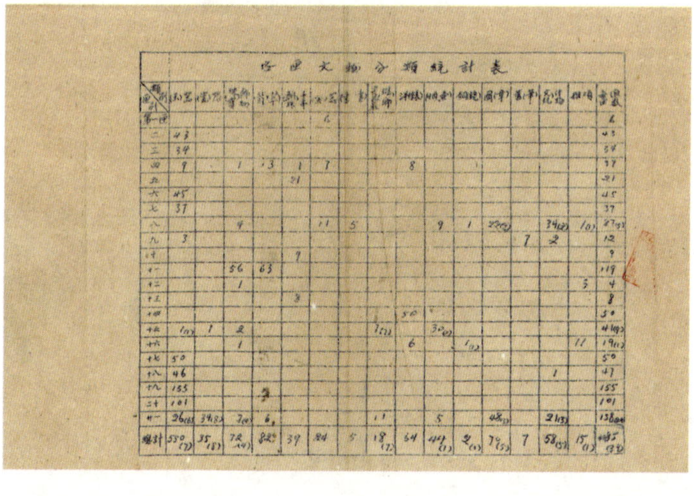

美国驻华海军陆战队第一加强师移交国立北平故宫博物院保管溥仪存津保险柜中文物草目（局部）（1946年7月18日）

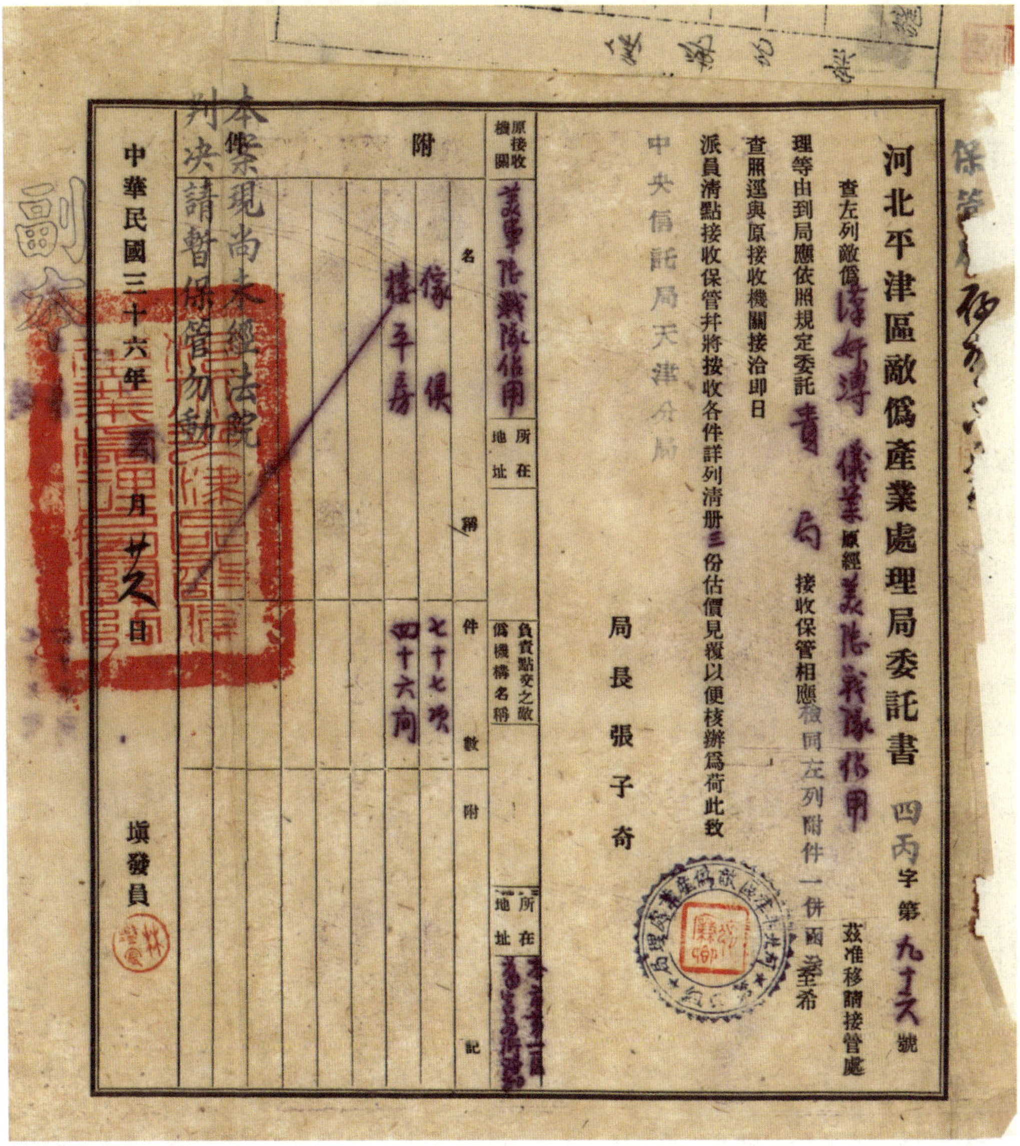
河北平津區敵僞產業處理局委託書　四丙字第九十六號

查左列敵僞溥儀產業原經美軍作戰隊佔用接收保管相應檢同左列附件一併函達希茲准移請接管處理等由到局應依照規定委託貴局查照逕與原接收機關接洽即日派員清點接收保管并將接收各件詳列清冊三份估價見覆以便核辦爲荷此致

中央信託局天津分局

局長張子奇

附

原接收機關	所在地址	名稱	件數	附記	負責點交之敵僞機構名稱	所在地址
美軍作戰隊佔用		溥儀樓平房	七十七間 四十六間			

本件案現尚未經法院判決請暫保管勿動

中華民國三十六年五月廿六日

塡發員

國民党河北平津区敌伪产业处理局与中央信托局天津分局关于托管溥仪伪产的委托书（1947年）

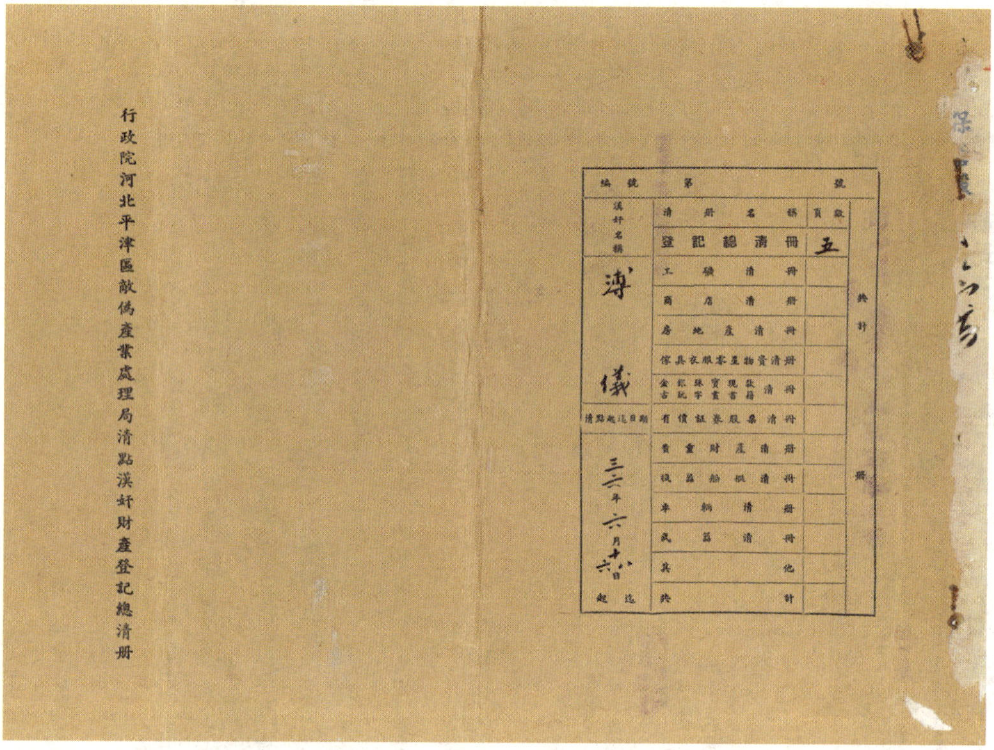

行政院河北平津區敵偽產業處理局清點漢奸財產登記總清冊

編號	第	號
漢奸名稱	清冊名稱	頁數
溥儀	登記總清冊	五
	工礦清冊	
	商店清冊	
	房地產清冊	
	傢具衣服零星物資清冊	
	金銀珠寶現款古玩字畫書籍清冊	
清點起迄日期	有價証券股票清冊	
三十六年六月十六日	貴重財產清冊	
	機器船舶清冊	
	車輛清冊	
	武器清冊	
	其他	
起迄	共計	

共計 冊

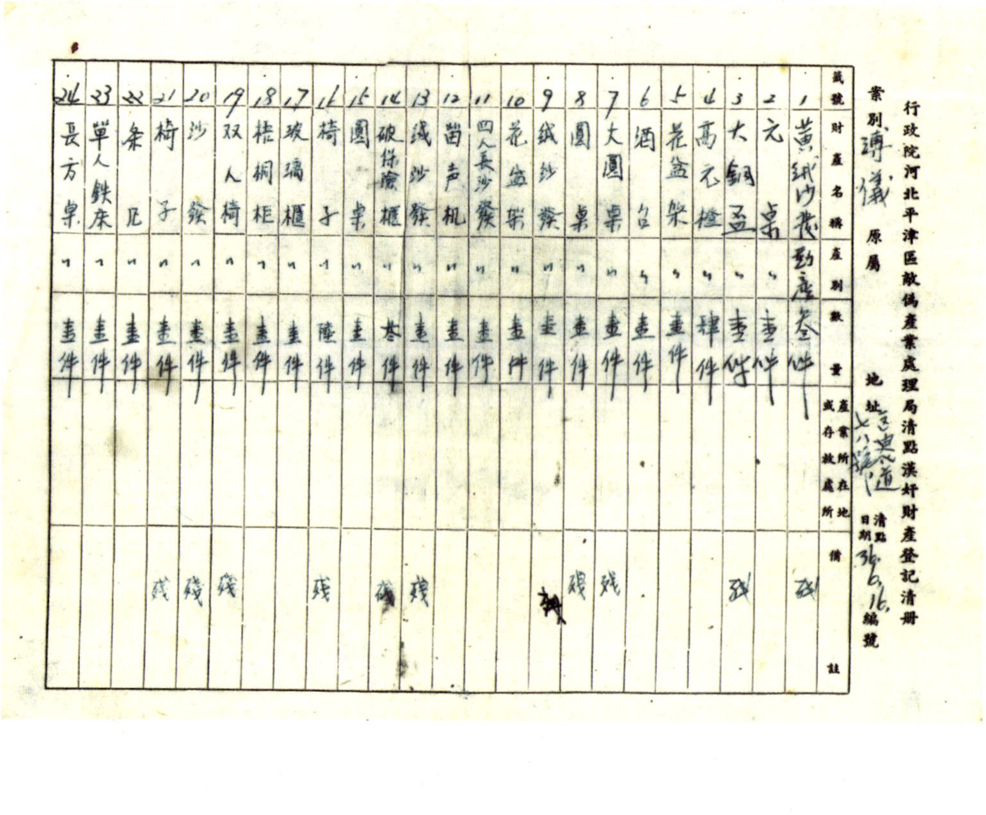

行政院河北平津區敵偽產業處理局清點漢奸財產登記清冊

業別 溥儀 原屬 地址 [illegible] 清點日期 36.6.16 編號

編號	財產名稱	產別	數量	產業所在地或存放處所	備註
1	黃紙沙發	動產	叁件		残
2	元桌	〃	壹件		
3	大銅盆	〃	壹件		残
4	高衣櫃	〃	肆件		
5	花盆架	〃	壹件		
6	酒台	〃	壹件		
7	大圓桌	〃	壹件		残
8	圓桌	〃	壹件		残
9	紙沙發	〃	壹件		
10	花盆架	〃	壹件		
11	四人長沙發	〃	壹件		
12	留声机	〃	壹件		
13	綫沙發	〃	壹件		残
14	破保險櫃	〃	叁件		残
15	圓桌	〃	壹件		
16	椅子	〃	陸件		残
17	玻璃櫃	〃	壹件		
18	桂桐柜	〃	壹件		
19	双人椅	〃	壹件		残
20	沙發	〃	壹件		残
21	椅子	〃	壹件		残
22	条几	〃	壹件		
23	單人鉄床	〃	壹件		
24	長方桌	〃	壹件		

国民党河北平津区敌伪产业处理局清点溥仪财产登记清册（局部）（1947年6月）

第十五章

天津解放与新时代

天津解放与新时代

近代百年当以新时代为终止，历史亦当以新中国为全新开端。以革命史论，百年课题有新旧民主主义革命之分，一兴一替。以文化史观，两者之间，夹着一场新文化运动的启蒙。

拿来主义与历史选择

旧的不易去，新的不易学，左也不是，右也不是，中也不是，这话里面毕竟有几代人的文化困惑和思想痛苦。若以百年时间为序，由事后看来，中西文化冲撞的脉络则拨云见日，清晰可辨。

近代史上的西学东渐，先以器物，进而制度，在挫折中层层深入。然而，辛亥革命唤起的社会希望之新与社会状况之旧存在着巨大的落差，新旧的反复与羼杂触痛了寻求真理的人们。人们比以思想，比以文化，将中西差异整体性加以取舍，催生了一场空前的启蒙。

新文化运动有两个内容，破坏旧传统和重建现代价值。新文化运动有两面旗帜，倡导者高举科学与民主。在古今、中西、新旧的比对中，人们寻找一个重要的标准，它可以帮助人们判断是非，并在完全意义上成就近代中国人的诞生。

『拿来主义』是鲁迅先生后来的创造。此时的鲁迅已经提出了改造国民性的观点。1934年，鲁迅写下《拿来主义》时，整个民族正陷入空前的殖民地化的危机。『拿来』，不错的，起码里面有主动为之的态度，可以挑选，占有，可以或使用，或存放，或毁灭，总之，没有拿来的，人不能自成为新人。

一场新文化运动，几多主义，几多思潮？这些正在成为的新人都拿来了什么？尼采、柏格森、杜里舒、康德、孔德，一个个闪耀的名字为国人热捧。国家主义、先验主义、经验主义、实验主义，一个个鲜亮的流派为国人运用。

当然，在众多的『拿来』中，还有社会主义思潮。以往我们习惯将社会主义思潮与其他众多主义对峙，殊不知，陈独秀、李大钊、毛泽东这些新文化运动中的年轻人，未来领导中国的革命者，亦曾受着不同主义的滋养和影响。

后来，毛泽东说：十月革命一声炮响，给我们送来了马克思主义。主义的理想居然成为政权的现实，怎不让人心襟激荡！历史在社会主义思潮中选择了马克思主义，历史的不可超越和客观现实又要求马克思主义中国化。

如何中国化？在新民主主义革命的理论中，反封建续接了旧民主主义革命未竟的事业，又以无产阶级领导赋予了资产阶级性质的革命以社会主义的前途。1921年7月23日，中国共产党宣告诞生。

国共对决与天津解放

1924年1月，国民党第一次全国代表大会举行，确立联俄、联共、扶助农工三大政策。也就是在第一次国共合作的高潮中，中共天津地方执行委员会成立。从此，天津这座华北重镇有了党组织。

中国共产党在天津广泛开展了工人运动和学生运动，在不同历史时期领导了抗日救亡和民主革命。天津地下党组织在白色恐怖的险恶环境里保存了革命火种，在国统区和沦陷区的血雨腥风中潜伏壮大。

1945年，国民党从日本人手中接管天津，旋即修筑环城防御工事。然而，国民党没有给天津带来安定和富庶，相反，内战政策激起了广泛抗议。在天津地下党组织的领导下，天津人民掀起了声势浩大的反内战斗争，形成了国统区的第二条战线。

天津对于国共两党都异常重要。1948年12月15日，蒋介石致陈长捷亲笔手令，要求将天津重要企业之机器设备和金银财物一概装船南运，并确保海路畅通，以便四十万部队在必要时顺畅撤退。而对于共产党，解放战争战略转移，平津战役乃攻坚最后一战。

天津一战，老乡碰老乡，刘亚楼对阵陈长捷。1949年1月1日，人民解放军完成对天津的包围。天津前线总指挥刘亚楼确定作战方针：东西对进、拦腰斩断、先南后北、先分割后围歼、先吃肉后啃骨头。此时的陈长捷，脑袋里恐怕只有拖延二字。

1月14日上午10点，天津国民党守军拒绝和平条件，人民解放军发动总攻。同日，毛泽东发表时局声明，提出八项和平条件。15日下午3点，战事结束。陈长捷被活捉，第一句便叹『贵军如此神速』。

蒋介石不接受和平条件，天津一解放，他只有下台，这便是天津战役后形成的大势。16日，蒋介石指示资产转移台湾。21日，引退。而天津解放给华北局势的最大震撼便是北平的和平解放，不战而屈人之兵，非攻而拔人之城。

二十九个小时，十几万人解除武装，陈长捷、杜建时诸位要员被俘，军事手段坚决、彻底、干净、迅速，毛泽东总结之为『天津方式』，它直接催生了『北平方式』。平津战役后，这两个方式也成为全国大部分地区解放的基本模式。

天津解放，军管会主任黄克诚、副主任兼天津市市长黄敬入城，宣告天津军管会和天津市政府成立，全面展开对天津的接管工作。天津以最迅速、最有效，也是损失最小的方式回到人民手中，历史掀开了新的篇章。

天津，近代百年如是观。对于一座在风雨中洗礼的城市，硝烟散去，生活不息。对于一座在中西文化交流中举足轻重的城市，风云际会，海纳百川。

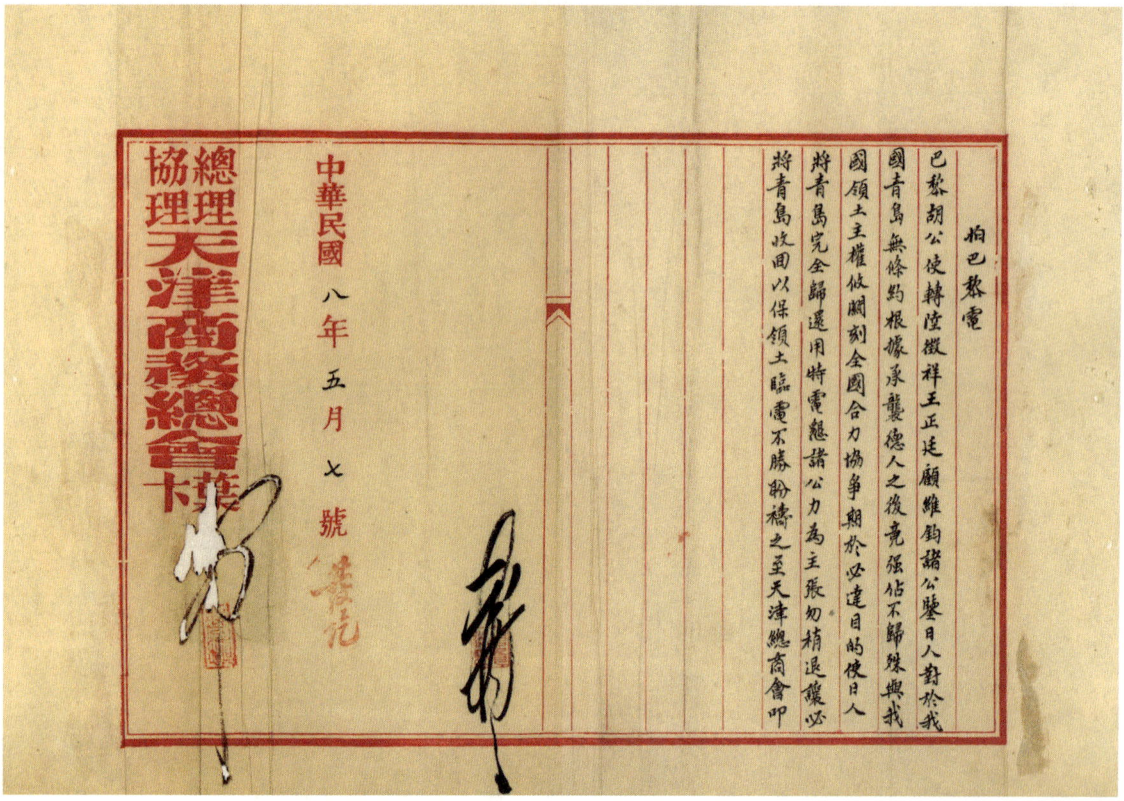

拍巴黎電

巴黎胡公使轉陸徵祥王正廷顧維鈞諸公鑒日人對於我國青島無條約根據承襲德人之後竟强佔不歸殊與我國領土主權攸關刻全國合力協爭期於必達目的使日人將青島完全歸還用特電懇諸公力為主張勿稍退讓必將青島收回以保領土臨電不勝盼禱之至天津總商會叩

中華民國八年五月七號

總理 協理 天津商務總會 卞 葉

■ 天津商务总会为巴黎和会承认日本非法占领青岛事致陆徵祥等人的电文（1919年5月7日）

五四运动，新旧民主主义革命之转折点。这是一场由爱国学生发端，群众广泛参与的反帝爱国运动，促进了马克思主义在中国的传播，为中国共产党的诞生准备了条件。

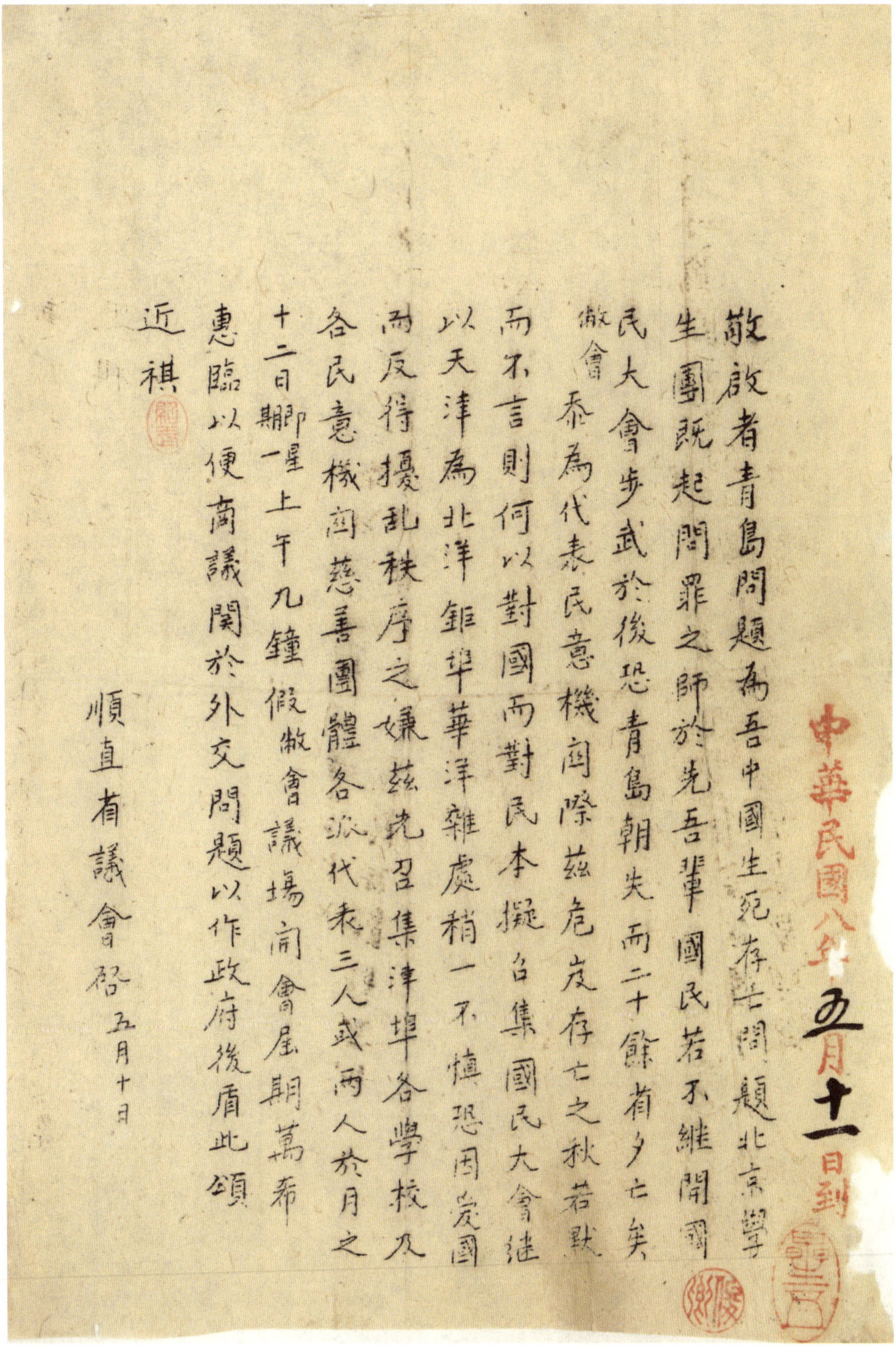
敬啟者青島問題為吾中國生死存亡問題北京學生團既起問罪之師於先吾輩國民若不繼開國民大會步武於後恐青島朝失而二十餘省夕亡矣敝會忝為代表民意機關際茲危急存亡之秋若默而不言則何以對國而對民本擬召集國民大會徒以天津為北洋鉅埠華洋雜處稍一不慎恐因愛國而反得擾亂秩序之嫌茲先召集津埠各學校及各民意機關慈善團體各派代表三人或兩人於月之十二日即星期一上午九鐘假敝會議場開會屆期萬希惠臨以便商議關於外交問題以作政府後盾此頌

近祺

順直省議會啟 五月十日

中華民國八年五月十一日到

顺直省议会为召集代表商议青岛问题事的公启（1919年5月11日）

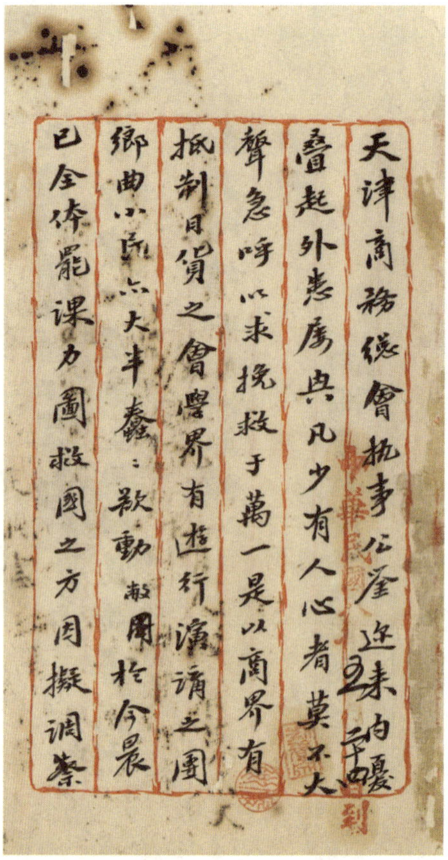
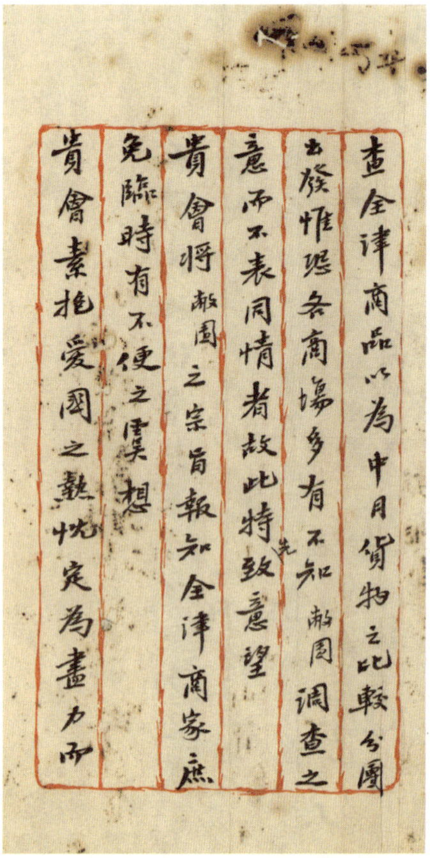
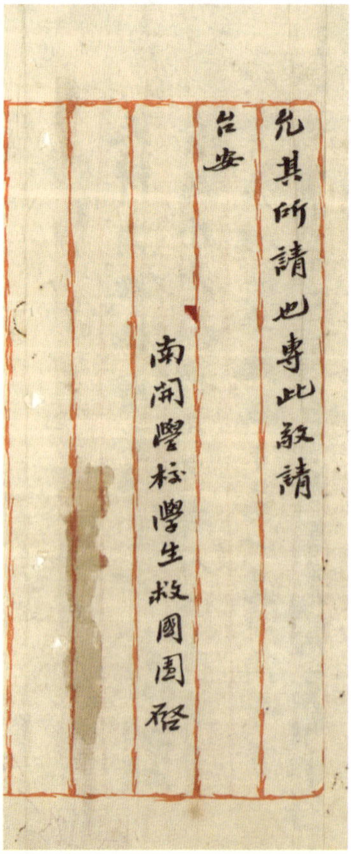

天津商務總會執事公鑒逕啓者內憂疊起外患屢興凡少有人心者莫不大聲急呼以求挽救于萬一是以商界有抵制日貨之會學界有遊行演講之團鄉曲小民亦大半蠢蠢欲動敝團於今晨已全体罷課力圖救國之方因擬調查全津商品以為中日貨物之比較分團出發惟恐各商場多有不知敝團調查之意而不表同情者故此特致意望貴會將敝團之宗旨報知全津商家庶免臨時有不便之虞想貴會素抱愛國之熱忱定為盡力而允其所請也專此敬請

台安

南開學校學生救國團啓

■ 南开学校学生救国团为调查天津日货事致天津商务总会的公启（1919年5月24日）

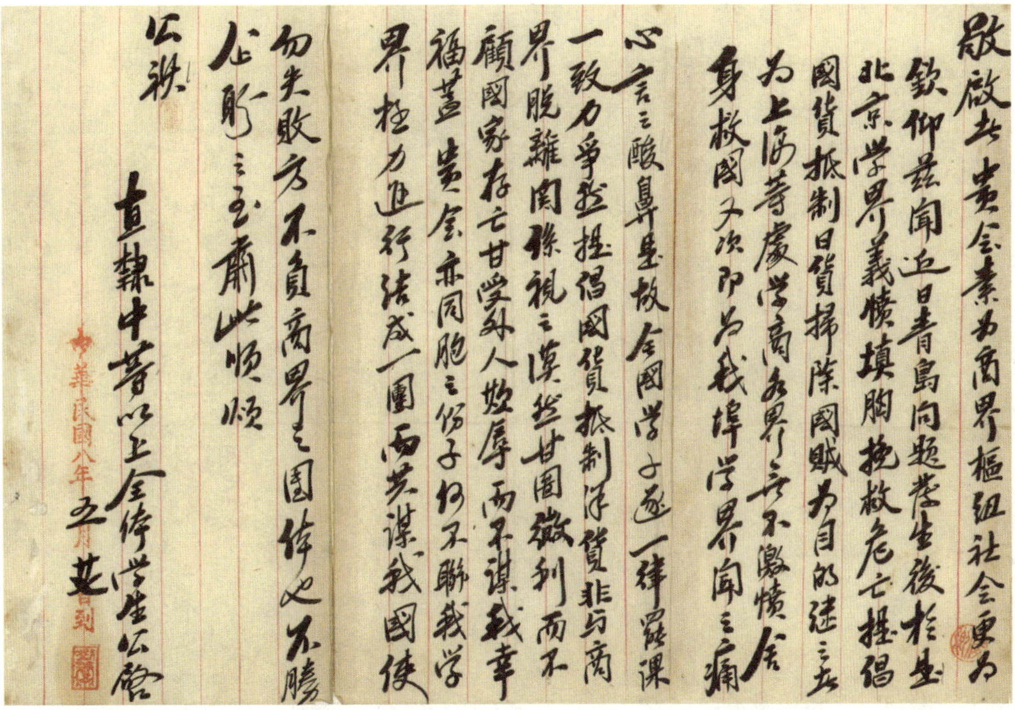

敬啟者貴會素為商界樞紐社會更為
欽仰茲聞近日青島問題發生後於是
北京學界義憤填胸挽救危亡提倡
國貨抵制日貨掃除國賊為目的繼之者
為上海等處學商各界亦不激憤舍
身救國又次即為我埠學界聞之痛
心言之酸鼻是故合同學子遂一律罷課
一致力爭並提倡國貨抵制洋貨非與商
界脫離關係視之漠然甘圖微利而不
顧國家存亡甘受外人欺辱而不謀我幸
福蓋貴會亦同胞之份子何不聯我學
界極力進行結成一團而共謀我國使
勿失敗方不負商界之團体也不勝
企盼之至肅此順頌
公祺
直隸中等以上全体學生公啓
中華民國八年五月廿七日到

直隶中等以上全体学生为学商界联合共赴国难事致天津商会的公启（1919 年 5 月 27 日）

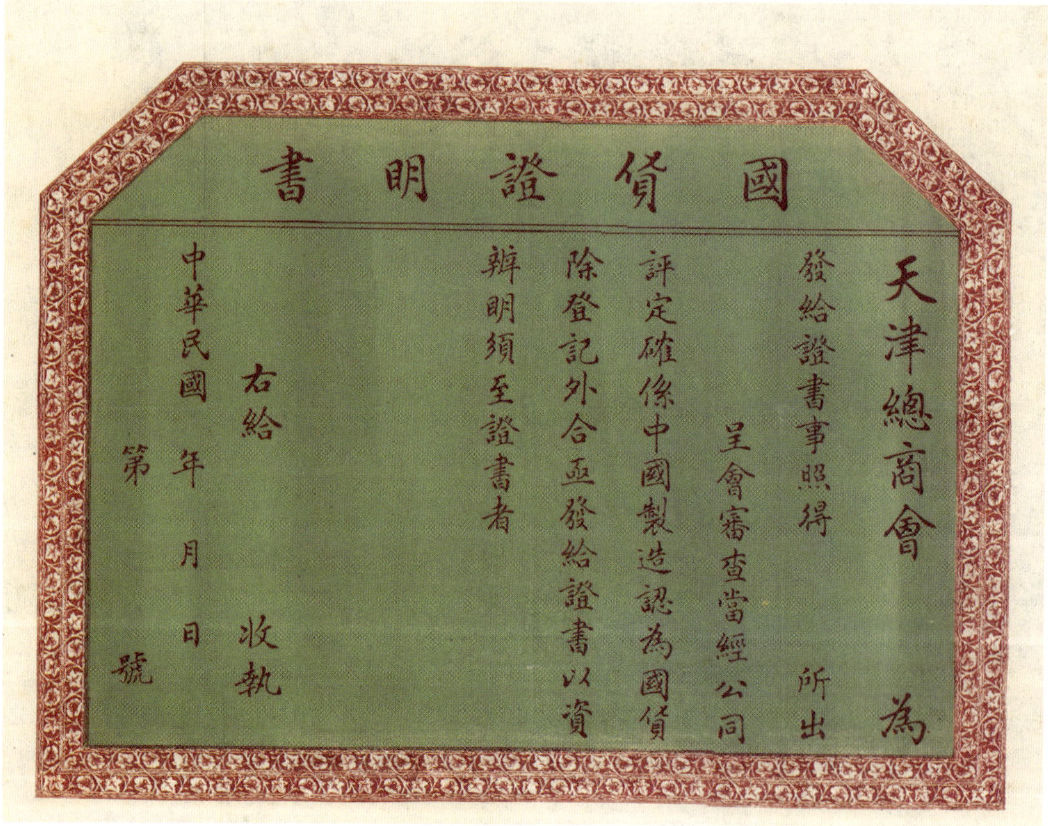

國貨證明書

天津總商會　　為

發給證書事照得　　所出

呈會審查當經　　公同

評定確係中國製造認為國貨

除登記外合亟發給證書以資

辨明須至證書者

右給　　收執

中華民國　年　月　日

第　　號

天津总商会国货证明书样本（1919年6月3日）

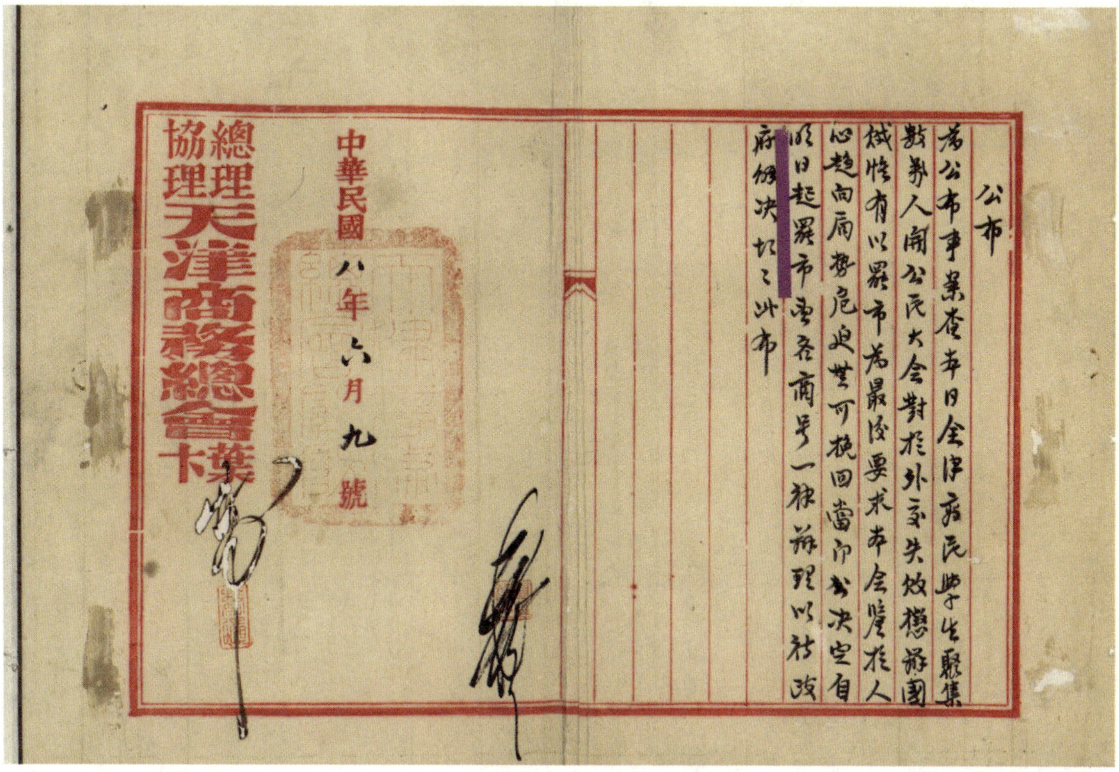

公布

為公布事案查本日全津商民學生聚集數萬人開公民大會對於外交失敗懲辦國賊惟有以罷市為最後要求本會鑒於人心趨向商勢危迫並可挽回當即議決定自明日起罷市要各商號一律辦理以待政府解決切切此布

中華民國八年六月九號

總理 協理 天津商務總會 卞 葉

■ 天津商务总会为罢市安排事的公告

（1919 年 6 月 9 日）

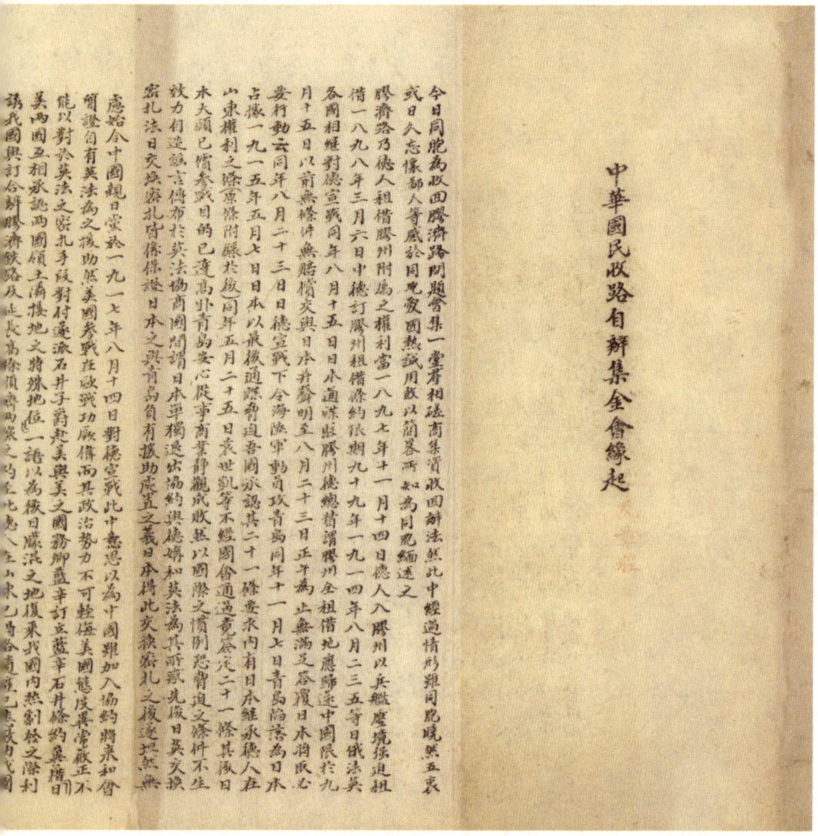

中華國民收路自辦集金會緣起

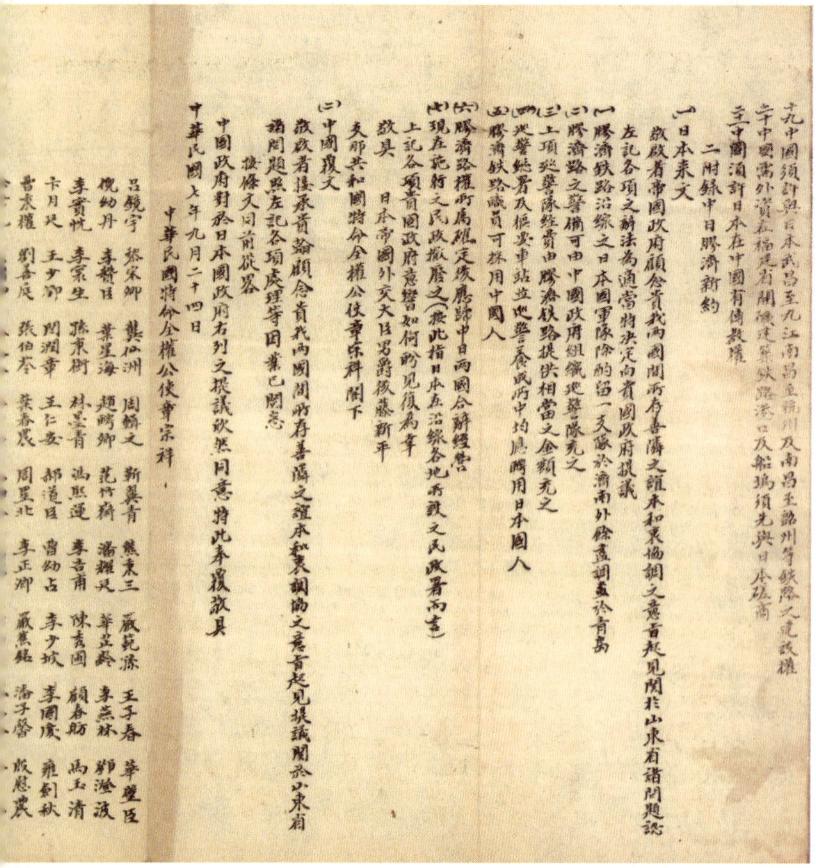

■ 中华国民收路自办集金会缘起

收回路权运动自晚清始，乃地方士绅觉醒的绝好体现。期间，民间与政府的路权之争间接引爆了辛亥革命。路权背后亦有与强权博弈的影子，收路自办不仅关乎民利，且切切实实是一场对外斗争，关乎国运。

中國大使章宗祥之覆文中有欣然同意字樣（原文附錄於後）故美總統威爾遜氏謂中國交涉失敗實係於此由斯可証章宗祥之賣國罪行信非謠言曹汝霖陸宗輿等內外勾通互相為惡被章以唯為於千秋昭彰於世有由然矣前次巴黎和會正當國人力爭之際而安福賣國黨人施其高壓政策拑制市民至使民氣不獲伸張拒簽和約以為保留地步誘獲值太平洋會議日本仍狡詐百出藉為抵賴對於膠濟路不肯無條件交還竟以三千萬日金之諸以為代價消息傳來國人慨憤膠濟路案自德國我國為宗主權者德人敗後當然解除條約無條件交還我國日本從中漁利以三千萬日金意圖訛索而日人強占數年使用收益為利已鉅不有損害賠償反求代價嗚呼公理無存侮我太甚矣然以我國占天然之利藉區區三千萬日金何足因我噬此小醜全國一心集資收路自非難辦在此公理未明之際我國同胞自不能不忍辱負重曲予從全唯卧薪嘗膽待諸將來外交緊迫一髮千鈞同胞同胞速起急圖解囊投資共收此路救國贖家兩有裨益交通部已有寒電表明政府不加干涉敝會因我同胞自辦毋稍觀望共策進行庶集腋以成裘衆擎而易舉私心竊祝早日觀成同胞其共勉之

一附錄日本脅迫我國二十一款約文

一中國政府允許日政府與德政府直接交涉凡關於德人在山東照約章上應得之利權盡讓日本

二中國不得將山東省境內及沿海地域或島嶼割讓或租借與第三國

三中國政府允許日本由烟台或龍口建築鐵路與膠濟鐵路相接軌

四中國政府允許在山東將某重要城鎮開為商埠至開何埠兩國政府另約訂定之

五延長旅順大連之租借期及南滿鐵路與安奉管轄權至九十九年

（按）旅順大連於一八九八年租俄本以二十五年為期同時南滿及安奉二路亦歸俄管理以六十年為限者

六日本官員及人民在南滿及東內蒙得租借及買受土地以為商務及製造或農業房舍之用

七日本官員及人民在南滿及東內蒙有居住游歷營業及各種製造自由權

八中國允與日本在南滿及東內蒙各礦之開採權至開採何礦兩國政府將來共定之

九中國政府於下列二項須得日本政府之許可方得執行

（甲）在南滿或東內蒙若許可第三國人民建築鐵路或與第三國借款建築鐵路時

（乙）若與第三國借款而以南滿或東內蒙之地方稅為抵押時

十中國政府在南滿或東內蒙若聘用政治財政或軍事等顧問或教練須先與日本政府磋商

十一中國政府於此約簽押之日須將吉長鐵路之管理權交與日本政府以九十九年為期

十二俟機會合宜時中國政府允將漢冶萍公司改為中日合辦且非先有日本之許可中國不得擅將該公司之權利產業移讓別人

十三中國政府訂明大凡漢冶萍公司礦地附近之礦非得該公司之同意不得擅准別人經營凡經營事業於該公司利益有礙者須先得該公司之同意

十四中國沿海島嶼港灣自後不得租借或割讓與第三國

十五中國政府須聘有勢力之日本人為政治財政及軍事等顧問

十六日本在中國內地所有之醫院教堂及學堂須許以土地所有權

十七中國各重要地方之警察須由中日兩國合辦如中國自辦將各該地之警察廳須多聘日本人以便協助改良中國之警務

十八中國應需軍械若干須由日本購買百分之五十以上否則中國軍械局由中日兩國合辦其技師須用日人其材料須由日本購買

徐樸菴　卞滋如　楊少泉　陳桃齡　張岂一　陳卿庭　王竹林　孫滀甫　伊長庚
翁世南　魏信臣　華輝亭　張晉卿　趙幼田　金亮臣　郭巨卿　李祖堂　路式唐
張景群　王介臣　郭芸夫　楊幼園　謝友之　張石卿　陳映渠　宋廸剛　黃嘉瑩
李桂山　王濬明　張務滋　蘭興周　錢仲泉　李壽夫　周毓舫　張象東　張澤湘
劉徵清　李子元　尹小隱　徐懋岩　阮壽君　劉濟川　杜薇峯　王長舟　蔡錫華
王蕃臣　張北南　王少山　王子清　楊曉林　李克昌　邊瑞峰　周寅初　李耀富
劉養泉　張禄閣　朱餘齋　孫俊卿　楊志青　于雅林　田東衡　王吉蓀　張蔭棠
李頌臣　趙運舫　劉在桐　王郅卿　朱亦群　李文吉　張品題　胡樹屏　劉秉純
陳輔廷　張豪臣　孫秉君　徐輔周　楊澤田　李政蓀　楊丹城　馮介如　李承康
張翊軒　史經五　王君直　王蘭生　高東五　李少舫　張子英　王蘭亭　李城臣
杜光臣　成錫五　張問泉　曹祝九　李冠林　趙壽卿　劉繇生　陸筱山　趙君達
甯星普　葉蘭舫　賈潤生　卞淑成　劉錦堂　李星北　張玉琛　李文藻　桑恩元
李吉甫　劉品卿　蒲厚齋　張澄亭　張雲甫　穆雜田　曹懋軒　王文英　張玉書
李小樅　羅承漢　夏寶書　賈文富　徐鴻賓　孟桄園　魏永清　傅金錫　楊棠山
洪錦波　康祖九　趙井田　趙士功　秦寶和　張萬青　馮春波　武煥文　趙子威
張琮堂　原德菴　曹振鐸　張錫光　張少池　王文元　陳希儀　李子芳　余玉元
張士元　方清齋　吳修夫　蘇興茂　楊儀卿　王汝楠　崔運修　馮祖蔭　徐捲亭
李長泰　張桂臣　李麟史　程俊卿　陳琴軒　張少山　王文卿　趙寶珍　王雲章
倪永清　王榮軒　華儀齋　黃玉亭　高小齋　張體乾　侯樹峯　王鶴清　穆成安
穆文敏　趙于文　朱顯榮　成文炘　陸錦奎　劉伯舜　鄭度裳　朱伯高　湯子正
朱瑞卿　李裕志　紀少蒲　吳蘭齋　張雲書　王永和　趙光豐　秦啟元　張恩普
程振先　苑魁元　崔雲波　陳楚湘　閻筱亭　詹永發　郭穗章　張大通　王稚堂
閻梓軒　宋鏞山　朱有三　蕭雨生　李寶勳　宋仲南　彭明軒　李潤生　祁秀山
楮鵬三　龔邦科　周康泰　梁倫如　張大儒　張恩榮　安榮春　王廷齡　崔瑞庚
康松年　齊榮　李潤圃　高廷俊　李浩安　丁秉均　趙錦　元恩光　關鶴元
吳俊卿　趙錫庭　周穗潤　宋則久　孫恩吉　許子壽　孫秉園　王煥臣　祁小田
趙鉢青　高康臣　李榮齋　孫重三　張春華　姜世熙　韓成銘　周兆銘　劉鳳嶺
劉潔珊　張旭初　石錦山　周銘先　王子明　甯鴻卿　陳賓卿　張鑒嘉　陳福田
張桐軒　葉書田　周金波　尹長卿　倪俊峯　張仲平　任西山　甯紫垣　鄒學勤
郭少嵐　鄭振宇　李鄉臣　嚴子均　許邦楨　厲振和　楊沛霖　徐春第　李小瀛
姜康民　張紹周　李魁昇　趙靜齋　劉維舟　張玉槐　陳啟臣　陳啟勳　李豫生
夏琴西　周和甫　王蔭齡　于俊卿

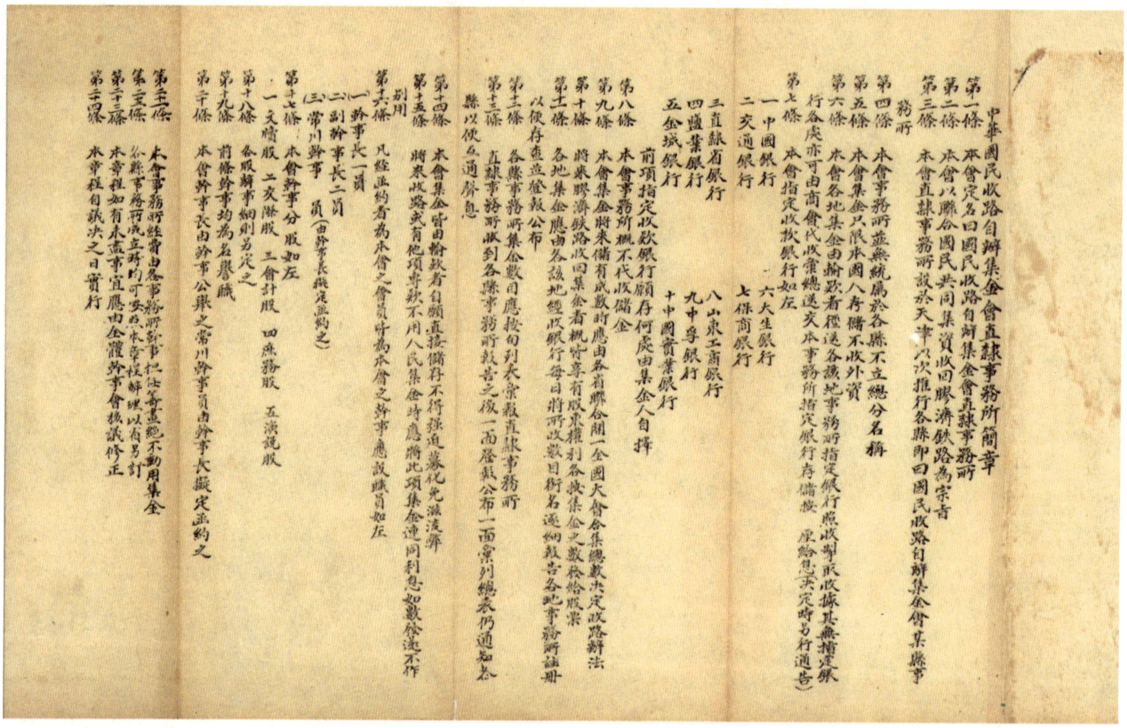

中華國民收路自辦集金會直隸事務所簡章

第一條 本會定名曰國民收路自辦集金會直隸事務所

第二條 本會以聯合國民共同集資收回膠濟鐵路為宗旨

第三條 本會直隸事務所設於天津以次推行各縣即曰國民收路自辦集金會某縣事務所

第四條 本會事務所並無統屬於各縣不立總分名稱

第五條 本會集金只限本國人存儲不收外資

第六條 本會各地集金由輸款者徑送各該地事務所指定銀行照收掣取收據其無指定銀行各處亦可由商會代收彙總送交本事務所指定銀行存儲按（照給息其定時另行通告）

第七條 本會指定收款銀行如左

一中國銀行 六大生銀行

二交通銀行 七保商銀行

三直隸省銀行 八山東工商銀行

四鹽業銀行 九中孚銀行

五金城銀行 十中國實業銀行

前項指定收款銀行願存何處由集金人自擇

第八條 本會事務所概不代收儲金

第九條 本會集金將來備有成數時應由各省聯合開一全國大會合集總數決定收路辦法

第十條 將來膠濟鐵路收回集金者概得享有股東權利各按集金之數發給股票

第十一條 各地集金應由各該地經收銀行每日將所收數目銜名逐細報告各地事務所註冊以便存查並登報公布

第十二條 各縣事務所集金數目應按旬列表彙報直隸事務所

第十三條 直隸事務所收到各縣事務所報告之後一面登報公布一面彙列總表仍通知各縣以便互通聲息

第十四條 本會集金皆由輸款者自願直接備存不得強迫募化免滋流弊

第十五條 將來收路或有他項專款不用人民集金時應將此項集金連同利息如數發還不作別用

第十六條 凡經函約者為本會之會員皆為本會之幹事應設職員如左

（一）幹事長一員

（二）副幹事長二員

（三）常川幹事 員（由幹事長擬定函約之）

第十七條 本會幹事分股如左

一文牘股 二交際股 三會計股 四庶務股 五演說股

第十八條 各股辦事細則另定之

第十九條 前條幹事均為名譽職

第二十條 本會幹事長由幹事公舉之常川幹事員由幹事長擬定函約之

第二十一條 本會事務所經費由各事務所幹事擔任籌畫絕不動用集金

第二十二條 各縣事務所成立時均可妥為本章程辦理以有另訂

第二十三條 本章程如有未盡事宜應由全體幹事會核議修正

第二十四條 本章程自議決之日實行

■ 中华国民收路自办集金会直隶事务所简章

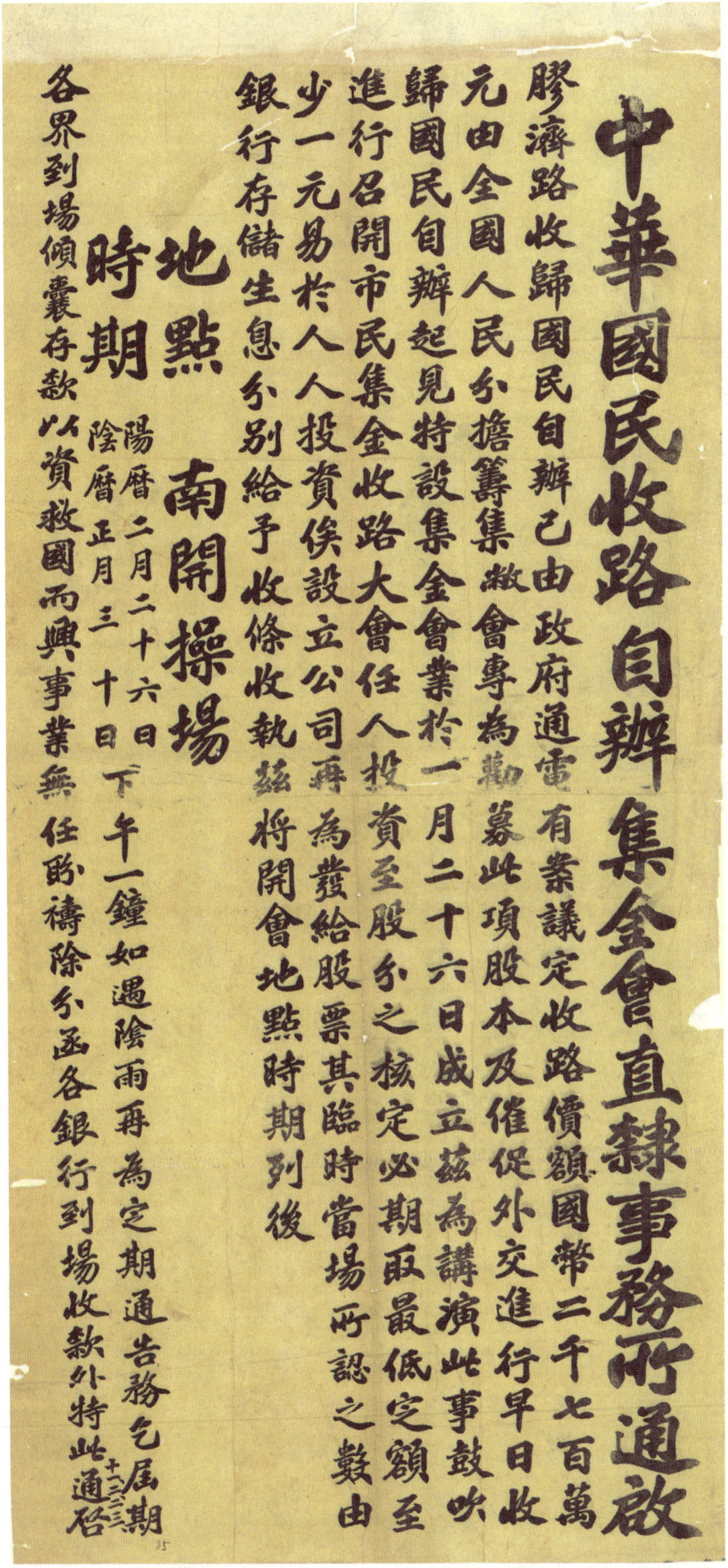

中華國民收路自辦集金會直隸事務所通啟

膠濟路收歸國民自辦已由政府通電有案議定收路價額國幣二千七百萬元由全國人民分擔籌集繳會專為勸募此項股本及催促外交進行早日收歸國民自辦起見特設集金會業於一月二十六日成立茲為講演此事鼓吹進行召開市民集金收路大會任人投資至股分之核定必期取最低定額至少一元易於人人投資俟設立公司再為發給股票其臨時當場所認之數由銀行存儲生息分別給予收條收執茲將開會地點時期列後

地點　南開操場

時期　陽曆二月二十六日　陰曆正月三十日　下午一鐘如遇陰雨再為定期通告務乞屆期

各界到場傾囊存款以資救國而興事業無任盼禱除分函各銀行到場收款外特此通啓

中华国民收路自办集金会直隶事务所集会通启（1922年2月23日）

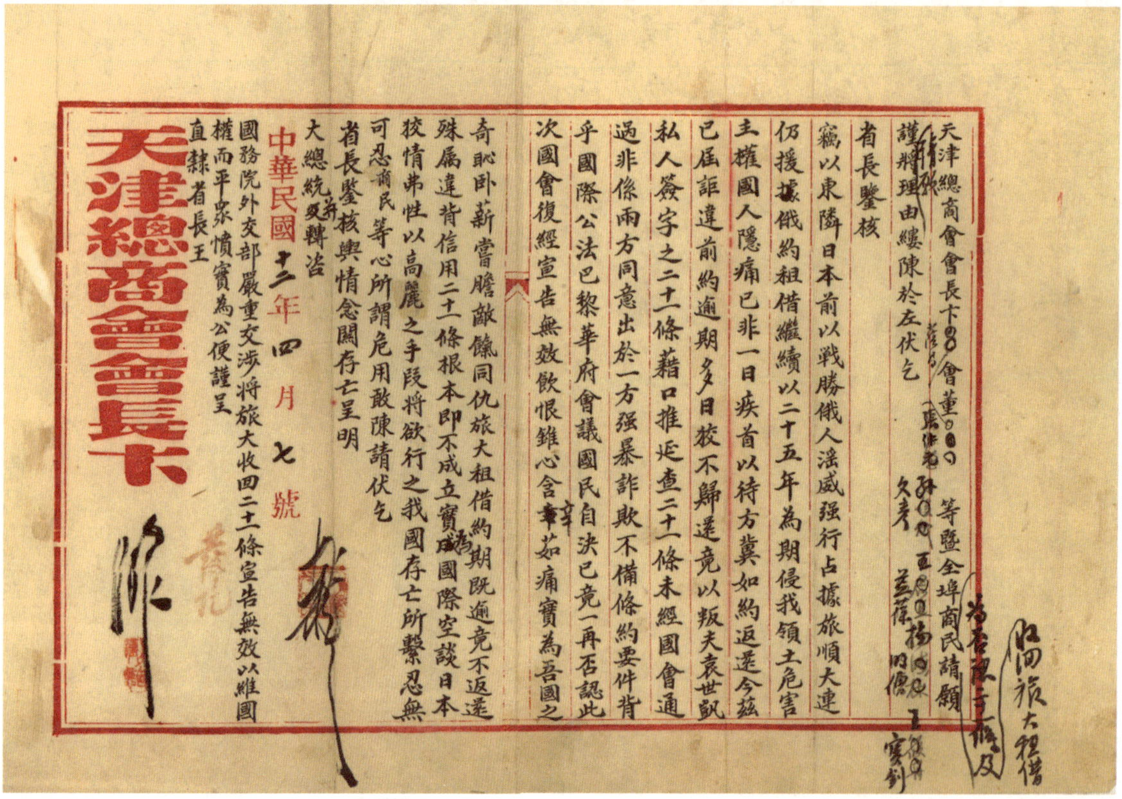
天津總商會會長卞○○會董○○等暨全埠商民請願
謹將理由縷陳於左伏乞
省長鑒核
竊以東鄰日本前以戰勝俄人淫威强行占據旅順大連
仍援據俄約租借繼續以二十五年為期侵我領土危害
主權國人隱痛已非一日疾首以待方冀如約返還今茲
已屆詎違前約逾期多日狡不歸還竟以叛夫袁世凱
私人簽字之二十一條藉口推延查二十一條未經國會通
過非係兩方同意出於一方强暴詐欺不備條約要件背
乎國際公法已黎華府會議國民自決已竟一再否認此
次國會復經宣告無效飲恨銜心含辛茹痛實為吾國之
奇恥卧薪嘗膽敵愾同仇旅大租借約期既逾竟不返還
殊屬違背信用二十一條根本即不成立實為國際空談日本
狡情弗性以高麗之手段將欲行之我國存亡所繫忍無
可忍商民等心所謂危用敢陳請伏乞
省長鑒核輿情念關存亡呈明
大總統咨
國務院外交部嚴重交涉將旅大收回二十一條宣告無效以維國
權而平眾憤實為公便謹呈
直隸省長王
中華民國十二年四月七號
天津總商會會長卞

天津總商會暨全埠商民為取消二十一條收回旅順大連事致直隸省省長王承斌的請願书（1923年4月7日）

1914年，一战爆发，日本出兵占领了德国在华势力范围山东半岛。1915年1月18日，日本向袁世凯政府抛出二十一条无理要求。5月7日，日本发出最后通牒，限袁世凯5月9日前答复。之后全国各地掀起抵制日货的高潮。1923年3月26日，日本『租借』旅顺大连期满，拒绝归还中国。全国收回旅大的呼声高涨，上海、北京、天津等地均举行了万人示威游行。

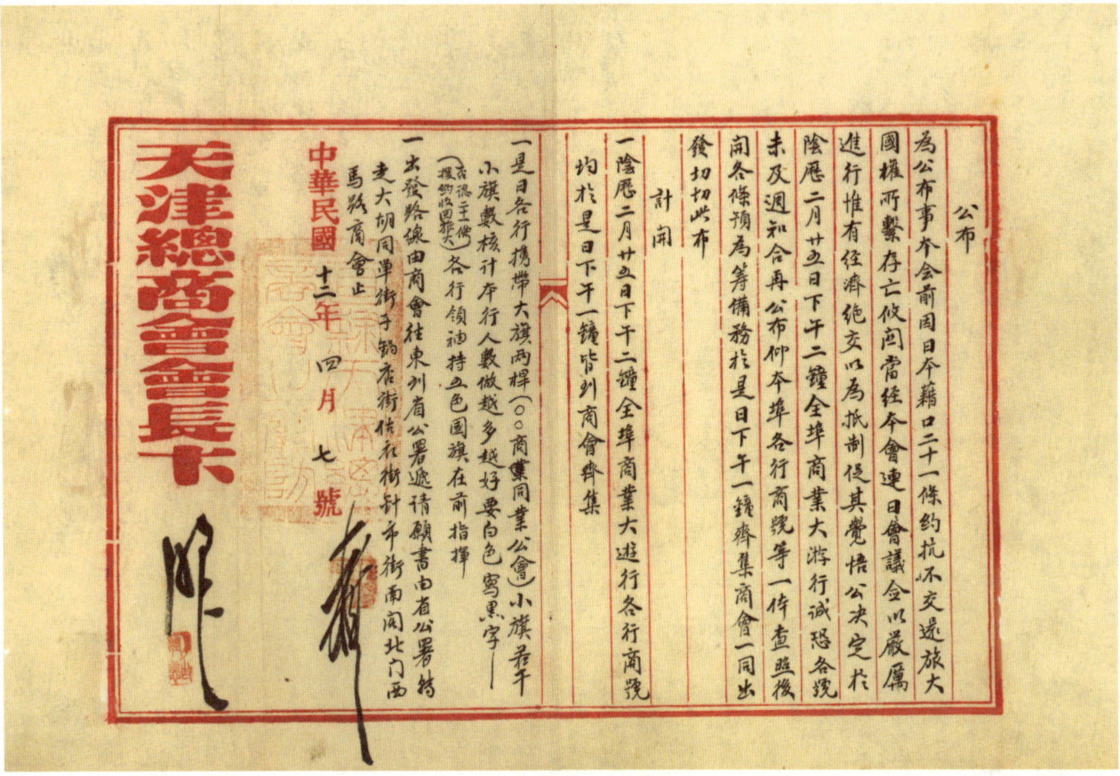

公布

為公布事本会前因日本藉口二十一條約抗不交還旅大國權所繫存亡攸関當经本會連日會議金以嚴厲進行惟有经濟绝交以為抵制促其覺悟公决定於陰歷二月廿五日下午二鐘全埠商業大游行诚恐各號未及週知合再公布仰本埠各行商號等一体查照後開各條預為籌備務於是日下午一鐘齊集商會一同出發切切此布

計開

一陰歷二月廿五日下午二鐘全埠商業大遊行各行商號均於是日下午一鐘皆到商會齊集

一是日各行攜帶大旗兩桿（○○商業同業公會）小旗若干小旗數核計本行人數做越多越好要白色寫黑字——（廢除二十一條 援約收回旅大）各行領袖持五色國旗在前指揮

一出發路線由商會往東到省公署遞請願書由省公署轉走大胡同單街子鍋店街估衣街針市街南関北门西馬路商會止

中華民國十二年四月七號

天津總商會會長卞

■ 天津总商会为全埠商业大游行安排事的公告

（1923 年 4 月 7 日）

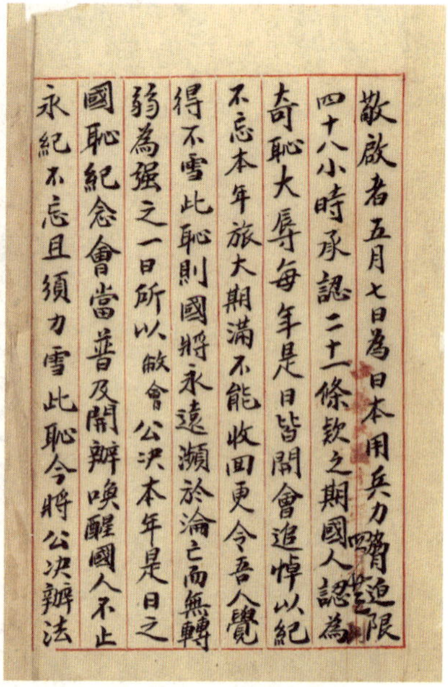
敬啟者五月七日為日本用兵力嚇迫限
四十八小時承認二十一條款之期國人認為
奇恥大辱每年是日皆開會追悼以紀
不忘本年旅大期滿不能收回更令吾人覺
得不雪此恥則國將永遠瀕於淪亡而無轉
弱為強之一日所以敝會公決本年是日之
國恥紀念會當普及開辦喚醒國人不止
永紀不忘且須力雪此恥今將公決辦法

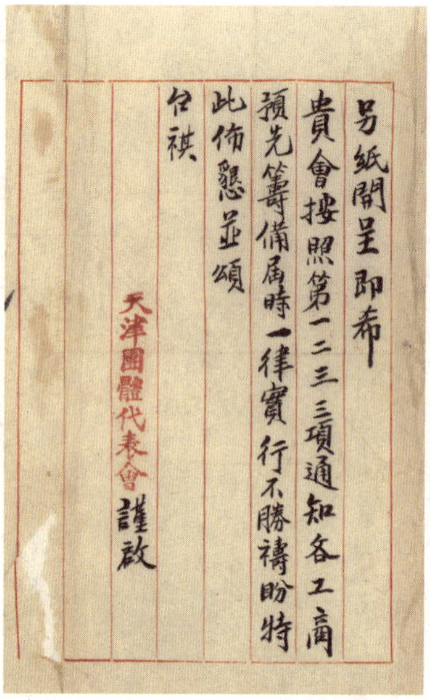
另紙開呈即希
貴會按照第一二三項通知各工商
預先籌備屆時一律實行不勝禱盼特
此佈懇並頌
台祺
天津團體代表會謹啟

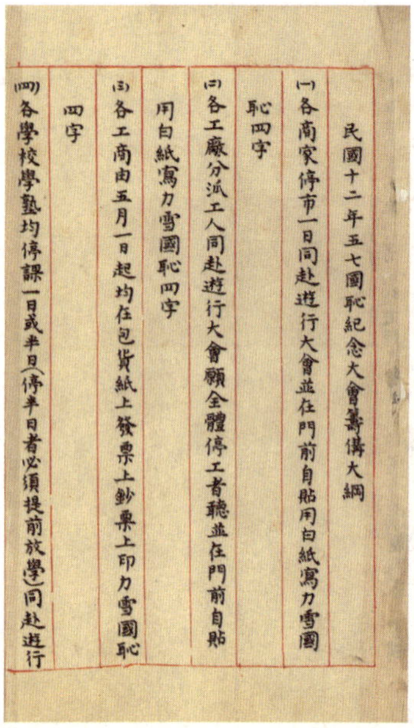
民國十二年五七國恥紀念大會籌備大綱
(一)各商家停市一日同赴遊行大會並在門前自貼用白紙寫力雪國
恥四字
(二)各工廠分派工人同赴遊行大會願全體停工者聽並在門前自貼
用白紙寫力雪國恥四字
(三)各工商由五月一日起均在包貨紙上發票上鈔票上印力雪國恥
四字
(四)各學校學塾均停課一日或半日(停半日者必須提前放學)同赴遊行

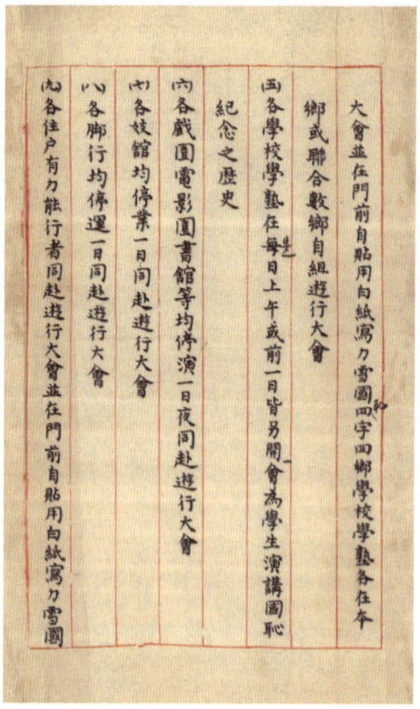
大會並在門前自貼用白紙寫力雪國四字四鄉學校學塾各在本
鄉或聯合數鄉自組遊行大會
(五)各學校學塾在每日上午或前一日皆另開會為學生演講國恥
紀念之歷史
(六)各戲園電影園書館等均停演一日夜同赴遊行大會
(七)各妓館均停業一日同赴遊行大會
(八)各腳行均停運一日同赴遊行大會
(九)各住戶有力能行者同赴遊行大會並在門前自貼用白紙寫力雪國

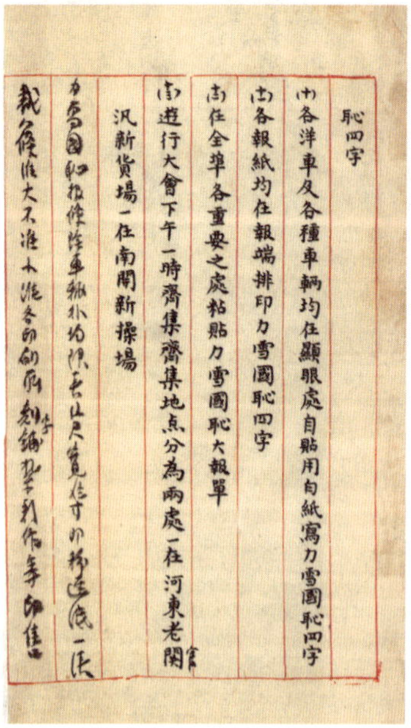
恥四字
(十)各洋車及各種車輛均在顯眼處自貼用白紙寫力雪國恥四字
(十一)各報紙均在報端排印力雪國恥四字
(十二)在全埠各重要之處粘貼力雪國恥大報單
(十三)遊行大會下午一時齊集齊集地點分為兩處一在河東老閘
汎新貨場一在南開新操場
[illegible]

天津团体代表会为五七国耻纪念会致天津总商会的公启 附民国十二年五七国耻纪念大会筹备大纲（1923年4月23日）

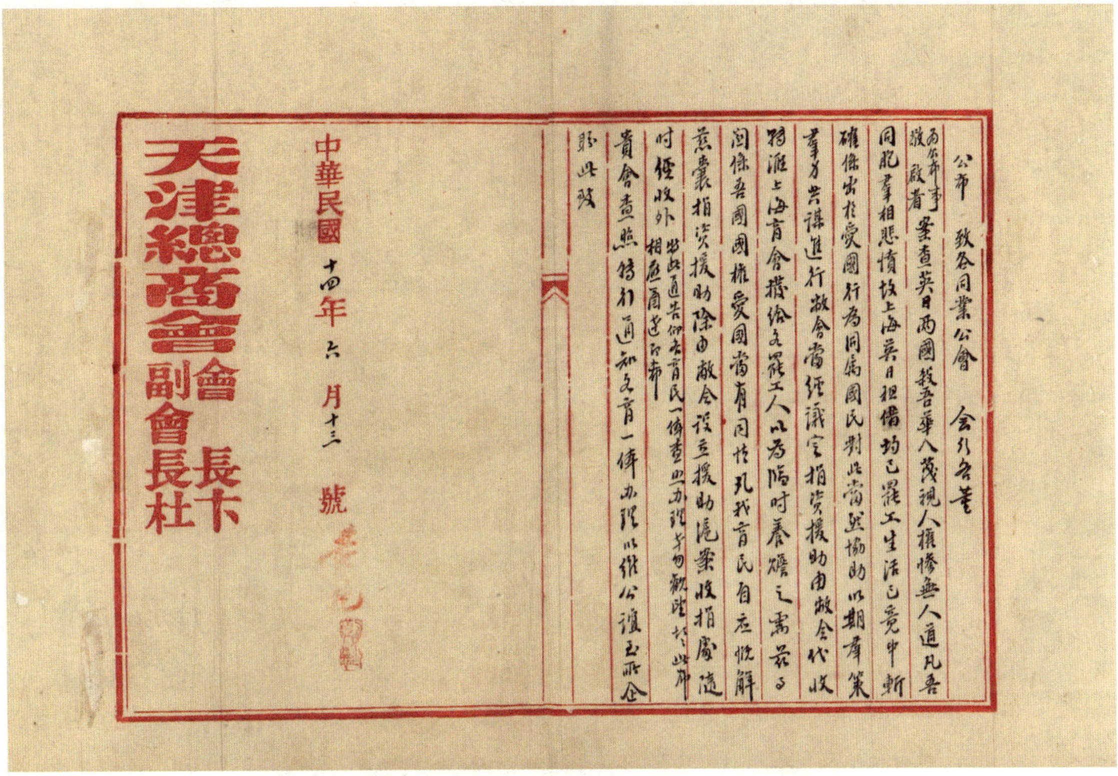
公布　致各同業公會　會外名單

為公布事

逕啟者　案查英日兩國殺吾華人蔑視人權慘無人道凡吾同胞群相悲憤故上海英日租借均已罷工生活已竟中斷確係出於愛國行為同屬國民對此當然協助以期群策群力共謀進行敝會當經議定捐資援助由敝會代收轉滙上海商會撥給各罷工人以為臨時養贍之需吾為同係吾國國民愛國當有同情凡我商民自應慨解慈囊捐資援助除由敝會設立援助滬案收捐處隨時經收外　出此通告仰各商民一體查照辦理等因到此相應函達公布

貴會查照轉行通知各商一體辦理以維公誼至級企盼此致

天津總商會

會長卞

副會長杜

中華民國十四年六月十三號

■ 天津总商会为援助上海罢工工人事致天津各同业公会的公启（1925年6月13日）

五卅运动是中国共产党直接领导的以工人阶级为主力军的反帝爱国运动。1925年5月15日，上海日本纱厂资本家枪杀共产党员顾正红，激起群众义愤。5月30日，爱国学生二千余人在公共租界散发传单遭到逮捕。上万名群众聚集巡捕房门前，要求释放学生，英巡捕向无辜群众开枪，打死十余人，制造了震惊全国的五卅惨案。上海全面罢市三周，罢工罢课长达三月之久。

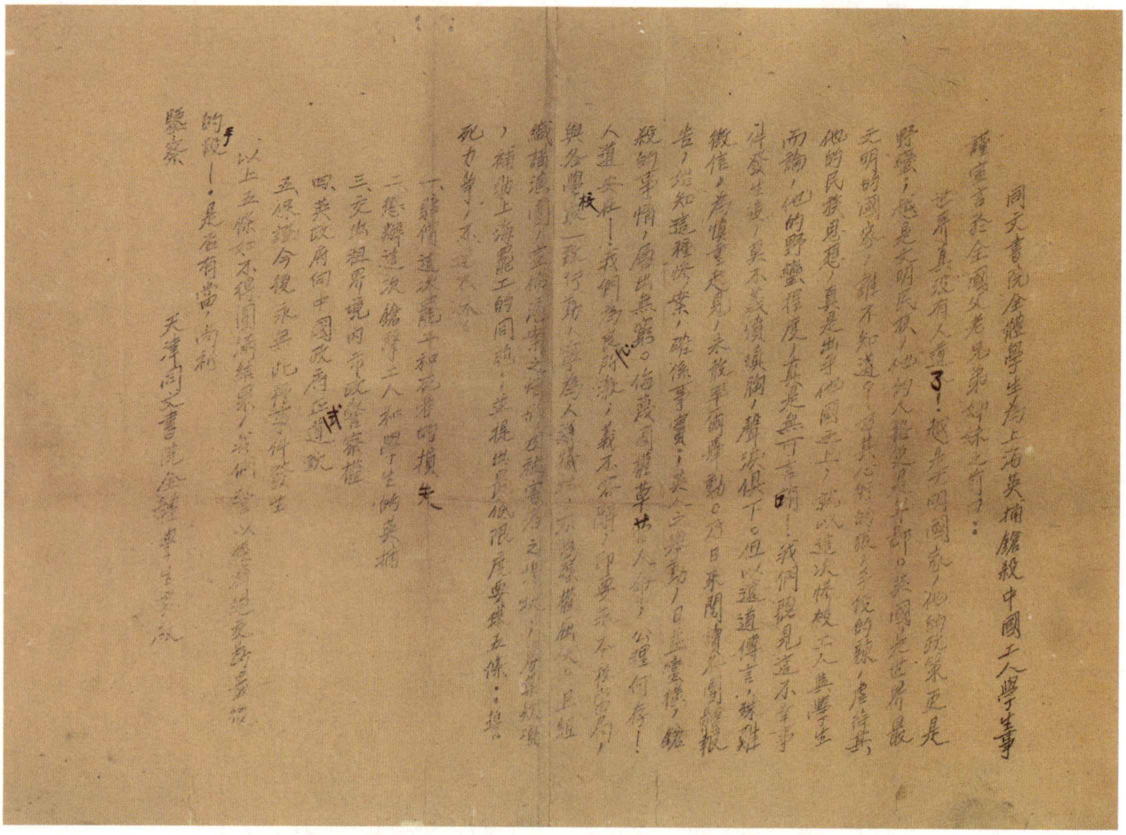

同文書院全體學生為上海英捕艙殺中國工人學生事
謹宣言於全國父老兄弟姊妹之前：
世界真沒有人道了！越是文明國家，他的政策更是野蠻；越是文明民族，他的人格更是卑鄙。英國是世界最文明的國家，誰不知道？但其心術的狠，手段的辣，虐待其他的民族思想，真是出乎他國之上，就以這次慘殺工人與學生而論，他的野蠻程度，真是無可言喻！我們聽見這不幸事件發生後，莫不義憤填胸，聲淚俱下。但以這道傳言，雖難徵信，為慎重起見，未敢輕舉妄動。乃日來閱讀各報館報告，始知這種慘案，確係事實，英人之舉動，日益殘暴，[illegible]殺的事情，層出無窮。侮辱國體，草菅人命，公理何存！人道安在！我們為良心所激，義不容辭，即要求本校當局，與各學校一致行動，[illegible]
一、賠償這次罷工和死者的損失
二、懲辦這次槍斃工人和學生的英捕
三、交出租界境內市政警察權
四、英政府向中國政府道歉
五、保證今後永無此種事件發生
以上五條如不得圓滿結果，我們當以[illegible]的手段！是否有當，尚希
鑒察
天津同文書院全體學生宣啟

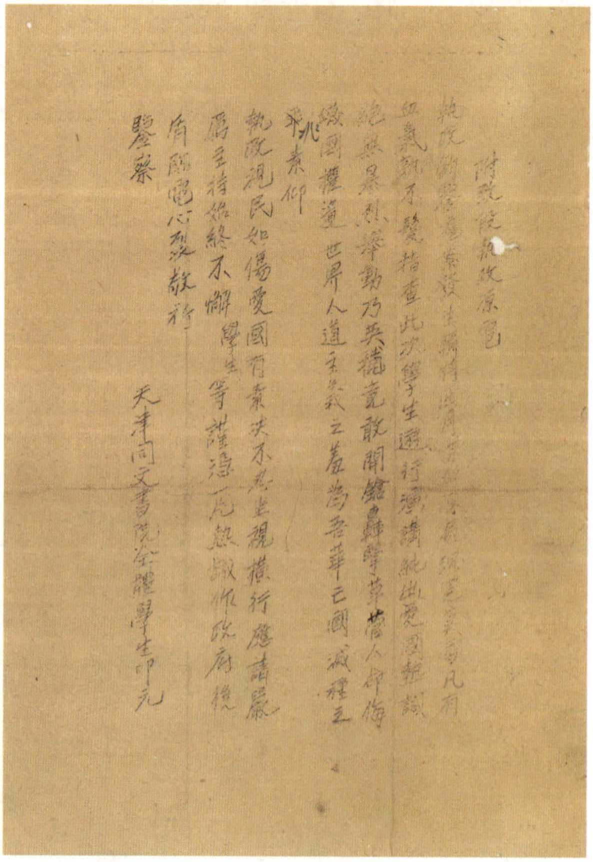

附致段執政原電
執政鈞鑒：[illegible]凡有血氣，孰不髮指？查此次學生遊行演講，純出愛國熱誠，絕無暴烈舉動，乃英捕竟敢開槍轟擊，草菅人命，侮辱國權，蔑視世界人道[illegible]
執政視民如傷，愛國有素，決不忍坐視，措行應請嚴厲主持，始終不懈，學生等謹隨同熱誠，作政府後盾，臨電心裂，敬祈
鑒察
天津同文書院全體學生叩元

■ 天津同文书院全体学生为上海英租界巡捕枪杀中国工人学生事告全国书 附致段祺瑞原电（1925年）

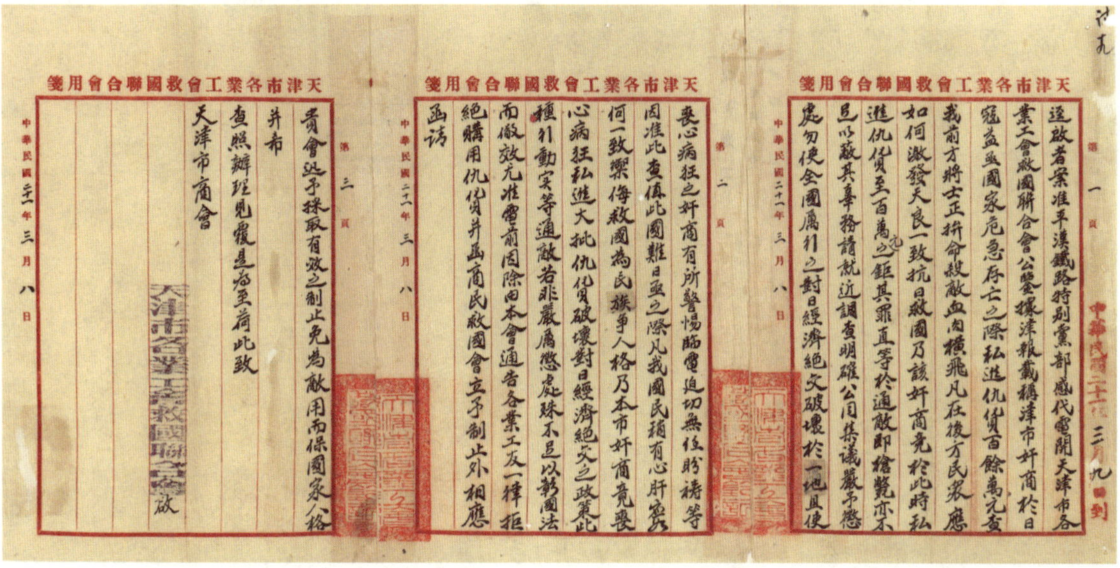
天津市各業工會救國聯合會用箋

逕啟者案准平漢鐵路特別黨部感代電開天津市各業工會救國聯合會公鑒據津報載稱津市奸商於日寇益亟國家危急存亡之際私進仇貨百餘萬元査我前方將士正拚命殺敵血肉橫飛凡在後方民衆應如何激發天良一致抗日救國乃該奸商竟於此時私進仇貨至百萬元之鉅其罪直等於通敵即繪鬻亦不足以蔽其辜務請就近調查明確公同集議嚴予懲處勿使全國厲行之對日經濟絕交破壞於一地且使喪心病狂之奸商有所警惕臨電迫切無任盼禱等因准此查值此國難日亟之際凡我國民稍有心肝寧何一致禦侮救國為民族爭人格乃本市奸商竟喪心病狂私進大批仇貨破壞對日經濟絕交之政策此種舉動實等通敵若非嚴厲懲處殊不足以彰國法而儆效尤准電前因除由本會通告各業工友一律拒絕購用仇貨并函商民救國會立予制止外相應函請

貴會迅予採取有效之制止免為敵用而保國家人格并希

查照辦理見覆是為至荷此致

天津市商會

天津市各業工會救國聯合會啟

中華民國二十一年三月八日

■ 天津市各工业会救国联合会为禁止天津奸商私进日货事致天津商会函（1932年3月8日）

1931年9月18日，日本关东军阴谋制造柳条湖事件，突袭沈阳北大营。次日占领沈阳。由于东北军执行不抵抗政策，日军先后占领了辽宁、吉林、黑龙江三省，东北沦陷。『九一八』事变是日本帝国主义全面侵华的序幕，激起了全国人民抗日怒潮。

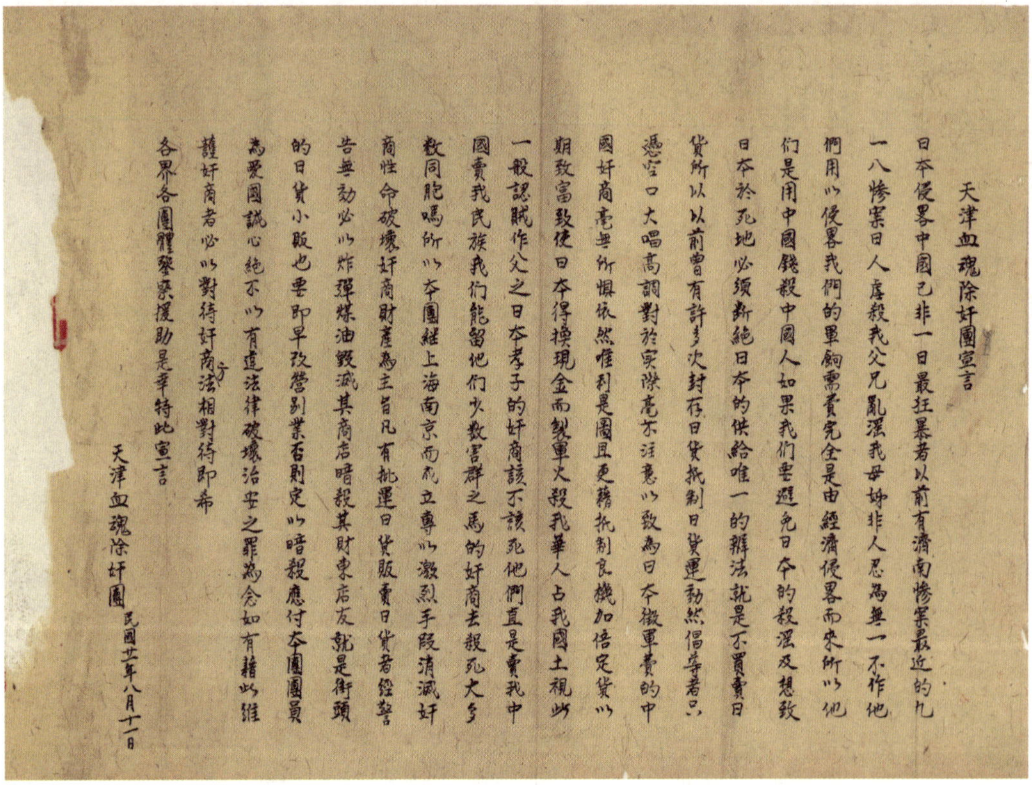

天津血魂除奸團宣言

日本侵略中國已非一日最狂暴者以前有濟南慘案最近的九一八慘案日人屠殺我父兄亂淫我母姊非人忍為無一不作他們用以侵略我們的軍餉需費完全是由經濟侵略而來所以他們是用中國錢殺中國人如果我們要避免日本的殺淫及想致日本於死地必須斷絕日本的供給唯一的辦法就是不買賣日貨所以以前曾有許多次封存日貨抵制日貨運動然倡導者只憑空口大喝高調對於實際毫不注意以致為日本徵軍費的中國奸商毫無所惧依然唯利是圖且更藉抵制良機加倍定貨以期致富致使日本得換現金而製軍火殺我華人占我國土視此一般認賊作父之日本孝子的奸商該不該死他們直是賣我中國賣我民族我們能留他們少數害群之馬的奸商去殺死大多數同胞嗎所以本團繼上海南京而成立專以激烈手段清滅奸商性命破壞奸商財產為主旨凡有批運日貨販賣日貨者經警告無効必以炸彈煤油毀滅其商店暗殺其財東店友就是街頭的日貨小販也要即早改營別業否則定以暗殺應付本團團員為愛國誠心絕不以有違法律破壞治安之罪為念如有藉此維護奸商者必以對待奸商方法相對待即希各界各團體鑒察援助是幸特此宣言

天津血魂除奸團 民國廿一年八月十一日

天津血魂除奸团宣言（1932年8月11日）

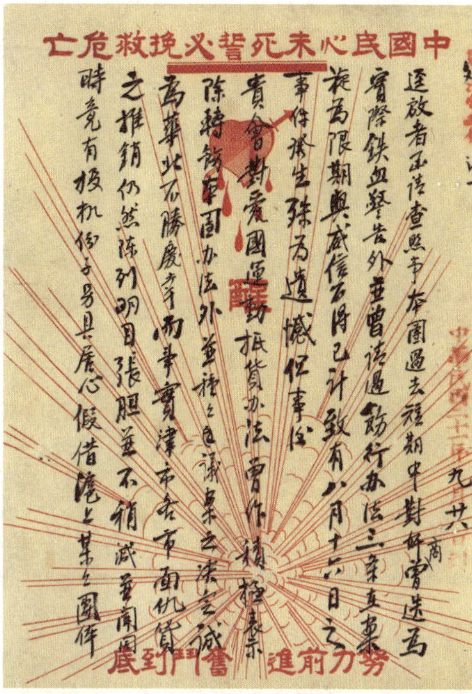

中國民心未死誓必挽救危亡

醒

致[illegible] 计一

逕啟者：[illegible]查照本團過去短期中對奸商曾迭為實際鐵血警告外，並曾諭通飭行辦法三章互束，旋為限期與[illegible]信石得已計，致有八月十六日之事件發生，殊為遺憾。但事後 貴會對愛國運動抵貨辦法曾作積極表示，除轉飭本團辦法外，並種種[illegible]議[illegible]法之誠，為華北不勝慶幸，而事實津市各市面仇貨之推銷仍然陳列，明目張胆，並不稍減，並聞同時竟有投机份子另具居心，假借滬上某某國僑

中華民國二十一年九月廿六日

努力前進 奮鬥到底

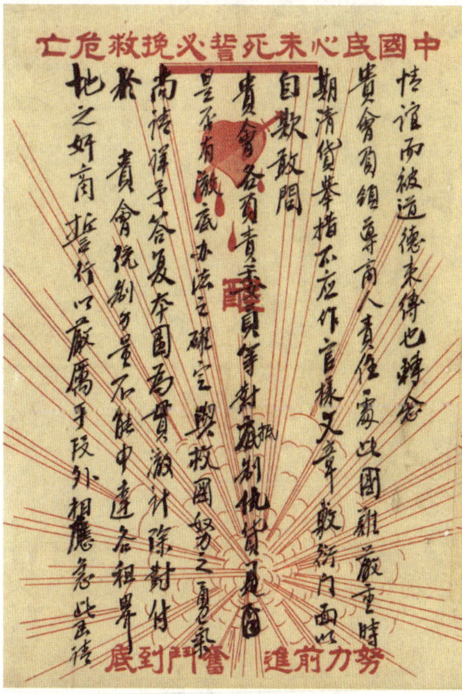

中國民心未死誓必挽救危亡

醒

情誼而彼道德來傳也。轉念 貴會有領導商人責任，處此國難嚴重時期，清貨舉措不應作官樣文章，敷衍門面，以自欺欺人。敢問 貴會各負責人員等對抵制仇貨是否有澈底辦法之確定，與救國努力之勇氣。尚請詳予答復本團，為貫澈計，除對付於 貴會[illegible]力量不能中達各租界地之奸商誓行以嚴厲手段外，相應急此函請

努力前進 奮鬥到底

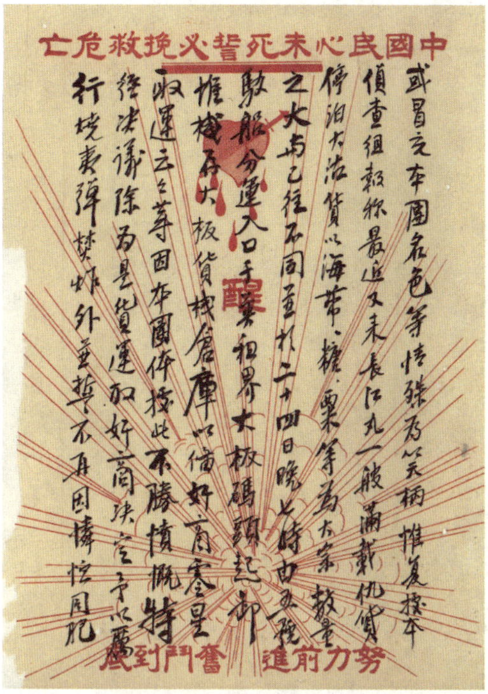

中國民心未死誓必挽救危亡

醒

或冒充本國名色等情，殊為可笑柄。惟復據本偵查組報稱，最近又來長江丸一艘滿載仇貨，停泊大沽，貨以海帶、糖、粟等為大宗，數量之大為已往不同，並於二十四日晚七時由[illegible]一種駁船分運入口，千業租界大板碼頭起卸，堆積存大板貨棧倉庫，以備奸商[illegible]星散運云云等因。本團係據此不勝憤慨，特經決議除為是貨運私奸商決定予以嚴厲執行燒燬彈禁外，並[illegible]不再因[illegible]周[illegible]

努力前進 奮鬥到底

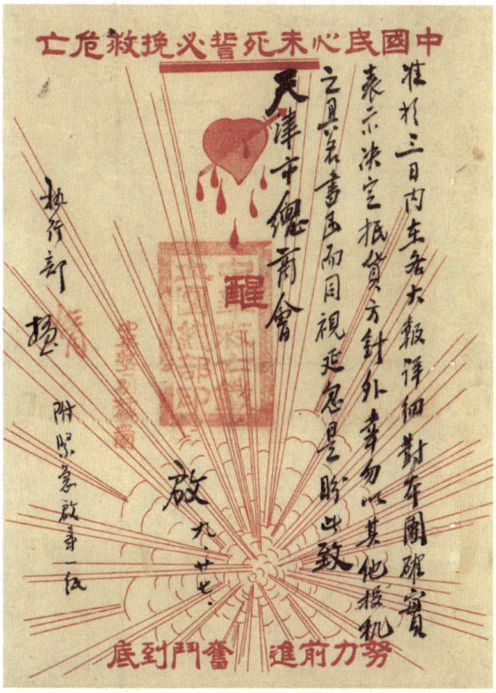

中國民心未死誓必挽救危亡

醒

准於三日內來函大報詳細對本團確實表示決定抵貨方針外，幸勿以其他投机之見[illegible]書面而同視延宕是盼。此致

天津市總商會

[illegible] 啟 九、廿七

附[illegible]啟事一紙

努力前進 奮鬥到底

中华救亡剔奸铁血团为抵制日货事致天津总商会函（1932年9月27日）

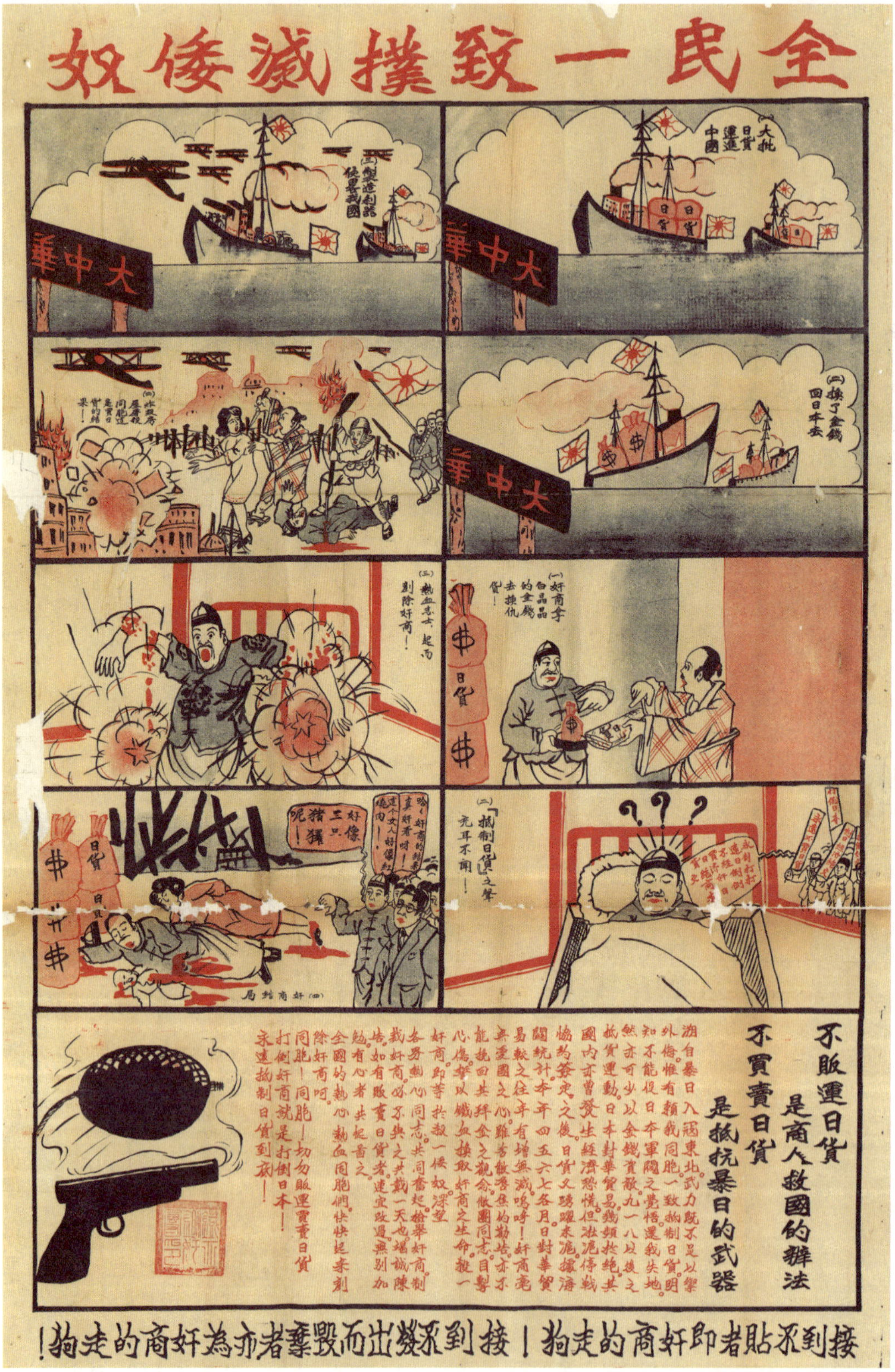

铁血除奸团抵制日货宣传画（1932年）

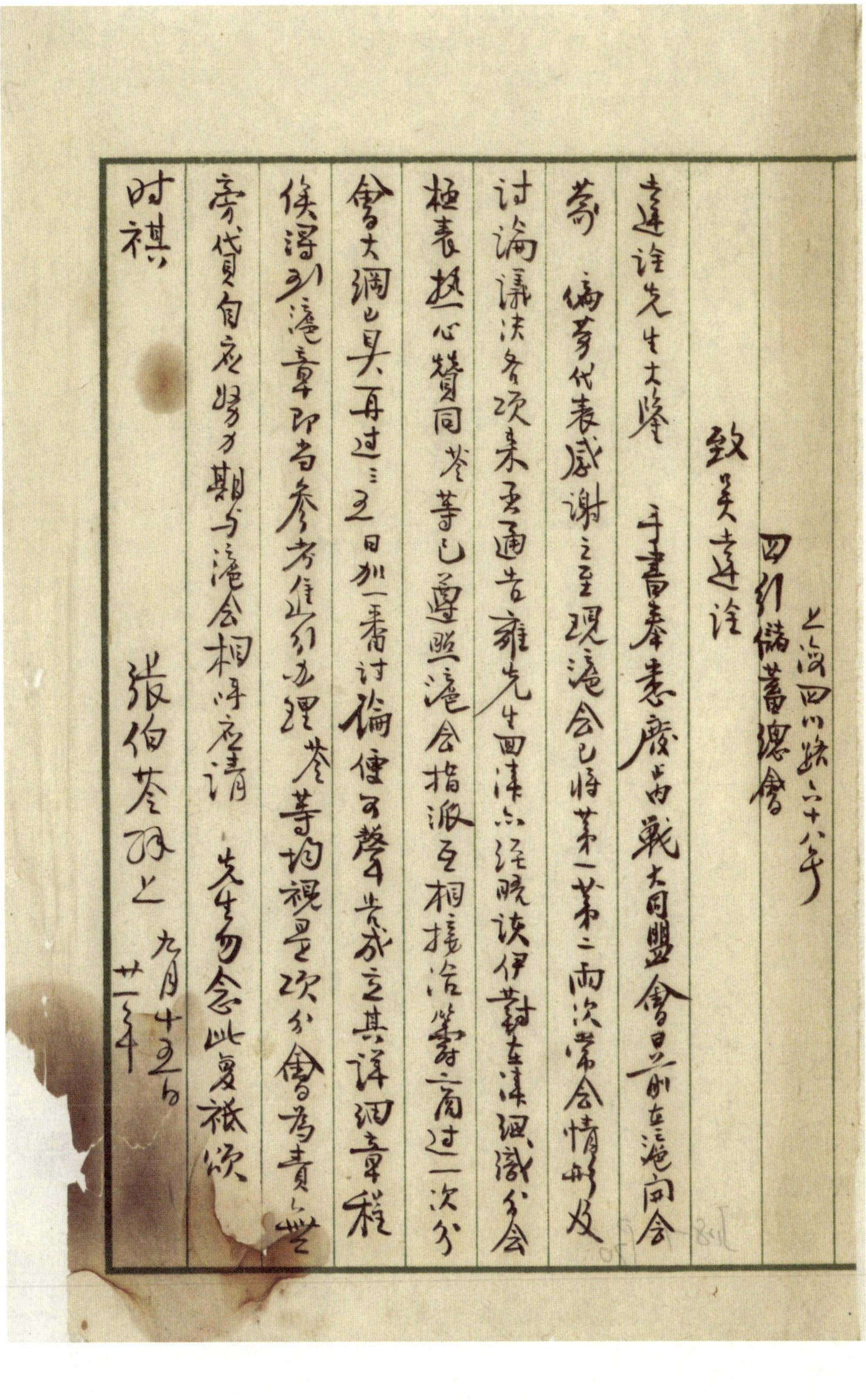
上海四川路六十八号
四行儲蓄總會
致吳達詮
達詮先生大鑒：手書奉悉。廢止內戰大同盟會日前在滬開會，荷倩芗代表，感謝之至。現滬會已將第一、第二兩次常會情形及討論議決各項來函通告。雍先生回津亦經晤談，伊對在津組織分會極表熱心贊同。苓等已遵照滬會指派互相接洽籌備，開過一次，分會大綱已具，再過三五日加一番討論便可暫告成立。其詳細章程俟得到滬章即當參考適宜辦理。苓等均視是次分會為責無旁貸，自應努力期與滬會相呼應，請先生勿念。此復，祗頌
時祺
張伯苓拜上
九月十五日
廿一年

■ 张伯苓为筹备成立废止内战大同盟会天津分会事致吴达诠的函（1932年9月15日）

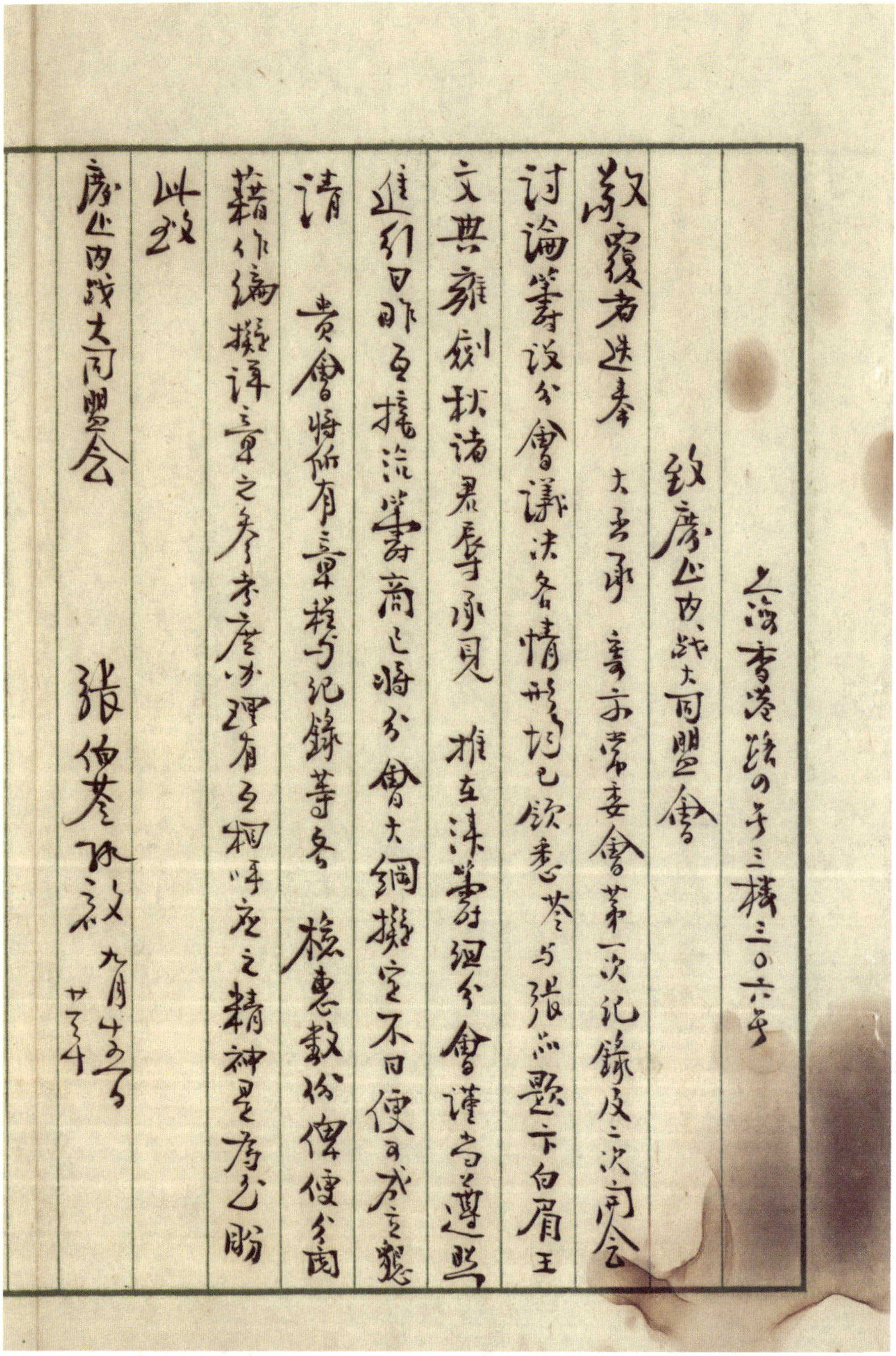
上海香港路四號三樓三〇六號

致廢止內戰大同盟會

敬復者迭奉　大會函　會字常委會第一次紀錄及二次開會討論籌設分會議決各情形均已欽悉苓與張公聚下白眉王文典雍劍秋諸君屢事承見　推在津籌組分會謹當遵照進行日昨已擬定籌商已將分會大綱擬定不日便可成立懇請　貴會將所有章程與紀錄等各　檢惠數份俾便分閱藉作編擬詳章之參考庶辦理有互相呼應之精神是爲至盼

此致

廢止內戰大同盟會

張伯苓啟　九月十五日

廿一年

张伯苓为筹备成立废止内战大同盟会天津分会事致废止内战大同盟会的函（1932年9月15日）

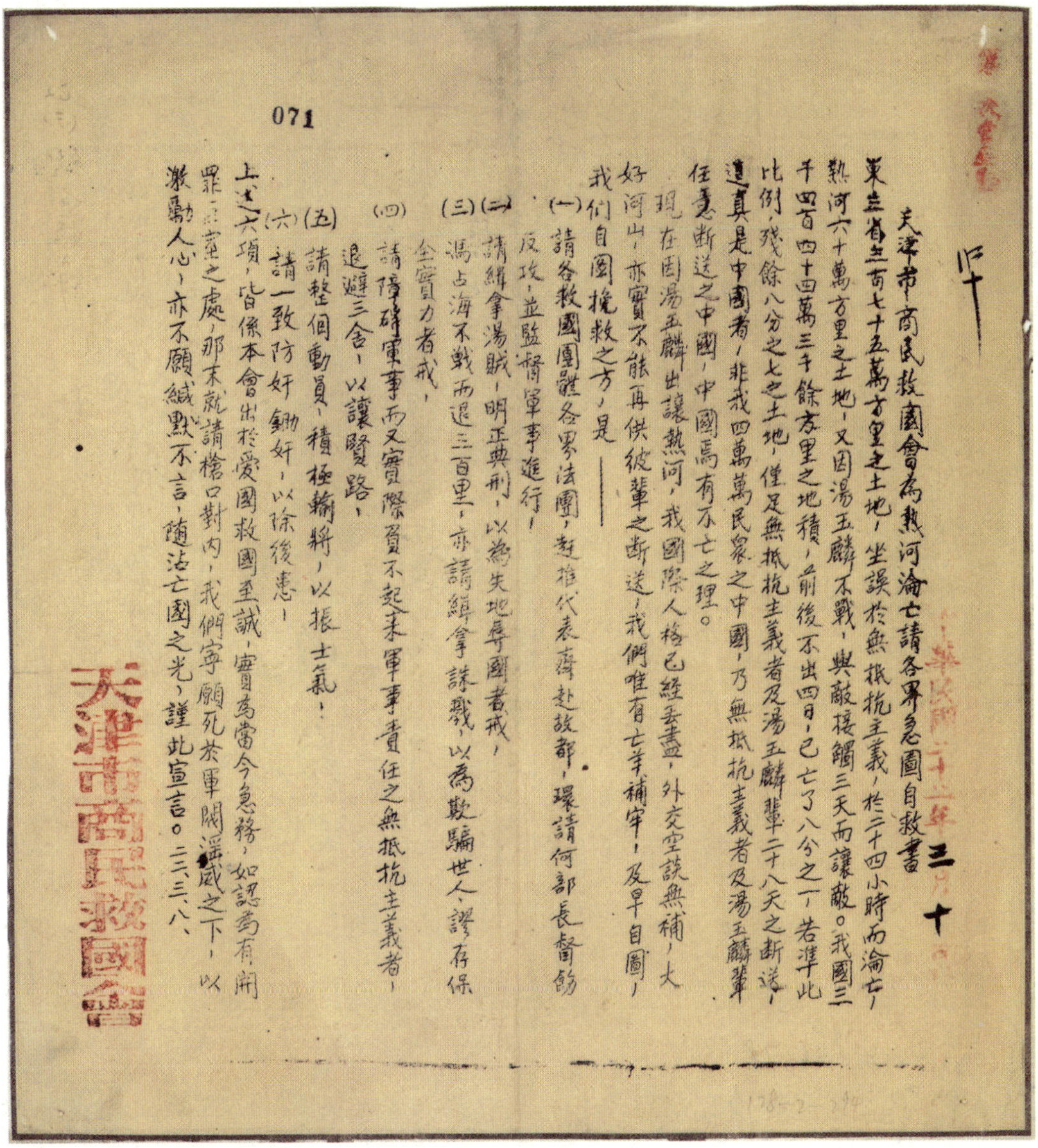

071

天津市商民救國會為熱河淪亡請各界急圖自救書

東三省三百七十五萬方里之土地，坐誤於無抵抗主義，於二十四小時而淪亡；熱河六十萬方里之土地，又因湯玉麟不戰，與敵接觸三天而讓敵。我國三千四百四十四萬三千餘方里之地積，前後不出四日，已亡了八分之一，若準此比例，殘餘八分之七之土地，僅足無抵抗主義者及湯玉麟輩二十八天之斷送，這真是中國者，非我四萬萬民衆之中國，乃無抵抗主義者及湯玉麟輩任意斷送之中國，中國焉有不亡之理。

現在因湯玉麟出讓熱河，我國際人格已經丟盡，外交空談無補，大好河山，亦實不能再供彼輩之斷送，我們唯有亡羊補牢，及早自圖，我們自圖挽救之方，是——

(一)請各救國團體各界法團，速推代表齊赴故都，環請何部長督飭反攻，並監督軍事進行；

(二)請緝拿湯賊，明正典刑，以為失地辱國者戒；

(三)馮占海不戰而退三百里，亦請緝拿誅戮，以為欺騙世人，謬存保全實力者戒；

(四)請[illegible]軍事而又實際負不起來軍事責任之無抵抗主義者，退避三舍，以讓賢路；

(五)請整個動員，積極輸將，以振士氣；

(六)請一致防奸鋤奸，以除後患；

上述六項，皆係本會出於愛國救國至誠，實為當今急務，如認為有開罪[illegible]之處，那末就請槍口對內，我們寧願死於軍閥淫威之下，以激勵人心，亦不願緘默不言，隨沾亡國之光，謹此宣言。二三、三、八、

天津市商民救國會

天津市商民救国会为热河沦亡请各界急图自救书（1933年3月8日）

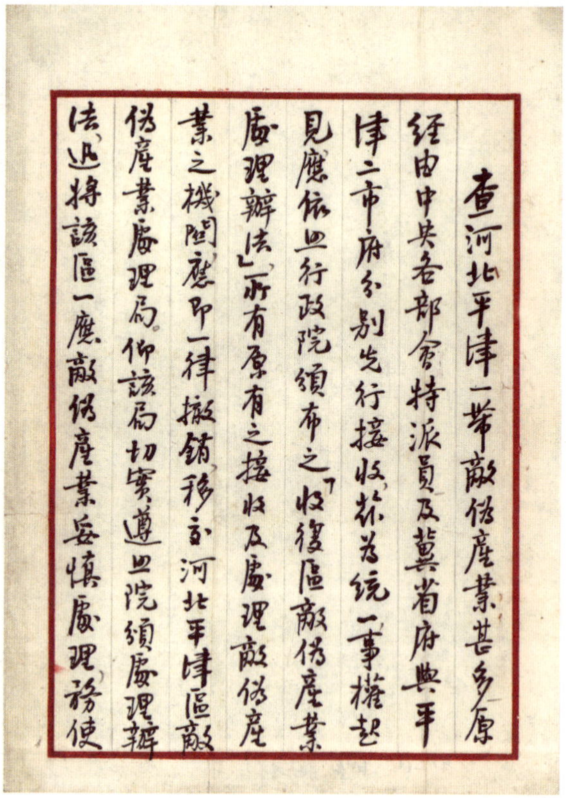
查河北平津一帶敵偽產業甚多原
經由中央各部會特派員及冀省府與平
津二市府分別先行接收，茲為統一事權起
見應依照行政院頒布之「收復區敵偽產業
處理辦法」所有原有之接收及處理敵偽產
業之機關應即一律撤銷移交河北平津區敵
偽產業處理局，仰該局切實遵照院頒處理辦
法迅將該區一應敵偽產業妥慎處理務使

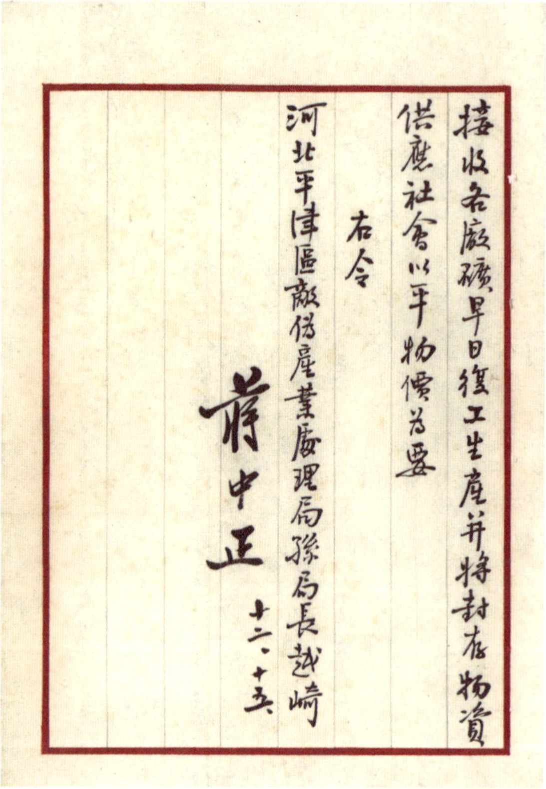
接收各廠礦早日復工生產並將封存物資
供應社會以平物價為要
右令
河北平津區敵偽產業處理局孫局長越崎
蔣中正
十二、十五

■蒋介石、李宗仁、宋美龄、张廷谔、杜建时、陈长捷等人的手迹

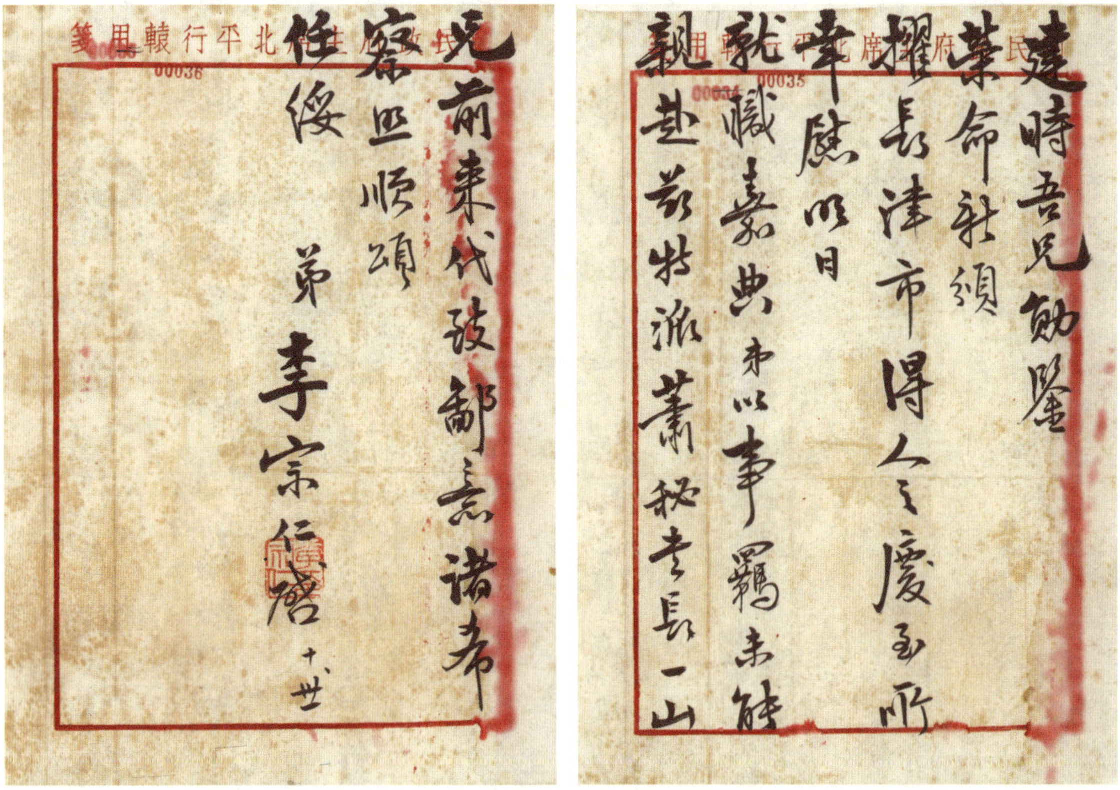
國民政府主席北平行轅用箋

00034 00035

逵時吾兄勛鑒：

榮命新頒，擢長津市，得人之慶，至所

幸慰。明日

就職嘉典，弟以事羈未能

親赴，茲特派蕭秘書長一山

北平行轅用箋

00036

兄前來代致鄙意，諸希

察照。順頌

任綏

弟 李宗仁啓 十、廿

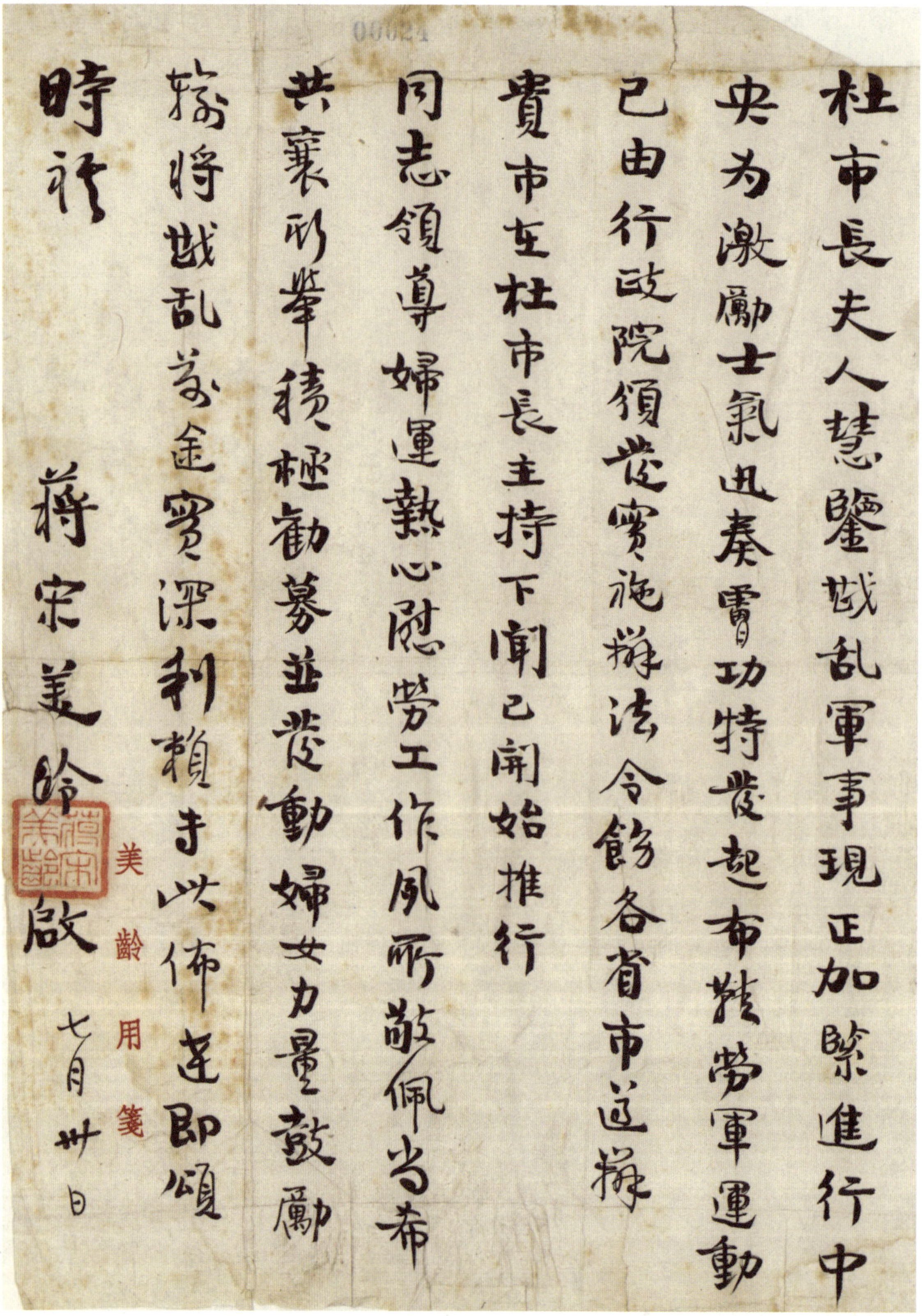
00024

杜市長夫人慧鑒戡乱軍事現正加緊進行中
央為激勵士氣迅奏膚功特發起布鞋勞軍運動
已由行政院頒發實施辦法令飭各省市遵辦
貴市在杜市長主持下聞已開始推行
同志領導婦運熱心慰勞工作風所敬佩尚希
共襄盛舉積極勸募並發動婦女力量鼓勵
協將戡乱勞金實深利賴專此佈達即頌
時祺
蔣宋美齡啟 七月廿日

蔣宋美齡

美齡用箋

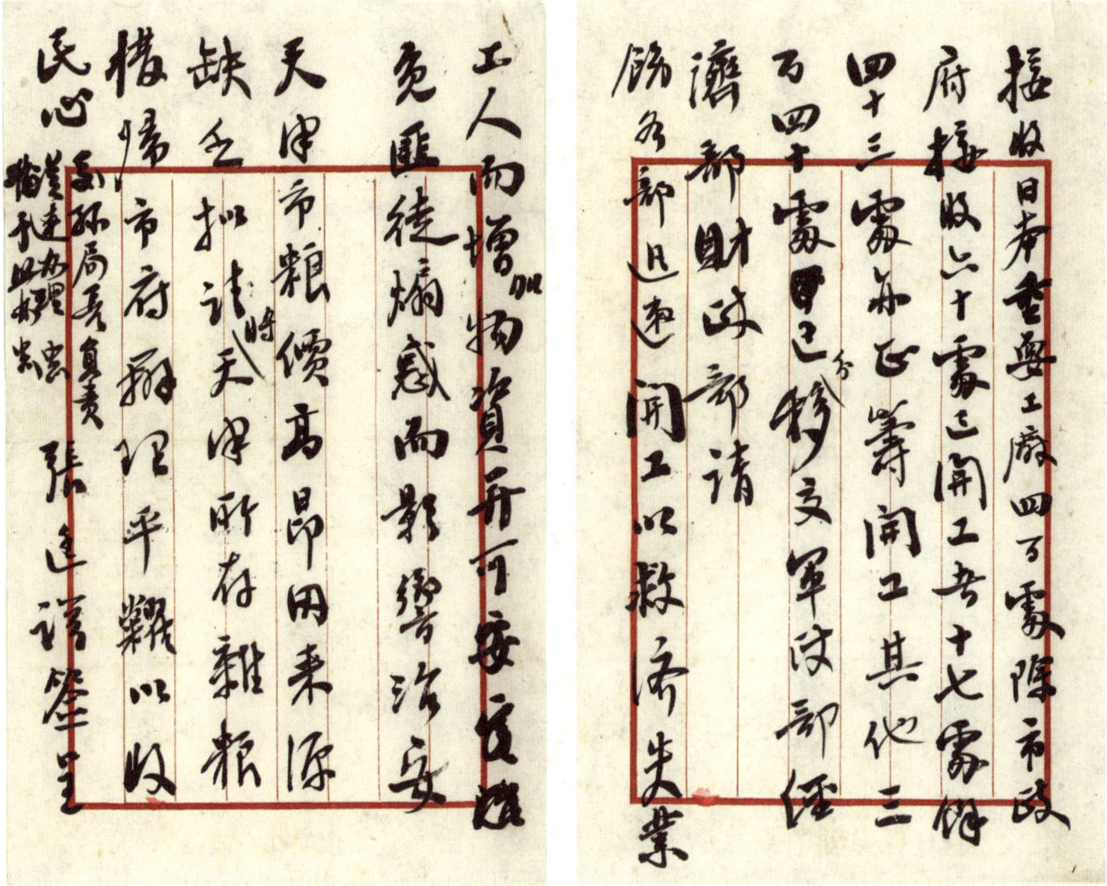
接收日本重要工廠四百零家除市政
府接收六十零家正開工者十七零家餘
四十三家亦正籌開工其他三
百四十零家因已分移交軍政部經
濟部財政部請
飭各部迅速開工以救濟失業
工人而增加物資并可安置難
民免匪徒搗亂而影響治安
天津市粮價高昂因來源
缺乏擬請將時天津所存雜粮
撥歸[社會局長負責]市府辦理平糶以收
民心 [illegible]
張廷諤 簽呈

請
時子周先生為市民
服務，常務當選事，
秘書：
速付之。廿五、

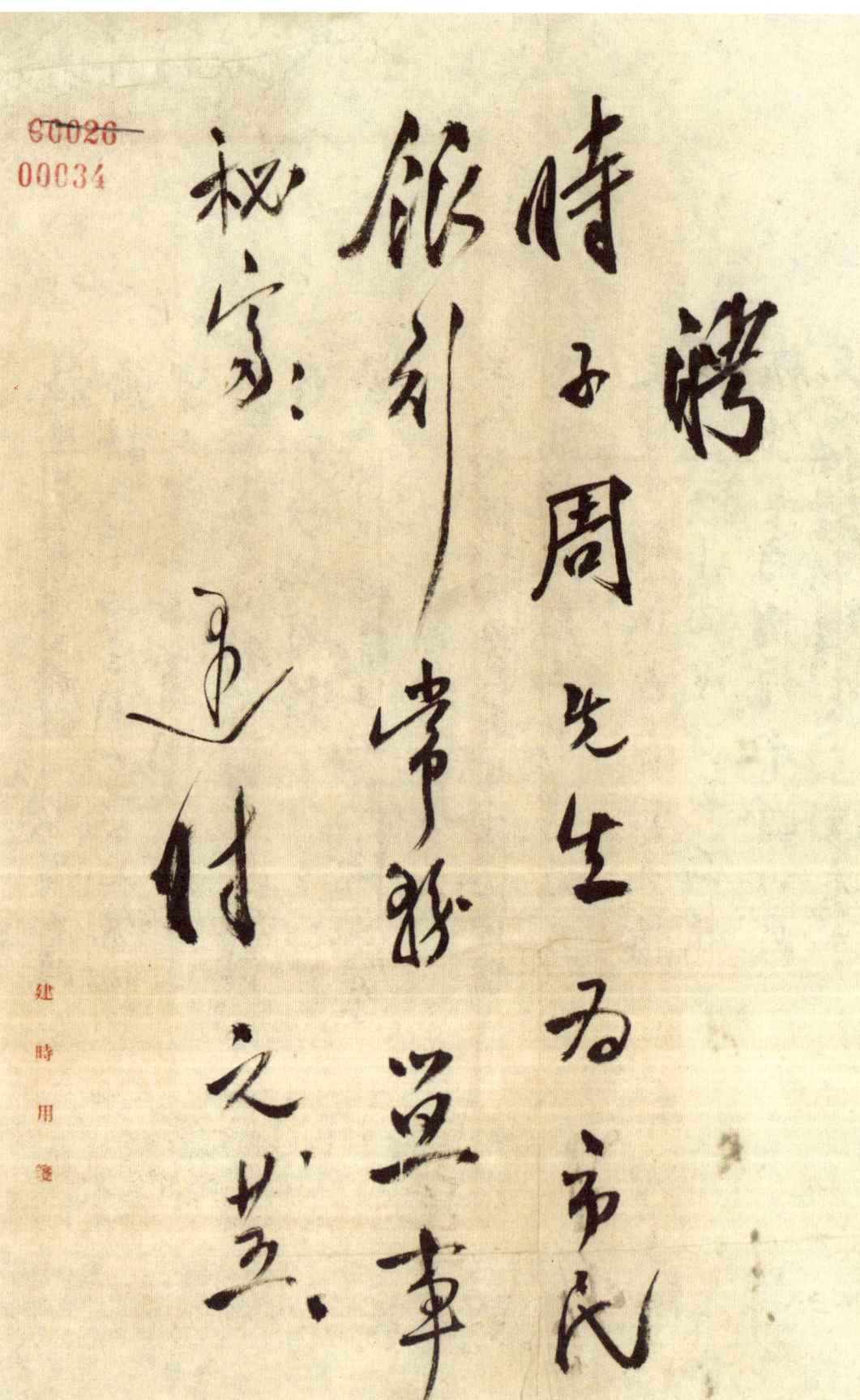

俍傅諸公

每星期三、六上下午要會報

工程處內材料編冊要負應聯合會安公

總歸蔣處長督導，並應由各

軍師派工兵營長或負責

官員人員來處，聽候分配

工程給料直具簽給各部精

遵守紀律，各立須督導處理

卅

工林處長

陳長捷手啟 十二月十六日

天津警備司令部司令便條

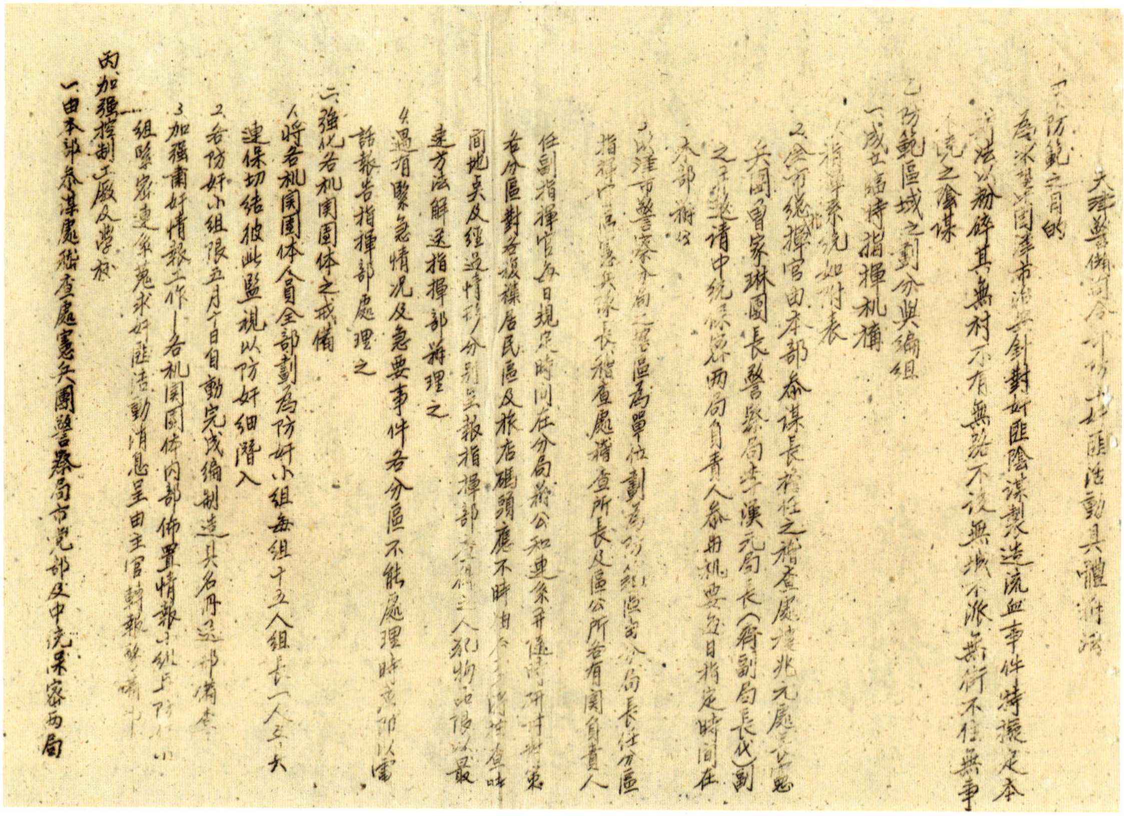
天津警備司令部防共匪活動具體辦法

甲、防範之目的
為求鞏固本市治安，針對奸匪陰謀製造流血事件，特擬定本辦法，以粉碎其無材不有、無孔不設、無地不派、無所不往、無事不[illegible]之陰謀

乙、防範區域之劃分與編組
1、成立臨時指揮機構
(1)指揮系統如附表
2、全市總指揮官由本部參謀長兼任之，稽查處處長[illegible]兆元、憲兵團曾家琳團長、警察局李漢元局長（得副局長代）副之，並請中統、保密兩局負責人參與機要，每日指定時間在本部辦公
3、以津市警察分局之警區為單位，劃為分區，由分局長任分區指揮官，[illegible]憲兵隊長、稽查處稽查所長及區公所各有關負責人任副指揮官，每日規定時間在分局辦公，和連系并隨時[illegible]
各分區對各複雜居民區及旅店碼頭應不時[illegible]檢查，[illegible]之人犯物品限以最速方法解送指揮部辦理之
4、遇有緊急情況及急要事件，各分區不能處理時，應即以電話報告指揮部處理之

二、強化各機關團體之戒備
1、將各機關團体人員全部劃為防奸小組，每組十五人，組長一人，互相連保，切結彼此監視，以防奸細潛入
2、各防奸小組限五月十日自動完成編制，造具名冊送部備查
3、加強肅奸情報工作，各機關團体內部佈置情報小組，[illegible]小組緊密連系，蒐求奸匪活動消息，呈由主官轉報[illegible]

丙、加強控制工廠及學校
1、由本部參謀處、稽查處、憲兵團、警察局、市黨部及中統、保密兩局

■ 国民党天津警备司令部防共活动具体办法（局部）（1948年5月）

天津市城防工事构筑委员会为告知成立事致天津商会函（1948年7月9日）

1937年7月7日，卢沟桥事变爆发。7月30日，日军占领天津。8月1日，伪天津治安维持会成立。12月，伪天津市公署成立。天津沦陷八年，直到日本投降，国民党政府才重新接管天津。1945年10月2日，国民党天津市政府成立。1947年3月7日，国民党军政当局开始构筑天津城防工程。

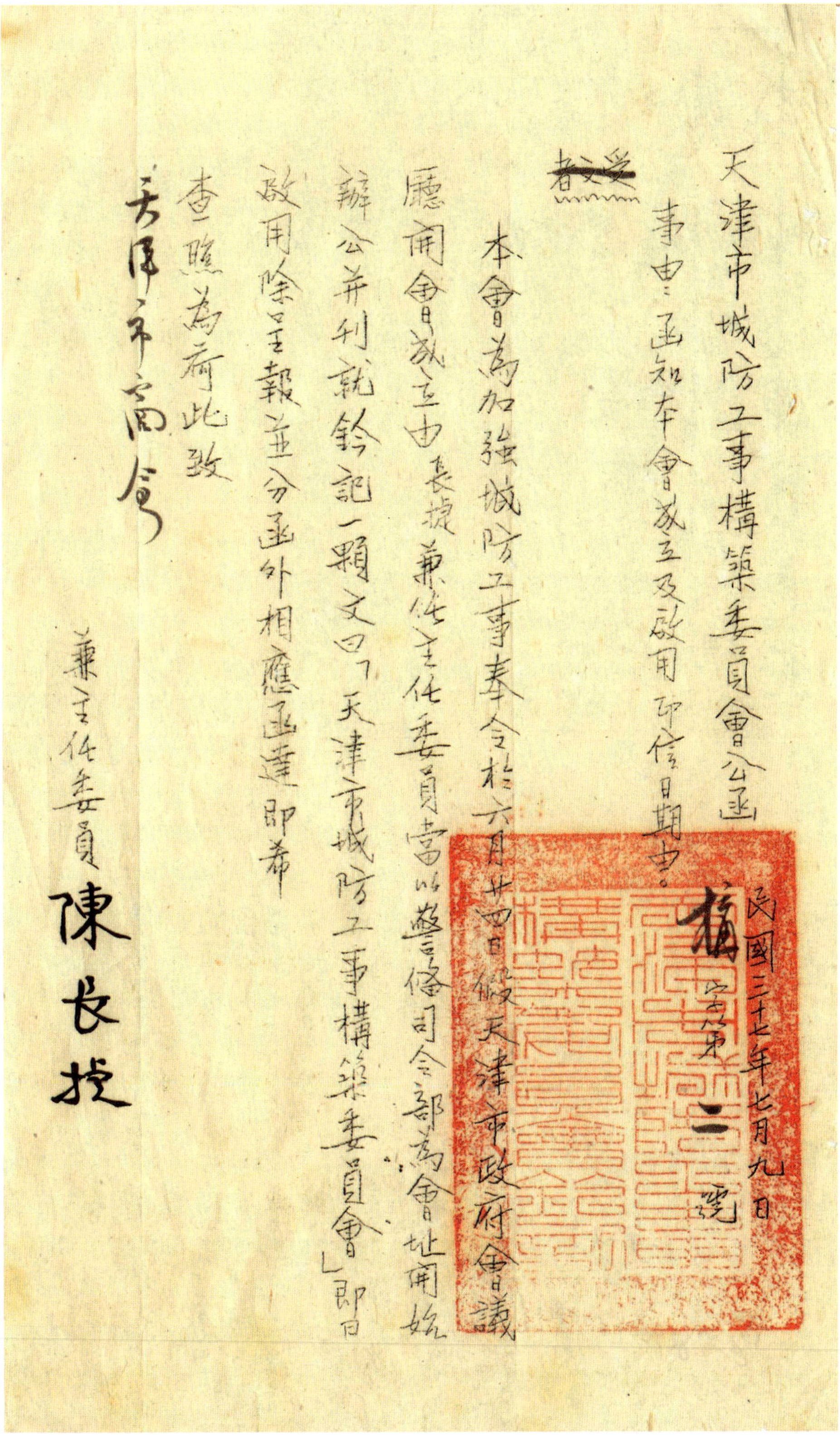
天津市城防工事構築委員會公函

事由：函知本會成立及啟用印信日期由

~~备文~~

本會爲加強城防工事奉令於六月廿四日假天津市政府會議廳開會成立由長捷兼任主任委員當以警備司令部爲會址開始辦公并刊就鈐記一顆文曰「天津市城防工事構築委員會」即日啟用除呈報並分函外相應函達即希

查照爲荷此致

天津市商會

兼主任委員 陳長捷

民國三十七年七月九日

城字第 二 號

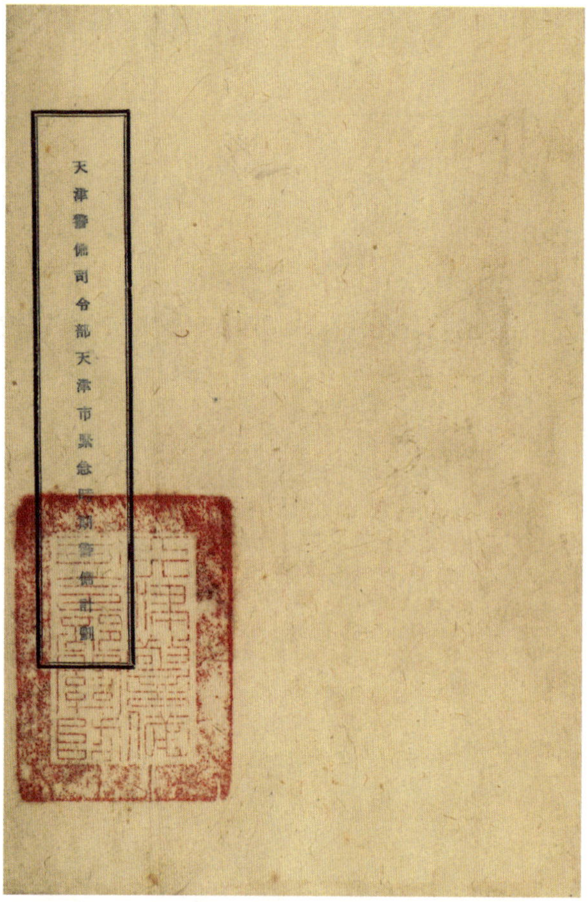
天津警備司令部天津市緊急時期警備計劃

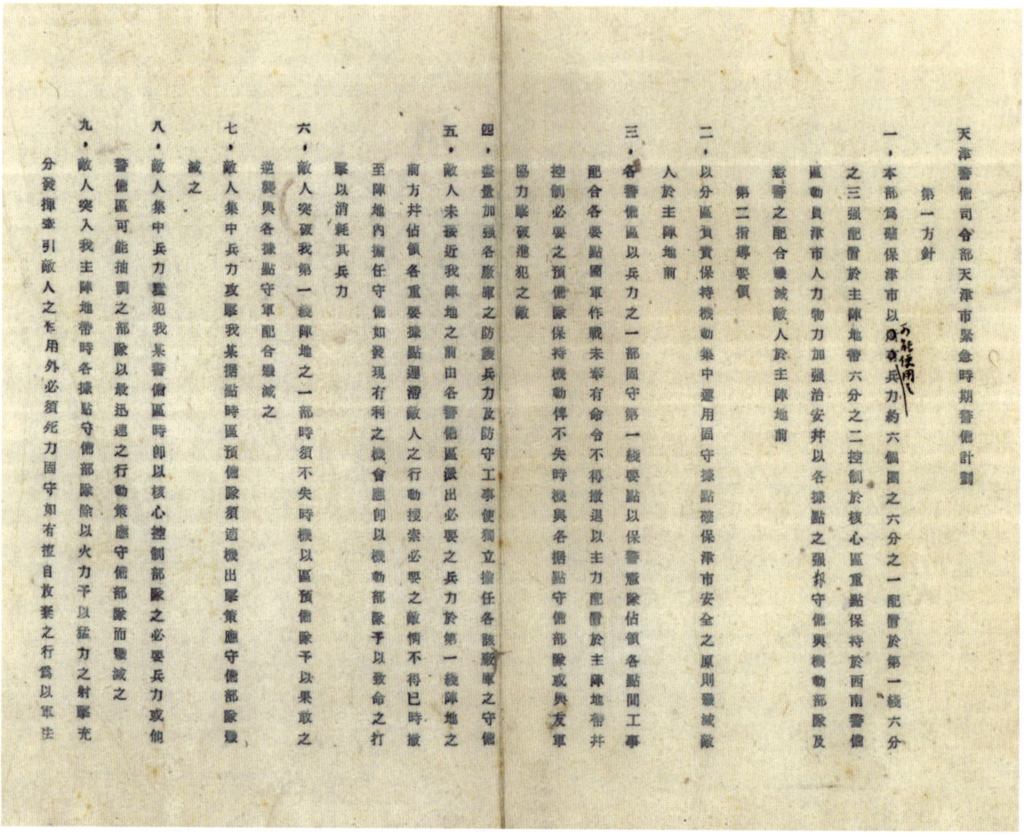
天津警備司令部天津市緊急時期警備計劃

第一方針

一、本部爲確保津市以固有兵力約六個團之六分之一配置於第一綫六分之三強配置於主陣地帶六分之二控制於核心區重點保持於西南警備區動員津市人力物力加强治安并以各據點之强[illegible]守備與機動部隊及憲警之配合殲滅敵人於主陣地前

二、以分區負責保持機動集中運用固守據點確保津市安全之原則殲滅敵人於主陣地前

第二指導要領

三、各警備區以兵力之一部固守第一綫要點以保警隊佔領各點間工事配合各要點國軍作戰未奉有命令不得撤退以主力配置於主陣地帶并控制必要之預備隊保持機動俾不失時機與各據點守備部隊或與友軍協力擊破進犯之敵

四、儘量加强各廠庫之防護兵力及防守工事使獨立擔任各該廠庫之守備

五、敵人未接近我陣地之前由各警備區派出必要之兵力於第一綫陣地之前方并佔領各重要據點遲滯敵人之行動搜索必要之敵情不得已時撤至陣地內擔任守備如發現有利之機會應即以機動部隊予以致命之打擊以消耗其兵力

六、敵人突破我第一綫陣地之一部時須不失時機以區預備隊予以果敢之逆襲與各據點守軍配合殲滅之

七、敵人集中兵力攻擊我某據點時區預備隊須適機出擊策應守備部隊殲滅之

八、敵人集中兵力進犯我某警備區時即以核心控制部隊之必要兵力或他警備區可能抽調之部隊以最迅速之行動策應守備部隊而殲滅之

九、敵人突入我主陣地帶時各據點守備部隊除以火力予以猛力之射擊充分發揮牽引敵人之作用外必須死力固守如有擅自放棄之行爲以軍法

国民党天津警备司令部天津市紧急时期警备计划（局部）（1948年8月）

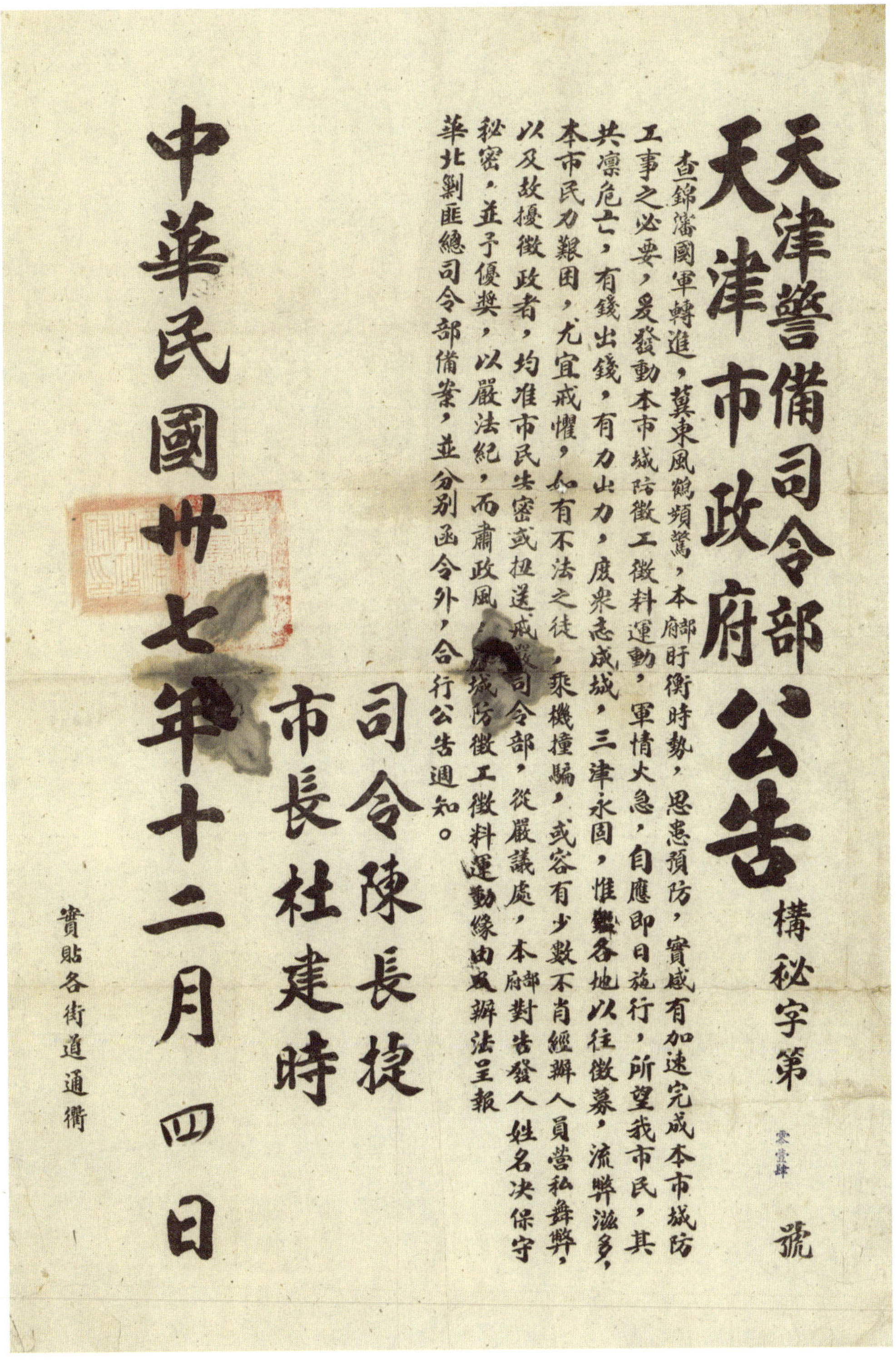

天津警備司令部
天津市政府
公告　構秘字第零壹肆號

查錦瀋國軍轉進，冀東風鶴頻驚，本部府盱衡時勢，思患預防，實感有加速完成本市城防工事之必要，爰發動本市城防徵工徵料運動，軍情火急，自應即日施行，所望我市民，其共凜危亡，有錢出錢，有力出力，庶衆志成城，三津永固，惟鑒各地以往徵募，流弊滋多，本市民力艱困，尤宜戒懼，如有不法之徒，乘機撞騙，或容有少數不肖經辦人員營私舞弊，以及故擾徵政者，均准市民告密或扭送戒嚴司令部，從嚴議處，本部府對告發人姓名決保守秘密，並予優獎，以嚴法紀，而肅政風，除將城防徵工徵料運動緣由暨辦法呈報

華北剿匪總司令部備案，並分別函令外，合行公告週知。

司令　陳長捷
市長　杜建時

中華民國卅七年十二月四日

實貼各街道通衢

国民党天津警备司令部司令陈长捷、天津市政府市长杜建时发布的城防征工征料运动公告（1948年12月4日）

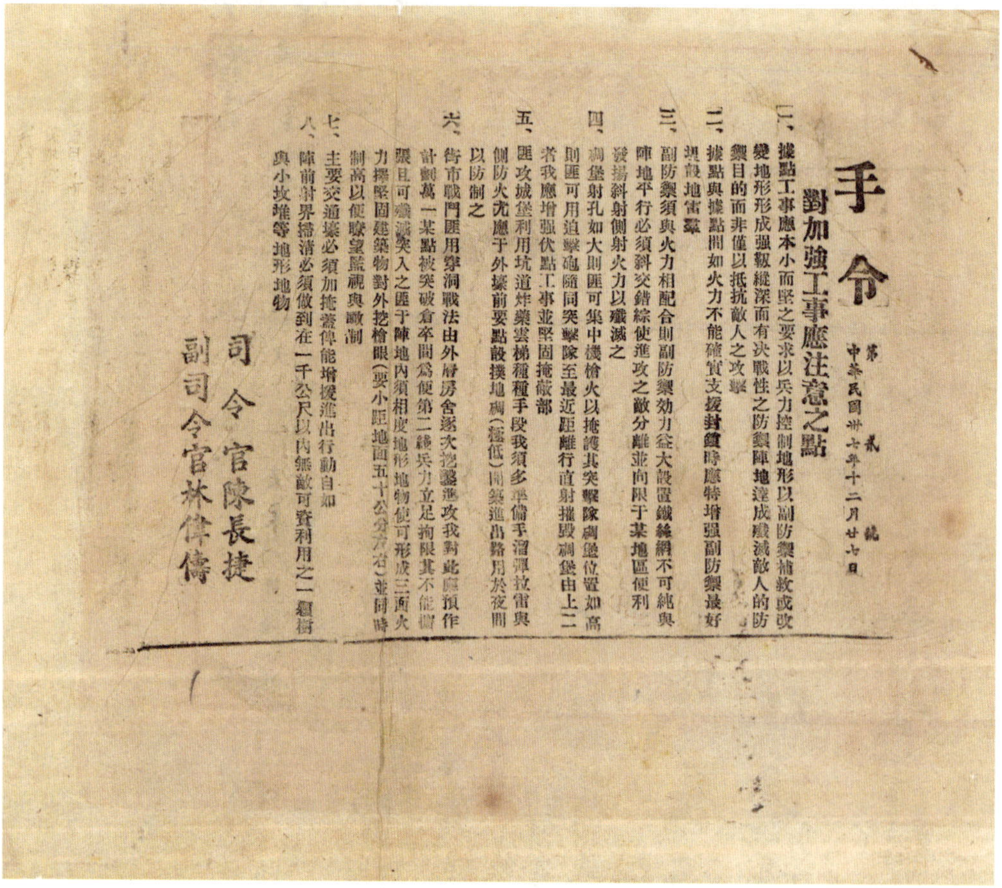

手令

第　號
中華民國卅七年十二月廿七日

對加強工事應注意之點

一、據點工事應本小而堅之要求以兵力控制地形以副防禦補救或改變地形形成強靱縱深而有决戰性之防禦陣地達成殲滅敵人的防禦目的而非僅以抵抗敵人之攻擊

二、據點與據點間如火力不能確實支援封鎖時應特增强副防禦最好埋設地雷群

三、副防禦須與火力相配合則副防禦効力益大設置鐵絲網不可純與陣地平行必須斜交錯綜使進攻之敵分離並向限于某地區便利發揚斜射側射火力以殲滅之

四、碉堡射孔如大則匪可集中機槍火以掩護其突擊隊碉堡位置如高則匪可用迫擊砲隨同突擊隊至最近距離行直射摧毀碉堡由上二者我應增强伏點工事並堅固掩蔽部

五、匪攻城堡利用坑道炸藥雲梯種種手段我須多準備手溜彈拉雷與側防火尤應于外壕前要點設撲地碉(極低)開築進出路用於夜間以防制之

六、街市戰鬥匪用穿洞戰法由外層房舍逐次挖鑿進攻我對此應預作計劃萬一某點被突破倉卒間爲便第二線兵力立足拘限其不能擴張且可殲滅突入之匪于陣地內須相度地形地物使可形成三面火力擇堅固建築物對外挖槍眼(要小距地面五十公分左右)並同時制高以便瞭望監視與瞰制

七、主要交通壕必須加掩蓋俾能增援進出行動自如

八、陣前射界掃清必須做到在一千公尺以內無敵可資利用之一棵樹與小坟堆等地形地物

司令官陳長捷
副司令官林偉儔

■国民党天津警备司令部司令陈长捷等发布加强城防工事注意要点的手令（1948年12月27日）

作戰教令

第壹號（極機密）

中華民國卅八年一月一日

一、匪常以絕對優勢之兵力重疊配置對我陣地一點施行連續波浪式的突貫攻擊據鄭軍長作戰經驗在清河戰役時曾於一營之正面匪以五個師重疊連續向我攻擊首以一個師向我猛撲遭頓挫後則向兩翼轉移而繼由第二個師猛撲如此至於四個師至五個師之續攻乃有時以化學砲彈或燒夷彈烟幕彈以掩護其突擊

二、我對匪此種戰法之對策

1 地區砲兵集中砲火降區砲兵適時協力機動砲兵迅速轉用與匪以冰雹式的破滅性之阻擊

2 步兵重火器由團集中使用輕火器由營集中使用與匪以急襲奇襲式的殲滅性之射擊

3 匪攻擊頓挫之部隊閃向兩翼我應乘其混亂以小部隊出擊亦易收效（因匪大部以俘虜兵編成毫無鬥志故我少數出擊與用喊話便立即繳械返來）

4 第二線部隊應速扼要完成據點工事用為逆襲之根據對於地區預備隊之應用須投於決勝點不可亂用分用

5 據點工事力求加强碉内及掩蔽部内應準備沙土袋以便堵塞或撲滅燒夷作用並準備防毒面具或口罩以防制化學砲彈（究是少數不足為慮）

6 各掩體之射擊孔開設應按容量兵力之需要不可多開以免分散注意力

7 林匪之戰鬥意志並不堅强我堅定沉着與火力之適宜運用即可迅速摧毀其伎倆

8 對於砲兵進出進入路及預備陣地與增援之機動性交通道均亟須顧及修築以便行動自如並先行演習免於臨時失措

附圖

司令 陳長捷

副司令 林偉儔 鄭挺鋒

国民党天津警备司令部司令陈长捷等发布的作战教令（1949年1月1日）

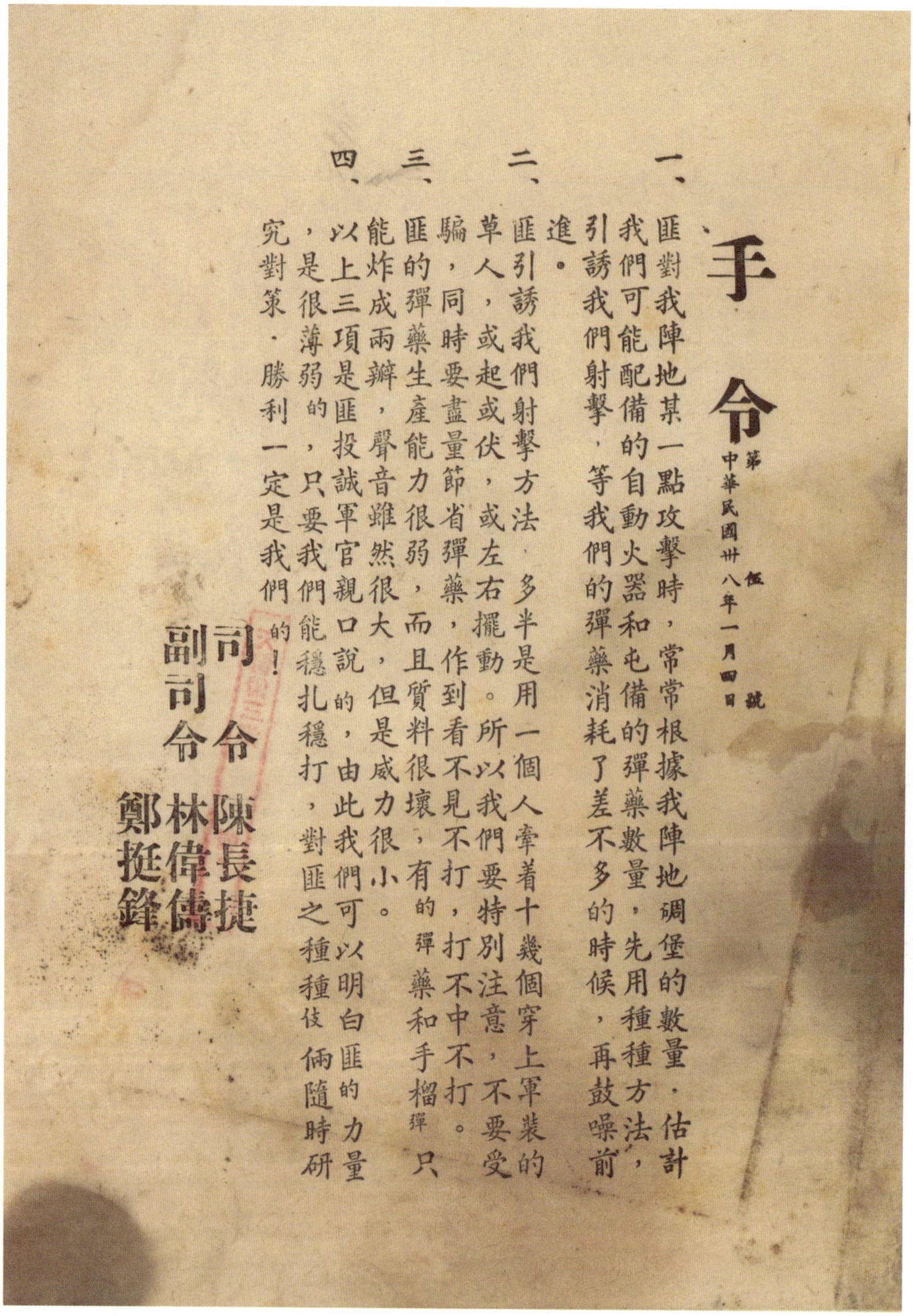

手令

第　號

中華民國卅八年一月四日

一、匪對我陣地某一點攻擊時，常常根據我陣地碉堡的數量，估計我們可能配備的自動火器和屯備的彈藥數量，先用種種方法，引誘我們射擊，等我們的彈藥消耗了差不多的時候，再鼓噪前進。

二、匪引誘我們射擊方法，多半是用一個人牽着十幾個穿上軍裝的草人，或起或伏，或左右擺動。所以我們要特別注意，不要受騙，同時要盡量節省彈藥，作到看不見不打，打不中不打。

三、匪的彈藥生產能力很弱，而且質料很壞，有的彈藥和手榴彈只能炸成兩瓣，聲音雖然很大，但是威力很小。

四、以上三項是匪投誠軍官親口說的，由此我們可以明白匪的力量是很薄弱的，只要我們能穩扎穩打，對匪之種種伎倆隨時研究對策，勝利一定是我們的！

司令　陳長捷

副司令　林偉儔

鄭挺鋒

国民党天津警备司令部司令陈长捷等发布的手令（1949年1月4日）

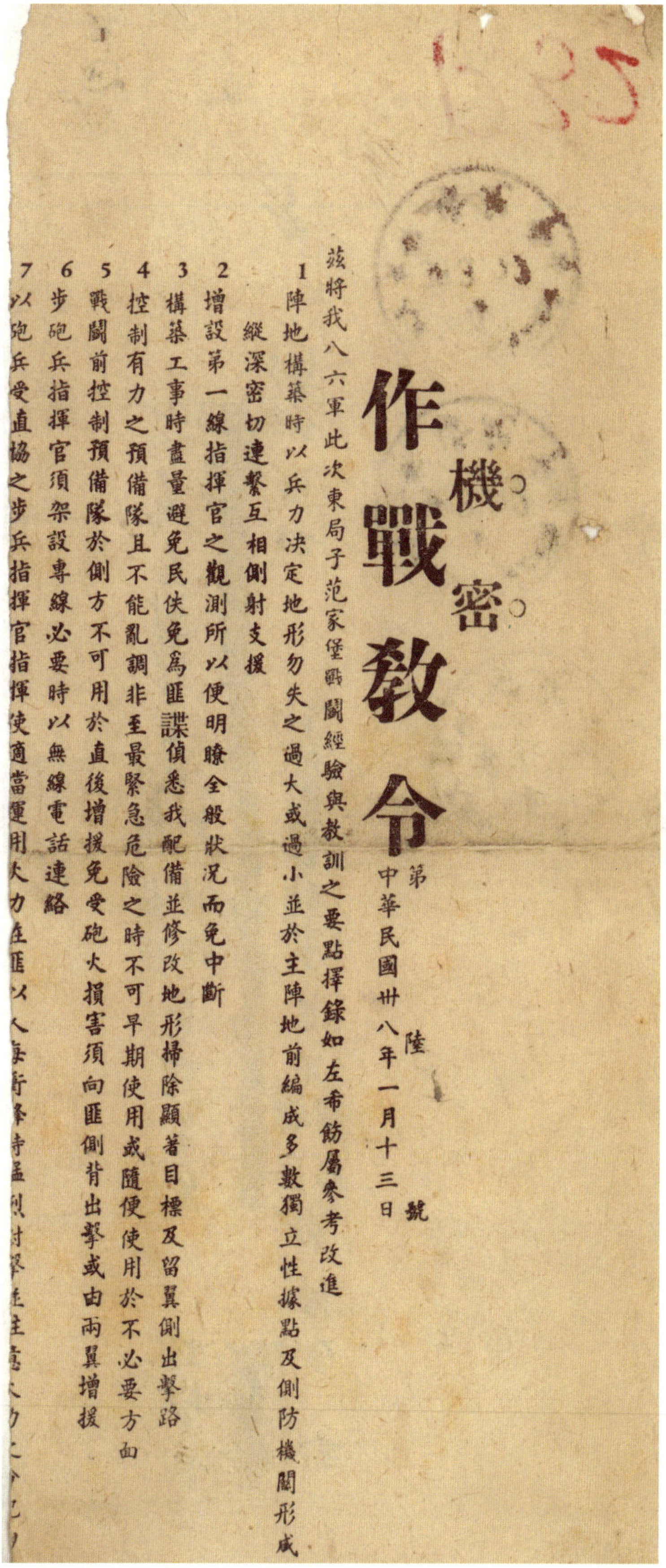

機密
作戰教令
第陸號
中華民國卅八年一月十三日

茲將我八六軍此次東局子范家堡戰鬬經驗與教訓之要點擇錄如左希飭屬參考改進

1 陣地構築時以兵力決定地形勿失之過大或過小並於主陣地前編成多數獨立性據點及側防機關形成縱深密切連繫互相側射支援

2 增設第一線指揮官之觀測所以便明瞭全般狀況而免中斷

3 構築工事時盡量避免民伕免為匪諜偵悉我配備並修改地形掃除顯著目標及留翼側出擊路

4 控制有力之預備隊且不能亂調非至最緊急危險之時不可早期使用或隨便使用於不必要方面

5 戰鬬前控制預備隊於側方不可用於直後增援免受砲火損害須向匪側背出擊或由兩翼增援

6 步砲兵指揮官須架設專線必要時以無線電話連絡

7 以砲兵受直協之步兵指揮官指揮使適當運用火力在匪以人海衝鋒時猛烈射擊並注意火力之

国民党天津警备司令部司令陈长捷等发布的作战教令（残）（1949年1月13日）

■ 中国人民解放军平津区卫戍司令部纠察队袖标（1949 年）

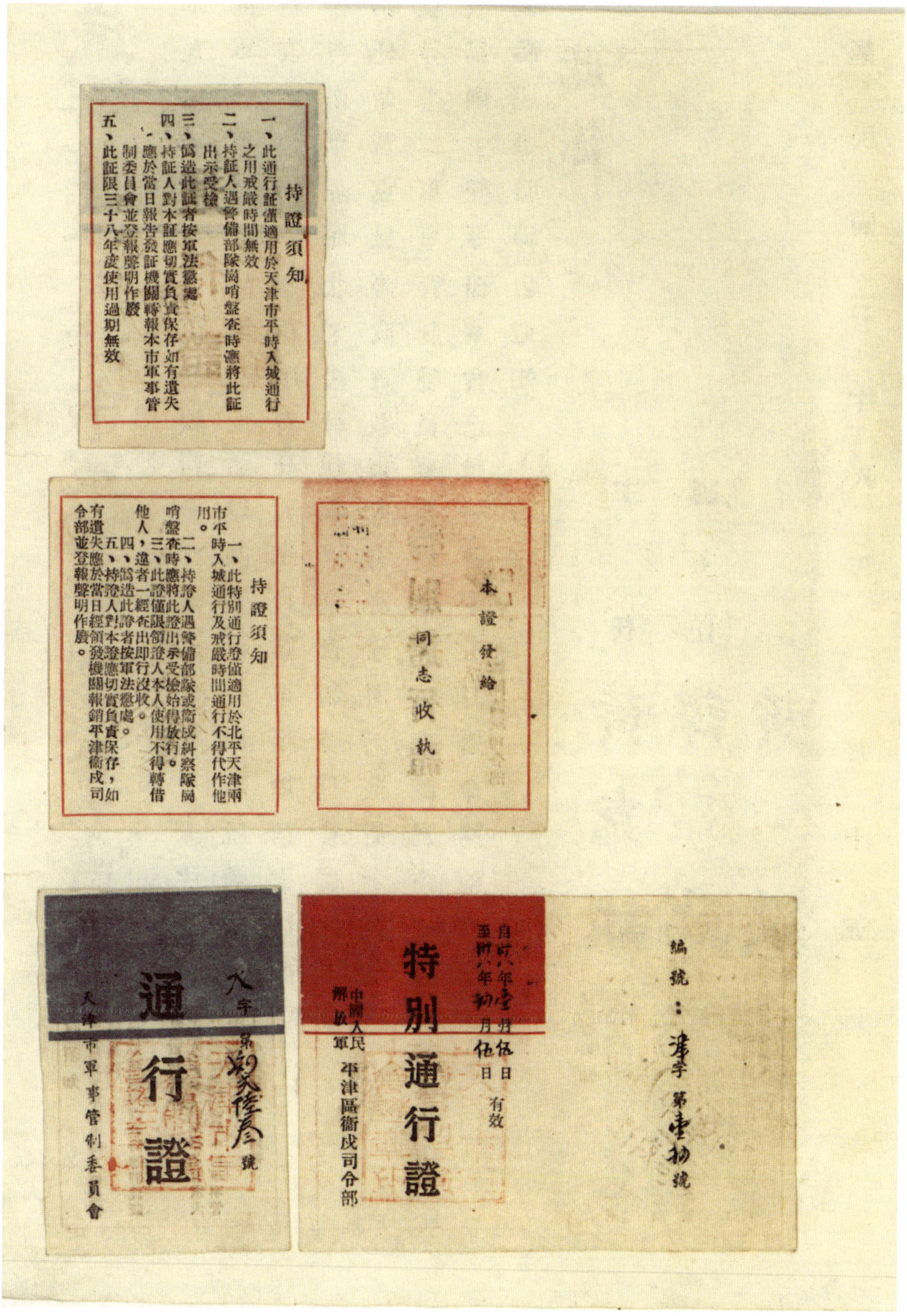

天津市军事管制委员会通行证、中国人民解放军平津区卫戍司令部特别通行证（1949年）

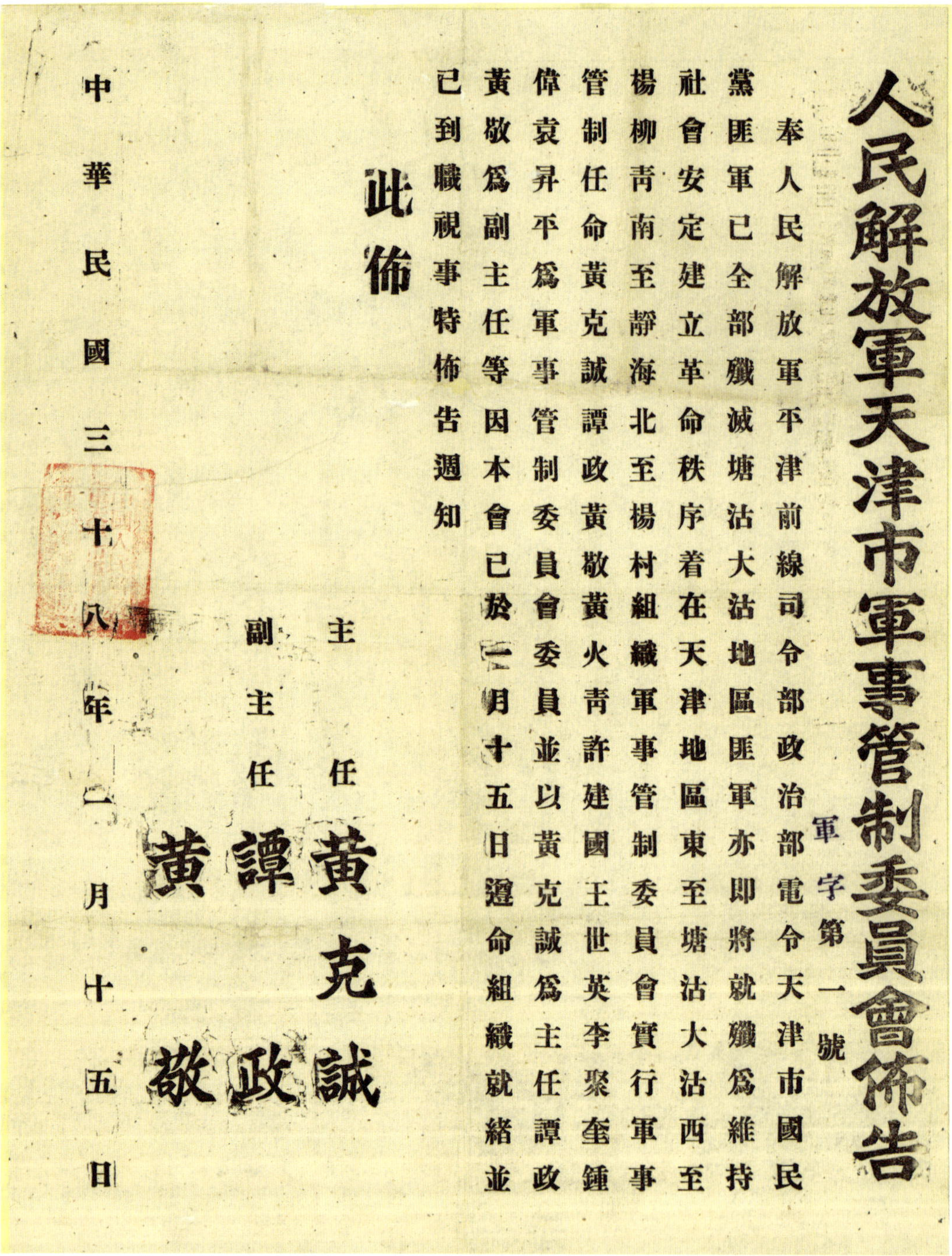

人民解放軍天津市軍事管制委員會佈告

軍字第一號

奉人民解放軍平津前線司令部政治部電令天津市國民黨匪軍已全部殲滅塘沽大沽地區匪軍亦即將就殲爲維持社會安定建立革命秩序着在天津地區東至塘沽大沽西至楊柳青南至靜海北至楊村組織軍事管制委員會實行軍事管制任命黃克誠譚政黃敬黃火青許建國王世英李聚奎鍾偉袁昇平爲軍事管制委員會委員並以黃克誠爲主任譚政黃敬爲副主任等因本會已於一月十五日遵命組織就緒並已到職視事特佈告週知

此佈

主任 黃克誠

副主任 譚政

黃敬

中華民國三十八年一月十五日

■ 人民解放军天津市军事管制委员会解放天津的军字第一号布告（1949年1月15日）

1949年1月14日，中国人民解放军对国民党守军发动总攻，经过29个小时激战，天津解放。1月15日，中国人民解放军天津区军事管制委员会成立，黄克诚为主任、黄敬为副主任。同日天津市人民政府宣告成立，黄敬出任市长。

后记

流血的二十世纪如书页翻过，那一帧帧黑白照片，一纸纸浓重墨迹，一张张泛黄舆图永久地定格在档案里。当和平的福泽重新降临天津，坐在街头的任意一角，看眼前走过为生活奔忙的男女，抑或瞥见一天天长高的楼宇，是否会有片刻，耳边忘记了街头的喧嚣，眼睛滤去繁华的色彩，任思绪重新开启历史的尘封，触摸层层的累积，指尖仿佛还有余温。回想书中的只言片语，人影绰绰，也许不曾经历，却并不陌生。

几年前，天津市档案局（馆）荣华局长曾经明确提出，鼓励档案人大力开发档案资源，变死档案为活信息，加强档案编研工作，挖掘天津深厚的文化底蕴，打造服务大众的文化精品。这本书从策划到出版，荣华局长一直给予支持和指导，并拨冗为本书作序，让我们深受鼓舞。

这本书能够顺利付梓，要感谢局（馆）编辑研究部、保管部、开放利用部、电子档案信息部和技术保护部各位领导和同仁的大力支持和帮助，他们高效的工作、密切的配合和热情的服务保证了该书的编写进度。

当然，这本书得以顺利出版，更得感谢天津古籍出版社张玮社长的鼎力支持。同时，感谢责编侯林莉老师，为该书的文图编辑、版式设计、出版印刷奔忙劳碌。古籍社严谨的工作作风令我们钦佩，这本书倾注了他们的心血。

这本书的编写初衷在于展示天津市档案馆馆藏资源，打造天津历史文化名片。但囿于时间仓促，编写能力所限，仅在目力所及的范围内选择甄别，也许还存在不少疏漏，遗留了一定的挖掘空间。我们也真诚希望读者给予批评指正。

天津市档案馆